LES
PREMIERS PRINCIPES

PAR

HERBERT SPENCER

TRADUIT DE L'ANGLAIS

Par M. E. CAZELLES

SEPTIÈME ÉDITION

PARIS
ANCIENNE LIBRAIRIE GERMER BAILLIÈRE ET Cⁱᵉ
FÉLIX ALCAN, ÉDITEUR
108, BOULEVARD SAINT-GERMAIN, 108

1894

Tous droits réservés.

LES
PREMIERS PRINCIPES

A LA MÊME LIBRAIRIE

OUVRAGES DE M. HERBERT SPENCER

TRADUITS EN FRANÇAIS

Les premiers principes. 1 fort vol. in-8, traduit par M. CAZELLES. 7ᵉ édition.   10 fr.

Principes de psychologie. 2 volumes in-8, traduits par MM. RIBOT et ESPINAS.   20 fr.

Principes de biologie, 2ᵉ édition. 2 vol. in-8, traduits par M. CAZELLES.   20 fr.

Principes de sociologie : Ouvrage complet en 4 vol. in-8.

   Tome I, traduit par M. CAZELLES. 1 vol. in-8. 4ᵉ édit.   10 fr.
   Tome II, traduit par MM. CAZELLES et GERSCHEL. 1 vol. in-8. 7 fr. 50
   4ᵉ édition.   7 fr. 50
   Tome III, traduit par M. CAZELLES. 1 vol. in-8. 2ᵉ édit.   15 fr.
   Tome IV, traduit par M. CAZELLES. 1 vol. in-8.   3 fr. 75

Essais sur le progrès, traduit par M. BURDEAU, 5ᵉ édition. 1 vol. in-8.   7 fr. 50

Essais de politique, traduit par M. BURDEAU, 1 vol. in-8, 3ᵉ édition.   7 fr. 50

Essais scientifiques, 1 vol. in-8, traduit par M. BURDEAU, 2ᵉ édition.   7 fr. 50

De l'éducation physique, intellectuelle et morale. 1 vol. in-8, 8ᵉ édition.   5 fr.

Introduction à la science sociale. 1 vol. in-8, 11ᵉ édit. 6 fr.

Les bases de la morale évolutionniste. 1 v. in-8, 5ᵉ éd. 6 fr.

Classification des sciences. 1 vol. in-18, 4ᵉ édit. 2 fr. 50

L'individu contre l'État. 1 vol. in-18, 3ᵉ édit. 2 fr. 50

Descriptive sociology, or groups of sociological facts, FRENCH compiled by JAMES COLLIER. 1 vol. in-folio. 50 fr.

Résumé de la philosophie de Herbert Spencer, par H. COLLINS, avec préface de M. HERBERT SPENCER. 1 vol. in-8.   10 fr.

Coulommiers. — Imp. Paul BRODARD.

INTRODUCTION DU TRADUCTEUR

En France, de nos jours, on écrit peu d'ouvrages de philosophie dogmatique.

Les écrivains qui se rattachent à l'école d'A. Comte cherchent par d'utiles monographies à étendre le savoir positif. Ils rendent hommage aux idées de leur maître par le caractère analytique de leurs études et par les efforts qu'ils font pour s'abstenir de toute construction métaphysique.

L'école matérialiste, qui ne renonce pas au dogmatisme métaphysique, porte trop la marque de son origine pour avoir des doctrines complètes. Sortis presque tous des laboratoires de chimie et de physiologie, ses adhérents négligent la partie du savoir qu'on ne peut atteindre par ces deux sciences. Quand ils parlent de la pensée et de la société, c'est pour étendre aux phénomènes résumés par ces deux mots quelque induction tirée de l'étude qui leur est spéciale.

Les auteurs et les professeurs qui adhèrent aux doctrines de l'enseignement officiel s'occupent surtout de la défense de certaines croyances qui y sont placées d'autorité, et de l'attaque des doctrines rivales : le positivisme et le matérialisme ; c'est-à-dire que leurs œuvres sont presque exclusivement critiques.

Parmi les penseurs qui n'appartiennent à aucun de ces groupes, mais que des œuvres spéciales d'une grande portée philosophique ont rendus célèbres, il en est qui se plaisent à tracer les linéaments d'un traité de la nature des choses : ils l'entreprendraient peut-être, s'ils pouvaient se détacher des recherches d'un intérêt profond, ou s'ils croyaient jamais avoir assez rassemblé de données incontestables.

A la suite de l'étape de patientes recherches analytiques, où s'arrête, de notre temps, la pensée française, il y aura nécessairement une époque de productions synthétiques, comme une période d'éclosion après une période d'incubation. Mais, tandis que chez nous on ne voit encore que de vagues ébauches, il s'élève déjà en Angleterre une construction hardie.

M. H. Spencer, dans un ouvrage d'une grande étendue dont nous publions aujourd'hui le premier volume, nous offre une synthèse du monde tel qu'il apparaît à l'intelligence enrichie de toutes les conquêtes de la science [1]. Les amis de la philosophie doivent faire des vœux pour que la santé de l'auteur, déjà ébranlée par un travail d'esprit de nature à porter atteinte à la constitution la plus robuste, lui permette de mener à bonne fin une œuvre qui est le couronnement d'une vie toute consacrée aux hautes études.

Il serait téméraire de juger dès aujourd'hui une œuvre dont il n'a pas encore paru quatre volumes et qui doit en avoir dix. Cependant, comme M. H. Spencer, avant d'entreprendre son Système de philosophie, a exposé par fragments ses vues dans des ouvrages ou des articles de revues, on peut suivre l'auteur à travers les phases successives qu'il a parcourues avant de réaliser définitivement la synthèse que nous trouvons dans les *Premiers principes*. Mais on ne doit point oublier que dans les ouvrages publiés avant celui-ci tout n'est pas définitif, et que l'auteur doit compléter dans la suite de son œuvre, en les rattachant au principe de l'évolution, des vues qui, de son propre aveu, ne sont qu'une imparfaite expression de sa pensée

---

1. Le nom de M. H. Spencer, sans être familier au public, ne peut lui être inconnu. La longue discussion des objections de M. H. Spencer à la classification des sciences d'A. Comte, qu'on peut lire dans le sixième chapitre d'un ouvrage de M. Littré (*Auguste Comte et la philosophie positive*, 1863), puis un article intéressant sur la première édition de *First Principles*, publié par M. Laugel dans la *Revue des Deux-Mondes* (15 février 1864), un examen rapide de la théorie de l'*inconnaissable* de M. H. Spencer dans la préface d'un disciple, placée par M. Littré en tête de la deuxième édition du *Cours de philosophie* d'A. Comte, ont dû faire tout d'abord comprendre à quel vigoureux penseur on avait affaire. Depuis lors, diverses mentions, trop courtes et données comme pour mémoire dans quelques écrits philosophiques, ont dû empêcher d'oublier ce nom. Enfin, M. Th. Ribot a publié *sur la psychologie anglaise contemporaine* un livre consciencieusement étudié : on y trouve un résumé élégant de *Principles of psychology* (1re édition) et de quelques essais de M. H. Spencer. Nous devons signaler aussi une brochure de notre ami M. le pasteur Grotz *sur le sentiment religieux* : on y lira une exposition très bien faite des opinions de M. H. Spencer sur le rôle de la religion et sur la signification du sentiment religieux.

actuelle [1]. Ces réserves faites, nous allons essayer de déterminer le caractère de la philosophie de M. H. Spencer, et d'indiquer le rôle que, d'après nous, est appelée à jouer, dans les circonstances actuelles, toute synthèse de même nature.

I

L'univers, dans son ensemble aussi bien que dans la merveilleuse variété de ses détails, se dresse devant nous comme une énigme. Les plus puissants esprits sont entraînés par une force irrésistible à en rechercher l'explication. A toutes les époques de l'histoire, il y a eu des doctrines religieuses ou scientifiques, des initiations à des mystères ou des traités *De naturâ rerum*, qu'on a voulu considérer comme une raison des choses qui composaient alors le monde de l'expérience. Le nombre des essais tentés jusqu'ici, ceux qui se font encore de nos jours, disent assez que le problème n'est point résolu. Peut-il l'être? On n'a pas manqué de se poser aussi cette redoutable question. Les tentatives d'explication qui se renouvellent toujours, les systèmes que des penseurs, sans se laisser rebuter par l'échec de leurs devanciers, nous proposent avec la ferme conviction d'avoir trouvé le mot de l'énigme, nous donnent à penser que ces efforts sans cesse renaissants proviennent d'un besoin inassouvi de notre nature. Mais, à leur tour, les doctrines sceptiques, périodiquement reproduites, viennent nier les résultats en apparence les mieux établis de la spéculation, en saper les bases et réprimer l'élan dogmatique, en contestant le pouvoir même de connaître : elles nous disent hautement que cette recherche est vaine. Le passé est garant de l'avenir, nous disent les amis de la métaphysique ; le besoin qui a poussé les générations d'autrefois ne laissera point de repos à celles de l'avenir ; l'humanité ne se désintéressera jamais de ces nobles et salutaires recherches ; et, si cela arrivait jamais, elle en serait aussitôt punie par une irrémédiable déchéance : ce besoin, d'ailleurs, n'a pu être déposé comme un germe dans notre nature, pour nous égarer sans cesse. Le passé nous est garant de l'avenir, disent aussi les ennemis de la métaphysique ; où l'esprit humain a toujours échoué, il échouera toujours. Sans doute, ses efforts n'ont pas été stériles ; s'il n'a pas trouvé

---

[1]. Voyez la préface de l'édition stéréotype de *Social Statics*, 1868.

la vérité qu'il cherchait, il a souvent trouvé des vérités qu'il ne cherchait pas ; mais que n'eût-il pas fait pour assurer le bonheur de l'espèce, si ses efforts s'étaient toujours concentrés sur des problèmes accessibles à ses facultés ; si, cessant de vouloir expliquer l'univers, il s'était appliqué uniquement à asservir le monde où il se trouve confiné ! Une expérience, quelque grande qu'elle soit, qui prête ainsi un argument à chacun des deux partis philosophiques en lutte de nos jours, ne saurait décider la question. Ce n'est point à des croyances plus ou moins fondées que l'on trouve dans l'esprit, c'est à la constitution même de l'esprit qu'il faut demander s'il passera toujours par ces alternatives de ferveur et de défaillance métaphysiques, et s'il est condamné à jamais à un labeur sans profit.

Nous ne connaissons que le produit de l'expérience ; c'est par elle que nous savons que les choses changent, c'est-à-dire qu'elles se présentent à nous en des états successifs différents. Nous les envisageons au point de vue humain, d'après l'idée juste ou erronée que nous nous faisons de nos actions, et nous leur attribuons des causes et des fins. Quelque sens que la métaphysique ait attaché à ces deux mots, nous voulons toujours dire, par cause, que toute chose nous est représentée à la suite d'une autre chose à laquelle elle est liée par un rapport invariable, une loi d'après laquelle, la première étant donnée, la seconde est aussitôt conçue comme un futur nécessaire ; nous voulons dire par fin que toute chose nous est représentée comme un terme moyen entre un terme initial connu ou supposé et un terme final également connu ou supposé. Nous sommes toujours portés à généraliser notre expérience, et, comme nous voyons toujours les choses changer, nous concluons que l'ensemble des choses, considéré comme un tout fermé, bien que ses contours ne nous soient pas connus, est soumis à une loi de changement, qu'il a une cause et une fin, c'est-à-dire un premier état et un dernier état, séparés par un nombre d'états indéterminés, dont chacun est réputé cause et moyen à l'égard de celui qui le suit, effet et fin à l'égard de celui qui le précède. Mais bien que nous concevions que le monde, en sa durée, traverse un nombre infini de moments, tous composés d'innombrables phénomènes conjugués, comme aucun de ces moments ne nous est connu dans son entier, et que tout ce que nous en pouvons saisir se borne à des rapports de coexistence entre des phénomènes du même moment, et des rapports de succession entre des phénomènes que nous rapportons à deux moments consécutifs, ce n'est que par la plus grande de toutes les anticipations de l'expérience que nous assignons à la série de ces moments une loi de succession, et à leur ensemble des lois de causalité et de finalité. Trois questions se posent donc : quelle est la cause première, ou quelles sont les causes premières du monde? quelle est la fin, quel est le *pourquoi*, tant des choses que de l'ensemble des choses? quels sont les moyens, quel est le *comment* de ces choses et de leur ensemble, c'est-à-dire quel est l'ordre d'après lequel les états successifs se coordonnent?

Si, faisant abstraction des états successifs du monde, on ne considère que les forces qui les amènent l'un à la suite de l'autre, on se trouve conduit à supposer à la tête du premier état une force première qui l'amène. Mais n'y a-t-il qu'un premier état homogène, ou bien y a-t-il un système coordonné d'états, ou encore des états indépendants en nombre indéterminé; en d'autres termes, n'y a-t-il qu'une force première, ou bien y a-t-il plusieurs forces premières unies par une loi, ou encore un nombre indéfini de forces indépendantes les unes des autres, ce qui ferait de l'indétermination la loi véritable du monde? S'il n'y en a qu'une, comment se la représenter? Est-elle associée à une conscience dans laquelle une fin préétablie et une série indéfinie de moyens soient réalisées au même instant, ou bien y a-t-il diverses forces conscientes où soient représentés divers ordres de moyens, aboutissant chacun à des fins différentes? Toutes les forces dérivées qui produisent sur notre conscience la fantasmagorie d'états successifs qui nous représentent les choses, sont-elles parties ou produits de la cause première? Si elles sont parties, comment et pourquoi la division? Si elles sont produits, comment et pourquoi la création? Ces questions et bien d'autres ont toujours divisé les philosophes. Comme elles n'ont pas tardé à se poser, et que l'esprit avide de savoir demandait une solution immédiate, c'est en généralisant des vues de l'esprit, en réalisant des abstractions, qu'on les a résolues. C'est de la même façon qu'on les résout encore. Entre les explications de la métaphysique des anciens et celles de nos jours, il n'y a qu'une différence de forme, non une différence de fond. Au lieu de faits grossièrement recueillis, ce sont des faits nouveaux bien observés qu'on apporte pour faire comprendre ce qu'on ne peut appeler un fait que par une dérogation manifeste au sens ordinaire de ce mot. L'accessoire, ce qu'on pourrait appeler la parure scientifique de la solution, ne doit pas nous cacher ce qui en fait la véritable essence, l'interprétation. Les interprétations restent toujours les mêmes, et les mêmes choses restent à expliquer.

Il est aisé aujourd'hui de comprendre que l'explication n'ait pas fait un pas réel. La critique de l'intelligence en fait saisir la raison. Toute chose connue étant connue dans la conscience se compose d'états de conscience actuels. Un fait premier posé sans précédent ne peut se représenter dans la conscience où tous les faits sont précédents et précédés; il la dépasse; il est inconcevable, inintelligible, inconnaissable. Ce n'est pas la raison qui pose un fait premier à la tête d'une série, c'est un acte de foi; c'est par un acte de foi qu'on admet une cause première, ce serait par un acte de foi tout aussi plausible qu'on admettrait plusieurs causes premières. C'est encore par un acte de foi que, après les avoir posées, on les doue de personnalité, d'attributs humains, d'intelligence, de passions, et même de formes sensibles. L'intelligence abdique devant l'imagination. Mais les philosophes ont toujours montré une grande répugnance à avouer la faiblesse de la raison, à faire ouvertement des actes de foi. Ils ne veulent seulement pas reconnaître qu'ils y sont réduits. Ils courent avec empressement à la recherche d'une nouvelle base, passant d'une abstraction à une autre pour découvrir derrière un nom général des matériaux meilleurs. C'est tantôt à l'intelligence, tantôt au sentiment, qu'on veut emprunter les éléments de la construction nouvelle. C'est l'harmonie, l'amour, la perfection qu'on exploite, c'est-à-dire des formes très intelligibles dans une sphère restreinte, quand on les considère comme des lois d'un groupe de faits concrets, mais qui, appliquées à l'ensemble des choses, se trouvent ne désigner qu'un ordre indéterminé, une tendance pure, un assemblage de tous les contraires, un être continu, support de tous les modes, qui n'est spécialement aucun mode, en un mot cet Infini absolu qui ne se distingue que par le nom de la substance informe et indéterminée des anciens.

La critique a définitivement, croyons-nous, démontré l'incompétence de la science à porter la lumière sur ces régions. Tous ceux qui sont au courant du véritable état de la philosophie savent bien que ce n'est pas une crise qu'elle traverse, d'où elle puisse sortir avec de nouvelles forces : elle est sommée de reconnaître la radicale impuissance de l'esprit humain à savoir la vérité sur ces questions de tout temps considérées comme fondamentales; elle ne peut plus esquiver l'obligation de recourir, pour satisfaire l'esprit, au palliatif d'un nombre plus ou moins grand d'actes de foi.

Dès que le pas décisif de l'acte de foi est franchi, on se trouve sur un autre terrain : on n'est plus avec la science, on est avec la religion. Les problèmes que la science générale ne peut résoudre, la religion les reprend; elle les a traités de tout temps. Aux questions que nous avons soulevées, comme à bien d'autres dont nous n'avons pas parlé, les diverses formes religieuses ont donné diverses réponses. S'il n'est pas d'absurdité qui n'ait trouvé un philosophe pour la défendre, il n'est pas non plus d'absurdité qui n'ait été incorporée dans un dogme religieux. La religion, comme la science, doit relever de la critique. Sur quoi appuiera-t-elle les vérités qu'elle nous annonce? Fera-t-elle appel à l'expérience et à l'induction d'après l'expérience? Quand on se représentait la cause d'une chose comme un être animé, alors qu'un anthropomorphisme universel répandait la vie de l'homme sur toute la nature, on pouvait se représenter les causes premières avec des attributs humains. Persuadés autrefois, d'après une expérience personnelle ou des témoignages estimés dignes de foi, que les dieux entretenaient des rapports matériels avec les créatures et intervenaient dans les affaires de ce bas monde, les hommes pouvaient croire que des êtres surnaturels avaient édifié l'univers tel qu'ils le connaissaient, par des moyens de même nature, mais plus merveilleux que ceux des artistes dans les constructions des œuvres d'art qu'ils fabriquent de leurs mains. Ils pouvaient croire alors qu'ils se représentaient suffisamment le comment des choses, aussi bien que leurs causes, alors même qu'ils n'en comprenaient pas bien le but final et que le pourquoi demeurait enveloppé de mystère. Mais depuis que l'anthropomorphisme, sans toutefois disparaître, a perdu créance, au point que les êtres surnaturels ne se manifestent plus directement par des rapports prétendus matériels qu'à l'esprit halluciné de quelques rares miraculés; depuis que les religions des peuples civilisés ne connaissent plus qu'un Dieu, dont les cieux racontent la gloire, ou qui se rend sensible au cœur, un Dieu dépouillé de tous les attributs inférieurs de l'humanité et qui n'en conserve que les attributs intellectuels et moraux, on ne peut plus faire appel à l'expérience, on ne peut lui emprunter les images à défaut desquelles il n'y a plus de type d'explication. La raison n'en peut donner que par tel ou tel de ces systèmes de métaphysique dont nous connaissons trop le sort définitif. Les idées de la raison, quelle que soit leur origine, ne sont que les lois de l'expérience et ne suppléent pas à l'expérience; elles ne nous aident pas à nous représenter ce que nous avons à croire. Alors même qu'on s'imagine se représenter suffisamment, par cela même qu'on la pose par un acte de foi, la cause de l'univers, on ne se représente pas la communication de cet Être suprême avec ce qu'on appelle son œuvre; il faut avouer qu'on ignore et même qu'on ne conçoit ni le pourquoi ni le comment de l'univers. L'acte de foi ne tient pas sa promesse, le palliatif ne peut faire une illusion complète. Un pas de plus, et l'Être divin lui-même cessera d'être concevable, faute d'attributs intellectuels et moraux qui n'impliquent pas contradiction; les esprits religieux apercevront clairement cette vérité que quelques-uns entrevoient déjà. Là, toute apparence d'explication devra cesser, et l'on reconnaîtra que la religion, pas plus que la science, n'est en état de nous dire ce que l'esprit humain veut savoir à tout prix. D'une part, les généralisations scientifiques, de plus en plus compréhensives, en viennent à ne plus exprimer que le rapport de deux termes quelconques, unis par la relation du devenir; à force d'abstraire et de classer, on aboutit à une abstraction irréductible qui ne peut plus être classée. D'autre part, les symboles religieux, de plus en plus vagues, en viennent à ne plus signifier que l'Être pur; à force d'affirmer le mystère, on arrive à ne plus prendre pour objet que l'Être qui ne peut même être conçu. De part et d'autre, la spéculation tend à perdre son objet. La religion tend à s'absorber dans la contemplation de son mystère, et la science reconnaît qu'elle ne peut le pénétrer.

Mais il s'en faut bien que les esprits religieux, et surtout les théologiens qui portent la parole en leur nom, aient la conviction que leur mystère ne peut être représenté de quelque manière qui saisisse puissamment l'imagination. Jusqu'ici, les efforts tentés pour donner quelque image de ce qui ne peut être fidèlement dépeint ont toujours réussi pour un temps à tromper, dans la masse des âmes au moins, la soif de connaître, comme dans les sciences les tentatives d'explication générale, quelque fallacieuses qu'elles fussent, ont pu paraître suffisamment plausibles au moment où elles étaient proposées. Si des hommes de science ou des métaphysiciens opérant sur des abstractions scientifiques espèrent encore produire des synthèses satisfaisantes, comment, avec les succès bien moins contestables qu'ils ont obtenus dans le passé, les théologiens abandonneraient-ils tout à fait l'espérance de rallier les esprits par leurs symboles, quelque imparfaits

qu'ils soient au jugement des plus éclairés d'entre eux, quelque
vains qu'ils soient pour la critique? Il reste donc aux savants un
devoir à remplir. Il ne s'agit plus pour eux de s'engager dans de
nouvelles spéculations métaphysiques; mais puisque, au nom de
la religion, on prétendra longtemps encore donner des solutions
des problèmes de la cause première et du pourquoi du monde,
il faut qu'on ne nous présente que des solutions qui soient
croyables, c'est-à-dire en harmonie avec l'ensemble des vérités
dont nous ne doutons pas d'ailleurs. Il importe en effet que la
religion ne contredise en rien ce que nous savons des séries et
des lois de l'expérience; qu'en nous disant le pourquoi du
monde dans sa totalité, ou seulement de l'un quelconque des
êtres qui le composent, elle ne dérange pas l'ordre dûment
constaté par la science. En un mot, c'est sous le contrôle permanent de l'expérience organisée et systématisée que la religion
doit traiter le problème dont sa fonction est de nous donner des
solutions provisoires.

II

Le vieil antagonisme, nous ne disons pas de la religion et de
la science, mais des théologiens et des savants, n'est donc pas
encore arrivé à son terme; toutefois, il a changé de caractère :
la science n'est plus une rivale pour la religion, c'est une puissance indépendante qui a une œuvre autre à faire, une fonction
spéciale à remplir, dont il faut définir exactement les limites. La
fonction vraie de la science, c'est la systématisation de la connaissance. Systématiser la connaissance, c'est grouper, c'est enchaîner toutes les séries connues ou à connaître, d'après des
principes communs, et les rattacher au principe le plus général;
c'est résoudre les abstraits les uns dans les autres, jusqu'à ce
qu'on ait, dans une dernière abstraction, une formule générale,
un symbole condensé de l'immense variété des changements qui
se révèlent à la conscience; c'est ramener la variété à l'unité.
Mais, ce but atteint, il ne faut pas que l'on croie le mystère
expliqué. L'abstraction supérieure qu'on peut trouver par l'analyse, et qui peut ensuite servir de base à un système, représente
quelque chose qui reste inexpliqué.

Après le succès de la merveilleuse généralisation de Newton,
qui explique les mouvements des grands corps célestes aussi
bien que ceux des corps à la surface de la terre par les lois de

la gravitation, il a été possible d'instituer une théorie scientifique de la genèse du système solaire et de l'étendre, depuis Herschel, à celle des autres astres, en l'entourant de tant de garanties que les découvertes qu'on a pu faire depuis, tant en astronomie qu'en physique, n'ont fait que la confirmer; en sorte qu'on ne peut se refuser à croire que, à partir du moment où la matière cosmique a commencé à se concentrer, les choses se sont passées comme dans sa théorie. Toutefois, deux points restent inexpliqués : l'existence de la matière cosmique et la cause de la concentration.

Quand Lamarck dérivait les deux règnes, végétal et animal, de la matière brute par l'intermédiaire de substances gélatineuses formées dans les cours d'eau, et qu'il rattachait le règne animal rangé en série à la *monade terme* spontanément engendrée, il expliquait la production et la transformation des êtres vivants par un concours de circonstances extérieures et de mouvements intérieurs auxquels il manquait autant d'êtres rendus concevables que d'êtres constatés. L'éclat qui s'est attaché aux idées de Lamarck depuis que des travaux récents les ont vulgarisées, et que les découvertes des micrographes ont pour ainsi dire modifié la notion de l'être en biologie, ne doit pas non plus nous faire illusion. Nous savons que l'ancien adage : *Omne vivum ex ovo*, a dû faire place à un axiome plus général : *Tout être vivant sort d'une cellule;* que c'est d'une cellule, partie essentielle de l'œuf, que sont sortis tous les organismes, lesquels ne sont, après tout, que des groupes plus ou moins considérables de cellules plus ou moins modifiées. Nous savons qu'il y a, dans les deux règnes de la vie, des organismes composés d'une seule cellule, qui vivent et se reproduisent isolément, comme vivent et se reproduisent les cellules qui font partie d'organismes plus compliqués. Il reste toujours à expliquer la formation de la première cellule, et l'enchaînement des mouvements imperceptibles dont la succession produit la vie dans cet être élémentaire.

Il y a une théorie récente qui est appelée à une grande fortune : c'est celle qu'on appelle corrélation, équivalence, unité des forces, suivant qu'on garde en réserve une arrière-pensée métaphysique ou qu'on s'en tient exclusivement au point de vue scientifique. Des travaux qui comptent parmi les plus beaux de la science contemporaine ont répandu l'idée que les forces mécaniques, électriques, magnétiques, la chaleur, la lumière, les actions chimiques, les actions vitales, sont pour nous autant de manifestations d'une même force qui se convertit quantitativement de l'une dans l'autre. Il ne faut pas plus se faire illusoin dans ce cas que dans les précédents, et croire qu'en voyant après un phénomène donné dans un de ces modes de force un autre phénomène donné dans un autre mode de force, et en quantité égale, nous voyions reparaître la même chose. Cette théorie, si propre à constituer une bonne coordination scientifique, ne nous apporte pas autre chose que des lois de succession des phénomènes, avec un caractère spécial qui en augmente la certitude, celui de la quantité définie. Non seulement cette théorie ne nous apprend rien de la force prétendue unique qui se manifeste à nous sous ces formes diverses, mais encore les phénomènes qu'elle unit ne cessent de nous apparaître différents.

L'idée de loi nous expose à un danger de même nature. Née d'une croyance assez vague, elle est devenue un type de certitude. Ce n'était d'abord que l'intuition d'un rapport de succession ou de coexistence de certains phénomènes connus quant à la qualité, et accompagnée de prévision, c'est-à-dire de croyance à la réalisation future des mêmes phénomènes dans le même rapport. A mesure que la prévision se justifie par l'événement, la croyance à son exactitude croît et se fortifie; le pouvoir de prévoir gagne à la fois en précision et en étendue. L'idée d'une fixité dans le retour des phénomènes s'impose. Faible à l'origine, et ne dépassant guère en valeur ces probabilités où le nombre des chances défavorables ne permet guère de compter sur la réalisation d'une chance favorable, l'idée de loi se fortifie, tant par la reproduction fréquente des phénomènes liés par le rapport qu'elle exprime, que par la confirmation indéfiniment répétée des prévisions fondées sur elle. Lorsqu'elle a acquis une certitude capable d'autoriser une prévision quant à la qualité, elle peut servir de base à des théories scientifiques, imparfaites encore, et qui ne sauraient s'exprimer autrement qu'en langue vulgaire. Mais quand, par les progrès de la science, le rapport est connu avec le degré de précision qui permet d'affirmer l'apparition d'un certain futur quant à la quantité dans le temps, l'espace et le degré, la certitude est aussi grande qu'on la puisse concevoir. Il n'y a plus alors de place pour les chances défavorables, la prévision est réputée complète, et la loi, au lieu du langage vulgaire toujours entaché d'indécision, s'exprime dans la langue nette et sans ambiguïté des mathématiques. Dès lors l'esprit du savant, familiarisé avec les rapports constatés et occupé à en découvrir de nouveaux, est à ce point dominé par l'idée de loi, qu'il ne peut plus concevoir de phénomène sans une loi qui en *explique* la production. Il anticipait sur l'inconnu pour affirmer l'universalité d'une loi, et maintenant, s'élevant au dernier degré de la généralisation, il proclame que « c'est une loi que tout événement dépend d'une loi ». Si les lois d'un ordre quelconque d'événements lui sont inconnues, il en conclut qu'elles sont à chercher ; et, s'il échoue dans sa tentative, il en conclut que les moyens mis en œuvre ne sont pas les meilleurs, ou que notre connaissance n'est pas assez avancée pour instituer une recherche fructueuse. Mais jamais il ne conteste le principe. « On se refuse à admettre que le cours du progrès scientifique doive se retourner brusquement, on ne veut pas reconnaître à notre ignorance d'autre cause que l'insuffisance de nos forces, et l'on n'hésite pas à affirmer que l'humanité doit en définitive découvrir un ordre constant parmi les phénomènes les plus complexes et les plus obscurs [1]. » Tout fait, nous dit-on, est expliqué par sa loi, et une loi est expliquée quand on montre qu'elle a aussi une loi, c'est-à-dire qu'elle est un cas particulier d'une loi plus générale. L'explication universelle serait alors donnée dans une loi dont toutes les autres seraient des cas particuliers, ou dans un théorème dont tous les rapports connus seraient des corollaires. C'est ainsi que l'esprit du savant, dans ses rêves les plus ambitieux, peut imaginer la solution du problème de la nature. Qu'on ne se laisse pas séduire par une fausse apparence ! Il ne s'agit pas ici d'une véritable explication. L'esprit habitué aux abstractions est dupe d'une illusion quand il prend des lois pour des réalités. Les lois sont des symboles de l'ordre, elles n'en rendent pas compte. L'homme du monde ne se fait pas des lois de l'univers la même idée que le savant ; emporté par les habitudes du langage usuel, expression familière des croyances générales, il ne voit dans une loi qu'un règlement, à l'image des lois civiles, imposé à la marche des événements par l'arbitraire d'un législateur surnaturel, en vue de fins mystérieuses que la religion révèle ou que la métaphysique conjecture ; et il a, plus souvent que bien des savants, conscience du mystère que nous ne faisons que déplacer en le transportant d'un événement à une loi, et d'une loi à une autre

---

[1]. Herbert Spencer, *Classification of sciences*, p. 64, édition de 1869, dans l'appendice intitulé : *Laws in general*, qui faisait partie de la première édition des *Premiers principes*.

plus générale. « Expliquer une loi de la nature par une autre, c'est seulement substituer un mystère à un autre ; le cours général de la nature n'en reste pas moins mystérieux, car nous ne pouvons pas plus assigner un *pourquoi* aux lois les plus générales qu'aux lois partielles [1]. »

Ce n'est pas, nous devons en être bien convaincus, une explication que nous devons demander à la science, c'est une coordination des rapports que l'expérience nous révèle parmi les phénomènes de tout ordre du monde ; non point pour remplacer un dogmatisme vieilli par un dogmatisme nouveau, ainsi que bien des esprits s'attardent encore à le croire, mais pour opposer à tout retour agressif du dogmatisme une barrière infranchissable. Ce rôle, la science peut le remplir, grâce à une autorité qui n'est plus sérieusement contestée. Il lui appartient de nous donner un système de vérités, que les esprits avides de constructions transcendantes devront respecter. L'homme du monde qui voit dans la loi le *fiat* permanent d'une volonté surnaturelle croit néanmoins que le monde est régi par des lois ; il demande qu'on les lui fasse connaître, qu'on lui démontre le mécanisme de l'univers, espérant tenir ainsi une des solutions du triple problème de la nature, le vrai *comment* des choses. Le savant, celui au moins à qui il arrive de douter de la portée transcendante de l'intelligence humaine, se désintéresse complètement des autres côtés du problème, qu'il abandonne aux spéculations des métaphysiciens et des prêtres ; mais il croit pénétrer la connaissance du comment quand il enchaîne méthodiquement des faits. Chez l'un comme chez l'autre vit la croyance que le comment peut être atteint dans tous les groupes de faits et même dans l'ensemble des groupes. Cette croyance à la possibilité d'une synthèse rationnelle des phénomènes dans les limites de l'expérience possible est un des caractères de l'esprit moderne. On s'abandonne à l'espérance de remonter de loi en loi jusqu'à une loi enveloppante, des faits concrets de l'expérience à une conception abstraite qui les comprenne tous, et de refouler le mystère jusqu'aux limites extrêmes où nos facultés peuvent atteindre. On se flatte que la science positive peut s'organiser et instituer, à défaut d'une explication de l'univers, une doctrine capable d'éprouver le degré de crédibilité d'un système quelconque, religieux ou métaphysique. C'est pour cela qu'alors même qu'on n'espère plus voir s'élever un de ces

---

[1]. J. S. Mill, *Système de logique*, t. I, p. 531.

grands édifices métaphysiques, d'après lesquels on jugeait autrefois de la puissance d'une philosophie, on n'abandonne pas l'idée d'une synthèse scientifique réduite, d'une théorie du monde où l'imagination n'ait point de part et dont toutes les parties soient d'une certitude rigoureuse. Là est la raison de bien des efforts.

Cette théorie du monde aura-t-elle elle-même la certitude rigoureuse qui lui permettra de remplir efficacement le rôle que l'esprit moderne l'appelle à jouer? Si, d'une loi enveloppante déjà trouvée et non pas seulement conjecturée, on pouvait déduire toute la série des lois de moins en moins générales, jusqu'aux plus élémentaires, on posséderait une base qui, bien qu'atteinte par l'analyse et l'induction, aurait la plus grande certitude possible. Mais c'est là le rêve d'une science achevée, dont nous sommes très loin d'entrevoir la totale réalisation. Nous n'en tenons que des lambeaux que chaque science spéciale nous fournit, et, quand nous voulons les réunir, nous n'en formons qu'un tissu troué de lacunes énormes par où reparaîtraient facilement tous les systèmes de métaphysique. S'il existait une vérité *à priori* à laquelle tous ces lambeaux pussent se rattacher, si les lacunes étaient de nature à se cacher derrière des raccords provisoires déduits de cette vérité *à priori*, la connaissance positive serait ramenée à l'unité, nous aurions une philosophie, et ceux qui se croient en droit de conclure de l'expérience actuelle à ce qui dépasse l'expérience possible auraient une base solide pour leurs croyances et une doctrine sûre pour en vérifier la rationalité. Ce serait une science *idéale*, selon l'expression heureuse de M. Berthelot [1], mais avec la certitude que ce penseur lui refuse. En effet, il n'admet pas qu'on puisse la construire *à priori*, qu'il y ait un point central ferme, un cœur autour duquel on puisse disposer, pour leur donner la vie, ces *disjecta membra* que nous présentent les diverses sciences. S'il a raison, si la science idéale ne doit être encore que le fruit de l'imagination individuelle et libre, qui, mal satisfaite de la science positive, en prolonge les lignes, sans pouvoir leur conserver leur rectitude primitive, la science idéale est une chimère, toute construction qu'on élèverait sur elle est condamnée d'avance. On pourra faire des poèmes sur les données des sciences, mais ils ne sauraient offrir au lecteur une rémunération suffisante. Si, au contraire, comme le croit

---

[1]. *Revue des Deux-Mondes*, 15 novembre 1863.

M. H. Spencer, il est possible de construire *à priori* une synthèse de la connaissance, expression abstraite et symbole de la synthèse des phénomènes du monde, une philosophie d'une positivité supérieure à toutes celles qu'on a pu tenter encore s'organisera aux applaudissements du public éclairé.

Cette œuvre de synthèse, M. H. Spencer l'a tentée. Partant de la science positive, dont il suit les diverses branches dans leur progrès concentrique jusqu'aux généralisations les plus vastes qu'elles fournissent, il rattache ces généralisations aux conceptions abstraites les plus élevées qu'elles supposent toutes, et les ramène ensemble au principe qui jouit de la double propriété d'être le support de toutes les vérités et l'expression d'une intuition de la conscience. Il soude ainsi les produits les plus avancés de l'expérience aux résultats légitimes et inévitables de la spéculation *à priori*. Enfin, il tire de ce principe premier par voie de déduction les lois qui résument la marche des choses, et fonde sur une vérité indéniable une théorie de développement qu'il vérifie ensuite dans les divers ordres de connaissances et dans l'histoire du cosmos. Tel est le vaste programme qu'il se trace et la tâche difficile qu'il entreprend à une époque où le rôle d'un penseur systématique est plus dangereux qu'il n'a jamais pu l'être, où, en face d'une critique éveillée et bien armée, il est impossible de propager l'illusion par laquelle on peut être soi-même séduit. L'entreprise est hardie sans doute, mais elle est bien digne de tenter et d'entraîner un de ces rares esprits dans lesquels les facultés puissantes du véritable penseur s'unissent à la connaissance immense du savant qui se plaît à la constatation des plus petits détails.

III

M. H. Spencer appartient au groupe de philosophes contemporains qui rattachent toute la connaissance à l'expérience. Toutefois il mérite une place distincte dans l'école expérimentale. Il emploie volontiers un langage qui pourrait le faire prendre pour un adhérent d'une autre école : il parle de principes *à priori*, de vérités nécessaires ; il reproche aux *empiriques* de prétendre expliquer celles de nos croyances qu'on appelle nécessaires comme ils expliquent toutes les autres, sans supposer la nécessité d'aucune croyance. Mais il ne faut pas s'y tromper : aux yeux mêmes de M. H. Spencer, la différence qui le sépare des autres défenseurs décidés de l'hypothèse expérimentale n'en est point une de fond, c'est tout simplement une question de forme. S'il rectifie un langage qui lui semble incorrect, s'il rejette des propositions qui, prises absolument à la lettre, laisseraient la philosophie sans fondement, c'est qu'il croit par là servir la même cause. En ramenant nos croyances les plus élémentaires à des notions dernières, c'est encore par l'expérience qu'il les explique. Sa critique n'a d'autre but que d'asseoir la théorie expérimentale sur une base inébranlable. L'empirisme, déclare-t-il, aura beau faire, il ne pourra jamais esquiver l'obligation d'admettre comme principe indubitable quelque postulat. Pour qu'une proposition quelconque de la série de ses raisonnements soit prouvée, il faut qu'elle soit ramenée à une classe de propositions déjà prouvées, et celles-ci à d'autres prouvées aussi. Si cette chaîne de preuves n'avait pas de fin, le système entier ne tiendrait à rien. Il faut qu'elle se rattache à quelque principe tacitement reconnu, qui ne peut être prouvé et qui pourtant ne peut être rejeté, c'est-à-dire à un principe nécessaire qu'il faut poser *à priori* comme certain; sans quoi, rien n'étant certain, rien ne pourrait être prouvé. On admettra donc des données non prouvées et qui ne le seront jamais. De même dans la science, nous partons de faits particuliers et concrets et nous nous élevons à des faits généraux qui les expliquent, de ceux-ci à de plus généraux encore qui les expliquent eux-mêmes, par une opération qui ne peut être infinie, quelles qu'en soient la durée et la lenteur, mais qui, de concentration en concentration, nous rapproche d'une généralisation dernière qui serve d'explication à toutes. Celle-ci, ne pouvant être ramenée à une plus générale, reste inexplicable. « De toute nécessité, l'explication doit nous mettre en face de l'inexplicable. Nous devons donc admettre une donnée qui ne peut être expliquée [1]. »

Mais il faut avoir un moyen de reconnaître ces données nécessaires de celles qui ne le sont pas; il faut déterminer un critérium de la vérité. Nous ne connaissons que ce qui est dans la conscience; là, et là seulement, il faut chercher le caractère qui sera reconnu pour critérium. Avant d'entreprendre la critique de nos jugements pour déclarer lesquels sont vrais et lesquels ne le sont pas, avant de décider, par exemple, si nous devons admettre l'existence du monde extérieur, toute philoso-

---

[1]. Herbert Spencer, *Essays : Mill versùs Hamilton.*

phie doit s'assurer d'une pierre de touche de la vérité ; et, pour la découvrir, elle ne peut mettre en œuvre que des éléments subjectifs.

Toute chose exprimée par une proposition est une association d'états de conscience, les uns représentant le sujet, les autres le prédicat. On trouve dans ces associations tous les degrés de cohésion. Il en est qui sont temporairement indissolubles, fortes ou faibles ; ce sont celles qui forment les choses données dans la perception. Il en qui restent indissolubles parmi toutes les circonstances. Dans celles-là, les états de conscience associés ne se présentent pas toujours avec le même rapport. Dans celles-ci, les états associés se présentent toujours avec le même rapport. Dans les premières, il est plus ou moins facile de séparer par la pensée le sujet du prédicat ; dans les secondes, il est impossible d'effectuer réellement cette séparation. On ne peut pas penser le mouvement sans penser en même temps quelque chose qui se meut. Qu'on essaye de séparer les deux groupes d'états de conscience ; on ne e peut. « L'incapacité de concevoir la négation de la proposition est le pendant de l'incapacité de séparer les états de conscience qui constituent l'affirmation. Les propositions qui résistent à l'effort qu'on fait pour opérer cette séparation sont celles que nous appelons nécessaires. Quelque sens qu'on attache d'ailleurs à ce mot, il veut dire essentiellement l'indissolubilité d'une association d'états de conscience. On s'y soumet, on n'y peut rien ; qu'on le veuille ou non, cette indissolubilité règle la pensée ; c'est une loi universelle de la conscience, dont la puissance est telle qu'il est impossible de concevoir une loi autre [1]. » Cherchera-t-on à expliquer l'indissolubilité, on ne peut y parvenir. Qu'on fasse pour cela l'hypothèse qu'on voudra, elle affirmera toujours une association d'états de conscience ; la juger, ce sera éprouver la cohésion de ces états de conscience, c'est-à-dire les présenter au critérium de l'indissolubilité. Après cette épreuve, on pourra l'accepter, mais elle ne saurait avoir plus de solidité que le critérium lui-même, ni par conséquent l'expliquer. « On ne peut appeler de ce verdict dernier. La seule chose qui reste à faire, c'est de concilier les divers verdicts de la conscience et de les mettre en harmonie avec le verdict dernier [2]. »

Le caractère de la vérité étant trouvé, il s'agit de découvrir une vérité qui sert de base à la philosophie, non plus une vérité

---

[1]. Herbert Spencer, *Essays : Mill versus Hamilton*.
[2]. Herbert Spencer, *ibid*.

d'ordre logique, mais une vérité de l'ordre des existences. Les raisonnements par lesquels on prétend l'établir sont d'ordinaire viciés par quelque pétition de principe. M. H. Spencer s'entoure de toute sorte de précautions pour l'éviter; il ne veut pas sortir de la conscience, et c'est là qu'il prétend trouver, et sans l'y apporter au préalable, l'attestation de cette existence réelle qui supportera sa philosophie.

Sans sortir de la conscience, un premier examen y fait découvrir deux classes d'états, qu'il est, dans presque tous les cas, facile de distinguer à des signes tranchés. Tout état de conscience appartient à l'une de ces deux classes : à la classe des états internes ordinairement appelée le *sujet*, ou à la classe des états externes ordinairement appelée l'*objet*. Nous constaterons que les états de ces deux classes sont unis par des liens particuliers; ils se correspondent, en sorte que les états externes, ceux qu'on appelle des perceptions, paraissent susciter certains états internes de la classe du sujet. En outre, les états du sujet ont la propriété de se susciter les uns les autres, de former des séries par un enchaînement spontané qui se déroule tant que l'intervention d'un état de l'autre classe ne vient pas la rompre et en engendrer une nouvelle. Nous pouvons donc observer et consigner les conditions d'apparition des états du sujet. Nous constatons encore que les états externes apparaissent comme suscités par d'autres états externes et rangés en séries, de sorte que nous pouvons aussi observer et consigner leurs conditions d'apparition. Mais cependant il est des cas où ces conditions nous échappent. Tel état que nous avions vu précédé, apparaît sans qu'il soit possible de lui assigner un antécédent de la même classe; il n'en a pas non plus dans la classe interne; il surgit spontanément, et l'esprit rompu à l'habitude d'affirmer un antécédent dans la série, n'en pouvant trouver, en affirme un hors de la série. Il suppose un antécédent insaisissable, comme un mode d'une chose qui n'apparaît pas dans la conscience. Il pose cette chose au dehors comme une force inconnue susceptible d'intervenir à tout moment dans les séries des états de l'objet, et dont les modes sont unis à ces états par une force inconnue susceptible d'intervenir à tout moment dans les séries des états de l'objet, et dont les modes sont unis à ces états par une cohésion qu'une invariable répétition a rendue indissoluble. On ne peut dire ce qu'est cette chose, on ne peut que la déclarer réelle. Le réel est ce qui persiste; et cette chose persiste absolument, non dans la conscience sous telle et telle forme, mais hors de la conscience, sans forme déterminée, comme une pure puissance.

Sur cette vérité nécessaire, on peut édifier une explication de la connaissance. Pour cela, deux hypothèses suffisent. En supposant que les états de conscience qui forment la classe de l'objet sont des manifestations de cet inconnu, que les relations plus ou moins étroites qui unissent nos états de conscience sont engendrées par expérience des relations plus ou moins constantes des états de cette existence inconnue, nous comprenons une bonne partie des faits de conscience. Une autre hypothèse nous fait comprendre le reste. Si nous supposons que les idées se sont formées sur le modèle fourni par les choses, par une répétition constante des mêmes associations durant un nombre incalculable de générations, et que les idées moulées par l'expérience « se transmettent par hérédité sous forme de modifications de structure organique », nul fait de conscience n'échappe plus à l'explication de la doctrine expérimentale. Les formes ou lois de la pensée, dont on a voulu faire des règles préexistantes à toute communication du soi et du non-soi, ne sont, d'après M. H. Spencer, que « des uniformités absolues du dedans engendrées par une répétition des uniformités absolues du dehors », le résultat de l'action qu'exerce sur la conscience un monde extérieur préalablement posé, les genres les plus compréhensifs d'une expérience vague, prolongée durant une immense période, pendant laquelle s'organisent les correspondances des groupes d'états de conscience avec les groupes d'états du monde, et se fixent graduellement pour servir de règles à l'expérience individuelle, les relations invariablement présentées et représentées des états du monde. Ces relations universelles, bien que d'origine empirique, sont de deux ordres. Les unes, primitives en ce qu'elles sont données comme telles dans la conscience, sont des relations de succession; elles unissent des termes présentés dans un ordre constant. Les autres, secondaires en ce qu'elles sont primitivement données comme les premières dans un ordre de succession, mais qui s'en distinguent par un caractère essentiel, les termes qu'elles unissent se présentent indifféremment l'un avant l'autre; ce sont les relations de coexistence. Considérées à part des états de conscience, ces relations constituent les conceptions de la succession et de la coexistence, le temps et l'espace, abstraits des deux modes d'union des états de conscience concrets.

Un critérium de la vérité, et, par ce critérium, la certitude d'une réalité permanente qui se manifeste à la conscience par deux ordres de modes, le moi et le non-moi, d'une cause inconnaissable dont tout ce que nous pouvons dire, c'est qu'étant persistante, pour ainsi dire, à l'entour de chaque état de la conscience, elle est plus réelle que chacun d'eux ; puis des formes universelles de cohésion de ces états de conscience, expressions des cohésions absolues entre les états de l'inconnaissable ; voilà ce que nous donne l'analyse de la conscience. Affirmer la réalité suprême d'un noumène inconnaissable dont le monde phénoménal n'est que la manifestation en nous, c'est revenir au réalisme. M. H. Spencer l'avoue et considère ce retour comme une conséquence logique du suicide inévitable de la critique sceptique.

« Notre connaissance de l'existence noumènale a une certitude dont celle de nos connaissances phénoménales ne saurait approcher ; en d'autres termes, au point de vue de la logique aussi bien qu'à celui du sens commun, le réalisme est la seule thèse rationnelle, toutes les autres sont ruineuses [1]. » C'est faire profession de savoir beaucoup, que d'affirmer que les changements survenus dans l'existence phénoménale correspondent à des changements parallèles survenus dans l'existence noumènale. Toutefois si, en suivant M. H. Spencer, on se sépare nettement de l'idéalisme, comme l'entendent les philosophes qui s'attachent aux idées de Berkeley, on peut encore soutenir le principe de la *relativité de la connaissance*, puisqu'on fait en même temps profession de ne rien savoir de positif sur la nature des changements survenus dans le noumène, et qu'on reconnaît la radicale impuissance de l'esprit à pénétrer le mystère de « l'existence inconditionnée » qui demeure dans notre conscience comme un corps auquel nous ne pouvons donner, quand nous voulons nous le représenter, que des formes qui soient nôtres, sans pouvoir jamais déterminer celles qui lui appartiennent réellement.

On ne prétend pas non plus connaître en eux-mêmes les objets de ces notions, qui, longtemps tenues pour irréductibles à l'expérience, ont été considérées comme des révélations surnaturelles de la conscience, l'espace, le temps, la matière, le mouvement, les forces, la personne. En définitive, on ne les connaît que comme des formes que revêt dans la conscience la substance indéterminée. Qu'on les réduise comme le fait M. H. Spencer, la matière et le mouvement à des expériences de force, le temps et l'espace à des modes de cohésion de ces expériences de force, on aura tout expliqué, tout excepté la force. La force

[1] Herbert Spencer, *Principles of psychology*.

reste comme une donnée première dont la nature et les modes d'action et de variation restent inconnus et impénétrables. On la pose comme la raison des changements de la conscience, comme une cause persistante d'effets fugaces, qui s'y manifeste par le fait même du changement et ne peut être saisie que dans ce fait, c'est-à-dire dans ce qu'elle est pour nous. Enfin la conscience elle-même, où nous trouvons toutes ces révélations, reste inexpliquée. On ne peut concevoir ni un commencement ni une fin à la série des états qui la composent. On ne peut concevoir la succession de ces états, sans faire intervenir comme corrélatif nécessaire l'action de la réalité absolue qui dépasse la conscience, c'est-à-dire l'inexplicable. On ne peut non plus la concevoir comme un être qui serait modifié lui-même par un autre, c'est-à-dire on ne peut expliquer la personnalité qui semble attestée par la conscience, puisque tout fait de conscience est double et nous offre l'antithèse du sujet et de l'objet, et que par suite l'intuition de soi par soi supposerait un fait de conscience où l'objet serait en même temps le sujet, c'est-à-dire un fait de conscience qui ne serait pas un fait de conscience.

Les principes premiers de l'ordre subjectif, aussi bien que ceux de l'ordre objectif, sont donc au fond également inexplicables. L'esprit, toujours rabattu sur lui-même par l'impossibilité de franchir les limites qui l'enserrent, est condamné à sonder sa propre nescience, et la seule vérité qu'il peut apercevoir dans ce gouffre d'ignorance, c'est l'intuition de sa propre faiblesse. La philosophie, si une philosophie est possible, a donc un autre but. Son objet véritable n'est pas la science de l'absolu, mais la science du relatif. Elle doit constituer, pour l'ensemble du savoir, une doctrine qui soit à cet ensemble ce qu'est à chaque science la doctrine générale qu'on appelle sa philosophie, c'est-à-dire qu'elle doit donner au savoir une unité qui enveloppe et consolide toutes les vérités fondamentales des diverses sciences, unité qu'on a vainement cherchée dans les spéculations transcendantes, en un mot, instituer une science générale dans la plus large acception du mot.

Les principes que les sciences reconnaissent et qu'elles n'expliquent pas, mais au moyen desquels elles expliquent tous les phénomènes de leur ressort, sont par cela même des lois supérieures aux lois diverses que chaque science doit découvrir et expliquer. Ces principes supérieurs s'obtiennent par l'analyse, et ils servent à coordonner, à ramener à l'unité tout un ordre de faits : ce sont des *principes philosophiques*. S'ils sont vrais de toutes les sciences de faits, on peut les appeler *universels*. Si l'on peut établir qu'ils sont des conséquences du premier principe inéluctable, la persistance de la Force, ce sont des principes *nécessaires*. Découvrir par l'analyse les principes fondamentaux des sciences pour les rattacher par une voie déductive à la vérité indéniable qui révèle la conscience, c'est pour M. H. Spencer fonder la philosophie. Quand on aura montré que dans le monde phénoménal rien ne se perd et que, appuyé sur les découvertes récentes de l'équivalence des forces, on aura fait voir que l'infinie variété des phénomènes n'est qu'une métamorphose de forces, depuis les révolutions immenses des corps célestes jusqu'au mouvement infinitésimal des animalcules microscopiques, depuis la formation des nuages jusqu'à la naissance d'un sentiment individuel ou d'un courant d'opinion, depuis les bouleversements du globe jusqu'à la variation des fonds publics ; quand on aura montré que tous les mouvements, à quelque ordre qu'ils appartiennent, obéissent dans leurs transformations aux mêmes lois d'équivalence, de rythme et de direction ; quand, après cela, on aura montré que cette métamorphose et ces lois sont des corollaires d'un même principe, la persistance de la Force, la philosophie aura constitué son unité.

Mais là ne doit pas, selon M. H. Spencer, se borner le rôle de la philosophie. En résumant, dans une formule dernière, les principes analytiques sur lesquels reposent les sciences, elle ne nous donne qu'une partie de ce que nous pouvons attendre d'elle. Nous aurons bien un système de vérités philosophiques, en ce qu'elles dépassent la portée de chaque science ; mais nous n'aurons pas le principe de l'enchaînement des phénomènes du cosmos. Nous ne pouvons connaître que des phénomènes ; au moins faut-il que notre science suprême les embrasse tous, les possibles comme les actuels, dans une formule compréhensive. L'histoire d'un objet doit le prendre à son origine, c'est-à-dire au moment où il commence à tomber sous les prises de la conscience avec les caractères qui l'individualisent, et le conduire à sa fin au moment où il cesse d'être perceptible. La philosophie doit être la théorie de toutes ces histoires. Elle doit nous montrer chaque état d'une chose encadré dans l'état qui l'a précédé et dans l'état qui le suivra, parmi les choses en voie de changement qui l'environnent. Il faut qu'elle fixe dans une formule abstraite cette immense variété de détails. Alors elle sera une histoire de l'univers dans son ensemble et dans ses parties, une théorie de la marche des choses, à laquelle nulle partie de la connaissance n'échappe. Outre la systématisation des axiomes des sciences, la philosophie doit être une théorie du changement des choses. Tel est dans toute son étendue l'objet des *Premiers principes.*

IV

De toutes les croyances que les philosophes du siècle dernier ont léguées à notre siècle, comme pour remplacer celles qu'ils avaient dû s'efforcer de dissoudre, nulle n'a jeté d'aussi profondes racines que la croyance au progrès de l'humanité. Elle grandit tous les jours et mérite d'être considérée comme un des principaux caractères de la pensée au xixe siècle. Toutefois la notion de fatalité qui l'accompagne d'ordinaire révolte beaucoup de bons esprits. Si par progrès on entend une rectitude absolue de direction vers le bien, ce mot ne saurait convenir à la marche si accidentée de l'humanité, où tant de lois naturelles, toutes également inflexibles, s'entrecroisent pour produire, avec des forces d'intensités diverses et de directions diverses et opposées, des effets qui ne peuvent être prévus avec quelque exactitude et encore moins soumis au calcul. Les auteurs qui ont adhéré à l'idée du progrès vers la perfection s'achoppent tous à la difficulté de concilier avec une loi fatale d'évolution vers le bien, des rétrogradations manifestes vers le mal. La critique leur a fait payer cher leur attachement à une théorie qui n'est faible que parce qu'elle n'est pas assez générale, et qu'elle ne pose le bonheur final que comme une conjecture obtenue inductivement, quand ce n'est pas par l'effet de quelque penchant au mysticisme. Ils ont compromis leur doctrine et l'auraient peut-être discréditée complètement, s'il était possible de perdre de vue les témoignages nombreux que la science apporte en sa faveur. Ce qui a manqué aux diverses théories du progrès, ce n'est pas l'abondance des faits qui autorisent l'induction d'une fin, c'est un principe fixe qui en fût pour ainsi dire la garantie, une loi d'où cette fin conjecturée pût être déduite. Si l'on possédait ce principe, la nécessité du progrès serait démontrée, la critique serait réduite au silence. Le problème à résoudre ne consisterait plus qu'à mettre d'accord avec cette certitude notre croyance à la responsabilité et notre idée du devoir. L'humanité atteindra le bonheur qui lui est promis par les défenseurs de l'idée du progrès, si le bonheur est l'effet naturel d'un développement conditionné, c'est-à-dire s'il y a une loi dont l'accomplissement ait pour effet la pleine satisfaction des besoins de toute nature des êtres doués de sensibilité.

Les adversaires de l'idée du progrès auraient raison s'ils se bornaient à en nier la continuité, c'est-à-dire à nier que la série des états par où passe notre espèce se présente en un arrangement tel, que tout conséquent soit meilleur que son antécédent, sans interruption, sans arrêt, sans recul. En ce sens, rien n'est continu dans la nature ; une des lois naturelles les plus fixes est la loi du rythme. La continuité ne pourrait exister que là où une seule force régnerait, mais là il n'y aurait aucune variété à distinguer, par conséquent nul progrès. C'est à bon droit qu'on signale des faits de rétrogradations dans l'histoire de l'humanité ; rétrogradations funestes qui couvrent des périodes de plusieurs siècles et sont, pour les manifestations intellectuelles et morales de notre espèce, ce qu'est la maladie pour les êtres vivants. Mais ces faits sont des produits de facteurs négatifs prépondérants dans le mouvement composé, et dont le progrès n'est que la résultante ; à ce titre, ils sont nécessaires. Si ces facteurs venaient à prévaloir pour longtemps d'une façon constante, il ne pourrait plus être question de progrès, la marche de l'humanité prendrait un cours inverse et, au lieu de marcher vers la perfection, reculerait vers la barbarie et la bestialité.

Puisque les reculs et les arrêts de la marche de l'humanité sont des effets nécessaires, on ne peut pas dire que le progrès soit fatalement continu, qu'il aura lieu quoi qu'il arrive : il dépend essentiellement de la persistance des facteurs dynamiques qui le favorisent. S'il est nécessaire, c'est au sens où tous les produits des lois naturelles sont nécessaires : en ce sens, les arrêts, les reculs qu'il subit sont nécessaires aussi. Qu'il y ait progrès ou décadence, il y a toujours un déroulement d'une série ; la fin, la direction, sont changées, mais il y a toujours une fin, une direction. Une loi qui n'exprime que le progrès ne peut être que la loi du mouvement dans une direction, une partie seulement de la loi de la marche de notre espèce. La loi vraie, la loi complète doit être aussi bien une loi de rétrogradation qu'une loi de progrès ; elle doit exprimer, en même temps que la tendance générale au progrès, les rétrogradations partielles qui retardent le progrès sans l'entraver à jamais, et les progrès partiels qui ne sauraient arrêter la rétrogradation systématique d'une chose qui se dissout. Elle doit figurer un double courant de changements, les uns progressifs, les autres rétrogrades, mêlés ensemble de telle sorte qu'une classe de changements prédomine sur l'autre d'après la loi du rythme universel.

Avec la grande majorité des penseurs contemporains, M. H. Spencer croit au progrès nécessaire. Il y a vingt ans, il exposait cette croyance dans un ouvrage remarquable, la *Statique sociale*, destiné à l'examen des conditions sous lesquelles l'humanité peut et doit trouver le bonheur, et à la recherche d'une loi naturelle qui assure la réalisation de ces conditions. Dans divers écrits publiés à d'autres époques et rassemblés sous le titre d'*Essays : scientific, political and speculative*, M. H. Spencer a souvent repris, à propos de sujets bien différents, l'idée de l'évolution, qui est proprement l'idée maîtresse de sa philosophie, l'inspiratrice de son œuvre entière. M. H. Spencer nous raconte, avec une candeur rare chez un théoricien, l'histoire de sa pensée, le travail mental par lequel il est arrivé à compléter ses idées primitives et à donner à sa théorie une ampleur et une rigueur scientifique que n'ont point celles qui se sont produites depuis la fin du siècle dernier. Pour lui, l'humanité, quelque puissante qu'elle soit, n'est qu'une faible partie d'un système d'existence encore plus vaste ; elle manifeste pour sa part les lois qui le régissent, elle en partage le sort. Le progrès de l'humanité est une partie d'un développement d'un ensemble d'êtres qui embrasse plus que l'humanité. La fin marquée à ce progrès, le bonheur, n'est qu'un cas particulier de la fin plus générale assignée au développement de cet ensemble plus compréhensif ; et cet ensemble n'est lui-même qu'une partie d'un tout plus vaste, dont il manifeste les lois. Nous allons voir comment M. H. Spencer est parvenu, tantôt en généralisant sa loi de développement, tantôt en la restreignant, tantôt en y introduisant des corrélatifs nécessaires, qui permettent d'y comprendre plus d'événements, à tracer la théorie nette et arrêtée définitivement dans ses lignes qu'il expose dans les *Premiers principes*, et qu'il démontre, ou se propose de démontrer plus amplement, dans les volumes qui formeront l'ensemble de son Système de philosophie.

Dans la *Statique sociale*, M. H. Spencer cherchait déjà, avons-nous dit, la loi naturelle dont le progrès de l'humanité est la manifestation. En quoi consiste donc ce progrès ? En général, on voit le progrès dans ce qui contribue au bonheur de l'homme, ce qui tend à l'augmenter directement ou à le favoriser indirectement. Mais ce qui fait le bonheur de l'homme est, d'une manière abstraite, l'aptitude à satisfaire ses besoins de toute nature, c'est-à-dire la liberté, la liberté réglée et limitée par l'égalité, son corrélatif nécessaire, puisque l'homme est à l'état social ; c'est donc d'une façon plus générale l'adaptation complète de l'homme à la vie sociale. « Bon, parfait, complet, sont des mots qui signifient une chose tout à fait adaptée à sa destination ; le mot *moral* signifie la même propriété chez l'homme,..... avoir par soi-même la faculté de faire ce qui doit être fait, c'est être organiquement moral..... La perfection consiste dans la possession de facultés exactement propres à remplir ces conditions : et la loi morale est la formule de la ligne de conduite qui peut les remplir[1]. » Dans une page qui rappelle l'optimisme de Condorcet proscrit, M. H. Spencer affirme sa croyance à la réalisation de la perfection dans l'humanité. « Le progrès, dit-il, n'est point un accident, mais une nécessité. Loin d'être le produit de l'art, la civilisation est une phase de la nature, comme le développement de l'embryon ou l'éclosion d'une fleur. Les modifications que l'humanité a subies et celles qu'elle subit encore résultent de la loi fondamentale de la nature organique, et, pourvu que la race humaine ne périsse point et que la constitution des choses reste la même, ces modifications doivent aboutir à la perfection... Il est sûr que ce que nous appelons le mal et l'immoralité doit disparaître ; il est sûr que l'homme doit devenir parfait[2]. » Ce qui fait la confiance de M. H. Spencer, c'est qu'il y a une loi de la vie qui n'est pas seulement vraie de l'espèce humaine, mais de toute la nature organique, et que la moralité qui doit assurer le bonheur n'est qu'un cas particulier de cette loi. Partout la vie nous offre la preuve que le progrès se fait, quand des parties d'abord similaires et indépendantes deviennent dissimilaires et dépendantes. Quand l'organisme tend à passer de l'état d'un assemblage d'unités discrètes à l'état intégré d'un système d'unités coordonnées, il tend à devenir une chose distincte, à *s'individuer*, d'après la définition que Coleridge donne de la vie. Depuis ces êtres inférieurs, sortes de gelée vivante, où l'on ne découvre pas d'organes, pas même de forme, qui se nourrissent de l'eau qui les imbibe, et qui sont dépourvus d'unité à ce point qu'on peut les couper et que chaque morceau continue à vivre comme auparavant la masse totale, jusqu'aux vertébrés chez lesquels des appareils compliqués, voués à des fonctions distinctes, sous

---

1. Herbert Spencer, *Social Statics*, p. 277.
2. Herbert Spencer, *Social Statics*, p. 80.

l'impulsion d'un système nerveux, coordonnent leurs actions avec une harmonie qui nous fournit le plus haut type de l'unité, et dont aucune partie ne peut être blessée sans que l'ensemble n'en ressente un dommage notable qui peut aller jusqu'à la destruction, il y a une échelle immense dont tous les degrés sont des degrés d'individuation.

« Plus l'organisme est inférieur, plus il est à la merci des circonstances : il est toujours exposé à périr par l'action des éléments, faute de nourriture ou détruit par ses ennemis, et presque toujours il périt. C'est qu'il manque du pouvoir de conserver son individualité. Il la perd, soit en repassant à la forme inorganique, soit en disparaissant absorbé dans une autre individualité. Au contraire, chez les animaux supérieurs qui possèdent la force, la sagacité, l'agilité, il existe en outre un pouvoir de conserver la vie, d'empêcher que l'individualité ne se dissolve aussi aisément. Chez ces derniers, l'individuation est plus complète.

« Dans l'homme, nous voyons la plus haute manifestation de cette tendance. Grâce à la complexité de sa structure, il est l'être le plus éloigné du monde inorganique, où l'individualité est au minimum. Son intelligence et son aptitude à se modifier d'après les circonstances lui permettent de conserver la vie jusqu'à la vieillesse, de compléter le cycle de son existence, c'est-à-dire de combler la mesure de l'individualité qui lui est départie. Il a conscience de lui-même ; il reconnaît sa propre individualité. De plus, le changement qu'on peut observer dans les affaires humaines s'opère dans le sens d'un plus grand développement de l'individualité ; on peut dire que c'est une *tendance à l'individuation*.

« Enfin, ce que nous appelons la loi morale, la loi de la liberté dans l'égalité, est la loi sous laquelle l'individuation devient parfaite. La faculté qui se développe encore aujourd'hui et qui deviendra le caractère définitif de l'humanité sera l'aptitude à reconnaître cette loi et à y obéir. L'affirmation toujours plus intense des droits de l'individu signifie une prétention toujours plus forte à faire respecter les conditions externes indispensables au développement de l'individualité. Non seulement on conçoit aujourd'hui l'individualité, et l'on comprend par quels moyens on peut la défendre, mais on sent qu'on peut prétendre à la sphère d'action nécessaire au plein développement de l'individualité, et l'on veut l'obtenir. Quand le changement qui s'opère sous nos yeux sera achevé, quand chaque homme unira dans son cœur à un amour actif pour la liberté des sentiments actifs de sympathie pour ses semblables, alors les limites à l'individualité qui subsistent encore, entraves légales ou violences privées, s'effaceront, personne ne sera plus empêché de se développer, car, tout en soutenant ses propres droits, chacun respectera les droits des autres. La loi n'imposera plus de restriction ni de charges ; elles seraient à la fois inutiles et impossibles. Alors, pour la première fois dans l'histoire du monde, il y aura des êtres dont l'individualité pourra s'étendre dans toutes les directions. La moralité, l'individuation parfaite et la vie parfaite seront en même temps réalisées dans l'homme définitif [1]. »

La société devient elle-même un individu. Avec l'individuation des parties progresse aussi la dépendance réciproque des parties. Dans un organisme supérieur, vraie république de monades, chaque unité, vouée à des fonctions indépendantes qu'elle exerce isolément, est unie à des unités similaires pour une œuvre commune dont toutes les autres profitent, de même que, de son côté, elle profite du travail de toutes les autres et devient en définitive très dépendante. Il en est de même dans la société ; les unités sociales vouées de plus en plus à des fonctions spéciales se groupent avec les unités similaires pour former des classes distinctes qui accomplissent au profit de la société et de chaque unité sociale des fonctions spéciales et deviennent en définitive très dépendantes. Dans une société civilisée comme dans un organisme supérieur, l'unité harmonique formée par la subordination des parties est la première condition d'existence, nulle partie ne peut être blessée ou détruite sans que toutes en ressentent un dommage. La civilisation qui resserre toujours davantage les liens de cette harmonie n'est qu'une opération d'individuation.

« L'union d'un grand nombre d'hommes pour former un État, la dépendance mutuelle qui rapproche toujours davantage les unités jadis indépendantes, la séparation graduelle des citoyens en groupes distincts occupés à remplir des fonctions distinctes, la formation d'un être vivant composé de parties essentielles nombreuses, qui ressentent toutes le mal qui a été fait à une d'entre elles, tous ces traits rentrent dans la loi d'individuation. Comme le développement de l'homme et celui de la vie, le développement de la société peut se définir une tendance *à devenir une chose*. Bien comprises, les diverses formes du progrès qui

---

1. Herbert Spencer, *Social Statics*, p. 407.

s'effectue autour de nous sont toutes l'expression de cette tendance [1]. »

L'histoire de la science nous la montre en progrès. Ses diverses parties ont entre elles des rapports incessants ; elles s'unissent par des échanges continuels de services. M. H. Spencer nous y fait reconnaître le même caractère de développement. La science, comme l'homme et la société, est un organisme dont les parties unies par un *consensus* général servent au développement de l'ensemble aussi bien qu'à celui des autres parties. « L'observation d'une étoile exige le concours de plusieurs sciences, elle a besoin d'être *dirigée* par l'organisme entier de la science. Chaque science doit s'assimiler la part qui lui revient dans l'observation, avant que le fait essentiel qu'elle révèle acquière la valeur qui le mettra à même de contribuer au progrès de l'astronomie [2]. » Une découverte dans une science cause tout de suite un progrès correspondant dans plusieurs autres ; une lacune dans une science arrête le développement de celles qui doivent attendre que cette lacune soit comblée. « Pour faire une bonne observation dans une science naturelle pure, il faut le concours organisé d'une demi-douzaine de sciences [3]. »

L'exemple tiré de la science nous prouve que le caractère principal du progrès dans la vie organique et dans la vie sociale se retrouve aussi dans celui du progrès des manifestations intellectuelles. Tendre à devenir une chose, à durer, à s'organiser en un système coordonné de parties d'après les lois de la division physiologique du travail et du consensus organique, par la substitution graduelle de parties spécialisées unies par le lien harmonique d'une loi, à des parties indistinctes unies par juxtaposition, c'est marcher dans la voie du progrès. Cette définition exprime bien le caractère essentiel du progrès ; mais en prenant, pour le résumer, le mot *individuation*, notre auteur n'avait pas fait un choix heureux. Son esprit, porté aux vastes synthèses, allait bientôt trouver trop étroite l'idée qui répond à ce mot. D'ailleurs, la notion d'individu, et celle d'individuation qui en dérive, ramène, quoi qu'on fasse, la notion d'un être qu'on peut et qu'on doit considérer en lui-même, et par suite la notion d'une fin propre qui l'explique. Du même coup, sans que l'auteur le voulût, et par l'effet de nécessités psychologiques, toutes

---

1. Herbert Spencer, *Social Statics*, p. 481.
2. Herbert Spencer, *Essays : Genesis of Science*.
3. Herbert Spencer, *Essays : Genesis of Science*.

les spéculations métaphysiques et religieuses qu'il rejette du domaine de la science générale se trouvaient restaurées; l'explication scientifique s'arrêtait court, faute de pouvoir indiquer les causes naturelles qui, au milieu de tant d'êtres qui semblent n'avoir point de fin pour eux-mêmes, produisent des êtres qui semblent en avoir, des individus en un mot ; l'explication métaphysique prenait la place que la science n'occupait pas, et, au lieu de s'engager dans une recherche de causes et de lois naturelles, l'esprit s'arrêtait à la contemplation du mystère insondable. Bien des lecteurs ont dû se sentir frappés du sentiment mystique et des tendances finalistes qui, sans se formuler, semblent régner dans la *Statique sociale.* Un langage imparfait a éveillé dans leur esprit des notions associées que l'auteur n'avait point en vue. « Le langage, a écrit M. H. Spencer, est un obstacle pour la pensée [1]. » C'est un obstacle qui n'égare pas seulement le lecteur, mais qui fait faire fausse route au penseur lui-même. On comprend pourquoi notre auteur a pris par la suite tant de précautions pour se mettre à l'abri de ces mauvais tours imprévus de la langue philosophique, et l'on ne peut se garder de songer à tous ces éminents esprits qui, depuis Descartes, se sont promis de faire de leurs croyances un rigoureux examen. Arrivés au bout de leurs raisonnements, ils pensaient s'incliner devant le verdict irrécusable de la logique, alors qu'à leur insu l'habitude avait seule parlé et les avait remis insidieusement sous la domination de croyances dont ils avaient cru vérifier sérieusement des titres. Ils croyaient avoir fouillé en tous sens des concepts analytiques, tandis que la loi d'association leur imposait des concepts synthétiques, idoles du sens commun. M. H. Spencer devait échapper à ce danger. A cette époque déjà, il obéissait à un « désir qu'il ne reconnaissait pas nettement, mais qui opérait sourdement en lui ». Il voulait trouver « une interprétation *purement physique* des phénomènes. » Il chercha quelque temps à rattacher le fait de l'individuation à quelque loi naturelle et réussit peu après à donner « à l'un de ses corollaires une explication scientifique » [2].

Nous avons vu qu'avec l'individuation, qui forme un tout composé de parties harmoniquement liées, il se fait une autre opération qui distingue ces parties et donne à leurs fonctions res-

---

[1]. Herbert Spencer, *Essays : Philosophy of Style.*
[2]. *Théorie de la population, dérivée de la loi générale de la fécondité animale* (*Westminster Review,* avril 1852).

pectives des caractères tranchés : c'est la *spécialisation* des parties. Les deux tendances deviennent toujours plus évidentes dans le cours du progrès ; la variété croît avec l'unité qu'elle accompagne. Mais c'est tantôt la variété, tantôt l'unité qui frappe l'attention avec le plus d'intensité. Ces deux faits concomitants, qui ne s'expliquent pas l'un par l'autre, n'ont pas, au point de vue du progrès même, une égale signification. L'individuation qui constitue l'unité est le caractère principal, la spécialisation des parties qui constitue la variété est le caractère secondaire. Toutefois, la difficulté de remonter directement de l'individuation à la loi physique qui en exprime la cause détourna peu à peu M. H. Spencer de la considération du caractère essentiel du progrès, pour tourner son attention plus spécialement, et quelque temps exclusivement, sur le caractère secondaire. En étudiant une question qui se rattachait trop à ses plus intimes préoccupations pour ne pas exercer sur son esprit une attraction prépondérante, l'*évolution naturelle des espèces*, et en recherchant les preuves géologiques qui l'appuient, M. H. Spencer reconnut que « non seulement les individus du règne végétal et ceux du règne animal progressent en originalité dans le cours de leur évolution, mais que, durant les époques géologiques, les flores et les faunes suivent la même marche ». C'était un fait que la doctrine de l'individuation ne pourrait exprimer, mais qui trouvait sa formule générale dans une loi déjà découverte et précisée par des penseurs allemands illustres à divers titres : A. Wolff, Gœthe et Baer. D'après ce dernier, « la série des changements opérés pendant qu'une graine se transforme en arbre, un œuf en animal, est un passage d'un état de structure homogène à un état de structure hétérogène [1]. » A partir de ce moment, en possession d'une formule qui exprimait un des côtés les plus saillants du progrès de la vie, M. H. Spencer délaissa peu à peu le principe de l'individuation et n'y revint que lorsque, par de nouvelles spéculations, il put lui rendre dans son œuvre la place prééminente qui lui appartient, en lui donnant une forme tout à fait différente, « non plus métaphysique et impropre à recevoir une explication naturelle, mais une forme purement physique susceptible de recevoir une explication complète ». C'est pourquoi si, durant les années qui suivent la publication de la *Statique sociale*, on retrouve encore dans les écrits de M. H. Spencer le principe d'unité sous le nom d'*individuation*,

---

[1]. Herbert Spencer, *Essays : Progress : its law and cause.*

de *dépendance mutuelle,* de *consensus,* on y trouve de plus en plus accentué le rôle que jouent dans le progrès la spécialisation des parties et l'hétérogénéité croissante de l'ensemble

Déjà, dans un essai intitulé *Philosophie du style*[1], M. H. Spencer présentait l'accroissement de la variété comme un des caractères essentiels du progrès. D'après lui, le chef-d'œuvre littéraire d'un écrivain parfait doit être, « comme tous les produits de la nature et de l'homme, non une suite de parties semblables simplement juxtaposées, mais un tout composé de parties mutuellement dépendantes. »

Dans la *Genèse de la science,* notre auteur faisait aussi une large place au fait de la spécialisation des parties. Il nous montrait, dans une belle étude historique, la science naissant de la connaissance vulgaire et progressant par la multiplication de ses branches et la spécialité de ses divers objets.

Mais c'est surtout dans un essai publié en 1854, intitulé *Les manières et la mode,* que l'idée de la spécialisation des fonctions se dégage nettement et se montre sous un jour plus vif que ne fait l'idée d'unité. Dans cet écrit, M. H. Spencer étudie un ordre de manifestations de la vie sociale dont le développement, depuis leur origine commune jusqu'à une époque où, par l'extrême division qu'elles subissent, elles tendent à s'effacer, constitue un des caractères saillants des progrès de l'humanité. Il s'agit des institutions grandes et petites qui règlent la conduite des hommes en société : le gouvernement, l'administration de la justice, la religion, les usages, les règles de l'étiquette, les modes. A une époque dont les documents de l'antiquité, les mythes, les poèmes, les ruines des monuments, nous fournissent des témoignages que nous n'avons qu'à interpréter et dont les usages, depuis longtemps périmés dans nos sociétés, se conservent sous des formes analogues parmi les peuplades barbares de l'Afrique, la volonté du chef conquérant, du *Fort,* était la norme de toute conduite. Ses décisions, quand il jugeait les querelles privées, furent l'origine de la loi. Le respect mêlé de terreur qu'inspiraient sa personne et ses qualités sans égales, alors estimées surnaturelles par des esprits grossiers qui avaient à peine une idée des pouvoirs et des limites de la nature humaine, furent l'origine de la religion, et ses opinions les premiers dogmes. Les marques d'obéissance dont les vaincus épargnés payaient sa miséricorde furent les premiers exemples de

---

[1]. Herbert Spencer, *Essays.*

ces marques de respect qu'on appelle aujourd'hui les bonnes manières et les formes de courtoisie. Les soins qu'il prenait de sa personne, ses vêtements, ses armes, devinrent des modèles qu'on s'efforça d'imiter : telle fut l'origine de la mode. De cette quadruple source sont dérivées toutes les institutions qui ont longtemps fleuri parmi les races civilisées, et qui règnent encore aujourd'hui, malgré leur décadence évidente et les protestations non conformistes qui, sans mettre en péril l'idée essentielle qui en fait le fond, et au contraire en l'épurant de plus en plus, menacent d'une ruine complète des formes longtemps vénérées. Partout le pouvoir, primitivement concentré sous une forme unique dans la main du Fort, du roi-dieu, s'est subdivisé en se développant : le gouvernement, en fonctions civiles, militaires, diplomatiques, etc. ; l'administration de la justice, en tribunaux nombreux de plus en plus spéciaux, auxquels sont affectés des corps distincts de magistrats, d'avocats, etc. ; l'Église, en une institution où, au-dessus de la foule des fidèles, s'élève une hiérarchie de clercs dont les fonctions sont de plus en plus distinctes et nombreuses ; les usages, en des observances diverses que la politesse impose à l'égard des individus, d'après le rang qu'ils occupent dans la société ; enfin la mode, d'abord imitation de la mise et des gestes du roi-dieu, s'est subdivisée, par l'imitation de bien d'autres choses, pour devenir, par l'effet de règlements somptuaires imposés par la loi ou par l'opinion, ou tacitement acceptés, le caractère extérieur des diverses classes de la société, des fonctions administratives, militaires, judiciaires ou religieuses. Partout la multiplication et la spécialisation des fonctions a marqué le développement de ces institutions. Mais, en se continuant, cette spécialisation en a altéré profondément le caractère général. Quand le gouvernement tend à n'être plus que le lien fédératif de petites communautés indépendantes, et l'Église à s'émietter en un nombre incalculable de sectes ; quand les marques de subordination des classes, devenues de simples témoignages de respect pour la dignité de la personne humaine, tendent à s'appliquer à tout citoyen, sans distinction de rang ni de fonction ; enfin, quand les modes tendent à ne plus représenter que le sentiment esthétique de chaque individu, ce qui nous frappe le plus, ce n'est pas l'harmonie des fonctions de parties qui pourtant subissent, par une dépendance réciproque, des modifications parallèles et synchrones, c'est la multiplicité croissante de ces mêmes parties.

Après avoir successivement éprouvé que la loi de Baer s'appliquait aux organismes considérés comme individus, à l'agrégat de tous les organismes dans le cours entier de l'histoire géologique, aux chefs-d'œuvre de la littérature, aux institutions fondamentales de la société, comme aussi aux langues, aux arts et à tous ces produits de la vie mentale qu'il comprend sous le nom générique de *superorganiques*, M. H. Spencer se trouvait placé sur une pente qui devait le porter naturellement à étendre cette loi au développement des existences qui composent le monde inorganique. On ne peut douter que ces existences ont aussi une évolution. Les changements coordonnés qui constituent la genèse du système solaire dans son ensemble et celle des grands corps qui le composent, les états divers par lesquels la Terre a passé depuis l'époque où elle s'est agrégée en un sphéroïde gazeux pour arriver, à travers les périodes d'incandescence, de consolidation de la croûte et de condensation des eaux, sous l'action combinée des forces neptuniennes et plutoniques, à l'état où nous sommes, tous ces changements attestent un développement graduel. En examinant tous ces changements, M. H. Spencer reconnut l'universalité de la loi de Baer; il fit plus : il en voulut chercher la cause naturelle. Cette recherche fut l'origine du bel essai intitulé : *Le progrès, sa loi et sa cause*, qui devait d'abord paraître sous le titre plus significatif de : *La cause de tout progrès* [1].

Le monde sidéral, nous dit M. H. Spencer dans cet essai, si l'on adopte l'hypothèse des nébuleuses, a passé d'un état presque homogène, où la matière était diffuse, à l'état actuel, en obéissant à la loi de Baer. A une masse où toutes les parties étaient semblables par la composition, les forces qu'elles exerçaient les unes sur les autres, la direction du mouvement qu'elles suivaient, a succédé un système de masses distinctes et différentes par leurs volumes, la direction de leurs mouvements, l'inclinaison de leurs axes, la forme de la courbe qu'elles suivent dans leur révolution, etc. De même, la terre a obéi à cette loi en passant de l'état d'incandescence à l'état actuel, où une croûte solide et refroidie emprisonne un noyau encore incandescent, et présente de grandes inégalités d'élévation, de structure, d'exposition aux rayons solaires, de climats, etc. De même encore les êtres vivants, non seulement comme individus, mais considérés dans les faunes et les flores qui se sont succédé à

---

1. Spencer, *Essays : Progres, its law and cause*, publié d'abord dans *Westminster Review*, april 1857.

la surface du globe; de même encore toutes les manifestations sociales, les institutions politiques, les industries, le commerce, les sciences, les lettres, les arts. Si le mode de développement est partout le même, nous devons conclure de l'uniformité de la loi à l'uniformité de la cause. Quelque étendue que soit cette loi, puisqu'elle comprend tous les faits d'évolution, elle n'est encore qu'une généralisation de l'expérience; elle a besoin d'être ramenée à une loi plus générale qui, d'empirique, la rende rationnelle et lui confère, ainsi qu'au progrès qu'elle résume, le caractère de la nécessité. Le progrès est un changement, sous quelque forme qu'il se manifeste; c'est donc dans une loi de changement qu'il faut chercher la raison de cette transformation de l'homogène en hétérogène. M. H. Spencer la trouve dans une loi démontrée par l'expérience et vérifiée dans tous les ordres de faits. « Dans les événements les plus grandioses comme dans les plus insignifiants » qui se succèdent dans le monde sidéral, dans le système solaire, dans l'histoire de notre planète, dans les deux règnes de la vie, et dans la société, nous reconnaissons qu'une cause produit toujours plus d'un effet. La complication croissante des choses, leur passage d'une structure homogène à une structure hétérogène en est une conséquence forcée.

« Vienne maintenant, ajoute M. H. Spencer en finissant son écrit sur *le Progrès*, vienne la confirmation de l'hypothèse des nébuleuses, et il sera démontré que l'univers a débuté comme un organisme par un état homogène; que, dans sa totalité et dans chacune de ses parties, il a marché et marche encore vers un état de plus en plus hétérogène. On s'assurera que, depuis le commencement jusqu'à notre temps, une force qui se dépense en se décomposant en plusieurs forces a toujours produit un degré supérieur de complication. L'hétérogénéité qui en est résultée s'accroît et s'accroîtra encore. Le progrès n'est pas un accident, il n'est pas soumis à la volonté de l'homme : le progrès est une nécessité bienfaisante [1].

« Peu après, M. H. Spencer signala une autre cause physique qui, jointe à la première, explique le passage de l'homogène à l'hétérogène : il montra que l'état d'homogénéité est une condition d'équilibre instable [2]. »

---

1. Herbert Spencer, *Essays : Progress, its law and cause*.
2. Herbert Spencer, *Transcendental physiology*.

V

Une théorie du progrès qui se formulait ainsi n'avait pas le caractère de mysticisme et de finalité qui entachait la doctrine de l'individuation : elle remplissait un désidératum de l'esprit scientifique en substituant à une formule de l'ordre métaphysique une formule plus favorable à une explication par les causes naturelles. En même temps, M. H. Spencer se sentait obligé de donner du progrès une définition qui, ne tenant plus compte de nos sentiments moraux ou esthétiques, devait lui faire peu à peu abandonner le mot de progrès trop compromis par ses connexions avec ces sentiments, pour adopter celui d'*évolution*, plus propre à exprimer la nature toute scientifique de sa théorie. Mais il s'en fallait bien que cette formule fût complète et vraiment philosophique. Elle expliquait le passage de l'homogène à l'hétérogène par la loi qu'une cause unique produit toujours des effets multiples relativement à nous; mais le fait que cette loi généralise restait inexpliqué, de même que celui de l'instabilité des existences homogènes. D'ailleurs la formule à laquelle nous venons de voir M. H. Spencer s'arrêter est-elle bien celle du progrès? Se vérifie-t-elle dans les changements auxquels on peut donner le nom de progrès, et ne se vérifie-t-elle dans aucun de ceux auxquels on est en droit de le refuser? La loi du passage de l'homogène à l'hétérogène remplit la première condition, mais non la seconde. Comme M. H. Spencer le reconnaît lui-même, une maladie introduit dans un organisme des changements qui le rendent plus hétérogène et plus multiforme. Que cette multiplication d'effets se continue, et elle aboutit à la dissolution. Quand une révolution éclate dans un État, des institutions illégales s'établissent à côté des institutions légales, et l'anarchie qui en résulte rend l'État plus multiforme qu'il n'était auparavant; que cette anarchie dure, et elle aboutit invariablement à la dissolution de l'État. Ces deux exemples, empruntés à la pathologie des organismes et des sociétés, montrent que des changements opérés d'après la loi du passage de l'homogène à l'hétérogène, et de l'uniforme au multiforme, ne sont point des faits de progrès. En outre, remarque encore M. H. Spencer, un chaos de formes hétérogènes succédant à une masse homogène ne constitue pas un progrès. Il y a dans le progrès un caractère que la loi que nous venons de formuler, quelque nécessaire qu'elle soit, n'embrasse pas : c'est *une* loi de progrès, ce n'est pas *la* loi du progrès. Il faut une autre loi qui la limite, un autre caractère qui, s'ajoutant au premier, spécifie davantage la classe des faits que nous voulons définir, un signe auquel nous reconnaissions si un changement de l'homogène à l'hétérogène est un anneau de la chaîne du progrès, ou s'il en est le terme, et s'il marque dans l'histoire d'une chose la limite qui sépare sa phase progressive de sa dissolution.

C'est alors que M. H. Spencer dut revenir à considérer le principe d'unité qu'il avait un moment, et pour de bonnes raisons, négligé. Il compléta peu à peu sa théorie en faisant rentrer dans sa formule les généralisations relatives à la formation des êtres observables et aux transformations qui constituent leur évolution ; et comme il était porté par une saine habitude d'esprit à considérer les changements de tout ordre au point de vue physique, et à relever leurs caractères communs, il aboutit à formuler diverses lois universelles sur le rythme et la direction du mouvement, et il n'eut plus qu'à les rattacher par voie déductive au principe premier, la persistance de la force, pour entrevoir la vérité que tous les phénomènes d'évolution sont des effets des lois mécaniques manifestées par les éléments qui entrent dans la composition des existences, ou, comme il le dit, des arrangements sur un nouveau plan (*redistributions*) de la matière et du mouvement. Suivons rapidement le développement des idées de M. H. Spencer.

Tout progrès est une espèce de changement. La loi du progrès doit être une certaine loi de changement. « Tout changement, écrivait M. H. Spencer dans la première édition des *Premiers principes*, tout changement dans l'arrangement des parties d'une masse quelconque suppose d'abord la *matière* de ces parties, puis le *mouvement* produit pendant qu'elles s'arrangent sur un nouveau plan, enfin la *force* qui les y pousse. C'est un problème de dynamique que nous avons à résoudre [1]. » Tout changement est pour nous, quelle que soit la complication qu'il nous présente, une modification de la matière et une modification du mouvement. Ces deux faces de la conception de la force sont inséparables. La matière est indestructible, le mouvement est continu : vérités universelles, corollaires du premier principe attesté par la conscience, la persistance de la force. De la combinaison variée de ces deux éléments résultent tous les phénomènes du cosmos.

---

1. Herbert Spencer, *First principles*, 1re édition, p. 221.

Tout agrégat matériel a des parties et possède une certaine quantité de mouvement sensible, comme lorsqu'il occupe successivement des positions différentes, ou insensible, comme lorsqu'il affecte nos sens par ses qualités. Un changement opéré dans cet agrégat, qui n'est pas un simple transport de la masse, doit consister soit en un accroissement ou une diminution de la quantité de la matière ou de la quantité de mouvement, soit en un arrangement nouveau des parties et en une répartition différente de la quantité de mouvement. Si la quantité de mouvement insensible diminue, il y a concentration des parties, consolidation de la masse totale, intégration ; si le mouvement insensible augmente, il y a dispersion des parties, déconsolidation de la masse, désintégration. Ces deux types de changements, l'un de concentration de la matière avec dissipation de mouvement, l'autre d'absorption de mouvement avec diffusion de la matière, comprennent tous les changements observés dans la nature, tous ceux des objets comme tous ceux des parties d'objets. Ce sont les deux faces de la métamorphose universelle, toujours présentes, mais inégales ; en sorte qu'on trouve toujours quelque tendance à l'intégration ou à la désintégration, et nulle part le repos, l'équilibre des deux tendances. L'équilibre absolu ne pourrait exister qu'entre des unités dynamiques uniformément répandues dans un espace infini, notion pour laquelle l'intelligence de l'homme n'est pas faite. Jamais les deux ordres inverses de changements ne cessent de coexister; ils se neutralisent mutuellement d'une façon imparfaite ; une force différentielle subsiste qui porte l'ensemble ou à l'intégration ou à la désintégration.

L'évolution, c'est l'intégration ; la dissolution, c'est la désintégration.

Ce n'est que dans des cas très simples que l'évolution présente seulement une concentration des unités autour d'un centre commun. Le plus souvent, avec cette concentration pour ainsi dire générale s'opèrent des concentrations locales des unités autour de centres divers, en sorte que l'évolution est multiple. L'ensemble n'est pas seulement plus concentré, plus différent des autres ensembles ; c'est un agrégat concentré de parties concentrées elles-mêmes et devenues différentes les unes des autres. C'est sur cette opération que s'était arrêté pour un temps M. H. Spencer ; c'est ce qu'il a appelé un passage de l'homogène à l'hétérogène. Dans bien des cas, cette opération est la plus saillante, elle masque complètement l'opération de concentration de l'ensemble qui coordonne tous les centres secondaires autour du centre commun, et fait de toutes les parties hétérogènes une structure harmonique composée d'organes coopératifs.

Ce qui a lieu pour la matière a lieu aussi pour le mouvement. Dans une masse de matière diffuse, les unités moléculaires sont retenues à l'état discret par un mouvement qui leur est propre. A mesure que la masse se concentre, les mouvements des molécules s'intègrent et apparaissent comme mouvement de toute la masse. Outre cette intégration totale, il se fait des intégrations partielles et locales des mouvements des unités en mouvements de petites masses, toute une hiérarchie coordonnée de mouvements. La fonction totale de l'ensemble est un faisceau harmonique de fonctions d'unités élémentaires. Tant qu'un ensemble d'unités contient de ce mouvement moléculaire, les arrangements intérieurs sont possibles. Dans les gaz, où le mouvement moléculaire est très abondant, les molécules changent constamment de rapport; il n'y a pas de structure. Dans les solides, qui l'ont entièrement transformé en mouvement de masses, ou qui l'ont même perdu sous cette forme, les molécules ne peuvent plus changer de position; la structure est permanente. Dans les corps d'une densité intermédiaire, surtout dans les corps plastiques, les molécules ont encore assez de mouvement pour pouvoir contracter des relations nouvelles. Ces corps sont le vrai théâtre de l'évolution et de la dissolution; les autres n'ont point encore commencé leur évolution ou l'ont achevée. La tendance à s'organiser en parties distinctes et coopératives n'y a pas encore eu de manifestation, ou n'en peut plus avoir par la cessation même de toute fonction dans l'immobilité relative des parties.

Pour faire mieux saisir ces abstractions, prenons encore l'exemple que nous avons déjà présenté, la société. Au début des familles errantes en quête de leur maigre subsistance, où nulle fonction distincte, autre que celle des sexes, n'existe, c'est l'état discret de la matière diffuse. Plus tard, un certain nombre de ces tribus s'agrègent, et déjà la distinction des fonctions s'y établit, distinction rudimentaire qui ne sépare les unités sociales qu'en deux classes, les gouvernants et les gouvernés, la classe directrice et la classe opérative. Dans la première classe, il s'opère même une intégration dont le résultat est de produire une hiérarchie. Les classes opératives restent soumises à des nobles, ceux-ci obéissent à des seigneurs féodaux qui, eux-mêmes, ont au-dessus d'eux le pouvoir royal. M. H. Spencer nous a montré, dans *Les manières et la mode*, comment du pouvoir royal sortait, par une sorte de fractionnement, des qualités qu'implique la nature du souverain, les fonctions de plus en plus distinctes du gouvernement, de l'Église, de la justice. En même temps, une opération analogue s'accomplit dans la classe opérative, l'industrie se spécialise ; par une subdivision toujours croissante, les individus qui se livrent à la même spécialité se concentrent aux endroits où leur travail peut se faire avec le plus de facilité ; les échanges se régularisent entre des agences commerciales de plus en plus spécialisées ; un *consensus* étroit s'établit entre les producteurs, les distributeurs de produits et les consommateurs ; c'est l'évolution par concentration des unités sociales agrégées en groupes coordonnés qui accomplissent des fonctions distinctes et harmoniques, lesquelles résultent de l'agrégation de mouvements convergents et coordonnés des mouvements jadis indépendants des unités.

Ce qui manquait à la formule déjà donnée par M. H. Spencer dans son essai sur *Le progrès*, c'était d'exprimer que l'agrégat dont les parties, d'abord homogènes, deviennent hétérogènes, ne perd pas son unité, que les différences toujours plus tranchées qui distinguent ces parties ne dissolvent pas pour cela l'agrégat en un nombre plus ou moins grand d'agrégats indépendants. En appelant *évolution* une intégration toujours plus grande de l'ensemble, accompagnée d'une intégration, d'une différenciation et d'une dépendance mutuelle toujours plus grandes des parties aussi bien que des fonctions, et d'une tendance à l'équilibre des fonctions des parties intégrées, M. H. Spencer complétait sa formule, et en substituant au mot d'individuation celui d'intégration, comme il avait substitué le mot d'évolution à celui de progrès, il affranchissait sa théorie de toutes attaches métaphysiques.

Il a fait plus encore. C'est avec les lois mêmes qui lui servaient à expliquer l'accroissement de la variété qu'il a expliqué l'accroissement de l'unité. Dans son essai sur *Le progrès*, il se contentait de montrer que le progrès est le résultat nécessaire d'une loi empirique, qu'une force se dépense toujours à produire plusieurs effets. Dans son essai sur *La physiologie transcendantale*, il avait poussé un peu plus loin sa tentative d'explication, sans toutefois cesser de recourir à une loi empirique, celle de l'instabilité de l'homogène. Il ôte maintenant à ces lois leur caractère empirique en montrant qu'elles sont des conséquences du principe général de la persistance de la force. Mais, comme cette loi est insuffisante pour expliquer deux des caractères principaux du progrès, la distinction des parties et des fonctions, et l'intégration des parties et des fonctions, M. H. Spencer recourt pour les expliquer à deux lois qui sont aussi des corollaires du principe fondamental. Il fait reposer la nécessité de l'évolution sur trois lois universelles, et par elles sur le principe indémontrable, mais indéniable de la persistance de la force. D'après la première (*loi de l'instabilité de l'homogène*), un corps homogène, ou, pour parler plus exactement, moins hétérogène dans sa composition et sa structure, car nous ne connaissons rien d'absolument homogène, devient plus hétérogène sous l'action d'une force incidente. La loi de la *multiplication des effets* apporte à la loi de l'instabilité de l'homogène une coopération énergique. Une force incidente qui affecte un composé déjà hétérogène en affecte différemment les parties ; par suite, en vertu du principe de réaction, elle en est différemment affectée ; elle cesse d'être homogène, si elle l'était, ou devient plus hétérogène qu'elle n'était, et n'agit plus que comme un faisceau de forces dissemblables, qui, à leur tour, exercent des actions et subissent des réactions de plus en plus dissemblables et nombreuses ; en sorte que le nombre des effets qu'on peut rapporter à une seule cause primitive va en croissant en progression géométrique, et que la raison de cette progression s'accroît elle-même d'après le degré d'hétérogénéité du milieu où cette cause s'exerce. Enfin, la loi de *ségrégation* est une conséquence forcée des deux lois précédentes, et par elles du principe de la persistance de la force. Ces forces dissemblables qui tombent sur un composé y produisent des mouvements en sens divers qui ont pour résultat la convergence et l'agrégation des unités mues dans le même sens, et la séparation des unités mues dans des directions différentes. Appuyée sur le témoignage unanime des faits d'expérience, logiquement déduite d'une donnée *à priori* de la conscience, et résultat obligé des lois mécaniques, l'évolution est pour nous un fait nécessaire.

Durera-t-elle toujours ? Est-elle continue ? Si elle a un terme, quel est-il ? Peut-on assigner un point que l'intégration des parties ne peut dépasser, où, tout mouvement des unités étant dissipé, nul arrangement évolutif ne soit plus possible ? On ne peut douter que l'évolution n'ait un terme. L'agrégation des parties ne s'opère pas sans qu'elles rencontrent des résistances, sans qu'elles dépensent pour les vaincre une partie de leur mouvement. De concentration en concentration, c'est-à-dire de perte de mouvement en perte de mouvement, il faut arriver à un degré de concentration où les parties n'ont plus de mouvement à perdre, à un état d'agrégation équilibrée, non pas quant aux corps ambiants, ni au milieu, mais quant aux parties intégrantes. C'est vers cet état que tendent les agrégats en évolution; ils l'atteignent et y persistent, y revenant quand ils en sont dérangés par une cause perturbatrice, en oscillant avec un rythme de plus en plus lent, jusqu'à ce qu'enfin ils y restent au repos. Tel est l'état final assigné au progrès social. Nous y marchons à travers des fluctuations terribles, par des alternatives de révolutions et de réactions sanglantes, de guerres, et heureusement aussi par des périodes de paix qui se succèdent d'après un rythme de plus en plus lent, où les explosions révolutionnaires deviennent moins violentes, et les répressions réactionnaires moins cruelles; nous marchons vers une époque de liberté et d'égalité où, les sentiments des hommes étant adaptés aux conditions d'existence de notre espèce, leurs désirs obéiront spontanément à la grande loi économique de l'offre et de la demande, qui prend alors le nom de Justice.

A côté de l'évolution marche sans cesse son corrélatif nécessaire, la dissolution. Quand un agrégat est parvenu, en traversant toutes les phases de son développement, à cet état d'équilibre interne, où les parties élémentaires qui le composent ne sont plus susceptibles d'un arrangement nouveau, il n'en reste pas moins exposé à l'action des forces extérieures. Pour qu'il ne le fût pas, il faudrait qu'il n'y eût nulle part de force disponible, c'est-à-dire que l'équilibre universel fût réalisé. C'est supposer la neutralisation de tous les possibles par la réalisation de tous les possibles, la suppression absolue du mouvement, la mort universelle : toutes conceptions que nous ne sommes pas capables de penser effectivement. Une force extérieure, tombant sur un corps en équilibre interne, ne peut qu'y produire un arrangement de matière et de mouvement autre que celui qui existait auparavant, et commencer une désintégration dont l'étendue dépend de la quantité de mouvement que le corps absorbe. Cet événement, prélude d'une dissolution, se produit aussi dans les agrégats qui n'ont pas terminé leur évolution, et avec d'autant plus de facilité que l'équilibre d'un tout qui n'a pas atteint le *summum* d'hétérogénéité dont il est susceptible est plus instable, parce qu'il contient encore du mouvement des unités non intégré en mouvement fonctionnel des groupes intégrés. Tant qu'un corps est en évolution, le voisinage de toute force disponible est pour son progrès un danger permanent. Dans une société en voie d'évolution, quand tous les membres qui la composent ne sont pas irrévocablement parqués dans les cadres d'une hiérarchie immobilisée, les actions du dehors ont sur sa structure une influence puissante. L'existence, dans le voisinage de cette société, d'un foyer de forces inintégrées, devient un obstacle à son progrès. Tantôt c'est une race parvenue à un haut degré de civilisation, mais entourée de races encore barbares ; elle est continuellement menacée d'une conquête qui la ferait rétrograder rapidement vers le niveau social de ces barbares ; ou bien elle est contrainte de conserver des institutions et des mœurs militaires qui arrêtent le développement d'institutions et de sentiments plus favorables au progrès social. Tantôt c'est une société qui contient dans son sein des masses qui n'ont point accès aux biens de toute nature qui sont les fruits d'une organisation sociale avancée, une société où l'harmonie n'existe pas entre les sentiments des citoyens et la constitution des groupes où ils sont incorporés pour coopérer à la fin commune. Dans ces deux cas, les sociétés sont obsédées sans relâche par la menace d'une dissolution générale de leurs institutions, ou au moins elles subissent, par l'effet de luttes inévitables et incessamment renouvelées, des dissolutions partielles qui retardent le progrès général.

Quand l'évolution est terminée, quand le corps a acquis une structure fixe, l'équilibre est plus stable, et il faut une force plus grande pour le dissoudre. La présence d'une telle force au voisinage de ce corps met inévitablement sa structure en péril. Quand une société est arrivée par l'effet de son évolution à une constitution stable, où les sentiments des membres sont en harmonie avec le sort qui est fait à chacun d'eux, quelle que soit la structure de ce corps social, les dérangements de l'équilibre y sont difficiles et rares. Quand le type social qu'elle nous présente est d'un rang inférieur, quand l'inégalité de ses membres est consacrée par les sentiments les plus puissants, et surtout par le sentiment religieux, l'évolution a pu aboutir au terme qui ferme la voie où elle était engagée, mais elle n'a pas atteint la fin du travail de l'intégration sociale. L'équilibre se maintiendra dans une telle société durant un temps indéterminable, jusqu'à ce qu'une grande violence extérieure, par exemple une conquête, permanente ou temporaire, vienne, par une catastrophe salutaire, rendre aux unités intégrées sur un plan défectueux leur mouvement propre aliéné au profit d'une constitution mauvaise, et enfin leur permettre de se reconstituer sur un meilleur plan par une révolution radicale. Qu'il soit question de l'organisme social ou de tout autre agrégat susceptible d'évolution, la stabilité de l'équilibre temporaire qui en marque les étapes, ou de l'équilibre plus permanent qui en marque la fin, ne peut être absolue. Il y a toujours pour le rompre des forces en excès dégagées par l'évolution qui s'est produite ailleurs. La force est persistante : cet axiome, base de la philosophie, est la garantie que toute force qui abandonne un corps où la matière s'intègre va opérer ailleurs une dissolution, pour se porter ensuite, chassée par une évolution nouvelle, vers un autre point de l'univers, et y faire une fois de plus son office de désintégration. La dissolution partielle ou totale d'un agrégat est un événement tout aussi nécessaire que son évolution, et dépend de la direction de ces innombrables courants de force qui ajoutent du mouvement à la matière ou leur en enlèvent à chaque instant. Vue de haut, l'évolution, avec son corrélatif la dissolution, représente un rythme immense d'une durée que l'imagination humaine ne peut embrasser. Tout ce qu'elle peut faire, c'est de se créer une représentation symbolique de cette série d'ondes qui porte notre monde de l'état d'extrême diffusion, antérieur à la formation des nébuleuses, à l'état d'équilibre dans la plus extrême concentration, et le ramène ensuite par une désagrégation graduelle à son état primitif.

Cet exposé sommaire et abstrait suffit pour nous montrer la signification de la synthèse de M. H. Spencer. Ce n'est point, comme la doctrine dont M. Renan, reprenant les thèses hégéliennes, nous traçait une brillante esquisse il y a quelques années [1], une théorie de progrès continu vers le mieux, à laquelle le nom de progrès vers l'absolu convient parfaitement. L'évolution pour M. H. Spencer n'est pas une marche de plus en plus accélérée de toutes les parties de l'univers, qui les mène simultanément, par une voie semée de destructions, mais sans interruptions ni retours, de l'atome matériel à la conscience universelle, où se réalise la toute-puissance et l'omniscience, en un mot à la réalisation pleine de l'absolu, de Dieu. La philosophie de M. H. Spencer ne nous mène pas à des spéculations de cette nature. Elle nous donne dans une formule abstraite les deux classes de manifestations de l'absolu, quelles que soient leurs positions dans l'espace et dans le temps ; mais elle ne nous donne au fond que l'abstraction de ce que nous savons de ce petit nombre de manifestations qui éclatent dans l'étroite région où fonctionne notre conscience. Nous ne pouvons rien conclure au sujet de celles qui n'apparaissent pas pour nous, si ce n'est de celles qui apparaissent pour nous. Or celles-ci ne nous

---

[1]. *Revue des Deux-Mondes*, 15 octobre 1863.

présentent pas un courant unique qui emporte hommes et choses vers un avenir prédéterminé, mais deux familles de courants inverses. La force que nous savons persistante, mais que nous ne connaissons point en elle-même, ne se révèle à nous que par deux modes antithétiques, l'attraction et l'expansion. Dans le coin de l'univers où nous essayons d'en conjecturer les lois, l'attraction règne, l'intégration s'opère, l'évolution marche. Nous pouvons espérer que l'humanité réalisera sur la terre les conditions du bonheur, parce que nous avons des raisons de croire que le progrès sera, pendant un nombre considérable de siècles, la loi de la région dont nous sommes des parties. Mais nous n'avons aucune raison de croire que dans le Tout le mouvement progressif prédomine sur le mouvement régressif, et que le progrès soit la loi de l'univers dans sa totalité. La science pourra s'accroître par le double procédé qui multiplie l'ajustement de nos notions avec les faits et le rend plus rigoureux. Le pouvoir de l'homme s'accroîtra avec ses connaissances. La vie que ce pouvoir assure sera mieux protégée et plus productive ; elle atteindra même cette période d'équilibre où la connaissance, étant le miroir fidèle de tous les rapports des choses en relation avec l'homme, le rendra maître de sa destinée sur sa planète. Mais nous ne pouvons douter que si la durée de l'évolution à laquelle notre progrès appartient permet à notre espèce de s'adapter complètement aux conditions qui lui sont imposées, qu'elle peut connaître, mais qu'elle ne saurait modifier, un temps ne vienne enfin où elle ne trouvera plus sur le globe les conditions qui assurent l'exercice de la pensée et même de la vie. Que l'humanité ait ou non atteint à cette époque l'ère de bonheur et la connaissance relativement complète que nous sommes en droit d'espérer pour des générations à venir, elle périra, et son œuvre, accomplie ou seulement ébauchée, sera perdue comme elle : complètement perdue si l'existence de l'espèce humaine et de ses membres n'est pas persistante par l'effet de quelque loi inconnaissable. Mais une telle croyance, qui trouve naturellement sa place dans la philosophie de l'illustre penseur que nous venons de citer, ne saurait en trouver une dans celle que nous avons sommairement exposée ; elle n'y trouve pas de base et n'y saurait figurer ni comme déduction ni comme induction. C'est une croyance qui appartient au domaine de la religion, non à celui de la philosophie, que M. H. Spencer distingue et que M. Renan réunit en les confondant.

VI

En écartant de sa philosophie toute préoccupation qui n'est pas exclusivement scientifique, en renvoyant au delà de ses frontières les problèmes de la substance et de la cause que l'intelligence humaine n'est pas capable de résoudre, en fondant sur l'expérience toute la doctrine de la science générale qui unifie les sciences spéciales, et surtout en coordonnant les connaissances positives, d'après une loi d'évolution, en une série où les lacunes sont habilement masquées par des hypothèses que l'expérience ne dément pas et que la raison peut accepter, par tous ces traits, par le dernier surtout, M. H. Spencer nous offre un des types les plus complets de l'esprit philosophique du XIXe siècle. On s'est habitué depuis quelques années en France à donner aux auteurs qui soutiennent cet ensemble de doctrines, ou au moins celles que l'on considère comme fondamentales, le nom de *positivistes*; on les regarde comme des disciples d'A. Comte. Le public au milieu duquel ce puissant esprit avait eu peine à rassembler un petit cercle d'initiés l'avait laissé vivre, penser et mourir, sans accorder à son œuvre l'attention qu'elle méritait, et sans porter à sa personne d'autres sentiments qu'une indifférence complète. Nous n'oublierons pas la stupéfaction profonde avec laquelle on reçut, peu d'années après la mort de Comte, la nouvelle étrange, révélée par un économiste, que ses doctrines tendaient à remplacer les vieilles croyances dans certaines parties de la classe ouvrière. Depuis, et sans y mieux regarder, on lui a fait honneur du grand mouvement de la pensée contemporaine, qu'il n'a pas créé et qui paraît suivre une voie où il n'eût pas voulu l'engager. Cette appellation de positivistes est excellente : elle convient à cet ensemble de penseurs, de savants, et même de simples curieux, qui basent leurs idées générales sur l'ensemble des sciences positives, et regardent comme insolubles les problèmes que les sciences positives ne peuvent servir à résoudre. Pourtant on ne peut pas dire que ces savants et ces penseurs soient de l'école de Comte. Une école suppose un maître qui l'a fondée, et des disciples qui ont pour principal souci de reproduire fidèlement les idées et les procédés du maître, en se permettant tout au plus quelques libertés de détail. Ici, nous avons bien de grandes lignes, des doctrines fondamentales, mais on ne peut appeler détails les points de divergence. D'ailleurs, les grandes lignes sur lesquelles on s'accorde étaient déjà tracées avant Comte. Si donc on a bien fait de donner le nom de positivistes à tous ceux qui adoptent ces points essentiels, on aurait tort de les rattacher à Comte comme des disciples à un maître. On commettrait par légèreté une confusion qui fausserait l'idée qu'on doit se faire de leurs relations respectives. Ceux qui l'ont déjà commise se sont étonnés d'une polémique récente qu'ils ont prise pour une querelle intestine de disciples d'une même école, prélude d'une dissolution de la doctrine commune. Pour ne s'être pas assez approchés des opinions en conflit, ils ne se sont pas aperçus des graves dissentiments qui les séparent ; pour n'avoir pas assez bien étudié les origines du courant philosophique contemporain, ils ne voient pas bien les points où il s'est divisé en divers bras. Il ne s'agit point de décider du litige, ni d'estimer la valeur comparée des doctrines spéciales de Comte, et de celles des penseurs qui ne veulent point se rattacher à son école, ou qui ne lui ont jamais accordé qu'une adhésion partielle ; nous voulons seulement rappeler que, malgré les ressemblances et les analogies que le lecteur peut trouver entre les écrits de divers auteurs contemporains et les idées de Comte, celles-ci, celles du moins qui lui appartiennent en propre, forment un système assez distinct pour que ceux qui les rejettent aient bien le droit de revendiquer leur indépendance : le titre de disciples de Comte ne leur convient nullement. A ceux qui n'ont pas une connaissance exacte des doctrines, les documents de la polémique, entre autres les écrits consacrés par M. Robinet, Bridges, Littré, J. S. Mill, à l'exposition, à la critique, à l'apologie des idées de Comte, auraient pu apprendre que, à côté d'un accord sur les points essentiels, il existe, entre les diverses classes de partisans de la philosophie expérimentale, un dissentiment profond sur les points qui sont les caractères propres de la philosophie de Comte.

C'est parce que ce dissentiment est mal connu ou mal apprécié qu'on a regardé comme des disciples de Comte la plupart des hommes éminents qui manifestaient leur adhésion aux principes de la philosophie expérimentale, et confondu cette philosophie avec celle qu'on appelle positive. De là des réclamations qui se sont produites de tous côtés, notamment chez M. J. S. Mill avec une bienveillance fondée sur l'acceptation de plusieurs idées qui appartiennent à Comte, chez M. H. Spencer avec une impatience qui s'allie à un respect profond pour l'illustre penseur dont il entend bien se séparer, chez M. Huxley avec des boutades qui vont jusqu'à l'injustice.

Malgré les titres incontestables de M. H. Spencer à l'originalité, il est peu surprenant que la confusion dont nous parlons ait été commise, surtout en France; mais il l'est davantage qu'elle y ait été propagée par un écrivain distingué, que son savoir étendu et sa connaissance des œuvres de M. H. Spencer auraient dû préserver de cette méprise [1]. Il nous semble utile de la relever et de la détruire au moment où, pour la première fois, un ouvrage important de M. H. Spencer va paraître dans notre langue.

« Ce que Comte a voulu, nous dit M. Spencer, c'est une coordination systématique de nos connaissances qui servît à l'interprétation des classes de phénomènes qui n'ont pas été étudiés d'une manière scientifique; idée élevée, digne d'encouragements et d'éloges. Il a rajeuni la conception de Bacon, déjà bien faite pour nous étonner à une époque où les connaissances étaient si peu avancées, et qui ne visait pas à moins qu'à organiser les sciences en un vaste système où la science sociale apparût comme un rameau de l'arbre de la nature. Au lieu d'une conception vague, indéfinie, Comte a donné du monde une conception définie, très soigneusement étudiée ; dans son œuvre, il a fait preuve d'une portée, d'une fertilité et d'une originalité d'esprit fort grandes, aussi bien que d'une rare puissance de généralisation. Abstraction faite de la question de vérité, son système de philosophie positive est un immense progrès. Mais, après avoir payé à Comte un juste tribut d'admiration pour ses idées et pour les efforts qu'il a faits en les mettant en œuvre, il reste à se demander s'il a réussi. Ceux qui pensent qu'il a réorganisé la méthode et les connaissances, et qui admettent sa réorganisation, méritent réellement le nom de ses disciples; mais ceux qui n'acceptent pas cette réorganisation ne sauraient le porter. Quand on n'admet pas les doctrines propres à Comte, on est son adversaire ; on se trouve dans la même situation que s'il n'avait jamais écrit. Ceux qui rejettent sa réorganisation de la doctrine scientifique et adhèrent à cette doctrine, telle qu'elle était avant Comte, professent avec lui des opinions que le passé a léguées au présent; mais cette adhésion ne saurait être comptée en faveur des doctrines propres à Comte. Telle est la position du corps des savants : c'est la mienne [2]. »

1. M. Laugel, *Revue des Deux-Mondes*, 15 février 1864.
2. Herbert Spencer, *Reasons for dissenting from the philosophy of M. Comte*.

Comte, d'ailleurs, n'avait pas les prétentions que certains de ses disciples laissent paraître. Il reconnaissait que le mode positif de philosopher avait mis des siècles à se développer, et que c'était un héritage commun à tous les hommes de science. Les principes qui composent cet héritage commun, la relativité de la connaissance, et son corollaire, le principe qui défend de recourir à des entités métaphysiques pour expliquer les phénomènes, enfin la fixité des lois de la nature, Comte n'a rien fait pour les rendre plus forts qu'il ne les avait reçus. Il s'en est servi; mais, par cela seul qu'il a interdit toute analyse subjective de la pensée, il s'est opposé à leur démonstration définitive. Nous n'examinerons pas tous les points de dissidence : nous nous arrêterons seulement aux trois principaux, la loi dynamique de la sociologie, la hiérarchie encyclopédique ou classification des sciences, et la constitution de la société humaine.

VII

Les variations des opinions humaines, dit Comte, ne sauraient jamais être purement arbitraires. Elles obéissent à une loi qui fait passer toute conception théorique par trois états successifs : le premier, qui donne à la cause absolue des événements des formes concrètes par une pure fiction de l'esprit, c'est l'état théologique; le second, qui donne à cette même cause absolue une forme abstraite purement idéale, c'est l'état métaphysique; le troisième enfin, qui renonce à « la recherche de l'origine et de la destination de l'Univers », à la connaissance « des causes intimes des phénomènes », et ne s'attache qu'à découvrir « leurs lois effectives, c'est-à-dire leurs relations de succession et de similitude », c'est l'état positif ou réel. Le premier état, adopté d'abord comme système général d'explication, a marché de concentration en concentration et a atteint « la plus haute perfection dont il soit susceptible, quand il a substitué l'action providentielle d'un être unique au jeu varié des nombreuses divinités indépendantes qui avaient été imaginées primitivement. » Le second état, l'état métaphysique, qui suit pas à pas le premier, substituant à une divinité un être de raison, suit tour à tour la même marche vers l'unité, et arrive à la perfection, quand toutes les unités sont résumées en une seule, la nature, grande entité, « envisagée comme la source unique de tous les phénomènes. » Le troisième, enfin, l'état positif, dans lequel l'esprit ne cherche que l'expression des relations, rapporte les faits à des faits plus généraux, dont ils ne sont que des cas particuliers, ceux-ci à d'autres plus généraux encore, en sorte que « sa perfection vers laquelle il tend sans cesse, quoiqu'il soit très probable qu'il ne doive jamais l'atteindre, serait de pouvoir se représenter les divers phénomènes observables comme des cas particuliers d'un seul fait général, tel que celui de la gravitation, par exemple. »

Telle est la loi des *trois états* destinée à jouer dans le système de Comte un rôle de premier ordre, puisque, en assignant le terme définitif du progrès de la pensée humaine, elle pose la base des constructions pratiques de la société finale. C'est elle qui détermine le principe de la classification des sciences, qui fournit une marche pour l'éducation, suivant laquelle « on fera désormais sciemment ce qui jadis s'accomplit aveuglement ». Bien que Comte nous y montre l'application de trois méthodes de philosophie, dont le caractère est, dit-il, essentiellement différent, et même radicalement opposé, il ne voit au fond dans la méthode métaphysique qu'une simple modification générale de la méthode théologique, très propre à servir d'intermédiaire entre les deux états extrêmes, et à conduire « par degrés insensibles à la philosophie positive..., un instrument puissant pour dissoudre les conceptions théologiques, habile même à masquer quelque temps leur absence par des conceptions vagues qui font illusion, mais incapable d'organiser le domaine de la métaphysique et de résister à la pression de la philosophie positive. » Il n'y a donc au fond que deux modes essentiellement opposés : le mode théologique et le mode positif ; l'esprit humain va du premier au second, quels que soient les accidents du passage ; il doit commencer par le premier et finir par le second, abandonnant le premier comme radicalement incapable de donner à l'homme le pouvoir de modifier le milieu où il est placé.

De toutes les parties que Comte a ajoutées de son propre fonds au fonds commun, nulle n'a excité de plus vives protestations que la loi dynamique de la physique sociale, tant de la part de la théologie et de la méthaphysique absolutiste, que des représentants d'une école d'ailleurs très rapprochée du positivisme, l'école critique, qui refusent de laisser enfermer dans une loi rigide quelconque la marche de l'humanité, qu'ils estiment indéterminée. Comte a bien senti que cette loi avait besoin d'être expliquée, qu'elle n'acquerrait jamais l'autorité scientifique qu'il voulait lui donner, tant qu'elle n'exprimerait qu'un simple fait général. Il a compris qu'il fallait « caractériser les divers motifs généraux puisés dans l'exacte connaissance de la nature humaine, qui ont dû rendre, d'une part inévitable, d'autre part indispensable, cette succession nécessaire de phénomènes sociaux directement envisagés quant à l'évolution intellectuelle, qui domine essentiellement leur marche principale. » Les divers procédés scientifiques qui servent à la confirmation définitive d'une vérité empirique étaient trop bien connus à l'homme qui avait tracé la philosophie des sciences positives pour qu'il crût avoir assez fait en énonçant une simple généralisation historique. Ces sortes d'inductions, il le savait et le disait, avaient besoin, pour devenir irrécusables, du contrôle de la « propriété éminente » par laquelle nous concevons « *à priori* toutes les relations fondamentales des phénomènes, indépendamment de leur exploration directe, d'après les bases indispensables fournies d'avance par la théorie biologique de l'homme. » Indépendamment des causes secondaires, le mouvement qui s'accomplit d'après la loi dynamique reconnaît deux causes universelles, « les conditions naturelles de l'organisme humain et celles du milieu où il se développe ». Mais ces deux causes sont toujours à l'œuvre, et, si l'on peut toujours soutenir avec certitude qu'elles déterminent l'évolution et sa vitesse, on ne peut jamais dire la part que chacune d'elles prend dans cette œuvre commune, ni montrer quelles lois du milieu, quelles lois de l'organisme humain, se vérifient dans telle manifestation de la dynamique sociale. Devant cette difficulté qu'il ne pouvait certainement pas surmonter, Comte était réduit à recourir pour vérifier sa loi à tous les procédés d'investigation à sa portée, à l'observation directe, à l'observation indirecte, « aux nombreuses formes de la méthode comparative », et surtout aux raisons logiques. Malgré ces ressources, la loi dynamique, sans lien déductif qui la rattache à une loi plus compréhensive, reste une pure généralisation empirique ; l'adhésion de « tous les esprits avancés » ne saurait la protéger contre « l'irrationnelle érudition » de ces esprits moins avancés que Comte récusait avec tant de hauteur, se faisant lui-même juge de la compétence de ses contradicteurs.

L'homme, nous dit-il, n'a pu comprendre les événements qui l'environnent qu'en douant de conscience et de volonté chaque groupe permanent de phénomènes. Il a cru se connaître et connaître en lui-même un type d'unité ; il l'a transporté « aux autres sujets qui attiraient son attention naissante ». Il a dû débuter par un anthropomorphisme universel. Cela est possible. Nous voyons autour de nous encore assez d'exemples de ce procédé d'explication tout enfantin ; nous entendons encore assez souvent affirmer que ce que l'homme connaît le mieux, c'est lui-même, pour comprendre qu'un des premiers offices de la raison, au sortir de cette période immense, durant laquelle, les impressions n'étant pas coordonnées, nulle connaissance n'avait reçu sa forme, ait été cette œuvre de personnification. Mais cette induction toute métaphysique, si semblable à celles qui ont souvent égaré les penseurs qui ont voulu plier les faits aux vues de l'esprit, ne saurait se passer de l'appui d'une vérification historique complète. Il est bien vrai que, à la naissance de toutes les sociétés, les conceptions théologiques dominent; mais il est des cas où les premières notions théologiques que nous présente l'histoire n'ont plus le caractère fétichiste. L'induction rationnelle de Comte n'a donc pas la vérification rigoureuse dont elle a besoin.

La difficulté qui se présente au passage de l'état théologique à l'état positif est bien plus grande encore. Comte l'attribue en définitive à « la prédilection de l'intelligence pour les conceptions positives, surtout d'après leur supériorité pratique, qu'elles ne doivent qu'à ce qu'elles sont mieux adaptées aux prévisions qu'exige notre activité. » Cette raison, vraie en elle-même, ne nous semble pas contenir ce que Comte veut en tirer. Elle suffit à merveille pour motiver des changements toujours plus grands dans la conception de la divinité, qui jusque-là a dominé notre entendement; mais va-t-elle jusqu'à l'anéantir? Persuadé désormais de la supériorité pratique des conceptions positives, l'homme demandera son bonheur et la sécurité de son avenir à la science positive; il ne cherchera plus à se concilier par des « sollicitations convenables » l'intervention arbitraire de puissances idéales. Il cherchera le secret de la nature par tous les moyens de l'investigation scientifique; et, pour assurer sa propre destinée, il s'appliquera à modifier, avec toute la force que lui donne son savoir, les conditions naturellement indépendantes qui la déterminent. Il ne priera plus; mais cessera-t-il de croire à l'existence et à la présence de la divinité? C'est une opinion assez commune qu'un dieu qui ne confère pas de grâce, qui ne met pas son doigt sur chaque événement, n'est pas dieu; c'est l'opinion des adhérents des Églises chrétiennes comme de la plupart des hommes qui en repoussent les symboles; c'était assurément celle de Comte. Aussi ne croyait-il pas nécessaire de démontrer que le plein avènement du régime positif dût effacer le dernier vestige des conceptions théologiques. A défaut de l'expérience spécifique que l'avenir tient en réserve, laquelle vérifiera ou ne vérifiera pas l'affirmation positiviste, des motifs rationnels peuvent seuls lui donner l'autorité provisoire d'une croyance acceptée, interdire la contradiction, et rendre impossible ou improbable toute autre théorie de l'évolution mentale.

Les conceptions générales, nous dit M. Spencer, ne passent pas par trois états différents et opposés, ni même par deux; elles restent toujours les mêmes : leur compréhension seule varie, et, avec leur compréhension, mais d'une manière inverse, leur netteté.

L'esprit humain n'a jamais cessé de se poser la question de la cause : il a cherché à la résoudre par deux voies différentes, la religion et la science : de là l'illusion de deux objets de recherches, de là un antagonisme apparent entre les deux procédés, qui cache le sens profond de leur commune tendance. Les défenseurs de la religion et les amis de la science n'ont cessé de se combattre, et cependant ils n'ont pas laissé de faire une œuvre commune, profitable à la religion comme à la science. Dans cette lutte, aussi vieille que la civilisation, à travers tant de vicissitudes, il n'y a pas eu de vaincu.

« Toute religion est une théorie *à priori* de l'Univers. » Toutes les religions se proposent d'expliquer le Monde par un pouvoir qui le cause; toutes affirment qu'il y a quelque chose à expliquer par une cause, et toutes proposent une conception de cette cause. « Dans le plus grossier fétichisme, qui suppose derrière chaque phénomène une personnalité distincte, » c'est-à-dire qui représente la force directrice du monde sous des formes multiples « parfaitement arrêtées et vulgaires », et les assimile aux puissances visibles, hommes et animaux; dans le polythéisme, où ces personnalités subissent un commencement de généralisation et sont de plus en plus reléguées « dans des régions lointaines », d'où elles influencent l'ordre des choses par des moyens qui échappent à la connaissance de l'homme; dans le monothéisme, où la généralisation devient complète, où la personne divine perd peu à peu tous ses attributs anthropomorphiques et devient, faute de qualification possible, le « dieu inconnu »; enfin, dans cette dernière période, où la religion prend définitivement conscience de l'impossibilité de douer l'objet de son culte d'un attribut quelconque, c'est-à-dire en un mot de le concevoir, où les penseurs religieux répètent avec Hamilton : « Un dieu qu'on comprendrait ne serait pas dieu ; » dans toutes ces formes si multiples, sous des symboles si différents, la religion n'a fait qu'affirmer toujours davantage la transcendance de la cause de l'univers, et son développement consiste précisément à se débarrasser de symboles qui déguisaient le mystère insondable de cette cause ; c'est ce que les théologiens les plus éclairés de nos jours reconnaissent. D'après eux, la lutte et les revers n'ont été par la religion que des épreuves d'où elle est sortie toujours plus épurée.

Et la science ? C'est aussi une théorie de l'univers. La science représente la somme de « connaissance positive et définie de l'ordre qui règne parmi les phénomènes environnants ». A l'ordre indéterminé qu'exprimaient les conceptions théologiques, elle a substitué graduellement un ordre déterminé ; mais elle ne s'est avancée qu'en affirmant des puissances d'une espèce radicalement différente de celles des dogmes religieux, entités, esprits, forces, conceptions de plus en plus abstraites, au moyen desquelles elle prétendait représenter ce qu'elle ne connaissait pas et ne pouvait connaître. Aujourd'hui seulement, par l'organe des savants les plus avancés, elle reconnaît que les dernières forces sur lesquelles elle fondait son explication universelle ne sont point des forces distinctes, mais des modes de manifestations d'une force universelle unique, désormais reconnue incompréhensible. La science a marché comme la religion, en posant des explications superficielles, qu'elle absorbait peu à peu dans des explications plus profondes et plus générales, pour aboutir, après une lutte où la victoire semble ne l'avoir jamais abandonnée, à reconnaître le même mystère devant lequel s'arrête la religion : une cause transcendante, c'est-à-dire inconcevable, de l'univers.

Si l'esprit, dans son évolution, ne suit pas trois procédés distincts, mais un seul, il n'aboutit pas à trois résultats, mais à un seul. Le Dieu unique qui, dans la religion, absorbe tous les autres dieux ; la nature, entité unique qui, en métaphysique, absorbe toutes les autres entités ; le fait général auquel tous les faits peuvent se ramener comme des cas particuliers, ne sont pas trois conceptions différentes, mais une seule conception. « Quand l'idée théologique de l'action providentielle d'un être unique est arrivée à la forme dernière de son développement par l'absorption de toutes les puissances secondaires indépendantes, elle devient la conception d'un être immanent dans tous les phénomènes, ce qui explique l'évanouissement de tous les attributs anthropomorphiques qui leur servaient jadis de caractère. Le dernier terme du système métaphysique, la nature, est une conception identique avec la précédente; c'est la notion d'une source unique qui, dès qu'on la regarde comme universelle, cesse d'être concevable, et ne diffère en rien que par le nom de la conception d'un être qui se manifeste dans tous les phénomènes. De même, l'état définitif de la science, la réduction de tous les phénomènes observables à des cas particuliers d'un fait général unique, implique le postulat d'une existence dernière auquel ce fait puisse être rapporté; postulat qui ne saurait se distinguer des deux conceptions identiques de la théologie et de la métaphysique [1]. » Le conflit jusqu'ici permanent de la religion et de la science ne peut cesser que par une pleine adhésion de ces deux puissances au principe de la transcendance de la cause du monde; il ne peut prendre fin par la suppression de l'une des deux : elles sont destinées à vivre autant que la conscience. C'est en vain que la science se flatterait d'atteindre par ces explications tout l'inconnu; ses conquêtes, quelque immenses qu'on les suppose, laisseront toujours intact l'éternel problème. Le sentiment religieux ne périra pas faute d'aliment. Retranché, comme il l'est maintenant, dans une région où la science ne saurait l'atteindre, il voit son domaine s'étendre même à mesure que s'étend celui de sa rivale. « Si nous considérons la science comme une sphère qui s'agrandit graduellement, nous pouvons dire que son accroissement ne fait qu'accroître les points de contact avec l'inconnu qui l'environne [2]. » L'objet du sentiment religieux restera ce qu'il a toujours été, la source inconnue des choses. Les *formes* sous lesquelles les hommes conçoivent la source inconnue des choses peuvent s'effacer; l'Être absolu, la *substance* de la conscience, est permanent. Le sentiment religieux a commencé à se représenter la cause universelle sous forme d'agents imparfaitement connus, puis sous forme d'agents moins connus et moins connaissables, pour arriver enfin à la concevoir comme une cause tout à fait inconnaissable; mais il n'a cessé un instant d'en faire l'objet de ses spéculations que pour y revenir avec une ferveur nouvelle; il s'en occupera toujours. Maintenant qu'en agrandissant son objet il en est venu à contempler l'inconnaissable in-

---

[1] H. Spencer, *Reasons for dissenting from the philosophy of M. Comte*.
[2] Herbert Spencer, *Premiers principes*, p. 16.

fini, il est au terme le plus élevé de son évolution; nul être fini ne saurait le satisfaire, pas plus l'objet que Comte propose à la vénération de ses disciples, le Grand Être Humanité, que toute autre conception *finie* connaissable [1].

VIII

C'est une nécessité pour tout philosophe dogmatique ou critique de s'attacher à la question de l'ordre de nos connaissances. Le fondateur du positivisme pouvait d'autant moins s'y soustraire qu'il croyait l'ère de la critique décidément fermée et l'heure des constructions positives sonnée. Malgré ses dénégations souvent faites d'un ton tranchant, Comte admettait qu'on peut, en se plaçant à un point de vue convenable, et avec des connaissances suffisantes, se représenter l'enchaînement des idées scientifiques les plus générales, c'est-à-dire concevoir la recherche comme achevée dans ses grandes lignes : il croyait que ce qui reste encore à explorer de vérités de détail, quoique d'une grande étendue et d'une grande importance pour la pratique, n'était plus capable d'influer sur l'économie du système spéculatif. C'est pour cela qu'il préféra le mode dogmatique au mode historique quand il voulut exposer la hiérarchie encyclopédique. Il reconnaissait suffisamment que ces deux modes ne concordent pas, que le développement des sciences a été simultané et s'est opéré par un échange réciproque de services. Toutefois, il voulut considérer comme plus anciennes les plus avancées, subordonnant ainsi un témoignage irrécusable à un principe de classification qu'il emprunte aux relations des faits : il détermine l'ordre et la dépendance des sciences d'après la dépendance des faits dont elles s'occupent. Un autre point capital de la doctrine de Comte, c'est la division des sciences en abstraites et concrètes : les premières, systèmes des lois qui gouvernent les faits élémentaires ou événements tels qu'ils existent ou se présentent à l'observation, mais d'une portée plus compréhensive que l'existence réelle ; les secondes, coordinations des existences, qui ne sont que des superpositions de faits ou d'événements, combinaisons que l'expérience révèle. Ces événements présentent entre eux des relations qui permettent de

[1]. Voy. *Reasons for dissenting from the philosophie of M. Comte.*

les classer en « catégories naturelles disposées d'une telle manière que l'étude rationnelle de chaque catégorie soit fondée sur les lois principales de la catégorie précédente, et devienne le fondement de l'étude de la suivante »[1]. Chaque catégorie dépend de celle qui précède et, à son tour, sert d'introduction à celle qui suit ; c'est une échelle où chaque catégorie de faits représentée par les lois correspondantes systématisées en sciences abstraites est plus générale et plus simple que celle qui vient immédiatement après. Cet ordre de généralité décroissante corrélative d'une complexité croissante constitue l'unité de la doctrine philosophique et donne à la classification des sciences une homogénéité que nul autre essai n'a présenté.

Les êtres de la nature nous offrent deux grandes divisions. Tous sont le siège de propriétés de gravité, de chaleur, etc., de combinaison et de décomposition ; mais l'un seulement des deux groupes présente des phénomènes de croissance et de reproduction. Les premiers, qui possèdent les propriétés communes aux deux divisions, c'est-à-dire les plus générales, sont les plus simples : ils forment la classe des corps bruts. Les seconds, qui à ces propriétés communes en ajoutent de particulières, sont moins généraux et plus complexes : ils forment la classe des corps organisés. La première division se subdivise encore, au nom du même principe de généralité décroissante, en trois groupes auxquels répondent trois sciences : l'astronomie, pour les phénomènes les plus généraux et les plus simples, « assujettis à des lois qui influent sur celles de tous les autres dont elles-mêmes sont au contraire indépendantes » ; la physique, où les corps sont considérés au point de vue plus général et plus simple de la mécanique ; la chimie, où l'on étudie les lois des combinaisons des corps. La seconde classe, à son tour, peut être divisée en deux groupes distincts, selon qu'on considère les lois physiologiques de l'individu ou celles moins générales qui, s'ajoutant aux premières, conditionnent l'évolution sociale. Ces deux groupes correspondent aux sciences appelées biologie et physique sociale.

Si, maintenant, on fait des sciences mathématiques un groupe qui comprenne tous les phénomènes des catégories de nombre, d'espace et de force, on aura une science dont les lois sont les plus générales et les simples de toutes, ce qui lui permet d'occuper le premier rang dans la hiérarchie scientifique. « La

---

[1]. Aug. Comte, *Cours de philosophie positive*, t. I p. 68.

science mathématique est moins une partie constituante de la philosophie naturelle proprement dite, qu'elle n'est depuis Descartes et Newton la vraie base de cette philosophie... l'instrument le plus puissant que l'esprit humain puisse employer dans la recherche des phénomènes naturels [1]. » — « En résultat définitif, la mathématique, l'astronomie, la physique, la chimie, la physiologie, la physique sociale, telle est la formule encyclopédique qui, parmi un très grand nombre de classifications que comportent les six sciences fondamentales, est seule logiquement conforme à la hiérarchie naturelle et invariable des phénomènes [2]. » Le même principe de généralité décroissante préside au développement des sous-sciences, subdivisions des six sciences fondamentales. Indépendamment du grand avantage de réunir dans un système méthodique toutes les vérités qui composent la connaissance, l'échelle encyclopédique jouit d'une propriété éminente : elle fournit une base rationnelle à un système d'éducation qui fera désormais parcourir méthodiquement aux générations à venir la voie que l'humanité a suivie d'une manière inconsciente.

M. H. Spencer n'admet pas qu'il soit possible de ranger les sciences dans un ordre sériaire qui exprime, soit leur dépendance logique, soit leur développement historique. Si un tel ordre était possible, c'est la classification de Comte qu'il voudrait adopter. Mais pourquoi cet ordre? Est-ce parce que notre pensée est constituée de telle sorte que nous ne pouvons nous représenter les choses qu'en séries? Cette raison, toute métaphysique, qui fait reposer le fondement des choses sur des formes logiques, devrait être sans valeur pour l'esprit positif de Comte. Un Allemand seul, capable de concevoir la nature comme l'intelligence *pétrifiée*, pourrait s'y appuyer. D'ailleurs Comte, en reconnaissant que les sciences sont les branches d'un tronc unique, se privait du droit de les ranger en séries. Il entrevoyait la vérité, mais il ne la voyait pas tout entière. Les sciences ne sont pas seulement les branches d'un tronc commun, elles se soutiennent, s'entr'aident, s'anastomosent, comme dirait un anatomiste ; elles ne suivent pas seulement un mouvement de la simplicité à la complexité, de la généralité plus grande à la généralité moins grande; elles suivent aussi la marche inverse. L'histoire et les tendances qui prévalent de nos jours

---

1. Aug. Comte, *Cours de philosophie positive*, t. I, p. 86.
2. Aug. Comte, *Cours de philosophie positive*, t. I, p. 115.

nous montrent que le développement des sciences se fait dans le sens d'une généralité toujours plus grande, que la science générale devient toujours plus indépendante des connaissances spéciales. Comte n'a mis dans son système que la moitié de la vérité. Le progrès est à la fois analytique et synthétique : une analyse plus profonde prépare la voie à une synthèse plus complète ; une synthèse plus complète permet de concevoir et d'effectuer une analyse encore plus profonde. La science, nous l'avons vu, est un organisme. A mesure qu'elle croît, il s'y forme des départements avec des fonctions spéciales. Mais chaque département prête à tous les autres et reçoit de tous les autres. Ils sont tous unis par un *consensus* intime, dont l'effet est qu'une science ne marche qu'autant que les autres se développent aussi. L'évolution des sciences ne s'est donc pas faite dans l'ordre sériaire indiqué par Comte, ni dans tout autre : il n'y a pas de filiation des sciences proprement dite. Depuis le commencement, les sciences abstraites, les sciences concrètes, et un ordre intermédiaire qui unit ces caractères extrêmes les abstraites-concrètes, ont progressé ensemble. Les premières n'ont progressé qu'en résolvant les problèmes que les secondes et les troisièmes leur présentaient ; les troisièmes n'ont marché de même qu'en résolvant les problèmes soulevés par les secondes. Il y a toujours eu entre ces trois grandes classes de sciences un échange de services, une action et une réaction continues. Des faits concrets on a passé aux abstraits, qu'on a appliqués ensuite à l'analyse des nouveaux ordres de faits concrets. Cet ordre, Comte l'avait fait remarquer. Il avait reconnu que le développement des sciences amène d'abord à la connaissance des événements, lesquels servent à composer les sciences abstraites, et qu'ensuite les sciences concrètes se complètent sous la direction des abstraites et achèvent la coordination des combinaisons d'événements. Mais il n'avait pas attaché assez d'importance à cette remarque ; il l'avait oubliée, comme le principe du développement simultané et solidaire.

L'autre base de la théorie de Comte, l'ordre de développement des parties d'une science d'après le principe de généralisation décroissante, n'a pas plus de vérité. La mathématique va nous en donner la preuve. On n'aurait du reste qu'à prendre dans Comte même les objections qu'on peut faire à sa théorie ; il les a toutes reconnues. De son propre aveu, « l'analyse mathématique semble avoir pris naissance dans la contemplation des faits géométriques et mécaniques ; » c'est-à-dire que la science la plus générale est née après la moins générale et à propos de cette dernière. Depuis lors, n'a-t-on pas vu l'algèbre, science abstraite, ne se former qu'après que la géométrie eût reçu un haut degré de développement? L'algèbre elle-même est postérieure à l'arithmétique, qu'elle embrasse, et l'analyse transcendante, plus générale que l'algèbre, est une science toute récente. Les mathématiciens sont même appelés à inventer des généralités encore plus grandes. Voilà pour la science du calcul. En géométrie, même progrès vers le plus général : les anciens ne s'occupaient que des corps ; les modernes s'élèvent à des abstractions plus hautes ; ils s'occupent de questions qui s'appliquent à des figures quelconques. En mécanique, même procédé : la science la plus générale, la statique, n'avance qu'après la moins générale, la dynamique, qui lui fournit par le principe des forces virtuelles une théorie abstraite de l'équilibre, susceptible de s'appliquer également aux fluides et aux solides.

Le principe de la généralité décroissante n'exprime donc pas l'ordre du développement des parties d'une science ; il n'exprime pas davantage l'ordre de développement des sciences fondamentales. L'astronomie, que Comte place après la mathématique et la physique et qui représente l'application des lois de la géométrie et de la mécanique aux corps célestes, plus les lois de la physique céleste, n'a fait de progrès qu'après que la géométrie, la mécanique et la physique terrestre en ont eu fait de leur côté. « Avant de coordonner scientifiquement une classe de phénomènes célestes, on a commencé par coordonner une classe correspondante de phénomènes terrestres. »

« Les objections de M. H. Spencer sont fortes, dit M. Littré, mais elles ne m'ont pas convaincu [1]. » Le principe de la classification de Comte est vrai; le principe inverse dont M. H. Spencer fait la base de sa critique est vrai aussi. Il faut donc que la contradiction soit apparente, non réelle, et que M. H. Spencer se soit abusé. Par généralité décroissante, Comte entendait une généralité donnée dans l'objet. La philosophie ne connaît d'abord que des ensembles, de grands touts : c'est sur ces grands touts qu'elle commence à spéculer. Elle a d'abord étudié le corps en bloc, puis elle a passé à l'examen des organes, puis des tissus, enfin des éléments anatomiques. Voilà le type de l'histoire de la science : on marche du tout à la partie ; la généralité que l'on suit est décroissante, c'est une *généralité objective*. Pour

---

1. Littré, *Auguste Comte et la philosophie positive*, chap. VI.

M. H. Spencer, la science, en passant du corps considéré en bloc à l'organe, puis au tissu, puis à l'élément anatomique, s'est élevée à des doctrines de plus en plus générales ; mais ici il est question d'une généralité de doctrine, c'est-à-dire d'une *généralité subjective*. On comprend la différence des points de vue. C'est l'objet que Comte considère, non les doctrines basées sur l'objet. Laissons la mathématique, dont la place est incontestablement en tête de la série, et l'astronomie, qu'il faut décidément faire descendre du rang élevé de science fondamentale au rang plus modeste de sous-science du groupe de la physique, afin de sauver par un « sacrifice indispensable » le fond de la doctrine justement attaquée cette fois par M. H. Spencer. Que nous montre l'objet ? Trois groupes de propriétés : les physiques, les chimiques, les vitales, rangés d'après le principe de généralité décroissante. C'est par le groupe physique, comme le plus général, que devra débuter dans son étude encyclopédique un esprit dûment préparé par la connaissance des mathématiques, pour continuer par le groupe chimique et finir par le groupe vital, sous peine d'arrêt, parce que l'esprit est contraint « de cheminer du même pas » que l'arrangement naturel de l'objet.

Quel sens M. Littré attache-t-il aux mots « objectivement plus général » ? Par ces mots, il entend (p. 289, 290) des propriétés qui sont manifestées dans plus de cas. En appliquant ce sens à ce qu'il dit des tissus et des éléments anatomiques, M. H. Spencer aurait donc raison de dire que les propriétés du tissu sont objectivement plus générales que celles de l'organe, et celles de l'élément anatomique objectivement plus générales que celles du tissu, puisque les propriétés du tissu se rencontrent dans plus de cas que celles de l'organe, et les propriétés de l'élément dans plus de cas que celles du tissu [1]. Cette généralité supérieure n'est point dans une vue de l'esprit ; c'est à la pointe du scalpel et sous la lentille du microscope qu'on la trouve. M. H. Spencer confesse qu'il ne comprend pas l'objection de M. Littré ; mais il cherche à l'éclaircir. « Il y a, dit-il, et M. Littré a raison en cela, une généralité décroissante, laquelle est objective. A l'exception des phénomènes de dissolution qui sont des changements du spécial au général, tous les changements subis par la matière vont du général au spécial ; ce sont des changements dans lesquels il y a une généralité décroissante dans les groupes d'at-

---

[1] Herbert Spencer, *Classification of the sciences*, p. 10.

tributs ; c'est le progrès des *choses*. Le progrès des *notions* ne se fait pas uniquement dans la même direction, mais il se fait aussi dans la direction opposée. L'investigation de la nature nous découvre toujours plus de particularités ; mais, en même temps, elle nous découvre toujours plus de généralités dans lesquelles rentrent ces particularités. Prenons un exemple. La zoologie, en multipliant le nombre des espèces qu'elle décrit, et en les étudiant plus complètement, suit une généralité décroissante ; mais, en même temps, en découvrant les caractères communs qui réunissent les espèces en des groupes plus larges, elle suit une généralité croissante. Ces deux opérations sont subjectives ; et, en ce cas, les deux ordres de vérités acquises sont concrets ; ils expriment des phénomènes actuellement manifestés [1]. »

Si donc il est question d'une généralité décroissante dans l'arrangement des sciences, elle ne peut être que subjective. La méprise que M. Littré attribue à M. H. Spencer n'existe pas. Mais, selon lui, M. H. Spencer aurait commis la faute de « confondre la série des sciences avec leur évolution, et, dans l'évolution même, l'époque où elles ne sont point encore constituées avec l'époque où elles le sont. »

La série, dit M. Littré, doit être telle que chaque science dépende de celle qui la précède, et tienne sous sa dépendance celle qui la suit. La série instituée par Comte remplit cette condition ; elle en remplit une bien plus importante encore, sans laquelle l'œuvre entière étant arbitraire devrait être abandonnée ; elle est conforme à la série de l'objet qui est « naturellement hiérarchisé, ce qui donne en faveur de la série de Comte une excellente raison *à priori*, appuyée d'ailleurs sur une vérification *à posteriori*, tirée de l'impossibilité de connaître l'objet autrement qu'en parcourant la série des sciences d'après l'ordre de généralité décroissante. »

L'évolution des sciences, qui conduit la connaissance à des vérités de plus en plus générales et abstraites, se fait, d'après Comte, selon l'ordre sériel, et, d'après M. H. Spencer, simultanément pour toutes les sciences, qui se prêtent une assistance mutuelle. Ici encore, M. Littré croit expliquer le dissentiment entre Comte et M. H. Spencer par une confusion de ce dernier. Il accorde que M. H. Spencer a raison quant à l'évolution des sciences, mais non quant à la constitution des sciences, que la

---

[1]. Herbert Spencer, *Classification of the sciences*, p. 10, note.

hiérarchie de Comte exprime seule correctement. Une science est constituée quand elle reconnaît « quelqu'une des propriétés fondamentales de la matière et établit sur cette propriété une doctrine abstraite susceptible d'évolution ». Par exemple, la biologie n'a eu de doctrine possible que du jour où elle a reconnu les propriétés vitales inhérentes aux tissus et aux éléments morphologiques. Avant cette époque, elle n'en pouvait avoir qui ne fût une émanation des doctrines des sciences physiques et chimiques, ou qui ne reposât sur quelque conception métaphysique de finalité. Désormais, c'est sur la reconnaissance des propriétés de tissus que reposeront les hypothèses qui doivent marquer les pas de l'évolution, laquelle se fait, il est vrai, par le concours mutuel des sciences. C'est ainsi que M. Littré croit concilier deux points du vue aussi opposés.

Rien n'en fera mieux comprendre l'opposition, après ce que nous avons dit déjà de l'évolution des sciences, que l'exposé de la classification de M. H. Spencer. En conformité avec le principe logique qui commande d'unir ensemble dans une même classe les choses qui se ressemblent plus qu'elles ne ressemblent aux autres, M. H. Spencer forme d'abord deux grands groupes de sciences. Il met dans le premier les sciences qui traitent des « relations abstraites sous lesquelles les phénomènes se présentent à nous », c'est-à-dire des relations d'espace et de temps : c'est le groupe des *formes*, qui comprend les *sciences abstraites*, la logique, les mathématiques, sciences qui diffèrent plus des autres que les autres ne diffèrent entre elles. Il met dans le second groupe les sciences qui traitent des existences représentées sous les relations de temps et d'espace. Ce groupe se subdivise en deux classes qui diffèrent grandement. « Tout phénomène est plus ou moins composé, c'est-à-dire une manifestation de force sous plusieurs modes distincts ; de là deux objets d'étude. » Une première classe étudie les modes composants isolément et en donne les lois, abstraction faite des cas particuliers : c'est la classe des *facteurs*. Les sciences abstraites-concrètes qui la composent sont abstraites dans la classification de Comte ; elles le sont sans doute, puisque leurs théorèmes expriment des lois de force dont nul fait n'est l'expression pure, mais elles sont concrètes aussi parce que ces modes de force expriment des relations réelles. « De même que les sciences abstraites sont idéales relativement aux autres sciences, les sciences abstraites-concrètes sont idéales relativement aux sciences concrètes. De même que la logique et les mathématiques ont pour objet la généralisation des lois de relation, qualitative et quantitative, abstraction faite des choses qui en sont les termes, de même la mécanique, la physique, la chimie, ont pour objet la généralisation des lois de relation auxquelles les différents modes de la matière et du mouvement obéissent, quand ils sont dégagés de ces phénomènes actuels dans lesquels ils subissent des modifications. » En mécanique, on exprime « les lois du mouvement sans tenir compte du frottement et de la résistance du milieu. Les théorèmes ne nous disent pas ce que le mouvement est, mais ce qu'il serait s'il n'y avait pas de force retardatrice ; ou bien quel devrait être l'effet de telle force retardatrice, abstraction faite des autres forces retardatrices. » En physique, on pose les lois de rayonnement sans tenir compte des milieux qui en troublent l'effet, et, quand on recherche l'action des milieux, « on les considère comme homogènes, ce qu'ils ne sont jamais », et alors même qu'on tient compte des changements de densité, de l'atmosphère, par exemple, quand il s'agit de la lumière, on ne s'occupe pas des courants qui la traversent et qui dérangeraient encore l'effet annoncé dans le théorème. Enfin, en chimie, on ne prend jamais « une substance telle qu'elle est dans la nature ». « Le problème de la chimie est de constater les lois de la combinaison des molécules, non comme elles s'exercent actuellement, mais comme elles se manifesteraient en l'absence de ces interventions minimes qui ne peuvent jamais être complètement écartées. » — « Toutes les sciences abstraites-concrètes ont pour objet l'*interprétation analytique*[1]. »

La seconde classe étudie ces modes de force composants dans leurs rapports, dans leur coopération pour la production des phénomènes, des cas particuliers. Les sciences qui la composent sont *concrètes*, en ce qu'elles s'occupent des choses telles qu'on les rencontre dans la nature, « du réel en tant qu'opposé à ce qui est totalement ou partiellement idéal ». Leur but est « l'*interprétation* synthétique ». — « La construction des phénomènes qui résultent des facteurs sous les diverses conditions que nous offre l'univers. » C'est la classe des *produits*; elle comprend l'astronomie, la géologie, la biologie, la psychologie, la sociologie. Pour Comte, la géologie est bien une science concrète, mais la psychologie n'a pas d'existence indépendante et n'est qu'une partie de la biologie, science abstraite comme l'astronomie et la sociologie.

---

1. Herbert Spencer, *Classification of the sciences*, p. 16.

Les différences sur lesquelles M. H. Spencer fait reposer ses divisions ne portent que sur le degré d'abstraction ; le degré de généralité des lois dont s'occupent les sciences est un principe secondaire qui sert à subdiviser les trois groupes principaux. Ainsi il y a dans chaque groupe des sciences plus générales et des sciences moins générales, celles qui s'occupent de relations qui s'étendent à tous les faits ou à un plus grand nombre de faits, et celles qui s'occupent de relations qui s'étendent à un moins grand nombre de faits. Nous n'avons point à entrer dans le détail de la classification, ni à en suivre les subdivisions secondaires, tertiaires, etc. Nous n'en devons donner que ce qui peut en faire saisir le caractère. Rien ne fait mieux comprendre combien les différences sur lesquelles elles reposent « sont fondamentales » que les fonctions qu'elles remplissent. La classe des sciences abstraites-concrètes et celle des sciences concrètes fournissent des matériaux à la classe des sciences abstraites, la classe des concrètes fournit des matériaux à la classe des abstraites-concrètes ; les deux premières classes servent d'instrument pour la troisième, la première pour la seconde, mais « nul théorème de la seconde et de la troisième ne peut servir de clef pour résoudre les problèmes de la première, pas plus que nul théorème de la troisième ne peut servir de clef pour résoudre les problèmes de la seconde. » Il y a des rapports constants entre les trois classes, directs et indirects, mais ces rapports ne peuvent s'exprimer dans une série linéaire ; un arrangement à trois dimensions pourrait seul les exprimer convenablement et faire disparaître ce qu'il y a de choquant dans un tableau qui a la prétention de représenter une classification et qui n'arrive à remplir son office qu'en mutilant l'objet dont il doit être l'image [1].

On a jugé, sans en donner la démonstration, que la tentative de M. H. Spencer avait échoué et qu'elle pouvait servir à son tour à montrer la difficulté qu'il y a à faire une classification irréprochable [2]. Nous l'avons donnée dans ses grandes lignes, pour montrer combien elle se sépare de celle de Comte, et combien les deux points de vue sont inconciliables.

1. Herbert Spencer, *Classification of the science.*
2. Lewes, *History of philosophy*, t. II.

IX

Quelque graves que soient les deux questions sur lesquelles nous venons de voir Comte et M. H. Spencer en désaccord complet, celle qui nous reste à examiner l'est bien plus encore.

Au commencement de ce siècle, après une révolution sans exemple, qui avait offert le spectacle d'un peuple renversant toutes ses institutions et essayant d'en élever d'autres avec les seuls instruments que lui fournissaient une science incomplète et des théories prétendues rationnelles sur la nature de l'homme, il était resté dans l'esprit des Français quelque idée que cette construction n'était pas faite sur un plan définitif, qu'il fallait le reprendre sur des bases et avec des matériaux d'une certitude scientifique. Aussi a-t-on vu nombre de théoriciens présenter des systèmes d'organisation sociale, comme moyen infaillible de réaliser promptemet le bonheur général, mais trop souvent au prix de la liberté. Comte, élève de Saint-Simon, accepta de son maître l'idée que la société était à faire et pouvait être faite. Le temps présent n'était pour lui qu'une époque de critique attardée et d'anarchie, avec lesquelles il fallait en finir au plus tôt pour sauver le progrès. Il combina un système où les détails minutieux de la vie n'étaient même pas à l'abri de la réglementation, et qui étendait sur la pensée comme sur les actions une surveillance jalouse. Une société où chaque individu agirait d'après une inspiration commune, comme à la belle époque de la domination catholique, au xie et au xiie siècle, serait la forme la plus propre à assurer la marche de l'humanité. Ce miracle de la foi révélée, la foi démontrée devait le renouveler sous la direction d'un clergé de savants composé des hommes les plus capables par leur savoir encyclopédique de connaître le but qu'il est le plus important d'atteindre et investi d'une autorité morale suffisante pour rallier en faisceau les activités égarées et les diriger dans l'action.

C'est à l'action que le genre humain est appelé par sa propre constitution. Mais, de même que dans la religion chrétienne le fidèle reçoit d'une autorité compétente et reconnue les dogmes qu'il doit croire et les commandements auxquels il doit conformer sa conduite, de même dans la société conçue par Comte l'homme qui ne peut, soit par incapacité naturelle, soit parce que son activité trouve un meilleur emploi dans une autre œuvre, découvrir et vérifier les principes qui servent de base à la pratique, les recevra d'une autorité supérieure. L'autorité du savant sur les choses qui sont de sa spécialité n'est contestée de personne : il en doit être de même du savant qui a pénétré les lois des sciences sociales. Obtenir une notion claire des relations de l'homme avec le reste de l'univers, afin de résoudre par la science les problèmes qui se posent journellement dans la pratique, tel est le but de la plus haute activité humaine. Cette œuvre est évidemment au-dessus de la capacité de la grande généralité des hommes. Il convient donc d'instituer une classe d'esprits spéculatifs voués à la solution de ces problèmes ardus, avec mission de découvrir ce qu'il faut faire, de formuler les règles de l'action, et de les interpréter au besoin par des éclaircissements dans ce qu'elles pourraient présenter d'obscur à ceux qui auraient à les suivre. Si les hommes sont trop souvent incompétents pour découvrir les principes de leurs actions, c'est surtout en morale qu'ils montrent leur radicale insuffisance. Non seulement ils ont bien de la peine à apercevoir nettement les vrais principes moraux qui doivent les guider, mais ils ont peu de penchant à les suivre s'ils ne sont soumis à quelque contrainte, soit une contrainte physique représentée par ce mal nécessaire qu'on appelle gouvernement et qui ne s'applique qu'aux actions extérieures, celles qui intéressent directement les membres de la société, soit une contrainte d'une autre nature, l'influence morale. Ces deux ordres de contrainte sont pour ainsi dire complémentaires; où la morale est faible et mal écoutée, il faut recourir à la force, au détriment de l'humanité, car il y a toujours dans l'emploi de la force quelque chose qui dégrade la dignité de l'homme. Cependant les opinions anarchiques des savants d'aujourd'hui, et notamment celles des personnes qui soutiennent la cause du progrès contre les défenseurs de l'autorité catholique, ne tend pas à moins qu'à susciter à la société des maux si intolérables que le despotisme de la force brutale pourrait seul la sauver. Un remède existe : une forte constitution d'un pouvoir spirituel basé sur la philosophie positive, qui fasse incessamment appel aux sentiments des hommes, en assume la direction, et fasse converger vers le but commun, le bien de l'humanité, les pensées et les actions de ses membres. Le pouvoir moral aura à prévenir deux sortes de misères sociales : chez tous les hommes en général, la prépondérance des instincts égoïstes qui, satisfaits, diminuent la somme de bien et de force d'où sort le progrès, et, réprimés, portent une atteinte cruelle au bonheur de l'individu; chez les savants en particulier, le goût des études inutiles, l'excès de la spécialité dispersive qui détourne de la contemplation de la grande unité *subjective* et des fins de l'humanité. Le premier but sera atteint par une éducation qui subordonne les sentiments égoïstes aux sentiments désintéressés, et réalise, autant que le permet notre nature, l'idéal de l'unité où notre existence personnelle dans sa plus grande activité est en harmonie avec la société et concourt avec elle à une fin commune. Le second le sera par la systématisation de la recherche scientifique qui fera converger vers un but commun d'utilité reconnue, sous la direction du plus haut savoir théorique, toute cette activité qui s'éparpille, faute d'un plan préconçu, et se perd en de vaines spéculations sur des problèmes insondables et inutiles, tels que l'origine des espèces ou la synthèse objective de l'univers. Si les idées de Comte étaient appliquées, elles soumettraient l'homme tout entier à une réglementation officielle : une autorité incontestée réglerait toute chose; l'idéal catholique de la suppression de la *liberté de l'erreur* se réaliserait, et l'humanité, pour prix de la soumission absolue de l'individu à la société, n'aurait qu'à recueillir les fruits d'un progrès conçu dans son plan et ses moyens par la classe spéculative. Décidé, comme l'était Comte, à confier l'exercice de la contrainte physique et la direction industrielle à une oligarchie de riches, l'exercice de la contrainte morale et la direction scientifique à une oligarchie de savants, il n'est pas surprenant qu'il ait conçu le dernier mépris pour le gouvernement parlementaire et qu'il ait vu d'abord dans la révolution de février 1848, puis dans la révolution autoritaire de décembre 1851, des événements heureux qui devaient supprimer de misérables et dégradantes fictions, et des occasions favorables d'entreprendre la mise en pratique d'un système social que le bavardage pédantesque des orateurs des assemblées électives ne pourrait plus gêner.

Il y a certainement un avantage à confier l'autorité morale à un corps composé de vrais savants prescrivant au nom de la science incontestée, au lieu de prêtres qui ordonnent au nom de conceptions transcendantes. L'institution d'un pouvoir sacerdotal théologique a merveilleusement servi le progrès en fournissant aux connaissances mal définies des hommes une synthèse telle quelle qui servit de base de la moralité. L'institution d'un pouvoir sacerdotal scientifique le servirait bien mieux encore en faisant disparaître toute contradiction dans les prescriptions de l'éthique. Mais sans parler de l'intervention toujours puissante des passions, qui ont corrompu l'institution théologique et en ont fait depuis trois siècles le plus grand obstacle au progrès dans l'Occident, et qui ne manquerait pas de corrompre aussi l'institution scientifique, une raison d'une grande valeur milite contre l'organisation que Comte voulait donner à la société à venir. Ce qui fait le fond de la doctrine de Comte, c'est la croyance que l'homme est toujours le même, qu'il a toujours eu besoin d'être mené dans le passé et qu'il aura toujours besoin d'être mené dans l'avenir; c'est l'idée que le principe d'autorité doit à perpétuité s'incarner dans quelque corps visible. L'histoire qui nous fournit des inductions, et la théorie de l'évolution qui les étend et les confirme, n'autorisent pas cette croyance. L'histoire montre dans les sociétés civilisées une décadence graduelle des diverses institutions gouvernementales; la théorie de l'évolution nous montre comment, à l'influence de l'autorité visible qui décroit, se substitue l'influence d'une autorité invisible d'une puissance bien plus efficace. De ce que l'action d'un gouvernement temporel et celle d'un gouvernement spirituel ont été nécessaires et légitimes, et le sont encore, on conclut à tort qu'elles le seront toujours. Cette erreur provient de ce qu'on se fait une idée fausse de la fonction sociale du gouvernement sous l'une et l'autre de ses formes. On croit que le gouvernement est destiné à diriger les citoyens dans l'action. Rien n'est moins vrai, selon M. H. Spencer. L'origine de cette erreur remonte à l'ancienne conception anthropomorphique, qui a jadis donné sa forme à toutes nos explications des choses, et qui exerce encore de notre temps un empire si étendu. L'homme qui croyait que le soleil et la lune avaient été lancés dans l'espace par une main toute-puissante, que l'homme avait été modelé en argile par un artiste d'une habileté surnaturelle, croyait d'après le même mode de penser que la société à laquelle il appartenait avait été façonnée et réglée, soit directement par la Providence, soit indirectement par la sagesse suprême qui inspirait un législateur tout-puissant. Ce mode de penser se retrouve encore de nos jours. On est encore tenté d'attribuer aux institutions du passé un caractère auguste qui les élève au-dessus de nos critiques. « C'est la sagesse du souverain, c'est la sagesse de nos pères, dit-on, qui a créé telle ou telle institution. » Il en est qui pensent qu'un état social est l'œuvre des gouvernants, le résultat heureux des pensées des hommes de génie que les nations ont eu le bonheur de posséder, ou le produit corrompu des vices et des passions mauvaises de ceux qui les ont gouvernés. C'est une erreur. Une société, comme toute existence concrète, est le produit d'un développement soumis à des lois fixes. Les institutions qui en constituent l'essence ont d'abord existé en germe, puis, par un développement lent et sourd sous la pression des besoins et par l'activité des individus intéressés, elle est arrivée à frapper les regards des contemporains qui l'ont consacrée par un acte de la puissance législative ; mais personne ne l'a préconçue ni instituée tout d'une pièce. Les faits sociaux les plus considérables l'attestent, il en est de même des moins importants. Les changements législatifs qui viennent renverser une institution séculaire semblent contredire cette opinion. Une loi est décrétée, des fonctionnaires sont nommés pour la faire exécuter ; voilà, semble-t-il, une série qui commence. C'est encore une erreur : cette nouveauté a une racine plus profonde que la volonté des législateurs. Ceux-ci, qu'ils s'en doutent ou qu'ils le méconnaissent, sont les porte-voix de la volonté nationale, résultante des sentiments qui dominent dans le pays. « La loi n'est pas une création, c'est un produit naturel du caractère du peuple [1]. » Cela nous fait comprendre pourquoi la constitution aristocratique et réactionnaire de Sylla, les réformes essentiellement sages et utiles de Cromwell, les institutions démocratiques fondées par les auteurs de la Révolution française ont si tôt péri. Les hommes de génie peuvent « déranger, retarder ou aider le travail intime qui s'effectue naturellement dans la société, ils n'ont pas le pouvoir d'en déterminer le cours,... les grands hommes sont le produit de la société où ils apparaissent. Sans de certains antécédents, sans un certain niveau du caractère national, ils n'auraient pu naître, ils n'auraient pas reçu la culture qui les a formés. S'il est vrai de dire que la société leur doit en quelque mesure sa forme, il est encore plus vrai qu'ils lui doivent leur propre forme : ils ont reçu de leurs aïeux le caractère qui les distingue, une sorte de pli congénital, leurs croyances, leur savoir, leurs aspirations [2]. »

Ces considérations déterminent l'idée qu'on doit se faire du rôle du gouvernement : il n'est point et ne doit point être initiateur. On a dit que le gouvernement est un mal nécessaire, et que les nations n'ont jamais que le gouvernement qu'elles

---

1. Herbert Spencer, *Essays : The social organism.*
2. Idem, *ibid.*

méritent. Ces propositions sont essentiellement vraies. Le gouvernement est l'ensemble des institutions, des appareils de contrainte qui font échec aux penchants antisociaux, et qui maintiennent l'équilibre entre les conditions de la vie sociale à un moment donné et les penchants traditionnels, vestiges d'un état social antérieur : le gouvernement est une fonction corrélative de l'immortalité de la société. Un gouvernement mauvais correspond à un état social mauvais, c'est-à-dire à un ensemble de phénomènes sociaux produits par des passions et des croyances mauvaises. « L'état social, à n'importe quelle époque, est la résultante de toutes les ambitions, de tous les intérêts personnels, des sentiments de crainte, de respect, d'indignation, de sympathie tels qu'ils existent chez les citoyens à cette époque, ou qu'ils existaient chez les ancêtres aux époques antérieures [1]. » Depuis que la race humaine, en se multipliant, a couvert le globe au point que les individus qui la composent se trouvent en présence les uns des autres et ne peuvent se procurer le bonheur qu'en se le disputant, jusqu'à notre époque, les formes sociales ont toujours montré cette corrélation entre les sentiments prépondérants et l'intensité de l'autorité. Le développement du sens moral amène graduellement la chute des institutions coercitives. Le respect de l'autorité décline à mesure que croît le respect du droit de l'individu. Mais il est trop clair que nous sommes loin de cette adaptation de l'homme à l'état de société. Sans parler des trahisons, des duperies, des vols de toute nature, des violences, des intrigues et des corruptions que la loi pénale n'atteint point, les infractions aux droits sociaux et les crimes qu'elle veut punir attestent que nous portons encore dans nos cœurs des restes des anciennes mœurs déprédatrices du cannibalisme primitif. Il y a encore des raisons d'être au gouvernement, c'est-à-dire il y a encore lieu à une institution protectrice.

La vraie fonction du gouvernement, c'est la protection des gouvernés, dit M. H. Spencer. Cette définition fut vraie de tout temps ; mais la notion qu'on se fait de la protection que le gouverné réclame, et qui lui est due, n'a pas toujours été entendue de même. Faire régner la justice, bien que la seule raison d'être de l'autorité n'a pas toujours été sa seule occupation. A l'époque où elle était entourée de plus de respect, on lui a demandé de régler la conduite des particuliers, leurs costumes, leurs

---

[1]. H. Spencer, *Reasons for dissenting from the philosophy of M. Comte.*

croyances, leurs entreprises privées, non à veiller à ce que telle chose injuste ne fût point, mais à ce que telle chose préjugée bonne fût. La loi de la spécialisation des fonctions, dont la physiologie et l'économie politique nous offrent tant d'exemples, veut que, en devenant plus apte à remplir une fonction, un organe le soit moins à remplir les autres. La meilleure forme de gouvernement sera donc celle qui remplira le mieux le but vrai de l'autorité, dût-elle donner de médiocres résultats dans les autres attributions qu'on lui impose, ou qu'elle s'arroge encore. Si elle y montre de l'incapacité, c'est qu'elle s'exerce hors de sa véritable sphère. Elle doit s'y restreindre. « En divers pays et en divers temps, l'Etat a rempli cent fonctions diverses. Il n'y a peut-être pas deux gouvernements qui se soient ressemblés par le nombre et la nature des fonctions qu'ils se croyaient obligés de remplir ; mais une seule n'a jamais été tout à fait négligée par aucun, la fonction de protection : ce qui prouve que c'est la sa fonction essentielle.... Le devoir de l'État est de protéger, de maintenir les droits des hommes, c'est-à-dire d'administrer la justice [1]. » Le gouvernement parlementaire, si défectueux quand il s'agit de grouper les volontés et les forces d'un pays pour les faire concourir à une fin jugée utile, à ce point qu'on l'a accusé d'avoir retardé chez nous le développement de l'industrie, est très propre à remplir la vraie fonction du gouvernement, la protection des droits. C'est à lui que les nations ont recours pour mettre un frein à l'oppression, aux injustices, aux dilapidations des chefs d'États, pour faire disparaître les abus des privilèges et les droits des castes fondés sur l'inégalité. Le sentiment de l'équité, qui n'est pas absent de l'esprit des membres les moins cultivés de la société, suffit à trouver et à perfectionner les moyens d'abolir les pratiques injustes, et l'expérience nous a prouvé qu'on pouvait se reposer sur la vitalité de ce sentiment, qu'il savait se faire jour malgré toutes les imperfections, tant de l'esprit spéculatif que de l'esprit de conduite, qui caractérisent ce qu'on a appelé l'incapacité politique de la bourgeoisie et des classes laborieuses. « Le gouvernement parlementaire est bon plus que tous les autres pour l'œuvre qu'un gouvernement doit faire ; il est mauvais plus que tous les autres pour l'œuvre qu'un gouvernement ne doit pas faire [2]. » L'œuvre d'un gouvernement, c'est d'assurer l'inviolabilité de la loi d'égalité dans la

---

1. Herbert Spencer, *Social Statics*, p. 280.
2. Herbert Spencer, *Essays : Representative government*.

liberté ; il n'a point à chercher les voies par où les citoyens peuvent se procurer le bonheur, ni à les y conduire. Au reste, le gouvernement parlementaire, tel qu'il existe de nos jours dans les pays où il est le mieux établi et où il produit ses meilleurs fruits, n'est encore qu'une forme transitoire de gouvernement ; c'est celle qui convient à une société où les mœurs violentes et déprédatrices qui caractérisaient les âges passés n'ont pas encore fait place aux mœurs fondées sur la justice. C'est une forme où les deux forces légitimes qui assurent par leur balance la marche régulière du progrès social, l'esprit conservateur et l'esprit de réforme radicale, peuvent le mieux s'affirmer : le premier affirmant la nécessité d'imposer encore aux gouvernés la contrainte des institutions qui nécessitaient jadis l'état d'immoralité et de sauvagerie de ses membres ; le second rêvant la réalisation d'un état idéal de l'homme en société, qui n'aura son avènement que lorsque l'homme sera devenu un être pleinement moral. La force des sentiments conservateurs et celle des sentiments réformateurs expriment, par leur lutte et par la résultante de leurs tendances, le degré de moralité d'une société. Le triomphe des premiers indique une prédominance des habitudes violentes ; la victoire des seconds prouve que les habitudes morales du respect des droits ont acquis la prépondérance. Une société peut être jugée d'après la proportion de la contrainte exercée sur les citoyens au nom de la loi humaine, et la proportion de l'obéissance volontaire à la loi morale de l'égalité dans la liberté. Où l'une fait défaut, l'autre la remplace. Si la loi morale n'a pas un pouvoir suffisant sur les cœurs, la contrainte doit la suppléer. Mais aussi, quand la loi morale devient assez forte, la contrainte doit disparaître. Alors tout gouvernement devient inutile, un mal même ; et les hommes ressentent une telle aversion pour les entraves de l'autorité, ils « se montrent si jaloux de leurs droits, que tout gouvernement devient impossible. Admirable exemple de la simplicité de la nature : le même sentiment qui nous rend propres à la liberté nous rend libres [1]. » Entre la monarchie absolue des despotes de l'Orient et des tyrans de l'antiquité et de l'Italie au moyen âge, qui ne connaissaient d'autre frein que la crainte de la révolte et de l'assassinat ; entre ce régime politique adapté à un état de moralité très inférieur, où les vices déchaînés rendaient une contrainte énergique nécessaire, et la démocratie finale, où la

---

1. Herbert Spencer, *Social Statics*, p. 467.

nation sera le vrai corps délibérant faisant exécuter ses volontés par des délégués chargés de mandats impératifs, société dont les membres n'empiéteront plus sur les droits de leurs voisins, il y a des formes qui semblent des paradoxes, parce qu'elles font leur part à deux sentiments aussi opposés. Le gouvernement représentatif, monarchique ou républicain, qu'adoptent aujourd'hui toutes nations civilisées, peut paraître absurde aux penseurs qui se placent à des points de vue absolus ; il est rationnel pour ceux qui voient dans un gouvernement l'expression des sentiments des hommes qui le supportent. « C'est là, ajoute M. H. Spencer, un bel exemple à l'appui de la loi que l'opinion est déterminée en définitive par les sentiments, et non (ainsi que le prétendait Comte) par l'intelligence [1]. »

Au lieu donc d'une forme sociale où la plus grande partie de la nation est exclue des droits politiques, où la fonction du gouvernement civil appartient au corps qui possède la fortune, et la fonction du gouvernement moral et intellectuel appartient au corps qui possède la science, « nous marchons vers une forme où l'autorité sera réduite au minimum et la liberté portée au maximum. La nature humaine sera si bien façonnée par la discipline sociale, si propre à la vie en société, qu'elle n'aura plus besoin de contrainte extérieure et qu'elle se contiendra elle-même. Le citoyen ne tolérera d'autre empiétement sur sa liberté que celui qui assure à tous une égale liberté. L'autorité suprême n'aura pas d'autre fonction que d'assurer les conditions sous lesquelles les individus peuvent, par des associations libres, développer l'industrie et s'acquitter de toutes les autres fonctions sociales. Enfin la vie de l'individu sera portée au plus haut degré de compatibilité avec la vie sociale, et celle-ci n'aura pas d'autre but que d'assurer contre toute atteinte la sphère de la vie individuelle [2]. » Loin de subordonner de plus en plus l'individu à une autorité supérieure, le progrès social l'affranchit de plus en plus. Si, en définitive, il est plus dépendant de ses semblables, c'est pour la satisfaction de ses divers besoins, au même titre que d'autres dépendent de lui ; la dépendance est réciproque et telle qu'elle peut subsister sous un régime où l'égalité règne en même temps que la liberté. Non seulement le progrès social effectué sous la loi de l'instabilité de l'homogène tend à dissoudre les corps politiques préposés par la communauté aux

---

[1]. H. Spencer, *Reasons for dissenting from the philosophy of M. Comte.*
[2]. Idem, *ibid.*

diverses fonctions du gouvernement, mais elle dissout aussi les agrégats formés par l'union volontaire des membres de la société, les partis, les Églises, les sectes, où ils unissent leurs sentiments et leurs forces en vue d'une action commune. Les partis, se fractionnant de plus en plus, doivent se perdre par la multiplicité de leurs divisions. L'atténuation croissante des caractères distinctifs de ces groupes conduira lentement à un non-conformisme universel, à la suppression de toute règle commune, même de celles qu'on subit après les avoir librement consenties; en un mot, à l'indépendance complète de l'individu. « Au lieu d'une uniformité artificielle d'après un moule officiel, l'humanité nous présentera, comme la nature, une ressemblance générale variée par des différences infinitésimales [1]. »

Dans cette marche progressive vers l'indépendance de l'individu, où s'anéantissent à la fois l'autorité imposée et les autorités consenties, le pouvoir moral ne peut échapper au même sort. L'humanité n'est pas à jamais condamnée à choisir entre un abaissement abrutissant devant la force, ou un abaissement non moins avilissant de l'esprit devant une décision venue du dehors. On se fait illusion à ce sujet. La décroissance de l'empire de la force ne provient que de ce que les hommes sont devenus plus moraux, plus capables de se respecter les uns les autres. La puissance des idées morales n'a pas besoin d'être incarnée dans un corps constitué pour régler la conduite et l'opinion, et armé d'un pouvoir de censure et d'excommunication. La puissance de l'opinion libre, non officielle, suffit. A mesure que l'opinion deviendra plus morale, elle sera plus puissante à réprimer les infractions à la loi du respect de l'homme. A ce moment, le puissant appareil de contrainte morale représenté par l'Eglise, théologique ou positiviste, n'aura plus de raison d'être; il ne doit pas et ne peut pas durer au delà des besoins que l'humanité a de ses services. Les institutions civiles et les institutions religieuses, le pouvoir de la force et le pouvoir moral de la religion, sont des enveloppes protectrices qui servent merveilleusement le développement de la société. Mais quand les formes qu'elles ont défendues à la période de leur croissance sont arrivées à leur plein développement, elles ne sont plus que des obstacles dont l'être social se défait par une sorte de desquamation, tout en gardant le bien qu'il a acquis sous leur protection. « De siècle en siècle, on a aboli des lois tyranniques, et l'administra-

---

1. Herbert Spencer, *Social Statics*, p. 476.

tion de la justice n'en a pas été atteinte; au contraire, elle s'est épurée. Les croyances mortes et enterrées n'ont pas emporté avec elles le fond de moralité qu'elles renfermaient : il existe encore, mais purifié des souillures de la superstition [1]. »

Nous sommes bien loin de prétendre que ces pages donnent une idée complète de l'œuvre de M. H. Spencer. Nous avons voulu montrer la place que, selon nous, M. H. Spencer occupe parmi les penseurs contemporains, non passer en revue toutes les parties qui composent sa philosophie, ni le suivre dans toutes les questions qu'il s'est plu à traiter. Il nous suffisait d'exposer sa méthode et de suivre la marche de sa pensée depuis le moment où il a conçu l'idée du progrès comme la garantie du bonheur futur de l'humanité, jusqu'à l'époque toute récente où il a fixé dans une dernière formule la loi naturelle de la marche des choses, qui explique et assure la réalisation du progrès de notre espèce. Enfin nous devions marquer les différences qui séparent les doctrines de M. H. Spencer du positivisme français, seule doctrine nettement formulée qui représente chez nous la philosophie expérimentale. C'en est assez pour apprécier le caractère général de la doctrine de M. H. Spencer et pour en reconnaître l'originalité.

La philosophie de M. H. Spencer résout pour la première fois le difficile problème posé par la lutte séculaire de la religion et de la science représentée ici par la philosophie, qui en est la plus haute expression. On a dit que cette lutte doit se terminer par l'accablement total de l'un des deux adversaires, par l'asservissement de la science à la religion, ou par la suppression complète de la religion. Les défaites successives que la critique a fait subir à la théologie semblaient autoriser la croyance que des deux adversaires c'était la religion qui devait périr. La philosophie de M. H. Spencer fait preuve d'une grande originalité, en ce qu'elle explique cette lutte jusqu'ici incessante, qu'elle montre comment elle peut et doit enfin cesser; elle démontre la légitimité de la religion, en même temps qu'elle assure l'indépendance de la science par une exacte délimitation de son domaine. Si la religion est l'expression d'un sentiment indestructible, parce qu'il a pour objet une existence transcendante positive attestée par la conscience, existence que la critique laisse debout

---

1. Herbert Spencer, *Essays : Manners and Fashion*.

et que la science ne peut se passer de supposer, la religion est indestructible : l'esprit humain ne cessera pas de spéculer sur cette existence transcendante et de lui donner des formes qui la rendent concevable. Les religions, c'est-à-dire les conceptions théologiques et les institutions pratiques qui en relèvent, passeront, mais la religion ne passera pas. Dans l'avenir comme dans le passé, elle préservera l'esprit du danger de s'absorber dans la considération exclusive du relatif, et, sans jamais pouvoir l'élever à la connaissance de l'absolu, elle l'élèvera toujours plus au-dessus de l'horizon des simples rapports concrets, pour lui faire mieux sentir l'immensité de cet être inconditionné qu'aucune de nos conceptions, si vastes et si hardies qu'elles soient, ne saurait représenter.

Toutefois, dans les essais qu'il tente pour se le représenter, l'esprit ne peut qu'emprunter des images à l'ordre des phénomènes : le sentiment religieux instaure ses croyances transcendantes avec des matériaux fournis par la science; ses conceptions sont soumises à la loi d'évolution. Il ne doit pas les fabriquer arbitrairement, ni puiser dans les conceptions des époques d'ignorance des éléments en contradiction avec les notions positives des époques plus éclairées. Il doit se rappeler que la conception qu'il adopte étant inadéquate, un pur symbole, elle ne saurait avoir de valeur que par sa conformité avec les plus hautes conceptions scientifiques. Bien loin d'imposer à la spéculation appliquée au monde phénoménal le frein d'un dogme religieux préétabli, la religion doit renouveler ses symboles au courant des développements de la science. Si, comme par le passé et comme elle s'efforce encore de le faire dans le présent, la religion parvenait à mettre ce frein à la science, elle pourrait bien en arrêter le mouvement naturel; mais, par un juste et inévitable retour, elle cesserait d'y trouver des éléments de critique et de rénovation dont ses croyances ont besoin pour se développer, et contribuer pour leur part au progrès moral de l'humanité. De son côté, la science ne saisissant que des manifestations relatives à nous de l'Être absolu, et les ramenant toutes à des manifestations de forces, ses théories les plus compréhensives ne sauraient rien préjuger de l'essence de l'Être absolu. Le vrai caractère des théories scientifiques, et surtout de celle qui les ramène toutes à l'unité, n'est pas d'être spiritualistes, ni matérialistes, ni religieuses, ni antireligieuses, c'est d'être vraies; et ce n'est point au nom d'un dogme religieux, pas plus qu'au nom d'une croyance métaphysique en faveur, qu'on doit le décider : c'est au nom du principe même qui sert de critérium à la vérité, l'indissolubilité des associations des états de conscience que ces théories expriment.

La religion est donc légitime, et la science est indépendante. Voilà ce que nous déclare M. H. Spencer dans une philosophie affranchie aussi bien des préjugés religieux que des préjugés antireligieux qui se font depuis un siècle une guerre aveugle. Bien plus, la religion a besoin de la science, non seulement par ce qu'elle lui emprunte, mais par le secours qu'elle en reçoit. « Sans doute la science est l'ennemie des superstitions qui se couvrent du nom de la religion; mais elle n'est pas l'ennemie de la religion essentielle que ces superstitions offusquent. Sans doute, dans la science du jour, il règne un esprit d'irréligion, mais non dans la vraie science, qui, sans s'arrêter à la surface, atteint les profondeurs de la nature [1]. » — « A l'égard des traditions humaines et de l'autorité qui les consacre, la vraie science conserve une attitude fière; mais, en face du voile impénétrable qui lui cache l'absolu, elle se montre humble : elle est à la fois vraiment fière et vraiment humble. Le savant sincère seul (et par ces mots nous entendons, non pas l'astronome qui suppute des distances, ni le naturaliste qui détermine des espèces, mais celui qui, à travers l'inférieur, cherche le supérieur pour ne s'arrêter qu'au suprême), le savant sincère seul peut savoir à quel point s'élève, nous ne disons pas au-dessus de la connaissance, mais de la conception humaine, la puissance universelle dont la nature, la vie, la pensée, sont des manifestations [2]. »

Ce serait déjà beaucoup pour l'originalité d'une philosophie que de poser les préliminaires d'un traité de paix perpétuelle entre la religion et la science. Celle de M. H. Spencer a sur les autres un privilège tout aussi sérieux. Tandis que les unes se bornent à spéculer sur les données de la science sans se préoccuper de l'action, que les autres édifient des théories de l'action sur des données insuffisantes ou contestables, la philosophie de M. H. Spencer peut déduire de ses spéculations les plus élevées les fins de l'action de l'homme en société. En nous montrant dans l'évolution de l'humanité l'effet d'une loi garantie et expliquée par les lois universelles qui découlent du principe premier, la persistance de la force, elle nous fait comprendre que le progrès de la société se compose d'une série d'états d'équi-

---

1. Herbert Spencer, *Éducation.*
2. Idem, *ibid.*

libre instable, couvrant par rapport à nous de vastes périodes, et toujours susceptibles d'être bouleversés par le choc de circonstances extérieures, pour se reconstituer ensuite, tantôt sur un modèle inférieur dans la hiérarchie du progrès, tantôt sur un modèle supérieur, d'après l'action de ces mêmes circonstances et l'état des unités sociales dérangées de leurs agrégations premières. Elle nous montre de plus l'étroite solidarité qui unit entre eux les hommes dans la nation et même dans l'espèce ; elle nous explique le rôle important que les actions humaines jouent dans la préparation des arrangements sociaux qui constituent les états d'équilibre temporairement permanents, et dans la création des causes qui amènent plus tard des perturbations sociales ; elle nous fait sentir la dépendance mutuelle qui répand sur tout le corps social le bien comme le mal que peut faire un seul individu, la réaction qui répercute sur un individu et sur une nation le mal et le bien que l'individu ou la nation ont pu faire, enfin la propagation qui fait retentir dans un pays les violentes transgressions de la loi morale perpétrées dans un pays lointain. C'est par cet enseignement si fécond en applications sociales que la philosophie de M. H. Spencer nous semble propre à encourager à l'action. Tant que son sentiment du devoir n'est pas éclairé, l'homme reste dans l'ignorance de ce qu'il doit faire, il hésite et peut s'égarer : instruit des conditions sous lesquelles la loi du progrès social s'accomplit, il sait où il doit tendre ; il connaît le point où les forces intelligentes unies pour l'œuvre commune, l'avancement du bonheur de l'espèce, doivent appuyer leur irrésistible levier. Il sait en outre que la force qu'il dépense à ce labeur aura son effet, que son indifférence ou son mauvais vouloir auront inévitablement des résultats funestes. Il voit « nettement dans la constitution naturelle des choses » des récompenses et des punitions autrement certaines que celles que nous « annoncent les croyances traditionnelles ». Cette certitude le soutient et l'anime, parce qu'il reconnaît « que les lois naturelles auxquelles il obéit sont à la fois inexorables et bienfaisantes. Il voit qu'en s'y conformant on marche vers un plus haut degré de perfection, et qu'on atteint un plus haut degré de bonheur. Voilà pourquoi il en recommande l'observation avec insistance et pourquoi il s'indigne de les voir méconnaître. C'est en affirmant les principes éternels des choses et la nécessité de leur obéir, qu'il se montre essentiellement religieux [1]. »

---

[1]. Herbert Spencer, *Éducation.*

C'est ainsi que M. H. Spencer donne la main à la religion sous la forme élevée qu'elle tend à prendre de nos jours, et en même temps adhère à la doctrine des penseurs positifs. Il reconnaît le noumène sous le phénomène ; il sent l'éternel sous le transitoire ; il montre le bonheur comme l'effet de l'obéissance à une loi divine de l'égalité unie à la liberté, qu'on atteindra par l'observation de la justice et de cette autre vertu qui consiste à s'abstenir d'un droit dommageable à autrui, et à faire avec bonheur ce qui contribue au bonheur d'autrui, vertu qu'il appelle bienfaisance et qui, dans la langue chrétienne, porte le nom de charité. Enfin, avec les positivistes, il avoue la nécessité de connaître la loi pour y obéir ; s'il cherche, suivant les expressions de l'un d'eux, la noblesse de la vie dans la liberté, il trouve le plus haut degré de liberté dans l'obéissance à la loi éternelle.

E. Cazelles.

Septembre 1870.

PRÉFACE DE L'AUTEUR.

Ce volume est le premier d'une série que j'ai annoncée pour la première fois dans un prospectus publié en mars 1860. J'emprunte à ce prospectus les indications suivantes :

SYSTÈME DE PHILOSOPHIE.

Je me propose de publier par livraisons périodiques une série d'ouvrages que je prépare depuis plusieurs années. Le programme suivant donnera une idée de la tendance et du but de ces ouvrages.

PREMIERS PRINCIPES.

PREMIÈRE PARTIE : *L'inconnaissable*. — Je fais faire un pas de plus à la doctrine formulée par Hamilton et M. Mansel; j'indique les diverses voies par lesquelles la science aboutit à la même conclusion; enfin, je montre que cette croyance à un absolu qui dépasse non seulement la connaissance humaine, mais la conception humaine, est la seule base par laquelle puisse s'établir la réconciliation de la religion et de la science.

SECONDE PARTIE : *Le connaissable*. — Exposition des principes derniers que l'on peut découvrir dans les manifestations de l'absolu, c'est-à-dire des généralisations les plus élevées que la science moderne découvre, qui sont vraies non seulement d'une classe de phénomènes, mais de *toutes* les classes de phénomènes, et qui, par conséquent, servent d'explications à toutes les classes de phénomènes [1].

L'ordre logique eût exigé une application de ces premiers principes à la nature inorganique. J'ai jugé convenable de ne pas traiter ce grand sujet, d'abord parce que, même en le supprimant, mon plan est trop vaste, et ensuite parce que l'explication de la nature organique d'après la méthode que je propose est bien plus importante. Par conséquent, le second ouvrage de la série sera :

PRINCIPES DE BIOLOGIE.

Vol. I.

Première partie : *Données de la biologie*. — J'y comprends les principes généraux de physique et de chimie qui doivent servir de points de départ à la biologie.

Seconde partie : *Inductions de la biologie*. — J'y expose les généralisations principales de l'histoire naturelle, de la physiologie et de l'anatomie comparée.

Troisième partie : *Évolution de la vie*. — Théorie connue sous le nom d'*hypothèse du développement;* preuves *à priori* et *à posteriori* de cette théorie.

Vol. II.

Quatrième partie : *Développement morphologique*. — J'indique les relations que l'on peut trouver partout entre les formes organiques et l'ensemble des diverses forces auxquelles elles sont soumises. Je cherche à expliquer les forces par les effets accumulés de ces forces.

Cinquième partie : *Développement physiologique*. — Je suis la différenciation progressive des fonctions, et je les interprète aussi par l'exposition de différentes parties de l'organisme à différents systèmes de conditions.

Sixième partie : *Lois de la multiplication*. — Généralisations

---

1. Une de ces généralisations est connue vulgairement sous le nom de *conservation de la force ;* une seconde est renfermée dans mon essai sur *le progrès, sa loi et sa cause ;* une troisième est indiquée dans mon article sur *la physiologie transcendantale*. Il y en a d'autres.

touchant le degré de reproduction des diverses classes de plantes et d'animaux. J'essaye ensuite de montrer le lien de dépendance qui rattache ces variations à certaines causes nécessaires [1].

PRINCIPES DE PSYCHOLOGIE.

Vol. I.

Première partie : *Données de la psychologie.* — Je traite des rapports généraux de l'esprit de la vie et de leurs relations avec d'autres modes de l'inconnaissable.

Seconde partie : *Inductions de la psychologie.* — C'est un exposé méthodique des généralisations empiriques des phénomènes mentals.

Troisième partie : *Synthèse générale.* — C'est une reproduction de la partie qui porte le même titre dans l'ouvrage que j'ai déjà publié sous le nom de *Principes de psychologie,* mais augmentée de quelques chapitres nouveaux.

Quatrième partie : *Synthèse spéciale.* — C'est une reproduction de la partie qui porte le même nom dans..., etc., revue et augmentée.

Cinquième partie : *Synthèse physique.* — J'essaye d'y montrer comment la succession des états de conscience se conforme à une loi fondamentale de l'action nerveuse qui découle des premiers principes posés au début.

Vol. II.

Sixième partie : *Analyse spéciale.* — C'est une reproduction de la même partie, mais augmentée de quelques nouveaux chapitres.

Septième partie : *Analyse générale.* — Reproduction de la même partie, avec quelques explications et additions.

---

1. L'auteur a déjà exposé brièvement les idées qu'il doit développer dans le second volume des *Principes de biologie.* On trouvera cette exposition succincte dans divers articles. La quatrième partie est le développement d'un article *sur les lois de la forme organique* (*Medico-chirurgical Review,* Jan. 1859). Le germe de la cinquième partie est contenu dans un *Essai sur la physiologie transcendantale* (*Essays,* p. 280-290). Enfin la sixième partie développe des idées exposées sommairement dans la *Théorie de la population* (*Westminster Review,* April 1852).

Huitième partie. — Elle se compose de principes dérivés qui forment une introduction nécessaire à la sociologie [1].

PRINCIPES DE SOCIOLOGIE.

Vol. I.

Première partie : *Données de la sociologie.* — Exposé des divers systèmes de facteurs qui entrent dans les phénomènes sociaux; idées et sentiments humains considérés dans leur ordre nécessaire d'évolution; conditions naturelles de milieu; enfin, conditions toujours plus complexes auxquelles la société elle-même donne naissance.

Seconde partie : *Induction de la sociologie.* — Faits généraux d'organisation et de fonction, tels que nous les fournit l'étude des sociétés et de leurs changements; en d'autres termes, généralisations empiriques qui résultent de la comparaison des différentes sociétés et des phases successives d'une même société.

Troisième partie : *Organisation politique.* — L'évolution générale et locale des gouvernements, en tant que déterminée par des causes naturelles; leurs divers types et leurs diverses métamorphoses; leur complexité et leur spécialisation croissante; enfin, la limitation progressive de leurs fonctions.

Vol. II.

Quatrième partie : *Organisation ecclésiastique.* — J'y suis la différenciation du gouvernement religieux d'avec le gouvernement séculier; les degrés de complication par où le gouvernement a passé, la multiplication des sectes, le développement et les modifications des idées religieuses sous l'influence du progrès de la connaissance et des changements du caractère moral; enfin, la conciliation graduelle de ces idées avec les vérités de la science abstraite.

Cinquième partie : *Organisation cérémonielle.* — C'est l'histoire

---

[1]. Au sujet des diverses additions que subira mon ouvrage (*Principes de psychologie*), je me borne à dire que la cinquième partie est la partie que je désigne dans la préface de cet ouvrage et que je n'avais pas écrite. Le germe en est contenu dans une note de la page 554. Plus tard, j'ai mieux indiqué le but de cette partie dans un article publié dans la *Medico-chirurgical Review* (Jan. 1859).

naturelle de cette troisième espèce de gouvernement qui, née de la même racine que les autres, s'en sépare lentement et les complète, en servant à régler les actions secondaires.

Sixième partie : *Organisation industrielle*. — J'y décris le développement des forces productives et distributives, considérées, comme les précédentes, dans ses causes nécessaires : à savoir, non seulement la division progressive du travail et l'accroissement de complexité de chaque force industrielle, mais aussi les formes successives que prend le gouvernement industriel en traversant des phases analogues à celles du pouvoir politique.

Vol. III.

Septième partie : *Progrès du langage*. — L'évolution des langues y est considérée comme une opération psychologique déterminée par des conditions sociales.

Huitième partie : *Progrès intellectuel*. — Je traite ce sujet au même point de vue. J'entends par progrès intellectuel le développement des classifications, l'évolution de la science sortie de la connaissance commune ; le progrès de la prévision quantitative, de l'indéfini au défini et du concret à l'abstrait.

Neuvième partie : *Progrès esthétique*. — Même chose pour les beaux-arts. Je marque la différenciation graduelle qui les a séparés des institutions primitives où ils étaient d'abord confondus, la variété de leur développement, enfin leur progrès dans la réalité de l'expression et la supériorité du but qu'ils se proposent.

Dixième partie : *Progrès moral*. — J'y expose la genèse des lentes modifications émotionnelles que la nature humaine subit dans le cours de son adaptation à l'état social.

Onzième partie : *Consensus*. — Le sujet de cette partie est la dépendance réciproque nécessaire des structures et des fonctions dans chaque type de société, et dans les phases successives du développement social [1].

---

[1]. On trouvera seulement quelques petits fragments de ce *Traité de sociologie* dans des essais déjà publiés. Quelques-unes des idées de la seconde partie sont indiquées dans un article sur l'*organisme social* contenu dans le dernier numéro de la *Revue de Westminster*. Les idées que développera la quatrième partie se retrouvent dans la première moitié d'un article écrit il y a quelques années sur *les manières et la mode*. Le germe de la huitième partie est contenu dans un article sur la *genèse de la science*. Deux articles sur *l'origine et la fonction de la musique*, et *la philosophie du style*, contiennent quelques-unes des idées de la neuvième partie. Enfin on

PRINCIPES DE MORALE.

Vol. I.

Première partie : *Données de la morale.* — Généralisations fournies par la biologie, la psychologie et la sociologie, vraies bases d'une théorie du bien ; en d'autres termes, éléments de l'équilibre entre la constitution et les conditions de l'existence, qui est à la fois l'idéal moral et la limite vers laquelle nous marchons.

Seconde partie : *Induction de la morale.* — Ce sont les règles empiriques des actions humaines reconnues comme lois essentielles par toutes les nations civilisées, c'est-à-dire les généralisations de l'expédient.

Troisième partie : *Morale personnelle.* — Principes de conduite privée, physique, intellectuelle, morale et religieuse, corollaires des conditions d'une vie individuelle complète ; ou, ce qui est la même chose, modes d'action privée qui doivent résulter de l'équilibre définitif des désirs internes et des besoins externes.

Vol. II.

Quatrième partie : *Justice.* — Restrictions réciproques imposées nécessairement aux actions des hommes par suite de leur existence simultanée comme unités d'une société, restrictions dont la parfaite observance constitue l'état d'équilibre, but du progrès politique.

Cinquième partie : *Bienfaisance négative.* — Restrictions secondaires imposées nécessairement par les mêmes conditions, qui, bien que moins importantes et ignorées de la loi, sont indispensables pour prévenir la destruction du bonheur par des moyens indirects ; en d'autres termes, contraintes qu'on s'impose à soi-même sous l'influence de la sympathie passive.

Sixième partie : *Bienfaisance positive.* — Cette division comprend tous les modes de conduite dictés par la sympathie active, ce qui implique le plaisir de faire plaisir, modes de conduite que l'adaptation sociale suggère et doit rendre toujours plus com-

---

peut tirer d'une critique de l'ouvrage de M. Bain, *Les émotions et la volonté*, publiée dans le dernier numéro de la *Revue médico-chirurgicale*, l'idée centrale de la dixième partie.

muns, et qui, devenus enfin universels, doivent combler la mesure du bonheur possible de l'homme [1].

Par avance et pour répondre à une critique basée sur la trop grande étendue du plan que je viens d'esquisser, je ferai remarquer que je ne compte pas traiter à fond chaque détail. Je me bornerai à poser les *principes*, et je donnerai les exemples qui sont nécessaires pour en faire bien comprendre la portée. Outre des fragments moins étendus, une grande division de cette œuvre (les *Principes de psychologie*) est déjà en grande partie écrite. Enfin, alors même qu'il serait impossible de l'accomplir tout entière, peut-on blâmer une tentative d'appliquer, tant que les circonstances le permettent, les premiers principes?

---

[1]. La quatrième partie des *Principes de morale* a le même sujet (mais n'est pas la même chose) que la première moitié de mon ouvrage intitulé *Social Statics*.

PRÉFACE DE LA SECONDE ÉDITION

En publiant la première édition de cet ouvrage, je croyais avoir donné à la théorie contenue dans la seconde partie sa forme définitive. De nouvelles méditations m'ont amené à donner à cette théorie des développements très considérables ; elles m'ont révélé en outre que les parties qui la composaient n'avaient pas été bien ajustées ensemble.

Dans la seconde édition, je n'ai pas modifié la première partie ; deux fois il m'a suffi de changer quelques mots pour faire disparaître des occasions de méprise. Mais j'ai transformé entièrement la seconde partie. J'ai supprimé le premier chapitre, « *Les lois en général* », avec l'intention de l'insérer dans un des derniers volumes de mon ouvrage (troisième volume des *Principes de sociologie*, VIII° partie, *Progrès intellectuel*). Deux chapitres de moindre importance ont disparu. La plupart des autres ont été déplacés par groupes ou isolément. J'ai ajouté deux chapitres nouveaux qui renferment les développements que j'ai dû donner à ma théorie et qui servent à relier les anciens chapitres en un ensemble tout nouveau. On peut se faire une idée de la transformation de cette seconde partie en lisant le tableau suivant. Les titres des chapitres nouveaux sont en italiques.

PREMIÈRE ÉDITION.	DEUXIÈME ÉDITION.
Des lois en général. (Supprimé.)	*Définition de la philosophie.*
La loi d'évolution.	*Données de la philosophie.*
La loi d'évolution. (Suite.)	
Les causes de l'évolution. (Supprimé.)	
Espace, temps, matière, mouvement et force.	Espace, temps, matière, mouvement et force.
Indestructibilité de la matière.	Indestructibilité de la matière.

PREMIÈRE ÉDITION.	DEUXIÈME ÉDITION.
Continuité du mouvement.	Continuité du mouvement.
Persistance de la force.	Persistance de la force.
	Persistance des relations entre les forces.
Corrélation et équivalence des forces.	Transformation et équivalence des forces.
Direction du mouvement.	Direction du mouvement.
Rythme du mouvement.	Rythme du mouvement.
	Récapitulation ; problème dernier.
Conditions essentielles de l'évolution. (Supprimé.)	*Évolution et dissolution.*
	Évolution simple et composée.
	La loi d'évolution. ⎫ Augmentés
	La loi d'évolution. (Suite.) ⎬ et
	La loi d'évolution. (Suite.) ⎭ remaniés.
	La loi d'évolution. (Fin.)
	Interprétation de l'évolution.
Instabilité de l'homogène.	Instabilité de l'homogène.
Multiplication des effets.	Multiplication des effets.
Différenciation et intégration.	Ségrégation.
Équilibre.	Équilibre.
	Dissolution.
Résumé et conclusion.	Résumé et conclusion. (Refait.)

Naturellement, les numéros des paragraphes de la seconde édition ne sont plus les mêmes que ceux de la première. C'est une cause d'embarras pour ceux qui lisent les *Principes de biologie* et veulent recourir aux passages des *Premiers principes* qui y sont cités. Voici une liste qui leur permettra de retrouver aisément les citations.

1re édition.		2e édition.	1re édition.		2e édition.
Le § 43 correspond au		§ 119			§ 107
Le § 44	—	§ 117			§ 108
Le § 45	—	§ 118			§ 109
Le § 46	—	§ 120			§ 110
Le § 47	—	§ 121	Le § 56 correspond au		§ 111
Le § 48	—	§ 122			§ 112
Le § 49	—	§ 123			§ 141
Le § 50	—	§ 124			§ 113
Le § 51	—	§ 125			§ 115
Le § 52	—	§ 126	Le § 61	—	§ 46
Le § 53	—	§ 128	Le § 62	—	§ 47
Le § 54	—	§ 129	Le § 63	—	§ 48
		§ 130	Le § 64	—	§ 49
		§ 131	Le § 65	—	§ 50
		§ 132	Le § 66	—	§ 52
Le § 55	—	§ 133	Le § 67	—	§ 53
		§ 134	Le § 68	—	§ 54
		§ 135	Le § 69	—	§ 55
		§ 136	Le § 70	—	§ 56
		§ 137	Le § 71	—	§ 57

PRÉFACE DE LA SECONDE ÉDITION

1re édition.	2e édition.	1re édition.	2e édition.
Le § 72 correspond au	§ 58	Le § 111 correspond au	§ 151
Le § 73 —	§ 59	Le § 112 —	§ 152
Le § 74 —	§ 60	Le § 113 —	§ 153
Le § 75 —	§ 61	Le § 114 —	§ 154
Le § 76 —	§ 62	Le § 115 —	§ 155
Le § 77 —	§ 66	Le § 116 —	§ 156
Le § 78 —	§ 67	Le § 117 —	§ 157
Le § 79 —	§ 68	Le § 118 —	§ 158
Le § 80 —	§ 69	Le § 119 —	§ 159
Le § 81 —	§ 70	Le § 120 —	§ 160
Le § 82 —	§ 71	Le § 121 —	§ 161
Le § 83 —	§ 72	Le § 122 —	§ 162
Le § 84 —	§ 73	Le § 123 —	§ 163
Le § 85 —	§ 74	Le § 124 —	§ 164
Le § 86 —	§ 75	Le § 125 —	§ 165
Le § 87 —	§ 76	Le § 126 —	§ 166
Le § 88 —	§ 77	Le § 127 —	§ 167
Le § 89 —	§ 78	Le § 128 —	§ 168
Le § 90 —	§ 79	Le § 129 —	§ 169
Le § 91 —	§ 80	Le § 130 —	§ 170
Le § 92 —	§ 81	Le § 131 —	§ 171
Le § 93 —	§ 82	Le § 132 —	§ 172
Le § 94 —	§ 83	Le § 133 —	§ 173
Le § 95 —	§ 84	Le § 134 —	§ 174
Le § 96 —	§ 85	Le § 135 —	§ 175
Le § 97 —	§ 86	Le § 136 —	§ 176
Le § 98 —	§ 87	Le § 137 —	{ § 177 / § 183 }
Le § 99 —	§ 88		
Le § 109 —	§ 149	Le § 144 —	§ 193
Le § 110 —	§ 150	Le § 145 —	§ 194

LES PREMIERS PRINCIPES

PREMIÈRE PARTIE

L'INCONNAISSABLE

CHAPITRE PREMIER

RELIGION ET SCIENCE

§ 1. Il nous arrive trop souvent d'oublier non seulement qu'il y a une *âme de bonté dans les choses mauvaises*, mais aussi qu'il y a une âme de vérité dans les choses fausses. S'il y a des gens qui admettent d'une manière abstraite qu'une fausseté contient probablement un noyau de vérité, bien peu y songent quand ils rendent un jugement sur les opinions d'autrui. On rejette avec indignation et mépris une croyance qui heurte grossièrement la réalité ; et dans le feu de la lutte personne ne se demande ce qui la recommandait aux esprits. Il faut pourtant qu'il y ait eu en elle quelque chose qui l'imposât. Il y a lieu de croire qu'elle s'accorde avec certaines parties de l'expérience des hommes par une correspondance imparfaite et vague peut-être, mais pourtant réelle. Le récit le plus absurde même peut avoir sa source dans un événement réel, et, si cet événement n'avait pas eu lieu, l'idée déraisonnable qu'on s'en faisait n'aurait jamais pris naissance. Quoique l'image amplifiée et déformée que nous transmet le prisme de la renommée soit complètement différente de la réalité, néanmoins sans la réalité il n'y aurait pas eu d'image amplifiée et déformée. Il en est ainsi des croyances humaines en général. Quoiqu'elles nous paraissent absolument mauvaises, on peut admettre qu'elles ont pris naissance dans les faits réels qu'elles contenaient originellement et peut-être qu'elles contiennent encore quelque parcelle de vérité.

Il faut toujours l'admettre quand il s'agit de croyances qui ont régné longtemps ou qui se sont répandues au loin, et surtout de ces croyances vivaces qui sont à peu près ou tout à fait universelles. La présomption qu'une opinion régnante n'est pas entièrement fausse acquiert de la force suivant le nombre de ses adhérents. Si nous admettons que la vie n'est possible que sous la condition d'un certain accord entre les convictions du dedans et les circonstances du dehors, si nous admettons par conséquent que les probabilités sont toujours en faveur de la vérité ou au moins de la vérité partielle d'une conviction, nous devons reconnaître selon les plus grandes probabilités quelque fondement à celles que partagent un grand nombre d'esprits. Les idées fausses, en s'éliminant, doivent laisser au jugement général un surcroît de valeur. On objectera, il est vrai, que plusieurs des croyances les plus répandues sont acceptées sur la foi de l'autorité; que ceux qui les professent ne font aucun effort pour les vérifier; et que par conséquent on peut en conclure que la multitude des fidèles n'ajoute pas grand'chose à la probabilité d'une croyance. Mais cela n'est pas vrai. En effet, lorsqu'une croyance conquiert de nombreuses adhésions sans subir l'épreuve de la critique, il est évident qu'elle est d'une manière générale en harmonie avec les diverses autres croyances des hommes qui la reçoivent; et, lorsque celles-ci reposent sur l'observation et sur le jugement personnel, elles fournissent un appui direct à celle avec laquelle elles s'harmonisent. Il se peut que cet appui n'ait qu'une faible valeur; mais il faut convenir qu'il en a une.

Si nous pouvions nous faire des idées nettes sur ce sujet, elles nous seraient extrêmement utiles. Il importe de faire, s'il est possible, comme une théorie générale des opinions reçues, afin de ne pas les estimer trop haut ni trop bas. La formation de jugements exacts sur les questions controversées dépend beaucoup de l'attitude que garde notre esprit quand nous écoutons une dispute ou que nous y prenons part; et, si nous voulons lui en donner une bonne, il faut apprendre ce qu'il y a de vrai et ce qu'il y a de faux dans les croyances humaines. D'une part, il ne faut pas s'abandonner à cet entraînement des idées en faveur qui se formule par les dogmes : « Ce que tout le monde dit doit être vrai, » ou : « La voix du peuple est la voix de Dieu. » D'autre part, si l'histoire du passé nous a révélé que les majorités ont d'ordinaire eu tort, nous ne devons pas refuser de reconnaître que, par contre, elles n'ont pas d'ordinaire eu *tout à fait* tort. Une des conditions radicales d'une pensée large, c'est d'éviter les extrêmes ; nous devons donc veiller à n'y point tomber, en faisant pour notre sauvegarde, d'une manière générale, l'estimation des opinions. Dans ce but, il faut considérer l'espèce de relation qui relie ordinairement les opinions aux faits. Prenons pour exemple une des croyances qui sous diverses formes ont régné chez toutes les nations dans tous les temps.

§ 2. Les traditions primitives représentent les chefs comme des dieux ou des demi-dieux. Dans l'opinion de leurs sujets, les rois primitifs avaient une origine surhumaine et exerçaient un pouvoir surhumain. Ils possédaient des prérogatives divines ; on se prosternait devant eux comme devant les autels des dieux, et, dans quelques pays même, ils furent adorés réellement. S'il fallait une preuve que c'était bien à la lettre qu'on attribuait au monarque un caractère divin ou semi-divin, nous la trouverions chez ces races sauvages qui admettent encore aujourd'hui que les chefs et leurs familles ont une origine céleste, ou que les chefs seuls ont une âme. Naturellement, à côté de ces croyances, il en existait une autre d'après laquelle le chef avait sur ses sujets un pouvoir sans limite, un droit absolu de propriété, qui pouvait même aller jusqu'au droit de leur ôter la vie à volonté. Aujourd'hui encore, dans les îles Fidji, la victime marche à la mort, les mains libres, au signal du chef, et déclare elle-même que tout ce que le roi ordonne doit être fait.

Dans des temps et chez des races moins barbares, nous trouvons ces croyances un peu modifiées. Au lieu de regarder le monarque comme un dieu ou un demi-dieu, on voit en lui un homme qui possède une autorité divine et, peut-être aussi, plus ou moins de la nature divine. Il conserve, comme aujourd'hui en Orient, des titres commémoratifs d'une descendance et d'une parenté célestes, et on le salue encore avec la même humilité de formes et de paroles qu'on emploie en s'adressant à la divinité ; si la fortune et la vie des sujets ne sont plus aussi complètement à la merci du prince dans la pratique, la théorie suppose encore qu'elles lui appartiennent.

A une période plus avancée de la civilisation, comme dans le moyen âge en Europe, les opinions reçues sur la nature des rapports des chefs et des peuples subissent un plus grand changement. La théorie de l'origine divine fait place à celle du droit divin. Le roi n'est plus un dieu ni un demi-dieu, ni même le descendant d'un dieu ; on se borne à le regarder comme le vicaire de Dieu. Les témoignages de respect qu'on lui adresse ne sont pas d'une humilité aussi exagérée, et ses titres sacrés perdent beaucoup de leur signification. Son autorité surtout cesse d'être illimitée. Les sujets lui dénient le droit de disposer, selon son bon plaisir, de leur vie et de leurs propriétés; et leur fidélité prend la forme de l'obéissance à ses commandements.

A mesure que l'opinion publique se développe, le pouvoir souverain devient de plus en plus restreint. La croyance au caractère surnaturel du prince, que nous avons depuis longtemps répudiée, n'a laissé après elle rien de plus qu'un penchant qui porte le peuple à lui attribuer une bonté, une sagesse et une beauté plus qu'ordinaires. La loyauté, qui dans le principe signifiait implicitement la soumission à la volonté du prince, n'exprime plus aujourd'hui qu'un aveu de subordination et l'acquittement d'un certain tribut de respect. Notre pratique et notre théorie politiques rejettent complètement ces prérogatives royales qui autrefois ne faisaient pas question. En détrônant quelques rois, en appelant à les remplacer de nouveaux princes, nous avons non seulement nié le droit divin de certaines personnes au pouvoir, mais nous avons nié qu'elles aient d'autres droits que ceux qui dérivent de la volonté de la nation. Nos formes de langage et nos documents officiels affirment encore que les citoyens sont les sujets du prince, mais nos croyances réelles et nos actes de tous les jours affirment implicitement le contraire. Nous n'obéissons qu'aux lois que nous avons faites. Nous avons dépouillé entièrement le monarque du pouvoir législatif, et nous nous insurgerions contre l'exercice de ce pouvoir par le roi ou la reine, même dans des matières de la plus petite importance. En un mot, la doctrine primitive est entièrement ruinée chez nous.

Le rejet des croyances politiques primitives n'a pas eu pour seul effet de transférer le pouvoir des mains d'un autocrate à celles d'un corps représentatif. Les idées qu'on se fait aujourd'hui du gouvernement, quelle qu'en soit la forme, sont bien différentes de celles d'autrefois. Populaires ou despotiques, les gouvernements jouissaient jadis d'une autorité illimitée sur leurs sujets. Les individus existaient au profit de l'Etat, non l'Etat au profit des individus. De nos jours, non seulement la volonté nationale s'est substituée à la volonté du roi, mais l'exercice de la volonté nationale a été réduit à une sphère moins étendue. En Angleterre, par exemple, quoiqu'on n'ait pas établi de théorie précise qui limite l'autorité du gouvernement, néanmoins, en pratique, on lui a imposé des bornes que tout le monde reconnaît tacitement. Aucune loi organique ne proclame que la législature ne peut disposer à son gré de la vie des citoyens, à l'exemple des rois qui sacrifiaient des hécatombes humaines; mais s'il était possible que notre législature essayât d'user d'un tel pouvoir, au lieu d'entraîner la perte des citoyens, sa témérité précipiterait la sienne. On verrait bientôt l'entière sûreté que nous avons donnée aux libertés individuelles contre les empiétements du pouvoir, si l'on proposait par acte du Parlement de s'emparer violemment de la nation ou d'une classe de la nation et de l'employer aux services publics, comme le faisaient les gouvernements primitifs. Qu'un homme d'État propose une répartition nouvelle de la propriété sur le modèle de quelque antique communauté démocratique, il se trouvera en présence de la clameur publique, qui lui déniera le pouvoir souverain sur les propriétés privées. Non seulement de nos jours les droits fondamentaux du citoyen ont été posés en face de l'État, mais aussi divers droits moins importants. Il y a bien longtemps que les lois somptuaires sont tombées en désuétude, et, si l'on essayait de les faire revivre, l'opinion ferait voir que ces matières dépassent la compétence des lois. Depuis bien des siècles, nous avons affirmé en pratique et nous venons d'établir en théorie le droit qu'a tout homme de choisir ses propres croyances religieuses au lieu de les recevoir toutes faites des mains de l'autorité temporelle. Durant le cours des dernières générations, nous avons inauguré la liberté complète de la parole en dépit de tous les efforts législatifs pour la supprimer ou la restreindre. Plus récemment encore, nous avons réclamé et en définitive obtenu, sauf un petit nombre de restrictions exceptionnelles, la liberté de faire le commerce avec qui nous voulons. Ainsi nos croyances politiques diffèrent considérablement de celles que nous professions autrefois, non seulement au sujet du dépositaire du pouvoir auquel la nation doit obéir, mais aussi au sujet de l'étendue de ce pouvoir.

Le changement n'est même pas arrivé à sa fin; à côté de ces opinions communes, il s'en révèle d'autres bien moins répandues, mais qui vont bien plus loin. On soutient qu'il faut resserrer l'action du gouvernement dans des limites plus étroites que celles qui lui sont imposées en Angleterre. A la doctrine ancienne d'après laquelle l'individu n'existait que pour l'État s'est en grande partie substituée une doctrine moderne d'après laquelle l'État n'existe que pour les citoyens; et l'on prétend en tirer toutes les conséquences logiques. Pour les penseurs de cette école, la liberté de l'individu est sacrée, elle n'a pour limite que la liberté semblable des autres individus ; le pouvoir législatif ne peut donc avec justice y mettre de restriction, soit en prohibant des actions que permet la loi de l'égalité dans la liberté, soit en prenant sur les propriétés des citoyens plus qu'il ne faut pour payer les frais nécessités par l'obligation de faire respecter la loi suprême. Ils affirment que l'Etat n'a qu'une fonction, celle de protéger les citoyens les uns contre les autres et contre les ennemis du dehors. Se fondant sur la tendance manifeste, qui a régné dans tout le cours de la civilisation, d'étendre les libertés du sujet et de restreindre les fonctions de l'Etat, ils pensent qu'on peut s'attendre à voir s'établir en définitive un régime politique qui donnera à l'individu le plus de liberté possible et au gouvernement le moins de pouvoir possible, et sous lequel la liberté de chacun ne sera limitée que par la liberté semblable de tous, tandis que l'unique devoir du gouvernement sera de faire respecter cette limite.

Nous trouvons donc dans les divers temps et les divers lieux, sur l'origine, l'autorité et les fonctions du gouvernement, une grande variété d'opinions dont les genres principaux que nous venons d'indiquer se subdivisent en un nombre infini d'espèces. Que faut-il penser de la vérité ou de la fausseté de ces opinions? Si l'on excepte un petit nombre de tribus barbares, la divinité ou la semi-divinité d'un monarque est considérée partout comme une absurdité qui dépasse les limites de la crédulité humaine. Il n'y a plus qu'un petit nombre de pays où survive encore quelque idée vague que le chef possède des attributs surnaturels. Les sociétés les plus civilisées, qui admettent encore le droit divin des gouvernements, ont depuis longtemps répudié le droit divin des rois. Ailleurs, la croyance qu'il y a dans les dispositions législatives un caractère sacré s'évanouit, et l'on en vient à ne considérer les lois que comme des conventions. L'école avancée même soutient que les gouvernements n'ont pas d'autorité intrinsèque, et qu'ils ne peuvent avoir reçu l'autorité en vertu d'une convention, mais qu'ils la possèdent uniquement comme administrateurs des principes moraux qu'on peut déduire des conditions essentielles de la vie sociale. Devons-nous dire que de ces croyances et de leurs innombrables modifications une seule est tout à fait vraie, et que toutes les autres sont fausses; ou bien devons-nous dire que chacune contient la vérité plus ou moins voilée par des erreurs? L'analyse nous fait adopter cette dernière idée. Si ridicule que chacune de ces doctrines puisse paraître à celui qui ne l'a pas reçue avec l'éducation, il y a une condition qui la soutient : c'est qu'elle est reconnue comme un fait indiscutable. Ouvertement ou implicitement, chacune d'elles proclame une certaine subordination des actions des individus aux exigences sociales. Il y a de grandes divergences quant au pouvoir auquel cette subordination est due ; il y en a d'aussi grandes quant aux raisons et à l'étendue de cette subordination, mais tout le monde s'accorde à affirmer la nécessité de *quelque* subordination. Depuis l'idée la plus ancienne et la plus grossière de l'allégeance, jusqu'à la théorie politique la plus avancée d'aujourd'hui, il y a sur ce point unanimité complète. Sans doute, entre le sauvage qui admet que sa vie et ses biens sont à la merci absolue de son chef, et l'anarchiste qui nie le droit du gouvernement, qu'il soit autocratique ou démocratique, à empiéter sur la liberté individuelle, il semble à première vue qu'il y ait un antagonisme complet et inconciliable ; mais l'analyse leur trouve une opinion commune : c'est qu'il y a des limites que les actions des individus ne doivent pas franchir ; pour l'un, ces limites tirent leur origine de la volonté royale ; pour l'autre, elles sont des corollaires des droits égaux des concitoyens.

On pourrait croire au premier coup d'œil que nous n'avons abouti qu'à une conclusion très insignifiante, à savoir qu'au fond de tous ces crédos politiques contradictoires il y a un principe commun, un principe évident par lui-même. Mais la question n'est pas dans la valeur ou dans la nouveauté de la vérité particulière que l'analyse vient de nous livrer. Je voulais mettre en lumière une vérité plus générale que nous sommes portés à ne pas remarquer : c'est que les croyances les plus opposées ont d'ordinaire un principe commun, et que, si ce principe ne doit pas être admis comme une vérité incontestable, on peut néanmoins lui accorder la plus grande probabilité. Quand un postulat, comme celui que nous venons de rencontrer, n'est pas affirmé avec conscience, mais implicitement et comme sans le savoir, et cela non pas seulement par un homme ou une société, mais par de nombreuses sociétés qui diffèrent de mille et mille manières par leurs autres croyances, il possède une certitude dont la force surpasse celle des autres. Quand le postulat est abstrait, comme dans le cas qui nous occupe, et ne repose pas sur une expérience concrète commune à l'humanité entière, mais qu'il implique une induction tirée d'un grand nombre d'expériences différentes, nous pouvons dire que sa certitude le place à côté des postulats des sciences exactes.

N'arrivons-nous pas à une généralisation capable de nous servir de guide quand nous voudrons chercher l'âme de vérité contenue dans les erreurs ? L'exemple qui précède montre clairement que, dans les opinions qui semblent absolument et radicalement mauvaises, il y a pourtant quelque chose de bon, et en même temps il indique la méthode que nous devons employer pour chercher ce qu'il y a de bon. Cette méthode consiste à comparer toutes les opinions du même genre; à mettre de côté, comme se ruinant plus ou moins l'un l'autre, ces éléments spéciaux et concrets qui font le désaccord des opinions; à observer ce qui reste après l'élimination de ces éléments discordants, et à trouver pour ce résidu une expression abstraite qui demeure vraie dans toutes ses modifications divergentes.

§ 3. Si nous acceptons franchement ce principe général et si nous suivons la marche qu'il nous indique, nous aurons moins de peine à comprendre les antagonismes chroniques qui divisent les hommes. En l'appliquant non seulement aux idées reçues qui ne nous offrent pas un intérêt personnel, mais encore à nos idées propres et à celles de nos adversaires, nous arriverons à juger avec plus de justice. Nous serons toujours disposés à soupçonner que nos convictions ne sont pas complètement vraies, et que les croyances opposées ne sont pas tout à fait fausses. D'une part, nous ne nous laisserons pas, à l'exemple de la foule qui ne réfléchit pas, imposer des idées par le hasard qui nous a fait naître en tel ou tel temps, sur tel ou tel point du globe; et, d'autre part, nous ne commettrons plus, comme la plupart de ceux qui se posent en critiques indépendants, la faute d'opposer à nos adversaires des dénégations absolues et dédaigneuses.

De tous les antagonismes qui s'élèvent entre les croyances, le plus ancien, le plus profond, le plus grave et le plus généralement reconnu, est celui de la Religion et de la Science. Il a commencé quand la découverte des lois les plus simples des choses les plus communes imposa une limite au fétichisme universel qui avait jusque-là régné sur les esprits. On le retrouve partout dans toute l'étendue de la connaissance humaine, depuis l'interprétation des plus simples faits de la mécanique jusqu'aux phénomènes les plus compliqués de l'histoire des nations : il a ses racines dans les profondeurs des habitudes intellectuelles des différents ordres d'esprits. En outre, les idées contradictoires sur la nature et la vie que ces habitudes intellectuelles produisent séparément influencent en bien ou en mal les sentiments et la conduite des hommes.

La bataille sans fin qui s'est livrée dans tous les siècles, sous les bannières de la Religion et de la Science, a eu pour effet de produire une animosité qui par malheur empêche un parti d'apprécier la valeur de l'autre. Sur un plus grand théâtre et avec plus de violence que toute autre controverse, elle réalise une fable d'une moralité profonde, celle de ces chevaliers qui combattaient pour la couleur d'un bouclier dont chacun ne voyait qu'une face. Chaque combattant, ne voyant bien la question qu'à son propre point de vue, accusait l'autre de sottise et de mauvaise foi parce qu'il ne l'apercevait pas sous le même aspect; ce qui manquait à chacun, c'était la franchise de passer du côté de son adversaire pour découvrir comment il se faisait qu'il vit le bouclier si différemment.

Heureusement qu'à la faveur du temps les idées acquièrent un caractère de plus en plus libéral, que nous ferons bien de développer autant que notre nature le comporte. Plus nous préférerons la vérité à la gloriole du triomphe, plus nous souhaiterons de connaître ce qui porte nos adversaires à penser comme ils le font. Nous soupçonnerons que leur obstination à soutenir une croyance doit venir de ce qu'ils sentent une chose que nous n'avons pas sentie, et nous voudrons compléter la part de vérité que nous possédons par celle qu'ils ont trouvée. Par une plus juste appréciation de l'autorité humaine, nous éviterons les deux extrêmes d'une soumission excessive et d'une résistance illégitime; nous ne regarderons pas les jugements des hommes, les uns comme absolument bons, les autres comme absolument mauvais, mais nous inclinerons de préférence vers l'opinion, plus facile à défendre, que personne n'a tout à fait raison et que personne n'a tout à fait tort.

Examinons donc les deux faces de cette grande controverse, en conservant autant que possible l'impartialité que nous recommandons. Résistons aux entraînements de l'éducation, fermons l'oreille aux murmures des sectaires, et voyons les probabilités *à priori* qui plaident en faveur de chaque parti.

§ 4. Quand on se fait une idée juste du principe général que nous venons d'exposer, on peut dire d'avance que les diverses formes des croyances religieuses qui ont existé et qui existent encore reposent toutes sur quelque fait ultime. L'analogie nous fait juger, non pas que l'une de ces croyances est tout à fait vraie, mais que dans toutes il y a quelque chose de bon plus ou moins voilé par des choses mauvaises. L'âme de vérité contenue dans les fausses croyances peut être très différente de la plupart et non de la totalité de ses dogmes, et sans doute si, comme nous avons de bonnes raisons de le penser, elle est beaucoup plus abstraite qu'aucun d'eux, il en résulte qu'elle ne doit pas leur ressembler. Cependant, quelque différence qu'il y ait entre cette vérité essentielle et les dogmes qui l'expriment, elle existe et il faut la trouver. Supposer que les conceptions religieuses à formes diverses sont sans exception et, *d'une manière absolue*, dénuées de fondement, c'est rabaisser par trop l'intelligence moyenne de l'humanité, dont toutes les intelligences des individus recueillent l'héritage.

Nous verrons que cette raison générale est corroborée par d'autres d'une nature plus spéciale. A la présomption que les diverses croyances de la même classe reposent toute sur quelque chose de réel, il faut ajouter dans le cas qui nous occupe une nouvelle présomption tirée de l'omniprésence des croyances. Les idées religieuses d'une espèce ou d'une autre sont à peu près, sinon tout à fait, universelles. On prétend qu'il y a des tribus qui n'ont pas même l'ébauche d'une théorie de la création, que les théories les plus élémentaires de la création n'apparaissent que lorsque l'homme a déjà acquis un certain développement intellectuel; quand tout cela serait vrai, le résultat ne serait pas changé. Dès que l'on accorde que, chez toutes les races qui ont atteint un certain degré de développement intellectuel, on trouve des notions vagues sur la nature et l'origine mystérieuse des objets qui entourent l'homme, on peut conclure que ces notions sont des produits nécessaires de la marche de l'intelligence. Leur infinie variété ne peut que fortifier cette conclusion, car elle montre que ces théories ont une existence indépendante et fait voir comment, en différents lieux, à différentes époques, des conditions semblables ont conduit à des idées semblables et par elles à des résultats analogues. On a dit que les phénomènes innombrables, différents et pourtant de même famille, que nous offre l'histoire des religions, sont des produits accidentels et factices; cette supposition est insoutenable. L'évidence loyalement consultée donne un démenti formel à l'opinion qui réduit les croyances religieuses à n'être que des inventions de prêtres. A ne considérer même que les probabilités, on ne peut conclure avec raison que dans toutes les sociétés passées et présentes, sauvages et civilisées, des membres de la communauté se sont entendus pour tromper le reste et sont arrivés à leur but par des moyens aussi ressemblants. Si l'on prétendait qu'une fiction primitive a pu être inventée par un corps sacerdotal primitif avant que l'humanité se fût dispersée hors de la patrie commune, la philologie répondrait; car la philologie prouve que la dispersion du genre humain a commencé à une époque où il n'y avait pas encore de langue assez avancée pour exprimer les idées religieuses. En outre, l'hypothèse d'une origine artificielle s'appuyât-elle sur d'autres arguments, elle ne pourrait rendre compte des faits : elle n'explique pas pourquoi, sous les formes religieuses les plus différentes, on retrouve constamment les mêmes éléments; elle ne nous montre pas pourquoi la critique, en ruinant de siècle en siècle les dogmes religieux particuliers, n'a pas détruit la conception fondamentale que ces dogmes recouvrent. Voici un problème surprenant : nous voyons les croyances nationales tomber dans un discrédit général par l'effet des absurdités et des superstitions amoncelées autour d'elles; nous les voyons finir au milieu de l'indifférence ou succomber en luttant contre une dénégation positive; mais nous les voyons aussi se relever toujours peu à peu et s'affirmer de nouveau, sinon sous la même forme, du moins avec la même essence. Cette résurrection a de quoi surprendre, et pourtant l'hypothèse s'y heurte et ne l'explique pas. Ainsi l'universalité des idées religieuses, leur évolution indépendante chez les diverses races primitives, et leur grande vitalité, tout concourt à prouver que leur racine doit être profonde et non superficielle. En d'autres termes, nous sommes obligés d'admettre que si elles n'ont pas une origine surnaturelle, comme la majorité le prétend, elles doivent dériver du lent accroissement et de la systématisation graduelle de l'expérience humaine.

Dira-t-on que les religions sont le produit du sentiment religieux qui, pour se donner satisfaction à lui-même, forge des chimères qu'il projette ensuite dans le monde extérieur et qu'il prend peu à peu pour des réalités; la difficulté ne sera pas résolue; elle ne sera que reculée. Que le sentiment soit le père de l'idée, ou que le sentiment et l'idée aient une origine commune, la même question se pose : d'où vient le sentiment religieux? C'est un **élément constituant de l'homme**, l'hypothèse en question l'affirme, et ceux qui préfèrent d'autres hypothèses ne peuvent le nier. S'il faut classer parmi les émotions de l'homme le sentiment religieux qui anime la majorité de l'humanité et qui se réveille à l'occasion chez ceux mêmes qui en paraissent le plus dépourvus, nous ne pouvons pas raisonnablement lui refuser notre attention. Nous sommes tenus d'en rechercher l'origine et la fonction. Nous rencontrons un attribut qui, pour ne rien dire de plus, a exercé une influence énorme, qui a joué un rôle important au commencement des temps historiques, qui est de nos jours l'âme d'institutions nombreuses, la cause de controverses sans fin et l'instigateur d'actions sans nombre. Une théorie des choses qui n'en tient pas compte ne peut être que défectueuse. A ne le considérer qu'en philosophes, nous sommes sommés de dire ce qu'il signifie, et nous ne pouvons décliner cette tâche sans avouer l'incompétence de notre système.

Nous n'avons à choisir qu'entre deux hypothèses. D'après l'une, le sentiment qui répond aux idées résulte, comme toutes les autres facultés humaines, d'un acte de création spéciale; d'après l'autre, ce sentiment, comme tous les autres, naît d'une opération d'évolution. Si nous adoptons la première alternative, que nos devanciers ont acceptée universellement et que reconnaît encore la majorité des hommes, la question est vidée : l'homme est doté directement du sentiment religieux par un créateur, et ce sentiment répond aux desseins de ce créateur. Si nous adoptons la seconde alternative, nous rencontrons les questions suivantes : à quelles circonstances faut-il rapporter l'origine du sentiment religieux, et quel est son office? Nous sommes forcés d'accepter ces questions et de leur trouver des réponses. Si nous regardons ces facultés, ainsi que le veut cette hypothèse, comme le résultat de modifications accumulées et causées par l'action réciproque de l'organisme sur son milieu, nous sommes obligés de croire qu'il existe dans le milieu des phénomènes des conditions qui ont déterminé la production du sentiment religieux; et alors nous sommes obligés d'admettre qu'il est tout aussi normal qu'une autre faculté. De plus, s'il est vrai, comme le veut l'hypothèse du développement d'une forme inférieure en une forme supérieure, que la fin vers laquelle tendent directement ou indirectement les changements progressifs doit être l'adaptation à tous les besoins de l'existence, nous sommes encore forcés de conclure que ce sentiment contribue de quelque façon au bonheur de l'humanité. Ainsi les deux alternatives contiennent le même principe. Nous arrivons nécessairement à la conclusion que le sentiment religieux est ou bien directement créé, ou qu'il est créé par l'action graduelle des causes naturelles; quelle que soit la conclusion que nous adoptions, elle nous impose le respect du sentiment religieux.

Il y a encore une considération qu'il ne faut pas perdre de vue, ce que les hommes de science ne sont que trop portés à faire. Occupés de vérités établies et accoutumés à regarder les choses inconnues comme des objets d'une découverte qui doit se faire dans l'avenir, ils sont exposés à oublier que la science, quelque étendue qu'elle puisse envahir, est incapable d'assouvir l'esprit de recherche. La connaissance positive ne remplit pas et ne pourra jamais remplir le domaine entier de la pensée possible. Au bout de la découverte la plus avancée, une question se dresse et se dressera toujours : Qu'y a-t-il après? Comme il est impossible de concevoir une limite à l'espace, et d'exclure l'idée qu'il y a encore de l'espace au delà de cette limite, nous ne pouvons concevoir une explication assez radicale pour exclure la question : Qu'est-ce qui explique l'explication? Si nous regardons la science comme une sphère qui s'agrandit graduellement, nous pouvons dire que son accroissement ne fait qu'accroître ses points de contact avec l'inconnu qui l'environne. Il doit donc y avoir en permanence deux modes de penser antithétiques. A l'avenir, comme maintenant, l'esprit humain s'occupera non seulement des phénomènes constatés et de leurs relations, mais aussi de quelque chose qu'on ne constate pas et qu'impliquent les phénomènes et leurs relations. Il en résulte que si la connaissance ne peut monopoliser la conscience, si l'esprit a toujours la possibilité de porter son attention sur ce qui dépasse la connaissance, il y aura toujours place pour la religion, puisque la religion, sous toutes ses formes, se distingue de toutes les autres croyances, en ce qu'elle prend pour objet ce qui dépasse la sphère de l'expérience.

Ainsi donc, quelque insoutenables que puissent être toutes les croyances religieuses existantes, quelque grossières que soient les absurdités qui les composent, quelque déraisonnables que soient les arguments produits pour leur défense, nous ne pouvons pas méconnaître la vérité mystérieuse qu'elles recèlent selon toutes les probabilités. D'abord il est très probable que les croyances largement répandues ne sont pas dépourvues de fondement, et cette probabilité reçoit une force singulière de l'omniprésence des croyances. En second lieu, le sentiment religieux existe, et, quelle que soit son origine, son existence prouve qu'il a une grande signification. Enfin, comme la nescience, qui doit toujours rester l'antithèse de la science, est une sphère dans laquelle le sentiment religieux peut se mouvoir, nous avons un troisième fait général, qui vient à l'appui des deux premiers. Nous pouvons donc être assurés que les religions, bien qu'aucune ne soit vraie, sont pourtant des images imparfaites de la vérité.

§ 5. Un esprit religieux trouvera absurde d'avoir à justifier la Religion, de même un homme versé dans les sciences ne pourra comprendre qu'on ait à défendre la Science. Pourtant la Science a encore plus besoin d'être défendue que la Religion. S'il est des gens qui, révoltés par les folies et les corruptions des croyances religieuses, n'ont plus pour la Religion que mépris et aversion, il en est d'autres qui ont été choqués à tel point par la critique destructive que les savants dirigent contre les dogmes religieux, qu'ils ont conçu contre la Science les préjugés les plus violents. Leur mécontentement ne repose pas sur de bonnes raisons; mais ils songent que la Science a souvent ébranlé leurs plus chères convictions, ils songent qu'elle pourrait à la fin déraciner tout ce qu'ils regardent comme sacré; et ils en ressentent une terreur secrète.

Qu'est-ce que la Science? Pour voir à quel point le préjugé qu'on nourrit contre elle est absurde, il nous suffit de remarquer que la Science n'est pas autre chose qu'un développement d'un ordre supérieur de la connaissance vulgaire, et que, si on la rejette, il faut aussi rejeter toute connaissance. L'homme le plus bigot ne verra rien de mal dans l'observation que le soleil se lève plus tôt et se couche plus tard en été qu'en hiver; il y verra même un auxiliaire utile dans l'accomplissement des devoirs quotidiens. Fort bien ; mais l'astronomie n'est qu'un système d'observations semblables faites avec plus de délicatesse, portant sur un plus grand nombre d'objets, et analysées au point de révéler l'arrangement réel du ciel et à renverser les notions fausses que nous en avons. Le fer se rouille dans l'eau, le feu brûle, les viandes longtemps conservées se putréfient : voilà des notions que le sectaire le plus ombrageux recevra sans alarme et qu'il trouvera bon de posséder. Pourtant ce sont des vérités chimiques. La chimie est une collection coordonnée de faits semblables, constatés avec précision, classés et généralisés de telle sorte que nous pouvons dire de tous les corps simples ou composés quels changements tel d'entre eux subira dans des conditions données. Il en est de même de toutes les sciences.

Elles germent toutes sur le sol de l'expérience vulgaire; à mesure qu'elles grandissent, elles rassemblent insensiblement des faits plus lointains, plus nombreux, plus complexes; elles y constatent des lois de dépendance mutuelle semblables à celles qui composent notre connaissance des objets familiers. Nulle part on ne peut dire : Ici commence la Science. De même que l'observation vulgaire a pour fonction de diriger la conduite, la science a aussi pour office la direction de la conduite, lors même qu'elle poursuit la solution des problèmes les plus élevés et les plus abstraits. Par les procédés industriels et les divers modes de locomotion dont elle nous a dotés, la physique gouverne plus complètement notre vie sociale que la connaissance des propriétés des objets qui l'entourent ne règle la vie du sauvage. L'anatomie et la physiologie, en dirigeant la pratique de la médecine et de l'hygiène, exercent sur nos actions une influence presque égale à celle de la connaissance que nous avons des bons et des mauvais effets des agents ambiants sur notre corps. Savoir, c'est prévoir, et toute connaissance nous aide en définitive plus ou moins à acquérir le bien et à éviter le mal. Aussi certainement que la vue d'un objet sur notre chemin nous empêche de trébucher sur lui, aussi certainement les notions plus compliquées et plus délicates qui constituent la science nous préservent de trébucher sur des obstacles semés sur la route que nous parcourons quand nous poursuivons des fins éloignées. Puis donc que les formes les plus simples de nos connaissances et les plus compliquées ont la même origine et la même fonction, elles doivent avoir le même sort. Nous sommes, en bonne logique, contraints d'admettre les connaissances les plus étendues que nos facultés peuvent acquérir, ou de rejeter avec elles les connaissances plus restreintes que tout le monde possède. Il n'y a pas d'alternative logique; ou il faut accepter notre intelligence dans son entier, ou répudier même cette intelligence rudimentaire que nous partageons avec les brutes.

Demander si la Science est réellement vraie, c'est comme si l'on demandait si le soleil donne la lumière. Aussi bien, dans le parti théologique, ne regarde-t-on la Science avec tant d'alarme que parce qu'on sent que ses affirmations sont d'une valeur incontestable. Ce parti sait bien que, pendant les deux mille ans que la Science a mis à grandir, quelques-unes de ses principales divisions, les mathématiques, la physique, l'astronomie, ont été en butte aux critiques rigoureuses des générations successives, et qu'elles se sont néanmoins toujours plus solidement établies. Il n'ignore pas que ses propres doctrines, universellement reconnues autrefois, sont d'un siècle à l'autre toujours plus souvent remises en question ; tandis qu'au contraire les doctrines de la Science, cultivées d'abord par des investigateurs peu nombreux et clair-semés, ont graduellement conquis l'adhésion générale ; et qu'elles sont aujourd'hui, pour la plupart, des vérités hors de doute. Il voit que partout les savants soumettent leurs découvertes à l'examen le plus scrupuleux, que l'erreur est mise en lumière sans miséricorde et rejetée aussitôt que découverte. Enfin, il sait que la science peut invoquer un témoignage encore plus décisif : je veux parler de la vérification quotidienne de ses prédictions scientifiques et du triomphe perpétuel des arts qu'elle dirige.

Nourrir des sentiments hostiles pour une science qui a de si beaux titres à notre confiance, c'est une folie. Si les défenseurs de la religion peuvent trouver une excuse dans le langage de certains savants, cela ne suffit pas pour justifier leur hostilité. Pas plus pour la science que pour la religion, il ne faut mettre à la charge de la cause l'insuffisance des avocats. La science doit être jugée par elle-même, et il n'y a que l'intelligence la plus dégradée qui ne voie pas qu'elle est digne de tous les respects. Qu'il y ait ou qu'il n'y ait pas d'autre révélation, nous en avons une dans la science : c'est la révélation de l'ordre de l'univers par l'intelligence de l'homme. C'est le devoir de chaque homme de la vérifier, autant qu'il est en lui de le faire, et, la vérification faite, de se soumettre humblement à son arrêt.

§ 6. Il faut donc qu'il y ait de la vérité des deux côtés du débat. Quand on les examine sans préjugés, on est bien forcé de conclure que la religion est partout présente comme une trame dans le tissu de l'histoire de l'humanité, et qu'elle est l'expression d'un fait éternel ; d'autre part, c'est presque un lieu commun que de dire que la science est un grand système de faits qui toujours s'accroît et va toujours se purifiant plus complètement de ses erreurs. Si la religion et la science reposent sur la réalité, il faut qu'il y ait entre elles une harmonie fondamentale. On ne peut admettre l'hypothèse qu'il y a deux ordres de vérités, en opposition absolue et perpétuelle. On ne pourrait concevoir une pareille supposition qu'à l'aide d'une sorte de manichéisme que personne parmi nous n'ose avouer, mais qui n'en entache pas moins la plupart des croyances. Bien qu'au fond des déclamations cléricales il y ait l'idée que la religion est de Dieu et que la science est du diable, le fanatique le plus violent n'oserait pas l'affirmer positivement; à moins pourtant qu'on ne veuille soutenir cette doctrine, il faut admettre que sous un antagonisme apparent il y a un accord complet.

Il faut donc que chaque parti reconnaisse dans les prétentions de l'autre des vérités qu'il n'est pas permis de dédaigner. Il faut que l'homme qui contemple l'univers au point de vue religieux apprenne à voir que la science est un élément du grand tout, et qu'à ce titre elle doit être considérée avec les mêmes sentiments que le reste. D'un autre côté, celui qui regarde l'univers au point de vue scientifique apprendra à voir que la religion est aussi un élément du grand tout, et qu'à ce titre elle doit être traitée comme un objet de science, sans plus de préjugé que toute autre réalité. C'est le devoir de chaque parti de s'efforcer de comprendre l'autre, de se persuader qu'il y a dans l'autre un élément commun qui mérite d'être compris et qui, une fois reconnu, sera la base d'une réconciliation complète.

Comment trouver cet élément commun? Comment réconcilier la religion et la science? Tel est le problème à la solution duquel nous allons nous attacher avec persévérance. Ce n'est pas un expédient que nous voulons, ce n'est pas un compromis comme nous en voyons proposer de temps en temps et dont le peu de solidité n'échappe même pas à leurs auteurs. Ce que nous voulons, c'est de trouver les conditions d'une paix réelle et permanente. Ce que nous devons chercher, c'est la vérité ultime que la religion et la science pourront avouer avec une sincérité absolue, sans l'ombre d'une restriction mentale. Il ne faut pas qu'il y ait de concession; il ne faut pas que l'une ou l'autre partie cède sur un point quelconque ce qu'elle serait obligée de reprendre; il faut que le fondement commun sur lequel elles se donneront la main soit un principe qu'elles affirment chacune pour soi. Nous avons à découvrir une vérité fondamentale que la religion affirme avec toute l'énergie possible, sans le secours de la science, et que la science affirme avec toute l'énergie possible sans le secours de la religion, et pour la défense de laquelle la science et la religion se trouvent alliées.

Ou bien encore, à un autre point de vue, nous nous proposons de coordonner les convictions en apparence opposées que représentent la science et la religion. De la fusion d'idées antagonistes qui contiennent chacune une part de vérité naît toujours un développement supérieur. Ainsi, dans la géologie, quand on eut réuni les hypothèses plutonienne et neptunienne, on vit se faire un progrès rapide ; ainsi, en biologie, le progrès commence depuis la fusion de la doctrine des types et de celle de l'adaptation ; ainsi, en psychologie, le développement qui s'était arrêté reprend son cours depuis que les disciples de Locke et ceux de Kant ont reconnu leurs idées dans la théorie que les expériences organisées produisent les formes de la pensée ; ainsi, dans la sociologie, qui prend déjà un caractère positif, nous voyons les deux partis du progrès et de l'ordre soutenir chacun une vérité qui est le complément nécessaire du principe de l'autre parti. Il doit en être de même, sur une échelle plus vaste, de la religion et de la science. Là aussi, nous devons chercher une conception qui réunisse en un même système les conclusions de chacune d'elles, et là aussi nous devons attendre de grands résultats de cette réunion. Comprendre comment la science et la religion expriment les côtés opposés du même fait, la première le côté prochain ou visible, la seconde le côté lointain ou invisible, c'est le but que nous voulons atteindre, et le succès de notre entreprise doit modifier profondément notre théorie générale des choses.

J'ai déjà esquissé la méthode qui doit nous servir à chercher ce principe commun ; avant d'aller plus loin, il est bon de traiter à fond la question de méthode. Pour trouver cette vérité où la religion et la science se soudent, nous avons besoin de savoir quelle espèce de vérité ce peut être et dans quelle direction nous devons la chercher.

§ 7. Nous avons trouvé une raison *à priori* de croire que dans toutes les religions, même dans les plus grossières, il y a un fond de vérité. Nous sommes arrivés à la conclusion que cette vérité est l'élément commun de toutes les religions : ce qui reste quand leurs éléments particuliers contradictoires se sont annulés mutuellement. Nous avons vu de plus que ce résidu est bien certainement plus abstrait que n'importe quelle doctrine religieuse reçue. Or il est manifeste que la science et la religion ne peuvent reconnaître pour principe commun qu'une proposition très abstraite. Ce ne sont point les dogmes des trinitaires, ni ceux des unitaires, ni l'idée de la propitiation, bien que commune à toutes les religions, qui peuvent servir de base au traité de paix. La science ne peut admettre des croyances de cette nature ; elles dépassent sa sphère. Nous voyons donc que, si nous voulons juger par analogie, non seulement la vérité essentielle de la religion est l'élément le plus abstrait qu'on retrouve sous toutes ses formes, mais aussi que cet élément, le plus abstrait de tous, est le seul qui puisse servir de trait d'union entre la religion et la science.

Nous arrivons au même résultat, si nous commençons par l'autre bout à chercher la vérité scientifique qui puisse réconcilier la science et la religion. Il est manifeste que la religion ne peut faire connaître les doctrines particulières de la science, pas plus que celle-ci ne peut faire connaître les doctrines spéciales de la religion. Le principe que la science proclame, et que la religion adopte comme sien, ne peut pas plus être mathématique que physique ou chimique ; il ne peut relever d'aucune science particulière. Une généralisation des phénomènes d'espace, de temps, de matière, de force, ne peut devenir une idée religieuse. S'il y a dans la science une idée qui puisse devenir une idée religieuse, il faut qu'elle soit plus générale que toutes les autres, qu'elle soit le principe de toutes les autres. Enfin, s'il y a un fait que la science et la religion reconnaissent à la fois, ce doit être le fait d'où toutes les sciences tirent leur existence.

Or, puisque ces deux grandes réalités, la religion et la science, sont les éléments constitutifs du même esprit et répondent à différents aspects du même univers, il faut qu'il y ait entre elles une harmonie fondamentale ; il y a donc de bonnes raisons de croire que la vérité la plus abstraite de la religion et la vérité la plus abstraite de la science doivent être celle où toutes les deux se fondent ensemble. Le fait le plus compréhensif que nous trouverons dans notre esprit doit être celui que nous cherchons. Du moment qu'il unit les pôles positif et négatif de la pensée humaine, il doit être le fait ultime de notre intelligence.

§ 8. Avant de passer à la recherche de cette donnée commune, je fais appel à la patience du lecteur. Sans doute, les trois chapitres suivants, partant de points de vue différents et convergeant vers la même conclusion, auront peu d'attrait. Ceux qui s'occupent de philosophie y trouveront beaucoup d'idées qui leur sont plus ou moins familières, et la plupart de ceux qui ne sont pas au courant de la métaphysique moderne auront de la peine à me suivre.

Nous ne pouvons pourtant pas renoncer à ces chapitres. La grandeur du problème à résoudre nous autoriserait même à mettre l'attention du lecteur à une plus dure épreuve. Le sujet, plus que tout autre, nous importe à tous sans exception. Bien que l'idée à laquelle nous devons aboutir n'ait sur nous que peu d'influence directe, elle doit exercer une action indirecte sur toutes nos relations, déterminer notre conception de l'univers, de la vie, de la nature humaine, modifier nos idées du bien et du mal et par elles toute notre conduite. Certes, il vaut bien la peine de s'élever à un point de vue où la contradiction apparente de la religion et de la science s'évanouisse, où la religion et la science se fondent ensemble, pour amener dans les idées une révolution féconde en résultats heureux.

Ces préliminaires achevés, nous allons aborder la plus importante de toutes les études.

CHAPITRE II

IDÉES DERNIÈRES DE LA RELIGION

§ 9. Quand du rivage de la mer nous voyons la coque des navires éloignés disparaître au-dessous de l'horizon et que nous n'apercevons plus que les voiles supérieures des vaisseaux encore plus éloignés, nous nous faisons une idée assez claire de la faible courbure de la partie de la surface de la mer qui s'étend devant nous. Mais quand nous cherchons par la pensée à suivre cette courbure, qui s'arrondit insensiblement jusqu'au point où tous les méridiens se rencontrent, c'est-à-dire à huit mille milles au-dessous de nos pieds, notre imagination se trouve entièrement déconcertée. Nous ne pouvons pas concevoir dans sa forme et sa grandeur un petit segment de notre globe de cent milles en tous sens autour de nous, à plus forte raison le globe tout entier. Le bloc de rocher qui est sous nos pieds, nous pouvons nous le figurer assez complètement; nous sommes capables de nous en représenter le sommet, les côtés et la surface inférieure tout à la fois, ou peu s'en faut, en sorte que toutes ces images semblent présentes à la conscience au même moment. Nous pouvons ainsi nous former une conception du rocher. Mais il est impossible de faire la même chose pour la terre. S'il est hors de notre pouvoir de nous figurer les antipodes aux points éloignés de l'espace qu'ils occupent effectivement, à plus forte raison ne pouvons-nous pas nous représenter à leur vraie place les autres points de la terre éloignés de nous. Néanmoins nous parlons de la terre comme si nous en avions une idée, comme si nous pouvions nous la figurer ainsi que nous nous figurons les objets les plus petits.

Mais alors, demandera le lecteur, quelle conception nous en faisons-nous ? Il est incontestable que le nom de la terre évoque en nous un état de conscience ; et si cet état n'est pas une conception proprement dite, qu'est-il ? Voici ce qu'on peut répondre : — Nous avons appris par des méthodes indirectes que la terre est une sphère ; nous avons fabriqué des modèles qui représentent d'une manière approximative la forme et la distribution de ses parties ; en général, quand il est question de la terre, nous pensons à une masse indéfiniment étendue sous nos pieds, ou, peut-être oubliant la vraie terre, nous pensons à un corps comme un globe terrestre ; mais quand nous cherchons à imaginer la terre, telle qu'elle est en fait, nous combinons ces deux idées de notre mieux, nous unissons à la conception d'une sphère les perceptions de la surface de la terre que les yeux nous donnent. Et, de la sorte, nous formons de la terre non pas une conception proprement dite, mais seulement une conception symbolique [1].

Une grande partie de nos conceptions, y compris les plus générales, sont de cet ordre. Les grandes étendues, les grandes durées, les grands nombres, ne sont, ni les uns ni les autres, conçus effectivement, mais d'une façon plus ou moins symbolique ; il en est ainsi de toutes les classes d'objets auxquelles nous rapportons tous les faits qui nous entourent. Quand on parle d'un certain homme, on s'en fait une idée assez complète. Si l'on parle de la famille à laquelle il appartient, il est probable qu'on ne s'en représentera qu'une partie : obligés de prêter notre attention à ce qu'on dit de cette famille, nous ne nous figurons que ses membres les plus importants, ou ceux que nous connaissons le mieux, et nous laissons de côté le reste, dont nous n'avons qu'une idée vague, que nous pourrions, si c'était nécessaire, préciser ou compléter. Si nous disons quelque chose de la classe des fermiers, par exemple, à laquelle appartient cette famille, nous n'énumérons pas dans notre pensée toutes les personnes de cette classe, et nous ne croyons même pas qu'il nous fût possible de le faire, si nous en étions requis ; mais nous nous contentons d'en remarquer quelques individus et de nous rappeler que nous pourrions en faire autant indéfiniment. Si nous supposons que le sujet dont on parle est Anglais, l'état de conscience qui lui correspond est une représentation encore plus

---

[1]. Les personnes qui ont déjà rencontré ce terme s'apercevront qu'il est ici employé dans un sens tout différent

incomplète de la réalité. La ressemblance de la pensée à la chose est encore plus lointaine s'il est question d'Européens ou d'hommes. Et quand nous arrivons à des propositions concernant les mammifères, ou l'embranchement entier des vertébrés, ou les animaux en général, ou tous les êtres organisés, la dissemblance de nos conceptions et des objets nommés devient extrême. Dans toute cette série de cas nous voyons que, à mesure que le nombre des objets groupés ensemble par la pensée augmente, le concept formé par un petit nombre d'exemplaires types combinés avec la notion de la multiplicité tend de plus en plus à devenir un pur symbole; ce n'est pas seulement parce qu'il cesse de représenter l'étendue du groupe, mais c'est aussi parce que, à mesure que le groupe devient plus hétérogène en grandissant, les exemplaires types auxquels nous pensons ressemblent moins à la moyenne des objets contenus dans le groupe.

Cette formation de conceptions symboliques, qui prend inévitablement naissance à mesure que nous passons des objets petits et concrets à d'autres plus grands et étendus, est le plus souvent une opération très utile et même nécessaire. Quand, au lieu de choses dont les attributs peuvent s'unir assez bien dans un seul état de conscience, nous avons affaire à d'autres choses dont les attributs sont trop étendus ou trop nombreux pour être ainsi réunis, il faut que nous renoncions à concevoir une partie des attributs ou que nous n'en concevions aucun, c'est-à-dire que nous en formions une conception plus ou moins symbolique ou que nous n'en formions aucune. Nous ne devons rien affirmer des objets trop grands ou trop nombreux pour être représentés mentalement, ou il faut que nous composions nos affirmations avec des représentations extrêmement imparfaites de ces objets, c'est-à-dire avec de purs symboles.

Mais si ce procédé seul nous permet de former des propositions générales et d'aboutir à des conclusions générales, il nous met perpétuellement en péril et souvent nous mène à l'erreur. Nous prenons d'ordinaire nos conceptions symboliques pour des conceptions réelles, ce qui nous entraîne à une infinité de conclusions fausses. Ce n'est pas seulement parce que notre concept d'une chose ou d'une classe de choses représente mal la réalité que nous sommes plus exposés à nous tromper dans une affirmation que nous faisons sur elle, mais c'est surtout parce que nous en venons à supposer que nous avons conçu fidèlement une grande diversité de choses, tandis que nous les avons conçues par le moyen artificiel d'un symbole, et qu'enfin nous confondons avec elles des choses qu'on ne peut concevoir en aucune façon. Il est nécessaire d'examiner pourquoi nous ne pouvons guère éviter de tomber dans cette erreur.

Des objets qu'il est facile de se représenter dans leur totalité à ceux dont nous ne pouvons même pas former une représentation la transition est insensible. Entre un caillou et la terre, on peut introduire une série de grandeurs dont chacune diffère si légèrement de ses voisines, qu'il est difficile de dire à quel point de la série nos conceptions commencent à devenir imparfaites. De même, entre les groupes composés d'un petit nombre d'individus dont nous pouvons nous faire une idée, et ceux de plus en plus larges dont nous ne pouvons nous faire aucune idée vraie, il y a une progression graduelle. Il est donc évident que nous passons des conceptions réelles aux symboliques par des degrés insensibles. En outre, nous sommes amenés à traiter nos conceptions symboliques comme si elles étaient réelles, non seulement parce que nous ne pouvons établir entre les conceptions symboliques et les réelles aucune ligne de démarcation, mais aussi parce que, dans la grande majorité des cas, nous nous servons des symboliques presque aussi bien ou tout aussi bien que des réelles, et qu'elles ne sont que des signes abrégés mis à la place des signes plus complets qui sont pour nous les équivalents des objets réels. Nous savons que les représentations très imparfaites des choses vulgaires que nous formons d'ordinaire en passant peuvent être rendues complètes si c'est nécessaire. Bien que nous ne puissions rendre adéquats les concepts des grandeurs immenses et des classes les plus vastes, nous voyons pourtant que nous pouvons les vérifier par un procédé indirect de mesure ou d'énumération. Même quand il s'agit d'un objet qu'il est impossible de concevoir, comme le système solaire, l'accomplissement des prédictions fondées sur la conception symbolique que nous en avons nous inspire la conviction que cette conception symbolique représente une existence réelle, et en un sens exprime fidèlement certaines relations essentielles de ce système. C'est donc parce que nos conceptions symboliques sont dans la majorité des cas susceptibles d'être complétées, et que dans la majorité des autres cas elles servent d'acheminement à des conclusions dont la validité a pour pierre de touche la correspondance avec l'observation, que nous prenons l'habitude de les traiter comme des conceptions adéquates, comme des représentations réelles des choses qui existent. Parce qu'une longue expérience nous apprend qu'elles peuvent, si c'est nécessaire, se vérifier, nous prenons l'habitude de les admettre sans vérification. De la sorte, nous ouvrirons la porte à des conceptions qui passent pour des représentations des choses connues, mais qui en réalité représentent des choses qu'on ne peut connaître en aucune façon.

En résumé, nos conceptions en général ne sont complètes que lorsque le nombre et l'espèce des attributs des objets conçus leur permettent d'être représentés dans la conscience, à des moments assez rapprochés pour qu'ils puissent paraître présents simultanément. A mesure que les objets conçus deviennent plus étendus et plus complexes, certains attributs, dont nous avions eu d'abord l'idée, s'effacent de la conscience avant que le reste ait été représenté, et la conception reste incomplète. Quand la grandeur, la complexité ou la dissémination des objets conçus devient très grande, on ne peut penser à la fois qu'à une petite partie de leurs attributs, et la conception est alors si imparfaite qu'elle n'est plus qu'un symbole. Néanmoins ces conceptions symboliques indispensables à la philosophie sont légitimes, pourvu que par l'effet d'opérations de pensée accumulées ou indirectes, ou par l'accomplissement des prédictions qu'on peut en déduire, il nous soit possible d'acquérir la certitude qu'elles représentent des réalités; mais quand nos conceptions symboliques sont de telle nature que les opérations de l'esprit accumulées ou indirectes ne puissent nous mettre à même de constater qu'elles correspondent à des faits ayant une existence réelle, et qu'on ne puisse faire de prédiction dont l'accomplissement fournisse la même preuve, c'est qu'elles sont radicalement vicieuses et illusoires, et qu'on ne peut en aucune façon les distinguer des pures fictions.

§ 10. Considérons maintenant la portée de cette vérité générale dans le sujet qui nous occupe : les idées dernières de la religion.

A l'homme primitif, comme à tout enfant né au milieu de la civilisation, le problème de l'univers se pose de lui-même : Qu'est-ce que l'univers? et d'où vient-il? Ces questions réclament impérieusement une solution, quand de temps en temps l'imagination s'élève au-dessus des vulgarités de la vie. Pour remplir le vide de la pensée, la première théorie venue, quelle qu'elle soit, paraît valoir mieux que rien. En l'absence de toute autre, elle prend aisément racine et par suite garde sa position, grâce au penchant de l'homme à accepter les premières explications qu'on lui présente, et grâce à l'autorité qui s'amasse bientôt autour d'une explication donnée.

Un examen critique prouvera que non seulement les hypothèses reçues ne sont pas soutenables, mais aussi qu'on n'en peut pas faire une seule qui le soit.

§ 11. Nous pouvons faire trois suppositions intelligibles verbalement sur l'origine de l'univers. Nous pouvons dire qu'il existe par lui-même, ou qu'il se crée lui-même, ou qu'il est créé par une puissance extérieure. Il n'est pas nécessaire de rechercher ici laquelle de ces trois suppositions est la plus croyable. Cette question se résout en définitive en une question plus haute, à savoir si l'une d'elles est conçevable au vrai sens du mot. Examinons-les l'une après l'autre.

Quand nous disons d'un homme qu'il se soutient lui-même, d'un appareil qu'il agit par lui-même, d'un arbre qu'il se développe par lui-même, nos expressions, bien qu'inexactes, représentent des choses que nous pouvons nous figurer par la pensée avec une exactitude assez parfaite. Notre conception d'un arbre qui se développe par lui-même est, sans aucun doute, symbolique. Mais, quoique nous ne puissions pas nous représenter réellement dans la conscience la série entière des changements complexes qu'il traverse, néanmoins nous pouvons nous représenter les termes principaux des séries ; et l'expérience générale nous apprend que par une observation longtemps continuée nous pouvons acquérir la faculté de nous figurer mentalement une série de changements qui représente mieux les séries réelles ; c'est-à-dire, nous savons que cette conception symbolique du développement spontané peut s'étendre de manière à se rapprocher d'une conception réelle, et qu'elle exprime, bien qu'inexactement, une opération réelle de la nature. Mais quand nous parlons de l'existence par soi, et qu'à l'aide des analogies déjà indiquées nous en formons une conception symbolique vague, nous nous abusons nous-mêmes si nous supposons que cette conception symbolique est du même ordre que les autres. Nous joignons les mots *par soi* au mot *existence*, et la force de l'association nous fait croire que nous avons une idée semblable à celle que nous suggère les mots d'activité spontanée. Essayons de déployer cette conception symbolique, et notre illusion cessera. D'abord il est clair que pour nous les mots d'existence par soi veulent dire une existence indépendante d'une autre, qui n'est pas produite par une autre : l'affirmation de l'existence par soi n'est qu'une négation indirecte de la création. En excluant ainsi l'idée d'une cause antérieure, nous excluons nécessairement celle d'un commencement; car admettre qu'il fut un temps où l'existence n'avait pas commencé, c'est admettre que son commencement a été déterminé par quelque chose, ou causé, ce qui est une contradiction. Donc l'existence par soi signifie l'existence sans commencement, et une conception de l'existence par soi est une conception d'une existence sans commencement. Or il n'y a pas d'effort de l'esprit qui puisse y arriver. Concevoir l'existence à travers l'infini du temps passé, c'est concevoir un temps infini écoulé, ce qui est une impossibilité. Ajoutons à cela que, l'existence par soi fût-elle concevable, elle ne pourrait en aucun sens expliquer l'univers. On ne peut pas dire que l'existence d'un objet à un moment donné devienne plus concevable parce qu'on a découvert qu'il existait une heure, un jour, un an auparavant; et, si son existence à ce moment ne devient pas le moins du monde plus intelligible par le fait de son existence durant une période antérieure finie, il n'y a pas d'accumulation de périodes, même poussée à l'infini, qui puisse la rendre plus intelligible. Aussi non seulement la théorie athéiste est inconcevable; mais, ne le fût-elle pas, elle ne serait pas pour cela une solution. L'affirmation que l'univers existe par soi ne fait pas faire un pas au delà de la connaissance de son existence présente, et par conséquent nous laisse en présence d'une affirmation nouvelle du même mystère.

L'hypothèse de la création par soi, qui n'est autre chose que le panthéisme, n'est pas plus susceptible d'être conçue. Il y a des phénomènes, comme la précipitation d'une vapeur invisible sous forme de nuage, qui nous aident à former une conception symbolique d'un univers en évolution spontanée, et il ne manque pas dans le ciel et sur la terre d'indications qui nous aident à rendre notre conception assez précise. On peut bien sans doute comprendre la succession des phases à travers lesquelles l'univers a passé pour aboutir à sa forme actuelle, comme tirant d'elle-même sa propre détermination; mais l'impossibilité de transformer cette conception symbolique d'une création par soi en une conception réelle reste aussi complète que jamais. En réalité, concevoir la création par soi, c'est concevoir l'existence en puissance devenant existence actuelle par l'effet d'une nécessité immanente : ce qui ne se peut. Nous ne pouvons nous faire une idée de l'existence potentielle de l'univers en tant que distingué de son existenece actuelle. Si elle était en effet représentée dans l'esprit, elle le serait en tant que *quelque chose*, c'est-à-dire en tant qu'existence actuelle; la supposition qu'elle y soit représentée comme rien renferme deux absurdités : que rien est plus qu'une négation et peut être représenté dans l'esprit d'une manière positive, et qu'un certain rien se distingue des autres riens par le pouvoir de se développer et de devenir quelque chose. Mais ce n'est pas tout. Nous n'avons pas d'état de conscience qui réponde aux mots : une nécessité immanente par l'effet de laquelle une existence en puissance est devenue une existence actuelle. Il faut concevoir l'existence qui est restée un temps indéfini sous une forme comme passant sous une autre forme par l'effet d'une impulsion externe ou additionnelle; mais cela implique l'idée d'un changement sans cause, chose dont on ne peut se faire aucune idée. Ainsi les termes de cette hypothèse ne représentent pas des choses réelles, mais suggèrent seulement les symboles les plus vagues et les moins susceptibles d'interprétation. De plus, s'il était vrai que l'existence en puissance pût être conçue comme une chose différente d'une existence actuelle; et que la transition de l'une à l'autre pût être figurée mentalement comme un changement se déterminant lui-même, nous n'en serions pas plus avancés : le problème ne serait que reculé d'un pas. En effet, d'où viendrait l'existence en puissance? Elle aurait besoin d'explication tout autant que l'existence actuelle, et nous y rencontrerions les mêmes difficultés. On ne pourra pas faire sur l'origine de cette puissance latente d'autre supposition que celles que nous avons posées ci-dessus : l'existence par soi, la création par soi et la création par une puissance extérieure. L'existence par soi d'un univers en puissance n'est pas plus concevable que celle d'un univers actuel. La création par soi d'un univers en puissance impliquerait à plus forte raison les difficultés qui nous arrêtent; elle impliquerait qu'il y a derrière cet univers en puissance une virtualité encore plus éloignée; et ainsi de suite à l'infini, sans que nous en soyons plus avancés. D'autre part, assigner comme cause à cet univers en puissance une force extérieure, c'est introduire gratuitement et sans but la notion d'un univers potentiel.

Il reste à examiner l'hypothèse généralement admise du théisme, la création par un pouvoir extérieur. Dans les plus grossières croyances comme dans la cosmogonie qui a depuis longtemps cours parmi nous, on suppose que le ciel et la terre ont été faits en quelque sorte comme un meuble façonné de main d'ouvrier. Cette hypothèse n'a pas été l'œuvre des théologiens seulement, mais de l'immense majorité des philosophes passés et présents. Les écrits de Platon et ceux d'un bon nombre de savants contemporains nous montrent que leurs auteurs regardent comme certaine une analogie entre l'œuvre de la création et celle d'un artisan. Eh bien, en premier lieu, non seulement cette conception est une de celles dont les opérations intellectuelles accumulées, pas plus que l'accomplissement des prédictions qu'on peut en déduire, ne montrent la correspondance avec rien de réel; non seulement, en l'absence de tout témoignage sur l'opération de la création, rien ne prouve qu'il y ait une correspondance entre cette conception restreinte et une portion restreinte du fait; mais il y a plus : la conception n'est même pas conséquente avec elle-même. Elle ne peut pas être conçue, alors même que l'on accepte tout ce qu'elle suppose. Sans doute, les procédés d'un artisan peuvent nous servir vaguement de symbole pour nous faire comprendre la méthode d'après laquelle l'univers aurait été fabriqué; mais ils ne nous font point comprendre le mystère vrai, c'est-à-dire l'origine des matériaux dont l'univers a été composé. L'artisan ne fait ni le fer, ni le bois, ni la pierre qu'il emploie; il se borne à les façonner et à les assembler. En supposant que le soleil, les planètes, les satellites et toutes les choses que ces corps contiennent, ont été formés d'une manière semblable par un « Grand Artiste », nous supposons seulement qu'il a disposé dans l'ordre que nous voyons présentement certains éléments préexistants. Mais d'où venaient ces éléments préexistants? La similitude ne nous le fait pas comprendre, et, tant qu'elle ne le fait pas, elle est sans valeur. La production de la matière tirée de rien, voilà le vrai mystère. Cette similitude, pas plus qu'une autre, ne nous rend capables de la concevoir, et nous n'avons que faire d'un symbole qui ne nous donne pas ce pouvoir. L'insuffisance de la théorie théiste de la création devient encore plus manifeste quand on passe des objets matériels à ce qui les contient, quand, au lieu de la matière, on examine l'espace. N'existât-il rien qu'un vide incommensurable, il faudrait encore l'expliquer. Une question s'élèverait : D'où vient ce vide? Pour qu'une théorie de la création fût complète, elle devrait répondre que l'espace a été fait de la même manière que la matière. Mais l'impossibilité de concevoir cette façon de créer l'espace est si manifeste que personne n'ose l'affirmer. En effet, si l'espace a été créé, il n'existait pas auparavant; or il n'y a pas d'effort d'esprit qui puisse faire imaginer la non-existence de l'espace. Une des vérités qui nous sont le plus familières, c'est que l'idée d'un espace nous enveloppant de toutes parts ne peut pas un seul instant être bannie de la pensée. Non seulement nous sommes forcés de penser l'espace comme présent partout, mais nous sommes incapables d'en concevoir l'absence, soit dans le passé, soit dans l'avenir. Si la non-existence de l'espace est absolument inconcevable, il en résulte que la création de l'espace est inconcevable. Enfin, en supposant même que l'origine de l'univers puisse être en réalité représentée dans la pensée comme le produit d'une puissance extérieure, le mystère serait aussi grand que jamais, car une question se poserait encore : D'où vient l'existence d'un pouvoir extérieur? Pour en rendre compte, il n'y a de possible que les trois hypothèses de l'existence par soi, de la création par soi et de la création par une puissance extérieure. La dernière est inadmissible; elle nous fait parcourir une série infinie de pouvoirs extérieurs et nous ramène au point de départ. La seconde nous jette dans le même embarras, puisque, ainsi qu'on l'a vu déjà, la création par soi suppose une série infinie d'existences en puissance. Nous sommes donc rejetés sur la première, qu'on accepte généralement et qu'on regarde comme satisfaisante. Ceux qui ne peuvent concevoir l'existence par soi de l'univers, et qui par conséquent admettent qu'un créateur est la cause de l'univers, ne doutent pas de la possibilité de concevoir un créateur existant par lui-même. Dans le grand fait qui les enveloppe de toutes parts, ils reconnaissent un mystère; en transportant ce mystère à la cause prétendue de ce grand fait, ils croient l'avoir dissipé. Mais ils s'aveuglent. Comme je l'ai prouvé au commencement de ma discussion, l'existence par soi est rigoureusement inconcevable, quelle que soit la nature de l'objet en question. Quiconque reconnaît que la théorie athéiste est insoutenable, parce qu'elle contient l'idée impossible de l'existence par soi, doit forcément admettre que l'hypothèse du théisme est aussi insoutenable, parce qu'elle contient la même impossibilité.

Ainsi, ces trois suppositions différentes sur l'origine des choses, bien qu'intelligibles verbalement, et que chacune d'elles semble tout à fait rationnelle à ses adhérents, finissent, quand on les soumet à la critique, par devenir littéralement inconcevables. Il n'est pas question de savoir si elles sont probables ou plausibles, mais de savoir si elles sont concevables. L'expérience prouve que les éléments de ces hypothèses ne peuvent point être réunis dans la conscience, et nous ne pouvons nous les figurer qu'à la manière de ces pseudo-idées d'un carré fluide ou d'une substance morale, c'est-à-dire en ne cherchant jamais à en faire des idées réelles. Pour revenir à la façon dont nous avons d'abord posé la question, nous dirons que chacune d'elles contient des conceptions symboliques illégitimes et illusoires. Séparées comme elles le semblent par de grandes différences, les hypothèses athéiste, panthéiste et théiste renferment le même élément fondamental. On ne peut esquiver la nécessité de faire quelque part l'hypothèse de l'existence par soi; soit qu'on la pose toute nue, soit qu'on la dissimule sous mille déguisements, elle est toujours vicieuse, *incogitable*. Qu'il soit question d'un morceau de matière, ou d'une forme virtuelle feinte de la matière, ou d'une cause plus éloignée encore moins imaginable, nous ne pouvons nous former une conception de leur existence par soi qu'en les combinant avec la notion de la durée illimitée dans le passé. Cette durée illimitée est concevable; toutes les idées formelles où elle entre sont inconcevables, et même, qu'on me passe le mot, d'autant plus inconcevables que les autres éléments de l'idée sont moins définis. En fait donc, puisqu'il est impossible de penser l'univers comme existant par soi, tous nos efforts pour l'expliquer ne peuvent que multiplier le nombre des conceptions impossibles.

§ 12. Si, laissant l'origine de l'univers, nous en voulons connaître la nature, les mêmes difficultés insurmontables se dressent devant nous, ou plutôt ce sont les mêmes difficultés sous des formes nouvelles. Nous nous trouvons d'une part obligés de faire certaines suppositions, et d'autre part nous trouvons que ces suppositions ne peuvent être représentées.

Quand nous cherchons la signification des divers effets produits sur nos sens, quand nous demandons comment, en définitive, il y a dans notre conscience des impressions de sons, de couleurs, de goûts et de ces divers attributs que nous assignons aux corps, nous sommes contraints de les regarder comme des effets de quelque cause. Nous pouvons croire que cette cause est celle que nous appelons matière, et nous en tenir là. Ou bien nous pouvons dire, ainsi que le font quelques penseurs, que la matière n'est qu'un mode particulier de manifestation de l'esprit, et que l'esprit est par conséquent la cause véritable. Ou bien encore, considérant la matière et l'esprit comme des forces immédiates, nous pouvons rapporter tous les changements opérés dans notre conscience à une puissance divine qui agit sur elle directement. Mais, quelle que soit cette cause, nous sommes obligés de supposer *quelque* cause, et non seulement quelque cause, mais une cause première. L'agent, matière, esprit ou tout autre, auquel nous attribuons nos impressions, doit en être la cause première ou ne pas l'être. S'il est la cause première, tout est fini. S'il ne l'est pas, il faut qu'il y ait derrière lui une autre cause, qui devienne alors la cause réelle de l'effet. En réalité, quel que soit le nombre des causes interposées, il faut toujours aboutir à la même conclusion. Nous ne pouvons penser aux impressions que le monde produit en nous, sans penser qu'elles ont une cause, et nous ne pouvons rechercher leur cause sans nous heurter à l'hypothèse de la cause première.

Mais si nous voulons faire un pas de plus, si nous voulons savoir quelle est la nature de cette cause première, nous sommes poussés par une logique inexorable à des conclusions nouvelles. La cause première est-elle finie ou indéfinie? Si nous disons finie, nous nous embarrassons dans un dilemme. Penser que la cause première est finie, c'est penser qu'elle a une limite. Penser à cette limite, c'est de toute nécessité penser qu'il y a encore quelque chose au delà; il est absolument impossible de concevoir une chose bornée sans concevoir une région qui l'entoure de tous côtés. Que dirons-nous de cette région? Si la cause première est limitée, et s'il y a quelque chose en dehors d'elle, ce quelque chose ne doit pas avoir de cause première : il doit être sans cause. Mais, si nous admettons que quelque chose peut être sans cause, il n'y a pas de raison de supposer qu'une chose quelconque ait une cause. Si au dehors de cette région finie, sur laquelle règne la cause première, il y a une région que nous sommes forcés de regarder comme infinie, sur laquelle la cause première n'étend pas son empire; si nous admettons qu'il y a un infini sans cause, enveloppant le fini causé, nous abandonnons implicitement l'hypothèse de la causalité. Il est donc impossible de considérer la cause première comme finie. Mais, si elle ne peut être finie, il faut qu'elle soit infinie.

Il y a une autre conclusion qu'on ne peut éviter quand on raisonne sur la cause première. Il faut qu'elle soit indépendante. Si elle n'est pas indépendante, elle ne peut être la cause première, car c'est la cause dont elle dépend qui doit être la cause première. Il ne suffit pas de dire qu'elle est partiellement indépendante, puisque c'est supposer une nécessité qui détermine sa dépendance partielle, et que cette nécessité, quelle qu'elle soit, doit être une cause supérieure, ou la vraie cause première, ce qui est une contradiction. Mais penser que la cause première est totalement indépendante, c'est penser qu'elle existe en dehors de toute autre existence ; car, si la présence d'une autre existence est nécessaire, la cause première doit dépendre partiellement de cette autre existence et ne peut plus être la cause première. Ce n'est pas tout : non seulement la cause première doit avoir une forme d'existence sans relation nécessaire avec toute autre forme d'existence, mais elle ne peut avoir aucune relation nécessaire au dedans d'elle. Il ne peut rien y avoir en elle qui détermine le changement, ni rien qui l'empêche. Car, s'il y a quelque chose en elle qui lui impose ces nécessités et ces restrictions, ce quelque chose doit être une cause première, ce qui est absurde. Ainsi la cause première doit être dans tous les sens parfaite, complète, totale, renfermant en elle tout pouvoir et s'élevant au-dessus de toute loi. Ou, pour nous servir de l'expression reçue, elle doit être absolue.

Ainsi donc, sur la question de la nature de l'univers, nous nous heurtons à deux conclusions inévitables. Les objets et les actions qui nous entourent, non moins que les phénomènes de notre propre conscience, nous forcent de rechercher une cause ; une fois cette recherche commencée, nous ne pouvons nous arrêter nulle part avant d'arriver à l'hypothèse de la cause première, et nous ne pouvons pas échapper à la nécessité de regarder cette cause première comme infinie et absolue. Il n'y a pas moyen d'échapper aux arguments qui nous imposent ces conséquences. Cependant il est à peine besoin de dire aux lecteurs qui m'ont suivi jusqu'ici combien ces raisonnements et les résultats auxquels ils aboutissent sont illusoires. Si je ne craignais de fatiguer leur patience sans utilité, je n'aurais pas de peine à prouver que les éléments du raisonnement, de même que ses conclusions, ne sont que des conceptions symboliques de l'ordre illégitime. Toutefois, au lieu de répéter la réfutation que j'ai employée ci-dessus, il vaut mieux suivre une autre méthode et montrer l'erreur de ces conclusions, en faisant ressortir leurs contradictions mutuelles.

Je ne peux mieux faire que de profiter de la démonstration que M. Mansel, suivant pas à pas la doctrine de sir W. Hamilton, a donnée dans son ouvrage intitulé : *Limits of Religious Thought*. Je suis heureux de m'en servir, non seulement parce qu'on ne peut pas faire mieux que M. Mansel, mais aussi parce que les raisonnements d'un auteur qui se consacre à la défense de la théologie orthodoxe pourront être mieux reçus de la majorité des lecteurs.

§ 13. Après avoir donné des définitions préliminaires de la cause première, de l'infini, et de l'absolu, M. Mansel ajoute :
« Mais ces trois conceptions, la cause, l'infini, l'absolu, toutes également indispensables, n'impliquent-elles pas contradiction les unes par rapport aux autres, sitôt qu'on les considère réunies, comme les attributs d'un seul et même Etre? Une cause ne peut en tant que cause être absolue; l'absolu en tant qu'absolu ne peut être une cause. La cause en tant que cause n'existe qu'en relation avec son effet : la cause est une cause de l'effet; l'effet est un effet de la cause. D'un autre côté, la conception d'un absolu suppose une existence possible hors de toute relation. Nous essayons d'échapper à cette contradiction apparente en introduisant l'idée de succession dans le temps. L'absolu existe d'abord par lui-même, et ensuite il devient une cause. Mais ici nous sommes arrêtés par la troisième conception, celle de l'infini. Comment l'Infini peut-il devenir ce qu'il n'était pas d'abord? Si la causation est un mode possible d'existence, ce qui existe sans cause n'est pas infini, c'est-à-dire ce qui devient cause sort de ses propres limites......

« Si nous supposons que l'absolu devient une cause, il s'ensuit qu'il agit au moyen du libre arbitre et de la conscience. Car une cause nécessaire ne peut être conçue comme absolue et infinie. Si elle est nécessitée par quelque chose en dehors d'elle, elle est par le fait limitée par un pouvoir supérieur, et, si elle est nécessitée par elle-même, elle a dans sa nature propre une relation nécessaire avec son effet. Il faut donc que cet acte de causation soit volontaire, et la volonté n'est possible qu'en un être conscient. Mais la conscience n'est concevable que comme relation. Il faut qu'il y ait un sujet conscient et un objet dont le sujet soit conscient. Le sujet est un sujet pour l'objet; l'objet est un objet pour le sujet; et ni l'un ni l'autre ne peut être par soi-même, l'absolu. On peut écarter cette difficulté pour un instant en distinguant entre l'absolu en tant que relatif à un autre et l'absolu en tant que relatif à lui-même. Il est même possible de dire que l'absolu peut être conscient, pourvu que ce soit de lui-même; mais cette alternative est en dernière analyse non moins ruineuse que l'autre. En effet, l'objet de la conscience, que ce soit une manière d'être du sujet ou non, est créé dans et par l'acte de la conscience, ou bien il a une existence indépendante de la conscience. Dans le premier cas, l'objet dépend du sujet, et le sujet seul est le véritable absolu. Dans le dernier, le sujet dépend de l'objet, et l'objet seul est le véritable absolu. Ou bien, si nous essayons d'une troisième hypothèse et si nous admettons qu'ils existent tous deux dans une mutuelle indépendance, nous n'avons plus d'absolu; il ne nous reste qu'un couple de relatifs, car la coexistence, qu'elle soit ou non dans la conscience, est elle-même une relation.

« Le corollaire de ce raisonnement est évident. Non seulement l'absolu comme on le conçoit ne peut avoir de relation nécessaire avec quoi que ce soit; mais encore, en vertu de sa nature propre, il ne peut contenir en lui-même de relation, comme le ferait par exemple un tout composé de parties, ou comme une substance composée d'attributs ou comme un sujet conscient opposé à un objet. Car, s'il y a dans l'absolu un principe d'unité distinct du pur agrégat des parties ou des attributs, ce principe seul est le véritable absolu. D'autre part, si ce principe n'existe pas dans l'absolu, il n'y a pas d'absolu, mais un groupe de relatifs. Il faut reconnaître que les voix des philosophes qui proclament presque unanimement que l'absolu est à la fois un et simple sont les voix de la raison même, si tant est que la raison ait une voix dans cette question. Mais l'unité absolue, indifférente et sans attributs, ne peut se distinguer de la multiplicité des êtres finis par un trait caractéristique, ni s'identifier avec eux dans leur multiplicité. Nous sommes donc engagés dans un véritable dilemme. On ne peut concevoir l'absolu comme conscient, on ne peut pas non plus le concevoir comme inconscient : il ne peut pas être conçu comme complexe ni comme simple; il ne peut être conçu par différence, ni par absence de différence; il ne peut pas être identifié avec l'univers et ne peut pas en être distingué. L'un et le multiple considérés comme le commencement de l'existence sont donc également incompréhensibles.

« Puisque les conceptions fondamentales de la théologie rationnelle s'entre-détruisent, nous pouvons nous attendre à trouver le même antagonisme dans leurs applications spéciales..... Comment, par exemple, la puissance infinie peut-elle toute chose, tandis que la bonté infinie est incapable de faire le mal? Comment la justice infinie inflige-t-elle les derniers châtiments à tout péché, tandis que la miséricorde infinie pardonne au coupable? Comment la sagesse infinie connaît-elle tout l'avenir, tandis que la liberté infinie peut tout faire et tout éviter? Comment l'existence du mal est-elle compatible avec celle d'un être infiniment parfait ; car, si Dieu veut le mal, il n'est pas infiniment bon, et, s'il ne le veut pas, sa volonté est contrecarrée et sa sphère d'action limitée ?.....

« Supposons toutefois, pour un instant, que ces difficultés soient aplanies et que l'existence de l'absolu soit sûrement établie sur le témoignage de la raison. Nous ne réussissons pas pour cela à concilier cette idée avec celle de cause : nous n'avons rien fait pour expliquer comment l'absolu peut donner naissance au relatif, l'infini au fini. Si la condition d'activité accidentelle est un état supérieur à celui de repos, l'absolu, soit qu'il ait agi volontairement, soit qu'il ait agi involontairement, a passé d'une condition comparativement imparfaite à une condition comparativement parfaite ; et par conséquent il n'était pas parfait dans l'origine. Si l'état d'activité est un état inférieur à celui de repos, l'absolu en devenant cause a perdu sa perfection originelle. Il reste, il est vrai, une supposition : c'est que les deux états se valent, et que l'acte de création est un état d'indifférence. Mais cette supposition anéantit l'unité de l'absolu, ou elle s'anéantit elle-même. Si l'acte de la création est réel et pourtant indifférent, nous sommes forcés d'admettre la possibilité de la conception de deux absolus, l'un producteur, l'autre non producteur. Si l'acte n'est pas réel, la supposition elle-même s'évanouit.....

« En outre, comment peut-on concevoir le relatif venant à être ? Si c'est une réalité distincte de l'absolu, il faut la concevoir comme passant de la non-existence à l'existence. Mais concevoir un objet comme non existant implique contradiction ; car ce qu'on conçoit est conçu comme objet de pensée dans et par la conception. Nous pouvons ne pas penser un objet ; mais, si nous le pensons, nous ne pouvons faire autrement que de le penser comme existant. On peut à un moment donné ne pas penser un objet, et à un autre moment penser cet objet comme existant déjà ; mais penser cet objet dans l'acte de devenir, dans le passage du non-être à l'être, c'est penser une chose qui, dans la pensée même, s'anéantit.....

« Résumons en quelques mots cette partie de notre raisonnement. La conception de l'Absolu et Infini, de quelque côté qu'on la considère, semble entourée de contradiction. Il y a contradiction à supposer qu'un tel objet existe, soit seul, soit uni à d'autres, et il y a contradiction à supposer qu'il n'existe pas. Il y a contradiction à le considérer comme un, et il y a contradiction à le considérer comme multiple. Il y a contradiction à le regarder comme personnel, et il y a contradiction à le regarder comme impersonnel. On ne peut sans contradiction se le représenter comme actif, et on ne peut pas davantage sans une égale contradiction se le représenter comme inactif. On ne peut le concevoir comme la somme de toute existence, ni le concevoir comme une partie seulement de cette somme. »

§ 14. Et maintenant quelle est la portée de ces résultats dans la question qui nous occupe? Nous avons examiné les idées dernières de la religion en vue d'en tirer une vérité fondamentale. Jusqu'ici, cependant, nous n'avons obtenu que des propositions négatives. En critiquant les conceptions essentielles impliquées dans les différents ordres de croyance, nous trouvons qu'il n'y en a aucune qui se puisse soutenir logiquement. Laissant de côté la question de crédibilité, et nous bornant à celle de concevabilité, nous voyons que l'athéisme, le panthéisme et le théisme, quand on les analyse rigoureusement, sont tous absolument inconcevables. Au lieu de découvrir, au fond de ces systèmes, une vérité fondamentale, notre étude semblerait plutôt établir qu'il n'y a de vérité fondamentale dans aucun d'eux. Toutefois cette conclusion serait une erreur; quelques mots nous le feront voir.

Si nous laissons de côté le code moral qui accompagne toute religion, et qui dans tous les cas n'est qu'un produit supplémentaire, une croyance religieuse peut se définir une théorie *à priori* de l'univers. Les faits qui nous enveloppent étant donnés, on suppose un pouvoir qui, dans l'opinion de ceux qui y croient, rend compte des faits. Le plus grossier fétichisme, qui suppose derrière chaque phénomène l'existence d'une personnalité distincte, le polythéisme, dans lequel ces personnalités subissent un commencement de généralisation, le monothéisme, où cette généralisation devient complète, et aussi le panthéisme, où la personnalité généralisée s'identifie avec les phénomènes, toutes ces formes religieuses nous offrent une hypothèse qui, à ce que l'on croit, fait comprendre l'univers. Bien plus, le système que l'on regarde comme la négation de toute religion, l'athéisme positif, rentre dans la définition; car l'athéisme lui-même, en affirmant que l'espace existe par soi, ainsi que la matière et le mouvement, et en les considérant comme une cause adéquate de tout phénomène, propose une théorie *à priori* d'où, à ce qu'il croit, on peut déduire tous les faits. Or toutes les théories affirment implicitement deux choses : premièrement qu'il y a quelque chose à expliquer, secondement que l'explication est ceci ou cela. Nous voyons donc que, tout en donnant des solutions différentes du même problème, les divers penseurs s'accordent tacitement à croire que le problème doit être résolu. Il y a donc un élément que toutes les croyances professent en commun. Les religions diamétralement opposées par leurs dogmes officiels s'accordent cependant à reconnaître tacitement que le monde, avec tout ce qu'il contient et tout ce qui l'entoure, est un mystère qui veut une explication. Sur ce point au moins, il y a unanimité complète.

Nous arrivons ainsi en vue de ce que nous cherchons. Dans le dernier chapitre, j'ai montré les raisons de penser que les croyances humaines en général et les croyances vivaces en particulier contiennent sous un déguisement d'erreur quelconque une âme de vérité; et nous voilà arrivés à la vérité qui gît au fond même des plus grossières superstitions. Nous avons vu en outre que cette âme de vérité devait très probablement être un élément commun des opinions contradictoires du même ordre; et nous venons de rencontrer un élément que toutes les religions peuvent également revendiquer. J'avais indiqué que cette âme de vérité serait certainement plus abstraite que les croyances qui l'impliquent; et la vérité que nous découvrons surpasse en abstraction les doctrines religieuses les plus abstraites. Donc, à tous les points de vue, notre conclusion satisfait nos exigences. Elle a tous les caractères qui, d'après nos raisonnements, appartiennent à la vérité fondamentale dont toutes les religions sont l'expression.

De plus, ce qui prouve qu'elle est l'élément vital de toutes les religions, c'est que non seulement elle survit à tous les changements, mais qu'elle devient plus distincte à mesure que la religion se développe davantage. Les croyances primitives, bien que dominées par l'idée qu'il existait des puissances personnelles que nul ne voyait, concevaient pourtant ces puissances sous des formes parfaitement concrètes et vulgaires, et les assimilaient aux puissances visibles, les hommes et les animaux, dissimulant ainsi sous des déguisements aussi peu mystérieux que possible une vague idée de mystère. Les conceptions polythéistes dans leurs phases avancées représentent les personnalités directrices sous des formes très idéalisées, situées dans une région lointaine, agissant par des moyens qui échappent à l'homme, et communiquant avec lui par des augures et des personnes inspirées; c'est-à-dire que, pour le polythéisme, les causes premières des choses sont moins familières et moins intelligibles. Le développement de la foi monothéiste accompagné de la négation des croyances qui assimilaient la nature divine à la nature humaine dans tous ses penchants inférieurs nous montre un nouveau progrès dans cette direction; et, quoique cette foi élevée ne soit réalisée qu'imparfaitement dès l'abord, nous voyons pourtant, dans les autels dressés au « Dieu inconnu et inconnaissable » et dans l'adoration d'un dieu que nulle recherche ne pouvait faire trouver, une reconnaissance claire du mystère insondable de la création. Les progrès ultérieurs de la théologie aboutissant à des assertions plus avancées encore : « Un Dieu qu'on comprendrait ne serait pas Dieu; » — « Croire que Dieu est comme nous imaginons qu'il est, c'est blasphémer; » manifestent encore plus nettement cette reconnaissance qu'on retrouve dans l'esprit de tous les théologiens éclairés de nos jours. Ainsi, tandis que tous les autres éléments des croyances religieuses s'évanouissent l'un après l'autre, celui-ci demeure et se dessine de plus en plus, prouvant ainsi qu'il en est l'élément essentiel.

Ce n'est pas tout. Non seulement la croyance à l'omniprésence de quelque chose qui passe l'intelligence est la plus abstraite de celles que toutes les religions possèdent en commun, non seulement elle devient de plus en plus distincte à mesure que les religions se développent, et demeure après que leurs éléments contradictoires se sont annulés mutuellement; mais encore c'est cette croyance que la critique la plus impitoyable de toutes les religions laisse debout, ou plutôt qu'elle met plus vivement en lumière. Elle n'a rien à redouter de la logique la plus inexorable; au contraire, une logique rigoureuse démontre que cette croyance est bien plus vraie qu'aucune religion ne le suppose. En effet, toutes les religions partant de l'affirmation implicite d'un mystère s'engagent pourtant dans l'explication de ce mystère et par là affirment qu'il ne dépasse pas l'intelligence humaine. Mais, si l'on examine les solutions que chacune d'elles propose, on les trouve toutes d'une faiblesse incurable. L'analyse de toutes les hypothèses possibles démontre non seulement qu'il n'y a pas d'hypothèse suffisante, mais qu'on ne peut pas même en concevoir. Ainsi donc le mystère que toutes les religions reconnaissent devient plus transcendant qu'aucune d'elles ne le soupçonne : ce n'est point un mystère relatif, mais un mystère absolu.

Voilà donc une vérité religieuse dernière de la plus grande

certitude possible, une vérité sur laquelle toutes les religions s'accordent entre elles et avec la philosophie qui combat leurs dogmes particuliers. Cette vérité, sur laquelle tous les hommes sont tacitement d'accord, depuis le fétichiste jusqu'au critique le plus froid des croyances humaines, doit être celle que nous cherchons. Si la religion et la science peuvent se réconcilier, c'est sur ce fait, le plus profond, le plus large et le plus certain de tous : que la puissance dont l'univers est la manifestation pour nous est complètement impénétrable.

CHAPITRE III

IDÉES DERNIÈRES DE LA SCIENCE

§ 15. Qu'est-ce que l'espace? Qu'est-ce que le temps? On fait sur ces choses deux hypothèses : d'après l'une, elles sont objectives; d'après l'autre, subjectives; l'une veut qu'elles soient extérieures à nous, indépendantes de nous; l'autre, qu'elles soient intérieures et qu'elles appartiennent à notre propre conscience. Voyons ce que ces hypothèses deviennent à l'analyse.

Si l'espace et le temps existent objectivement, ce sont des entités. L'assertion que ce sont des non-entités se détruit elle-même : les non-entités sont des non-existences; et soutenir que des non-existences existent objectivement, c'est unir des termes contradictoires. De plus, nier que l'espace et le temps soient des choses, c'est-à-dire au fond les appeler des riens, c'est avancer implicitement l'absurdité qu'il y a deux espèces de rien. On ne peut les regarder comme attributs d'une entité; il y a pour cela deux raisons : non seulement il est impossible de concevoir en réalité une entité dont ils soient les attributs, mais encore on ne peut pas se figurer qu'ils cessent d'être, quand même toute chose cesserait d'être; au lieu que les attributs disparaissent nécessairement avec les entités auxquelles ils appartiennent. Ainsi donc l'espace et le temps ne peuvent être ni des non-entités, ni des attributs d'entités : nous n'avons pas le choix, il faut les prendre pour des entités. Mais si, dans l'hypothèse de l'objectivité de l'espace et du temps, nous sommes forcés de les considérer comme des choses, l'expérience nous fait voir qu'il est impossible de se les représenter comme des choses. Pour être conçue, une chose doit être conçue avec des attributs.

Nous ne pouvons distinguer quelque chose de rien que par le pouvoir qu'a ce quelque chose d'agir sur notre conscience : nous lui attribuons les diverses affections qu'il produit sur notre conscience (ou, en d'autres termes, les causes hypothétiques de ces affections); nous les appelons ses attributs; l'absence de ces attributs est l'absence même des termes dans lesquels une chose est conçue, et implique l'absence de conception. Quels sont donc les attributs de l'espace? Le seul qu'il est pour le moment permis de penser comme lui appartenant, c'est l'étendue, et on ne peut le lui accorder sans confusion d'idées. En effet, étendue et espace sont des termes convertibles : par étendue, quand nous disons qu'elle est une propriété des corps, nous voulons dire l'occupation de l'espace ; par conséquent, dire que l'espace est étendu, c'est dire que l'espace occupe l'espace. Nous n'avons pas besoin de montrer après cela que nous ne pouvons assigner un attribut au temps. Ce n'est pas seulement parce que l'espace et le temps n'ont pas d'attributs qu'on ne peut les concevoir comme des entités; il y a une autre raison, bien connue des métaphysiciens, qui les exclut de cette catégorie. Toutes les entités que nous connaissons réellement comme telles sont limitées; et même, quand nous pourrions connaître et concevoir une entité illimitée, nous la séparerions par ce fait de la classe des entités limitées. Mais, pour l'espace et le temps, nous ne pouvons affirmer ni la limitation ni l'absence de limitation. Nous sommes complètement incapables de nous faire une image mentale de l'espace sans bornes, et aussi complètement incapables d'imaginer des bornes au delà desquelles il n'y ait plus d'espace. Pareillement, si nous passons de l'infiniment grand à l'infiniment petit, il est impossible de penser une limite à la divisibilité de l'espace, et il est tout aussi impossible de le concevoir divisible à l'infini. On voit aussi, sans qu'il soit nécessaire de les énumérer, que nous sommes sujets à des incapacités semblables pour le temps. Ainsi nous ne pouvons concevoir l'espace et le temps comme des entités, et nous sommes incapables de les concevoir comme des non-entités ou des attributs d'entités. Nous sommes forcés de les penser comme des choses existantes, et cependant nous ne pouvons les ramener aux conditions sous lesquelles les existences sont représentées.

Nous réfugierons-nous dans la doctrine de Kant? Dirons-nous que l'espace et le temps sont des formes de l'entendement, des lois *à priori* ou des conditions de l'esprit conscient? Pour échapper à de grandes difficultés, nous nous jetterions au-devant de difficultés plus grandes encore. La proposition qui sert de base à la philosophie de Kant, bien que verbalement intelligible, ne peut par aucun effort s'exprimer en pensée ; elle ne peut être interprétée par une idée proprement dite et reste purement une pseudo-idée. D'abord, affirmer que l'espace et le temps tels que nous les connaissons sont des conditions subjectives, c'est affirmer implicitement que ce ne sont pas des réalités objectives : si l'espace et le temps qui se trouvent dans nos esprits appartiennent au *moi*, il faut nécessairement qu'ils n'appartiennent pas au *non-moi*, ce qu'il est absolument impossible de concevoir. Le fait même sur lequel Kant base son hypothèse, à savoir que notre conscience du temps et de l'espace ne peut être supprimée, le prouve, car cette conscience de l'espace et du temps dont nous ne pouvons nous défaire, c'est la conscience de leur existence objective. Il ne sert à rien de répondre que cette incapacité doit être une conséquence inévitable si ce sont des formes subjectives. La question qui se pose est : Qu'est-ce que la conscience affirme directement ? Or la conscience affirme directement que le temps et l'espace ne sont pas au dedans de l'esprit, mais en dehors de l'esprit, qu'on ne peut concevoir qu'ils devinssent non existants quand même l'esprit deviendrait non existant. Non seulement la théorie de Kant est inconcevable dans ce qu'elle nie implicitement, mais elle l'est aussi dans ce qu'elle affirme ouvertement. Ce n'est pas seulement parce que nous ne pouvons pas combiner la pensée de l'espace avec celle de notre propre personnalité, et regarder l'une comme la propriété de l'autre, bien que notre incapacité à le faire prouve l'inconcevabilité de l'hypothèse, mais parce que l'hypothèse porte en elle-même la preuve de son inconcevabilité. Car, si l'espace et le temps sont des formes de la pensée, on ne peut jamais s'en faire une idée, puisqu'il est impossible pour une chose d'être à la fois la *forme* d'une pensée et d'en être la *matière*. L'espace et le temps sont des objets de conscience. Kant l'affirme d'une manière expressive en disant qu'il est impossible de supprimer la conscience de l'un et de l'autre. Comment donc, si ce sont des *objets* de conscience, peuvent-ils être en même temps des *conditions* de la conscience ? Si l'espace et le temps sont au nombre des conditions sous lesquelles nous pensons, il faut, quand nous pensons l'espace et le temps eux-mêmes, que nos pensées soient inconditionnées, et, s'il peut y avoir des pensées inconditionnées, que devient la théorie ?

Il résulte donc que l'espace et le temps sont complètement incompréhensibles. La connaissance immédiate que nous croyons en avoir devient, quand on l'examine, une ignorance totale. Si, d'une part, nous croyons invinciblement à leur réalité objective, d'autre part nous sommes incapables d'en rendre un compte rationnel. Enfin, poser l'autre alternative, la non-réalité objective de l'espace et du temps (qu'on peut bien formuler, mais qu'il est impossible de se figurer), c'est tout simplement multiplier les absurdités.

§ 16. Si le sujet ne l'exigeait, je serais inexcusable de fatiguer l'attention du lecteur en l'occupant de la question rebattue, mais non vidée, de la divisibilité de la matière. La matière est divisible à l'infini, ou elle ne l'est pas : une troisième supposition n'est pas possible. Laquelle accepterons-nous ? Si nous disons que la matière est divisible à l'infini, nous nous engageons dans une supposition que nous ne pouvons nous figurer. Nous pouvons couper un corps en deux, puis chacune des moitiés encore en deux, et cela jusqu'à ce que nous en ayons réduit les parties à une épaisseur qui ne soit plus susceptible d'une division physique, et puis après nous pouvons encore continuer la même opération sans fin. Mais ce n'est pas là concevoir la divisibilité infinie de la matière, c'est seulement se former une conception symbolique, qu'on ne peut, en la développant, rendre réelle, et qui n'a pas d'autre moyen de vérification. En réalité, concevoir la divisibilité infinie de la matière, c'est suivre mentalement les divisions à l'infini, mais il faudrait pour cela un temps infini. D'autre part, affirmer que la matière n'est pas infiniment divisible, c'est affirmer qu'elle se compose de parties dont aucune puissance concevable ne peut opérer la division ; et cette supposition verbale ne peut pas plus être représentée que l'autre ; car chacune de ces parties élémentaires, s'il en existe, doit avoir une face supérieure et une face inférieure, un côté droit et un côté gauche, comme en ont les morceaux plus gros. Or il est impossible d'imaginer que les côtés de cette partie élémentaire soient si rapprochés qu'on ne puisse faire passer entre eux un plan de section ; et, quelle que soit la force de cohésion qu'on leur suppose, il est impossible d'exclure l'idée d'une force supérieure capable d'en triompher. En sorte que pour l'intelligence humaine une hypothèse ne vaut pas mieux que l'autre, et cependant elle ne peut pas ne pas penser que l'une ou l'autre doivent s'accorder avec les faits.

Laissons cette question insoluble, et demandons-nous si la

substance a en réalité rien qui ressemble à cette solidité étendue qu'elle présente à notre conscience. La partie de l'espace occupée par un morceau de métal semble aux yeux et aux doigts parfaitement pleine. Nous percevons une masse homogène, résistante, sans solution de continuité. Dirons-nous donc que la matière est aussi réellement solide qu'elle le paraît ? Cette affirmation nous jetterait dans des difficultés inextricables. Si la matière était absolument solide, comme on le suppose, elle serait absolument incompressible, ce qui n'est pas, puisqu'on ne peut concevoir la compressibilité ou, d'une manière implicite, le rapprochement des parties constitutives, s'il n'y a pas entre elles un espace inoccupé. Et ce n'est pas tout. D'après un principe de mécanique, si un corps, mû avec une vitesse donnée, frappe un corps de même dimension au repos, en sorte que les deux corps se meuvent ensemble, leur vitesse commune ne sera plus que la moitié de la vitesse initiale. Or, d'après une loi dont la négation est inconcevable, le passage d'une grandeur à une autre ne peut se faire que par tous les degrés intermédiaires aux deux grandeurs. Par exemple, dans le cas qui nous occupe, un corps en mouvement avec une vitesse représentée par 4 ne peut, par un choc, se réduire à une vitesse représentée par 2, sans passer par toutes les vitesses comprises entre 4 et 2. Mais si la matière était vraiment solide, si les unités qui la composent étaient vraiment incompressibles et en contact absolu, cette « loi de continuité » (c'est le nom qu'elle porte) serait violée dans tous les cas de collision. Car, étant données deux unités élémentaires, si l'une qui se meut avec une vitesse représentée par 4 frappe l'autre qui est au repos, l'unité qui frappe doit subir instantanément une diminution de sa vitesse, qui tombe à 2 ; il faut qu'elle passe de la vitesse 4 à la vitesse 2, sans qu'il s'écoule un laps de temps quelconque et sans passer par les vitesses intermédiaires ; il faut qu'elle se meuve au même moment avec les vitesses 4 et 2, ce qui est impossible.

La supposition que la matière est absolument solide étant insoutenable, celle de Newton se présente. D'après lui, la matière se compose d'atomes solides qui ne sont pas en contact, mais qui agissent les uns sur les autres par des forces attractives et répulsives dont l'intensité varie avec les distances. Cependant cette hypothèse ne fait que déplacer la difficulté : elle l'enlève aux agrégats de matière et la transporte à ces atomes hypothétiques. En effet, si l'on admet que la matière telle qu'elle se présente à nous se compose de ces unités denses, étendues et entourées d'une atmosphère de force, une question se pose : Quelle est la constitution de ces unités ? Nous n'avons pas le choix, il faut que nous regardions chacune d'elles comme un petit morceau de matière. Vue au microscope de l'esprit, chacune de ces unités devient une masse de substance comme celle que nous considérions tout à l'heure. On peut se poser les mêmes questions sur les parties dont chaque atome se compose, et l'on trouve à chaque réponse les mêmes difficultés. Il est évident que, en supposant même des atomes encore plus ténus, la difficulté ne disparaît que pour reparaître un peu plus loin, et qu'on ne peut s'en défaire, fît-on pour cela une série infinie de pareilles hypothèses.

Reste la conception de Boscovich. Voyant que la matière ne peut se composer de monades sans étendue, ainsi que Leibniz l'avait avancé (puisque la juxtaposition de points sans étendue ne pourrait jamais produire l'étendue que possède la matière), et comprenant la valeur des objections que soulevaient les idées de Newton, Boscovich proposa une théorie mixte qui, d'après lui, unissait les avantages des deux autres et en évitait les difficultés. D'après sa théorie, les parties constitutives de la matière sont des centres de force, des points sans dimensions, qui s'attirent et se repoussent mutuellement, de telle sorte qu'ils conservent entre eux des distances spécifiques. Boscovich dit que les forces possédées par ces centres peuvent varier avec les distances, de manière que sous des conditions données les centres resteraient en équilibre stable, séparés par des intervalles déterminés, et que sous d'autres conditions les intervalles augmenteraient ou diminueraient. Cette vue est très ingénieuse et évite bien des difficultés ; mais elle pose une proposition qu'aucun effort de pensée ne peut concevoir : si elle échappe à toutes les conditions d'inconcevabilité que nous venons d'indiquer, celle de son point de départ les vaut toutes. Un centre d'action absolument sans étendue est inconcevable. Tout ce que nous pouvons faire, c'est de nous en former une conception symbolique de l'ordre illégitime. L'idée de résistance ne peut se séparer dans la pensée de l'idée d'un corps étendu qui résiste. Admettre que des forces centrales peuvent résider en des points, je ne dis pas infiniment petits, mais qui n'occupent aucun espace, si petit qu'il soit, des points qui n'ont pas d'autre relation que leur position, mais qui n'ont rien pour la marquer ; des points que rien ne distingue des autres points circonvoisins qui ne sont pas des centres de force, c'est faire une hypothèse tout à fait hors de la portée de l'esprit humain.

On dira peut-être que, si toutes les hypothèses sur la constitution de la matière nous engagent dans des conclusions inconcevables quand on les développe logiquement, nous n'avons cependant aucune raison de penser qu'elles ne s'accordent pas avec les faits. Bien que la conception de la matière sous la forme d'un composé d'unités indivisibles denses soit symbolique et ne puisse être complètement représentée, on peut, néanmoins supposer qu'elle trouvera sa vérification dans la chimie. Les principes de la chimie, dit-on, reposent nécessairement sur la croyance que la matière se compose de particules ayant des poids spécifiques et par conséquent des épaisseurs spécifiques. La loi générale des proportions définies semble impossible s'il n'y a pas d'atomes derniers, et, quoique les poids proportionnels de chacun des éléments soient appelés par les chimistes leurs *équivalents* afin d'éviter une hypothèse contestable, il nous est impossible de penser à la combinaison de poids définis tels que ceux-là, sans supposer qu'elle a lieu entre un nombre défini de particules définies. Cela donnerait à penser que l'idée de Newton est en un certain sens préférable à celle de Boscovich. Toutefois un disciple de Boscovich peut répondre que la théorie de son maître est impliquée dans celle de Newton et qu'on ne peut s'y soustraire. Qu'est-ce, dira-t-il, qui maintient ensemble les parties de ces atomes derniers? « Une force de cohésion, répondra l'adversaire. — Mais, ajoutera le premier, quand une force suffisante aura rompu les atomes derniers, qu'est-ce qui retiendra ensemble les parties des morceaux? » Le newtonien répondra encore : « Une force de cohésion. — On peut imaginer, dira encore l'autre, que l'atome soit réduit à des parties aussi petites par rapport à lui, qu'il l'est par rapport à une masse tangible; qu'est-ce qui donne alors à ces parties la propriété de résister et d'occuper l'espace? » A cette éternelle question, il n'y a jamais d'autre réponse que la force de cohésion. Qu'on aille jusqu'où l'on voudra, jusqu'à ce que l'étendue des parties soit moindre que tout ce qu'on puisse imaginer, on ne pourra pas éviter d'admettre des forces qui supportent l'étendue. Nous ne pouvons nous arrêter que dans la conception de centres de force sans étendue.

La matière est donc aussi absolument incompréhensible dans sa nature intime que l'Espace et le Temps. Quelque supposition que nous fassions, nous trouvons, en l'analysant, qu'elle ne nous laisse que le choix entre des absurdités opposées.

§ 17. On pousse un corps avec la main, et l'on voit qu'il se meut dans une direction définie. A première vue, il semble qu'il n'y ait pas moyen de douter de la réalité de son mouvement ni de la direction qu'il suit. Cependant il est facile de montrer que non seulement nous pouvons avoir tort, mais que d'ordinaire nous avons tort de porter l'un ou l'autre de ces deux jugements. Voici, par exemple, un vaisseau que, pour plus de simplicité, nous supposerons mouillé à l'équateur, l'avant tourné vers l'ouest. Quand le capitaine va de l'avant à l'arrière, dans quelle direction se meut-il? Vers l'est, répondra-t-on évidemment, et pour le moment cette réponse peut passer. Mais on lève l'ancre, et le vaisseau vogue vers l'ouest avec une vitesse égale à celle du capitaine qui marche vers l'est. Dans quelle direction se meut à présent le capitaine, quand il va de l'avant à l'arrière de son navire? Nous ne pouvons plus dire l'est comme tout à l'heure, puisque, tandis qu'il va vers l'est, le vaisseau l'emporte vers l'ouest; et réciproquement nous ne pouvons pas dire l'ouest. Par rapport à l'espace ambiant, il ne bouge pas, quoiqu'il paraisse se mouvoir pour tout ce qui est à bord. Mais sommes-nous tout à fait sûrs de cette conclusion? Le capitaine est-il réellement toujours au même point? Quand nous tenons compte du mouvement de la terre autour de son axe, nous voyons que, loin d'être stationnaire, le capitaine voyage vers l'est à raison de 1000 milles par heure; de sorte que la perception de celui qui le regarde, pas plus que celle de celui qui tient compte du mouvement du vaisseau, ne se rapproche de la vérité. De plus, un examen plus attentif nous fera voir que cette conclusion corrigée ne vaut pas mieux que les autres. En effet, nous avons oublié le mouvement de la terre dans son orbite. Comme il est de 68 000 milles par heure, il s'ensuit que, en supposant qu'il soit midi, le capitaine se meut non pas à raison de 1000 milles à l'heure vers l'est, mais à raison de 67 000 milles vers l'ouest. Et pourtant nous n'avons pas encore trouvé le vrai sens et la vraie vitesse de son mouvement. Au mouvement de la terre dans son orbite, il faut joindre celui du système solaire tout entier vers la constellation d'Hercule, et, si nous le faisons, nous voyons que le capitaine ne va ni vers l'est ni vers l'ouest, mais qu'il suit une ligne inclinée sur le plan de l'écliptique, et qu'il va avec une vitesse plus grande ou moindre (suivant l'époque de l'année) que celle que nous avons donnée. A cela il faut encore ajouter que, si les arrangements dynamiques de notre système sidéral nous étaient complètement connus, nous découvririons probablement que la direction et la vitesse du mouvement réel diffèrent encore considérablement des résultats obtenus. On voit donc clairement combien nos idées du mouvement sont décevantes. Ce qui semble se mouvoir est en réalité stationnaire; ce qui semble stationnaire se meut en réalité; ce qui d'après nous se dirige dans une direction se meut au contraire avec une rapidité plus grande dans une direction contraire. Nous apprenons ainsi que ce dont nous avons conscience, ce n'est pas le mouvement réel d'un objet dans sa vitesse ou dans sa direction, mais son mouvement mesuré par rapport à un point donné, soit celui que nous occupons, soit tout autre. Cependant, en concluant que les mouvements que nous observons ne sont pas les mouvements réels, nous supposons implicitement qu'il y a des mouvements réels. Nous corrigeons les jugements successifs que nous portons sur la direction et la vitesse d'un objet, et nous tenons pour certain qu'il y a une direction réelle et une vitesse réelle. Nous tenons pour certain qu'il y a dans l'espace des points fixes par rapport auxquels tous les mouvements sont absolus, et nous trouvons qu'il est impossible de nous débarrasser de cette idée. Néanmoins, le mouvement absolu ne peut être imaginé, et beaucoup moins encore perçu. Le mouvement, considéré à part des conditions d'espace que nous lui associons d'ordinaire, est complètement inconcevable. En effet, le mouvement est un changement de lieu; mais dans un espace sans limite le changement de lieu est inconcevable, parce que le lieu lui-même est inconcevable. Le lieu ne peut être conçu que par rapport à d'autres lieux, et, en l'absence d'objets dispersés à travers l'espace, un lieu ne peut être conçu que par rapport aux limites de l'espace; d'où il suit que, dans un espace illimité, un lieu ne peut être conçu; tous les lieux doivent être à égale distance de limites qui n'existent pas. Ainsi, d'une part nous sommes obligés de penser qu'il y a un mouvement absolu, et de l'autre que le mouvement absolu est incompréhensible.

Une autre difficulté se présente quand nous considérons la transmission du mouvement. L'habitude nous empêche de voir ce que ce phénomène a de merveilleux; familiarisés avec lui depuis l'enfance, nous ne voyons rien de remarquable dans la propriété que possède une chose en mouvement d'engendrer du mouvement dans une chose stationnaire. Toutefois il est impossible de le comprendre. Sous quel rapport un corps qui a subi un choc diffère-t-il de ce qu'il était auparavant? Quelle chose lui a été ajoutée, qui, sans affecter d'une manière sensible ses propriétés, le rend cependant capable de traverser l'espace? C'est le même objet au repos, et le même objet en mouvement. Dans l'un de ces états, il n'a pas de tendance à changer de place; mais, dans l'autre, il faut qu'à chaque instant il change de position. Quelle est donc la chose qui continue à produire cet effet sans s'épuiser? Comment se fait-il qu'elle demeure dans l'objet? Vous dites que le mouvement a été communiqué; mais comment? Quelle chose a été communiquée? Le corps choquant n'a pas transféré une *chose* au corps choqué; on ne peut pas non plus dire qu'il lui ait transféré un *attribut*. Qu'est-ce donc qui a été transféré?

Nous voilà encore en face de la vieille énigme du mouvement et du repos. Nous constatons tous les jours que les objets qu'on lance avec la main ou autrement subissent un ralentissement graduel et finalement s'arrêtent; et nous constatons aussi souvent le passage du repos au mouvement par l'application d'une force. Mais nous trouvons qu'il est impossible de se représenter par la pensée ces transitions. En effet, une violation de la loi de continuité y semble nécessairement impliquée ; et nous ne pouvons pas concevoir une violation de cette loi. Un corps voyageant avec une vitesse donnée ne peut être ramené à un état de repos, ni changer de vitesse, sans passer par toutes les vitesses intermédiaires. A première vue, il semble que rien n'est plus aisé que de l'imaginer passant de l'un à l'autre de ces états successifs. On peut penser que son mouvement diminue insensiblement, jusqu'à devenir infinitésimal; et beaucoup croiront qu'il est possible de passer par la pensée d'un mouvement infinitésimal à un mouvement égal à zéro. Mais c'est une erreur. Suivez autant que vous voudrez par la pensée une vitesse qui décroît, il reste encore *quelque* vitesse. Prenez la moitié et ensuite la moitié de la somme de mouvement, et cela à l'infini, le mouvement existe encore; et le mouvement le plus petit est séparé de zéro mouvement par un abîme infranchissable. De même qu'une chose, quelque ténue qu'elle soit, est infiniment grande en comparaison de rien; de même encore, le mouvement le moins concevable est infini en comparaison du repos. Il n'est pas nécessaire de spécifier les difficultés analogues qui dépendent de la question de la transition du repos au mouvement. Nous y verrions, comme dans les précédentes, que, bien qu'obligés de penser ces changements comme s'ils se passaient effectivement, nous ne pouvons en concevoir l'événement.

Ainsi, que nous le considérions par rapport à l'espace, ou par rapport à la matière, ou par rapport au repos, nous trouvons toujours que le mouvement n'est pas un véritable objet de connaissance. Tous les efforts que nous faisons pour en comprendre la nature intime ne peuvent que nous réduire à choisir entre deux pensées également impossibles.

§ 18. En soulevant une chaise, nous exerçons une force que nous regardons comme égale à la force antagoniste appelée pesanteur de la chaise; et nous ne pouvons penser à l'égalité de ces deux forces sans penser qu'elles sont de même espèce, puisqu'on ne peut concevoir l'égalité qu'entre des choses de même nature. L'axiome que l'action et la réaction sont égales et s'exercent dans des directions opposées, axiome dont on donne communément pour exemple le fait que je viens de mentionner, l'effort musculaire dirigé contre la pesanteur, ne peut être conçu dans toute autre condition. Et pourtant, au contraire, on ne peut croire que la force qui existe dans la chaise ressemble réellement à la force qui est présente à nos esprits. Nous n'avons pas besoin de faire remarquer que le poids de la chaise produit en nous divers sentiments, suivant que nous la soutenons avec un seul doigt, ou avec toute la main, ou avec la jambe; et par conséquent il est permis de soutenir que, le poids de la chaise ne pouvant être semblable à toutes ces sensations, il n'y a pas de raison pour qu'il ressemble à aucune. Il suffit de remarquer que, la force telle que nous la connaissons étant une impression de notre conscience, nous ne pouvons concevoir sous la même forme la force qui réside dans la chaise, à moins de douer la chaise de conscience. De sorte qu'il est absurde de penser que la force en elle-même ressemble à la sensation que nous en avons, et pourtant il est nécessaire de le penser, pour peu que nous voulions nous la représenter dans la conscience.

En outre, comment pouvons-nous comprendre la connexion entre la Force et la Matière? La Matière ne nous est connue que par les manifestations de la Force : la preuve dernière que nous avons de l'existence de la matière, c'est qu'elle est capable de résister. Supprimez la résistance, il ne reste plus rien qu'une étendue vide. Cependant, d'un autre côté, la résistance séparée de la matière, c'est-à-dire séparée de quelque chose d'étendu, est inconcevable. Non seulement, comme nous l'avons montré quelques pages plus haut, des centres de force sans étendue sont imaginables, mais, par une conséquence inévitable, nous ne pouvons imaginer que des centres de force avec ou sans étendue s'attirent et se repoussent les uns les autres, sans l'interposition de quelque espèce de matière. Nous devons remarquer ici, ce que nous ne pouvions faire sans anticipation quand nous traitions de la matière, que l'hypothèse de Newton de même que celle de Boscovich encourent le reproche de supposer qu'une chose agit sur une autre à travers l'espace absolument vide, supposition qui ne peut être représentée. On répond sans doute à cette accusation, en introduisant un fluide hypothétique entre les atomes ou centres, mais cela ne résout pas le problème; il n'est qu'écarté et reparaît dès que la constitution de ce fluide devient l'objet de l'examen. C'est quand il s'agit de forces astronomiques qu'on voit le mieux comment il est impossible d'éluder la difficulté soulevée par la transmission de la force à l'espace. Le soleil agit sur nous de manière à produire des sensations de lumière et de chaleur; et nous avons constaté que, entre la cause telle qu'elle existe dans le soleil et l'effet tel qu'on l'éprouve sur la terre, il s'écoule un temps d'environ huit minutes : de là inévitablement résultent en nous les conceptions d'une force et d'un mouvement. En sorte que l'hypothèse d'un éther lumineux présente une double difficulté. Non seulement l'action d'une force à travers 95 000 000 de milles de vide absolu est inconcevable, mais de plus il est impossible de concevoir un mouvement sans quelque chose qui se meuve. De même, pour la gravitation, Newton se déclarait incapable de penser que l'attraction d'un corps par un autre, à distance, pût s'exercer sans l'intermédiaire d'un milieu. Mais sommes-nous plus avancés avec cette hypothèse? L'éther, dont les ondulations, suivant l'hypothèse reçue, constituent la chaleur et la lumière, et qui est le véhicule de la gravitation, comment est-il constitué? D'après les physiciens, nous devons le regarder comme composé d'atomes qui s'attirent et se repoussent mutuellement, atomes infiniment petits, si on les compare à ceux de la matière ordinaire, mais enfin toujours des atomes. Souvenons-nous que cet éther est impondérable, et nous serons obligés d'admettre que le rapport entre les intervalles qui séparent ces atomes et les atomes eux-mêmes est incommensurablement plus grand que le même rapport dans la matière pondérable, sans quoi les densités ne pourraient pas être incommensurables. Au lieu donc d'avoir à concevoir l'action directe du soleil sur la terre sans l'intervention de quelque chose, il nous faut concevoir cette action se propageant à travers un milieu dont les molécules sont probablement aussi petites relativement à leurs intervalles que le sont probablement le soleil et la terre comparés à l'espace qui les sépare. Cette conception est-elle plus facile que l'autre? Nous avons toujours à nous représenter un corps agissant où il n'est pas, et en l'absence d'un intermédiaire qui puisse transmettre son action; qu'importe alors que l'échelle sur laquelle cette transmission s'opère soit grande ou petite? Nous voyons donc que l'exercice de la force est complètement inintelligible. Nous ne pouvons l'imaginer qu'à travers l'intermédiaire de quelque chose d'étendu; et, quand nous avons supposé ce quelque chose, nous trouvons que l'embarras n'est pas supprimé, qu'il est seulement reculé. Nous sommes obligés de conclure que la matière pondérable ou impondérable, considérée dans ses masses ou dans ses unités hypothétiques, agit sur la matière à travers l'espace absolument vide; et pourtant cette conclusion est positivement inconcevable.

Il faut encore indiquer une cause qui rend cette conception difficile, difficulté d'une nature opposée, mais pareillement insurmontable. Si d'une part nous ne pouvons par la pensée voir la matière agir sur la matière à travers un grand espace interposé absolument vide, nous ne saurions d'autre part comprendre que la gravitation qui porte une molécule matérielle avec une autre vers toutes les autres, doive être absolument la même, que l'espace interposé soit absolument plein ou non. Je soulève du sol et je continue à soutenir un poids d'une livre. Puis, dans le vide qui le sépare du sol, j'introduis une masse de matière d'une nature quelconque, en un état quelconque, chaude ou froide, liquide ou solide, transparente ou opaque, légère ou douce, et la gravitation du poids n'est nullement affectée par cette intervention. La masse totale de la terre, aussi bien que chacune des molécules qui la composent, agit sur ce poids d'une livre absolument de la même façon, quoi que ce soit qui se place entre les deux, ou que rien ne s'y place. A travers les huit mille milles de l'épaisseur de la terre, chaque molécule des antipodes affecte le poids que je tiens à la main, et cela sans aucun égard absolument pour l'état plein ou vide de l'espace qui les en sépare. En sorte que chaque portion de matière, dans ses relations avec les portions éloignées, se comporte envers toutes les portions interposées comme si elles n'existaient pas, et, au même moment pourtant, cette portion reconnaît leur existence par les rapports directs qu'elle entretient avec elles. Nous devons regarder la gravitation comme une force à l'égard de laquelle tout objet de l'univers est à la fois parfaitement opaque quant à lui-même et parfaitement transparent quant aux autres objets.

Ainsi, d'une part il est impossible de se faire une idée de la force en elle-même, et d'autre part il est également impossible d'en comprendre soit le mode d'action, soit les lois qui en régissent les variations.

§ 19. Passons maintenant du monde extérieur au monde intérieur, et considérons non pas les forces auxquelles nous attribuons nos modifications subjectives, mais les modifications subjectives elles-mêmes. Ces modifications forment une série. Quelque difficulté que nous trouvions à les séparer d'une manière distincte et à les individualiser, il est hors de doute que nos états de conscience arrivent successivement.

Cette chaîne d'états de conscience est-elle infinie ou finie? Nous ne pouvons pas dire infinie, non seulement parce que nous sommes arrivés indirectement à la conclusion qu'elle a eu un commencement, mais encore parce que toute infinité est inconcevable, — une série infinie enveloppée. Nous ne pouvons pas non plus dire finie, parce que nous ne lui connaissons pas de bout. Nous pouvons remonter dans notre mémoire aussi loin que nous voudrons dans le passé, nous serons toujours incapables de constater l'identité de nos premiers états de conscience : la perspective de nos pensées s'évanouit dans une obscurité profonde, où nous ne pouvons plus rien apercevoir. De même pour l'autre extrémité. Nous n'avons pas de connaissance immédiate d'une terminaison des séries dans l'avenir; et nous ne pouvons en réalité prendre sur le fait une terminaison temporaire des séries qui aurait lieu au moment présent. En effet, l'état de conscience que nous regardons comme notre dernier état de conscience n'est pas le dernier en réalité. Pour que nous puissions considérer une impression mentale comme partie de la série, il faut qu'elle soit remémorée, *représentée* dans la pensée, et non *présentée*. L'état de conscience qui est vraiment le dernier est celui qui s'opère par l'acte même de considérer avec attention l'état qui vient de passer, c'est-à-dire celui par lequel nous pensons qu'un état antérieur était réellement le dernier. De sorte que la fin prochaine de la chaîne nous échappe aussi bien que la fin éloignée.

Mais, dira-t-on, si nous ne pouvons pas *savoir* d'une manière directe si la conscience est finie quant à la durée, parce qu'on ne peut atteindre effectivement aucune de ses limites, pourtant nous pouvons fort bien *concevoir* qu'il en soit ainsi. Non, cela n'est même pas vrai. D'abord, nous ne pouvons pas plus *concevoir* les terminaisons de la conscience, la seule que nous connaissions effectivement, notre propre conscience, que nous ne pouvons les *percevoir*. Car, en réalité, les deux actes n'en font qu'un. Dans l'un et dans l'autre cas, ces terminaisons doivent être, ainsi que je l'ai dit ci-dessus, représentées et non présentées; et elles doivent être représentées comme se produisant. Or représenter la terminaison de la conscience comme se produisant en nous, c'est nous concevoir nous-même contemplant la cessation de notre dernier état de conscience, ce qui implique la continuation de la conscience après ce dernier état : ce qui est absurde. En second lieu, si nous voulons considérer le sujet au point de vue objectif, si nous étudions les phénomènes comme se produisant dans d'autres consciences ou d'une manière abstraite, nous échouons. La conscience implique un changement perpétuel et l'établissement perpétuel de relations entre ses phases successives. Pour qu'une impression mentale soit connue, il faut quelle le soit comme telle ou telle, comme semblable ou comme dissemblable à l'une des précédentes. Si elle n'est pas pensée en connexion avec d'autres, si elle n'est pas distinguée ou identifiée par comparaison avec d'autres, elle n'est pas reconnue, elle n'est pas un état de conscience. Un dernier état de conscience par conséquent, comme tout autre état de conscience, ne peut exister que par la perception de ses relations avec des états antérieurs. Mais la perception de ses relations doit constituer un état postérieur au dernier, ce qui est une contradiction. Présentons la difficulté sous une autre forme : si un changement incessant d'état est la condition sous laquelle la conscience existe quand le dernier état supposé est atteint par l'achèvement des états précédents, le changement a cessé; donc la conscience a cessé; donc l'état supposé n'est point un état de conscience, donc il ne peut pas y avoir de dernier état de conscience. Bref, l'embarras est le même que pour les relations de mouvement et de repos. De même que nous avons vu l'impossibilité réelle de concevoir que le repos devienne mouvement, ou le mouvement repos, de même nous trouvons qu'il est en réalité impossible de concevoir, soit le commencement, soit la fin des changements qui constituent la conscience.

De là résulte que si, d'une part, nous sommes incapables de croire ou de concevoir la durée de la conscience comme infinie, nous sommes, d'autre part, incapables de la connaître comme finie et de la concevoir comme telle.

§ 20. Nous ne réussissons pas mieux quand, au lieu de l'étendue de la conscience, nous en considérons la substance. La question : Qu'est-ce qui pense? ne comporte pas une réponse plus satisfaisante que celle pour laquelle nous n'avons trouvé que des réponses inconcevables.

L'humanité en général a toujours tenu l'existence de chaque individu telle qu'il la connaît lui-même pour la vérité la plus incontestable. On dit vulgairement : « Je suis sûr de cela autant que de mon existence. » C'est l'expression la plus énergique de la certitude. Le fait de l'existence personnelle attesté par la conscience universelle de l'humanité est devenu la base de plusieurs systèmes de philosophie; on peut en conclure que cette croyance est pour les penseurs, aussi bien que pour le vulgaire, hors de toute contestation.

En effet, nulle hypothèse ne nous permet d'éviter la croyance en notre propre réalité. Que dirons-nous de ses impressions successives et des idées qui constituent la conscience? Dirons-nous qu'elles sont des impressions de quelque chose appelé l'esprit, qui, en tant que sujet, est le *moi* réel? Nous admettons alors implicitement que le *moi* est une entité. Affirmerons-nous que ces impressions et ces idées ne sont pas seulement des changements superficiels opérés dans quelque substance pensante, mais qu'elles forment elles-mêmes le corps de cette substance, qu'elles sont, chacune en particulier, les formes modifiées que cette substance prend de moment en moment? Cette hypothèse, tout comme la précédente, implique que l'individu existe comme un être permanent et distinct, puisque des modifications supposent nécessairement quelque chose de modifié. Nous plaçons-nous au point de vue des sceptiques, et disons-nous que nous ne connaissons rien de plus que nos impressions et nos idées elles-mêmes; qu'elles sont pour nous les seules choses existantes, et que la personnalité, leur prétendu support, est une pure fiction? Nous ne nous tirons pas d'embarras; puisque cette proposition verbalement intelligible, mais en réalité inconcevable, suppose elle-même la croyance qu'elle a la prétention de repousser. En effet, comment la conscience peut-elle se résoudre complètement en impressions et en idées quand une impression implique nécessairement l'existence de quelque chose d'impressionné? Ou bien encore, comment le sceptique qui a décomposé sa conscience en impressions et en idées peut-il expliquer qu'il les regarde comme *ses* impressions et *ses* idées? Ou, encore une fois, si, comme il y est forcé, il admet qu'il a une intuition de son existence personnelle, quelle raison peut-il alléguer pour rejeter cette intuition comme n'étant pas réelle, tandis qu'il accepte les autres comme réelles? A moins de donner des réponses satisfaisantes à ces questions, ce qu'il ne peut faire, il faut qu'il abandonne ses conclusions et qu'il admette la réalité de l'esprit individuel.

Eh bien, quelque inévitable que soit cette croyance, bien qu'elle soit établie non seulement par l'accord général de l'humanité et adoptée par tant de philosophes, mais encore par le suicide de l'argument sceptique, elle n'est pourtant pas justifiable devant la raison : bien plus, quand la raison est mise en demeure de rendre un jugement formel, elle la condamne. Un des écrivains qui ont le plus récemment touché à cette question, M. Mansel, soutient, il est vrai, que dans la conscience de soi nous avons un exemple de connaissance réelle. Il soutient que la validité de l'intuition immédiate dans ce cas est hors de doute. « Quoi qu'en disent les faiseurs de systèmes, dit-il, le sentiment non corrompu de l'humanité refuse de reconnaître que l'esprit ne soit qu'un faisceau d'états de conscience, de même que la matière est (peut-être) un faisceau de qualités sensibles. » A ce point de vue, une objection saute aux yeux : c'est que cette affirmation n'est pas conséquente chez un kantiste, qui n'accorde qu'un mince tribut de respect au « sentiment non corrompu de l'humanité », quand ce sentiment affirme l'objectivité de l'espace. Passons ; mais on peut faire voir tout de suite que la perception de soi proprement dite est absolument niée par les lois de la pensée. La condition fondamentale de toute conscience, disent avec insistance M. Mansel et sir W. Hamilton et d'autres encore, c'est l'antithèse du sujet et de l'objet. C'est sur ce dualisme primitif de la conscience, « qui doit servir de point de départ aux explications de la philosophie », que M. Mansel base sa réfutation des absolutistes allemands. Or quel est le corollaire de cette doctrine en ce qui touche la conscience de soi? L'acte mental dans lequel le soi est perçu implique, comme tout autre état mental, un sujet percevant et un objet perçu. Si donc l'objet perçu est le soi, quel est le sujet qui perçoit? Ou si c'est le vrai soi qui pense, quel est l'autre soi qui est pensé? Évidemment une vraie connaissance du soi implique un état dans lequel le connaissant et le connu ne font qu'un, dans lequel le sujet et l'objet sont identifiés, et cet état, soutient avec raison M. Mansel, c'est l'anéantissement du sujet et de l'objet.

En sorte que la personnalité dont chacun a conscience, et dont l'existence est pour tous un fait plus certain que tous les autres, est une chose qu'on ne peut aucunement connaître : la connaissance de la personnalité est interdite par la nature de la pensée.

§ 21. Donc les idées dernières de la science sont toutes représentatives de réalités incompréhensibles. Quelque grands que soient les progrès accomplis en rassemblant les faits et en établissant des généralisations de plus en plus larges, à quelque point qu'on ait poussé la réduction des vérités limitées et dérivées à des vérités plus larges et plus centrales, la vérité fondamentale reste tout aussi hors de portée que jamais. L'explication de l'explicable ne peut que montrer avec plus de clarté que ce qui reste au delà est inexplicable. Dans le monde intérieur comme dans le monde extérieur, l'homme de science se voit environné de changements perpétuels dont il ne peut découvrir ni le commencement ni la fin. Si, remontant le cours de l'évolution des choses, il adopte l'hypothèse d'après laquelle l'univers aurait eu autrefois une forme diffuse, il se trouve à la fin dans l'impossibilité de concevoir comment l'univers est arrivé à cet état; de même, s'il spécule sur le futur, il ne peut assigner de limite à l'immense succession de phénomènes qui se déroule toujours devant lui. De même, s'il porte ses regards au dedans, il s'aperçoit que les deux bouts de la chaîne de la conscience sont hors de ses prises; bien plus, qu'il est hors de son pouvoir de concevoir que la conscience ait commencé dans le passé ou qu'elle finisse dans l'avenir. Ce n'est pas tout : si, laissant la succession des phénomènes du dehors et de ceux du dedans, le savant veut connaître leur nature intime, il se trouve tout aussi impuissant. Quand même il serait capable dans tous les cas de ramener les apparences, les propriétés et les mouvements des choses à des manifestations de force dans l'espace et le temps, il trouverait encore que la force, l'espace et le temps dépassent toute intelligence. Pareillement, s'il peut en dernière analyse ramener les actions mentales à des sensations, comme aux matériaux primitifs dont sont construites toutes les pensées, il n'en est pas pour cela plus avancé ; car il ne peut donner aucune explication soit des sensations elles-mêmes, soit de ce quelque chose qui a conscience des sensations. Il constate ainsi que la substance et l'origine des choses objectives comme celles des choses subjectives sont impénétrables. Dans quelque sens qu'il porte ses investigations, elles le ramènent toujours en présence d'une énigme insoluble, et il en reconnaît toujours plus clairement l'insolubilité. Il apprend à la fin à connaître la grandeur et la petitesse de l'intelligence humaine, sa puissance dans le domaine de l'expérience, son impuissance dans le domaine où l'expérience ne pénètre pas. Il se fait une idée très nette de l'incompréhensibilité du plus simple fait considéré en lui-même. Plus qu'un autre, il *sait* à n'en pas douter que, dans son essence intime, rien ne peut être connu.

CHAPITRE IV

RELATIVITÉ DE TOUTE CONNAISSANCE

§ 22. De quelque point que nous partions, nous arrivons toujours à la même conclusion. Si nous faisons une hypothèse sur l'origine et la nature des choses, nous voyons bientôt qu'avec une logique inexorable elle nous accule inévitablement à la nécessité de choisir entre deux inconcevabilités. Si nous n'en faisons pas, et que, partant des propriétés sensibles des objets qui nous environnent et constatant leurs lois spéciales de dépendance, nous nous contentions de les fondre en des lois de plus en plus générales, jusqu'à ce que nous les ramenions aux lois les plus générales de toutes, nous sommes aussi loin que jamais de connaître ce qui nous manifeste ces propriétés. Sans doute, il nous semble que nous le connaissons clairement; mais l'examen fait voir que notre connaissance apparente est absolument inconciliable avec elle-même. Les idées religieuses dernières, aussi bien que les idées scientifiques dernières, se réduisent à n'être que de purs symboles et non des notions du réel.

A mesure que la civilisation a fait des progrès, la conviction que l'intelligence humaine est incapable d'une connaissance absolue a gagné du terrain. On a vu que toutes les théories ontologiques nouvelles qu'on a voulu de temps en temps substituer aux théories antérieures ont été reconnues insoutenables, et qu'elles ont été suivies d'une critique nouvelle aboutissant à un scepticisme nouveau. Toutes les conceptions possibles ont été une à une essayées et trouvées en défaut, et de la sorte le champ entier de la spéculation s'est peu à peu épuisé sans résultats positifs : tout ce qu'on y a gagné, c'est la négation que nous venons de formuler, que la réalité cachée derrière toutes les apparences est et doit toujours demeurer inconnue. Presque tous les penseurs de renom ont adhéré à cette conclusion. « A l'exception, dit sir W. Hamilton, de quelques théoriciens de l'absolu en Allemagne, cette vérité est peut-être, entre toutes, celle que tous les philosophes de toutes les écoles ont répétée à l'envi avec le plus d'harmonie. » Parmi ces philosophes, il cite Protagoras, Aristote, saint Augustin, Boèce, Averroès, Albert le Grand, Gerson, Léon l'Hébreu, Mélanchthon, Scaliger, F. Piccolomini, Giordano Bruno, Campanella, Bacon, Spinosa, Newton et Kant.

Il reste encore à montrer comment cette croyance peut être établie rationnellement aussi bien qu'empiriquement. Non seulement, comme chez les plus anciens des penseurs nommés ci-dessus, une vague perception de la nature impénétrable des choses en soi se produit dès qu'on découvre la nature trompeuse des impressions des sens; non seulement, comme on l'a vu dans les chapitres précédents, des épreuves rigoureuses dégagent des alternatives d'inconcevabilité de chacune des conceptions fondamentales que nous pouvons former. Mais ce n'est pas tout : la relativité de notre connaissance peut se démontrer par l'analyse. L'induction tirée d'expériences générales et spéciales peut être confirmée par une déduction tirée de la nature de notre intelligence. Il y a deux voies pour arriver à cette déduction. On peut s'assurer que nos notions ne sont pas et ne peuvent jamais être absolues, soit par l'analyse des produits de la pensée, soit par celle de l'opération de la pensée. Faisons ces deux analyses.

§ 23. Par un jour de septembre, en vous promenant dans les champs, vous entendez à quelques pas de vous un frôlement, et, portant les yeux du côté d'où vient ce bruit, vous y voyez les herbes agitées; vous vous dirigez vers cet endroit pour apprendre la cause de ce mouvement. A votre approche, une perdrix s'enfuit dans un fossé. Voilà votre curiosité satisfaite, et vous avez ce que vous appelez une *explication* de ce qui vous est apparu. Qu'est-ce qu'une explication? qu'est-ce qu'un signe? Durant toute la vie, nous avons eu des expériences sans nombre de dérangements de petits corps en repos, survenant à la suite du mouvement d'autres corps parmi eux; nous avons généralisé la relation entre ces dérangements et ces mouvements, et nous considérons un dérangement particulier comme expliqué, si nous trouvons qu'il présente un cas de la même relation. Supposons que vous ayez attrapé la perdrix et que vous vouliez savoir pourquoi elle n'a pas pris la fuite. Vous l'examinez, et vous trouvez quelque part une petite trace de sang sur ses plumes. Vous *comprenez* maintenant, dites-vous, ce qui a empêché la perdrix de s'envoler. Elle a été blessée par un chasseur, et c'est un cas de plus qui s'ajoute aux cas déjà nombreux que vous connaissez d'oiseaux tués ou blessés par un coup de fusil. Vous assimilez ce cas à d'autres ; c'est là ce que vous appelez le comprendre. Mais une difficulté se présente. Un seul coup a blessé la perdrix, et encore n'est-ce pas en un point essentiel à la vie ; les ailes sont intactes, ainsi que les muscles qui les mettent en jeu, et la pauvre bête prouve par ses grands efforts qu'elle a encore beaucoup de force. Pourquoi donc, vous demandez-vous, ne vole-t-elle pas? L'occasion qui vous sert vous amène un anatomiste, vous lui posez la question et il vous donne une *solution*. Il vous fait voir que ce coup unique qui a frappé la perdrix a passé précisément à l'endroit où les nerfs qui animent les muscles de l'une des ailes s'écartent de l'épine dorsale, et qu'une lésion légère de ces nerfs, ne portant même que sur un petit nombre de fibres, peut, en empêchant une coordination parfaite des actions des deux ailes, détruire la faculté de voler. Votre embarras cesse. Mais que s'est-il passé? Qu'est-ce qui a changé votre état et vous a fait passer de l'embarras où vous étiez en présence d'un fait, à l'intelligence de ce fait? Rien, sinon que vous avez découvert que vous pouvez ranger ce cas nouveau dans une classe de cas préalablement connus. La connexion entre les lésions du système nerveux et la paralysie des membres s'est déjà plusieurs fois présentée à votre connaissance ; et vous trouvez dans le cas présent une relation de cause à effet tout à fait semblable.

Supposons que vous soyez conduit à faire de nouvelles études sur les actions organiques, qui ont sans doute toujours frappé votre esprit, et mérité de fixer votre attention, mais que jusqu'ici vous n'avez pas eu souci de comprendre. Comment se fait la respiration? Pourquoi, demandez-vous, l'air se précipite-t-il dans les poumons d'une manière périodique? La réponse est que, chez les vertébrés supérieurs ainsi que chez nous, l'entrée de l'air est causée par un élargissement de la cavité thoracique dû, en partie à l'abaissement du diaphragme, en partie à l'élévation des côtes. Mais comment l'élévation des côtes peut-elle élargir la cavité? Pour vous répondre, l'anatomiste vous fait voir que le plan de chaque paire de côtes fait avec l'épine dorsale un angle aigu ; que cet angle s'élargit quand les extrémités mobiles des côtes s'élèvent; et grâce à lui vous vous figurez la dilatation de la cavité qui résulte du jeu des côtes, parce que vous savez que l'aire d'un parallélogramme s'accroît à mesure que ses angles se rapprochent de l'angle droit. Vous comprenez ce fait particulier, dès que vous voyez qu'il est un cas d'une loi géométrique. Il se pose pourtant encore une question : Pourquoi l'air se précipite-t-il dans cette cavité élargie? A cette question, voici la réponse qui se présente. Lorsque la cavité thoracique est élargie, l'air contenu dans la cavité, subissant une pression moindre, se dilate et perd ainsi une partie de sa force de résistance ; il en résulte qu'il oppose à la pression de l'air extérieur une pression moindre; et que l'air, comme tout autre fluide, pressant également dans toutes les directions, le mouvement doit se faire sur une ligne où la résistance est moindre que partout ailleurs. Voilà pourquoi le courant s'établit de dehors en dedans. Et vous reconnaissez que cette réponse est une *interprétation*, quand on vous cite des faits de même espèce produits plus clairement encore par un liquide visible tel que l'eau. Autre exemple : quand on nous a fait voir que nos membres sont des leviers composés agissant tout à fait de la même manière que des leviers de fer ou de bois, nous pouvons nous croire en possession d'une raison qui explique en partie le mouvement des animaux. La contraction d'un muscle semble d'abord tout à fait inexplicable; elle le sera moins quand vous aurez fait voir comment avec un courant galvanique on peut faire raccourcir une série d'aimants de fer doux, par l'effet de l'attraction de chaque aimant sur ses voisins. Cette analogie répond d'une manière spéciale au but de votre raisonnement, puisque, vraie ou imaginaire, elle donne un exemple de cette illumination mentale qui résulte de la découverte d'une classe de cas parmi lesquels un cas particulier pourra peut-être se placer. On remarquera encore combien, dans le cas que je viens de citer, on comprend mieux le phénomène, dès qu'on se rappelle que l'action exercée par les nerfs sur les muscles, si elle n'est pas positivement électrique, est pourtant une forme de force très voisine de l'électricité. De même, quand nous apprenons que la chaleur animale tire son origine de combinaisons chimiques nous comprenons qu'elle se développe comme la chaleur dans les autres opérations chimiques. Quand on nous dit que l'absorption des fluides nutritifs à travers les parois de l'intestin est un cas de l'action osmotique, que les changements subis par les aliments pendant la digestion sont semblables aux changements artificiels qu'on peut produire dans les laboratoires, nous nous considérons comme *connaissant* quelque chose de la nature de ces phénomènes.

Voyons maintenant ce que nous avons fait. Revenons à la question générale, et marquons le point où ces interprétations successives nous ont conduits. Nous avons commencé par des faits tout à fait particuliers et concrets. En expliquant chacun d'eux et ensuite en expliquant les faits plus généraux dont ils sont des cas, nous sommes arrivés à certains faits très généraux : à un principe géométrique ou propriété de l'espace, à une simple loi d'action mécanique, à une loi d'équilibre des fluides, à des vérités de physique, de chimie, de thermologie, d'électricité. Nous avons pris pour point de départ les phénomènes particuliers, nous les avons rapportés à des groupes de phénomènes de plus en plus larges, et, en les y rapportant, nous sommes arrivés à des solutions qui nous semblent d'autant plus profondes que l'opération a été poussée plus avant. Donner des explications encore plus profondes, ce serait seulement faire de nouveaux pas dans la même direction. Si, par exemple, on demande pourquoi la loi d'action du levier est ce qu'elle est, ou pourquoi l'équilibre des fluides et leur mouvement présentent leurs relations actuelles, les mathématiciens répondent par la découverte d'un principe également vrai pour les fluides et pour les solides, d'un principe qui embrasse tous les autres : celui des vitesses virtuelles. Pareillement, la connaissance approfondie des phénomènes des combinaisons chimiques, de la chaleur, de l'électricité, etc., suppose que ces phénomènes ont une raison qui, découverte, nous apparaîtra comme un fait très général relatif à la constitution de la matière, dont les faits chimiques, électriques et thermologiques ne sont que des manifestations différentes.

Cette opération est-elle limitée ou illimitée? Pouvons-nous marcher toujours en expliquant les classes de faits, en les rapportant à des classes plus larges, ou devons-nous arriver à une classe plus large que toutes les autres? D'un côté, la supposition que l'opération est illimitée, s'il y avait quelqu'un d'assez absurde pour la soutenir, impliquerait encore qu'une explication première ne peut être obtenue, puisque pour l'obtenir il faudrait un temps infini. D'un autre côté, la conclusion inévitable que l'opération est limitée (conclusion prouvée non seulement par les limites du champ d'observation qui s'ouvre devant nous, mais aussi par le décroissement du nombre des généralisations qui accompagnent nécessairement l'accroissement de leur largeur) implique également que le fait ultime ne peut être compris. En effet, si les généralisations toujours plus avancées qui constituent le progrès des sciences ne sont autre chose que des réductions successives de vérités spéciales à des vérités générales, et de celles-ci à de plus générales encore, il en résulte évidemment que la vérité la plus générale, ne pouvant être ramenée à une plus générale, ne peut être expliquée. Il est évident que, puisque la connaissance *la plus* générale à laquelle nous arrivons ne peut être réduite à une *plus* générale, elle ne peut être comprise. Donc, de toute nécessité, l'explication doit nous mettre en face de l'inexplicable. La vérité la plus avancée que nous puissions atteindre doit nécessairement être inexplicable. Le mot comprendre doit changer de sens avant que le fait ultime puisse être compris.

§ 24. La conclusion qui s'impose à nous quand nous analysons le produit de la pensée tel qu'il se présente objectivement dans les généralisations scientifiques, s'impose également quand on analyse l'opération de la pensée telle qu'elle se présente subjectivement dans la conscience. Sir W. Hamilton a donné, à la démonstration du caractère nécessairement relatif de notre connaissance comme conséquence de la nature de notre intelligence, la forme la plus rigoureuse qu'elle ait jamais reçue. Je ne puis mieux faire que d'extraire de son Essai sur la « Philosophie de l'inconditionné » le passage qui contient la substance de sa doctrine.

« L'esprit, dit-il, ne peut concevoir et par conséquent connaître que le *limité* et le *limité* conditionnellement. L'inconditionnellement illimité ou l'*infini*, l'inconditionnellement limité ou l'*absolu* ne peuvent positivement pas être conçus. On ne peut les concevoir qu'en faisant abstraction des conditions mêmes sous lesquelles la pensée se réalise ; par conséquent, la notion de l'inconditionné est purement négative, négative du concevable même. Par exemple, d'une part, nous ne pouvons concevoir ni un tout absolu, c'est-à-dire un tout si grand que nous ne puissions pas le concevoir comme une partie relative d'un tout encore plus grand; ni une partie absolue, c'est-à-dire une partie si petite que nous ne puissions aussi la concevoir comme un tout relatif, divisible en parties plus petites. D'autre part, nous ne pouvons positivement pas nous représenter, nous figurer (puisqu'ici l'entendement et l'imagination coïncident) un tout infini; car nous ne pourrions le faire qu'en édifiant par la pensée la synthèse infinie des touts finis, et pour cela il faudrait un temps infini. La même raison nous empêche de suivre par la pensée une divisibilité infinie de parties. Le résultat est le même pour la limitation en espace, en temps et en degré. La négation inconditionnelle et l'affirmation inconditionnelle de la limitation, en d'autres termes, l'*infini* et l'*absolu proprement dits*, sont donc inconcevables pour nous.

« Puisque le conditionnellement limité (que nous appellerons pour abréger le conditionné) est le seul objet possible de connaissance et de pensée positive, la pensée suppose nécessairement des conditions. *Penser*, c'est *conditionner*, et la limitation conditionnelle est la loi fondamentale de la possibilité de la pensée. Car, de même qu'un lévrier ne peut sauter par-dessus son ombre et que (pour me servir d'un exemple plus noble) l'aigle ne peut s'envoler de l'atmosphère où il plane et qui le supporte, de même l'esprit ne peut dépasser la sphère de limitation dans laquelle et par laquelle se réalise exclusivement la possibilité de la pensée. La pensée n'est que le conditionné, parce que, comme nous l'avons dit, penser c'est tout simplement conditionner. L'*absolu* n'est conçu que comme une négation de la concevabilité, et tout ce que nous connaissons est connu comme

« conquis sur l'*infini* vide et sans forme ».

« Rien ne doit plus étonner que de voir mettre en doute que la pensée n'a rapport qu'au conditionné. La pensée ne peut s'élever au-dessus de la conscience. La conscience n'est possible que par l'antithèse du sujet et de l'objet de la pensée, connus seulement par leur corrélation et se limitant mutuellement; de plus, tout ce que nous connaissons, soit du sujet, soit de l'objet, soit de l'esprit, soit de la matière, n'est jamais que la connaissance de ce que l'un et l'autre contient de particulier, de multiple, de différent, de modifié, de phénoménal. A notre avis, la conséquence de cette doctrine, c'est que la philosophie, si l'on y voit plus que la science du conditionné, est impossible. Nous admettons qu'en partant du particulier nous ne pouvons jamais, dans nos plus hautes généralisations, nous élever au-dessus du fini; que notre connaissance de l'esprit et de la matière ne peut être rien de plus que la connaissance des manifestations relatives d'une existence en elle-même inaccessible à la philosophie, ce que le plus haut degré de sagesse doit nous faire reconnaître.

Voilà ce qui dans le langage de saint Augustin s'exprime en ces termes : *Cognoscendo ignorari* et *ignorando cognosci*.

« Le conditionné est un milieu entre deux extrêmes, deux inconditionnés exclusifs l'un de l'autre, dont aucun ne *peut être conçu comme possible*, mais dont, en vertu des principes de contradiction et de l'alternative, l'un *doit être admis comme nécessaire*. Dans ce système, si la raison est faible, elle n'est pas trompeuse. On n'y dit pas que l'esprit conçoive comme également possibles deux propositions qui s'entre-détruisent; on dit qu'il est incapable de comprendre la possibilité de chacun des deux extrêmes. Toutefois la raison est contrainte de reconnaître l'un d'eux comme vrai, par la raison de leur contradiction mutuelle. Nous recevons ainsi une leçon salutaire, nous apprenons que la capacité de la pensée n'est pas la mesure de l'existence, et nous sommes préservés de l'erreur de croire que le domaine de notre connaissance s'étende jusqu'à l'horizon de notre foi. Ainsi, dès que nous avons conscience de notre incapacité à concevoir quelque chose qui dépasse le relatif et le fini, une révélation merveilleuse nous inspire une croyance à l'existence de quelque chose d'inconditionné qui dépasse la sphère de toute réalité compréhensible. »

Bien que cette démonstration paraisse claire et décisive quand on l'étudie avec soin, elle est exprimée en termes si abstraits que la plupart des lecteurs auront de la peine à la comprendre. M. Mansel en a donné, dans son livre intitulé *Limits of Religious Thought*, une démonstration plus familière accompagnée d'exemples et d'applications qui la font mieux saisir. Je me bornerai à en extraire les passages suivants ; ils suffiront.

« L'idée même de conscience, sous quelque mode qu'elle se manifeste, implique nécessairement *distinction entre un objet et un autre*. Pour être conscients, il faut que nous soyons conscients de quelque chose ; et ce quelque chose ne peut être connu ce qu'il est qu'en étant distingué de ce qu'il n'est pas. Mais distinction veut dire nécessairement limitation, car, pour qu'un objet se distingue d'un autre, il faut qu'il possède quelque manière d'être que l'autre ne possède pas, ou qu'il ne possède pas quelque manière d'être que l'autre possède. Mais il est évident que l'infini ne peut être comme tel distingué du fini par l'absence d'une quantité que le fini possède, car une telle absence serait une limitation. Il ne peut pas non plus s'en distinguer par un attribut que ne possède pas le fini, car, aucune partie finie ne pouvant être un constituant d'un tout infini, il faut que la caractéristique différentielle soit elle-même infinie, et il faut en même temps qu'elle n'ait rien de commun avec le fini. Nous voilà rejetés sur notre première impossibilité ; en effet, ce second infini se distinguerait du fini par l'absence de qualités que ce dernier possède. La conception de l'infini implique nécessairement contradiction, car elle implique que ce qui ne peut être donné que comme illimité et indifférent est reconnu par la limitation et la différence......

« Cette contradiction, complètement inexplicable dans l'hypothèse que l'infini est un objet positif de pensée pour l'homme, s'explique tout d'un coup quand on considère l'infini comme la pure négation de la pensée. Si toute pensée est limitation, si tout ce que nous concevons est, par l'acte même de la conception, regardé comme fini, l'infini, pour l'homme, n'est qu'un nom qui dénote l'absence des conditions sous lesquelles la pensée est possible. Dire qu'on a une *conception de l'infini*, c'est à la fois affirmer ces conditions et les nier. La contradiction que nous découvrons dans cette conception n'est que celle que nous y avons nous-mêmes placée, en supposant tacitement la concevabilité de l'inconcevable. La condition de conscience, c'est la distinction, et la condition de la distinction, c'est la limitation. Nous ne pouvons avoir conscience d'un être en général qui ne soit pas quelque être en particulier : une *chose* dans la conscience est une certaine chose distinguée de plusieurs autres. Quand je suppose la possibilité d'un objet de conscience infini, je suppose que cet objet est à la fois limité et illimité ; qu'il est actuellement quelque chose, sans quoi il ne pourrait être un objet de conscience, et pourtant qu'il n'est actuellement rien, sans quoi il ne pourrait être infini......

« Un second caractère de la conscience, c'est qu'elle n'est possible que sous forme de *relation*. Il faut un sujet ou une personne consciente et un objet ou une chose dont le sujet soit conscient. Il ne peut y avoir de conscience sans l'union de ces deux facteurs ; et dans cette union chacun d'eux existe seulement tel qu'il est par rapport avec l'autre. Le sujet n'est un sujet qu'en tant qu'il est conscient d'un objet ; l'objet n'est un objet qu'en tant qu'il tombe sous les prises d'un sujet : et la destruction de l'un ou de l'autre est la destruction de la conscience même. De même, il est évident que la perception de l'absolu implique contradiction, tout comme celle de l'infini. Pour que nous ayons conscience de l'absolu en tant qu'absolu, il faut que nous connaissions qu'un objet donné en relation dans notre conscience est identique avec un objet qui, dans sa propre nature, existe sans relation avec la conscience. Mais, pour connaître cette identité, il faut pouvoir comparer les deux objets, et une telle comparaison est elle-même une contradiction. En fait, nous sommes obligés de comparer ce dont nous avons conscience et ce dont nous n'avons pas conscience, alors que la comparaison est un acte de conscience et n'est possible que par la conscience de ces deux objets. Il est donc évident que, lors même que nous pourrions avoir conscience de l'absolu, il ne nous serait pas possible de connaître ce que l'absolu est ; et, comme nous ne pouvons avoir conscience d'un objet qu'en connaissant qu'il est ce qu'il est, cela revient à dire que nous ne pouvons pas avoir conscience de l'absolu. En tant qu'objet de conscience, toute chose est nécessairement relative ; et ce qu'une chose peut être hors de la conscience, il n'y a pas de mode de conscience qui puisse nous le dire.

« Cette contradiction admet encore la même explication que la précédente. Notre notion complète de l'existence est nécessairement relative ; car c'est l'existence comme nous la concevons. Mais l'*existence*, comme nous la concevons, n'est que le nom des diverses manières dont les objets se présentent à notre conscience : un terme général embrassant une variété de relations. D'autre part, l'*absolu* est un mot qui n'exprime pas un objet de pensée, mais seulement la négation de la relation qui constitue la pensée. Supposer que l'existence absolue est un objet de pensée, c'est supposer qu'une relation continue d'exister quand ses termes n'existent plus. Un objet de pensée existe comme tel dans et par ses relations avec quelqu'un qui pense, tandis que l'absolu, en tant qu'absolu, est indépendant de toute relation. La *conception de l'absolu* implique dans le même temps la présence et l'absence de la relation qui constitue la pensée ; et tous les efforts que nous faisons pour nous la représenter ne sont que des formes modifiées de la contradiction impliquée dans notre supposition primitive. Ici encore, nous sommes en présence d'une contradiction que nous avons faite nous-mêmes. Cela n'implique pas que l'absolu ne puisse exister, mais cela implique d'une manière très certaine que nous ne pouvons le concevoir comme existant. »

On peut tirer la même conclusion générale d'une autre condition fondamentale de la pensée, que sir W. Hamilton a omise et dont M. Mansel n'a pas tenu compte. Nous avons déjà examiné cette condition à un autre point de vue dans la dernière section. Tout acte de conscience complet, avec la relation et la distinction, implique aussi la ressemblance. Avant qu'un état mental devienne une idée et un élément de la connaissance, il faut non seulement qu'il soit connu comme séparé d'espèce de certains états antérieurs avec lesquels on sait qu'il est en relation de succession, mais encore il faut qu'il soit connu comme appartenant à la même espèce que certains états antérieurs. Cette organisation de changements, qui constitue la pensée, implique une intégration continue, aussi bien qu'une différenciation continue. Si chaque nouvelle impression mentale était perçue simplement comme une impression en quelque façon opposée aux précédentes, s'il n'y avait pas autre chose qu'une chaîne d'impressions dont chacune, quand elle s'est développée, était simplement distinguée de celles qui la précédaient, la conscience ne serait qu'un chaos. Pour former cette conscience bien ordonnée que nous appelons l'intelligence, il faut assimiler chaque impression à d'autres qui occupaient avant elles une place dans la série. Il faut classer en même temps les états successifs de l'esprit et les relations qui les unissent, et la classification ne suppose pas seulement qu'on élimine le différent, mais aussi qu'on réunit le semblable. Bref, une cognition vraie n'est possible que lorsqu'elle s'accompagne d'une recognition. En vain on objectera que, si cela était, il ne pourrait y avoir de première cognition, et partant pas de cognition du tout. Je réponds que la cognition proprement dite ne se forme que petit à petit ; que pendant la première période de l'intelligence, avant que les sensations produites par les rapports avec le monde extérieur aient été mises en ordre, il n'y a pas de cognition au sens strict ; et que, comme on peut le voir chez tous les enfants, les cognitions se dégagent lentement de la confusion de la conscience en voie de développement, à mesure que les expériences s'arrangent en groupes, à mesure que les sensations les plus fréquentes et leurs relations réciproques deviennent assez familières pour qu'on puisse les reconnaître chacune en particulier toutes les fois qu'elles reparaissent. En vain l'on objecte que, si la cognition présuppose la recognition, il ne peut pas y avoir de cognition, même pour un adulte, d'un objet qu'il n'a pas encore vu ; il suffirait de répondre que, si cet objet n'est pas assimilé à des objets déjà vus, il *n'est pas* connu, et qu'il *est* connu en tant qu'il leur est assimilé. Voici l'explication de ce paradoxe. Un objet peut être classé de différentes manières avec différents degrés d'exactitude. Nous voyons un animal *inconnu* (notez le mot) jusqu'ici, et, bien qu'il ne soit pas possible de le rapporter à une espèce ou à un genre établi, nous reconnaissons néanmoins qu'il appartient à l'une des grandes divisions, les mammifères, les oiseaux, les reptiles, ou les poissons. Dans le cas où il serait tellement anormal qu'on ne pourrait déterminer à laquelle de ces divisions il se rapporte, on pourrait encore le classer comme vertébré ou invertébré; si c'est un de ces organismes dont on ne sait pas encore lequel du caractère animal ou du végétal prédomine en lui, on le connaît pour un être vivant; si l'on pouvait douter qu'il soit doué ou non d'organisation, il resterait hors de doute que c'est un objet matériel, et on le connaîtrait en le reconnaissant pour tel. D'où il résulte évidemment qu'une chose n'est parfaitement connue que lorsqu'elle est sous tous les rapports semblable à des choses déjà observées; et elle reste inconnue exactement dans la proportion du nombre des rapports sous lesquels elle en diffère. D'où il suit que, lorsqu'elle n'a absolument aucun attribut commun avec quoi que soit, elle doit être absolument hors des limites de la connaissance.

Voyons la conséquence que nous pouvons en tirer. Une cognition du réel, en tant que distingué du phénoménal, doit, si elle existe, se conformer à la loi de la cognition en général. La cause première, l'infini, l'absolu, pour être connus, doivent être classés. Pour qu'ils soient pensés d'une manière positive, il faut qu'ils soient pensés comme étant telle ou telle chose, comme appartenant à telle ou telle espèce. Peuvent-ils être semblables en espèce à quelque chose dont les sens nous ont donné l'expérience? Évidemment non. Entre ce qui crée et ce qui est créé, il faut qu'il y ait une distinction qui s'élève au-dessus des distinctions qui séparent les différentes divisions du créé. Ce qui est sans cause ne peut être assimilé à ce qui est causé : il y a entre les deux, dans les termes mêmes, une opposition radicale. L'infini ne peut être mis dans le même groupe avec quelque chose de fini, puisqu'alors il serait regardé comme non infini. Il est impossible de ranger l'absolu et quelque chose de relatif dans la même catégorie, tant qu'on définira l'absolu : ce qui n'a pas de relation nécessaire. Dirons-nous que l'actuel, quoique inconcevable quand on le classe avec l'apparent, peut être pensé quand on le classe avec lui-même? Cette supposition est aussi absurde que l'autre. Elle suppose la pluralité de la cause première, de l'infini, de l'absolu : ce qui implique contradiction. Il ne peut y avoir plus d'une cause première, vu que l'existence de plus d'une impliquerait quelque chose qui en nécessite plus d'une, et ce quelque chose serait la vraie cause première. La supposition qu'il y a deux ou plusieurs infinis se détruit elle-même. On le voit avec évidence quand on se rappelle que ces infinis, en se limitant l'un l'autre, deviendraient finis. Et, de même, un absolu qui n'existerait pas seul, mais avec d'autres absolus, cesserait d'être absolu et deviendrait relatif. Par conséquent, l'inconditionné, puisqu'il ne peut être classé ni avec une forme du conditionné ni avec un autre inconditionné, ne peut pas du tout être classé. Admettre qu'il ne peut être connu comme appartenant à telle ou telle espèce, c'est admettre qu'il est inconnaissable.

Il y a donc trois moyens de déduire la relativité de notre connaissance de la nature même de la pensée. L'analyse démontre, et toute proposition montre objectivement, que toute pensée implique *relation*, *différence*, *ressemblance*. Tout ce qui ne nous présente pas ces trois caractères n'est point susceptible de cognition. Nous pouvons dire enfin que l'inconditionné qui n'en présente aucun est trois fois inconcevable.

§ 25. En nous plaçant à un autre point de vue, nous pouvons encore découvrir la même grande vérité. Si au lieu d'examiner directement nos facultés intellectuelles telles qu'elles se montrent dans l'acte de la pensée, ou indirectement telles qu'elles se montrent dans la pensée exprimée par des mots, nous tournons notre attention sur la connexion qui rattache l'esprit et le monde, une conclusion semblable s'impose à nous. Dans la définition même de la vie, réduite à sa forme la plus abstraite, la même vérité devient visible.

Toutes les actions vitales, considérées non pas séparément mais ensemble, ont pour but final le balancement de certaines opérations extérieures par certaines opérations intérieures. Il y a des forces extérieures toujours en activité qui tendent à mettre la matière dont se composent les corps organisés dans l'état d'équilibre stable que nous présentent les corps bruts; il y a des forces intérieures par lesquelles cette tendance est constamment combattue; et l'on peut regarder les changements perpétuels qui constituent la vie comme les effets nécessaires de l'existence de cet antagonisme. Par exemple, pour qu'on reste debout, il faut que certains poids soient neutralisés par certains efforts : les membres ou les autres organes gravitant vers la terre entraînent les parties auxquelles ils sont attachés; ils ont donc besoin pour garder leur position de la tension de certains muscles; ou, en d'autres termes, le groupe de forces qui, s'il était seul, jetterait le corps à terre, doit être contrebalancé par un autre groupe de forces. Autre exemple : pour que la température se maintienne à un degré particulier, la chaleur qui se perd au dehors par suite du rayonnement ou absorbée par le milieu ambiant doit être remplacée par une opération interne de combinaison chimique qui dégage une plus grande quantité de chaleur. Ajoutez à cela que, si les variations atmosphériques amènent une déperdition plus grande ou plus petite, il faut que la production devienne plus grande ou plus petite. Il en est de même de toutes les actions organiques en général.

Dans les degrés inférieurs de l'échelle animale, nous voyons que les actes de balancement sont directs et simples; dans une plante, par exemple, la vitalité consiste en opérations chimiques et osmotiques en rapport avec la coexistence de la lumière, de la chaleur, de l'eau et de l'acide carbonique ambiant. Mais, chez les animaux, les opérations de balancement deviennent très complexes. Les matériaux nécessaires à la croissance et à la réparation ne sont pas, comme ceux qui conviennent aux plantes, présents en tous lieux; ils sont au contraire dispersés et revêtus de formes diverses; il faut les trouver, s'en emparer et les remettre dans un état qui les rende propres à l'assimilation. De là la nécessité de la locomotion; de là la nécessité des sens; de là la nécessité des moyens de préhension et de destruction; de là la nécessité d'un appareil digestif approprié. Notez toutefois que ces complications successives ne font qu'aider à maintenir la balance organique dans son intégrité et s'opposer aux forces physiques, chimiques et autres qui tendent à la détruire. Notez encore que, tandis que ces complications successives facilitent l'adaptation fondamentale des actions du dedans à celles du dehors, elles ne sont elles-mêmes que de nouvelles adaptations des actions intérieures à celles de l'extérieur. En effet, les mouvements à l'aide desquels une créature vorace poursuit sa proie, ou ceux à l'aide desquels la proie cherche à éviter la mort, que sont-ils sinon des changements dans l'organisme préparés pour lutter avec certains changements survenus dans le milieu où est plongé l'organisme? Qu'est-ce que l'opération complexe que nous offre l'acte de remarquer un aliment, sinon une corrélation particulière des modifications nerveuses, répondant à une corrélation particulière des propriétés physiques? Qu'est-ce que l'opération par laquelle l'aliment, après qu'il a été avalé, est amené à une forme appropriée à l'assimilation, sinon une série d'actions mécaniques et chimiques répondant aux actions mécaniques et chimiques qui distinguent l'aliment? Il en résulte évidemment que, si la vie, dans sa plus simple expression, est la correspondance de certaines actions physico-chimiques internes avec certaines actions physico-chimiques externes, chaque degré qui conduit aux formes supérieures de la vie consiste en une garantie plus assurée de cette correspondance primitive par l'établissement d'autres correspondances.

Si nous dépouillons cette conception de tout le superflu, si nous la réduisons à l'expression la plus abstraite, nous voyons que la vie peut se définir une adaptation continuelle des relations internes aux relations externes. En la définissant ainsi, nous découvrons que la vie physique et la vie psychique sont également contenues dans la définition. Nous comprenons que ce que nous appelons l'intelligence apparaît quand les relations extérieures, auxquelles les relations internes s'ajustent, commencent à devenir nombreuses, complexes et éloignées dans le temps et l'espace. Nous comprenons que tout progrès de l'intelligence consiste essentiellement en l'établissement d'adaptations plus variées, plus complètes et plus compliquées; et nous voyons que les plus grands progrès de la science peuvent se réduire à des relations mentales de coexistence et de séquence, coordonnées de telle sorte qu'elles correspondent rigoureusement à certaines relations de coexistence et de séquence qui ont leur siège à l'extérieur. Une chenille qui rampe au hasard et trouve à la longue le chemin qui la mène à une plante d'une certaine odeur, et qui se met à manger, a au dedans d'elle une relation organique entre une impression particulière et une série particulière d'actions répondant à la relation externe qui unit l'odeur à la nourriture. Le moineau, guidé par une corrélation plus complexe d'impressions que la couleur, la forme et les mouvements de la chenille font sur lui, guidé aussi par d'autres corrélations qui mesurent la position et la distance de la chenille, combine certains mouvements musculaires corrélatifs de façon à la saisir. L'épervier qui plane dans les airs est affecté à une bien plus grande distance par les relations de forme et de mouvement que présente le moineau; et les séries beaucoup plus compliquées, et beaucoup plus prolongées de changements nerveux et musculaires corrélatifs, qu'il exécute d'après les diverses relations de position du moineau, aboutissent au succès quand elles y sont bien ajustées.

Dans l'esprit du chasseur, l'expérience a noué une relation entre l'apparition et le vol d'un épervier et la destruction des autres oiseaux, y compris le gibier; le chasseur en possède une autre entre les impressions visuelles qui répondent à certaines distances de l'espace et la portée de son fusil; il a appris aussi, par des observations fréquentes, qu'il faut viser un point un peu en avant de l'oiseau qui vole, pour tirer avec succès. Si nous considérons la fabrication du fusil, nous retrouvons des relations analogues. Des relations de coexistence entre la couleur, la densité d'un minéral et le lieu qu'il occupe dans la terre nous ont appris qu'il contient du fer; et, pour en extraire le fer, il faut que certains de nos actes appropriés s'ajustent à certaines affinités manifestées par le minerai de fer, le charbon et la chaux, à une haute température. Si nous faisons un pas de plus et que nous demandions au chimiste de nous expliquer l'explosion de la poudre, ou à un mathématicien de nous donner la théorie des projectiles, nous trouvons encore que les relations tant spéciales que générales de coexistence et de séquence entre les propriétés, les mouvements, les espaces, etc., sont tout ce qu'ils peuvent nous apprendre. Notons en finissant que ce que nous appelons la *vérité* (les principes auxquels nous devons nous conformer pour réussir dans nos efforts et conserver notre vie) n'est que la correspondance exacte des relations subjectives avec les relations objectives; tandis que l'*erreur* qui mène à la faute, et par conséquent à la mort, est l'absence de cette correspondance exacte.

Si donc la vie, dans toutes ses manifestations, y compris l'intelligence sous ses formes les plus élevées, consiste en des adaptations continuelles des relations internes aux relations externes, le caractère nécessairement relatif de notre connaissance devient évident. La notion la plus simple étant l'établissement de quelque connexion entre des états subjectifs qui réponde à une connexion entre des agents objectifs, et toutes les notions jusqu'aux plus compliquées étant l'établissement de quelque connexion plus compliquée de ces états qui réponde à une connexion plus compliquée de ces agents, il est clair que l'opération, si loin qu'elle ait été poussée, ne peut mettre sous les prises de l'intelligence que les états eux-mêmes ou les agents eux-mêmes. Nous constatons des choses simultanées et des choses consécutives; et, supposé que nous le fassions jusqu'à extinction, nous n'aurions jamais que des coexistences et des séquences. Si tout acte de connaissance est la formation dans la conscience d'une relation parallèle à une relation dans le milieu, la relativité de la connaissance est évidente et devient une banalité. Si penser c'est établir des relations, nulle pensée ne peut exprimer plus que des relations.

N'oublions pas de remarquer que l'objet auquel est limitée notre intelligence est le seul auquel notre intelligence ait affaire. La connaissance que nous pouvons atteindre est la seule dont nous puissions tirer parti. Pour conserver la correspondance entre les actions internes et les actions externes, correspondance qui à la fois constitue la vie de chaque instant et les moyens par lesquels la vie se continue dans les instants suivants, il n'est besoin que de connaître les agents qui nous impressionnent dans leur coexistence et leurs séquences, et point du tout de les connaître en eux-mêmes. Soient x et y des propriétés uniformément unies dans un objet extérieur, et a et b les effets qu'elles produisent sur notre conscience; supposons que, tandis que la propriété x produit en nous l'état mental indifférent a, la propriété y y produise l'état mental pénible b (correspondant à une lésion physique), tout ce qu'il nous faut pour nos besoins, c'est de savoir que, x étant uniformément accompagné de y au dehors, a accompagnera uniformément b au dedans; en sorte que lorsque, par la présence de x, a sera produit dans la conscience, b ou plutôt l'idée de b le suivra et excitera les mouvements par lesquels l'effet de y peut être évité. La seule chose que nous ayons besoin de savoir, c'est que a et b et la relation qui les unit correspondent toujours à x et à y et à la relation qui les unit. Il ne nous importe nullement de savoir si a et b sont semblables à x et y, ou s'ils ne le sont pas. Leur parfaite identité ne nous fait pas gagner un iota, et leur dissemblance totale ne nous cause aucun dommage.

Au fond même de la vie, nous retrouvons la relativité de la connaissance. Non seulement l'analyse des actions vitales en général nous conduit à conclure que les choses en soi ne peuvent nous être connues, mais elle nous apprend que leur connaissance, si elle était possible, serait sans utilité.

§ 26. Reste encore la question finale. Que devons-nous dire de ce qui dépasse la connaissance? Faut-il nous en tenir aux phénomènes? La recherche aura-t-elle pour résultat final de bannir de nos esprits toutes choses, à l'exception du relatif? Ou bien faut-il croire quelque chose au delà du relatif?

A ces questions, la logique peut répondre; les limites de notre intelligence nous confinent rigoureusement dans le relatif, et ce qui dépasse le relatif ne peut être pensé que comme une pure négation ou une non-existence. « L'*absolu* n'est conçu que par une négation de la concevabilité, » a écrit sir W. Hamilton. « L'*absolu* et l'*infini*, dit M. Mansel, sont, comme l'*inconcevable* et l'*imperceptible*, des noms indiquant non pas un objet de pensée ou de conscience, mais uniquement l'absence des conditions sous lesquelles la conscience est possible. » De chacune de ces citations on peut conclure que, puisque la raison ne peut nous autoriser à affirmer l'existence positive de ce qui n'est reconnaissable qu'à titre de négation, nous ne pouvons raisonnablement affirmer l'existence positive de quoi que ce soit au delà des phénomènes.

Cette conclusion paraît inévitable, et cependant je crois qu'elle contient une grave erreur. Les prémisses une fois adoptées, il faut sans doute admettre la conclusion. Mais les prémisses dans la forme présentée par sir W. Hamilton et M. Mansel ne sont pas rigoureusement vraies. J'ai cité, dans les pages précédentes, en les approuvant, il est vrai, les arguments à l'aide desquels ces auteurs démontrent que l'absolu est inconnaissable, et je les ai renforcés par d'autres raisons aussi péremptoires. Cependant il reste à faire une restriction qui nous sauve du scepticisme auquel, sans elle, on ne saurait échapper. Tant que nous ne quittons pas le côté purement logique de la question, il faut accepter dans leur intégrité les propositions citées plus haut; on ne peut le contester. Mais dès que nous considérons un autre côté plus large, le côté psychologique, nous voyons que ces propositions expriment imparfaitement la vérité; qu'elles omettent, ou plutôt excluent un fait de la plus haute importance. Précisons. A côté de la conscience *définie* dont la logique formule les lois, il y a aussi une conscience *indéfinie* qui ne peut être formulée. A côté des pensées complètes et des pensées incomplètes qui, bien qu'incomplètes, sont encore susceptibles de recevoir leur complément, il y a des pensées qu'il est impossible de compléter, et qui n'en sont pas moins réelles, parce qu'elles sont des affections normales de l'intelligence.

Notons d'abord que tous les raisonnements par lesquels on démontre la relativité de la connaissance supposent distinctement l'existence positive de quelque chose au delà du relatif. Dire que nous ne pouvons connaître l'absolu, c'est affirmer implicitement qu'il y a un absolu. Quand nous nions que nous ayons le pouvoir de connaître l'*essence* de l'absolu, nous en admettons tacitement l'*existence*, et ce seul fait prouve que l'absolu a été présent à l'esprit, non pas en tant que rien, mais en tant que quelque chose. Il en est de même à chaque pas du raisonnement qui sert d'appui à la doctrine de la relativité. Le *noumène*, nommé partout comme antithèse du *phénomène*, est pensé partout et nécessairement comme une réalité. Il est rigoureusement impossible de concevoir que notre connaissance n'ait pour objet que des apparences, sans concevoir en même temps une réalité dont ces apparences soient les représentations. En effet, l'apparence est inintelligible sans la réalité. Rayez du raisonnement les mots inconditionné, infini, absolu et leurs équivalents, et écrivez à leur place *négation de la concevabilité* ou *absence des conditions sous lesquelles la conscience est possible*, et vous voyez de suite que le raisonnement devient un non-sens. Effectivement, pour qu'une seule des propositions dont se compose le raisonnement soit concevable, il faut que l'inconditionné y soit représenté comme positif et non comme négatif. Mais alors comment peut-on tirer légitimement du raisonnement la conclusion que notre conception de l'inconditionné est négative? Un raisonnement qui assigne à un certain mot un certain sens, mais qui finit par démontrer que ce mot n'a pas de sens, est un raisonnement ruineux. Il est donc évident que la démonstration de l'impossibilité d'une représentation *définie* de l'absolu suppose inévitablement une représentation *indéfinie* de l'absolu.

C'est en analysant notre conception de l'antithèse du relatif et de l'absolu, que nous trouverons peut-être le moyen de montrer que les conditions nécessaires de la pensée nous forcent de former une conscience positive quoique vague de ce qui dépasse la conscience. Personne ne met en doute que les antinomies de la pensée : le tout et la partie, l'égal et l'inégal, le singulier et le pluriel, ne soient nécessairement conçus comme corrélatifs; la conception d'une partie est impossible sans la conception d'un tout; il ne peut y avoir d'idée d'égalité sans une idée d'inégalité. Et l'on reconnaît que le relatif n'est lui-même conçu comme tel que par opposition au non-relatif ou absolu. Fidèle à la position qu'il avait prise et que j'ai déjà indiquée, sir W. Hamilton soutient cependant, dans sa critique tranchante (et irréfutable dans la plus grande partie) du système de Cousin, que l'un de ces termes corrélatifs n'est rien de plus que la négation de l'autre. « Les termes corrélatifs, dit-il, se supposent certainement l'un l'autre, mais ils sont ou ne sont pas également réels et positifs. Dans la pensée, les termes contradictoires s'impliquent nécessairement l'un l'autre, car la connaissance des contradictoires est une. Mais, loin que la réalité de l'un d'eux garantisse celle de l'autre, elle n'est rien de plus que sa négation. Ainsi toute notion positive (le concept d'une chose par ce qu'elle est) suppose une notion négative (le concept d'une chose par ce qu'elle n'est pas), et la plus haute notion positive, la notion du concevable, n'est pas sans avoir un correspondant négatif dans la notion de l'inconcevable. Mais, bien qu'elles se supposent réciproquement, la positive seule est réelle; la négative n'est que la suppression de l'autre, et dans la plus haute généralité elle n'est que la suppression de la pensée même. » Eh bien, cette affirmation que de ces deux termes contradictoires « le négatif *n'est que* la suppression de l'autre, *n'est rien de plus* que sa négation, » cette affirmation, dis-je, n'est pas vraie. Pour les corrélatifs, tels que l'égal et l'inégal, il est évident que le concept négatif contient quelque chose de plus que la négation du positif; en effet, les choses dont on nie l'égalité ne sont pas pour cela effacées de la conscience. Sir W. Hamilton n'a pas vu qu'il en est de même pour les corrélatifs dont la négation est inconcevable, au vrai sens du mot. Prenons, par exemple, le limité et l'illimité. Notre notion du limité se compose premièrement d'une conception d'une certaine espèce d'être, et secondement d'une conception des limites sous lesquelles elle est connue. Dans son antithèse, la notion de l'illimité, la conception des limites est abolie, mais non celle d'une certaine espèce d'être. Il est tout à fait vrai qu'en l'absence de limites conçues cette conception cesse d'être un concept proprement dit, mais elle n'en reste pas moins un mode de conscience. Si dans ce cas le contradictoire négatif n'était, comme on dit, *rien de plus* qu'une négation de l'autre, et par conséquent une pure non-entité, il devrait en résulter qu'on pourrait employer les contradictoires négatifs indifféremment l'un pour l'autre. On devrait pouvoir penser l'illimité comme antithèse du divisible, et l'indivisible comme antithèse du limité. Au contraire, l'impossibilité de faire de ces termes un tel usage prouve que dans la conscience l'illimité et l'indivisible sont distincts de qualité, et par conséquent qu'ils sont positifs et réels, puisqu'il ne peut exister de distinction entre deux riens. L'erreur dans laquelle tombent tout naturellement les philosophes occupés à démontrer les limites et les conditions de la conscience consiste à supposer que la conscience ne contient *rien que* des limites et des conditions; ils ne tiennent aucun compte des choses qui sont limitées et conditionnées. On oublie qu'il y a quelque chose qui forme aussi la substance brute de la pensée définie et qui reste après que les qualités définies qu'elle a reçues de la conscience ont été détruites. Eh bien, changez les mots, et tout ceci s'applique à la dernière et à la plus haute des antinomies, celle du relatif et du non-relatif. Nous avons conscience du relatif comme d'une existence soumise à des conditions et à des limites; il est impossible de concevoir ces conditions et ces limites séparées de quelque chose à quoi elles donnent la forme; la suppression de ces conditions et de ces limites est, dans l'hypothèse, la suppression des conditions et des limites *seulement*. En conséquence, il doit y avoir un résidu, une conception de ce quelque chose qui remplit leur contour, et c'est ce quelque chose d'indéfini qui constitue notre conception du non-relatif ou absolu. Bien qu'il soit impossible de donner à cette conception une expression qualitative ou quantitative quelconque, il n'en est pas moins certain qu'elle s'impose à nous comme un élément positif et indestructible de la pensée.

Cette vérité devient encore plus manifeste quand on observe que notre conception du relatif disparaît dès que notre conception de l'absolu n'est plus qu'une pure négation. Les auteurs que j'ai déjà cités admettent, ou plutôt soutiennent, que les contradictoires ne peuvent être connus qu'en relation l'un avec l'autre; que l'égalité, par exemple, est inconcevable séparée de son corrélatif l'inégalité; et qu'ainsi le relatif même ne peut être conçu que par opposition au non-relatif. Ils admettent ou plutôt ils soutiennent que la conception de la relation implique la conception de ses deux termes. Nous demander de concevoir la relation entre le relatif et le non-relatif sans avoir conscience de chacun d'eux, « c'est (pour citer les paroles de M. Mansel en leur donnant une application différente) comme si l'on demandait de comparer ce dont nous avons conscience avec ce dont nous n'avons pas conscience; la comparaison étant elle-même un acte de conscience n'est possible que par la conscience de ses deux objets. » Que devient alors l'affirmation que « l'absolu n'est conçu que comme une pure négation de la concevabilité », ou comme « l'absence pure des conditions sous lesquelles la conscience est possible »? Si le non-relatif ou absolu n'est présent à la pensée qu'à titre de négation pure, la relation entre lui et le relatif devient inintelligible, parce qu'un des termes de la relation est absent de la conscience. Si la relation est inintelligible, le relatif lui-même est inintelligible faute de son antithèse : d'où résulte l'évanouissement de toute pensée.

On me permettra de montrer que sir W. Hamilton et M. Mansel admettent tous deux d'une manière fort claire, dans d'autres passages, que notre conception de l'absolu, bien qu'indéfinie, est positive et non négative. Le passage de sir W. Hamilton que j'ai déjà cité, où il affirme que « l'absolu n'est conçu que comme négation de la concevabilité », finit même par la remarque que « dès que nous avons conscience de notre incapacité de concevoir quelque chose au-dessus du relatif, du fini, une révélation merveilleuse nous inspire une croyance à l'existence de quelque chose d'inconditionné qui dépasse la sphère de toute réalité compréhensible. » La dernière de ces deux assertions admet en pratique ce que l'autre nie. Par les lois de la pensée telles qu'il les a interprétées, sir W. Hamilton est réduit à conclure que notre conception de l'absolu n'est qu'une pure négation. Néanmoins il trouve qu'il existe dans la conscience une conviction irrésistible de l'*existence* réelle de *quelque chose d'inconditionné*. Il se débarrasse de l'inconséquence où le jette cette déclaration, en disant que « nous recevons l'inspiration d'une révélation merveilleuse »; voulant probablement donner à entendre par là que cette inspiration nous vient autrement que par les lois de la pensée et d'une manière surnaturelle. M. Mansel est conduit à la même inconséquence. Quand il nous dit que « nous sommes forcés par la constitution de notre esprit de croire à l'existence d'un être absolu et infini, que cette croyance semble nous être imposée comme le complément de notre conception du relatif et du fini, » il déclare d'une manière implicite que la conception de cet être est positive, non pas négative. Il admet tacitement que nous sommes obligés de regarder l'absolu comme quelque chose de plus qu'une négation, et que la conception que nous en avons n'est pas « seulement l'absence des conditions sous lesquelles la conscience est possible ».

L'importance suprême de cette question doit me servir d'excuse si je réclame encore l'attention du lecteur, dans l'espoir de porter la lumière sur les difficultés qui s'élèvent encore. En étudiant l'opération de la pensée, on comprendra mieux le caractère essentiellement positif de notre conception de l'inconditionné, qui, ainsi que nous l'avons vu, résulte d'une loi fondamentale de la pensée.

Pour prouver la relativité de notre connaissance, on dit que nous ne pouvons concevoir l'espace ou le temps comme limités ni comme illimités. On fait voir que, dès que nous imaginons une limite au temps ou à l'espace, il se produit aussitôt une conception d'un espace ou d'un temps au delà de cette limite. Cet espace ou ce temps plus lointain, si nous ne le considérons pas comme défini, nous le considérons cependant comme réel. Si nous ne nous en formons pas une conception proprement dite, puisque nous ne pouvons l'enfermer dans des limites, nous avons pourtant dans notre esprit la substance informe de cette conception. Il en est de même de notre conception de la cause. Nous ne sommes pas plus capables de nous faire une idée circonscrite de la cause que de l'espace ou du temps : et par conséquent nous sommes obligés de penser la cause qui dépasse la limite de notre pensée, comme positive quoique indéfinie. De même que, lorsque nous pensons un espace borné, il se forme une conception rudimentaire d'espace au delà des bornes, de même, quand nous pensons une cause définie, il se forme une conception rudimentaire de cause au delà. Dans un cas comme dans l'autre, cette conception rudimentaire est en substance semblable à celle qui la suppose, quoiqu'elle n'ait pas de forme. L'impulsion de la pensée nous porte inévitablement par delà l'existence conditionnée à l'existence inconditionnée; et celle-ci demeure toujours en nous comme le corps d'une pensée à laquelle nous ne pouvons donner de forme.

De là notre ferme croyance à la réalité objective, croyance que la critique métaphysique ne peut ébranler un seul moment. On peut venir nous dire que ce morceau de matière que nous regardons comme existant en dehors de nous ne peut être réellement connu, que nous pouvons seulement connaître les impressions qu'il produit sur nous; mais nous sommes forcés, par la relativité de la pensée, de penser que ces impressions sont en relation avec une cause positive, et alors apparaît une notion rudimentaire d'une existence réelle qui les produit. Si l'on prouve que toute notion d'une existence réelle implique une contradiction radicale, que la matière, de quelque façon que nous la concevions, ne peut être la matière telle qu'elle est effectivement, notre conception se transforme et n'est pas détruite; il reste le sens de la réalité, séparée autant que possible des formes spéciales sous lesquelles elle était auparavant représentée dans la pensée. Quoique la philosophie condamne l'un après l'autre tout essai de conception de l'absolu; quoiqu'elle nous prouve que l'absolu n'est ni ceci ni cela, ni cette autre chose encore; quoique, pour lui obéir, nous niions l'une après l'autre toutes les idées à mesure qu'elles se produisent, comme nous ne pouvons bannir tout le contenu de la conscience, il reste toujours a fond un élément qui passe sous de nouvelles formes. La négation continuelle de toute forme et de toute limite particulière n'a pas d'autre résultat que de supprimer plus ou moins complètement toutes les formes et toutes les limites, et d'aboutir à une conception indéfinie de l'informe et de l'illimité.

Ici, nous rencontrons la difficulté principale. Comment une conception de l'informe et de l'illimité peut-elle se constituer, quand par sa nature même la conscience n'est possible que sous des formes et des limites ? Si toute conception d'existence est une conception d'existence conditionnée, comment peut-il rester quelque chose après la négation des conditions ? Si la suppression des conditions de la conscience ne supprime pas directement la substance même de la conception, ne la supprime-t-elle pas implicitement ? La conception ne doit-elle pas s'évanouir quand les conditions de son existence s'évanouissent ? Il est évident qu'il doit y avoir une solution de cette difficulté, puisque ceux qui la soulèvent admettent, ainsi que je l'ai fait voir, que nous avons cette conception ; et la solution paraît être celle que j'ai déjà esquissée. Une conception comme celle-là n'est pas et ne peut pas être constituée par un acte mental unique, mais elle est le produit de plusieurs actes mentals. Dans tout concept, il y a un élément qui persiste. Il est impossible que cet élément soit absent de la conscience, et il est également impossible qu'il y soit présent tout seul. L'une ou l'autre alternative implique la non-conscience, l'une faute de substance, l'autre faute de forme. Mais la persistance de cet élément sous des conditions successives *nécessite* qu'il soit perçu en tant que distinct de ses conditions et indépendant d'elles. Le sentiment d'un quelque chose qui est conditionné dans toute pensée ne peut être rejeté, parce que le quelque chose ne peut être rejeté. Comment donc aperçoit-on ce quelque chose ? Évidemment en combinant des concepts successifs privés de leurs limites et de leurs conditions. Nous formons cette idée indéfinie comme nous formons plusieurs de nos idées définies en fusionnant une série d'idées. Donnons un exemple. Un objet étendu, compliqué, pourvu d'attributs trop nombreux pour être représentés à la fois, est pourtant conçu d'une manière suffisante par l'union de plusieurs représentations représentant chacune une partie de ses attributs. Quand on pense à un piano, ce qui se montre d'abord dans l'imagination, c'est l'image visuelle du piano, à laquelle s'ajoutent aussitôt (quoique par des actes de conscience séparés) les idées du côté qu'on ne voit pas, et de la substance solide qui le compose. Cependant une conception complète comprend les cordes, les marteaux, les pédales, les sourdines ; si l'on ajoute l'une après l'autre les idées de ces objets à la conception, les attributs dont on avait d'abord l'idée s'effacent plus ou moins de la conscience. Néanmoins le groupe total constitue une représentation d'un piano. Or, de même que dans ce cas nous formons un concept défini d'une existence spéciale en posant des limites et des conditions dans des actes successifs, de même dans le cas opposé nous formons une notion indéfinie d'une existence générale, en enlevant les limites et les conditions dans des actes successifs. En fondant ensemble une série d'états de conscience, dans chacun desquels, à mesure qu'il se forme, nous abolissons les restrictions et les conditions, nous produisons une conception de quelque chose d'inconditionné. Parlons plus rigoureusement. Cette conception n'est pas l'abstrait d'un groupe de pensées, d'idées, de conceptions ; c'est l'abstrait de toutes les pensées, idées ou conceptions. Ce qui leur est commun à toutes, ce que nous ne pouvons rejeter, c'est ce que nous désignons par le nom commun d'existence. Séparé de chacun de ces modes par leur perpétuel changement, il demeure comme une conception indéfinie de quelque chose qui reste constant sous tous les modes, une conception indéfinie de l'existence isolée de ses apparences. La distinction que nous sentons entre l'existence spéciale et l'existence générale est la distinction entre ce qui peut changer en nous et ce qui ne peut pas. Le contraste entre l'absolu et le relatif dans nos esprits n'est au fond que le contraste entre l'élément mental qui existe absolument et les éléments qui existent relativement.

Par sa vraie nature, cet élément mental dernier est donc à la fois nécessairement indéfini et nécessairement indestructible. Notre conception de l'inconditionné étant littéralement la conscience inconditionnée ou la substance pure de la pensée, à laquelle nous donnons en pensant différentes formes, il s'ensuit qu'un sentiment toujours présent d'existence réelle fait la base même de notre intelligence. Puisque nous pouvons dans des actes intellectuels successifs nous défaire de toutes les conditions particulières et les remplacer par d'autres, mais que nous ne pouvons nous défaire de cette substance indifférenciée de la conscience, qui reçoit des conditions nouvelles dans chaque pensée, il reste toujours en nous un sentiment de ce qui existe d'une manière persistante et indépendante des conditions. En même temps que les lois de la pensée nous interdisent de former une conception d'existence absolue, elles nous empêchent également de nous défaire de la conception d'existence absolue, puisque cette conception n'est, nous venons de le voir, que le revers de la conscience de soi. Enfin, puisque la seule mesure de la validité relative de nos croyances, c'est la résistance qu'elles opposent aux efforts qu'on fait pour les changer, il en résulte que celle qui persiste dans tous les temps, parmi toutes les circonstances, et qui ne peut cesser à moins que la conscience elle-même ne cesse, possède la plus haute valeur.

Résumons cette discussion un peu trop étendue. Nous avons vu comment, dans l'affirmation même que toute la connaissance proprement dite est relative, est impliquée l'affirmation qu'il existe un non-relatif. Nous avons vu comment, à chaque pas du raisonnement qui établit cette doctrine, on fait la même supposition. Nous avons vu comment, de la nécessité même de penser en relations, il résulte que le relatif lui-même est inconcevable s'il n'est pas en relation avec un non-relatif réel. Nous avons vu que, à moins d'admettre un non-relatif réel, le relatif lui-même devient absolu et accule l'argument à une contradiction. En examinant l'opération de la pensée, nous avons vu également comment il nous est impossible de nous défaire de la conscience d'une réalité cachée derrière les apparences, et comment de cette impossibilité résulte notre indestructible croyance à cette réalité.

CHAPITRE V

RÉCONCILIATION

§ 27. Ainsi toutes les voies du raisonnement aboutissent à la même conclusion. L'inférence déduite *à priori* dans le dernier chapitre confirme les inférences *à posteriori* des deux chapitres précédents. Quand nous essayons de répondre aux questions les plus élevées de la science objective, l'entendement nous révèle sa propre impuissance; et la science subjective nous fait voir que cette impuissance est le résultat nécessaire des lois de l'entendement. Non seulement nous apprenons par l'insuccès de nos efforts que la réalité cachée sous les apparences est à jamais inconcevable pour nous, mais nous apprenons aussi pourquoi la nature même de notre intelligence veut qu'il en soit ainsi. Enfin nous découvrons que cette conclusion, qui, dans sa forme absolue, semble contraire aux convictions instinctives de l'humanité, s'harmonise avec elles quand on y apporte les restrictions nécessaires. Bien qu'on ne puisse connaître l'absolu en aucune façon et à aucun degré, si l'on prend le mot connaître au sens strict, nous voyons pourtant que l'existence positive de l'absolu est une donnée nécessaire de la conscience; que, tant que la conscience dure, nous ne pouvons un seul instant nous débarrasser de cette donnée; et qu'alors la croyance qui y a son fondement a une certitude supérieure à toutes les autres.

Cette donnée sera donc la base de l'accord que nous avons voulu trouver. Cette conclusion que la science objective démontre, dont la science subjective prouve la nécessité, cette conclusion qui d'une part exprime la doctrine de l'école anglaise et qui de l'autre reconnaît une âme de vérité dans la doctrine de ses adversaires, les philosophes allemands ; cette conclusion, qui met les résultats de la spéculation en harmonie avec ceux du sens commun, est aussi celle qui réconcilie la Religion et la Science. Le sens commun affirme l'existence d'une réalité ; la science objective prouve que cette réalité ne peut pas être ce que nous pensons qu'elle est ; la science subjective fait voir pourquoi nous ne pouvons la penser comme elle est ; et, dans cette affirmation d'une réalité dont la nature est absolument insondable, la Religion reconnaît un principe essentiellement identique avec le sien. Nous sommes forcés de regarder tous les phénomènes comme la manifestaiton d'un pouvoir qui agit sur nous ; quoique l'omniprésence soit inintelligible, comme l'expérience ne découvre pas de limite à la diffusion des phénomènes, nous ne pouvons pas concevoir de limite à la présence de ce pouvoir ; et d'un autre côté la critique scientifique nous apprend que ce pouvoir est incompréhensible. Eh bien, cette conception d'un pouvoir incompréhensible, que nous appelons omniprésent, parce que nous sommes dans l'incapacité d'en fixer les limites, est précisément ce qui sert de base à la Religion.

Pour comprendre pleinement à quel point la réconciliation basée sur ce principe est réelle, il est nécessaire d'examiner l'attitude que la Religion et la Science ont chacune gardée continuellement en face de cette conclusion. Il faut remarquer que, de tout temps, les imperfections de l'une ont dû subir les corrections de l'autre ; et que le but final de leur critique mutuelle ne peut être qu'un accord complet sur ce principe, le plus large et le plus profond de tous.

§ 28. Reconnaissons à la Religion le grand mérite d'avoir dès le commencement discerné vaguement le principe dernier, et de n'avoir jamais cessé de le proclamer. Dans ses formes primitives les plus grossières, elle manifestait vaguement, et avec inconsistance sans doute, une intention qui forme le germe de la croyance supérieure où toutes les philosophies s'unissent finalement. On peut reconnaître dans le plus grossier fétichisme la conscience d'un mystère. Chacune des croyances supérieures, rejetant les interprétations précises et simples qu'on donnait avant elle de la nature, est par le fait devenue plus religieuse que les précédentes. A mesure que les puissances tout à fait concrètes et tout à fait concevables, qu'on donne pour les causes des choses, ont cédé la place à des puissances moins concrètes et moins concevables, l'élément de mystère est devenu nécessairement plus prépondérant. L'histoire religieuse n'est au fond que la série des phases de la disparition des dogmes positifs qui ôtaient le mystère du mystère. C'est ainsi que la Religion s'est de plus en plus rapprochée de la reconnaissance complète du mystère, son but final.

C'est pour cette croyance essentiellement certaine que la Religion a toujours combattu. Elle l'a épousée alors que des vêtements grossiers la déguisaient, elle s'y attache malgré les travestissements qui la défigurent, et ne cesse pas de la défendre. Elle a partout établi et propagé, sous une modification ou sous une autre, la doctrine que toutes les choses sont des manifestions d'un pouvoir qui dépasse notre connaissance. De siècle en siècle, la Science a continuellement battu la Religion partout où celle-ci a engagé la lutte, et l'a obligée d'abandonner quelques-unes de ses positions; malgré ses revers, la Religion défend les positions qui lui restent avec une obstination que rien ne diminue. On a beau étaler aux yeux l'inconséquence logique de ses conclusions, on a beau prouver l'absurdité de chacun de ses dogmes particuliers, on n'a pas pu ébranler sa fidélité à la vérité dernière qu'elle proclame. La critique a pulvérisé tous ses arguments et l'a réduite au silence, mais la Religion a toujours gardé un sentiment indestructible d'une vérité qui, malgré les vices des dogmes qui l'expriment, n'en est pas moins hors de toute dispute. Son adhésion à cette croyance a été essentiellement sincère, et l'humanité lui a toujours dû et lui devra toujours de la reconnaissance pour l'avoir conservée et répandue.

Mais si la Religion a eu depuis le commencement la mission d'empêcher les hommes de s'absorber tout à fait dans le relatif et l'immédiat, et de réveiller en eux la conscience de quelque chose de supérieur, elle ne s'en est acquittée que d'une manière bien imparfaite. La Religion a toujours été plus ou moins irréligieuse; elle l'est encore aujourd'hui. En premier lieu, elle a toujours fait profession de posséder quelque connaissance de ce qui s'élève au-dessus de la connaissance, et par là elle a contredit ses propres enseignements. Tantôt elle affirme que la cause de toutes choses dépasse l'entendement, tantôt elle affirme que la cause de toutes choses possède tels et tels attributs, et qu'on peut la comprendre. En second lieu, si d'une part elle a été sincère dans sa fidélité à la grande vérité qu'elle avait mission de défendre, elle a souvent manqué de sincérité, et par conséquent elle a été irréligieuse en affirmant des doctrines insoutenables qui l'offusquaient. On a à plusieurs reprises mis en question chacune des affirmations de la religion sur la nature, les actes ou les motifs de ce pouvoir que l'univers nous révèle, et l'on a vu qu'elles étaient chacune en contradiction avec elle-même ou avec les autres. Néanmoins, de siècle en siècle, on s'est appuyé sur ces affirmations, bien qu'on sentît qu'elles ne pouvaient supporter l'examen. Paraissant ignorer que sa position centrale est inexpugnable, la Religion a défendu avec obstination tous les ouvrages extérieurs longtemps après qu'ils n'étaient évidemment plus tenables. Ceci nous amène naturellement à la troisième et à la plus grave forme d'irréligion que la Religion a professée, à savoir une croyance imparfaite à l'objet qu'elle fait particulièrement profession de croire. La Religion n'a jamais bien compris que sa positon centrale est inexpugnable. Dans la foi la plus pieuse, nous le voyons d'ordinaire, il y a un noyau de scepticisme; et ce noyau de scepticisme est la cause de l'effroi qu'inspire à la Religion la Science. Obligée d'abandonner une à une les superstitions qu'elle défendait autrefois opiniâtrément, et voyant chaque jour ses plus chères croyances de plus en plus ébranlées, la Religion laisse percer la crainte qu'un jour ne vienne où toutes les choses seront expliquées, révélant ainsi qu'au fond elle doute de l'incompréhensibilité réelle de la cause incompréhensible dont elle a conscience.

Nous ne devrons donc jamais oublier que la Religion, malgré ses nombreuses erreurs et ses corruptions, a constamment affirmé et propagé une vérité suprême. Dès le début, la reconnaissance de cette vérité suprême, bien qu'imparfaitement conçue, a été son élément vital; et ses vices, autrefois excessifs, mais diminuant graduellement, sont venus de ce qu'elle ne reconnaissait pas complètement ce qu'elle reconnaissait en partie. L'élément vraiment religieux de la Religion a toujours été bon; ses éléments irréligieux seuls ont été reconnus insoutenables en théorie et mauvais en pratique; mais elle s'en est purifiée de plus en plus.

§ 29. Remarquons maintenant que la Science a toujours été l'agent de cette purification. Nous ne tenons pas assez compte de ce côté de la fonction de la Science. La Religion ignore la dette immense qu'elle a contractée envers la Science; et celle-ci sait à peine tout ce que la Religion lui doit. On prouverait cependant que tous les degrés de développement parcourus par la Religion, depuis sa conception primitive et la plus grossière, jusqu'aux idées relativement élevées qu'elle professe aujourd'hui, elle les a parcourus grâce à la Science, ou plutôt forcée par la Science. De nos jours encore, la Science ne la presse-t-elle pas de s'avancer dans le même sens?

Si nous donnons au mot science son vrai sens, c'est-à-dire s'il représente la somme de connaissance positive et définie de l'ordre qui règne parmi les phénomènes environnants, nous voyons manifestement que dès le début la découverte d'un ordre établi a modifié cette conception de désordre, ou d'ordre indéterminé, qui se trouve au fond de toute superstition. Quand l'expérience eut prouvé que certains changements familiers arrivent toujours dans la même succession, la conception d'une personnalité spéciale dont la volonté gouverne ces changements tendit à s'effacer de l'esprit. Et quand, degré par degré, l'accumulation des faits observés eut fait subir le même sort aux changements les moins familiers, les croyances correspondantes subirent une modification semblable.

Cette pression de la Science sur la Religion semble antireligieuse à ceux qui l'exercent et à ceux qui la subissent; mais c'est le contraire. A la puissance spécifique intelligible qu'on supposait en premier lieu, on substitue une puissance moins spécifique et moins compréhensible; au premier moment, cette dernière, par suite de son opposition avec la première, ne peut sans doute éveiller le même sentiment; mais cependant, parce qu'elle est moins compréhensible, elle doit nécessairement le faire naître plus complètement. Prenons un exemple. Autrefois on regardait le soleil comme le char d'un dieu; on le croyait traîné par des chevaux. Nous n'avons pas à rechercher jusqu'à quel point on idéalisait l'idée qu'on exprimait si grossièrement. Il suffit de remarquer que, en expliquant ainsi le mouvement apparent du soleil par une puissance semblable à des forces terrestres et visibles, on rabaissait une merveille de tous les jours au niveau des intelligences les plus vulgaires. Quand, plusieurs siècles après, Képler découvrit que les planètes tournent autour du soleil, suivant des ellipses, et qu'elles décrivent des aires égales en des temps égaux, il conclut que dans chaque planète il devait y avoir un esprit pour en guider les mouvements. Nous voyons par cet exemple comment les progrès de la science ont fait disparaître l'idée d'une traction mécanique grossière, comme celle qui donnait autrefois le mouvement au soleil; nous voyons ensuite que, lorsqu'à cette idée grossière on substitua celle d'une force indéfinie et moins facile à concevoir, on crut encore nécessaire de supposer qu'un agent personnel était la cause de l'irrégularité régulière du mouvement. Quand enfin on prouva que les révolutions planétaires avec leurs variations et leurs perturbations obéissent une loi universelle; quand les esprits directeurs conçus par Képler furent mis de côté, et qu'à leur place on installa la force de la gravitation, le changement fut en réalité l'abolition d'une puissance qu'on pouvait se figurer et l'avénement d'une puissance qu'on ne pouvait pas se figurer. Car si la *loi* de la gravitation tombe sous les prises de notre entendement, il est impossible de se faire une idée d'une *force* de gravitation. Newton même avouait que cette force est incompréhensible sans l'entremise d'un éther; mais nous avons vu (§ 18) que l'hypothèse de cet éther ne nous fait pas avancer d'un pas. Il en est ainsi de la science en général : elle progresse en groupant des relations particulières de phénomènes sous des lois; puis en groupant ces lois spéciales sous des lois de plus en plus générales, et son progrès consiste nécessairement à découvrir des causes de plus en plus abstraites. Or des causes de plus en plus abstraites sont des causes de plus en plus inconcevables, puisque la formation d'une conception abstraite suppose la suppression de certains éléments concrets de la pensée. Il résulte de là que la conception la plus abstraite, vers laquelle la Science s'avance graduellement, est celle qui se confond avec l'inconcevable et l'inintelligible par suite de la suppression de tous les éléments concrets de la pensée. C'est ce qui nous donne le droit d'affirmer que les croyances imposées par la Science à la Religion sont au fond plus religieuses que celles qu'elles supplantent.

Toutefois la Science, comme la Religion, n'a que très imparfaitement rempli sa mission. De même que la Religion est restée au-dessous de sa fonction parce qu'elle a été irréligieuse, la science est restée au-dessous de sa fonction parce qu'elle a été *inscientifique*. Notez les points de ressemblance. A ses débuts, quand la Science eut commencé à enseigner les relations constantes des phénomènes, et par suite discrédité la croyance aux personnalités distinctes qu'on regardait comme leurs causes, elle leur substitua la croyance à des puissances causales qui, si elles n'étaient pas personnelles, étaient au moins concrètes. Quand on disait que certains faits montraient que *la nature a horreur du vide*, quand on expliquait la propriété de l'or par une entité appelée l'*auréité*, quand on attribuait les phénomènes de la vie à un *principe vital*, on établissait un mode d'interprétation du fait, qui, s'il était en opposition avec le mode religieux, parce qu'il attribuait ces faits à d'autres puissances, n'en était pas moins inscientifique, parce qu'il faisait profession de connaître ce sur quoi rien n'était connu. La Science a abandonné ces puissances métaphysiques; elle a reconnu qu'elles n'avaient pas d'existence indépendante, qu'elles n'étaient que des combinaisons tout à fait particulières de causes générales; en conséquence, elle a plus récemment attribué de vastes groupes de phénomènes à l'électricité, à l'affinité chimique et d'autres forces générales analogues. Mais, en faisant de ces forces des entités indépendantes et dernières, la Science a gardé en somme la même attitude qu'auparavant. En expliquant ainsi tous les phénomènes, y compris ceux de la vie et de la pensée, non seulement elle a persévéré dans son antagonisme apparent avec la religion, parce qu'elle a eu recours à des puissances d'une espèce radicalement différente, mais encore elle est restée inscientifique, parce qu'elle s'est donnée, sans le dire, l'air de savoir quelque chose de la nature de ces puissances. A présent, il est vrai, les savants les plus avancés abandonnent ces dernières conceptions, comme leurs prédécesseurs avaient abandonné les premières. Le magnétisme, la chaleur, la lumière, qu'on avait quelque temps regardés comme autant d'impondérables distincts, commencent aujourd'hui à n'être plus pour les physiciens que des modes différents de manifestation d'une force universelle. Les physiciens cessent donc de se figurer cette force comme compréhensible. A chaque phase de son progrès, la Science a coupé court aux questions par des solutions superficielles. Infidèle à sa méthode, elle a négligé de s'enquérir de la nature des agents qu'elle invoquait avec si peu de façon. Sans doute, dans chacune des phases qu'elle a parcourues successivement, elle a marché plus avant et absorbé les prétendues puissances qu'elle avait invoquées dans des puissances plus générales et plus abstraites, mais elle a commis la faute de se contenter de ces dernières, comme elle se contentait auparavant des premières, et de les donner pour des réalités constatées. Voilà le tort qui fit toujours le caractère inscientifique de la science et qui a toujours été en partie la cause de sa lutte avec la religion.

§ 30. Nous voyons donc que depuis l'origine les fautes de la Religion comme celles de la Science ont été les fautes d'un développement incomplet. Simple ébauche au début, chacune a grandi et revêtu une forme plus parfaite; mais à toutes les époques chacune a eu le tort de n'être point achevée. Les désaccords de la Religion et de la Science n'ont jamais été autre chose que les conséquences de leur imperfection, et, à mesure qu'elles touchent à leur état définitif, l'harmonie s'établit entre elles.

Le progrès de l'intelligence a toujours été double. Chaque pas en avant a rapproché à la fois du naturel et du surnaturel, bien que ceux qui ont fait ce pas ne l'aient pas cru. L'interprétation d'un phénomène est devenue meilleure lorsque, d'une part, elle a rejeté une cause relativement concevable dans sa nature, mais inconnue quant à l'ordre de ses actions, et que, d'autre part, elle en a adopté une connue quant à l'ordre de ses actions, mais relativement inconcevable dans sa nature. Le premier pas qui a fait sortir les hommes du fétichisme universel impliquait évidemment la conception d'agents moins assimilables aux agents communs, les hommes et les animaux, et par conséquent moins compris. Mais en même temps ces puissances de conception nouvelle, se distinguant par des effets uniformes, étaient mieux comprises que celles qu'elles remplaçaient. Tous les progrès subséquents ont donné le même résultat. Les forces plus éloignées et plus générales qu'on arrivait à poser comme des phénomènes étaient moins compréhensibles que les forces spéciales qu'elles supplantaient, c'est-à-dire qu'elles étaient moins susceptibles d'être nettement représentées dans l'entendement. Mais, en même temps, elles étaient plus compréhensibles en ce sens qu'on pouvait plus complètement leur attribuer leurs actions. Le progrès a donc eu pour résultat autant la démonstration d'un inconnu positif que celle d'un connu positif. A mesure que la science s'élève vers son apogée, tous les faits inexplicables et en apparence surnaturels rentrent dans la catégorie des faits explicables et naturels. En même temps, on acquiert la certitude que tous les faits explicables et naturels sont à leur origine première inexplicables et surnaturels. De la sorte naissent deux états antithétiques de l'esprit répondant à des côtés opposés de cette existence qui fait l'objet de notre pensée. Si notre conception de la nature à un point de vue constitue la Science, notre conception de la nature, à l'autre point de vue, constitue la Religion.

En considérant les faits d'une autre façon, nous pouvons dire que la Religion et la Science ont progressé en subissant une différenciation graduelle, et que leurs interminables conflits n'ont pas eu d'autre cause que la séparation incomplète de leurs domaines et de leurs fonctions. Dès le début, la Religion a fait les plus grands efforts pour unir plus ou moins de Science à sa nescience ; la Science a dès le début voulu avec énergie retenir plus ou moins de nescience qu'elle prenait pour de la science.

Chacune a été peu à peu obligée d'abandonner le terrain sur lequel elle élevait des prétentions illégitimes, tandis que l'autre s'en emparait en invoquant un droit réel. L'antagonisme de la Religion et de la Science fut l'accompagnement inévitable de ce progrès. En exposant ces idées d'une manière plus spéciale, nous les rendrons plus claires. Dès le commencement, la Religion, bien qu'elle affirmât un mystère, faisait pourtant beaucoup d'affirmations définies sur ce mystère ; elle affectait d'en connaître la nature dans les détails les plus intimes ; comme c'était prétendre à une connaissance positive, elle usurpait sur le domaine de la Science. Depuis le temps des premières mythologies, alors qu'on croyait posséder l'explication du mystère, jusqu'à nos jours où l'on ne conserve plus qu'un petit nombre de propositions vagues et abstraites, la Religion a toujours été forcée par la Science d'abandonner l'un après l'autre ses dogmes, c'est-à-dire les connaissances prétendues qu'elle ne pouvait établir solidement. Pendant ce temps, la Science substituait aux personnalités auxquelles la Religion attribuait les phénomènes, certaines entités métaphysiques ; en cela elle usurpait sur le terrain de la Religion, puisqu'elle classait parmi les choses qu'elle comprenait des formes de l'incompréhensible. Pressée d'un côté par la critique de la Religion, qui mettait souvent en question ses hypothèses, et, d'un autre côté, suivant le cours de son développement spontané, la Science a été obligée de renoncer aux efforts qu'elle avait faits pour enfermer l'inconnaissable dans les limites de la connaissance positive. Elle rendit ainsi à la Religion ce qui appartient de droit à la Religion. Tant que cette opération de différenciation ne sera pas achevée, un antagonisme plus ou moins prononcé persistera. Mais graduellement, à mesure que les limites de la connaissance possible seront reconnues, les causes de conflit diminueront. Quand la Science sera pleinement convaincue que ses explications sont prochaines et relatives, et que la Religion sera pleinement convaincue que le mystère qu'elle contemple est absolu, il régnera entre elles une paix permanente.

La Religion et la Science sont donc nécessairement corrélatives. Comme je l'ai déjà indiqué, elles représentent deux modes antithétiques de la conscience qui ne peuvent exister séparés. On ne peut penser au connu sans penser à l'inconnu, ni à l'inconnu sans penser au connu. Par conséquent, aucun d'eux ne peut devenir plus distinct sans que l'autre le devienne aussi. Pour me servir encore de la métaphore que j'ai déjà employée, ce sont les pôles positif et négatif de la pensée : l'un ne peut croître en intensité sans augmenter celle de l'autre.

§ 31. Ainsi, dans le passé, la conception de la puissance insondable qui se manifeste à nous dans tous les phénomènes est devenue toujours plus nette, et dans l'avenir elle s'affranchira nécessairement de ses imperfections. La certitude que cette puissance existe, et que sa nature s'élève au-dessus de l'intuition et défie l'imagination, a toujours été le but que s'est proposé d'atteindre l'intelligence. La Science arrive inévitablement à cette conclusion quand elle atteint ses limites, et la Religion, sous la contrainte irrésistible de la critique, l'adopte de son côté. Cette conclusion satisfait la logique la plus rigoureuse, et en même temps elle donne au sentiment religieux la plus vaste sphère d'activité ; nous sommes donc forcés de l'admettre sans restriction ni réserve.

On nous dit que, bien que la cause ultime des choses ne puisse pas nous être réellement connue comme possédant des attributs spécifiés, nous ne laissons pas d'être obligés d'affirmer ces attributs. Quoique les formes de notre conscience soient telles qu'on ne puisse en aucune façon y faire rentrer l'Absolu, on nous dit que nous devons nous représenter l'Absolu sous ces formes. M. Mansel écrit, dans l'ouvrage auquel j'ai déjà emprunté de nombreuses citations : « C'est notre devoir de concevoir Dieu comme personnel ; c'est notre devoir de croire qu'il est infini. »

Je n'ai pas besoin de dire que je ne reconnais pas cette obligation. Si les arguments qui précèdent ont une signification, le devoir n'exige de nous ni l'affirmation ni la négation de la personnalité. Notre devoir veut que nous nous soumettions avec humilité aux limites de notre intelligence, et que nous ne nous révoltions pas contre elles. Croira qui pourra qu'entre nos facultés intellectuelles et nos obligations morales il y a une guerre éternelle. Pour moi, je n'admets pas ce vice radical dans la constitution des choses.

Ce point de vue paraîtra irréligieux à la plupart des hommes ; il est au contraire essentiellement religieux ; je dirai plus : c'est le seul point de vue qui soit religieux, et les autres ne le sont qu'approximativement. Dans l'idée qu'on s'y fait d'une cause ultime, on ne reste pas pris dans une alternative embarrassante; on la dépasse. Ceux qui s'arrêtent à cette alternative supposent à tort qu'il faut choisir entre une personnalité et quelque chose de moins qu'une personnalité ; tandis que c'est entre une personnalité et quelque chose de supérieur qu'il faut choisir. Ne peut-il pas y avoir un mode d'existence aussi supérieur à l'Intelligence et à la Volonté, que ces modes sont supérieurs au mouvement mécanique ? Nous sommes, il est vrai, incapables de concevoir ce mode supérieur d'existence. Mais ce n'est pas une raison pour le révoquer en doute ; c'est bien plutôt le contraire. N'avons-nous pas vu combien nos esprits sont impuissants à se former même une conception de ce qui se cache derrière les phénomènes ? N'est-il pas prouvé que cette impuissance est l'impuissance du Conditionné à saisir l'Inconditionné ? N'en résulte-t-il pas que la cause ultime ne peut en rien être conçue par nous, parce qu'elle est, en tout, plus grande que ce qui peut être conçu ? Et, par conséquent, n'avons-nous pas raison de nous garder de lui assigner des attributs, quels qu'ils soient, par le motif que ces attributs, dérivés comme ils le sont de notre propre nature, ne l'élèvent pas, mais la ravalent ? En vérité, il paraît bien étrange que l'homme puisse croire que le culte suprême consiste à faire à son image l'objet de son culte. Ce qu'il regarde comme l'élément essentiel de sa foi, ce n'est pas d'affirmer une différence transcendante entre Dieu et lui, mais d'affirmer une certaine ressemblance. Sans doute, depuis le temps des plus grossiers sauvages, qui s'imaginaient que les causes de toutes les choses étaient des êtres de chair et d'os comme eux-mêmes, jusqu'à nos jours, la prétendue ressemblance a diminué. Si, depuis longtemps, chez les races civilisées, on a cessé d'attribuer à la cause ultime une forme corporelle et une substance analogue à celle de l'homme ; si l'on a trouvé que les plus grossiers désirs de l'homme sont des éléments peu dignes de cette conception ; si l'on hésite même à attribuer à cette cause les sentiments supérieurs de l'homme, excepté sous des formes très idéalisées, on pense encore qu'il est non seulement à propos, mais indispensable de lui attribuer les qualités de notre propre nature. Des personnes qui regardent comme une impiété de penser que le pouvoir créateur est anthropomorphe sous tous les rapports se croient pourtant tenues de se le figurer comme anthropomorphe sous certains rapports ; et elles ne s'aperçoivent pas que l'idée qu'elles admettent est une forme affaiblie de celle qu'elles repoussent. Ce qu'il y a de plus étonnant, cette opinion a pour défenseurs ceux mêmes qui soutiennent que nous sommes complètement incapables de nous faire une conception quelconque du pouvoir créateur. On nous montre que toute supposition sur la genèse de l'univers ne nous laisse que le choix entre des pensées impossibles ; que toute tentative pour concevoir l'existence réelle aboutit à un suicide intellectuel ; on nous fait voir comment la constitution même de notre esprit nous interdit de concevoir l'Absolu ; et puis après on vient nous soutenir que nous devons penser l'Absolu avec tels et tels attributs. Toutes les voies nous conduisent à croire avec certitude qu'il ne nous est pas donné de connaître, bien plus, qu'il ne nous est pas donné de concevoir la réalité cachée derrière le voile de l'apparence ; et l'on vient nous dire que notre devoir est de croire (et même de concevoir) que cette réalité existe d'une certaine manière définie. Est-ce un hommage, est-ce une impertinence ?

On pourrait écrire des volumes sur l'impiété des gens pieux. Dans presque tous les écrits et les discours des ministres de la religion, on peut découvrir qu'ils connaissent intimement le mystère fondamental des choses ; prétention qui, pour ne pas dire plus, s'accorde assez mal avec les paroles d'humilité qui l'accompagnent ; et, chose assez surprenante, les dogmes où cette connaissance intime s'étale le plus sont l'objet d'une préférence marquée ; on y voit les éléments essentiels de la croyance religieuse. On ne peut mieux représenter le rôle des théologiens que par un exemple emprunté aux controverses religieuses, celui de la montre. Si, partant de la supposition burlesque que le tic-tac et les mouvements d'une montre constituent une espèce de conscience, nous admettons que la montre, douée de cette conscience, veuille que les actions de l'horloger soient déterminées à la manière des siennes, par des ressorts et des échappements, nous ne faisons que compléter une similitude chère aux ministres de la religion. Supposons encore qu'une montre explique la cause de son origine par ces termes de mécanique, qu'elle soutienne en outre que les montres sont obligées, par le respect dû aux choses saintes, à se représenter ainsi cette cause, qu'elle en vienne à blâmer les autres montres qui n'osent pas se la représenter ainsi, et les appelle montres athées ; nous ne faisons que mettre en lumière la présomption des théologiens, en poussant leur argument un peu plus loin qu'eux. Quelques citations suffiront pour montrer au lecteur l'exactitude de cette comparaison. On nous dit, par exemple, et c'est un des penseurs religieux les plus renommés, que « l'Univers est la manifestation et la demeure d'un Esprit libre comme le nôtre, qui personnifie ses idées personnelles dans les arrangements de l'Univers, qui réalise son propre idéal dans les phénomènes de l'Univers, exactement comme nous exprimons nos facultés et notre caractère intime par le langage naturel de nos actes. Partant de ces idées, nous interprétons la nature par l'humanité; nous expliquons ses aspects par des desseins et des affections comme notre conscience peut en concevoir; nous cherchons partout des signes physiques d'une volonté toujours vivante; et, en déchiffrant l'Univers, nous lisons l'autobiographie d'un esprit infini, qui se reproduit en miniature dans notre esprit fini. » Cet auteur va plus loin; il ne se contente pas d'assimiler l'horloger à la montre et de penser que la créature peut « déchiffrer l'autobiographie du créateur »; mais il affirme que les limites nécessaires de l'un sont les limites nécessaires de l'autre. « Les qualités primaires des corps, dit-il, appartiennent éternellement à la donnée matérielle objective pour Dieu et limitent ses actes; tandis que les qualités secondaires sont des produits de la raison inventive pure et de la volonté déterminante. Elles constituent le domaine de l'originalité divine..... Tandis que sur ce terrain secondaire son esprit et le nôtre sont ainsi en opposition, ils se trouvent de nouveau d'accord sur le primaire : pour les opérations de la raison déductive, il n'y a qu'une voie possible pour toutes les intelligences; il n'y a pas de *merum arbitrium* qui puisse intervertir le vrai et le faux, ou faire qu'il y ait plus d'une géométrie, ou plus d'un système physique pour tous les mondes; et l'omnipotent architecte lui-même, quand il réalise la conception cosmique, quand il trace les orbites dans l'immensité et détermine les saisons de toute éternité, ne peut qu'obéir aux lois de courbure, de mesure et de proportion. » Cela veut dire que la Cause ultime est comme un ouvrier, non seulement parce qu'Elle « façonne » la « donnée matérielle, objective pour Elle, » mais aussi parce qu'Elle est obligée d'obéir aux « propriétés nécessaires de cette donnée ». Et ce n'est pas tout : dans une exposition de « la Psychologie divine » qui suit, l'auteur va jusqu'à dire que « nous apprenons le caractère de Dieu, l'ordre des impressions qui se succèdent en lui » par « la distribution de l'autorité dans la hiérarchie de nos penchants ». En d'autres termes, on avance que la Cause ultime a des désirs qu'il faut diviser en supérieurs et en inférieurs comme les nôtres [1]. Tout le monde a entendu parler de ce roi qui regrettait de n'avoir pas

---

1. Ces citations sont tirées d'un article intitulé *Nature et Dieu*, publié dans *The National Review*, octobre 1860.

été présent à la création du monde, parce qu'il aurait eu de bons conseils à donner. Eh bien, ce roi était l'humilité même au prix de ceux qui ont la prétention non seulement de comprendre la relation du Créateur à la créature, mais de savoir aussi comment le Créateur est fait. On a l'audace transcendante de prétendre pénétrer les secrets de la puissance qui se révèle dans tous les êtres; on fait plus encore : on se place à ses côtés, on note les conditions de ses actions; et pourtant c'est cette audace qui passe aujourd'hui pour de la piété ! Ne pouvons-nous pas affirmer sans hésitation qu'une reconnaissance sincère de cette vérité, que notre existence et toutes les autres sont des mystères absolument et éternellement au-dessus de notre intelligence, contient plus de vraie religion que tous les livres de théologie dogmatique?

En attendant, reconnaissons tout ce qu'il y a de bien durable dans les tentatives continuelles qu'on fait pour former une conception de ce qui est inconcevable. Depuis le commencement, c'est grâce aux échecs successifs de conceptions qui ne satisfaisaient pas l'esprit qu'on a pu s'élever graduellement à des idées plus élevées; et, n'en doutons pas, celles qui ont cours aujourd'hui sont des transitions indispensables. Nous ne faisons pas difficulté d'accorder encore davantage. Il est possible et même probable que, sous leurs formes les plus abstraites, des idées de cet ordre continueront toujours à occuper le fond de la conscience. Il est très probable qu'on sentira toujours le besoin de donner une forme à ce sens indéfini d'une existence dernière, qui fait la base de notre intelligence. Nous serons toujours soumis à la nécessité de la considérer comme *quelque* manière d'être, c'est-à-dire de nous la représenter sous *quelque* forme de pensée, si vague qu'elle soit. En obéissant à ce besoin, nous ne nous égarerons pas, tant que nous ne verrons dans les notions que nous formons que des symboles absolument dénués de ressemblance avec ce qu'ils représentent. Peut-être la formation toujours renouvelée de ces symboles et leur rejet toujours renouvelé seront-ils, comme ils l'ont été jusqu'ici, un moyen de discipline. Construire sans fin des idées qui exigent l'effort le plus énergique de nos facultés, et découvrir perpétuellement que ces idées ne sont que de futiles imaginations et qu'il faut les abandonner, telle est la tâche qui, plus que toute autre, nous fait comprendre la grandeur de ce que nous nous efforçons en vain de saisir. Ces efforts et ces échecs peuvent servir à maintenir dans l'esprit un sentiment juste de la différence incommensurable qui sépare le Conditionné et l'Inconditionné. Nous cherchons continuellement à connaître, nous sommes continuellement repoussés, et nous rapportons de nos échecs une conviction plus profonde de l'impossibilité de connaître ; c'est pour cela que nous comprenons clairement que le plus haut degré de sagesse et notre plus impérieux devoir consistent à considérer ce par quoi toutes les choses existent comme l'Inconnaissable.

§ 32. L'immense majorité des hommes rejettera avec indignation une croyance qui paraît si impalpable et si mal arrêtée. On a toujours personnifié la cause ultime autant qu'on en avait besoin pour se la représenter mentalement ; aussi doit-on voir avec peine l'avènement d'une cause ultime qu'on ne peut aucunement se représenter. « Vous nous offrez, dit-on, une abstraction inintelligible au lieu d'un être à l'égard duquel nous pouvons conserver des sentiments définis. Vous nous dites que l'Absolu est réel ; mais comme vous nous défendez de le concevoir, ce que vous nous offrez ne vaut pas mieux pour nous qu'une négation. Vous voulez qu'au lieu de tourner nos regards vers un pouvoir qui, dans notre croyance, a de la sympathie pour nous, nous adressions nos prières à un autre pouvoir duquel on ne peut dire qu'il éprouve aucune émotion. Vous nous arrachez le cœur même de notre foi. »

Ces sortes de protestations accompagnent toujours le passage d'une croyance inférieure à une croyance supérieure. L'homme a toujours été heureux de croire à une communauté de nature entre lui et l'objet de son culte ; et il a toujours accueilli avec répugnance les conceptions de moins en moins concrètes qui s'imposaient à lui. Il n'est pas douteux qu'en tous temps et en tous lieux le barbare ne trouvât une grande consolation à penser que la nature de ses divinités ressemblait à la sienne, et qu'il pouvait se concilier leur faveur par des offrandes et des aliments ; il a dû éprouver un sentiment de peine en entendant affirmer qu'on ne fléchit pas les dieux par ces sortes d'offrandes, et se croire privé d'un moyen commode de gagner une protection surnaturelle. Évidemment les Grecs puisaient du courage dans la pensée qu'au milieu de circonstances difficiles ils pouvaient obtenir par des oracles les avis de leurs dieux et même s'assurer leur assistance personnelle dans les combats : ce fut avec une colère probablement naturelle qu'ils reprochèrent aux philosophes d'avoir mis en question les grossières idées de leur mythologie. Une religion qui enseigne à l'Indou qu'il est impossible de gagner la félicité éternelle en se jetant sous les roues du char de Jaggernaut ne peut manquer de lui sembler cruelle, puisqu'elle lui ravit la croyance bienfaisante qu'il peut, quand il lui plaît, échanger ses misères pour la béatitude. Il est tout aussi évident que nos aïeux catholiques trouvaient de grandes consolations à croire qu'ils pouvaient racheter leurs crimes en bâtissant des églises, abréger leur châtiment et celui de leurs parents en faisant dire des messes, et obtenir l'assistance ou le pardon de Dieu par l'intercession des saints. Le protestantisme, venant substituer à ces croyances la conception d'un Dieu assez peu semblable à notre propre nature pour que de pareilles pratiques fussent sans influence sur lui, dut paraître aux catholiques froid et sec. On doit donc s'attendre naturellement à ce qu'un nouveau pas dans cette direction rencontre, de la part des sentiments outragés, une résistance analogue. Nulle révolution dans les idées ne s'accomplit sans déchirement. Qu'il s'agisse d'un changement de coutumes ou d'un changement de convictions, il faut, si les coutumes ou les convictions à changer sont fortes, faire violence aux sentiments, et alors les sentiments résistent. En effet, il faut substituer à des sources de consolation longtemps éprouvées et bien connues des sources nouvelles qu'on n'a pas encore éprouvées et qui, par conséquent, sont encore inconnues. A la place d'un bien relativement connu et réel, on veut mettre un bien inconnu et idéal. Ce changement ne peut s'opérer sans lutte et sans souffrance. Mais c'est surtout dans la conception si vitale qui nous occupe qu'une tentative de changement doit soulever des résistances énergiques. C'est la base de toutes les autres; y changer quelque chose, c'est risquer de ruiner tous les édifices qui s'y appuient. Ou mieux encore, pour suivre une autre comparaison, c'est la racine de nos idées de bien, de justice, de devoir, et il semble impossible qu'on puisse la transformer sans que ces idées soient frappées de dépérissement et de mort. Tout ce qu'il y a d'élevé dans la nature se soulève pour ainsi dire contre un changement qui, en détruisant les associations mentales reçues, semble déraciner la morale.

Il y a bien autre chose à dire en faveur de ces protestations. Elles ont un sens plus profond. Il n'y faut pas voir simplement l'expression de la répugnance qu'inspire une révolution dans les croyances, rendue plus intense, dans le cas de la religion, par l'importance vitale de la croyance que la révolution vient assaillir; elles expriment de plus une adhésion instinctive à une croyance qui est la meilleure de toutes, j'entends pour ses adhérents, sinon d'une façon abstraite. J'ajouterai que les imperfections de la religion dont j'ai parlé, qui d'abord étaient grandes, mais qui ont diminué peu à peu, ne sont des imperfections que par rapport au type absolu auquel on les compare et non par rapport à un modèle relatif. D'une manière générale, la religion reçue à une époque et chez un peuple donnés a toujours été l'expression la plus rapprochée de la vérité que ce même peuple, à cette époque, était capable de recevoir. Les formes plus ou moins concrètes qu'on a données à la vérité n'ont été que des moyens de rendre intelligible ce qui, sans cela, eût été inintelligible ; elles ont fourni à la vérité, pour le temps, de plus grands moyens de faire impression. Nous allons voir qu'il ne peut pas en être autrement. A chacun des degrés de leur évolution, les hommes doivent penser avec les idées qu'ils possèdent. Tous les changements qui attirent leur attention et dont ils peuvent observer les origines ont des hommes et des animaux pour antécédents ; par suite, ils sont incapables de se figurer les antécédents en général sous d'autres formes ; et ils donnent ces formes aux puissances créatrices. Si l'on vient alors leur enlever ces conceptions concrètes, pour leur donner à la place des conceptions comparativement abstraites, leur esprit n'aura plus de conceptions du tout, puisque ces conceptions nouvelles ne pourront être représentées dans l'entendement. Il en a été de même à chaque époque de l'histoire des croyances religieuses, depuis la première jusqu'à la dernière. Quoique l'accumulation de l'expérience modifie graduellement les premières idées qu'on se faisait des personnalités créatrices et donne naissance à des idées plus générales et plus vagues, celles-ci ne peuvent pourtant être remplacées tout d'un coup par d'autres encore plus générales et plus vagues. Il faut que de nouvelles connaissances fournissent les abstractions nouvelles qui sont nécessaires, avant que le vide laissé dans l'esprit par la destruction des idées inférieures puisse être rempli par des idées d'un ordre supérieur. De nos jours, le refus d'abandonner une notion relativement concrète, pour une notion relativement abstraite, implique l'incapacité de se former une notion abstraite et démontre que le changement serait prématuré et dangereux. Nous voyons encore plus clairement le danger d'un changement prématuré dans les croyances, si nous considérons que l'influence d'une croyance sur la conduite doit s'affaiblir dans la mesure même où l'objet de la croyance cesse de faire sur l'esprit une forte impression. Les maux et les biens analogues à ceux que le sauvage a éprouvés personnellement, ou que lui ont fait connaître ceux qui les ont éprouvés, sont les seuls maux et les seuls biens qu'il soit en état de comprendre; et il doit croire qu'ils se produisent par des moyens semblables à ceux que son expérience lui a révélés. Il doit imaginer que ses dieux ont des passions, des motifs et des manières d'agir semblables à ceux des êtres qui l'entourent; car les motifs, les passions et les procédés d'un caractère supérieur lui étant inconnus et étant pour lui inintelligibles, il ne peut s'en faire une idée assez juste pour que ses actes en soient influencés. Dans le cours de chaque période de la civilisation, les actions de la réalité invisible, aussi bien que les récompenses et les châtiments qu'elle dispense, n'étant concevables que sous les formes fournies par l'expérience, il en résulte que, si on les remplace par des formes supérieures avant que des expériences plus étendues n'aient rendu celles-ci concevables, c'est comme si l'on remplaçait des motifs définis et influents par des motifs vagues et sans influence. De nos jours même, la grande masse des hommes étant incapable, faute de culture intellectuelle, de découvrir, avec une netteté suffisante, les conséquences bonnes et mauvaises qu'un acte de conduite suscite autour de lui dans l'ordre connu de l'inconnaissable, elle a besoin qu'on lui peigne avec de vives couleurs un avenir de tourments ou de joie, de plaisirs ou de peines d'une espèce définie, produits d'une façon assez directe et assez simple pour qu'elle puisse se les figurer. Il faut pousser encore plus loin les concessions. Peu de personnes, s'il en est, sont tout à fait capables de se défaire des croyances religieuses reçues. Pour concevoir les plus hautes abstractions avec vigueur, il faut une si grande puissance d'esprit, et ces abstractions ont si peu d'action sur la conduite quand elles ne sont pas vigoureusement conçues, que les effets de leur direction morale ne se feront de longtemps sentir que chez une faible minorité. Pour voir clairement comment un acte bon ou mauvais engendre des conséquences externes et internes qui vont en poussant des rameaux de plus en plus étendus avec les années, il faut une rare puissance d'analyse. Pour se représenter mentalement une seule et unique série de ces conséquences plongeant dans un avenir reculé, il faut également une rare puissance d'imagination. Et pour apprécier ces conséquences dans leur ensemble, pour voir leur nombre se multiplier, tandis que leur intensité décroît, il faut une portée d'esprit que personne ne possède. Pourtant il n'y a que cette analyse, cette imagination, cette portée d'esprit, qui, en l'absence de toute autre règle, puisse bien diriger notre conduite; ce n'est qu'à ce prix que les récompenses et les pénalités finales peuvent l'emporter en influence sur des peines et des plaisirs prochains. Si, par les progrès de l'espèce et l'expérience qu'ils ont acquise des effets de leur conduite, les hommes n'avaient peu à peu formé des généralisations et des principes de morale; si ces principes n'avaient été, de générations en générations, inculqués par les parents à leurs enfants, proclamés par l'opinion publique, sanctifiés par la religion et fortifiés par les menaces de damnation éternelle en punition de la désobéissance; si, sous l'influence de ces moyens puissants, les habitudes ne s'étaient modifiées et si les sentiments qui leur correspondent n'étaient devenus instinctifs; en un mot, si nous n'étions pas devenus des êtres organiquement moraux, il est certain que la suppression des motifs énergiques et précis édictés par la croyance reçue serait suivie de résultats désastreux. Même avec tout cela, il peut bien se faire que, le plus habituellement, ceux qui abandonnent la foi au sein de laquelle ils ont été élevés, pour adopter une foi plus abstraite qui réconcilie la science et la religion, ne conforment pas leur conduite à leurs convictions. Réduits qu'ils sont à leur moralité organique, renforcés seulement par des raisonnements abstraits mal élaborés qu'il est difficile de garder toujours présents à l'esprit, leurs défauts naturels se feront jour plus énergiquement qu'ils ne l'auraient fait sous l'empire de leurs croyances passées. Un *credo* nouveau n'acquerra une juste influence que quand il sera, comme celui qui règne aujourd'hui, un élément de l'éducation première, et qu'il s'appuiera sur une forte sanction sociale. Les hommes ne seront prêts à le recevoir que lorsque, par l'influence longtemps continuée de la discipline qui les a déjà en partie façonnés aux conditions de la vie sociale, ils y auront été dressés complètement.

Nous devons donc reconnaître que la résistance à un changement d'opinion théologique est salutaire dans une grande mesure. Ce n'est pas seulement parce que des sentiments énergiques et profondément enracinés sont nécessairement poussés à la lutte, ce n'est pas seulement parce que les sentiments moraux les plus élevés s'unissent pour condamner un changement qui paraît miner leur autorité; mais c'est parce qu'il existe une adaptation réelle entre les croyances établies et la nature d'esprit de ceux qui les défendent, et que l'obstination qu'on apporte à la défense donne la mesure de la perfection de l'adaptation. Il faut que les formes de religion, comme les formes de gouvernement, soient appropriées aux individus qui vivent sous leur empire, et, dans un cas comme dans l'autre, la forme la plus appropriée est celle qu'on préfère instinctivement. Un peuple barbare qui a besoin d'une loi terrestre rude, et qui montre de l'inclination pour un pouvoir despotique, capable d'exercer l'autorité avec la rigueur nécessaire, a aussi besoin de croire à une règle céleste rude comme la terrestre, et, d'ordinaire, il s'y montre attaché. Voilà pourquoi le remplacement d'institutions tyranniques par des institutions libres ne peut manquer d'être suivi d'une réaction. De la même manière, quand une croyance qui menace de peines terribles imaginaires est remplacée tout à coup par une autre qui ne présente que des peines idéales relativement douces, il se fait inévitablement un retour vers la vieille croyance qui se modifie. La ressemblance va plus loin. Dans les périodes où il y a une dissemblance extrême entre le mieux relatif et le mieux absolu, les changements religieux et politiques, quand il s'en présente à de rares intervalles, sont nécessairement violents et occasionnent des réactions violentes. Mais, à mesure que diminue la ressemblance entre ce qui est et ce qui devrait être, les changements deviennent modérés et les réactions qui les suivent le sont aussi jusqu'à ce que ces mouvements et ces contre-mouvements, décroissant en intensité et augmentant en fréquence, se perdent enfin dans un développement à peu près continu. L'adhésion aux vieilles institutions et aux antiques croyances qui, dans les sociétés primitives, oppose une barrière de fer à tout progrès, et qui, après que la barrière a été enfin renversée, ramène encore en arrière les institutions et les croyances, en leur faisant abandonner la position trop avancée où l'impulsion du changement les avait portées, et, par ce recul, reproduit l'adaptation des conditions sociales au caractère du peuple; cette adhésion devient, en définitive, le frein permanent qui modère la marche constante du progrès et l'empêche de prendre une course trop rapide. Il en est des croyances et des formes religieuses comme des croyances et des formes civiles. Le système conservateur a en théologie comme en politique une fonction de la plus haute importance.

§ 33. L'esprit de tolérance, qui est le vrai caractère des temps modernes et qui grandit tous les jours, a donc un sens plus profond qu'on ne le suppose. Là où, en général, nous ne voyons que le respect dû aux droits du jugement individuel, il y a réellement une condition nécessaire à l'équilibre des tendances progressistes et conservatrices, un moyen de conserver l'adaptation entre les croyances des hommes et leur nature. C'est un esprit qu'il faut entretenir ; et le penseur à vues larges qui distingue les fonctions de ces diverses croyances antagonistes devrait en être animé plus que tous les autres individus. Sans doute, celui qui sent la grandeur de l'erreur qu'embrassent ses contemporains, et la grandeur de la vérité qu'ils repoussent, trouvera la patience difficile à pratiquer. Il est dur pour lui d'écouter avec calme les arguments futiles qu'on avance à l'appui de doctrines irrationnelles, et de voir défigurer celles qu'il oppose ; il est dur pour lui de supporter l'orgueil de l'ignorance, mille fois plus grand que celui de la science. Il est naturel qu'il s'indigne quand il se voit accuser d'irréligion parce qu'il refuse d'accepter comme la meilleure théorie de la création une théorie qui assimile ce mystère au travail d'un charpentier. Il peut trouver beaucoup de difficulté et fort peu d'utilité à cacher son antipathie pour une croyance qui attribue à l'Inconnaissable un goût pour la basse flatterie qui, chez un homme, provoquerait le mépris. Convaincu que toute punition n'est, comme nous le voyons dans les œuvres de la nature, qu'un bienfait déguisé, il se laissera aller peut-être à condamner avec amertume la croyance qui fait de la punition une vengeance divine et veut que la vengeance divine soit éternelle. Il peut être tenté de laisser percer son mépris, quand on lui dit que les actions inspirées par une sympathie sans égoïsme ou par le pur amour du bien sont au fond coupables, et que la conduite n'est vraiment bonne que quand elle a pour cause une foi dont les motifs hautement avoués sont qu'il faut prudemment s'amasser des biens dans un autre monde. Mais il doit contenir ces sentiments. S'il ne lui est pas possible de les maîtriser dans le feu de la controverse, ou quand d'autres circonstance le mettent face à face avec les superstitions régnantes, il faut qu'en des moments plus calmes il modère son opposition, de manière à préserver de tout entraînement la maturité de son jugement et la conduite qui en est la conséquence.

Pour cela, il faut qu'il ait toujours présent à l'esprit trois faits cardinaux. J'ai déjà insisté sur deux d'entre eux ; il ne me reste qu'à indiquer le troisième. Le premier est notre point de départ : c'est qu'il y a une vérité fondamentale, si dégradée qu'elle soit, dans toutes les formes de religion. Dans toutes, il y a une âme de vérité. A travers le tissu grossier de ses dogmes, de ses traditions et de ses rites, cette âme se laisse toujours apercevoir, obscurément ou clairement, suivant la religion. C'est elle qui donne la vie, même aux plus grossières croyances; c'est elle qui survit à tous les changements; et c'est elle que nous devons respecter quand nous condamnons les formes sous lesquelles elle se présente. Dans la section précédente, nous avons parlé longuement du second de ces faits cardinaux. Nous avons vu que, si les éléments concrets dans lesquels chaque croyance incarne cette âme de vérité sont mauvais d'après un type absolu, ils sont bons d'après un type relatif; comparés à des idées plus élevées, ils cachent comme un voile la vérité abstraite; mais, comparés à des idées moins élevées, ils la montrent entourée d'un éclat plus grand. Ces éléments concrets servent à donner de la réalité et de l'influence sur les hommes à ce qui, sans cela, n'aurait peut-être ni réalité ni influence. Nous pourrions les appeler les enveloppes protectrices sans lesquelles la vérité périrait. Le fait cardinal qui reste encore, c'est que ces croyances diverses sont des parties de l'ordre de choses établi, non des parties accessoires, mais des parties essentielles. Voyant comment telle ou telle de ces croyances sont partout présentes et grandissent perpétuellement, et que, lorsqu'on les supprime, elles se reforment avec des modifications à peine sensibles, nous ne pouvons éviter de conclure qu'elles sont des accompagnements nécessaires de la vie humaine, et que chacune d'elles est appropriée à la société où elle se développe spontanément. Du point de vue où nous sommes placés, nous devons reconnaître en ces croyances les éléments de la grande évolution dont le commencement et la fin sont hors de la portée de la connaissance et de la conception, c'est-à-dire des modes de manifestation de l'Inconnaissable, et y voir leur justification.

Notre tolérance devrait être la plus grande possible, ou plutôt nous devrions tendre vers quelque chose de mieux que la tolérance, telle qu'on la comprend d'ordinaire. En parlant des croyances des autres, nous devons non seulement tâcher de ne commettre aucune injustice en paroles ou en actions, mais aussi de leur rendre justice en leur reconnaissant ouvertement une valeur positive. Nous devons atténuer notre dissentiment par notre sympathie.

§ 34. On croira peut-être que ces concessions veulent dire qu'il faut accepter d'une manière passive la théologie régnante, ou au moins ne pas lui faire d'opposition active. « Pourquoi, demandera-t-on, si toutes les croyances sont, en somme, appropriées à leur temps et à leur lieu, ne nous contentons-nous pas de celle au sein de laquelle nous sommes nés? Si les croyances établies contiennent une vérité essentielle, si les formes sous lesquelles elles nous la présentent, quoique mauvaises intrinsèquement, sont bonnes extrinsèquement; si l'abolition de ces formes doit être funeste en ce moment à la grande majorité; bien plus, il n'y a peut-être personne à qui la croyance définitive, la croyance la plus abstraite, puisse fournir une règle suffisante de conduite; il est assurément mauvais, pour le présent du moins, de la propager. »

Voici la réponse : Sans doute les idées religieuses et les institutions existantes sont en moyenne adaptées au caractère des gens qui vivent à leur ombre; pourtant, comme ces caractères sont toujours en voie de changement, l'adaptation devient toujours plus imparfaite: et les idées et les institutions ont besoin d'être refondues aussi fréquemment que l'exige la rapidité du changement. D'où il suit que, s'il faut laisser à l'idée et à l'œuvre conservatrice toute liberté, la pensée et l'œuvre du progrès ont aussi droit à toute liberté. Sans le jeu libre de ces deux forces, la série continuelle des réadaptations nécessaires au progrès régulier ne peut se produire.

Que si quelqu'un hésite à proclamer ce qu'il croit être la vérité suprême, de peur qu'elle ne soit trop avancée pour son temps, il trouvera des raisons de se rassurer en envisageant ses actes à un point de vue impersonnel. Qu'il comprenne bien que l'opinion est la force par laquelle le caractère modifie à sa guise les arrangements de l'ordre extérieur, que son opinion fait précisément partie de cette force, qu'elle est une unité de force qui, avec d'autres unités du même ordre, constitue la puissance générale qui opère les changements sociaux, il verra alors qu'il peut légitimement donner toute publicité à sa conviction intime. Elle produira l'effet qu'elle pourra. Ce n'est pas pour rien qu'il a en lui de la sympathie pour certains principes et de la répugnance pour d'autres. Avec toutes ses facultés, ses aspirations, ses croyances, il n'est pas un accident, il est le produit du temps. Qu'il se rappelle que, s'il est fils du passé, il est père de l'avenir; que ses pensées sont ses enfants, et qu'il ne doit pas les laisser périr dans l'abandon. Ainsi que tout autre homme, il peut se considérer à juste titre comme une des mille et mille forces par lesquelles agit la cause inconnue; et, quand la cause inconnue produit en lui une certaine croyance, il n'a pas besoin d'autre titre pour la manifester et la répandre, car, pour donner aux vers du poète leur sens le plus sublime,

> Il n'y a pas de moyen de rendre la nature meilleure,
> Mais la nature fait ce moyen : au-dessus de cet art
> Qui, dites-vous, ajoute à la nature, est un art
> Que crée la nature......

L'homme sage ne regarde pas la foi qu'il porte en lui comme un accident sans importance. Il manifeste sans crainte la vérité suprême qu'il aperçoit. Il sait qu'alors, quoi qu'il advienne, il joue son vrai rôle dans le monde; il sait que, s'il opère le changement voulu, c'est bien; s'il échoue, c'est bien encore, mais sans doute *moins* bien.

DEUXIÈME PARTIE

LE CONNAISSABLE

CHAPITRE PREMIER

DÉFINITION DE LA PHILOSOPHIE

§ 35. Nous venons de voir que nous ne pouvons connaître la nature intime de ce qui se manifeste à nous; et maintenant trois questions se présentent : Quel est l'objet de notre connaissance? En quel sens le connaissons-nous? En quoi consiste le plus haut degré de connaissance que nous en avons? Nous avons rejeté comme impossible la philosophie qui a la prétention de formuler l'être en le distinguant de l'apparence, nous sommes donc tenus de dire quel est l'objet véritable de la philosophie; notre tâche ne se borne pas à en tracer les limites, mais nous avons à décrire tout ce que comprennent ces limites. Dans la sphère infranchissable où l'intelligence humaine est confinée, il nous reste à déterminer le produit particulier de cette intelligence, qui peut encore recevoir le nom de Philosophie.

Pour atteindre ce but, nous pouvons nous servir avec avantage de la méthode que nous avons suivie au début, nous pouvons séparer l'élément de vérité qui se trouve engagé dans des conceptions en partie ou presque entièrement fausses. Dans le chapitre consacré à la Religion et à la Science, nous avons vu que les croyances religieuses, si fausse que puisse être chacune d'elles dans sa forme particulière, contiennent néanmoins une vérité essentielle, et que cette vérité est très probablement commune à toutes; nous allons voir maintenant qu'aucune des idées qu'on a professées ou qu'on professe encore sur la nature de la philosophie n'est complètement fausse, et que le point par où elles sont vraies est le point même sur lequel elles s'accordent.

Nous avons donc à faire, dans cette seconde partie, ce que nous avons fait dans la première. Nous avons à comparer toutes les opinions du même genre : à mettre de côté, comme se ruinant plus ou moins l'un l'autre, ces éléments spéciaux et concrets qui font le désaccord des opinions; à observer ce qui reste après l'élimination de ses éléments discordants; et à trouver pour ce résidu une expression abstraite qui demeure vraie dans toutes ses modifications divergentes.

§ 36. Laissons de côté les spéculations primitives. Chez les Grecs, avant qu'une notion de la Philosophie en général se fût dégagée des systèmes particuliers, les doctrines n'étaient que des hypothèses sur le principe universel qui constituait l'essence de tous les êtres concrets. A la question : « Quelle est cette *existence immuable* dont ces êtres concrets sont les *états variables?* » on répondait de divers côtés : « L'Eau, l'Air, le Feu. » Après qu'on eut proposé ces hypothèses destinées à tout expliquer, il fut possible à Pythagore de concevoir la Philosophie comme une connaissance sans application pratique, et de la définir « la connaissance des choses immatérielles et éternelles ». Pour lui, la cause de l'existence matérielle des choses était le Nombre. Ensuite les penseurs demandèrent à la Philosophie une interprétation définitive de l'univers, qu'ils croyaient possible, qu'ils l'eussent ou non effectivement saisie. Nous les voyons donner, pour tout expliquer, des formules telles que : « L'Un est le commencement de toutes les choses; » « L'Un est Dieu; » « L'Un est fini; » « L'Un est infini; » « L'intelligence est le principe régulateur des choses; » et d'autres encore. Toutes ces formules prouvent clairement que la connaissance appelée Philosophie différait d'une autre connaissance par son caractère transcendant et universel. Plus tard, la spéculation prit un autre cours ; les sceptiques ébranlèrent la foi des hommes qui se croyaient destinés à conquérir cette science transcendante ; il en résulta une conception beaucoup plus modeste de la Philosophie. Avec Socrate, et plus encore avec les Stoïciens, ce ne fut guère que la théorie de la justice. La philosophie n'eut plus pour objet que de donner des règles pour la conduite privée et publique. Non pas que les règles de la conduite qui constituaient, pour les derniers philosophes grecs, l'objet de la Philosophie, correspondissent à ce que le vulgaire comprenait par des règles de conduite. Les prescriptions de Zénon n'étaient pas de la même classe que celles qui ont dirigé les hommes depuis les premiers temps dans leurs observances, leurs sacrifices et leurs coutumes de tous les jours, toutes soumises à une sanction plus ou moins religieuse; c'étaient des principes d'action énoncés sans acception de temps, de personnes ou de circonstances. Quel était donc l'élément commun que renfermaient les idées dissemblables que les Anciens ont eues de la Philosophie? Il est clair que le caractère commun à la première et à la seconde de ces idées, c'est que, dans la sphère de ses recherches, la Philosophie poursuit des vérités larges et profondes qu'elle distingue des innombrables vérités de détail qui se révèlent à la surface des choses et des actions.

En comparant les conceptions de la Philosophie qui ont eu cours dans les temps modernes, nous arrivons au même résultat. Les disciples de Schelling, de Fichte et de Hegel s'unissent pour tourner en ridicule la doctrine qui a usurpé ce titre en Angleterre. Ce n'est pas sans raison qu'ils raillent à la vue des mots « instruments philosophiques », et ils seraient fondés à refuser aux articles des *Transactions philosophiques* tout droit à cette épithète. Par représailles, les Anglais pourraient rejeter comme absurde la philosophie fantastique des écoles allemandes. Puisqu'on ne peut s'élever au-dessus de la conscience, ils soutiennent que, soit que la conscience atteste, soit qu'elle n'atteste pas l'existence de quelque chose en dehors d'elle, elle ne peut en aucune façon le comprendre, et que, par conséquent, dès qu'une philosophie prétend se donner pour une ontologie, elle est fausse. Ces deux systèmes se détruisent mutuellement en grande partie. En critiquant les Allemands, les Anglais retranchent de la philosophie tout ce qu'on regarde comme une connaissance absolue. En critiquant les Anglais, les Allemands supposent tacitement que, si la Philosophie se réduit au relatif, elle n'a en quelque sorte rien à faire avec ces aspects du relatif que nous montrent les formules mathématiques, les explications de la physique, les analyses chimiques, les descriptions d'espèces et les comptes rendus des expériences physiologiques. Eh bien, qu'y a-t-il de commun entre la trop vaste conception des Allemands et celle qu'adoptent les savants anglais en général, conception étroite et grossière sans doute, mais qui n'est ni si étroite ni si grossière que le fait supposer le mauvais usage que ces savants font du mot philosophique? Ce qu'il y a de commun à ces deux conceptions, c'est que ni les Anglais ni les Allemands n'appliquent le mot philosophie à une connaissance dépourvue de tout lien systématique, à une connaissance qui n'est pas coordonnée avec une autre. Le savant attaché à la plus mince spécialité ne donnerait pas l'épithète de philosophique à un essai qui, borné exclusivement aux détails, ne révélerait pas dans son auteur le sentiment que ces détails conduisent à des vérités plus larges.

On peut donner une précision plus grande à l'idée vague encore de ce fond commun, où se rencontrent les diverses conceptions de la philosophie, en comparant le système qui porte en Angleterre le nom de Philosophie naturelle, avec le développement qu'il a reçu ailleurs sous le nom de Philosophie positive. Quoique Aug. Comte admette que ces deux systèmes se composent de connaissances essentiellement identiques, il lui a pourtant suffi de donner à ces connaissances une forme plus cohérente pour imprimer au système dont il est l'auteur un caractère plus philosophique. Sans porter un jugement sur la vérité du système de coordination qu'il a proposé, on doit reconnaître que, par le fait seul de l'avoir créé, il a donné au corps de connaissance qu'il a organisé plus de titres au nom de Philosophie que n'en possède le corps de connaissances comparativement dépourvu d'organisation qu'on appelle philosophie naturelle.

Si l'on oppose entre elles, ou avec l'ensemble qu'elles composent, chacune des subdivisions ou des formes plus spéciales de la philosophie, on voit la même idée se dégager. La philosophie morale et la philosophie politique s'accordent avec la philosophie en général par la grande portée de leurs raisonnements et de leurs conclusions. Quoique sous le titre de philosophie morale nous traitions des actions humaines considérées comme bonnes ou mauvaises, nous n'y comprenons pas les règles spéciales pour la conduite à tenir avec les enfants, ou à table, ou dans les affaires; et, quoique la philosophie politique ait pour objet la conduite des hommes dans leurs relations publiques, elle ne s'occupe pas des manières de voter, ni des détails d'administration. L'une et l'autre considèrent seulement les cas particuliers comme des exemples qui mettent en relief des vérités d'une application plus vaste.

§ 37. Chacune de ces conceptions implique donc la croyance qu'il y a peut-être un moyen de connaître les choses plus complètement qu'elles ne sont connues par de simples expériences accumulées machinalement dans la mémoire ou entassées dans des encyclopédies. Si l'on a différé et si l'on diffère encore grandement par l'opinion qu'on se forme de l'étendue de la sphère que doit remplir la philosophie, on s'accorde pourtant en réalité, sinon ostensiblement, à ne donner ce nom qu'à une connaissance qui dépasse l'ordinaire. Ce qui reste comme l'élément commun des diverses conceptions de la philosophie, une fois qu'on a éliminé tous les éléments en désaccord, c'est la *connaissance du plus haut degré de généralité.* C'est là ce qu'on veut dire quand on introduit dans le domaine de la philosophie Dieu, la Nature et l'Homme, ou mieux encore quand on divise la philosophie en théologique, physique, éthique, etc. Car ce qui fait le caractère du genre dont ces divisions sont les espèces doit être plus général que ce qui distingue l'une ou l'autre des espèces.

Quelle forme donnerons-nous à cette conception? L'intelligence n'atteint que le relatif. Tout en conservant toujours la conscience d'un pouvoir qui se manifeste à nous, nous avons rejeté comme futile toute tentative de rien apprendre sur la nature de ce pouvoir, et de la sorte nous avons banni la Philosophie de la plus grande partie du domaine qu'on croyait lui appartenir. Ce qui lui en reste est la partie qu'occupe la Science. La Science a pour objet les coexistences et les séquences des phénomènes; elle les groupe d'abord pour former des généralisations simples de premier degré, et s'élève graduellement à des généralisations plus hautes et plus vastes. Mais alors que reste-t-il à la Philosophie?

Le voici. La Philosophie peut encore servir de nom à la connaissance de la plus haute généralité. La Science signifie tout simplement la famille des sciences; elle n'est rien de plus que la somme des connaissances formées par l'apport de chacune, et ne nous dit rien de la connaissance qui résulte de la *fusion de ces apports en un tout.* Telle que l'usage la définit, la Science se compose de vérités plus ou moins isolées, elle ne connaît pas leur intégration. Un exemple mettra cette différence en lumière.

Quand nous assignons l'écoulement de l'eau d'une rivière à la même force qui cause la chute d'une pierre, nous formulons une proposition vraie pour toute une classe de faits d'une certaine division de la Science. Si, ensuite, pour expliquer un mouvement dans un sens presque horizontal, nous citons la loi que les fluides soumis à des forces mécaniques réagissent avec des forces égales dans toutes les directions, nous formulons un fait plus étendu, qui contient l'interprétation scientifique de beaucoup d'autres phénomènes, tels que ceux des sources, de la presse hydraulique, de la machine à vapeur, de la machine pneumatique. Puis, quand cette proposition, qui ne s'étend qu'à la dynamique des fluides, s'absorbe dans une proposition de dynamique générale comprenant les lois du mouvement des solides aussi bien que des fluides, on se trouve avoir atteint un principe supérieur, mais encore tout entier compris dans le domaine de la Science. Quand nous considérons seulement les oiseaux et les mammifères, nous supposons que les animaux qui respirent à l'air libre ont le sang chaud; puis, si nous nous rappelons que les reptiles qui respirent aussi à l'air n'ont pas une chaleur plus grande que celle de leur milieu, nous disons plus justement que les animaux (à volume égal) ont des températures proportionnées aux quantités d'air qu'ils respirent; et ensuite, en songeant à certains grands poissons qui conservent une température supérieure à celle de l'eau dans laquelle ils nagent, nous corrigeons notre généralisation et nous disons que la température varie avec le degré d'oxygénation du sang; plus tard, modifiant notre proposition pour répondre à de nouvelles objections, nous en venons, en définitive, à affirmer que la relation cherchée existe entre la quantité de chaleur et la quantité des changements moléculaires. Nous avons posé des vérités scientifiques de plus en plus larges, de plus en plus complètes, et nous sommes arrivés, à la fin, à des vérités purement scientifiques. Si, guidés par des expériences commerciales, nous arrivons à conclure que les prix s'élèvent quand la demande excède l'offre, que les produits s'écoulent des lieux où ils sont abondants vers les lieux où ils sont rares, et que les industries des différentes localités sont déterminées surtout par les facilités que les localités leur présentent; et si, en étudiant ces généralisations de l'économie politique, nous les rapportons toutes au principe que chaque homme cherche à satisfaire ses désirs par les moyens qui lui coûtent le moins d'efforts, principe qui dirige les actions individuelles dont ces grands phénomènes sociaux, la valeur, le commerce, l'industrie sont les *résultantes*, nous n'avons encore affaire qu'à des propositions scientifiques.

Comment donc constituer la Philosophie? En faisant un pas de plus. Tant qu'on ne connaît les vérités scientifiques qu'à part, et qu'on les regarde comme indépendantes, on ne peut pas, sans abandonner le sens strict des mots, appeler philosophique même la plus vaste d'entre elles. Mais quand, après les avoir réduites, l'une à un simple axiome de mécanique, l'autre à un principe de physique moléculaire, la troisième à une loi d'action sociale, on les considère toutes comme des corollaires d'une vérité ultime, on touche à l'espèce de connaissances qui constitue la philosophie proprement dite.

Les vérités de la Philosophie soutiennent donc avec les plus hautes vérités scientifiques la même relation que celles-ci avec les vérités scientifiques inférieures. De même que chacune des généralisations supérieures enveloppe et consolide les généralisations plus restreintes de sa section, de même les généralisations de la philosophie enveloppent et consolident les généralisations de la science. Par conséquent, la philosophie est une connaissance d'une espèce diamétralement opposée à celle que l'expérience nous donne d'abord en rassemblant des faits. C'est le produit final de l'opération qui commence par un simple recueil d'observations sèches, qui se continue par l'élaboration de propositions plus larges et plus dégagées des cas particuliers, et aboutit à des propositions universelles. Pour donner à la définition sa forme la plus simple et la plus claire, nous dirons : la connaissance de l'espèce la plus humble est le savoir *non unifié ;* la science, le savoir *partiellement unifié ;* la philosophie, le savoir *complètement unifié.*

§ 38. Tel est au moins le sens que nous devons donner au mot philosophie, si nous l'employons. Par cette définition, nous acceptons tout ce qui est commun aux diverses conceptions des penseurs anciens et modernes, et nous rejetons les éléments par lesquels elles sont en désaccord ou dépassent la portée de l'intelligence humaine. Bref, nous nous bornons à donner à ce mot le sens précis qui peu à peu tend à prévaloir.

A ce point de vue, la Philosophie présente deux formes distinctes dont on peut s'occuper séparément. D'une part, elle peut avoir pour objet les vérités universelles : les vérités particulières, auxquelles elle renvoie, ne servent qu'à prouver et à éclaircir ces vérités universelles. D'autre part, partant des vérités universelles comme de principes admis, elle aborde les vérités particulières, qu'elle interprète par les universelles. Dans les deux cas, nous avons affaire aux vérités universelles; mais dans l'un elles jouent un rôle passif, et dans l'autre un rôle actif; dans l'un, ce sont les produits; dans l'autre, les instruments de la science. Nous pouvons distinguer une philosophie générale et une philosophie spéciale.

Le reste de ce volume sera consacré à la philosophie générale. La philosophie spéciale, divisée en sections d'après la nature des phénomènes qui en font l'objet, fera le sujet des volumes suivants.

CHAPITRE II

DONNÉES DE LA PHILOSOPHIE

§ 39. Chaque pensée implique tout un système de pensées et cesse d'exister dès qu'elle est séparée de ses corrélatives. De même que nous ne pouvons pas isoler un seul organe d'un corps vivant et le traiter comme s'il avait une vie indépendante du reste, de même nous ne pouvons retrancher de l'organisme de nos cognitions une seule d'entre elles et l'étudier comme si elle survivait à la séparation. Le développement du blastème amorphe de l'embryon est une spécialisation de parties qui deviennent plus distinctes en devenant plus complexes. Chacune de ces parties ne devient un organe distinct qu'à la condition d'être unie avec d'autres qui sont devenues des organes distincts en même temps qu'elle. De même, une intelligence toute développée ne peut s'organiser avec les matériaux informes de la conscience que par une opération qui, en donnant aux pensées des caractères définis, les unit entre elles par un lien de dépendance, par de certaines connexions vitales dont la destruction entraîne à l'instant leur anéantissement. C'est pour avoir méconnu cette importante vérité que les penseurs ont d'ordinaire pris pour point de départ une donnée ou des données prétendues simples, qu'ils ont cru n'admettre rien de plus que ces données, et qu'ils s'en sont servis pour prouver ou réfuter des propositions qui, d'une manière implicite, étaient déjà affirmées insciemment en même temps que les autres l'étaient sciemment.

Ce raisonnement en cercle vient d'un emploi vicieux des mots, non pas de celui dont on a tant parlé, non pas de la fausse application ou du changement du sens, source de tant d'erreurs, mais d'un vice plus profond et moins évident. C'est qu'on ne considère que l'idée indiquée directement par chaque mot, en laissant de côté les nombreuses idées indirectement indiquées. Parce qu'un mot parlé ou écrit peut être détaché de tous les autres, on suppose par méprise que la chose que ce mot signifie peut se détacher des choses que tous les autres mots signifient. Plus profonde et plus difficile à découvrir, cette erreur est de la même nature que celle qui égara toujours les Grecs, la croyance en une communauté de nature entre le symbole et la chose symbolisée. Quoiqu'on n'admette plus aujourd'hui que la communauté de nature aille aussi loin qu'on le croyait autrefois, on admet encore que, parce que le symbole est séparable des autres symboles et peut être considéré comme ayant une existence séparée et indépendante, l'idée symbolisée peut être séparée et considérée de même. Il suffira d'un exemple pour montrer à quel point cette erreur corrompt les conclusions de celui qui l'adopte. Le métaphysicien sceptique, désireux de donner à son raisonnement toute la rigueur possible, se dit : « J'admettrai telle chose et nulle autre. » Mais n'y a-t-il pas des suppositions tacites qui ne peuvent se séparer de la supposition qu'il avoue? Par sa détermination même, le métaphysicien affirme qu'il y a quelque autre chose, ou d'autres choses qu'il pourrait admettre; en effet, il est impossible de penser à l'unité sans penser à une dualité ou à une pluralité corrélative. Alors même qu'il s'impose des bornes, le sceptique garde par devers lui beaucoup de choses qu'il croit abandonner. De plus, avant de rien faire, il donne une définition de ce qu'il suppose. N'y a-t-il rien d'inexprimé dans la pensée d'une chose? Il y a l'idée de quelque chose qu'exclut la définition; il y a, comme auparavant, l'idée d'une autre existence. Mais ce n'est pas tout. Définir une chose, ou lui poser des limites, implique l'idée d'une limite; et l'on ne peut penser la limite sans quelque notion de quantité, d'étendue, de durée ou de degré. En outre, une définition est impossible s'il n'y entre l'idée de différence; et non seulement la différence est inconcevable sans deux choses qui diffèrent, mais elle implique l'existence d'autres différences que celle qu'on reconnaît dans la définition; car, autrement, une conception générale de la différence serait impossible. Ce n'est pas tout encore. Ainsi que je l'ai déjà indiqué (§ 24), toute idée implique l'intuition de la ressemblance : la chose qu'on suppose ouvertement ne peut être connue absolument comme une seule chose; elle ne peut être connue que comme de telle ou telle espèce, que comme classée avec d'autres choses en vertu d'un attribut commun. Donc, à côté de l'unique donnée avouée, nous avons subrepticement introduit plusieurs autres données non avouées, — *une existence autre que celle dont on parle, la quantité, le nombre, la limite, la différence, la ressemblance, le genre, l'attribut.* Sans parler de bien d'autres données qu'une analyse complète pourrait découvrir, nous avons dans ces postulats non reconnus les lignes d'une théorie générale, théorie que ne peut prouver ni réfuter l'argument du métaphysicien. Ajoutez qu'il interprétera son symbole à chaque pas en lui donnant sa pleine signification, avec toutes les idées complémentaires qu'elle implique, et vous voyez déjà reconnu dans les prémisses le principe que la conclusion doit affirmer ou nier.

Quelle est donc la voie qui s'ouvre devant la philosophie? L'intelligence, dans sa maturité, est composée de conceptions organisées et consolidées dont elle ne peut se défaire et sans lesquelles elle ne peut pas plus se mouvoir que le corps ne le peut sans l'aide des membres. Par quel moyen l'intelligence en quête d'une philosophie pourrait-elle se rendre compte de ces conceptions et démontrer leur validité ou leur invalidité? Il n'y en a qu'un. Il faut admettre comme vraies *provisoirement* celles de ces conceptions qui sont vitales, ou qui ne peuvent être séparées du reste sans amener la dissolution de l'esprit. Les intuitions fondamentales essentielles à l'opération de la pensée doivent être temporairement admises comme incontestables; on laissera aux résultats le soin de justifier cette hypothèse.

§ 40. Comment les résultats peuvent-ils la justifier? Comme ils justifient toute autre supposition, par la constatation que toutes les conclusions qu'on peut en déduire correspondent avec les faits d'expérience directe, par la concordance des expériences que cette intuition nous fait présumer avec les expériences réelles. Il n'y a pas d'autre manière de prouver la validité d'une croyance que de montrer qu'elle s'accorde avec toutes nos autres croyances. Si nous supposons qu'une certaine masse, qui a une certaine couleur, un certain éclat, est la substance appelée or, comment faisons-nous pour prouver l'hypothèse qu'elle est de l'or? Nous nous représentons certaines autres impressions que l'or produit sur nous, et nous examinons si, sous des conditions appropriées, cette masse les produit aussi. Nous rappelons que l'or a un poids spécifique considérable; et si, en soupesant cette substance, nous trouvons qu'elle a un grand poids par rapport à son volume, nous considérons la correspondance qui se manifeste entre l'impression représentée et l'impression présentée comme une nouvelle preuve que la substance est de l'or. Veut-on plus de preuves? Nous comparons certains autres effets idéaux avec d'autres effets réels. Nous savons que l'or, différant en cela de la plupart des métaux, est insoluble dans l'acide nitrique, et nous nous figurons une goutte d'acide nitrique déposée à la surface de cette substance jaune, brillante, lourde, sans y causer d'érosion; si, après y avoir versé une goutte d'acide nitrique, nous ne voyons se produire ni effervescence ni changement, nous regardons cette concordance entre le fait prévu et le fait réalisé comme une raison de plus de penser que la substance est de l'or. Si, pareillement, la grande malléabilité de l'or nous semble égalée par la grande malléabilité de cette substance; si, comme l'or, elle fond à environ 2000 degrés; et si, dans toutes les conditions, elle se comporte comme l'or dans ces mêmes conditions, la conviction que c'est de l'or s'élève à ce degré qui est pour nous la plus grande certitude. Nous savons, dans toute la rigueur du mot *savoir*, que cette substance est de l'or. En effet, ainsi que nous le voyons par cet exemple, tout ce que nous savons de l'or n'est que la perception d'un groupe défini d'impressions, présentant des relations définies, qui se révèlent sous des conditions définies; et si, dans une expérience présente, les impressions, les relations et les conditions correspondent parfaitement à celles des expériences passées, la connaissance a toute la validité dont elle est susceptible. De sorte que, pour généraliser la proposition, les hypothèses, y compris même les plus simples, que nous faisons à tout moment quand nous reconnaissons des objets, sont vérifiées quand on trouve une conformité entière entre les états de conscience qui les constituent et certains autres états de conscience donnés dans la perception ou la réflexion, ou dans l'une et l'autre; il n'y a pas, pour nous, d'autre connaissance possible que celle qui consiste dans l'intuition de ces conformités et des non-conformités qui leur correspondent.

En conséquence, la Philosophie, forcée de faire ces suppositions fondamentales, sans lesquelles la pensée est impossible, peut les justifier, en montrant leur conformité avec toutes les autres révélations de la conscience. Exclus, comme nous le sommes, de la connaissance de tout ce qui dépasse le relatif, la vérité, dans sa forme la plus élevée, ne peut être pour nous rien de plus que la concordance parfaite, dans tout le champ de notre expérience, entre les représentations de choses que nous appelons idéales et les représentations de choses que nous appelons réelles. Si, quand nous découvrons qu'une proposition n'est pas vraie, nous voulons dire tout simplement que nous avons découvert une différence entre une chose attendue et une chose perçue, et rien de plus, il faut qu'un corps de conclusions, dans lequel il ne se présente jamais de différence de cette nature, soit ce que nous appelons un corps de conclusions entièrement vrai.

Nous voyons clairement que, puisqu'on part de ces intuitions fondamentales dont on admet provisoirement la vérité, c'est-à-dire dont on admet provisoirement la compatibilité avec toutes les autres révélations de la conscience, la démonstration ou la réfutation de la compatibilité devient l'objet de la Philosophie, et que la démonstration complète de la compatibilité est la même chose que l'unification complète de la connaissance, but réel de la Philosophie.

§ 41. Quelle est cette donnée, ou plutôt quelles sont ces données, dont la Philosophie ne peut se passer? Il est clair que la proposition que nous venons de formuler implique une donnée primordiale. Nous avons déjà supposé implicitement, et nous devons continuer à supposer, que les compatibilités et les incompatibilités existent et peuvent être connues de nous. Nous ne pouvons pas ne pas admettre la vérité du verdict de la conscience, quand elle nous déclare que certaines manifestations se ressemblent et que certaines autres ne se ressemblent pas. Si la conscience n'est pas un juge compétent de la ressemblance ou de la non-ressemblance de ses états, il n'est pas possible d'établir cette compatibilité qu'on retrouve dans toutes nos connaissances et qui constitue la Philosophie; et l'on ne peut pas davantage établir cette non-compatibilité par laquelle seule on peut prouver la fausseté d'une hypothèse philosophique ou autre.

Nous verrons plus nettement l'impossibilité d'avancer, soit vers la certitude, soit vers le scepticisme, sans supposer ces données, si nous remarquons comment, à chaque pas que nous faisons dans le raisonnement, nous les supposons partout et toujours. Dire que toutes les choses d'une certaine classe sont caractérisées par un certain attribut, c'est dire que toutes les choses connues comme *semblables* par les divers attributs connotés par leur nom commun sont aussi *semblables* par l'attribut particulier dont on parle. Dire qu'un certain objet sur lequel l'attention se porte directement appartient à cette classe, c'est dire qu'il est *semblable* à tous les autres dans les divers attributs connotés par leur nom commun. Dire que cet objet possède l'attribut particulier dont on parle, c'est dire qu'il est encore *semblable* aux autres sous ce rapport. Au contraire, en affirmant que l'attribut qu'on prêtait à cet objet ne lui appartient pas, on implique l'affirmation qu'au lieu de la *ressemblance* annoncée il y a une *non-ressemblance*. Par conséquent, ni affirmation ni négation d'un théorème de la raison, ou d'un élément quelconque d'un de ces théorèmes, n'est possible, si l'on n'admet le témoignage que rend la conscience quand elle affirme que certains de ses états sont semblables ou dissemblables. Par suite, après avoir vu que la connaissance unifiée qui constitue une philosophie complète se compose de parties universellement compatibles; après avoir vu que la philosophie a pour objet de démontrer leur compatibilité universelle, nous voyons aussi que toutes les parties de l'opération qui établit cette compatibilité universelle, y compris même les éléments de toute inférence et de toute observation, consistent dans la démonstration d'une compatibilité.

En conséquence, l'hypothèse qu'une compatibilité ou une incompatibilité existe quand la conscience l'atteste est une hypothèse inévitable. Il ne sert de rien de dire, à l'exemple de Hamilton, qu'il faut « présumer la véracité de la conscience, tant qu'on n'a pas démontré qu'elle est mensongère. » On ne peut pas prouver qu'elle est mensongère en ceci, qui est son acte primordial, puisque, ainsi que nous le voyons, la preuve implique une acceptation redoublée de cet acte primordial. Bien plus, la chose à prouver ne peut s'exprimer si l'on n'admet la validité de cet acte primordial, puisque le mensonge et la véracité deviennent identiques, si nous n'admettons pas le verdict de la conscience qui affirme leur différence. Sans cette hypothèse, l'opération du raisonnement et le produit du raisonnement disparaissent du même coup.

Sans doute on peut prouver souvent que des états de conscience qu'on avait crus, après une comparaison attentive, semblables, sont en réalité dissemblables; ou que ceux qu'on avait par négligence crus dissemblables sont en réalité semblables. Mais comment le prouve-t-on? Simplement par une comparaison plus attentive, faite indirectement ou directement. Et l'acceptation de la conclusion révisée, qu'implique-t-elle? Simplement qu'un verdict réfléchi de la conscience est préférable à un verdict irréfléchi; ou, pour parler avec plus de précision, qu'une intuition de ressemblance ou de différence qui survit à la critique doit être admise au lieu d'une intuition qui ne survit pas; cette survie est ce qui constitue l'acceptation.

Nous voici au fond du sujet. La permanence d'une intuition de ressemblance ou de différence est la garantie fondamentale sur laquelle nous affirmons l'existence de la ressemblance ou de la différence; et, en fait, nous n'entendons par l'existence de la ressemblance ou de la différence rien de plus que l'intuition permanente que nous en avons. Dire qu'une compatibilité ou incompatibilité existe, c'est tout simplement la façon qui nous est propre de dire que nous avons invariablement une intuition de cette compatibilité en même temps que nous avons une intuition des choses comparées. De l'existence, nous ne connaissons rien de plus qu'une manifestation continue.

§ 42. Mais la Philosophie réclame une donnée plus concrète. Il ne suffit pas de reconnaître qu'une certaine *opération* fondamentale de la pensée est incontestable, il faut reconnaître comme incontestable quelque *produit* de la pensée obtenu par cette opération. Si la Philosophie est le savoir complètement unifié, et si l'unification de la connaissance ne peut s'effectuer que par la démonstration que quelque proposition dernière enveloppe et consolide tous les résultats de l'expérience, il est clair que cette proposition dernière, dont il faut démontrer la compatibilité avec toutes les autres, doit représenter un fragment de la connaissance et non ce qui fait la validité d'un acte de connaissance. Nous avons admis la véracité de la conscience, nous devons aussi admettre la véracité de quelque donnée de la conscience.

Que doit être ce produit? Ne doit-il pas formuler la distinction la plus large et la plus profonde que les choses présentent? Ne doit-il pas formuler des compatibilités et des incompatibilités plus générales que les autres? Un principe dernier qui doit donner l'unité à toute l'expérience doit avoir la même étendue que l'expérience; il ne peut se borner à l'expérience d'un seul ou de plusieurs ordres, il doit s'appliquer à l'expérience universelle. La donnée que la Philosophie prend pour base doit être une affirmation de quelque ressemblance ou de quelque différence à laquelle toutes les autres ressemblances ou toutes les autres différences sont subordonnées. Si connaître c'est classer, ou grouper le semblable et séparer le non-semblable; et si l'unification de la connaissance se fait par l'absorption des plus petites classes d'expériences semblables dans de plus grandes classes, et de celles-ci dans de plus grandes encore, il faut que la proposition qui donne l'unité à la connaissance spécifie l'opposition de deux classes ultimes d'expériences, celles dans lesquelles toutes les autres s'absorbent.

Voyons maintenant quelles sont ces classes. En traçant entre elles une ligne de démarcation, nous ne pouvons éviter d'employer des mots qui impliquent indirectement plus que leur sens direct. Nous ne pouvons éviter d'éveiller des idées qui impliquent la distinction même que l'analyse a pour objet d'établir. Ne l'oublions pas; mais tout ce que nous pouvons faire, c'est de ne pas tenir compte des connotations des mots et de porter uniquement l'attention sur ce qu'ils dénotent ouvertement.

§ 43. Si nous partons de la conclusion que nous avons déjà obtenue, que toutes les choses que nous connaissons sont des manifestations de l'Inconnaissable, et si nous supprimons autant que possible toute hypothèse sur le quelque chose qui se cache derrière tel ou tel ordre de manifestations, nous voyons que les manifestations considérées simplement comme telles peuvent se diviser en deux grandes classes, qu'on appelle *impressions* et *idées*. Ce que ces mots impliquent peut vicier les raisonnements de ceux qui les emploient; et, bien qu'il soit possible de ne s'en servir que pour rappeler les caractères différentiels qu'on veut indiquer en les employant, il vaut mieux éviter le danger de faire, en s'en servant, des hypothèses non reconnues. Le terme *sensation*, qu'on emploie communément comme synonyme d'impression, implique aussi certaines théories psychologiques, et, tacitement sinon ouvertement, suppose un organisme sensitif et quelque chose qui agit sur cet organisme; on ne peut guère l'employer sans introduire ces postulats dans les pensées et sans les incorporer dans les conclusions. Pareillement, l'expression *états de conscience*, pour signifier une impression ou une idée, donne prise à la critique. Comme nous ne pouvons penser à un état sans penser à quelque chose à quoi appartient cet état, et qui est susceptible d'avoir plusieurs états, ces mots impliquent une conclusion anticipée, un système encore informe de métaphysique. En acceptant le postulat inévitable, que des manifestations impliquent un manifesté, notre but est d'éviter tout autre postulat implicite. Sans doute, nous ne pouvons pas exclure de nos pensées d'autres suppositions implicites, ni pousser notre raisonnement sans les reconnaître tacitement; mais nous pouvons, dans une certaine mesure, refuser de les reconnaître dans les termes avec lesquels nous commençons à raisonner. Nous y parviendrons en classant les manifestations en *fortes* et en *faibles* les unes par rapport aux autres. Voyons les distinctions qui les séparent.

Quelques mots d'abord sur la distinction la plus évidente impliquée par ces mots antithétiques. Les manifestations qui se présentent sous les conditions dites de perception (nous devons autant que possible séparer de toute hypothèse les conditions qui portent ce nom et les considérer comme formant un certain groupe de manifestations) sont ordinairement beaucoup plus distinctes que celles qui se présentent sous les conditions dites de réflexion, de mémoire, d'imagination ou d'idéation. Souvent même, les manifestations vives ne diffèrent que peu des faibles. Quand il fait presque obscur, nous ne pouvons pas toujours décider si une certaine manifestation appartient à l'ordre vif ou à l'ordre faible, si, comme nous le disons, nous voyons réellement quelque chose, ou si nous nous imaginons le voir. De même, entre la sensation d'un son très faible et l'imagination d'un son, il est parfois très difficile de décider laquelle occupe la conscience. Mais ces cas exceptionnels sont extrêmement rares en comparaison de la masse énorme de ceux où, à chaque instant, les manifestations vives se distinguent des faibles sans erreur possible. Réciproquement, il arrive aussi de temps à autre (bien que sous des conditions que pour mieux les distinguer nous appelons anomales) que les manifestations de l'ordre faible deviennent si fortes qu'elles peuvent être prises pour des manifestations de l'ordre vif. Chez l'aliéné, des phénomènes idéaux de la vue et de l'ouïe acquièrent une telle intensité qu'ils se classent avec les phénomènes de la vue et de l'ouïe. Je me sers ici des mots *idéal* et *réel* sans impliquer d'autre contraste que celui qui nous occupe. Ces cas d'illusion, nous pouvons les appeler ainsi, se présentent pourtant dans une si faible proportion, relativement à la grande masse des faits, que nous avons le droit de les négliger et de dire que la faiblesse relative de ces manifestations du second ordre est si marquée, que nous n'avons jamais de doute qu'elles ne soient pas d'une nature distincte de celles du premier ordre. Que si nous admettons que le doute vienne à se produire par exception, nous admettons par là que nous avons d'autres moyens de déterminer à quel ordre une manifestation particulière appartient, quand le critérium de la vivacité relative nous manque.

Les manifestations de l'ordre vif précèdent, dans notre expérience, celles de l'ordre faible, ou, pour employer les expressions signalées plus haut, l'idée est une répétition faible et imparfaite de l'impression originale. Dans l'ordre chronologique, il y a d'abord une manifestation présentée de l'ordre vif, et ensuite il peut y avoir une manifestation représentée semblable à la première excepté sur un point : elle est beaucoup moins nette. L'expérience universelle nous apprend qu'après avoir eu les manifestations vives, que nous appelons tels lieux, telles personnes, telles choses, nous pouvons avoir les manifestations faibles, que nous appelons souvenir des lieux, des personnes, des choses, mais que nous ne pouvons les avoir auparavant; ce n'est pas tout : l'expérience universelle nous apprend que, avant de goûter certaines substances et d'odorer certains parfums, nous sommes dépourvus des manifestations faibles qu'on appelle les idées de leurs goûts ou de leurs odeurs ; nous savons encore que, lorsque certains ordres de manifestations vives sont exclus (comme celles de la vue chez l'aveugle et celles de l'ouïe chez le sourd), les manifestations faibles qui leur correspondent ne se produisent jamais. Il est vrai que, dans certains cas, les manifestations faibles précèdent les vives. Ce que nous appelons la conception d'une machine peut être bientôt suivie d'une manifestation vive qui lui ressemble, celle d'une vraie machine. Mais, en premier lieu, la production de la manifestation vive après la faible n'a pas d'analogie avec la production de la faible après la vive, elle ne la suit pas spontanément comme l'idée suit l'impression. Et, en second lieu, quoiqu'une manifestation faible de cette espèce puisse se présenter avant la vive qui lui répond, il n'en est pas ainsi pour les éléments qui la composent. Sans des manifestations vives préalables de roues, de tringles, de coudes, l'inventeur n'aurait pu avoir aucune manifestation faible de sa nouvelle machine. Ainsi la production des manifestations faibles est rendue possible par la production préalable des vives. Ce qui les distingue, la vive de la faible, c'est que la vive est indépendante et la faible dépendante.

Ces deux ordres de manifestations forment deux séries parallèles, ou plutôt ne les appelons pas des séries, car ce mot implique une disposition linéaire, mais des courants ou des processions hétérogènes. Ils courent côte à côte ; chacun d'eux tantôt s'élargit, tantôt se rétrécit, tantôt menace de supprimer son voisin, tantôt est menacé de disparaître, sans que jamais l'un chasse l'autre du canal commun. Examinons avec soin les actions que les deux courants exercent l'un sur l'autre. Dans le cours de ce que nous appelons nos états d'activité, les manifestations vives prédominent. Nous recevons simultanément beaucoup de présentations diverses, une foule d'impressions visuelles, des sons plus ou moins nombreux, des résistances, des goûts, des odeurs, etc. ; certains groupes varient; d'autres restent fixes temporairement, mais varient quand nous entrons en mouvement; et, si nous venons à comparer dans sa grandeur et sa masse ce composé hétérogène de manifestations vives avec le composé parallèle de manifestations faibles, ces dernières nous paraissent insignifiantes. Toutefois elles ne disparaissent jamais. Toujours à côté des manifestations vives, alors même qu'elles sont le plus prépondérantes, l'analyse découvre une chaîne d'idées et d'interprétations constituées par les manifestations faibles. Si l'on prétend qu'une explosion assourdissante ou une douleur cruelle peut, pour un moment, supprimer toute idée, il faut admettre aussi que l'on ne peut connaître immédiatement cette solution de continuité, puisque, sans idées, l'acte de la connaissance est impossible. D'autre part, après certaines manifestations vives que nous appelons l'acte de fermer les yeux, de nous arranger pour affaiblir les manifestations vives de pression, de son, etc., les manifestations de l'ordre faible acquièrent une prédominance relative. Le courant hétérogène et toujours changeant des manifestations faibles, n'étant plus masqué par le courant des vives, apparaît plus distinct et semble même à son tour vouloir exclure le courant contraire. Mais, durant le cours de ce que nous appelons conscience, le courant des manifestations vives, bien que réduit à de petites proportions, continue encore; la pression et le tact ne disparaissent pas complètement. Ce n'est que dans l'état d'inconscience appelé sommeil que les manifestations de l'ordre vif cessent d'être distinguées comme telles, et que celles de l'ordre faible prennent leur place et nous en imposent. Nous restons même sans rien savoir de cette usurpation jusqu'au retour des manifestations de l'ordre vif au réveil : nous ne pouvons jamais conclure que des manifestations de l'ordre vif ont été absentes qu'au moment où elles reparaissent, et par conséquent nous ne pouvons jamais savoir directement qu'elles sont absentes. Ainsi chacune des deux séries composées et parallèles de manifestations conserve sa continuité. Coulant côte à côte, ces courants empiètent l'un sur l'autre, mais il n'y a pas d'instant où l'on puisse dire que l'un a, à tel endroit et à tel moment, interrompu l'autre.

Outre cette cohésion longitudinale, il y a une cohésion latérale des manifestations vives avec les vives et des faibles avec les faibles. Les éléments des séries vives sont unis ensemble par des liens de coexistence aussi bien que par des liens de succession; les éléments des séries faibles sont unis ensemble d'une manière semblable. L'union dans les deux cas nous offre toutefois, quant au degré, des différences marquées et très significatives. Observons-les. Sur un certain espace remplissant une partie de ce qu'on appelle le champ de la vision, des lumières, des ombres, des couleurs, des contours, forment un groupe; nous les regardons comme les signes d'un objet, et nous donnons au groupe un certain nom; tant que ces manifestations vives unies restent présentes, elles sont inséparables. Il en est de même des groupes coexistants de manifestations : chacun persiste comme un composé spécial, et la plupart conservent des relations fixes avec ceux qui les entourent. Il y en a qui ne sont pas susceptibles de ce que nous appelons des mouvements indépendants, et d'autres qui le sont; néanmoins, en nous présentant les manifestations qui les composent unies par une connexion constante, ils nous présentent aussi ces mêmes manifestations unies à d'autres par une connexion variable. Quoique, après certaines manifestations vives que nous appelons des changements dans les conditions de perception, il y ait un changement dans les proportions des manifestations vives qui constituent un groupe quelconque, leur cohésion persiste, nous ne parvenons pas à en détacher une ou plusieurs pour les isoler. Nous voyons aussi que les manifestations faibles présentent des cohésions latérales entre elles, mais beaucoup moins étendues et dans la plupart des cas infiniment moins étroites. Quand je ferme les yeux, je peux me représenter un objet qui maintenant est à une place, dans une autre place ou absent. Quand je regarde un vase bleu, je ne peux pas séparer la manifestation vive de la couleur bleue d'une manifestation vive d'une certaine forme particulière; mais, en l'absence de ces manifestations vives, je peux séparer la manifestation faible de la forme de celle de couleur bleue, et remplacer la dernière par une manifestation faible de couleur rouge. Il en est ainsi partout. Les manifestations faibles contractent bien des adhérences entre elles, mais nonobstant elles peuvent, pour la plupart, entrer facilement dans de nouveaux arrangements. On peut même dire que les adhérences des manifestations faibles *individuelles* ne sont point indissolubles comme celles des vives individuelles. Bien que, à côté d'une manifestation faible de pression, il y ait toujours quelque manifestation faible d'étendue, pourtant nulle manifestation faible particulière d'étendue n'est enchaînée à une manifestation faible particulière de pression. Dans l'ordre vif, les manifestations individuelles adhèrent entre elles d'une façon indissoluble, et, d'ordinaire, elles forment de grands groupes ; mais, dans l'ordre faible, les manifestations individuelles ne contractent point de ces adhérences indissolubles et s'agrègent lâchement pour la plupart. Les seules cohésions indissolubles qu'on y rencontre sont celles qui unissent certaines de leurs formes génériques.

Si les éléments de chaque courant tiennent réciproquement entre eux, ils ne tiennent pas fortement avec ceux de l'autre. Ou, plus exactement, nous pouvons dire que le courant vif coule d'ordinaire sans être le moins du monde troublé par le faible, et que le courant faible, bien qu'il soit souvent grandement influencé et toujours dans une certaine mesure emporté par le vif, peut pourtant conserver une indépendance réelle et glisser à côté sans s'y mêler. Nous jetterons un coup d'œil sur leurs interventions réciproques. Les manifestations faibles successives qui constituent la pensée sont impuissantes à modifier au plus faible degré les manifestations vives qui se présentent. Si nous omettons une classe toute spéciale d'exceptions sur lesquelles nous reviendrons, les manifestations vives, fixes et changeantes, ne sont pas directement affectées par les faibles. Celles que je distingue, en tant qu'éléments d'un paysage, du grondement de la mer, du sifflement du vent, du mouvement des voitures et des gens à pied, ne sont nullement influencées par les manifestations faibles qui les accompagnent et que je distingue en tant que mes idées. D'autre part, le courant des manifestations faibles est toujours quelque peu troublé par celui des vives. Souvent il se compose principalement de manifestations faibles qui adhèrent fortement à des vives, et sont entraînées par elles quand celles-ci viennent à passer. Ces souvenirs, ces suggestions, c'est ainsi que nous les appelons, jointes aux manifestations vives qui les produisent, forment presque la totalité du corps des manifestations. A d'autres moments, quand nous sommes, comme on dit, absorbés dans nos pensées, le trouble du courant faible n'est que superficiel. Les manifestations vives n'entraînent après elles que le petit nombre de manifestations faibles qu'il faut pour les faire reconnaître ; à chaque impression adhèrent certaines idées qui nous disent ce qu'elle est et l'interprètent. Cependant le grand courant de manifestations faibles coule complètement sans relation avec les vives, — une rêverie, peut-être, ou encore une opération de raisonnement. Parfois, durant cet état qu'on appelle absence d'esprit, le courant des manifestations faibles prédomine si bien que le courant vif ne peut guère l'affecter. On voit donc que ces deux séries parallèles de manifestations, dans chacune desquelles règne une cohésion intime dans la longueur et la largeur, n'ont l'une avec l'autre que des adhérences partielles. La série vive est tout à fait insensible au passage de sa voisine ; et, quoique la série faible soit toujours, dans quelque mesure, affectée et souvent entraînée par la vive, elle peut néanmoins s'en séparer largement.

Il y a encore à faire connaître un autre caractère différentiel d'une importance capitale. Les conditions sous lesquelles ces ordres de manifestations se présentent sont différentes, et les conditions de production de chaque ordre appartiennent à ce même ordre. Toutes les fois qu'on peut remonter aux antécédents immédiats des manifestations vives, on voit que ce sont des manifestations vives ; et, si nous ne pouvons pas dire que les antécédents des manifestations faibles appartiennent toutes à leur courant, cependant celles qui sont essentielles en font partie. Ces propositions n'ont pas besoin de beaucoup d'explication. Évidemment les changements qui surviennent parmi les manifestations vives que nous examinons, les mouvements, les sons, les changements d'aspects qui surviennent dans ce que nous appelons les objets environnants, sont, ou bien des changements à la suite de certaines manifestations vives, ou des changements dont on ne voit pas les antécédents. Toutefois, il y a des manifestations vives qui se présentent seulement sous certaines conditions qui semblent appartenir à un autre ordre. Celles que nous appelons couleurs et formes visibles supposent les yeux ouverts. Mais que signifient les yeux ouverts dans le langage dont nous nous servons ? A la lettre, c'est l'apparition de certaines manifestations vives. L'idée d'ouvrir les yeux, qui les précise, consiste sans doute en des manifestations faibles, mais l'acte d'ouvrir les yeux consiste en des manifestations vives. Il est évident qu'il en est de même dans ces mouvements des yeux et de la tête qui sont suivis de nouveaux groupes de manifestations vives. Il en est encore de même des manifestations vives que nous appelons sensations du toucher et de la pression. Toutes celles qui peuvent changer ont pour condition certaines manifestations vives que nous appelons sensations de tension musculaire. Il est vrai que les conditions de ces dernières sont des manifestations de l'ordre faible, les idées des actions musculaires qui précèdent les actions musculaires. Nous voici en présence d'une complication provenant de ce que l'objet que nous appelons le corps se présente à nous comme une série de manifestations vives rattachées d'une façon spéciale aux manifestations faibles, façon unique d'après laquelle des manifestations vives peuvent être produites par des faibles. Citons ici l'exception de même nature que nous offrent les émotions, exception qui ne laisse pas de confirmer la règle. En effet, s'il faut voir dans les émotions une espèce de manifestations vives, et qu'elles puissent être produites par des manifestations faibles que nous appelons idées, il n'en est pas moins vrai que nous les classons dans l'ensemble des manifestations faibles et non avec les manifestations vives, telles que les couleurs, les sons, les pressions, les odeurs, etc., parce que leurs conditions appartiennent à l'ordre des faibles. Mais, si nous laissons de côté les manifestations vives spéciales que nous appelons tensions musculaires et émotions et qu'on a l'habitude de classer séparément, nous pouvons dire de toutes les autres que les conditions de leur existence, en tant que manifestations vives, sont des manifestations de la même classe qu'elles. Dans le courant parallèle, nous trouvons un principe parallèle. Quoique bien des manifestations de l'ordre faible soient en partie causées par les manifestations de l'ordre vif, qui évoquent des souvenirs et suggèrent des conclusions, néanmoins ces résultats dépendent principalement de certains antécédents qui appartiennent à l'ordre faible. Un nuage passe en travers du soleil; il peut ou non produire un effet sur le courant des idées. La conclusion qu'il va pleuvoir peut se produire, ou le cours antérieur des idées peut suivre sa marche ; il y a là une différence évidemment déterminée par des conditions qu'il faut chercher parmi ces idées. La puissance qu'une manifestation vive a de causer la production de certaines manifestations faibles dépend de la préexistence de certaines manifestations faibles appropriées. Si nous n'avons jamais entendu de courlis, le cri poussé par un courlis invisible ne produit pas l'idée d'un oiseau. Nous n'avons qu'à nous rappeler les différents enchaînements de réflexions que la même sensation de la vue a éveillés pour reconnaître à quel point l'apparition de chaque manifestation faible se trouve essentiellement dépendante d'autres manifestations faibles qui ont passé avant elle, ou qui existent en même temps qu'elle.

Nous voici enfin en présence de la plus frappante, et peut-être la plus importante, des différences qui séparent les deux ordres de manifestations; elle tient à celle que nous venons d'indiquer, mais il y a profit à l'en séparer pour l'étudier. Les conditions d'apparition ne se distinguent pas seulement par le fait que chaque groupe, quand il peut être reconnu, appartient à son propre ordre de manifestations, mais elles ont un caractère encore plus significatif. Les manifestations de l'ordre faible ont des antécédents qu'on peut découvrir ; on peut les faire apparaître en réalisant leurs conditions d'apparition, et l'on peut les supprimer en réalisant d'autres conditions. Mais les manifestations de l'ordre vif surviennent continuellement sans présentation préalable de leurs antécédents; et dans bien des cas elles persistent ou cessent sous des conditions connues ou inconnues, ce qui montre que leurs conditions sont complètement indépendantes de notre volonté. L'impression appelée éclair traverse le courant de nos idées sans que rien l'annonce. Les sons d'une troupe de musiciens qui commencent à jouer dans la rue, ou le bruit de la porcelaine qu'on casse dans une pièce voisine, ne se rattachent pas à l'une des manifestations qui existaient auparavant, soit dans l'ordre faible, soit dans l'ordre vif. Souvent ces manifestations vives, naissant à l'improviste, persistent à se jeter au travers du courant des faibles, lequel non seulement ne peut les affecter directement, mais ne le peut même pas indirectement. Un coup violent reçu par derrière est une manifestation vive dont les conditions d'apparition ne sont ni parmi les manifestations vives ni parmi les faibles, et dont les conditions de persistance sont reliées aux vives d'une manière qui n'est pas manifestée. En sorte que si, dans l'ordre faible, les conditions d'apparition se trouvent toujours parmi les manifestations préexistantes ou coexistantes, dans l'ordre vif les conditions de production sont souvent absentes.

Nous venons de trouver des caractères saillants par lesquels les manifestations de l'un des ordres se ressemblent entre elles et diffèrent de celles de l'autre ordre. Récapitulons en quelques mots ces caractères saillants. Les manifestations de l'un sont vives, et celles de l'autre sont faibles. Celles de l'un sont des originaux, tandis que celles de l'autre sont des copies. Les premières forment entre elles une série ou un courant hétérogène qui n'est jamais interrompu ; les secondes forment aussi une série parallèle qui n'est jamais interrompue ou, pour parler avec rigueur, dont on ne connaît jamais directement l'interruption. Celles du premier ordre adhèrent entre elles non seulement dans le sens longitudinal, mais aussi dans le transversal; celles du second s'unissent de la même manière. Ces adhérences sont indissolubles pour le premier ordre, mais pour le second elles sont pour la plupart très faciles à rompre. Tandis que les termes de chaque série, les parties de chaque courant, sont unis par des adhérences si intimes que le courant ne peut se diviser, les deux courants, glissant en réalité côte à côte, ne contractent que de faibles adhérences : le grand courant vif résiste absolument au faible, et celui-ci peut presque s'isoler du vif. Les conditions sous lesquelles les manifestations de chacun des deux ordres se présentent appartiennent elles-mêmes à cet ordre; mais si dans l'ordre faible les conditions sont toujours présentes, dans l'ordre vif il arrive souvent que les conditions ne le sont pas et qu'elles sont quelque part en dehors de la série. Sept caractères distincts servent donc de signes à ces deux ordres de manifestations et les distinguent l'un de l'autre.

§ 44. Qu'est-ce que cela veut dire? L'analyse qui précède a commencé par la croyance que les propositions admises comme postulats par la philosophie doivent affirmer des classes dernières de ressemblance et de non-ressemblance dans lesquelles toutes les autres s'absorbent; et nous venons de trouver que toutes les manifestations de l'inconnaissable se divisent en deux classes de cette nature. A quoi répond cette division?

Il est évident que c'est à la division entre *objet* et *sujet*. Nous reconnaissons cette distinction, la plus profonde de toutes celles que nous offrent les manifestations de l'inconnaissable, en les groupant en un *soi* et un *non-soi*. Les manifestations faibles qui forment un tout continu différent de l'autre par la quantité, la qualité, la cohésion, les conditions d'existence de ses parties, que nous appelons le *moi;* et les manifestations vives rattachées ensemble par un lien indissoluble en des masses relativement immenses, avec des conditions d'existence indépendantes, que nous appelons le *non-moi*. Ou mieux, avec plus de vérité, chaque ordre de manifestations implique irrésistiblement une force qui se manifeste; et, en employant les mots *moi* et *non-moi*, nous voulons dire, par le premier la force qui se manifeste dans les formes faibles, et par le second la force qui se manifeste dans les formes vives.

Nous le voyons, ces conceptions qui ont pris corps et reçu un nom propre ne tirent pas leur origine d'une source impénétrable, mais elles s'expliquent par la loi fondamentale de la pensée, loi sans appel. L'intuition de ressemblance et de différence s'impose par sa seule persistance ; elle défie le scepticisme, puisque sans elle le doute même devient impossible. La division primordiale du soi et du non-soi est le résultat accumulé de l'intuition persistante des ressemblances et des différences que présentent les manifestations. Je dirai même que la pensée n'existe que par cette espèce d'acte qui nous conduit, à chaque instant, à rapporter certaines manifestations à la classe avec laquelle elle a tant d'attributs communs, et les autres à l'autre classe avec laquelle elles ont des attributs communs aussi nombreux. Ces opérations de classement, en se répétant des myriades de fois, amènent des myriades d'associations de chaque manifestation avec celles de sa propre classe, et par là produit l'union des membres de chaque classe et la désunion des deux classes.

Rigoureusement parlant, la séparation et la fusion des manifestations en deux touts distincts sont en grande partie spontanées et précèdent tout jugement réfléchi, bien que les jugements réfléchis, lorsqu'ils viennent à se produire, en reconnaissent l'existence. Car les manifestations de chaque ordre ne présentent pas simplement cette espèce d'union qu'on reconnaît implicitement quand on les groupe comme objets individuels d'une même classe; mais, nous l'avons vu, ils en présentent une beaucoup plus intime, impliquée dans leur cohésion actuelle. Cette union cohésive se montre avant qu'aucun acte conscient de classement ait lieu. En sorte que, dans la réalité, ces deux ordres opposés de manifestations se sont en substance spontanément séparés et spontanément consolidés. Les membres de chaque ordre, en s'unissant intimement entre eux et en s'éloignant de leurs opposés, forment eux-mêmes ces touts unis qui constituent l'objet et le sujet. C'est cette union spontanée qui donne à ces touts formés de manifestations l'individualité qu'ils possèdent comme des touts, et la distinction fondamentale qui les sépare, distinction antérieure et supérieure au jugement; la séparation est déjà déterminée, le jugement ne fait que la prononcer davantage, en rapportant à leurs classes respectives les manifestations qui ne se sont pas unies nettement avec le reste de leur espèce.

Il y a encore un acte-jugement qui se répète plus tard perpétuellement, lequel fortifie cette antithèse fondamentale et donne une grande extension à l'un de ses termes. Nous ne cessons pas d'apprendre que les conditions d'apparition des manifestations faibles doivent toujours se trouver, mais que bien souvent on ne découvre pas les conditions d'apparition des vives. Nous ne cessons pas d'apprendre que les manifestations vives auxquelles on n'aperçoit pas d'antécédent parmi les vives sont semblables à des manifestations vives précédentes qui *avaient* des antécédents qu'on pouvait apercevoir parmi les vives. De la combinaison de ces deux expériences résulte la conception irrésistible que quelques manifestations vives ont des conditions d'apparition qui existent en dehors du courant des manifestations vives, c'est-à-dire comme manifestations vives potentielles susceptibles de devenir actuelles. Nous avons ainsi vaguement conscience d'une région indéfiniment étendue de force ou d'être, non seulement séparée du courant des manifestations faibles qui constituent le *moi*, mais placée en dehors du courant des manifestations vives qui constituent la portion immédiatement présente du *non-moi*.

§ 45. Je viens d'indiquer d'une façon très imparfaite, en passant sur les objections, et en omettant des explications nécessaires, pour me renfermer dans le peu d'espace dont je pouvais disposer, la nature essentielle et la justification de la proposition primordiale dont la Philosophie a besoin pour point de départ. Je pourrais en toute sûreté admettre cette vérité dernière; le sens commun l'affirme, chaque pas de la science la suppose, et nul métaphysicien n'a réussi un instant à la chasser de la conscience. Partant du postulat que les manifestations de l'inconnaissable se séparent en deux agrégats qui constituent, l'un le monde de la conscience, l'autre le monde au delà de la conscience, j'aurais pu laisser le postulat se prouver par sa conformité avec tous les résultats de l'expérience directe et indirecte. Mais comme tout ce qui suit roule sur ce postulat, il m'a semblé bon d'exposer brièvement ses titres, afin de me mettre à l'abri de la critique qu'on pourrait en faire. Il m'a paru désirable de montrer que cette cognition fondamentale n'est ni illusoire, comme l'affirme l'idéaliste, ni douteuse, comme le croit le sceptique, ni inexplicable, comme l'admet le réaliste naturel; mais qu'elle est le produit légitime de la conscience élaborant des matériaux d'après les lois de son action normale. Si, dans l'ordre chronologique, l'établissement de cette distinction précède tout raisonnement, et si elle s'empare de tout notre esprit, de sorte qu'il nous est interdit d'en faire l'objet de nos raisonnements sans en supposer l'existence, l'analyse pourtant nous permet de justifier l'affirmation de son existence en montrant qu'elle est aussi le produit d'une classification basée sur des ressemblances accumulées et des différences accumulées. En d'autres termes, le raisonnement, qui n'est lui-même qu'une formation de cohésions entre les manifestations, fortifie, par celles qu'il forme, celles dont il constate la préexistence.

Telles sont les données de la Philosophie. Comme la Religion, la Philosophie admet ce *fonds* primordial que la conscience *implique*, le principe qui, ainsi que nous l'avons vu, a les fondements les plus profonds. Elle suppose la validité d'une certaine *opération* primordiale de la conscience, sans laquelle il n'y a point de conclusion possible, sans laquelle même on ne peut rien affirmer ni rien nier. Elle suppose en outre la validité d'un certain *produit* primordial de la conscience, qui, tout en prenant naissance dans une opération de la conscience, est aussi, en un certain sens, le produit de cette opération, puisque c'est d'elle qu'il reçoit sa vérification et sa légitimité. Bref, nos postulats sont : une Force inconnaissable, l'existence de ressemblances et de différences connaissables parmi les manifestations de cette force et par suite une séparation des manifestations en deux classes, les unes appartenant au sujet, les autres à l'objet.

Avant de passer à l'objet essentiel de la Philosophie, l'unification complète de la connaissance déjà en partie unifiée par la science, il faut traiter un autre sujet préliminaire. Les manifestations de l'inconnaissable séparées en deux divisions, le soi et le non-soi, peuvent se diviser encore en certaines formes plus générales dont la science aussi bien que le sens commun ne cesse d'admettre la réalité. Dans le chapitre intitulé *Idées scientifiques dernières*, j'ai montré que nous ne connaissons rien de ces formes considérées en elles-mêmes. Cependant, comme nous sommes obligés de continuer à employer les mots qui leur servent de signes, il est nécessaire de dire le sens que nous leur donnons.

CHAPITRE III

ESPACE, TEMPS, MATIÈRE, MOUVEMENT, FORCE

§ 46. Le scepticisme, produit ordinaire de la critique philosophique, doit surtout son origine à la fausse interprétation des mots. La lecture d'un livre de métaphysique donne toujours un sentiment d'illusion universelle d'autant plus fort que l'argument a paru plus décisif. Ce sentiment n'aurait probablement jamais pris naissance si l'on avait toujours bien traduit les termes de métaphysique. Par malheur, ces termes ont acquis par association des sens tout à fait différents de ceux que leur donnent les discussions philosophiques; ces sens vulgaires se présentent à l'esprit inévitablement, il en résulte un idéalisme qui ressemble à un rêve et s'accorde si mal avec nos convictions instinctives. C'est au mot *phénomène* et à son équivalent, le mot *apparence*, qu'il faut surtout faire remonter la cause de cette illusion. Dans le langage ordinaire, on se sert toujours de ces mots pour désigner des perceptions visuelles. L'habitude nous met presque, sinon tout à fait, hors d'état de penser l'*apparence* autrement que comme un objet que l'on voit; et, quoique le mot *phénomène* ait un sens plus général, nous ne pouvons nous défaire des associations du mot *apparence*, son synonyme dans le langage usuel. Lors donc que la philosophie prouve que notre connaissance du monde extérieur ne peut être que phénoménale, quand elle aboutit à la conclusion que les choses dont nous avons conscience sont des apparences, nous songeons inévitablement à des illusions semblables à celles que produisent nos perceptions de la vue comparées avec celles du tact. Nous voyons dans les bonnes peintures l'aspect des choses très exactement simulé avec des couleurs sur de la toile. Le miroir nous prouve, par un exemple plus évident, à quel point la vue est décevante quand elle n'est pas corrigée par le toucher. Les exemples fréquents de fausse interprétation des impressions faites sur nos yeux viennent encore ébranler notre foi en la vision. De sorte que le mot même d'*apparence* est entaché du sens d'incertitude. Par suite, la philosophie, en lui donnant un sens étendu, nous conduit à penser que tous nos sens nous trompent de la même manière que nos yeux et nous fait croire que nous nageons dans un monde de fantômes. Si les mots *phénomène* et *apparence* n'avaient pas contracté de ces associations trompeuses, cette confusion mentale n'existerait guère, si toutefois elle existait. Il en serait de même si nous les avions remplacés par le mot *effet*, qui s'applique également à toutes les impressions produites sur la conscience par l'intermédiaire de nos sens, et qui porte avec lui dans la pensée son corrélatif nécessaire le mot *cause*, qui pas plus que lui ne risque de nous faire tomber dans les chimères de l'idéalisme.

Ce danger, s'il subsistait encore, disparaîtrait par une simple correction verbale. La confusion qui résulte de la fausse interprétation que je viens de signaler est accrue encore par l'idée d'une fausse antithèse. Nous donnons plus de force à la non-réalité apparente de cette existence phénoménale, la seule que nous puissions connaître, dès que nous la mettons en opposition avec une existence nouménale qui serait, ainsi que nous nous l'imaginons, beaucoup plus réelle pour nous si nous pouvions la connaître. Mais nous nous faisons illusion avec des mots. Que veut dire le mot *réel* ? Telle est la question qui gît au fond de toute métaphysique ; c'est parce qu'on néglige de la résoudre, qu'on ne fait pas disparaître la dernière cause des vieilles divisions des métaphysiciens. Dans l'interprétation du mot *réel*, les discussions philosophiques ne gardent qu'un élément de la conception vulgaire des choses et rejettent tous les autres ; elles créent la confusion par l'inconséquence. Le paysan, quand il examine un objet, croit non pas que ce qu'il examine est quelque chose en lui, mais que la chose dont il a conscience est un objet extérieur ; il se figure que sa conscience s'étend au lieu même qu'occupe l'objet : pour lui, l'apparence et la réalité ne sont qu'une seule et même chose. Toutefois le métaphysicien est convaincu que la conscience ne peut embrasser la réalité, mais seulement l'apparence ; il place l'apparence au dedans de la conscience et laisse la réalité en dehors. Il continue à concevoir cette réalité, qu'il laisse hors de la conscience, de la même manière que l'ignorant conçoit l'apparence. Il affirme que la réalité est hors de la conscience, mais il ne cesse de parler de la *réalité* de cette réalité comme si c'était une connaissance qu'on pût saisir en dehors de la conscience. Il semble qu'il ait oublié que la conception de la réalité ne peut être qu'un mode de conscience et que la question à considérer, c'est de savoir quelle est la relation entre ce mode et les autres ?

Par réalité, nous entendons *persistance* dans la conscience : une persistance ou bien inconditionnelle, comme l'intuition de l'espace, ou bien conditionnelle, comme l'intuition d'un corps que nous tenons à la main. Ce qui distingue le réel tel que nous le concevons, c'est le caractère de persistance ; c'est par ce caractère que nous le séparons de ce que nous appelons non-réel. Nous distinguons une personne placée devant nous de l'idée de cette personne, parce que nous pouvons écarter l'idée de la conscience, tandis que nous ne pouvons pas en écarter la personne quand nous la regardons. Quand nous avons des doutes sur une impression qu'un objet fait sur nous à la brune, nous y mettons un terme, si l'impression persiste après une observation plus exacte, et nous affirmons la réalité si la persistance est complète. Ce qui fait voir que la persistance est bien ce que nous appelons réalité, c'est qu'après que la critique a prouvé que le réel, tel que nous en avons conscience, n'est pas le réel objectivement, la notion indéfinie que nous nous formons du réel objectivement est celle d'une chose qui persiste absolument, sous tous les changements de mode, de forme ou d'apparence. Le fait que nous ne pouvons nous former même une notion indéfinie de l'absolument réel, excepté comme absolument persistant, implique clairement que la persistance est le critérium ultime de la réalité en tant que présente à la conscience.

La réalité n'étant, pour nous, rien de plus que la persistance dans la conscience ; que l'objet que nous percevons soit l'inconnaissable lui-même ou un effet produit invariablement sur nous par l'inconnaissable, cela ne change rien au résultat. Si, dans les conditions constantes de notre constitution, quelque pouvoir dont la nature dépasse notre conception produit toujours quelque mode de conscience, si ce mode de conscience est aussi persistant que le serait ce pouvoir s'il était dans la conscience, la réalité pour la conscience serait aussi complète dans un cas que dans l'autre. Si un être inconditionné était présent dans la pensée, il ne pourrait être que persistant ; et si, au lieu de cet être, il y a un être conditionné par les formes de la pensée, mais non moins persistant, il ne doit pas être pour nous moins réel.

On peut donc tirer les conclusions suivantes. Premièrement, nous avons conscience d'une manière indéfinie d'une réalité absolue supérieure aux relations, qui est produite par la peristance absolue en nous de quelque chose qui survit à tous les changements de relation. Secondement, nous avons conscience d'une manière définie d'une réalité relative qui persiste sans cesse en nous, sous l'une ou l'autre de ses formes, et sous chaque forme, aussi longtemps que les conditions de présentation se trouvent remplies; la réalité relative, étant ainsi continuellement persistante en nous, est aussi réelle pour nous que le serait la réalité absolue si elle pouvait être immédiatement connue. Troisièmement, la pensée n'étant possible que sous relation, la réalité relative ne peut être conçue comme telle qu'en connexion avec une réalité absolue; et la connexion de ces deux réalités, étant également persistante dans la conscience, est réelle au même sens que les termes qu'elle unit sont réels.

Ainsi donc, nous pouvons revenir avec une entière confiance à ces conceptions réalistes que la philosophie à première vue semble dissiper. Quoique la réalité présentée sous les formes de notre conscience ne soit qu'un effet conditionné de la réalité absolue, cet effet conditionné, uni à sa cause inconditionnée par une relation indissoluble et persistant avec elle aussi longtemps que les conditions persistent, est pourtant également réel pour la conscience qui fournit ces conditions. Les impressions persistantes étant les résultats persistants d'une cause persistante sont dans la pratique la même chose pour nous que la cause elle-même; et l'on peut les traiter comme ses équivalents. Il en est de même de nos perceptions de la vue, qui ne sont que des symboles jugés équivalents aux perceptions de tact, mais qui pourtant s'identifient tellement avec nos perceptions tactiles que nous nous imaginons voir la solidité et la dureté que nous ne faisons qu'inférer, et que nous concevons comme objets des choses qui ne sont que les signes des objets; en sorte que nous finissons par traiter ces réalités relatives comme si elles étaient absolues au lieu d'être les effets des réalités absolues. Nous pouvons légitimement continuer à les traiter ainsi, à la condition de comprendre que les conclusions où elles nous conduisent sont des réalités relatives et non des réalités absolues.

§ 47 [1]. Nous pensons en relations. La relation est véritablement la forme de toute pensée; et, si la pensée revêt d'autres formes, elles doivent dériver de celle-ci. Nous avons vu (Ire partie, chap. III) que les divers modes ultimes de l'existence ne peuvent être connus et conçus par nous comme ils existent en eux-mêmes, c'est-à-dire hors de *relation* avec notre conscience. Nous avons vu, en analysant le produit de la pensée (§ 23), qu'elle se compose toujours de relations et qu'elle ne peut rien comprendre qui dépasse les relations les plus générales. En analysant l'opération de la pensée, nous avons trouvé que la connaissance de l'absolu était impossible, parce qu'il ne présente ni *relation* ni les éléments de la relation, c'est-à-dire ni différence ni ressemblance. Plus tard, nous avons trouvé que non seulement l'intelligence, mais la vie même, se compose de *relations* internes en correspondance avec des relations externes. Enfin, nous avons vu que, quoique la relativité de notre pensée nous interdise de connaître ou de concevoir l'être absolu, nous devons pourtant, en vertu de cette même *relativité*, avoir une conscience vague d'un être absolu, qu'aucun effet mental ne peut supprimer. La *relation* est la forme universelle de la pensée : telle est la vérité que toutes les espèces de démonstration concourent à prouver.

Les transcendantalistes admettent, comme formes de pensée, d'autres phénomènes de conscience. A côté de la relation qu'ils regardent comme une forme universelle de la pensée, ils en voudraient mettre deux autres aussi universelles à leurs yeux. Leur hypothèse fût-elle soutenable d'ailleurs, il faudrait encore la rejeter, si l'on peut expliquer ces formes nouvelles qu'ils admettent en les faisant dériver de la forme originelle. Si nous pensons en relations, et si les relations ont certaines formes universelles, il est évident que ces formes universelles de relations deviendront des formes universelles de notre conscience. Si l'on peut les expliquer ainsi, il est superflu et par conséquent antiphilosophique de leur assigner une origine indépendante. Les relations sont de deux ordres : il y a des relations de séquence et des relations de coexistence; les unes sont primitives, les autres dérivées. La relation de séquence est donnée dans tout changement de conscience. La relation de coexistence, qui ne

---

1. Les conclusions psychologiques exposées brièvement dans cette section et les trois suivantes trouveront leur justification dans mes *Principes de psychologie*.

peut être donnée originellement dans la conscience dont les états sont sériaires, n'apparaît que lorsqu'on trouve que les termes de certaines relations de séquence se présentent à la conscience aussi facilement dans un ordre que dans l'autre; tandis que, pour d'autres relations, les termes ne se présentent que dans un seul et même ordre. Les relations dont les termes ne peuvent se renverser sont appelées séquences proprement dites; et celles dont les termes se présentent indifféremment l'un avant l'autre sont appelées coexistences. Des expériences sans nombre, qui de moment en moment offrent les deux ordres de relations, rendent leurs distinctions parfaitement définies et produisent en même temps une conception abstraite de chacun de ces ordres. La conception abstraite de toutes les séquences est le Temps. La conception abstraite de toutes les coexistences est l'Espace. De ce que dans la pensée le temps est inséparable de la séquence, et l'espace de la coexistence, nous ne concluons pas que le Temps et l'Espace sont des conditions primitives de la conscience dans laquelle les séquences et les coexistences sont connues, mais que les conceptions de Temps et d'Espace sont produites, comme d'autres abstraits sont produits par les autres concrets; la seule différence, c'est que dans ces deux cas la systématisation de l'expérience embrasse l'évolution entière de l'intelligence.

L'analyse confirme la synthèse. Quand nous avons conscience de l'Espace, c'est que nous avons conscience de positions coexistantes. On ne peut concevoir une portion limitée de l'Espace qu'en se représentant ses limites comme coexistantes dans certaines positions relatives; et chacune de ses limites imaginables, ligne ou plan, ne peut être conçue autrement que comme composée de positions coexistantes très rapprochées. Et comme une position n'est pas une entité, comme les groupes de positions qui constituent une portion quelconque de l'espace et en marquent les limites ne sont pas des existences sensibles, il en résulte que les positions coexistantes qui composent notre intuition d'espace ne sont pas des coexistences au vrai sens du mot (qui implique la réalité de leurs termes), mais des formes vides de coexistences qui restent à l'abandon quand les réalités sont absentes; c'est-à-dire, ce sont les abstraits des coexistences. Les expériences qui, durant l'évolution de l'intelligence, ont servi à former cette conception abstraite de toutes les coexistences, sont des expériences de positions individuelles constatées par le toucher; chacune d'elles implique la résistance d'un objet touché et la tension musculaire qui la mesure. C'est par une quantité innombrable d'adaptations musculaires dissemblables, impliquant des tensions musculaires dissemblables, qu'on découvre l'existence de positions résistantes différentes ; et, quand nous pouvons sentir ces positions résistantes aussi facilement dans un ordre que dans l'autre, nous les regardons comme coexistantes. Mais aussi, comme sous d'autres circonstances les mêmes adaptations musculaires ne produisent pas le contact avec des positions résistantes, il en résulte les mêmes états de conscience moins les résistances, c'est-à-dire les formes vides de coexistences d'où les objets coexistants, déjà révélés par l'expérience, sont absents. C'est de l'élaboration de ces formes, trop compliquée pour être exposée en détail ici, que résulte la conception abstraite de toutes les relations de coexistence que nous appelons l'Espace. Il ne reste à indiquer qu'une chose, qu'il ne faut pas oublier : c'est que les expériences d'où l'intuition d'espace prend naissance sont des expériences de *force*. Une certaine corrélation des forces musculaires que nous exerçons nous-mêmes est l'indice de chacune des positions que nous découvrons, et la résistance qui nous fait connaître que quelque chose existe dans cette position est un équivalent de la pression que nous exerçons avec conscience. Ainsi les expériences de forces sous des relations variées sont les matériaux d'où l'abstraction tire l'intuition d'espace.

Maintenant que nous avons montré que ce que nous appelons Espace est, par sa formation et par sa définition, purement relatif, que dirons-nous de ce qui le cause? Y a-t-il un Espace absolu dont l'Espace relatif soit en quelque sorte la représentation? L'Espace en lui-même est-il une forme ou une condition de l'existence absolue, qui produit dans nos esprits une forme ou une condition d'existence relative? Ces questions ne peuvent avoir de réponse. Notre conception de l'Espace est produite par quelque mode de l'Inconnaissable, et son invariabilité complète implique simplement une uniformité complète dans les effets produits sur nous par ce mode de l'Inconnaissable. Mais nous n'avons pas pour cela le droit de l'appeler un mode nécessaire de l'Inconnaissable. Tout ce que nous pouvons affirmer, c'est que l'Espace est une réalité relative ; que notre intuition de cette réalité relative invariable implique une réalité absolue, également invariable pour nous, et qu'on peut prendre sans hésitation la réalité relative pour base solide de tous les raisonnements qui, bien conduits, nous amènent en présence de vérités d'une réalité pareillement relative, les seules qui existent pour nous ou que nous puissions connaître.

Les mêmes raisons nous amènent à adopter les mêmes conclusions au sujet du Temps relatif et absolu. C'est trop évident pour qu'il soit nécessaire d'entrer dans les détails.

§ 48. Nous concevons la Matière comme des positions coexistantes qui opposent de la résistance ; c'est l'idée la plus simple que nous puissions nous en faire ; nous la distinguons ainsi de notre conception de l'Espace dans laquelle les positions coexistantes n'offrent aucune résistance. Nous concevons le Corps comme borné par des surfaces qui résistent et comme composé entièrement de parties qui résistent. Supprimez mentalement les résistances coexistantes, et l'intuition de Corps disparaît, laissant après elle l'intuition d'Espace. Puisque le groupe de positions résistantes coexistantes qui constituent une partie de la Matière peut nous donner invariablement des impressions de résistance combinées avec diverses adaptations musculaires, suivant que nous en touchons le côté proche ou le côté éloigné, le côté droit ou le côté gauche, il en résulte que, comme différentes adaptations musculaires indiquent habituellement des coexistences différentes, nous sommes obligés de concevoir toute portion de matière comme contenant plus d'une position résistante, c'est-à-dire comme occupant l'Espace. De là la nécessité où nous sommes de nous représenter les éléments ultimes de la Matière comme à la fois étendus et résistants ; telle est la forme universelle de nos expériences sensibles de la Matière, et nous avons beau la diviser par l'imagination en fragments aussi petits que nous voulons, la conception de la Matière ne peut s'élever au-dessus de cette forme. De ces deux éléments inséparables, l'un, la résistance, est primaire, et l'autre, l'étendue, secondaire. L'étendue occupée, ou Corps, se distinguant dans la conscience de l'étendue inoccupée, ou Espace, par sa résistance, il faut évidemment que l'attribut de résistance ait l'antériorité dans la genèse de l'idée. Cette conclusion n'est, à la vérité, qu'un corollaire évident de celle à laquelle nous sommes arrivés dans la section précédente. Si, comme nous le soutenions, notre intuition de l'Espace est le produit d'expériences accumulées, en partie à nous, mais pour la plupart héréditaires ; si, comme nous l'avons indiqué, les expériences d'où nous tirons par abstraction notre conception de l'Espace ne nous viennent que des impressions de résistance produites sur l'organisme, il en résulte nécessairement que, les expériences de résistance étant celles dont la conception d'Espace tire son origine, l'attribut de la

Matière appelée résistance doit être regardé comme primordial et l'attribut appelé espace comme dérivé. Nous voyons par là que notre expérience de *force* est l'élément dont se compose l'idée de Matière. La propriété qu'a la Matière de résister à notre action musculaire se présente immédiatement à la conscience en fonction de force, et, sa propriété d'occuper l'Espace étant tirée abstractivement d'expériences primitivement données en fonction de force, il en résulte que tout le contenu de l'idée de matière se compose de forces unies par certaines corrélations.

Si telle est notre connaissance de la réalité relative, qu'avons-nous à dire de l'absolue ? Une seule chose : c'est qu'elle est un mode de l'Inconnaissable uni à la matière par la relation de cause à effet. On démontre pareillement la relativité de notre connaissance de la matière par l'analyse que nous avons déjà faite et par les contradictions qui surgissent dès que l'on considère cette connaissance comme absolue (§ 16). Mais, comme nous l'avons vu, bien que nous ne connaissions la Matière que sous relation, elle est aussi réelle, au sens véritable du mot, que si nous pouvions la connaître hors de relation ; et, en outre, la réalité relative que nous connaissons sous le nom de Matière se représente nécessairement à l'esprit dans une relation persistante ou réelle avec l'absolue réalité. Nous pouvons donc sans hésitation nous confier à ces conditions de pensée que l'expérience a organisées en nous. Nous n'avons pas besoin, dans nos recherches physiques, chimiques ou autres, de nous abstenir de considérer la Matière comme composée d'atomes étendus et résistants, car cette conception, résultat nécessaire de notre expérience de la Matière, n'est pas moins légitime que celle de masses complexes étendues et résistantes. L'hypothèse atomique, aussi bien que l'hypothèse parente d'un éther universel composé de molécules, n'est qu'un développement nécessaire des formes universelles que les actions de l'Inconnaissable ont créées en nous. Les conclusions logiquement tirées à l'aide de ces hypothèses ne peuvent manquer d'être en harmonie avec toutes les autres qui sont impliquées dans ces mêmes formes, et de posséder une vérité relative tout aussi complète.

§ 49. La conception de Mouvement qui se présente ou se représente dans la conscience développée implique les conceptions d'Espace, de Temps et de Matière. Quelque chose qui se meut, une série de positions occupées successivement, et un groupe de positions coexistantes unies dans la pensée avec celles occupées successivement, tels sont les éléments de cette idée. Et puisque, comme nous l'avons vu, chacun de ces éléments est le résultat des expériences de *force* donnée dans certaines corrélations, il s'ensuit que c'est d'une synthèse plus avancée de ces expériences que sort l'idée de Mouvement. Il y a aussi dans cette idée un autre élément qui en est réellement l'élément fondamental (la nécessité où se trouve le corps en mouvement de changer ses positions); cet élément résulte directement de nos premières expériences de force. Les mouvements des différentes parties de l'organisme en relation l'une avec l'autre sont les premiers qui se présentent à la conscience. Produits par l'action des muscles, ils nécessitent des réactions sur la conscience sous la forme de sensations de tension musculaire. En conséquence, toute flexion, toute extension d'un membre nous est d'abord connue comme une série de tensions musculaires qui varient d'intensité à mesure que la position du membre change. Cette intuition rudimentaire de Mouvement, composée d'une série d'impressions de force, s'unit inséparablement à l'intuition d'Espace et à celle de Temps toutes les fois que celles-ci se dégagent abstractivement de nouvelles impressions de force. Ou, pour mieux dire, c'est de cette conception primitive du Mouvement, que la conception achevée se dégage par un développement simultané avec celui des conceptions d'Espace et de Temps; toutes les trois tirent leur origine des impressions de plus en plus nombreuses et diverses de tension musculaire et de résistance objective. Le Mouvement, comme nous le connaissons, peut donc se ramener comme les autres idées scientifiques ultimes à des expériences de force.

Que cette réalité relative réponde à une réalité absolue, il est à peine besoin de le dire. Ce que nous avons déjà dit sur la cause inconnue qui produit en nous les effets appelés Matière, Espace et Temps s'appliquera, en changeant les termes, au Mouvement.

§ 50. Nous arrivons enfin à la Force, le principe des principes. Quoique les conceptions de Temps, d'Espace, de Matière et de Mouvement soient en apparence toutes des données nécessaires de l'entendement, une analyse psychologique (dont je ne trace ici qu'un plan grossier) nous montre qu'elles sont édifiées avec des expériences de Force, ou qu'elles en sont tirées par abstraction. La Matière et le Mouvement, tels que nous les connaissons, sont des manifestations de Force différemment conditionnées. L'Espace et le Temps, tels que nous les connaissons, se révèlent en même temps que ces manifestations différentes de Force, comme les conditions sous lesquelles elles sont présentées. La Matière et le Mouvement sont des concrets formés avec le *contenu* de diverses relations mentales ; tandis que l'Espace et le Temps sont des abstraits des *formes* de ces diverses relations. Toutefois, en allant plus profondément, on découvre les expériences primitives de Force, qui, en se présentant dans la conscience en diverses combinaisons, fournissent à la fois les matériaux d'où sont tirées, par généralisation, les formes des relations, et avec lesquels sont construits les objets mêmes des relations. Une impression unique de force peut évidemment être perçue par un être sentant dépourvu de formes mentales ; la sensibilité seule étant donnée sans aucune faculté constituée de pensée, on peut encore se représenter au siège présumé de la sensation une force produisant un certain effet nerveux. Quoiqu'aucune impression isolée de force, ainsi perçue, ne puisse d'elle-même produire la conscience (qui implique des relations entre différents états), pourtant ces impressions, différentes par l'espèce et le degré, fourniraient en se multipliant les matériaux nécessaires à l'établissement des relations, c'est-à-dire à celui de la pensée. Si ces relations différaient par la forme aussi bien que par le contenu, les impressions des formes s'organiseraient simultanément avec les impressions qu'elles contiennent. Ainsi tous les modes de conscience peuvent se tirer d'expériences de Force ; mais les expériences de Force ne peuvent se tirer de rien autre. On n'a même qu'à se rappeler que la conscience consiste en des changements, pour voir que la donnée fondamentale de la conscience doit être celle qui se manifeste par le changement, et que la force, par laquelle nous produisons nous-mêmes des changements, et qui sert de symbole à la cause des changements en général, est la révélation finale de l'analyse.

C'est une banalité de dire que la nature de cet élément indécomposable de notre connaissance est insondable. Si, pour nous servir d'un exemple emprunté aux notations algébriques, nous représentons la Matière, le Mouvement et la Force par les symboles x, y, z, nous pouvons exprimer les valeurs de x et d'y en fonction de z ; mais la valeur de z ne peut jamais être trouvée : z est la quantité inconnue qui doit pour toujours rester inconnue, par la raison évidente qu'il n'y a rien en fonction de quoi sa valeur puisse être exprimée. Notre intelligence peut simplifier de plus en plus les équations de tous les phénomènes, jusqu'à ce que les symboles qui les formulent soient réduits à certaines fonctions de ce symbole ultime ; mais, cela fait, nous avons atteint la limite qui sépare pour jamais la science de la nescience.

J'ai déjà démontré que ce mode indécomposable de conscience, dans lequel tous les autres modes peuvent se résoudre, ne peut être lui-même le pouvoir qui se manifeste à nous par les phénomènes (§ 18). Nous avons vu que, dès que nous voulons admettre l'identité de nature entre la cause des changements telle qu'elle existe absolument et la cause des changements dont nous avons conscience dans nos propres efforts musculaires, nous nous trouvons en face d'antinomies insolubles. La Force, comme nous la connaissons, ne peut être regardée que comme un certain effet conditionné d'une cause inconditionnée, comme la réalité relative qui nous indique une réalité absolue par laquelle elle est produite directement. Ce qui nous fait voir plus clairement qu'auparavant combien est inévitable ce réalisme transformé, auquel la critique sceptique nous ramène à la fin. Rejetant toutes les complications et contemplant la Force pure, nous sommes irrésistiblement contraints, par la relativité de notre pensée, à concevoir vaguement qu'une force inconnue est corrélative de la force connue. Le noumène et le phénomène se présentent dans leur relation primordiale comme deux côtés du même changement, et nous sommes obligés de les regarder tous deux comme également réels, le dernier non moins que le premier.

§ 51. En achevant cette exposition des données dérivées dont la Philosophie ne peut se passer dans son œuvre d'unification scientifique, il est à propos de jeter un coup d'œil sur les relations qu'elles soutiennent avec les données primordiales exposées dans le dernier chapitre.

Une Cause inconnue d'effets connus que nous appelons phénomènes, des ressemblances et des différences entre ces effets connus, et une séparation des effets en sujet et objet, tels sont les postulats sans lesquels nous ne pouvons penser. Au dedans de chacune des masses séparées de manifestations, il y a des ressemblances et des différences qui impliquent des séparations secondaires qui deviennent à leur tour des postulats indispensables. Les manifestations vives qui constituent le *non-moi* n'ont pas simplement de la cohésion entre elles, mais une cohésion suivant certains modes invariables ; et parmi les manifestations faibles qui constituent le *moi*, qui sont le produit des vives, il existe des modes correspondants de cohésion. Ces modes de cohésion sous lesquels les manifestations se présentent invariablement et, par conséquent, se représentent invariablement, nous les appelons, quand nous les considérons à part, Espace et Temps, et, quand nous les considérons en même temps que les manifestations elles-mêmes, Matière et Mouvement. Ce que ces modes sont au fond est aussi inconnu que ce que la chose qu'ils manifestent est au fond. Mais la même raison qui nous permet d'affirmer la coexistence du sujet et de l'objet nous autorise à affirmer que les manifestations vives appelées objectives existent sous certaines conditions constantes, symbolisées par les conditions constantes auxquelles sont soumises les manifestations appelées subjectives.

CHAPITRE IV

INDESTRUCTIBILITÉ DE LA MATIÈRE

§ 52. Ce n'est pas parce que l'indestructibilité de la Matière n'est pas une vérité vulgairement admise qu'il est nécessaire d'en dire quelque chose, mais c'est parce que la symétrie de notre sujet l'exige, et que les preuves sur lesquelles cette vérité se fonde ont besoin d'examen. Si l'on pouvait montrer, ou si l'on pouvait avec quelque apparence de raison supposer, que la matière, soit dans ses masses, soit dans ses atomes, puisse devenir non existante, il faudrait ou constater sous quelles conditions elle devient non existante, ou avouer l'impossibilité de la Philosophie et de la Science. En effet, si, au lieu d'avoir affaire à des quantités et à des poids fixes, nous avions affaire à des quantités et à des poids susceptibles en totalité ou en partie d'être anéantis, il entrerait dans nos calculs un élément insaisissable, fatal à toute conclusion positive. On voit donc que la proposition de l'indestructibilité de la matière doit être considérée attentivement.

Bien loin d'avoir été admise comme une vérité évidente par elle-même, elle a été dans les premiers temps universellement rejetée comme une erreur patente. On croyait universellement que les choses peuvent s'évanouir en un rien absolu, ou naître de rien. Si nous analysons les superstitions primitives, ou la croyance à la magie qui naguère encore régnait sur tous les esprits et qui vit encore de nos jours dans les esprits sans culture, nous voyons qu'entre autres postulats elles supposent que, sous l'action d'un charme puissant, la Matière peut être évoquée du non-être, ou rejetée dans la non-existence. Si l'on n'y croyait pas au sens strict du mot (ce qui impliquerait que la création ou l'anéantissement étaient clairement représentés dans la conscience), on croyait pourtant y croire, et l'on se conduisait de manière à prouver que, dans cette confusion d'idées, cela revenait au même. Ce n'est pas seulement aux époques de ténèbres ou chez les esprits inférieurs que nous trouvons la trace de cette croyance. Elle domine l'enseignement de la théologie sur le commencement et la fin du monde; et l'on peut se demander si Shakespeare, dans sa prévision poétique d'un temps où toutes choses disparaîtraient « sans laisser même après elles un brin d'herbe », n'était pas sous son influence. L'accumulation graduelle et encore plus la systématisation des faits ont eu pour résultat de renverser peu à peu cette conviction, à ce point qu'aujourd'hui l'indestructibilité de la Matière est devenue un lieu commun. Tous les faits qui paraissaient prouver que quelque chose pouvait provenir de rien se sont peu à peu évanouis devant une connaissance plus large. La comète qu'on voit tout d'un coup apparaître dans les cieux, et grandir en une nuit, n'est pas un corps de création nouvelle, mais un corps qui jusqu'ici se trouvait hors de la portée de la vue. La nuée qui en quelques minutes se forme dans le ciel ne se compose pas d'une substance qui commence d'être, mais d'une substance qui existait auparavant sous une forme diffuse et transparente. Il en est de même pour un cristal ou un précipité qui se forment au sein d'un liquide. Réciproquement, une observation plus exacte nous fait voir que les destructions apparentes de matière ne sont que des changements d'état. L'eau évaporée, bien que devenue indivisible, peut par condensation reprendre sa forme primitive. Un coup de fusil nous prouve que, si la poudre a disparu, il a apparu à sa place des gaz qui, en prenant un plus grand volume, ont causé l'explosion. Toutefois ce n'est qu'après l'avènement de la chimie quantitative que les conclusions tirées de ces expériences ont pu être mises en harmonie avec les faits. Dès que les chimistes, ne se contentant plus de constater les combinaisons où peuvent entrer diverses substances, eurent établi les proportions sous lesquelles elles se combinent, et qu'ils furent en état d'expliquer comment une matière apparaissait ou devenait indivisible, le doute fut dissipé. Quand on eut fait voir que, au lieu d'une chandelle qui avait brûlé petit à petit, on avait une quantité mesurable d'acide carbonique et d'eau comme résultat de la combustion; quand on eut démontré que les poids combinés d'acide carbonique et d'eau produits étaient égaux à celui de la chandelle plus à celui de l'oxygène qui s'était uni aux éléments de la chandelle pendant la combustion, on eut mis hors de doute que le carbone et l'hydrogène de la chandelle existaient encore et n'avaient fait que changer d'état. L'analyse exacte qui chaque jour poursuit une partie de matière à travers toutes ses transformations, et en définitive parvient à l'isoler, confirme sans relâche la conclusion générale qu'on peut tirer de ces exemples.

L'effet de cette preuve spécifique, joint à la preuve que ne cesse de nous fournir la permanence des objets qui nous sont familiers, a acquis une telle puissance, qu'aujourd'hui l'indestructibilité de la Matière est une vérité dont la négation est inconcevable.

§ 53. Ce dernier fait soulève naturellement la question de savoir si nous avons pour garantie de cette croyance fondamentale une autorité supérieure à celle d'une induction consciente. Avant de montrer que nous en avons une, quelques explications sont nécessaires.

L'aperception d'une nécessité logique, c'est l'aperception que nous avons qu'une certaine conclusion est implicitement contenue dans certaines prémisses explicitement posées. Si nous comparons un jeune enfant et un adulte, nous trouvons que cette aperception manque chez l'un et existe chez l'autre, ce qui nous enseigne que la reconnaissance de certaines vérités nécessaires est soumise à une condition de croissance qui s'opère simplement par le développement des formes intellectuelles et des facultés possédées par hérédité.

D'une manière plus spécifique, nous dirons : Avant qu'on puisse connaître une vérité en qualité de nécessaire, il faut que deux conditions se trouvent remplies, à savoir un appareil mental capable de saisir les termes de la proposition et de la relation qu'on veut établir entre eux, et une représentation mentale définie et délibérée de ces termes qui rende possible une aperception claire de cette relation. Que l'une ou l'autre de ces deux conditions ne soit pas remplie, et il est possible que la nécessité de la vérité en question ne puisse être reconnue. Prenons des exemples.

Le sauvage qui ne peut compter les doigts de l'une de ses mains ne peut se faire une idée définie qui réponde à la proposition de 7 et 5 font 12, encore moins avoir l'aperception que nul autre total n'est possible.

L'enfant qui additionne des chiffres avec inattention se dit que 7 et 5 font 11 ; il peut itérativement arriver à un mauvais résultat en répétant son erreur.

Ni la non-reconnaissance de la vérité que 7 et 5 font 12, qui chez le sauvage est l'effet d'un appareil mental rudimentaire, ni l'affirmation, résultat de l'action inattentive de l'enfant, que 5 et 7 font 11, ne nous font douter de la nécessité de la relation entre ces deux nombres pris séparément et la somme qu'ils donnent quand ils existent réunis. De ce que par l'une ou l'autre cause on ne perçoit pas la nécessité de cette relation, nous n'hésitons pas à dire que, lorsque ses termes sont distinctement représentés dans la pensée, on en voit la nécessité, et qu'indépendamment du nombre des expériences cette nécessité devient connaissable quand les appareils et les fonctions sont assez développés pour que l'esprit puisse saisir les groupes de 7, 5 et 12.

Il est donc évident qu'il y a des actes de reconnaissance de vérités nécessaires qui accompagnent l'évolution mentale. En même temps que l'homme acquiert une faculté plus complexe et une imagination plus vive, il acquiert le pouvoir de percevoir comme nécessaires des vérités qu'auparavant il ne reconnaissait même pas. Ces reconnaissances suivent une marche ascendante. Un jeune garçon, pourvu d'assez d'intelligence pour voir que des choses égales à une troisième sont égales entre elles peut être hors d'état de voir que des rapports qui sont séparément égaux à certains autres rapports inégaux entre eux sont eux-mêmes inégaux ; cependant, pour un esprit plus développé, ce dernier axiome n'est pas moins évidemment nécessaire que le premier.

Tout ce que nous disons des vérités logiques et mathématiques s'applique aux vérités de la physique : il n'y a qu'à changer les termes. Il est des vérités nécessaires en physique, dont l'aperception nécessite aussi une intelligence développée et disciplinée, et, avant que cette intelligence se forme, il peut arriver non seulement que l'esprit n'aperçoive pas la nécessité de ces vérités, mais qu'il adopte une vague croyance à des principes contraires. Jusqu'à une époque relativement récente, tous les hommes demeuraient plongés dans cet état d'incapacité par rapport aux axiomes de la physique, et encore aujourd'hui la masse est incapable de les saisir. Il y a des notions populaires qui trahissent l'incapacité qu'on a de se faire des idées claires des forces et de leurs relations, ou le vague de la pensée, ou l'une et l'autre.

On attend des effets alors que les causes capables de les produire n'existent pas, ou bien on espère des effets extrêmement disproportionnés à leurs causes, ou encore on suppose que des causes prennent fin sans effet [1].

Nous pouvons nous représenter les parties de la matière indéfiniment rapprochées, et l'espace qu'elles occupent indéfini-

[1]. J'ai connu une dame qui soutenait qu'une robe pliée serré pesait plus que pliée lâche et qui, d'après cette croyance, se faisait faire des malles grandes, afin de diminuer ses frais de bagages. Une autre, que je connais, attribue le sentiment de légèreté qui accompagne la vigueur à une diminution réelle de poids, et croit qu'en marchant avec grâce elle presse moins sur le sol. Aux questions qu'on lui pose, elle affirme que, si elle se plaçait dans des balances, elle pourrait se rendre plus légère par un acte de sa volonté ! Il y a des notions populaires qui trahissent le même état d'esprit, qui montrent chez les gens sans instruction une incapacité à se faire des idées des forces et de leurs relations, ou bien accusent une bizarrerie de pensée ou tout autre défaut qui les rend incapables de saisir les axiomes physiques et leur fait affirmer beaucoup d'erreurs sur les actions physiques.

Mais, quoiqu'il y en ait beaucoup d'incapables de saisir les axiomes physiques, il n'en résulte pas plus que ces axiomes ne sont pas connaissables à *priori* par une intelligence développée, qu'il n'en résulte que les axiomes logiques ne sont pas nécessaires, parce que des intelligences non développées ne peuvent pas en percevoir la nécessité.

Telles sont les notions qui ont régné longtemps relativement à la création et à l'anéantissement de la matière. En premier lieu, on confondait habituellement deux choses radicalement différentes, la disparition de la matière et la place où elle était perçue auparavant, et le passage de la matière de l'existence à la non-existence. Ce n'est que lorsqu'on arriva à posséder une faculté déterminative supérieure à celle des gens sans culture que l'on put éviter la confusion de ces deux choses, l'une qui s'évanouit en sortant du cadre de la perception, l'autre qui s'évanouit en sortant absolument de l'espace ; et, tant que cette confusion n'est pas évitée, la croyance que la matière peut être anéantie se fait accepter. En second lieu, cette croyance continue à régner tant que l'on ne possède pas la faculté d'introspection qui permet de voir ce qui arrive quand on essaye d'anéantir la matière par la pensée. Mais quand, durant l'évolution mentale, les idées vagues qui naissent dans un appareil nerveux imparfaitement organisé sont remplacées par des idées claires qui naissent dans un appareil nerveux défini, cet appareil défini, façonné par l'expérience sur le modèle des phénomènes extérieurs auxquels elle correspond, rend nécessaires dans la pensée les relations qui répondent à des lois absolues des choses. D'où, entre autres, la conception de l'indestructibilité de la matière.

En effet, une analyse subjective attentive montre que cette conception est une donnée de la conscience. Concevez que l'espace qui s'étend devant nous soit débarrassé de tous les corps à l'exception d'un seul. Ensuite imaginez que celui qui reste ne soit pas déplacé, mais qu'en demeurant à cette place il devienne rien du tout. Vous ne pouvez. L'espace qui était solide, vous ne pouvez le concevoir vide, sans y transporter ce qui lui donnait la solidité. Ce qu'on appelle l'incompressibilité absolue de la matière est une loi reconnue de la pensée. Si petit que soit le volume auquel nous supposons réduit un morceau de matière, il est impossible de le concevoir réduit à rien.

ment décroissant; mais nous ne pouvons pas nous représenter la quantité de matière amoindrie. Ce serait imaginer que certaines parties constituantes sont réduites à rien par la compression, ce qui n'est pas plus possible que d'imaginer la réduction du tout à rien par la compression. L'incapacité qui nous empêche de concevoir que la Matière devienne non existante est la conséquence directe de la nature même de la pensée. La pensée est une position de relations. On ne peut poser de relation, et par conséquent penser, quand l'un des termes relatifs est absent de la conscience. Il est donc impossible de penser que quelque chose devienne rien, par la même raison qu'il est impossible de penser que rien devienne quelque chose; et cette raison, c'est que rien ne peut devenir un objet de conscience. L'anéantissement de la Matière est inconcevable par la même raison que la création de la Matière est inconcevable.

Il faut ajouter que nulle vérification expérimentale du principe de l'indestructibilité de la matière n'est possible sans la reconnaissance tacite de cette vérité. Car toute vérification de ce genre implique la pesée, et la pesée implique que la matière qui forme le poids reste la même. En d'autres termes, la preuve que certaine matière traitée de certaine façon ne change pas de quantité dépend de l'hypothèse qu'une autre matière traitée autrement ne change pas de quantité.

On pourrait peut-être objecter que les mots *pensée, croyance, conception* sont employés ici avec des sens nouveaux, et qu'on s'exprime mal en disant que les hommes n'ont pas réellement pensé ce qui a néanmoins si profondément influencé leur conduite. Il faut avouer qu'il est fâcheux de restreindre ainsi le sens de ces mots. Mais il n'y a pas de remède. On ne peut aboutir à des conclusions précises qu'avec des mots bien précis. On ne peut discuter avec profit les questions qui touchent à la validité d'une partie de notre connaissance, si les mots *connaître* et *penser* n'ont pas de sens précis. Nous ne devons pas les appliquer à toutes ces opérations confuses de la conscience auxquelles le langage vulgaire les applique; nous devons les réserver pour les opérations distinctes. Si cela nous oblige à rejeter une grande partie des pensées humaines comme n'étant pas des pensées, mais des pseudo-pensées, nous n'y pouvons rien.

Revenons à la question générale. Nous trouvons pour résultat : que nous avons une expérience positive de la persistance continue de la Matière; que la forme de la pensée rend impossible que nous ayons l'expérience de la Matière passant à la non-existence, puisque cette expérience impliquerait la connaissance d'une relation dont l'un des termes ne serait pas représentable dans la conscience; que, par conséquent, l'indestructibilité de la Matière est, rigoureusement parlant, une vérité *à priori;* que si certaines expériences décevantes suggérant l'idée de son anéantissement ont produit dans les esprits sans méthode non seulement la supposition qu'on pouvait concevoir la Matière devenant non existante, mais l'idée qu'elle le devenait, cependant une observation attentive, en montrant que les prétendus anéantissements n'ont jamais eu lieu, a confirmé *à posteriori* la connaissance *à priori* qui, d'après la psychologie, résulte d'une loi d'expérience contre laquelle ne peut jamais s'élever une expérience contraire.

§ 54. Toutefois ce qu'il nous importe le plus d'observer, c'est la nature des perceptions qui nous fournissent perpétuellement des exemples de la permanence de la Matière. Ces perceptions, sous toutes leurs formes, reviennent simplement à ceci, que la *force* exercée par une quantité donnée de matière reste toujours la même. Telle est la preuve sur laquelle se fondent à la fois le sens commun et la science exacte. Quand par exemple nous apprenons qu'un objet qui existait il y a quelques années existe encore pour un individu qui l'a vu hier, son assertion revient à dire qu'un objet qui, dans un temps passé, a opéré dans sa conscience un certain groupe de changements, existe encore, parce qu'un groupe semblable de changements a été produit de nouveau sur sa conscience : il regarde la continuation du *pouvoir* de l'impressionner comme une preuve de la continuation de l'objet. Nous voyons encore plus clairement que c'est en définitive par la force que nous mesurons la Matière, dans les cas où la forme de la matière a changé. On remet à un orfèvre un morceau d'or pour en faire un bijou; quand il le rapporte, le bijou paraît plus petit que n'était le morceau d'or, on le met dans une balance; s'il fait équilibre à un poids bien moindre qu'auparavant, quand il était à l'état brut, on en conclut qu'il a perdu beaucoup, soit dans la manipulation, soit par une soustraction. Cela montre que la quantité de Matière peut se déterminer finalement par la quantité de force gravitative qu'elle présente. C'est là l'espèce de preuve sur laquelle la science base l'induction expérimentale de l'indestructibilité de la Matière. Toutes les fois qu'un morceau de substance, naguère visible et tangible, a été réduit à un état invisible, intangible, et que le poids des gaz en lesquels il s'est transformé prouve qu'il existe encore, on admet que la somme de matière, bien que d'ailleurs insensible pour nous, est toujours la même, puisqu'elle tend vers la terre avec la même force. Pareillement, toutes les fois qu'on détermine le poids d'un élément présent dans une combinaison, par le poids d'un autre élément qu'il neutralise, on exprime la quantité de matière en fonction de la quantité de force chimique qu'elle exerce; et l'on suppose que cette force chimique est le corrélatif nécessaire d'une force gravitative spécifique.

Ainsi donc, par indestructibilité de la Matière, nous voulons dire l'indestructibilité de la *force* par laquelle la Matière nous affecte. De même que nous n'avons conscience de la Matière que par la résistance qu'elle oppose à notre activité musculaire, de même nous n'avons conscience de la permanence de la Matière que par la persistance de la résistance qui se manifeste à nous directement ou indirectement. Cette vérité devient manifeste non seulement par l'analyse de la connaissance *à posteriori*, mais aussi par l'analyse de la connaissance *à priori* [1].

---

[1] De peur que le lecteur ne l'ait pas remarqué, je dois l'avertir que les termes vérité *à priori* et vérité nécessaire dont je me sers dans cet ouvrage ne doivent pas s'entendre dans le sens ancien, comme impliquant des connaissances absolument indépendantes de l'expérience, mais comme impliquant des connaissances devenues organiques par suite d'une immense accumulation d'expériences reçues en partie par l'individu, mais surtout par tous les ancêtres des systèmes nerveux desquels il hérite. En se reportant aux *Principes de psychologie* (§ 426-433), on verra que les garanties que nous avons de l'une de ces convictions dernières indestructibles, c'est que dans l'hypothèse de l'évolution elle représente une accumulation d'expériences immensément plus grande que n'en saurait acquérir un seul individu.

CHAPITRE V

CONTINUITÉ DU MOUVEMENT

§ 55. Une autre vérité générale du même ordre que la précédente appelle notre attention. Comme l'indestructibilité de la matière, la continuité du mouvement, ou, pour parler plus rigoureusement, la continuité de quelque chose qui a le mouvement pour une de ses formes sensibles, est une proposition de la vérité de laquelle dépend la possibilité d'une science exacte, et par conséquent d'une philosophie qui unifie les résultats de la science exacte. Les mouvements des masses e des molécules présentés par des corps tant organiques qu'inorganiques forment plus de la moitié des phénomènes qu'il s'agit d'interpréter, et, s'il était possible que ces mouvements dérivassent de rien ou aboutissent à rien, il n'y aurait plus d'interprétation scientifique à en donner.

Cette seconde vérité fondamentale, comme la première, n'est point évidente par elle-même pour les hommes primitifs, ou pour ceux qui au milieu de nous sont dépourvus de culture. Au contraire, pour les esprits non développés, le contraire paraît évident de soi. Deux faits, l'un qu'une pierre jetée en l'air perd vite son mouvement ascendant, l'autre qu'après le choc elle tombe à terre et y reste au repos, ces deux faits semblent prouver que le principe d'activité [1] attesté par le mouvement de la pierre peut disparaître absolument.

Acceptant sans critique les données d'une perception laissée à

---

1. Dans tout ce chapitre, je me sers de cette expression sans aucune arrière-pensée métaphysique, mais seulement pour éviter de donner lieu à des conclusions que j'ai abandonnées.

elle-même, qui révèle que les corps environnants, quand ils sont mis en mouvement, reviennent vite au repos, tout le monde croyait autrefois, et bien des gens croient encore aujourd'hui que le mouvement peut passer à zéro, et ordinairement y passe. Pourtant certains faits impliquant des conséquences tout opposées ont, en s'imposant, provoqué des recherches d'où peu à peu est sortie la démonstration de la vanité de ces apparences. La découverte de la révolution des planètes autour du soleil avec une vitesse constante a fait soupçonner qu'un corps en mouvement laissé à lui-même continue à se mouvoir sans changer de vitesse, et suggéré l'idée que les corps qui perdent leur mouvement en cèdent la même quantité au moment même à d'autres corps. On savait bien qu'une pierre glissait plus loin sur une surface lisse, comme celle de la glace, dépourvue de petits corps auxquels elle pût céder de son mouvement par l'effet de la collision, que sur une surface couverte de petits objets, et qu'un projectile pouvait voyager plus loin à travers un milieu rare comme l'air qu'à travers un milieu dense comme l'eau. C'est ainsi que la notion primitive que les corps ont une tendance inhérente à perdre graduellement leur mouvement et finalement à s'arrêter, notion dont les Grecs n'ont pu se défaire et qui s'est imposée jusqu'à Galilée, disparut enfin. Elle fut en outre ébranlée par des expériences comme celles de Hooke, qui prouva que la rotation d'une toupie durait plus longtemps si on l'empêchait de communiquer son mouvement à la matière ambiante.

Pour expliquer d'une manière spécifique comment les physiciens modernes interprètent tous les phénomènes de disparition et de diminution du mouvement visible, il faudrait plus de connaissances que je n'en possède, plus d'espace que je n'en ai à ma disposition. Il suffira de dire d'une manière générale que le mouvement moléculaire qui disparaît quand la cloche est frappée par le battant reparaît dans les vibrations de la cloche et dans les ondes aériennes qu'elles produisent; que, lorsqu'une masse en mouvement s'arrête en arrivant au contact avec une masse qu'elle ne peut mettre en mouvement, le mouvement qui ne reparaît pas dans le son reparaît comme mouvement moléculaire, et que, pareillement, quand deux corps frottent l'un contre l'autre, le mouvement perdu par le frottement est gagné par le mouvement des molécules. Mais le mouvement des masses nous offre un point de vue de cette vérité générale que nous devons examiner avec attention, car sans cela on ne comprendrait pas la doctrine de la continuité du mouvement.

§ 56. La première loi du mouvement, telle que Newton la formule, c'est : « Tout corps doit persévérer dans son état de repos, ou de mouvement uniforme en ligne droite, à moins que des forces imprimées sur lui ne le forcent à changer cet état. »

A ce principe on peut ajouter celui qu'un corps qui décrit un orbite circulaire autour d'un centre qui le retient par une force attractive, se meut dans cet orbite avec une vitesse qui ne diminue pas.

Le premier de ces principes abstraits ne se trouve jamais réalisé dans le concret, et le second ne l'est que d'une manière approximative. Le mouvement uniforme en ligne droite implique l'absence d'un milieu résistant; il implique encore l'absence de force, gravitative ou autre, exercée par les masses voisines : conditions qui ne sont jamais remplies. De même aussi, lorsqu'un corps céleste conserve un orbite circulaire, cela veut dire et qu'il n'existe pas de corps perturbateur et qu'il y a une adaptation exacte entre sa vitesse et la force d'attraction de son principal. Ni l'une ni l'autre de ces conditions n'est jamais remplie. Dans tous les orbites réels, sensiblement elliptiques, la vitesse est sensiblement variable. Avec la plus grande excentricité, nous rencontrons la plus grande variation.

Au fait des corps célestes qui dans leurs mouvements dans des orbites excentriques offrent tantôt peu et tantôt beaucoup de mouvement on peut ajouter le cas du pendule. Avec une vitesse tantôt croissante, tantôt décroissante, le pendule alterne entre des extrêmes où le mouvement cesse.

Comment faut-il concevoir ces phénomènes de même ordre pour exprimer exactement la vérité qui leur est commune ? La première loi de mouvement. La première loi du mouvement, jamais absolument réalisée, se trouve pourtant, en un certain sens, impliquée par les faits qui paraissent en désaccord avec elle. Quoique dans un orbite circulaire la direction du mouvement change continuellement, la vitesse n'en reste pas moins la même. Quoique dans un orbite elliptique il y ait tantôt accélération, tantôt retardation, pourtant la vitesse moyenne demeure constante durant les révolutions successives. Quoique le pendule arrive pour un instant au repos à la fin de chaque oscillation, et qu'alors il commence un mouvement inverse, l'oscillation, pourtant, dans son ensemble, est continue : si le frottement et l résistance de l'air manquaient, l'alternance de ces états durerait à jamais.

Quel est donc le caractère commun que ces états nous présentent? Que l'élément du mouvement avec lequel la vision nous familiarise, et qui s'est trouvé par suite l'élément dominant de notre conception du mouvement, n'est pas celui dont nous pouvons soutenir qu'il est continu. Si nous regardons le mouvement simplement comme un changement de lieu, le pendule nous fait voir que le coefficient de ce mouvement peut varier de moment en moment, et que, cessant par intervalles, il peut renaître de nouveau.

Mais si ce que nous pouvons appeler l'élément de translation dans le mouvement n'est pas continu, qu'est-ce qui l'est? Si, à l'exemple de Galilée, nous observons l'oscillation d'un lustre, nous sommes frappés de ce fait que, bien qu'à la fin de chaque oscillation la translation à travers l'espace cesse, il y a pourtant quelque chose qui ne cesse pas, car la translation recommence dans le sens opposé. Quand ensuite on se rappelle que, sous une forte impulsion, le lustre décrit un arc plus grand, et qu'il s'écoule plus de temps avant que la résistance de l'air détruise ses oscillations, on voit que ce qui continue d'exister durant ces oscillations est un corrélatif de l'effort musculaire qui a mis le lustre en mouvement. La vérité que ces faits et ces inférences imposent à notre attention, c'est que la translation à travers l'espace n'est pas en soi une *chose existante*, et que par suite la cessation du mouvement, considérée simplement comme une translation, n'est pas la cessation de l'existence d'une chose, mais la cessation d'un certain *signe de l'existence d'une chose*, d'un signe qui reparaît sous certaines conditions.

Il reste encore une difficulté : si l'élément du mouvement du lustre, le seul dont nous puissions affirmer la continuité, est le corrélatif de l'effort musculaire qui a mis le lustre en mouvement, que devient-il à chaque extrémité de l'oscillation? Arrêtons le lustre au milieu de son oscillation : il donne un coup à la main et manifeste un principe d'activité tel que l'effort musculaire pourrait en communiquer. Mais touchez-le à chaque point où il change de direction, et il ne manifeste point de principe d'activité de ce genre. Ce principe a disparu exactement autant que la translation dans l'espace a disparu. Comment donc peut-on soutenir que, si le mouvement dans l'espace n'est pas continu, le principe d'activité impliqué dans le mouvement est continu?

Incontestablement, les faits montrent que le principe d'activité continue d'exister sous quelque forme. Quand il n'est pas sensible, il faut qu'il soit latent. Comment est-il latent? Ce qui nous conduit à la réponse, c'est l'observation que, si le lustre ne donne pas de choc dans le sens de son dernier mouvement, quand on le saisit au point de son oscillation où il change de direction, il commence néanmoins à presser dans le sens opposé, et une autre observation qui s'ajoute à la première, à savoir que la pression est forte quand l'oscillation est devenue plus étendue par l'effet d'une forte poussée. Aussi, en même temps que l'activité visible au point le plus élevé du mouvement d'ascension vient à se perdre, il se produit une activité invisible qui engendre le mouvement subséquent de descension. Il n'est pas aisé de concevoir que cette activité latente acquise est une chose existante égale à l'activité sensible perdue ; mais nous pouvons nous faciliter cette tâche en considérant des faits d'un autre ordre.

§ 57. Si l'on pousse une porte qui ne cède pas, et qu'avec grand effort on ne produise pas de mouvement, puis qu'en augmentant légèrement l'effort la porte s'ouvre avec fracas, roule sur ses gonds et aille battre la muraille en ébranlant tout dans l'appartement, on a une preuve qu'un certain effort musculaire qui ne produit pas de déplacement de matière à travers l'espace était cependant équivalent à une certaine somme de translation. Quand un homme de peine de chemin de fer arrête graduellement une voiture détachée, en pressant le frein, il nous fait voir que (supposé l'absence de frottement) le mouvement lentement diminué qui porte la voiture sur un certain espace est l'équivalent de la poussée constante d'avant en arrière que subit la voiture tandis qu'elle parcourt l'espace. A l'aide de la conception que nous venons de vous prouver, nous allons examiner un cas qui la rendra plus définie.

Un fouet d'enfant, une balle attachée d'un côté à un cordon de caoutchouc nous présente une idée claire de la corrélation qui unit l'activité sensible à l'activité latente. Si l'enfant retient un bout du cordon et qu'il lance la balle horizontalement, le mouvement rencontre la résistance de la tension croissante du cordon, et le cordon, tendu de plus en plus à mesure que la balle s'éloigne, ne tarde pas à l'arrêter. Où donc existe maintenant le principe d'activité que la balle manifestait ? Il existe dans le cordon de caoutchouc tendu. Nous n'avons pas besoin de demander sous quelle forme de changement moléculaire il existe. Il suffit que le cordon soit le siège d'une tension engendrée par le mouvement de la balle et équivalent à ce mouvement. Quand la balle s'est arrêtée, la corde tendue commence à y engendrer un mouvement opposé, et continue à l'accélérer jusqu'à ce que la balle vienne au point où la tension du cordon a commencé, c'est-à-dire à un point où, abstraction faite de la résistance atmosphérique et de la redistribution moléculaire, sa vitesse serait égale à la vitesse originelle. Nous commençons à comprendre par cet exemple que le principe d'activité, alternant entre les modes visibles et invisibles, ne cesse pas d'exister quand la translation dans l'espace cesse d'exister; et nous saisissons qu'à chaque point du trajet de la balle la quantité de son activité perceptible, *plus* la quantité latente dans le cordon tendu, fournit une somme constante.

Cet exemple nous permet de concevoir d'une manière générale ce qui se passe entre deux corps unis l'un à l'autre, non par un cordon tendu, mais par une traction exercée à travers un espace qui paraît vide. Qu'importe à notre conception générale que l'intensité de cette traction varie d'une manière totalement différente, qu'elle décroisse en raison inverse du carré de la distance, ou qu'elle soit en pratique constante pour des distances terrestres? Ces différences reconnues, il y a néanmoins à reconnaître une vérité commune aux deux cas. Le poids d'un objet qu'on tient à la main montre qu'il existe entre deux corps de l'espace une tension ; la poussée de haut en bas, attribuée à la pesanteur, affecte la main comme pourrait le faire un cordon élastique tendu. Aussi, lorsqu'un corps lancé en haut, et graduellement retardé par la pesanteur, finit par s'arrêter, nous devons admettre que le principe d'activité manifesté durant son mouvement ascensionnel, mais qui disparaît au moment du changement de direction, est devenu latent dans la tension entre ce corps et la terre, tension dont la garantie doit être conçue comme le produit de son intensité par la distance à travers laquelle elle agit. Examinons de plus près notre exemple du cordon tendu, et nous comprendrons mieux ce point. Pour simuler l'action de la pesanteur à des distances terrestres, imaginons que lorsque le corps mobile attaché a tendu le cordon élastique jusqu'à sa limite, soit jusqu'à dix pieds, on puisse ajouter subitement un second cordon semblable au bout du premier et au corps, qui, continuant sa course, tend ce second cordon d'une longueur égale, et qu'on ajoute ainsi de suite une série de cordons semblables, jusqu'à ce que le corps s'arrête. Il est alors manifeste que la quantité du principe d'activité que le corps mobile a déployée, mais qui est maintenant devenue latente dans les séries des cordes tendues, se mesure par le nombre de ces cordes pareillement tendues, c'est-à-dire par le nombre de pieds, distance à travers laquelle cette tension constante s'est fait sentir *et sur laquelle elle s'étend encore.*

Or, bien que nous ne puissions concevoir que la force de traction de la pesanteur s'exerce de cette manière, bien que l'action gravitative, absolument inconnue dans sa nature, soit probablement une résultante d'actions qui s'exercent dans le milieu appelé l'éther, l'analogie avec l'exemple que nous venons de présenter nous suggère néanmoins la croyance que le principe d'activité dans un corps arrêté par la gravité n'a pas cessé d'exister, mais qu'il est devenu une activité imperceptible ou latente dans le milieu qui remplit l'espace, et que, lorsque le corps tombe, ce principe se retransforme en une activité perceptible qui lui est équivalente. Si nous concevons bien ce qui se passe, nous devons le concevoir ainsi : autrement il faudrait concevoir qu'une *force* est changée en une *relation d'espace*, ce qui est inconcevable.

Voilà donc la solution de la difficulté. L'élément-espace du mouvement n'est pas en soi une chose. Le changement de position n'est pas une chose existante ; c'est la manifestation d'une chose existante. Cette chose peut cesser de se révéler comme translation ; mais ce n'est possible qu'en se montrant sous forme de tension. Ce principe d'activité, qui se révèle tantôt par la translation, tantôt par l'effort, et souvent par les deux ensemble, est la seule chose dans le mouvement que nous puissions dire continue.

§ 58. Quel est ce principe d'activité ? La vision ne nous en donne pas d'idée. Si au moyen d'un miroir nous projetons l'image d'un objet éclairé sur une paroi obscure et que, changeant subitement la position du miroir, nous fassions passer l'image réfléchie d'un côté à l'autre, l'image, reconnue comme image, ne provoque pas l'idée qu'il existe en elle un principe d'activité. Avant d'en concevoir l'existence, il faut que nous considérions l'impression fournie par les yeux comme le symbole de quelque chose de tangible, de quelque chose qui présente la résistance. Donc le principe d'activité, en tant que connu par la vue, est de nature inférentielle : la translation visible suggère par association la présence d'un principe d'activité qui serait apprécié par la peau ou les muscles si l'on pouvait toucher le corps. Il est donc évident que ce principe d'activité que le mouvement nous révèle est le corrélatif objectif du sentiment subjectif de l'effort. En poussant et pressant, nous obtenons des sensations, qui, généralisées et abstraites, fournissent nos idées de résistance et de tension. Manifesté tantôt sous forme d'un changement de position, tantôt sous forme d'une tension immobile, ce principe d'activité est conçu par nous en définitive sous l'unique forme de l'effort musculaire qui est son équivalent. De la sorte, la continuité du mouvement, aussi bien que l'indestructibilité de la matière, nous est réellement connue en fonction de force.

§ 59. Nous arrivons maintenant à la vérité essentielle que nous devons remarquer d'une manière spéciale. Toutes les preuves de la continuité du mouvement impliquent le postulat que la quantité de force est constante. Voyez le résultat de l'analyse des raisonnements qui démontrent la continuité du mouvement telle que nous la comprenons.

Une planète ne peut être reconnue que par le pouvoir constant qu'elle a d'affecter nos organes de la vue d'une certaine manière, d'imprimer sur la rétine un groupe de forces unies par une corrélation spéciale. En outre, l'astronome n'a pas *vu* cette planète se mouvoir; mais, de la comparaison de sa position présente et de celle qu'elle occupait auparavant, il a *conclu* qu'elle se meut. Rigoureusement parlant, cette comparaison n'est autre qu'une comparaison d'impressions différentes produites sur l'astronome par les adaptations différentes des instruments d'observation. Evidemment, la validité de toutes ces inférences, tirées de toutes ces ressemblances et de ces dissemblances, dépend de la vérité de l'hypothèse que ces masses de matière, célestes et terrestres, continuent d'affecter ses sens exactement de la même manière et dans les mêmes conditions : et que nul changement dans les propriétés qu'elles ont de faire impression sur lui ne peut prendre naissance sans qu'une force ait été dépensée à le produire. Un pas de plus, et l'on voit que cette différence est dépourvue de signification, tant qu'on n'a pas montré qu'elle correspond à une certaine position, donnée par le calcul, que la planète doit occuper, en supposant qu'aucun mouvement n'ait été perdu. Si, pour finir, nous examinons le calcul qui donne cette position, nous découvrons qu'il repose sur des accélérations et des retardations impliquées dans la nature elliptique de l'orbite, aussi bien que sur les variations de vitesse causées par le voisinage d'autres planètes. Nous arrivons alors à conclure à l'indestructibilité du mouvement, non à cause de la vitesse uniforme de la planète, mais à cause de la quantité constante de mouvement manifesté, réserve faite du mouvement communiqué aux autres corps célestes ou transmis par eux. Quand nous demandons comment on estime ce mouvement transmis, nous découvrons que c'est en s'appuyant sur certaines lois de force, qui toutes sans exception impliquent le postulat que la force ne peut être détruite. Sans l'axiome de l'égalité et de l'antagonisme de l'action et de la réaction, l'astronomie ne pourrait faire de prédiction exacte, et nous manquerions de la preuve inductive rigoureuse qu'on en tire, que le mouvement ne peut jamais se perdre et ne peut être que transmis.

Il en est de même de la conclusion *à priori* de la continuité du Mouvement. Ce dont la pensée ne peut pas se défaire, c'est la force que le Mouvement indique. Le changement incessant de position, considéré à part, peut être effacé de la pensée sans difficulté. Nous pouvons facilement imaginer que le ralentissement et l'arrêt sont des résultats de l'action des corps extérieurs. Mais cela n'est pas possible si l'on ne fait pas abstraction de la force impliquée par le mouvement. Nous sommes obligés de concevoir cette force comme imprimée sous forme de réaction dans les corps qui causent l'arrêt. Nous sommes forcés de regarder le mouvement qui leur est communiqué, non comme communiqué directement, mais comme un produit de la force communiquée. Nous pouvons par la pensée diminuer la vitesse, l'élément-espace, du mouvement, en répartissant le moment, ou l'élément-force, sur une plus grande masse de matière; mais la quantité de cet élément-force, que nous regardons comme la cause du mouvement, est invariable dans la pensée [1].

[1]. Il est nécessaire de dire que cette manière d'exposer le principe de la continuité des mouvements diffère par son point de vue de celles que l'on emploie ordinairement, et que certains mots, tels que celui de *tension*, ont une acception plus large. Incapables d'apprendre rien sur la nature de la force, les physiciens ont, dans ces dernières années, formulé les vérités physiques ultimes de manière à exclure souvent d'une façon tacite la conscience de la force, ne concevant la cause, à la façon de Hume, qu'en termes d'antécédence et de séquence. La « force potentielle », par exemple, est définie comme constituée par des relations d'espace qui permettent à des masses d'engendrer dans d'autres certains mouvements, mais comme n'étant rien en soi. Si cette façon de concevoir les phénomènes suffit pour la physique, elle ne suffit point pour la philosophie. Si le lecteur veut lire les nos 347 à 350 des *Principes de psychologie*, il comprendra ce que j'entends quand je dis que, puisque les idées de corps, d'espace, de mouvement, dérivent des idées de tension musculaire, qui sont les symboles ultimes, par lesquels tous nos autres symboles mentaux sont susceptibles d'être interprétés, formuler les phénomènes en se servant des termes de corps, espace, mouvement, qu'on a sous la main, en débarrassant ces concepts de la conscience de force, c'est reconnaître la superstructure d'un édifice et ne pas voir les fondations qui la supportent.

CHAPITRE VI

PERSISTANCE DE LA FORCE [1]

§ 60. Dans le chapitre précédent, nous nous sommes occupés de deux classes fondamentales différentes de manifestations de force, c'est-à-dire de la force par laquelle la matière nous démontre son existence, et de celle par laquelle elle nous démontre son activité.

Le corps se distingue de l'espace par sa propriété d'affecter nos sens et, en dernier ressort, par l'opposition qu'il fait à nos efforts. Nous ne pouvons concevoir le corps qu'en unissant dans la pensée l'étendue et la résistance. Supprimez la résistance, il ne reste plus que l'espace. A quelles conditions se trouve soumise cette force qui produit l'occupation de l'espace? Nous ne le savons pas. Le mode de force qui se révèle à nous par opposi-

---

[1]. Il me semble nécessaire d'expliquer ce titre. Dans le texte même, j'ai donné les raisons que j'ai de me servir du mot « force » au lieu du mot « énergie », et maintenant je dois dire pourquoi je trouve le mot « persistance » préférable au mot « conservation ». Il y a deux ans, j'ai exprimé à mon ami le professeur Huxley combien je trouvais mauvaise l'expression reçue de *conservation de la force*, par la raison que le mot *conservation* suppose une conservation et un acte de conserver, et n'implique pas l'existence de la force avant la manifestation particulière que nous en observons. J'ajouterai à présent, nouveau défaut, que ce mot implique l'idée que sans l'acte de conservation la force disparaîtrait. Toutes les idées que rappelle le sens de ce mot sont en désaccord avec la conception que nous avons à entretenir. Au lieu du mot conservation, le professeur Huxley proposa le mot *persistance*. Ce mot répond à la plupart des objections, et, bien qu'on puisse lui reprocher de ne pas impliquer directement la préexistence de la force, à quelque moment qu'elle se manifeste, il ne saurait trouver un mot moins défectueux à ce point de vue. Faute d'un mot frappé exprès pour cette idée, celui-ci me paraît le meilleur.

tion à notre propre force peut être au fond le même que le mode de force qui se révèle par les changements qu'il fait naître dans la conscience. Tout le monde sait que l'espace occupé par un corps est en partie déterminé par le degré du mode d'activité de ses molécules, que nous appelons chaleur. Nous savons de plus que les réarrangements moléculaires qui se produisent pendant que l'eau passe à l'état de glace s'accompagnent d'un dégagement de force capable de faire éclater le vase qui la contient, et communiquent du mouvement aux fragments. Néanmoins les modes de notre expérience nous obligent de distinguer deux modes de force, l'un qui n'opère aucun changement, l'autre qui produit des changements actuels et potentiels. La première de ces deux forces, celle qui fait qu'un corps occupe l'espace, n'a pas de nom spécifique.

La seconde espèce, celle qui est ou sera cause de changements, si les forces antagonistes se trouvent dominées, reçoit aujourd'hui communément le nom d'*énergie*. Ce que nous avons appelé, dans le dernier chapitre, activité perceptible, reçoit des physiciens le nom d'*énergie actuelle*, et, ce que nous avons appelé activité latente, celui d'*énergie potentielle*. Outre le mode d'activité qui révèle le mouvement des masses, l'énergie comprend aussi les divers modes d'activité sur lesquels le mouvement des masses peut se transformer, c'est-à-dire la chaleur, la lumière, etc. C'est le nom commun de la force qui se révèle pareillement dans les mouvements des masses et dans ceux des molécules. Pour nos perceptions, ce second genre de force diffère du premier en ce qu'il est non intrinsèque, mais extrinsèque.

Dans la matière agrégée telle qu'elle se présente à la vue et au tact, cette antithèse est, comme nous l'avons admis plus haut, très obscure. C'est surtout dans une substance composée que l'énergie potentielle considérée dans les molécules unies par des combinaisons chimiques, comme aussi l'énergie actuelle rendue sensible sous forme de chaleur, compliquent les manifestations de force intrinsèque par les manifestations de force extrinsèque. Mais l'antithèse, qui reste en partie voilée dans ce cas, se montre clairement quand on réduit les données à leur plus simple expression, à une unité de matière, à un atome, à son mouvement. La force par laquelle cette unité existe est *passive mais indépendante*, tandis que la force par laquelle elle se meut est *active mais dépendante* de ses relations passées et présentes avec les autres atomes. Ces deux forces ne sauraient s'identifier dans la pensée. En effet, comme il est impossible de penser le mouvement sans quelque chose qui meut, il est aussi impossible de penser l'énergie sans quelque chose qui possède l'énergie.

En reconnaissant cette distinction fondamentale entre la force *intrinsèque* par laquelle le corps se montre à nous comme occupant l'espace, et la force *extrinsèque* que l'on appelle énergie, je les considère comme absolument persistantes, en partie parce que dans l'aperception que nous en avons entre le même élément essentiel. Le sens de l'effort est pour nous le symbole subjectif de la force objective en général, passive et active. Le pouvoir de neutraliser ce que nous appelons notre tension musculaire est l'élément ultime de notre idée de corps en tant que distinct de l'espace; et toute énergie que nous ne pouvons donner au corps, ni recevoir de lui, nous la concevons comme égale à une certaine quantité d'effort musculaire. Les deux consciences diffèrent essentiellement en ceci que le sentiment de l'effort commun aux deux se trouve dans le dernier cas uni à l'aperception du changement de lieu, et que dans le premier cette union n'existe pas [1].

Il y a pourtant une autre raison, et plus importante, de nous occuper ici de la question de la persistance de la force sous l'une et l'autre de ses deux formes. Nous allons en examiner les preuves.

§ 61. Au risque de fatiguer la patience du lecteur, nous devons examiner à nouveau le raisonnement qui démontre l'indestructibilité de la Matière et la continuité du Mouvement, et nous

---

1. Quant à la distinction fondamentale que nous faisons ici entre l'espèce de force qui produit l'occupation de l'espace et celle qui se révèle dans les divers modes d'activité, je suis, comme dans le dernier chapitre, en désaccord avec quelques savants de mes amis. Ils n'admettent pas que la conception de force soit impliquée dans la conception d'une unité de matière. Toutefois, au point de vue psychologique, la matière, dans toutes ses propriétés, est la cause inconnue des sensations qu'elle produit en nous, dont l'une qui persiste quand toutes les autres manquent, est la résistance à nos efforts, résistance que nous sommes obligés de symboliser comme l'équivalent de la force musculaire à laquelle elle fait opposition. Quand nous imaginons une unité de matière, nous ne pouvons pas ne pas apercevoir ce symbole par lequel seul une unité de matière peut être figurée dans la pensée à titre de chose existante. Il n'est pas permis de dire qu'il reste une conception d'une chose existante quand cette conception a été vidée, dépouillée de tout élément cogitable qui la distingue d'un espace vide. Otez à l'unité de matière que vous concevez le corrélatif objectif de notre sens subjectif d'effort, et l'édifice entier de nos conceptions physiques disparaît.

verrons qu'il est impossible d'arriver par un raisonnement analogue à la persistance de la Force.

Dans les trois cas, la question porte sur la quantité : est-ce que la Matière, le Mouvement ou la Force diminuent en quantité ? La science quantitative implique la mesure, et la mesure implique une unité de mesure. Les unités de mesure d'où dérivent toutes les autres mesures exactes sont des unités d'étendue linéaire. Les unités d'étendue linéaire dont nous nous servons sont les longueurs de masses de matière, ou les espaces compris entre des marques portées par ces masses ; et nous supposons que ces longueurs ou ces espaces compris entre des marques sont invariables quand la température ne change pas. De la mesure étalon que l'on garde à Westminster dérivent toutes les mesures employées dans les opérations trigonométriques, pour la géodésie, la mesure des arcs terrestres et les calculs des distances et des dimensions astronomiques, etc., et par suite de l'astronomie en général. Si les unités de longueur primitives ou dérivées pouvaient varier irrégulièrement, il n'y aurait pas une science de la dynamique céleste, ni aucune des vérifications qu'elle nous fournit de la constance des masses célestes et de leurs énergies. Il s'ensuit que la persistance de l'espèce de force qui produit l'occupation de l'espace ne saurait être prouvée, par la raison qu'on la suppose tacitement, dans toute expérience et toute observation instituées pour la démontrer. Il en est de même de la force appelée énergie. La preuve de cette persistance, que l'on demanderait à des mesures, supposerait admise la persistance de la force intrinsèque par laquelle le corps se manifeste comme existant, et la persistance de la force extrinsèque par laquelle il agit. En effet, c'est d'après ces unités d'étendue linéaire qu'avec des leviers à bras égaux, ou balances, nous établissons les unités égales de poids, ou de force gravitative, que nous employons. C'est au moyen de ces unités égales d'étendue et de ces unités égales de poids que nous faisons les comparaisons quantitatives qui nous conduisent aux vérités de la science exacte. Dans les recherches qui conduisent le chimiste à conclure qu'aucune partie du charbon, disparu pendant la combustion, ne s'est perdue, quelle preuve invoque-t-on sans cesse ? La preuve fournie par la balance. En fonction de quoi s'exprime le verdict de la balance ? En unités de poids, en unités de force gravitative. Et quel est le sens du verdict ? Que le charbon présente encore autant d'unités de force gravitative qu'il en présentait auparavant. Par conséquent, la validité de la conclusion dépend entièrement de la *constance des unités de force*. Si la force avec laquelle la parcelle de métal qui représente l'unité de poids tend vers la terre a varié, l'inférence de l'indestructibilité de la Matière est vicieuse. Tout revient au principe ou à la supposition que la gravitation des poids est persistante ; mais, de cette persistance, nous n'avons et ne pouvons avoir aucune preuve. Les raisonnements des astronomes impliquent une supposition pareille, de laquelle nous pouvons tirer une conclusion pareille. Dans la physique céleste, il n'y a pas de problème qu'on puisse résoudre sans admettre quelque unité de force. Il n'est pas nécessaire que cette unité soit, comme la livre ou la tonne, de celles que nous pouvons connaître directement. Il suffit de prendre comme unité l'attraction mutuelle que deux corps exercent à une distance donnée, de sorte que les autres attractions dont le problème s'occupe puissent s'exprimer en fonctions de celle-là. Cette unité adoptée, on calcule les moments que chaque masse prise à part engendre dans chacune des autres, dans un temps donné ; et, en combinant ces moments avec ceux qu'elles possèdent déjà, on prédit les places qu'elles occuperont au bout de ce temps. L'observation vient confirmer la prédiction. De là, on peut tirer l'une ou l'autre de ces deux conclusions. Si les masses ne sont pas changées, on peut prouver que leurs énergies, actuelle et potentielle, n'ont pas diminué, ou, si leurs énergies ne sont pas diminuées, on peut prouver que les masses ne sont pas changées. Mais la validité de l'une ou de l'autre conclusion dépend entièrement de la vérité de l'hypothèse que l'unité de force ne change pas. Supposez que la gravitation de deux corps l'un vers l'autre, à une distance donnée, a varié, les conclusions ne sont plus vraies. Et ce n'est pas seulement dans leurs données concrètes que les raisonnements de la physique terrestre et de la physique céleste admettent la persistance de la Force; c'est également dans le principe abstrait qui leur sert de point de départ, et qu'ils invoquent toujours pour justifier chaque pas qu'ils font. D'un bout à l'autre de ces sciences, on admet le principe de l'égalité de l'action et de la réaction ; et affirmer que l'action et la réaction sont égales et opposées, c'est affirmer la persistance de la Force. En réalité, l'affirmation revient à ceci : qu'il ne peut y avoir une force isolée, partant de rien et aboutissant à rien, mais qu'une force manifestée implique une force antécédente égale, d'où elle dérive et contre laquelle elle réagit.

Nous pouvions être certains, même sans le secours de cette

analyse, qu'il doit y avoir un principe qui, étant la base de la science, ne peut être établi par la science. Toutes les conclusions obtenues par le raisonnement, quelles qu'elles soient, doivent reposer sur quelque postulat. Ainsi que je l'ai déjà montré (§ 23), si nous ramenons les principes dérivés à ceux de plus en plus larges d'où ils se déduisent, nous ne pouvons manquer d'arriver à la fin à un principe plus large que tous les autres, qui ne peut se ramener à aucun autre ni se déduire d'aucun autre. Si l'on considère la relation qu'il soutient avec ceux de la science en général, on reconnaîtra que ce principe, que nulle démonstration ne peut donner, c'est la persistance de la Force.

§ 62. Quelle est donc la force dont nous affirmons la persistance ? Ce n'est pas la force dont nous avons directement conscience dans nos propres efforts musculaires ; car elle ne persiste pas. Dès qu'un membre étendu se relâche, le sentiment de la tension disparaît. Nous affirmons, il est vrai, que dans la pierre que nous lançons, ou dans le poids que nous soulevons, se montre l'effet de cette tension musculaire ; et que la force qui a cessé d'être présente à notre conscience existe ailleurs. Mais elle n'existe pas ailleurs sous une forme que nous puissions connaître. Nous avons vu (§ 18) que si, d'une part, nous sommes obligés, quand nous élevons un objet au-dessus du sol, de penser que sa poussée en bas est égale et opposée à notre poussée en haut, et que s'il est impossible de se figurer l'égalité de ces poussées sans se les représenter aussi comme semblables par l'espèce, d'autre part, comme leur ressemblance en espèce impliquerait dans l'objet une sensation de tension musculaire, qui ne peut lui être attribuée, nous sommes forcés d'admettre que la force comme elle existe hors de notre conscience n'est pas la force comme nous la connaissons. Par conséquent, la force dont nous affirmons la persistance est la Force absolue dont nous avons vaguement conscience comme corrélatif nécessaire de la force que nous connaissons. Ainsi, par la persistance de la force, nous entendons la persistance d'un pouvoir qui dépasse notre connaissance et notre conception. En affirmant la persistance de la force, nous affirmons une réalité inconditionnée, sans commencement ni fin.

Ainsi, tout inopinément, nous arrivons encore à cette vérité dernière où la Religion et la Science s'unissent. En examinant les données qu'implique une théorie rationnelle des choses, nous trouvons qu'elles peuvent toutes se ramener à la donnée sans laquelle la conscience est impossible : l'existence permanente d'un Inconnaissable comme corrélatif nécessaire du Connaissable.

Le seul principe qui dépasse l'expérience, parce qu'il lui sert de base, c'est donc la persistance de la Force. Si c'est la base de l'expérience, ce doit être la base de toute organisation scientifique des expériences. C'est à ce principe que nous ramène une analyse radicale ; c'est sur le même principe qu'une synthèse rationnelle doit s'élever.

CHAPITRE VII

PERSISTANCE DES RELATIONS ENTRE LES FORCES

§ 63. Le premier corollaire à tirer de la vérité dernière de la persistance de la Force, c'est la persistance des relations entre les forces. Supposé qu'une manifestation donnée de force, sous une forme et des conditions données, soit précédée ou suivie d'une autre manifestation, il faut que, dans tous les cas où la forme et les conditions restent les mêmes, elle soit précédée ou suivie de cette autre manifestation. Tout mode de l'Inconnaissable antécédent doit avoir une connexion invariable, quantitative et qualitative, avec ce mode de l'Inconnaissable que nous appelons son conséquent.

Dire le contraire, c'est nier la persistance de la Force. Si, dans deux cas, il y a ressemblance exacte, non seulement entre les antécédents plus saillants que nous distinguons des autres en les appelant causes, mais aussi entre les antécédents concomitants que nous appelons conditions, nous ne pouvons affirmer que les effets différeront, sans affirmer ou bien qu'une force a commencé d'exister, ou bien qu'une force a cessé d'exister. Si les forces coopératrices dans un cas sont égales à celles de l'autre cas, chacune à chacune, par leur position et par leur intensité, il est impossible de concevoir que le produit de leur action combinée dans un cas soit différent de celui qu'elle donne dans l'autre cas, sans concevoir qu'une ou plusieurs forces ont gagné ou perdu en quantité, c'est-à-dire sans concevoir que la force n'est pas persistante.

Pour donner à ce principe sa forme la plus abstraite, il est bon de recourir à quelques exemples.

§ 64. Soit deux boulets égaux, projetés avec une force égale; il faut que, dans des temps égaux, ils parcourent des distances égales. Si l'on dit que l'un des deux parcourra un espace assigné plus tôt que l'autre, quoique leurs moments initiaux soient égaux et qu'ils aient à vaincre la même résistance (car, si la résistance est inégale, les antécédents diffèrent), c'est dire que des quantités égales de force n'ont pas fourni une quantité égale de travail, ce qu'on ne peut concevoir sans concevoir qu'une force est devenue rien, ou est née de rien. Supposez, en outre, que, durant sa course, l'un des boulets a été dévié par la terre d'un certain nombre de pouces hors de sa direction primitive ; l'autre, qui a parcouru la même distance dans le même temps, doit être tombé vers la terre exactement comme le premier. On ne peut imaginer un autre résultat sans imaginer que des attractions égales, agissant pendant des temps égaux, ont produit des effets inégaux ; ce qui implique la proposition inconcevable qu'une action a été créée ou anéantie. De plus, si l'un des boulets a pénétré dans la cible à une certaine profondeur, on ne peut pas se figurer que l'autre boulet pénètre à une profondeur moindre, à moins que cette différence ne soit causée par un changement de forme du boulet ou une plus grande densité du point où la cible a été frappée. Cette modification des conséquents, sans modification des antécédents, ne peut se concevoir que par la pensée impossible que quelque chose est devenu rien, ou que rien est devenu quelque chose.

Il en est ainsi non seulement des successions, mais aussi des changements simultanés et des coexistences permanentes. Voilà des charges données de poudre pareilles en quantité et en qualité, allumées par des mèches de même structure et chassant des boulets de poids, de volumes et de formes égaux, enfoncés pareillement, on doit conclure que les actions concomitantes qui produisent l'explosion présenteront entre elles les mêmes relations de quantité et de qualité dans les deux cas. Les proportions entre les différents produits de combustion seront égales. Les diverses sommes de force soustraites pour donner au boulet sa vitesse, aux gaz leur chaleur, à leur dégagement son bruit, conserveront les mêmes rapports. Les quantités de lumière et de bruit seront dans un cas ce qu'elles sont dans l'autre, et les deux reculs seront pareils. En effet, on ne peut imaginer qu'une différence de proportion ou une différence de relation entre ces phénomènes coopérateurs se produise, sans imaginer que ces différences de proportion ou de relation naissent sans cause, naissent par création ou anéantissement de force.

L'égalité que nous trouvons entre deux cas doit se trouver entre n'importe quel nombre de cas; et ce qui a lieu entre des antécédents et des conséquents relativement simples doit avoir lieu, quelle que soit la complication des antécédents et des conséquents.

§ 65. Ainsi ce que nous appelons uniformité de loi, qui peut se ramener, comme nous le voyons, à la persistance des relations entre les forces, est un corollaire immédiat de la persistance de la force. La conclusion générale qu'il y a des connexions constantes entre les phénomènes, conclusion qu'on regarde d'ordinaire comme inductive seulement, peut réellement se déduire de la donnée dernière de la conscience. On peut croire que nous tirons la conclusion illégitime que ce qui est vrai du *moi* est aussi vrai du *non-moi;* mais ici cette conclusion est légitime. En effet, ce que nous affirmons à la fois du *moi* et du *non-moi*, c'est ce que le moi et le non-moi, considérés l'un et l'autre comme des êtres, ont en commun.

Affirmer une existence au delà de la conscience, c'est affirmer qu'il y a en dehors de la conscience quelque chose qui persiste; car la persistance n'est rien de plus que l'existence continuée, et l'on ne peut concevoir l'existence autrement que comme continuée. Nous ne pouvons affirmer la persistance de ce quelque chose au delà de la conscience sans affirmer que ses relations, que soutiennent entre elles les manifestations, sont persistantes.

Nous verrons encore plus clairement, en avançant, que l'uniformité de loi découle ainsi de la persistance de la force. Le chapitre suivant en présentera, d'une manière indirecte, beaucoup d'exemples.

CHAPITRE VIII

TRANSFORMATION ET ÉQUIVALENCE DES FORCES

§ 66. Dès que la science put prêter aux sens nus des instruments de précision qui sont comme des sens supplémentaires, on commença à apercevoir divers phénomènes que les yeux ni les doigts n'avaient pu distinguer. Des manifestations plus délicates des formes connues de la force devinrent alors appréciables ; des formes de force, auparavant inconnues, purent être connues et mesurées. Dans les cas même où des forces avaient paru aboutir à rien et où l'on avait admis à la légère qu'elles étaient réellement anéanties, l'observation, aidée d'instruments, a prouvé que des effets avaient toujours été produits, que les forces reparaissaient sous de nouvelles formes. Aussi en est-on venu à se demander si la force qui se déploie dans chacun des changements qui nous environnent ne se métamorphose pas en se dépensant en une quantité équivalente d'une autre force ou de plusieurs autres forces. L'expérience a donné à cette question une réponse affirmative, qui devient de plus en plus décisive. Meyer, Joule, Grove et Helmholtz ont, plus que personne, contribué à populariser cette idée. Examinons les preuves sur lesquelles elle repose.

Partout où nous pouvons remonter directement à l'origine d'un mouvement, nous trouvons qu'il préexistait sous la forme d'un autre mode de force. Nos propres actes volontaires ont toujours pour antécédents certaines sensations de tension musculaire. Quand nous laissons retomber un membre dans le relâchement, nous avons conscience d'un mouvement corporel qui n'exige aucun effort, mais qui s'explique par l'effort que nous avons fait pour élever le membre à la position d'où il est tombé. Dans ce cas comme dans celui d'un corps inanimé qui descend vers la terre, la force accumulée par le mouvement de haut en bas est exactement égale à celle qui avait été dépensée auparavant pour l'élever. Réciproquement, le mouvement arrêté produit, sous différentes circonstances, de la chaleur, de l'électricité, du magnétisme, de la lumière. Depuis le simple échauffement des mains, quand on se les frotte l'une contre l'autre, jusqu'à l'ignition d'un frein de chemin de fer, qui résulte d'un frottement intense ; depuis la lueur que dégage la détonation d'une poudre fulminante par la percussion, jusqu'à l'incendie d'un bloc de bois par un petit nombre de coups de marteau à vapeur, nous avons une foule d'exemples où la chaleur naît quand le mouvement cesse. On trouve toujours que la chaleur engendrée s'accroît proportionnellement à la grandeur du mouvement perdu, et qu'elle diminue quand on diminue l'arrêt du mouvement en atténuant le frottement. On voit des exemples de production d'électricité par le mouvement dans l'expérience qui consiste à frotter de la cire à cacheter, dans la machine électrique ordinaire, dans les appareils à dégager l'électricité par l'échappement de la vapeur. Partout où il y a frottement entre des corps hétérogènes, une perturbation électrique en est la conséquence. Le magnétisme peut résulter du mouvement, soit immédiatement, comme par la percussion du fer, soit indirectement, par exemple par l'intermédiaire des courants électriques préalablement produits par le mouvement. Pareillement, le mouvement peut créer la lumière, soit directement, comme dans les petits fragments incandescents que font jaillir les chocs violents, ou indirectement, comme par l'étincelle électrique. « Enfin le mouvement peut être reproduit par les forces émanées du mouvement ; ainsi la divergence des pailles de l'électromètre, la révolution de la roue électrique, la déviation de l'aiguille aimantée sont, quand elles résultent de l'électricité de frottement, des mouvements palpables reproduits par des modes intermédiaires de force, engendrés eux-mêmes par le mouvement. »

Le mode de force que nous appelons chaleur est considéré maintenant par les physiciens comme un mouvement moléculaire, non pas un mouvement comme celui qui se manifeste par le changement des rapports que des masses appréciables aux sens affectent entre elles, mais qui se produit parmi les unités dont ces masses sensibles se composent. Si nous cessons de concevoir la chaleur comme la sensation particulière que nous donnent les corps sous certaines conditions, et si nous considérons les autres phénomènes que ces corps présentent, nous ne trouvons, soit en eux, soit dans les corps environnants, soit à la fois en eux et dans ces corps, que du mouvement. Sauf une ou deux exceptions qui gênent toutes les théories de la chaleur, les corps chauffés se dilatent, et la dilatation ne peut s'interpréter que comme un mouvement des unités d'une masse les unes par rapport aux autres. Ce qu'on appelle le rayonnement, ce par quoi un corps d'une température plus élevée que les choses qui l'entourent leur communique sa chaleur, est manifestement une espèce de mouvement. Aussi, la preuve fournie par le thermomètre que la chaleur se répand par rayonnement est simplement un mouvement occasionné dans la colonne de mercure. Une preuve vulgaire que le mouvement moléculaire appelé chaleur peut se transformer en mouvement visible nous est donnée par la machine à vapeur, dans laquelle « le piston et toutes les masses qui s'y rattachent sont mis en mouvement par la dilatation de la vapeur d'eau ». Là même où la chaleur est absorbée sans donner de résultat apparent, les recherches modernes montrent que des changements bien nets, sinon évidents, se produisent, par exemple dans le verre, dont l'état moléculaire est changé par la chaleur au point qu'un rayon de lumière polarisée qui le traverse devient visible, tandis qu'il ne l'est pas quand le verre est froid; ou bien encore dans les surfaces métalliques polies, qui sont tellement changées, quant à leur structure, par leur rayonnement calorique des objets qui en sont très rapprochés, qu'elles en conservent une impression permanente. La transformation de la chaleur en électricité se produit quand des métaux différents qui se touchent sont chauffés au point de contact; alors des courants électriques se développent. Une substance solide incombustible introduite dans un gaz chauffé, par exemple un morceau de craie dans la flamme du gaz oxy-hydrogène, devient incandescente, ce qui manifeste la conversion de la chaleur en lumière. Si l'on ne peut pas prouver que le magnétisme est produit directement par la chaleur, on peut prouver qu'il l'est d'une manière indirecte par l'intermédiaire de l'électricité. Le même intermédiaire sert à établir entre la chaleur et l'affinité chimique la corrélation que faisait déjà supposer l'influence marquée de la chaleur sur les compositions et les décompositions chimiques.

Le passage de l'électricité aux autres modes de force est encore plus facile à démontrer. Produite par le mouvement des corps hétérogènes en contact, l'électricité, par des attractions et des répulsions, reproduira le mouvement dans les corps voisins. Tantôt c'est un courant d'électricité qui engendre du magnétisme dans un barreau de fer doux, et tantôt c'est la rotation d'un aimant permanent qui engendre des courants d'électricité. Dans une pile, le jeu des affinités chimiques produit un courant électrique, et près de là nous voyons un courant électrique opérer une décomposition chimique. Dans le fil conducteur, nous constatons la transformation de l'électricité en chaleur; dans l'étincelle électrique et l'arc voltaïque, nous voyons apparaître de la lumière. L'arrangement atomique subit aussi des altérations sous l'action de l'électricité, par exemple le transport de la matière d'un pôle à l'autre dans une batterie électrique, les cassures causées par une décharge, la formation de cristaux sous l'influence des courants électriques. Réciproquement, soit que le réarrangement des atomes matériels produise ou ne produise pas directement l'électricité, il la produit dans une certaine mesure indirectement par l'intermédiaire du magnétisme.

Il faut indiquer brièvement comment les autres forces physiques résultent du magnétisme ; je dis brièvement, parce que, dans chacun des cas suivants, les exemples sont le plus souvent la contre-partie des cas déjà cités. C'est en produisant du mouvement que le magnétisme manifeste d'ordinaire son existence. Dans la machine électro-magnétique, nous voyons un aimant en rotation produire un dégagement d'électricité ; et cette électricité peut immédiatement se manifester sous forme de lumière, de chaleur ou d'affinité chimique. La découverte des effets du magnétisme sur la lumière polarisée par Faraday, aussi bien que celle de la chaleur qui accompagne les changements qui surviennent dans l'état magnétique d'un corps, indiquent de nouvelles connexions toutes semblables. Enfin, diverses expériences démontrent que l'aimantation d'un corps en change la structure interne, et que, réciproquement, le changement de la structure interne d'un corps, par un effet mécanique, en change la condition magnétique.

Quelque improbable que cela ait paru, il est maintenant prouvé que ces diverses forces peuvent aussi tirer leur origine de la lumière. Les rayons solaires changent les arrangements atomiques de tels ou tels cristaux. Des gaz mélangés, qui ne se combineraient pas autrement, se combinent à la lumière solaire. Dans certains composés, la lumière donne lieu à une décomposition chimique. Depuis que les travaux des photographes ont attiré l'attention sur les effets que la lumière exerce sur les corps, on a trouvé « qu'un grand nombre de substances, tant élémentaires que composées, sont notablement affectées par cet agent, même celles qui, comme les métaux, semblent le moins susceptibles de l'être. » Quand nous mettons en communication une plaque de daguerréotype avec un appareil disposé convenablement, « nous obtenons une action chimique sur la plaque, de l'électricité en courant dans les fils, du magnétisme dans l'intérieur du circuit, de la chaleur dans l'hélice et du mouvement dans les aiguilles. »

Il est à peine besoin de dire que tous les modes de force naissent de l'action chimique. La chaleur accompagne d'ordinaire la combinaison chimique, et, quand les affinités sont intenses, la lumière se produit aussi dans des conditions appropriées. Les altérations chimiques qui impliquent un changement de volume causent du mouvement à la fois dans les éléments qui se combinent et dans les masses adjacentes : exemple, la propulsion d'un boulet par l'explosion de la poudre à canon. Dans la pile électrique, nous voyons l'électricité résulter de la composition et de la décomposition chimique. Ailleurs, par l'intermédiaire de cette électricité, l'action chimique produit le magnétisme.

Ces exemples, extraits pour la plupart du livre de M. Grove, la *Corrélation des forces physiques*, nous font voir que chaque force peut se transformer directement ou indirectement dans les autres. Dans tout changement, la Force subit une métamorphose ; de la forme nouvelle ou des formes nouvelles qu'elle revêt peut résulter soit la forme précédente, soit une des autres, dans une infinie variété d'ordre et de combinaison. De plus, on voit nettement que les forces physiques ne présentent pas seulement entre elles des corrélations qualitatives, mais qu'elles sont unies par des corrélations de quantité. Après avoir prouvé qu'un mode de force peut se transformer en un autre, les expériences démontrent encore que, d'une quantité définie d'une force, naissent toujours des quantités définies des autres. Il est difficile de le démontrer, mais c'est parce que d'ordinaire une force ne se transforme pas en une seule des autres, mais en plusieurs, et que les proportions sont déterminées par les conditions qui ne sont jamais les mêmes. Pourtant, dans certains cas, on a obtenu des résultats positifs. M. Joule a constaté que la chute de 772 livres, tombant d'un pied de haut, élevait la température d'une livre d'eau d'un degré Fahrenheit. Les recherches de Dulong et Petit et de Neumann ont démontré qu'il y a une relation de quantité entre les affinités des corps qui se combinent et la chaleur qui se dégage durant leur combinaison. On a aussi établi une relation de quantité entre l'action chimique et l'électricité voltaïque ; des expériences de Faraday supposent qu'une quantité spécifique d'électricité est dégagée par une quantité donnée d'action chimique. On peut invoquer en outre les relations démontrées qui unissent les quantités de chaleur engendrées et l'eau qui se vaporise, ou mieux encore entre l'expansion que produit, dans la vapeur, chaque nouveau degré de chaleur. On ne peut donc plus douter qu'il n'y ait des relations fixes de quantité entre les diverses formes que prend la force. Les physiciens admettent tacitement que non seulement les forces physiques subissent des métamorphoses, mais qu'une certaine quantité de chaque force est l'équivalent constant de certaines quantités des autres.

§ 67. Partout dans le cosmos ce principe se manifeste invariablement. Tout changement successif, tout groupe de changements qui surviennent dans le cosmos, doit être rapporté à des forces qu'on peut rattacher à celles semblables ou dissemblables qui existent déjà; et des forces manifestées dans ces changements, on doit en dériver d'autres plus ou moins transformées. En outre, nous ne devons pas nous borner à reconnaître l'enchaînement qui rattache des forces manifestées à celles qui les précèdent et à celles qui les suivent, mais nous devons reconnaître que les quantités de ces forces sont déterminées, c'est-à-dire qu'elles produisent nécessairement telles ou telles quantités de résultats, et qu'elles sont nécessairement limitées à ces quantités.

L'unification de la connaissance qui est l'affaire de la philosophie n'est guère avancée quand on a mis cette vérité sous sa forme générale. Les changements et les transformations des forces qui les accompagnent suivent partout un mouvement progressif, depuis celui des étoiles jusqu'au courant de nos idées ; si nous voulons comprendre tout à fait le sens de ce grand fait que les forces, dans leur métamorphose incessante, ne sont augmentées ni diminuées nulle part, il faut que nous considérions les divers ordres de changements qui s'opèrent alentour, afin de constater d'où naissent les forces qu'ils impliquent et ce qu'elles deviennent. Sans doute si cette question peut recevoir une réponse, c'est une réponse très imparfaite. Nous ne pouvons espérer d'établir l'équivalence entre les manifestations successives de la force. Le plus que nous puissions espérer, c'est d'établir une corrélation qualitative, vaguement quantitative, et quantitative seulement en ce qu'elle implique une proportion convenable entre les causes et les effets.

Pour vérifier cette proposition, examinons successivement les diverses classes de phénomènes dont les sciences concrètes s'occupent.

§ 68. Les antécédents des forces déployées par notre système solaire appartiennent à un passé dont nous ne pourrons jamais avoir qu'une connaissance conjecturale ; et, pour le moment, nous ne pouvons pas nous flatter d'en posséder une qui mérite même ce nom. Quelque nombreuses et fortes que soient les raisons d'admettre l'hypothèse *nébulaire*, nous ne pouvons y voir qu'une hypothèse. Toutefois, si nous admettons que la matière qui compose le système solaire a existé autrefois à l'état diffus, nous trouvons dans la gravitation de ses parties une force capable de produire les mouvements qui s'effectuent maintenant.

Des masses de matière *nébulaire* précipitée, se mouvant vers leur centre de gravité commun, à travers le milieu du sein duquel elles ont été précipitées, causeront inévitablement une rotation générale, dont la vitesse ira en croissant en raison des progrès de la concentration. Partout où porte notre expérience, nous percevons une certaine relation de quantité entre les mouvements ainsi engendrés et les forces gravitatives, qui se sont dépensées à les produire. Les planètes formées par la matière qui, pour se rendre au centre commun de gravité, a parcouru la plus petite distance, présentent les plus petites vitesses. Sans doute, on peut expliquer ce fait par l'hypothèse téléologique, puisque c'est une condition de l'équilibre. Mais je n'ai pas besoin de faire remarquer que là n'est pas la question ; il suffira de dire qu'on ne peut alléguer la même raison pour expliquer la rotation des planètes. Il n'y a pas de cause finale qui puisse expliquer la rapidité du mouvement que Jupiter et Saturne exécutent autour de leur axe, et la lenteur de celui de Mercure. Mais si, conformément à la doctrine de la transformation, nous recherchons les antécédents des girations des planètes, l'hypothèse nébulaire nous en fournit qui présentent avec les mouvements de ces corps célestes des relations quantitatives manifestes. En effet, les planètes qui tournent sur leur axe avec une extrême rapidité sont celles qui ont de grandes masses et de vastes orbites, c'est-à-dire celles dont les éléments jadis diffus ont tendu vers leur centre de gravité à travers des espaces immenses, et ont par cela même acquis des vitesses énormes. Au contraire, les planètes qui tournent sur leur axe avec les plus petites vitesses sont celles qui sont formées des plus petits anneaux nébuleux, ce que démontrent surtout les satellites.

Mais, dira-t-on, qu'est devenu tout le mouvement qui a effectué l'agrégation de cette matière diffuse en corps solides? On répondra qu'il a été rayonné sous forme de chaleur et de lumière; et l'expérience confirmera partout cette réponse. Les géologues pensent que la chaleur du noyau terrestre encore en fusion n'est qu'un résidu de celle qui jadis tenait en fusion la terre entière. Les surfaces montueuses de la Lune et de Vénus (les seules dont la proximité permette l'examen) présentent une croûte ridée comme la nôtre, par la contraction, ce qui fait supposer que ces corps célestes ont subi un refroidissement. Enfin, nous avons encore dans le soleil une production de cette chaleur et de cette lumière, résultat nécessaire de l'arrêt de la matière diffuse qui se meut vers le centre de gravité commun. Là aussi, comme plus haut, on retrouve une relation de quantité. Ceux des corps du système solaire qui ne contiennent que des quantités relativement faibles de matière, dont le mouvement centripète a été détruit, ont déjà perdu presque toute la chaleur produite : et la grandeur relative de leurs surfaces a facilité encore ce résultat. Mais le soleil, dont la masse est mille fois plus grande que celle de la plus grande planète et qui a par conséquent à débiter une quantité énormément plus considérable de chaleur et de lumière par suite de l'arrêt de la matière en mouvement, conserve encore un rayonnement d'une grande intensité.

§ 69. En recherchant l'origine des forces qui ont donné à la surface de notre planète sa forme présente, nous voyons qu'on peut les ramener à la source primordiale que nous venons de signaler. Si l'on suppose que le système solaire s'est formé d'après l'hypothèse que nous adoptons, les changements géologiques deviennent des résultats directs ou indirects de la chaleur due à la condensation de la nébuleuse et qui n'a pas été dépensée. On distingue ces changements en ignés et aqueux, noms qui nous permettent de les considérer plus commodément.

Tous les troubles périodiques que nous appelons tremblements de terre, toutes les élévations, toutes les dépressions qui en sont les résultats, les effets accumulés de tant d'élévations et de dépressions que nous offrent les bassins océaniques, les îles, les continents, les plateaux, les chaînes de montagnes, et toutes les formations que nous appelons volcaniques, les géologues les regardent comme des modifications de la croûte de la terre par la matière encore en fusion qui en occupe l'intérieur. Quelque insoutenables que soient les détails de la théorie de M. Elie de Beaumont, il y a de bonnes raisons d'admettre qu'en général les déchirements et les variations de niveau qui se manifestent par intervalles à la surface du globe sont dus à l'affaissement progressif de l'enveloppe solide de la terre sur son noyau refroidi et contracté. A supposer même que l'on puisse donner une explication plus satisfaisante des éruptions des volcans, des éjections de roches ignées, et des soulèvements de chaînes de montagnes, ce qui n'est pas possible, on ne pourrait pas expliquer autrement les élévations et les dépressions immenses d'où résultent les continents et les océans. La conclusion qu'il faut en tirer, c'est que les forces qui se déploient dans les changements dits ignés sont des résultats positifs ou négatifs de la chaleur concentrée de l'intérieur de la terre. Les phénomènes de la fusion ou de l'agglutination des dépôts sédimentaires, les sources thermales, la sublimation des métaux dans les fissures où nous les trouvons à l'état de minerai, peuvent être considérés comme des résultats positifs de ce résidu de chaleur, tandis que les ruptures des couches et les changements du niveau en sont les résultats négatifs, puisqu'ils sont dus à sa disparition. La cause originelle de tous ces effets est encore ce qu'elle a été dès le commencement, le mouvement gravitatif de la matière de la terre vers le centre de la planète, puisque c'est à ce mouvement qu'il faut rapporter la chaleur interne et l'affaissement de la surface qui se fait à mesure qu'elle rayonne dans l'espace.

Si nous demandons sous quelle forme existait précédemment la force qui produit les changements géologiques dits aqueux, la réponse ne saute pas aussi vite aux yeux. Les effets de la pluie, des rivières, des vents, des flots ou des courants marins ne procèdent pas manifestement d'une source générale. L'analyse nous prouve cependant qu'ils ont une origine commune. Si nous demandons : D'où vient la force du courant de la rivière qui porte ses dépôts à la mer? on répondra : La gravitation de l'eau tout le long de l'espace sur lequel elle s'écoule. Si nous demandons : Comment l'eau s'est-elle répandue sur cette surface? on répondra : Elle est tombée sous forme de pluie. Si nous demandons : Comment la pluie a-t-elle pris la position d'où elle est tombée? on répondra : La vapeur dont elle n'est que la condensation y avait été accumulée par les vents. Si nous demandons : Comment cette vapeur s'est-elle élevée si haut? on répondra : Par évaporation. Enfin si nous demandons : Quelle force l'a élevée? on répondra : La chaleur du soleil. C'est donc exactement la même quantité de force gravitative que la chaleur solaire a vaincue pour élever les atomes d'eau, qui est restituée dans la chute de ces mêmes atomes au même niveau d'où ils étaient partis. Il en résulte que les ravinements produits par la pluie et les rivières pendant le mouvement de descente de cette vapeur condensée jusqu'au niveau de la mer sont dus indirectement à la chaleur du soleil. Il en est de même des vents qui transportent les vapeurs çà et là. Les courants atmosphériques sont le résultat des différences de température (soit générales, comme entre les régions équatoriales et polaires; soit spéciales, comme entre des étendues de la surface du globe qui présentent des caractères physiques différents); les courants atmosphériques peuvent donc être attribués à la source commune d'où procèdent les quantités changeantes de chaleur. Si telle est l'origine des vents, telle est aussi celle des flots qu'ils soulèvent à la surface de la mer. Il en résulte que tous les changements que les flots produisent, l'usure des rives, la destruction des rochers qui s'émiettent pour former des galets, du sable et de la vase, peuvent aussi se ramener aux rayons solaires comme à leur cause première. On peut en dire autant des courants de l'Océan. Les plus grands tirent leur origine de l'excès de chaleur que l'Océan reçoit du soleil dans les régions tropicales; les plus faibles, des différences locales que présente la quantité de chaleur absorbée; il s'ensuit que la distribution des sédiments et des autres opérations géologiques que produisent ces courants marins peuvent se rattacher à la force que le soleil rayonne. La seule force aqueuse qui ait une autre origine est celle des marées, qu'on peut rattacher comme les autres à un mouvement astronomique non dépensé. Mais, en tenant compte des effets des marées, on peut dire cependant que la destruction lente des continents, le comblement graduel des mers par la pluie, les rivières, les vents, les flots et les courants de l'Océan, sont les effets indirects de la chaleur solaire.

Ainsi les conclusions que nous impose la théorie de la transformation, à savoir que les forces qui ont façonné et remanié la croûte du globe doivent avoir préexisté sous quelque autre forme, n'offrent pas de difficulté si la genèse nébulaire est adoptée, puisque cette genèse suppose certaines forces qui à la fois sont capables de produire des résultats et ne peuvent se dépenser sans les produire. Tandis que les changements géologiques dits ignés naissent du mouvement qui se continue encore de la substance de la terre vers son centre de gravité, les changements opposés, dits aqueux, naissent du mouvement qui se continue encore de la substance du soleil vers son centre de gravité, mouvement qui, transformé en chaleur et rayonné sur la terre, y subit une transformation nouvelle, directement en des mouvements des substances gazeuses et liquides de la surface de la terre, et indirectement en des mouvements de substances solides.

§ 70. Les forces manifestées dans les actions vitales, végétales et animales, se déduisent aussi d'une manière si évidente de la chaleur solaire, que les lecteurs familiarisés avec les faits biologiques n'auront aucune peine à l'admettre. Voyons d'abord les généralisations physiologiques; nous verrons après celles qu'elles nécessitent.

La vie végétale dépend toute directement ou indirectement de la chaleur et de la lumière du soleil, directement dans l'immense majorité des plantes, et indirectement dans celles qui, comme les champignons, viennent dans l'obscurité : en effet, ces derniers, poussant aux dépens de matières organiques en décomposition, tirent indirectement leurs forces de la même source. Toute plante doit le carbone et l'hydrogène dont elle se compose, pour la plus grande partie, à l'acide carbonique et à l'eau contenus dans la terre et l'air ambiant. Toutefois, il faut que l'acide carbonique et l'eau se décomposent avant que leur carbone et leur hydrogène s'assimilent. Pour surmonter les affinités puissantes qui unissent entre eux ces éléments, il faut une dépense de force, et cette force est fournie par le soleil. De quelle façon la décomposition s'effectue-t-elle? Nous ne le savons pas. Mais nous savons que, lorsque sous des conditions appropriés les plantes sont exposées aux rayons du soleil, elles dégagent de l'oxygène et emmagasinent du carbone et de l'hydrogène. Dans l'obscurité, cette opération de réduction cesse. Elle cesse aussi quand les quantités de lumière et de chaleur reçues sont considérablement réduites, comme en hiver. Au contraire, elle est active quand la lumière est vive et la chaleur élevée, comme en été. On retrouve en outre la même relation quand on voit la végétation luxuriante des tropiques diminuer dans les climats tempérés et disparaître à mesure qu'on s'approche des pôles. On ne peut s'empêcher d'en conclure que les forces à l'aide desquelles les plantes tirent les matériaux de leurs tissus des composés inorganiques ambiants, c'est-à-dire les forces à l'aide desquelles les plantes poussent et remplissent leurs fonctions, existaient préalablement sous forme de rayonnement solaire.

Tout le monde sait que la vie animale dépend immédiatement ou médiatement de la vie végétale; et les savants admettent depuis longtemps qu'en général les opérations de la vie animale sont opposées à celles de la vie végétale. Au point de vue de la chimie, la vie végétale est principalement une réduction (désoxydation), et la vie animale principalement une oxydation; principalement devons-nous dire, parce que, lorsque les plantes dépensent de la force dans l'exercice de leurs fonctions organiques, elles fonctionnent comme des appareils d'oxydation (on le voit par l'exhalation d'acide carbonique, durant la nuit); et les animaux dans quelques-unes de leurs opérations d'importance inférieure fonctionnent probablement comme des appareils de réduction. Cette réserve faite, le principe général est que la plante décompose l'acide carbonique et l'eau en mettant l'oxygène en liberté, et qu'elle élabore le carbone et l'hydrogène retenus (auxquels il faut ajouter un peu d'azote et une faible quantité d'autres éléments tirés d'ailleurs) pour en former des branches, des feuilles et des semences; tandis que l'animal, consommant ces branches, ces feuilles, ces semences, et absorbant de l'oxygène, recompose l'acide carbonique et l'eau en les combinant à certains composés azotés de quantité moindre. Dans la plante, la décomposition se fait par la dépense de certaines forces émanées du soleil, qui servent à surmonter les affinités du carbone et de l'hydrogène pour l'oxygène auquel ils sont unis; mais la recomposition que l'animal effectue est à l'avantage de ces forces qui sont mises en liberté pendant la combinaison des mêmes éléments. Les mouvements internes et externes de l'animal sont le retour, sous de nouvelles formes, de la force absorbée par la plante sous forme de lumière et de chaleur. Dans l'exemple cité plus haut, nous avons vu que les forces solaires dépensées pour élever la vapeur de la surface de la mer sont restituées dans la chute de la pluie et la course des rivières, qui les ramènent au point de départ, et dans le transport des matières solides que les eaux charrient; c'est ici la même chose : les forces solaires qui dans la plante ont porté certains éléments chimiques à un état d'équilibre instable sont restituées dans les actions de l'animal pendant que ces éléments retombent à un état d'équilibre stable.

Outre la corrélation qualitative que nous avons montrée entre ces deux grands ordres d'activités organiques, aussi bien qu'entre chacun d'eux et les forces inorganiques, il y en a encore une quantitative rudimentaire. Dans les régions où la végétation abonde, la vie animale abonde, et, à mesure que nous avançons des climats torrides vers les régions tempérées et froides, la vie animale et la vie végétale décroissent en même temps. D'une manière générale, les animaux de toutes les classes acquièrent une grosseur plus grande dans les régions où la végétation est abondante que dans celles où elle est rare. De plus, il y a une connexion assez visible entre la quantité de force que chaque espèce d'animaux dépense et la quantité de force que la nourriture qu'elle consomme restitue en s'oxydant.

Certains phénomènes de développement, tant chez les plantes que chez les animaux, manifestent encore plus directement le dernier principe que j'ai énoncé. S'emparant de l'idée émise par M. Grove dans la première édition de son ouvrage sur la « corrélation des forces physiques », qu'il y a probablement une connexion entre les forces dites vitales et celles qu'on appelle physiques, M. Carpenter a fait voir que cette connexion se manifeste clairement pendant l'incubation. La transformation des contenus inorganisés d'un œuf en un poulet organisé est tout à fait une question de chaleur : supprimez la chaleur, et l'opération ne commence pas ; donnez de la chaleur, et elle se continue tant que la température se maintient, mais elle cesse dès que l'œuf est exposé au froid. Les changements qui constituent le développement ne peuvent se compléter que si l'on maintient la température à peu près constante à une hauteur donnée pendant un temps donné. Nous pouvons discerner des traits analogues dans les métamorphoses des insectes. Des expériences démontrent non seulement que l'incubation de l'œuf est déterminée par la chaleur, mais aussi que l'évolution de la nymphe dans le cocon est déterminée par la même cause et peut être considérablement accélérée ou retardée suivant qu'on lui fournit ou qu'on lui soustrait artificiellement de la chaleur. Il suffira d'ajouter que la germination des plantes présente des relations semblables de cause à effet, relations si semblables qu'il est superflu d'en donner les détails.

Ainsi donc, les divers changements que manifeste la création organique, considérée soit comme un tout, soit dans ses deux grandes divisions, soit enfin dans ses membres individuels, se conforment autant que nous pouvons le constater au principe général. Quand nous pouvons, comme dans la transformation de l'œuf en poulet, isoler le phénomène de tout ce qui le complique, nous voyons que la force manifestée dans l'opération de l'organisation implique la dépense d'une force déjà existante. Quand il ne s'agit pas, comme dans l'œuf ou la chrysalide, uniquement des changements d'une quantité fixe de matière qui prend une nouvelle forme, mais quand, comme dans l'accroissement de la plante ou de l'animal, nous voyons l'incorporation d'une matière tirée du dehors, c'est encore aux dépens d'une force préexistante que l'incorporation s'opère. Et lorsque, comme dans les divisions supérieures des êtres organisés, il reste en plus des forces dépensées dans l'organisation un certain excès de forces qui se dépensent en mouvement, celles-ci aussi proviennent indirectement de cette même force extérieure préexistante.

§ 71. Même après tout ce que nous avons dit dans la première partie de notre ouvrage, bien des personnes ne nous entendront pas sans alarme dire que les forces appelées mentales rentrent dans la même généralisation. Cependant il n'est pas possible d'y échapper. Les faits qui nous autorisent ou plutôt qui nous obligent à formuler cette proposition sont nombreux et sautent aux yeux. Ils rentrent dans les groupes suivants.

Toutes les impressions que nos organes des sens reçoivent à chaque instant sont en corrélation directe avec les forces physiques du dehors. Les modes de conscience appelés pression, mouvement, son, lumière, chaleur sont tous des effets produits en nous par des forces qui, si elles se dépensaient d'une autre manière, mettraient en pièces ou en poussière des morceaux de matière, engendreraient des vibrations dans les objets environnants, opéreraient des combinaisons chimiques ou feraient passer des substances de l'état solide à l'état liquide. Si donc nous regardons les changements de position relative, d'arrangement moléculaire ou d'état chimique ainsi produits comme des manifestations transformées des forces d'où elles naissent, nous devons aussi regarder les sensations que ces forces produisent en nous comme de nouvelles formes de ces mêmes forces. On n'hésitera plus à admettre que la corrélation des forces physiques aux sensations est de même nature que celle des forces physiques entre elles, si l'on se rappelle qu'elles sont l'une et l'autre non pas seulement qualitatives, mais encore quantitatives. Des masses de matière qui diffèrent beaucoup de poids, d'après la balance ou le dynamomètre, diffèrent aussi considérablement par les sensations de pression qu'elles produisent sur notre corps. Quand nous arrêtons des corps en mouvement, les efforts dont nous avons conscience sont proportionnés aux mouvements de ces objets, tels que nous les connaissons par d'autres procédés de mesure. Sous des conditions égales, nous trouvons que les impressions qui nous sont fournies par des cordes vibrantes, des cloches ou des colonnes d'air varient de force avec la quantité de force qui les cause. Les liquides et les solides qui présentent des températures très tranchées, d'après le témoignage des degrés différents d'expansion qu'ils produisent dans la colonne mercurielle, produisent en nous d'une manière correspondante des degrés différents de sensation de chaleur. Pareillement, des intensités dissemblables dans nos impressions de lumière répondent à des effets dissemblables mesurés par le photomètre.

Outre la corrélation et l'équivalence entre les forces physiques externes et les forces mentales engendrées par elles en nous sous la forme de sensations, il y a une corrélation et une équivalence entre les sensations et les forces physiques qui sous la forme d'actions du corps en sont les résultats. Les sensations que nous appelons lumière, chaleur, son, odeur, goût, pression, etc., ne s'effacent pas sans laisser de résultats immédiats; elles sont suivies invariablement par d'autres manifestations de force. Dans certains cas, on peut constater une excitation des organes sécrétoires; mais ce n'est pas tout : il se produit aussi des contractions des muscles involontaires, ou des muscles volontaires, ou des deux systèmes à la fois. Les sensations augmentent l'action du cœur, légèrement quand elles sont légères, fortement quand elles sont fortes; les recherches physiologiques récentes impliquent non seulement que la contraction du cœur est excitée par toutes les sensations, mais aussi que les fibres musculaires dans tout le système vasculaire se contractent en même temps plus ou moins. Les muscles respiratoires sont aussi portés par les sensations à un degré d'activité plus élevé. La respiration s'accélère, ainsi qu'on peut le voir et l'entendre, par l'effet des sensations agréables ou pénibles des nerfs quand elles atteignent une certaine intensité. On a même fait voir récemment que l'inspiration devient plus fréquente quand on passe de l'obscurité à la lumière, ce qui résulte probablement d'un accroissement d'une stimulation nerveuse provoquée directement ou indirectement. Quand la quantité de sensation est grande, elle engendre des contractions des muscles volontaires, aussi bien que des muscles involontaires. Une excitation insolite des nerfs du tact, comme dans le chatouillement, est suivie de mouvements dans les membres qu'on ne peut pas empêcher. Des douleurs violentes causent des efforts violents. Le tressaillement qui succède à un bruit intense, la grimace produite par le goût de quelque chose d'excessivement désagréable, la secousse par laquelle nous retirons la main ou le pied quand nous les avons mis dans une eau trop chaude, sont tout autant d'exemples de la transformation de la sensation en mouvement; dans ces cas comme dans d'autres, il est manifeste que la quantité d'action exercée par le corps est proportionnelle à la quantité de sensation. Lors même que l'orgueil supprime les cris et les plaintes qui expriment une grande douleur (suppression qui est aussi le résultat d'une contraction musculaire), le serrement des poings, le froncement des sourcils, le grincement des dents, sont là pour attester que les actions corporelles qui se développent sont aussi grandes si elles sont moins éclatantes par leurs résultats. Si au lieu des sensations nous prenons les émotions, nous trouvons que la corrélation et l'équivalence sont tout aussi manifestes. Non seulement les modes de conscience que produisent en nous d'une manière directe les forces physiques peuvent repasser à l'état de forces physiques sous la forme des mouvements musculaires et des locomotions dont elles sont le point de départ, mais il en est de même des modes de conscience qui ne sont pas produits directement en nous par les forces physiques. Les émotions peu intenses comme les sensations peu intenses n'engendrent guère que l'excitation du cœur et du système vasculaire, et quelquefois aussi une augmentation d'action des organes glandulaires. Mais, si les émotions prennent plus de force, les muscles de la face, du corps et des membres entrent en mouvement. On voit l'homme en colère froncer les sourcils, dilater ses narines, frapper du pied; l'homme en proie à une vive douleur contracter ses sourcils, se tordre les mains; on le voit exprimer sa joie par des éclats de rire et des sauts, la terreur et le désespoir par des efforts furibonds. Laissant de côté certaines exceptions apparentes, et qui ne sont qu'apparentes, nous voyons que, quelle que soit l'espèce d'émotion, il y a un rapport manifeste entre son intensité et celle de l'action musculaire qu'elle provoque, depuis la démarche droite et allègre de la gaieté jusqu'aux danses de l'extrême joie, et depuis l'agitation de l'impatience jusqu'aux mouvements presque convulsifs qui accompagnent une grande angoisse de l'âme. A ces divers ordres de preuves, il faut en ajouter un nouveau : entre nos sensations et les mouvements volontaires qui en sont les transformations, il y a la sensation de tension musculaire qui est en corrélation manifeste avec les deux termes, corrélation nettement quantitative, puisque le sens de l'effort varie, les autres conditions restant égales, en raison directe de la quantité du moment engendré.

« Mais comment, demandera-t-on, pouvons-nous interpréter par la loi de corrélation la genèse de ces pensées et de ces sentiments qui, au lieu de suivre les *stimuli* extérieurs, naissent spontanément ? Entre l'indignation causée par une insulte et les cris bruyants ou les actes violents qui la suivent, on peut dire qu'il y a une connexion ; mais d'où vient la foule d'idées et la masse de sentiments qui éclatent dans ces démonstrations ? Il est évident qu'ils ne sont pas l'équivalent des sensations produites par les mots sur l'oreille ; car les mêmes mots disposés autrement ne les auraient pas produits. Les paroles ont avec l'ébranlement moral qu'elles excitent une relation qui ressemble beaucoup à celle que la pression de la détente d'une arme à feu soutient avec l'explosion qui la suit ; elles ne produisent pas la force, elles la mettent en liberté. D'où vient donc alors cette immense activité nerveuse qu'un chuchotement, un regard peuvent évoquer ? » Voici la réponse : les corrélatifs immédiats de ces modes de conscience et de certains autres ne se trouvent pas parmi les forces qui agissent sur nous du dehors, mais dans des forces internes. Les forces dites vitales, dont nous avons vu la corrélation avec les forces dites physiques, sont les sources d'où jaillissent directement ces pensées et ces sentiments, et se dépensent à les produire. Il y en a diverses preuves. En voici quelques-unes. C'est un fait évident que l'activité mentale dépend de l'existence d'un certain appareil nerveux, et qu'il y a une relation, dissimulée sans doute sous le nombre et la complication des conditions, mais qu'on peut suivre, entre les dimensions de cet appareil et la quantité d'action mentale mesurée par ses résultats. En outre, cet appareil a une certaine constitution chimique dont son activité dépend, et il y a en lui un élément dont la quantité présente une connexion constatée avec la quantité de fonction accomplie; il y a dans le cerveau du phosphore dont la proportion est au minimum dans l'enfance, la vieillesse et l'idiotie, et au maximum à la fleur de la vie. Il faut remarquer en outre que l'évolution de la pensée et du sentiment varie, toutes choses restant égales d'ailleurs, avec l'arrivage du sang au cerveau. D'une part, la cessation de la circulation cérébrale, à la suite de l'arrêt des mouvements du cœur, amène incontinent l'inconscience. D'autre part, un excès de circulation cérébrale (tant qu'elle n'est pas de nature à causer une pression insolite) provoque une excitation allant jusqu'au délire. Ce n'est pas seulement la quantité, c'est aussi la composition du sang qui traverse le système nerveux qui influence les manifestations mentales. Les courants artériels doivent être convenablement oxygénés pour produire une cérébration normale. A une extrémité, nous voyons que, lorsque le sang ne peut échanger son acide carbonique contre de l'oxygène, il en résulte l'asphyxie avec la suppression des idées et des sentiments qui l'accompagnent. A l'autre extrémité, nous trouvons que l'inspiration du protoxyde d'azote produit une activité nerveuse excessive et même incoercible. A côté de la connexion entre le développement des forces mentales et la présence d'une quantité suffisante d'oxygène dans les artères cérébrales, nous en trouvons une autre semblable entre ce développement et la présence de certains autres éléments dans les mêmes artères. Il faut aux centres nerveux des matériaux spéciaux pour leur nutrition, aussi bien que pour leur oxydation. On voit incontestablement à quel point, toutes choses égales, ce que nous appelons la quantité de conscience est déterminé par les éléments constitutifs du sang, dans des faits tels que l'exaltation qui survient quand on introduit dans la circulation certains composés chimiques comme l'alcool et les alcaloïdes végétaux. L'agréable gaieté que créent le café et le thé est bien connue de tout le monde, et, quoique peu de personnes (dans notre pays du moins) aient éprouvé les effets féeriques d'imagination et les sentiments vifs de félicité que produisent l'opium et le haschich, on peut s'en rapporter au témoignage de ceux qui les ont goûtés; il est assez concluant. Voici encore une autre preuve que la production des forces mentales dépend directement de changements chimiques : les produits usés que les reins séparent du sang changent de caractère suivant la quantité de travail cérébral. Une activité excessive de l'esprit est d'ordinaire suivie par l'excrétion d'une quantité insolite de phosphates alcalins. Une excitation nerveuse anormale amène des effets analogues. « L'odeur particulière des fous, » en impliquant qu'il y a dans la perspiration des produits morbides, découvre un lien entre la folie et une composition spéciale des fluides de l'organisme ; qu'on la regarde comme la cause ou comme la conséquence de la folie, cette composition n'en suppose pas moins la corrélation des forces mentales et des forces physiques. Nous remarquerons enfin que cette corrélation, autant que nous pouvons la suivre, est quantitative. Pourvu que les conditions de l'action nerveuse ne soient point altérées, que les conditions concomitantes restent les mêmes, il y a entre les antécédents et les conséquents un rapport assez constant. Dans de certaines limites, les stimulants nerveux et les agents anesthésiques produisent sur les pensées et les sentiments des effets proportionnés aux quantités administrées. Réciproquement, quand les pensées et les sentiments sont le premier terme de la relation, le degré de réaction sur les forces du corps est proportionné à la force de ces pensées ou de ces sentiments ; dans les cas extrêmes, la réaction aboutit à une prostration physique complète.

Nous voyons donc que diverses classes de faits s'unissent pour prouver que la loi de métamorphose qui règne parmi les forces physiques règne également entre celles-ci et les mentales. Les modes de l'Inconnaissable que nous appelons mouvement, chaleur, lumière, affinité chimique, etc., sont transformables les uns dans les autres, et dans ces modes de l'Inconnaissable que nous distinguons par les noms d'émotion, de sensation, de pensée ; celles-ci à leur tour peuvent par une transformation inverse reprendre leurs premières formes. Aucune idée, aucun sentiment ne se manifeste que comme résultat d'une force physique qui se dépense pour le produire : tel est le principe qui ne tardera pas à devenir un lieu commun scientifique ; tous ceux qui savent apprécier l'évidence verront qu'une seule cause peut encore en expliquer le rejet : c'est l'entraînement irrésistible d'une théorie préconçue. Comment se fait cette métamorphose ? comment une force qui existe sous la forme de mouvement, de chaleur, de lumière, peut-elle devenir un mode de conscience ? comment les vibrations aériennes peuvent-elles engendrer la sensation appelée son ? comment les forces mises en liberté par les changements chimiques opérés dans le cerveau peuvent-elles produire une émotion ? Ce sont des mystères qu'il n'est pas possible de sonder. Mais ils ne sont pas plus profonds que les transformations des forces physiques les unes dans les autres. Ils ne dépassent pas plus la portée de notre intelligence que ne la dépasse la nature de l'Esprit et de la Matière. Ce sont simplement des questions insolubles comme toutes les autres questions dernières. Tout ce que nous pouvons savoir, c'est que nous sommes en présence d'une des lois du monde phénoménal.

§ 72. Si la loi générale de la transformation et de l'équivalence règne sur les forces que nous appelons vitales et mentales, elle doit aussi régner sur celles que nous appelons sociales. Tout ce qui survient dans une société est l'effet des forces organiques ou inorganiques, ou de la combinaison de ces deux ordres de forces, le résultat ou bien des forces physiques ambiantes non dirigées, de ces forces physiques soumises à la direction de l'homme, ou bien des forces des hommes eux-mêmes. Nul changement ne peut survenir dans l'organisation de la société, dans ses modes d'activité, ou dans les effets que son activité produit à la surface du globe, qui ne procède d'une manière indirecte ou directe des forces physiques. Voyons d'abord la corrélation que présentent les phénomènes sociaux et ceux de la vie.

Les forces sociales et vitales varient, toutes choses égales d'ailleurs, avec la population. Sans doute il y a des races qui, différant beaucoup dans leur aptitude à combiner leurs efforts, nous montrent que les forces mises en jeu dans la société ne sont pas nécessairement proportionnées au nombre des individus qui la composent; mais nous voyons que sous certaines conditions les forces manifestées restent dans les limites imposées par le nombre des individus.

Une société peu nombreuse, quelle que soit la supériorité du caractère de ses membres, ne peut déployer la même somme d'action sociale qu'une grande. La production et la distribution des marchandises doivent s'y faire sur une échelle relativement petite. Une presse nombreuse, une littérature féconde, une agitation politique puissante, n'y sont pas possibles. La production des œuvres d'art et des découvertes scientifiques n'y doit pas être très grande. Toutefois, ce qui démontre le mieux la corrélation des forces sociales avec les forces physiques, par l'intermédiaire des forces vitales, c'est la différence des quantités d'activité que déploie la même société, selon que ses membres disposent de quantités différentes de force tirées du monde extérieur. Nous en voyons tous les ans un exemple dans les bonnes et les mauvaises récoltes. Une grande diminution dans le rendement des blés est bientôt suivie d'une diminution dans les affaires. Les manufactures réduisent leur travail de moitié ou ferment complètement; les recettes de chemins de fer tombent, le nombre des détaillants et les ventes de ceux qui restent s'amoindrissent beaucoup, l'industrie du bâtiment est près de s'arrêter; et si la rareté des grains va jusqu'à la famine, la population s'éclaircit, et l'activité industrielle diminue d'autant. Au contraire, une récolte abondante survenant au milieu de conditions, qui d'ailleurs ne sont pas défavorables, excite les vieilles forces productrices et distributrices, et du même coup en crée de nouvelles. Le surplus de l'énergie sociale trouve un débouché dans de nouvelles entreprises. Les capitaux en quête de placements mettent en valeur des inventions jusqu'alors abandonnées et inutiles. Le travail s'emploie à ouvrir de nouvelles voies de communication. De nouveaux encouragements viennent stimuler les producteurs des objets de luxe et des œuvres d'art. Il se fait plus de mariages, et la population s'accroît dans une plus grande proportion. L'organisme social devient ainsi plus étendu, plus complexe et plus actif. Lorsque, comme chez les nations les plus civilisées, les matières alimentaires ne sont pas en totalité tirées du sol même habité par ces nations, mais importées en partie, le peuple se nourrit de récoltes qui ont poussé ailleurs aux dépens de certaines forces physiques. Nos filateurs et nos tisseurs de coton nous offrent l'exemple le plus remarquable d'une fraction de nation qui vit en grande partie de marchandises importées, payées par le travail qu'ils dépensent sur d'autres marchandises importées. Mais, quoique les forces sociales du Lancashire soient dues principalement à des matériaux qui ne sont pas tirés de l'Angleterre, il n'en est pas qui ne se dégage de forces physiques accumulées ailleurs sous des formes appropriées et plus tard importées.

Si l'on nous demande d'où viennent les forces physiques qui par l'intermédiaire des forces vitales donnent naissance aux forces sociales, nous répondrons, comme nous l'avons fait jusqu'ici, du rayonnement solaire. La vie de la société repose sur les produits animaux et végétaux; et ces produits sur la chaleur et la lumière du soleil; il en résulte que les changements opérés dans les sociétés sont les effets de forces nées de la même source que celles qui produisent tous les autres ordres de changements que nous avons analysés. Non seulement la force dépensée par le cheval attelé à la charrue et par le laboureur qui le conduit sort du même réservoir que la force de la cataracte qui se précipite ou de l'ouragan qui mugit, mais on peut en définitive faire remonter jusqu'au même réservoir les manifestations de forces plus délicates et plus complexes que l'humanité déploie dans le corps social. Cette vérité a de quoi surprendre et peut faire sur beaucoup de personnes l'effet d'une plaisanterie, mais c'est une déduction inévitable qu'on ne peut laisser de côté.

On peut dire la même chose des forces physiques qui se transforment directement en forces sociales. Les courants d'air et d'eau qui, avant l'usage de la vapeur, étaient avec la force musculaire les seuls agents employés aux œuvres de l'industrie, sont, ainsi que nous l'avons vu, engendrés par la chaleur du soleil. Les forces brutes qui aujourd'hui dans une si grande étendue viennent en aide au travail de l'homme en découlent aussi. Georges Stephenson fut un des premiers à reconnaître que la force qui poussait sa locomotive émanait du soleil. D'un anneau à l'autre, nous remontons du mouvement du piston à l'évaporation de l'eau, de celle-ci à la chaleur dégagée pendant l'oxydation du charbon, de là, à l'assimilation du charbon par les plantes dont sont composés les dépôts houillers, de là à l'acide carbonique d'où ce charbon a été extrait, et de là enfin aux rayons du soleil, qui ont désoxydé cet acide carbonique. Ce sont les forces solaires dépensées il y a des millions d'années dans la végétation qui recouvrait la terre, puis demeurées enfouies dans ses profondeurs, qui maintenant fondent les métaux dont nos machines ont besoin, meuvent les tours qui donnent à ces machines leur forme, les mettent en action quand elles sont assemblées, et enfin en distribuent les produits.

Lorsque l'économie de travail rend possible l'entretien d'une population plus nombreuse, elle donne un surplus de force humaine qui, sans elle, aurait été absorbée dans des occupations manuelles ; elle favorise ainsi le développement des formes supérieures de l'activité. Il est donc évident que les forces sociales en corrélation directe avec les forces physiques autrefois tirées du soleil sont un peu moins importantes que celles dont les corrélatifs sont les forces vitales récemment tirées de cette origine.

§ 73. La doctrine contenue dans ce chapitre rencontrera plus d'un incrédule, si on la donne pour une induction. Plusieurs de ceux aux yeux de qui la transformation des forces est maintenant démontrée, pour les forces physiques au moins, diront peut-être que l'on n'a pas poussé assez loin les recherches pour avoir le droit d'affirmer l'équivalence. Pour les forces dites vitales, mentales et sociales, ils ne verront dans nos preuves rien qui démontre d'une manière décisive la transformation et moins encore l'équivalence.

On leur répondra en montrant que le principe général dont nous venons de présenter tant d'exemples divers qui en font comprendre toutes les formes est un corollaire nécessaire de la persistance de la force. Si l'on part de la proposition que la force ne peut commencer ni cesser d'être, les conclusions générales que nous avons développées s'ensuivent. Toute manifestation de force ne peut être interprétée que comme l'effet d'une force antécédente : qu'il s'agisse d'une action inorganique, d'un mouvement animal, d'une idée, ou d'un sentiment. Ou il faut accorder ces conclusions, ou bien il faut affirmer la spontanéité de chacun de nos états de conscience. Ou bien il faut admettre que les forces mentales, aussi bien que les forces corporelles, sont en corrélation de quantité avec certaines forces qui se dépensent pour les produire, et avec certaines autres forces qu'elles suscitent, ou bien il faut admettre que rien peut devenir quelque chose et quelque chose devenir rien. Il faut choisir, ou nier la persistance de la force, ou admettre que tout effet physique ou psychique est le produit de forces antécédentes, et que de quantités données de ces forces il ne peut provenir ni plus ni moins d'effets physiques ou psychiques. Puisque la persistance de la force, en sa qualité de donnée de la conscience, ne peut être niée, son corollaire nécessaire doit être reçu. On ne saurait le rendre plus certain en accumulant des exemples. La vérité obtenue déductivement ne peut être confirmée inductivement. En effet, chacun des faits que nous avons rapportés ne repose que sur l'hypothèse indirecte de la persistance de la force, d'où il découle comme une conséquence directe. La preuve la plus exacte de la corrélation et de l'équivalence que peut atteindre la recherche expérimentale est celle qui repose sur la mesure des forces dépensées et des forces produites. Mais, ainsi que nous l'avons montré dans le dernier chapitre, toute opération de mesure implique l'emploi d'une unité de force qu'on suppose rester constante ; et, à l'appui de cette supposition, il n'y a qu'une raison à donner : c'est qu'elle est un corollaire de la persistance de la force. Comment donc un raisonnement basé sur ce corollaire peut-il prouver le corollaire aussi direct que, lorsqu'une quantité donnée de force cesse d'exister sous une forme, une quantité égale doit commencer d'être sous une ou plusieurs autres formes ? Évidemment la vérité *a priori*, exprimée dans ce dernier corollaire, ne saurait trouver une confirmation plus solide dans des preuves *a posteriori*, tirées du premier corollaire.

A quoi donc, peut-on demander, servent les recherches instituées pour établir inductivement la transformation et l'équivalence des forces? Assurément, nous ne prétendrons pas qu'elles soient sans utilité. Mais si la córrélation ne peut pas être mieux démontrée par ces recherches qu'elle ne l'est déjà, n'en résulte-t-il pas qu'elles sont inutiles? Non. Elles ont de la valeur, parce qu'elles découvrent les diverses conséquences particulières que la vérité générale n'énonce pas ; elles ont de la valeur, parce qu'elles nous apprennent quelle quantité d'un mode de force équivaut à telle quantité d'un autre mode ; elles ont de la valeur, parce qu'elles déterminent sous quelles conditions chaque métamorphose apparaît. Enfin, elles ont de la valeur, parce qu'elles nous amènent à rechercher sous quelle forme le résidu de la force s'est échappé quand les résultats apparents ne sont pas équivalents à la cause.

CHAPITRE IX

DIRECTION DU MOUVEMENT

§ 74. La cause absolue des changements, de quelque nature qu'ils soient, est tout aussi incompréhensible au point de vue de l'unité ou de la dualité de son action qu'à tous les autres. Nous ne pouvons décider entre les deux hypothèses alternatives, l'une que les phénomènes sont les produits d'une force unique agissant dans des conditions diverses, l'autre que les phénomènes sont le produit du conflit de deux forces. Peut-on, comme quelques-uns le prétendent, expliquer toutes choses par l'hypothèse de la pression universelle, d'après laquelle ce que nous appelons tension résulte des différences entre les pressions inégales qui s'exercent dans des directions opposées ; ou, comme on pourrait le soutenir avec autant de raison, faut-il tout expliquer par l'hypothèse de la tension universelle, dont la pression serait une résultante différentielle ; ou encore faut-il admettre, comme la plupart des physiciens, que la pression et la tension existent simultanément partout ? Questions qu'il est impossible de résoudre. Chaque hypothèse fait comprendre les faits, mais c'est en supposant admise une chose inconcevable. Pour admettre une pression universelle, il faut évidemment admettre le plein absolu, un espace illimité plein de quelque chose pressé par quelque chose d'extérieur : supposition qu'on ne peut pas concevoir. On peut faire une objection analogue et tout aussi fatale à l'hypothèse qui fait de la tension universelle la force immédiate à laquelle doivent se rapporter tous les phénomènes. Enfin, si la proposition que la pression et la tension coexistent partout est intelligible verbalement, nous ne pouvons pourtant pas nous figurer une unité irréductible de matière attirant une autre unité et la repoussant en même temps.

Cependant nous sommes forcés de conserver cette dernière croyance. On ne peut concevoir la matière que comme manifestant des forces d'attraction et de répulsion. Pour notre conscience, le Corps se distingue de l'Espace par l'opposition qu'il présente aux forces musculaires, opposition que nous sentons sous la double forme d'une cohésion qui neutralise nos efforts pour diviser, et d'une résistance qui neutralise nos efforts pour comprimer. Sans résistance, il ne peut y avoir qu'une étendue vide. Sans cohésion, il ne peut y avoir de résistance. Il est probable que ces conceptions antagonistes sont nées dans le principe de l'antagonisme de nos muscles extenseurs et fléchisseurs. Quoi qu'il en soit, nous sommes obligés de concevoir tous les objets comme composés de parties qui s'attirent et se repoussent mutuellement, puisque telle est la forme de notre expérience de tous les objets.

Une abstraction plus avancée nous donne la conception des forces attractives et répulsives qui règnent dans l'espace. Nous ne pouvons séparer la force d'avec l'étendue occupée, ni l'étendue occupée d'avec la force, parce que nous n'avons jamais une conscience immédiate de l'une en l'absence de l'autre. Et pourtant nous avons des preuves abondantes que la force s'exerce au travers de ce qui pour nos sens paraît le vide. Pour nous représenter mentalement cette action, nous sommes obligés de remplir le vide apparent d'une espèce de matière, d'un milieu éthéré. Toutefois, la constitution que nous assignons à ce milieu éthéré, comme celle que nous assignons à la substance solide, est nécessairement un résumé des impressions que nous recevons des corps tangibles. L'opposition à la pression que nous présente un corps ne se fait pas dans une seule direction, mais dans toutes les directions; il en est de même de la ténacité. Supposez des lignes en nombre infini, rayonnant de son centre en tous sens, le corps résiste sur chaque ligne, il est cohérent sur chaque ligne. Telle est la constitution des unités ultimes dont on se sert pour interpréter les phénomènes. Que ce soient des atomes de matière pondérable ou des molécules d'éther, les propriétés dont nous les concevons pourvues ne sont rien autre que ces propriétés perceptibles idéalisées. Des centres de force s'attirant et se repoussant mutuellement dans toutes les directions ne sont que des parties insensibles de matière pourvues des propriétés communes aux parties sensibles de matière dont nous ne pouvons les priver par aucun effort de l'esprit. Bref, ce sont des éléments invariables de la conception de la matière, abstraits de ces éléments variables, le volume, la forme, la qualité, etc. Par là, pour interpréter les manifestations de force qui ne peuvent tomber sous le tact, nous nous servons de termes idéaux que nos expériences du tact nous fournissent, par la raison péremptoire que nous n'en avons pas d'autres à notre service.

Après tout ce qui précède, il est à peine besoin de dire que ces forces universellement coexistantes d'attraction et de répulsion ne doivent pas être considérées comme des réalités, mais comme les symboles au moyen desquels nous représentons la réalité. Ce sont les formes sous lesquelles les opérations de l'Inconnaissable se révèlent à nous, les modes de l'Inconditionné en tant que présenté sous les conditions de notre conscience. Mais, si nous savons que les idées ainsi produites en nous n'ont pas une vérité absolue, nous pouvons sans réserve nous y confier comme à la vérité relative et en tirer une série de déductions d'une vérité relative de même valeur.

§ 75. De la coexistence universelle des forces d'attraction et de répulsion, il résulte certaines lois de direction de tous les mouvements. Quand il n'y a que des forces attractives ou quand elles sont seules appréciables, le mouvement s'opère dans le sens de leur résultante, qui, en un sens, peut s'appeler la ligne de la plus grande traction. Quand les forces répulsives sont seules en jeu, ou plutôt sont seules appréciables, le mouvement s'opère dans le sens de leur résultante, qu'on désigne d'ordinaire sous le nom de ligne de la plus faible résistance. Enfin, quand des forces attractives et des forces répulsives s'exercent ou sont appréciables en même temps, le mouvement s'opère le long de la résultante de toutes les tractions et de toutes les résistances. A proprement parler, cette dernière loi est la seule, puisque par hypothèse les deux forces sont partout en action. Mais il arrive très fréquemment que l'une de ces forces présente un excès tellement démesuré que les effets de l'autre peuvent être négligés. Dans la pratique, nous pouvons dire qu'un corps tombant vers la terre suit la ligne de la plus grande traction ; en effet, bien que la résistance de l'air doive, si le corps est irrégulier, l'en écarter un peu (ce qu'on voit très bien pour les feuilles et les plumes), la divergence est si faible que nous pouvons la laisser de côté. De même, quoique la direction de la vapeur d'une chaudière qui éclate diffère un peu de ce qu'elle serait si la gravitation ne s'exerçait pas, comme cette force ne l'affecte que d'une manière infinitésimale, nous avons le droit d'affirmer que la vapeur en s'échappant suit la ligne de la plus faible résistance. Nous pouvons donc dire que le mouvement suit toujours la ligne de la plus grande traction ou celle de la plus faible résistance, ou la résultante de ces deux forces, pourvu que nous nous rappelions que, bien que la dernière direction seule soit rigoureusement vraie, les autres sont dans bien des cas assez près de la vérité pour suffire dans la pratique.

Le mouvement qui se fait dans une direction est lui-même une cause d'un nouveau mouvement dans cette direction, puisque ce dernier n'est que la manifestation d'un surplus de force dans cette direction. Il en est de même du transport de la matière à travers l'espace, du transport de la matière à travers la matière, et du transport des vibrations à travers la matière. Quand la matière se meut à travers l'espace, ce principe trouve son expression dans la loi d'inertie, sur laquelle sont entièrement basés les calculs de l'astronomie physique. Quand la matière se meut à travers la matière, nous le retrouvons dans l'expérience familière où nous voyons une solution de continuité faite par un solide à travers un autre, ou un canal formé par un fluide à travers un solide, devenir une route sur laquelle, toutes choses égales, s'opèrent les mouvements subséquents de même nature. Quand des mouvements traversent la matière sous la forme d'une impulsion communiquée de partie à partie, l'établissement des ondulations sur certaines lignes détermine leur continuation le long de ces lignes ; ce que tendent à démontrer les phénomènes magnétiques.

Une autre conséquence des conditions, c'est que la direction du mouvement ne peut être que rarement, si jamais, parfaitement droite. Pour que la matière en mouvement poursuive d'une manière continue la ligne exacte dans laquelle elle a commencé à marcher, il faut que les forces d'attraction et de répulsion soient symétriquement disposées autour de sa voie, et il y a infiniment de chances pour qu'il n'en soit pas ainsi. Il nous est impossible de faire une arête parfaitement droite à une barre de métal. Tout ce qu'on peut faire, en recourant aux meilleurs procédés mécaniques, c'est de réduire les irrégularités de cette arête à une petitesse telle qu'on ne puisse les découvrir sans moyens grossissants. Cet exemple suffit à montrer que le mouvement devient plus ou moins indirect par l'effet de la distribution asymétrique des forces autour de la ligne du mouvement. Nous devons ajouter que la courbe décrite par un corps en mouvement est nécessairement complexe en raison du nombre et de la variété des forces qui agissent sur lui : témoin le contraste entre le vol d'une flèche et les girations d'un bâton emporté par le tourbillon des vagues agitées.

Pour faire un pas de plus vers l'unification de la connaissance, nous avons à suivre ces lois générales à travers les divers ordres de changements que présente le cosmos. Nous avons à remarquer comment chaque mouvement s'opère le long de la ligne de la plus grande traction, de la plus faible résistance ou de leur résultante ; comment le commencement d'un mouvement sur une certaine ligne devient une cause de continuation du mouvement le long de cette ligne ; comment, néanmoins, le changement des relations avec les forces extérieures fait dévier cette ligne ; et comment le degré de la déviation s'accroît toutes les fois qu'une nouvelle influence vient s'ajouter à celles qui s'exerçaient déjà.

§ 76. Si nous admettons pour caractère de la première période de la condensation des nébuleuses que la matière dense auparavant diffuse dans un milieu plus rare se précipite en flocons (supposition que légitiment les connaissances physiques et qui s'accorde avec certaines observations astronomiques), le mouvement qui s'accomplit au sein des nébuleuses peut s'expliquer comme une conséquence des lois générales que nous avons signalées. Toutes les parties de cette matière gazéiforme doivent commencer à se mouvoir vers le centre de gravité commun. Les forces attractives qui d'elles-mêmes les porteraient vers le centre de gravité suivant une ligne droite rencontrent les forces résistantes du milieu à travers lequel le corps est tiré. Le mouvement doit donc suivre la résultante de ces forces antagonistes qui, d'après la forme asymétrique du flocon précipité, doit être une courbe dirigée non vers le centre de gravité, mais vers un de ses côtés, et l'on montrerait aisément que, dans une agglomération de flocons se mouvant ainsi séparément, la composition des forces doit amener en définitive une rotation de toute la nébuleuse dans une direction.

Je me borne à rappeler cette hypothèse pour montrer que la loi s'applique au cas de l'évolution des nébuleuses ; supposons maintenant la nébuleuse transformée, et passons à l'examen des phénomènes que nous présente aujourd'hui le système solaire. Nous y voyons à chaque instant des exemples des principes généraux exposés plus haut. Chaque planète, chaque satellite a un moment qui, s'il agissait seul, le porterait dans la direction qu'il suit à chaque instant. Il en résulte que ce moment agit comme une résistance au mouvement dans une autre direction. Cependant chaque planète ou chaque satellite est tiré par une force qui, si elle n'avait aucune résistance devant elle, le porterait en ligne droite en sens inverse de sa direction primitive. La résultante de ces deux forces est la courbe que le corps céleste décrit, résultat manifeste de la distribution asymétrique des forces autour de sa voie. Si nous examinons de plus près cette voie, nous y découvrons de nouvelles preuves. En effet, ce n'est pas rigoureusement un cercle ni une ellipse, c'est-à-dire les figures qui seraient décrites s'il n'y avait en action que des forces tangentielles et centripètes. Les autres parties du système solaire changeant toujours de position causent ce que nous appelons des perturbations, c'est-à-dire de faibles divergences dans diverses directions d'avec le cercle ou l'ellipse que les deux forces principales produiraient. Ces perturbations nous montrent à un degré moindre comment la ligne du mouvement devient plus compliquée à mesure que les forces se multiplient. Si, au lieu du mouvement des planètes et des satellites considérés comme des touts, nous examinons les mouvements de leurs parties, nous rencontrons des faits relativement complexes. Toute portion de la substance de la terre, dans sa rotation diurne, décrit une courbe qui est à peu près une résultante de plusieurs forces, de la résistance qui s'oppose à ce qu'elle s'approche davantage du centre de gravité, du moment qui l'emporterait par la tangente, et des forces de gravitation et de cohésion qui l'empêchent de s'échapper. Si l'on combine ce mouvement autour de l'axe avec le mouvement orbital, la course de chaque partie devient bien plus compliquée. La complication augmente encore davantage si nous faisons entrer en ligne de compte l'attraction de la lune, cause principale des marées et la précession des équinoxes.

§ 77. Nous arrivons aux changements terrestres, aux changements présents et aux changements passés induits par les physiologistes. Commençons par les changements qui surviennent continuellement dans l'atmosphère de la terre; descendons aux changements qui s'opèrent plus lentement à sa surface, et ensuite à d'autres qui s'opèrent encore plus lentement dans son intérieur.

Les masses d'air absorbant la chaleur des surfaces échauffées par le soleil se dilatent, et par conséquent diminuent le poids des colonnes d'air dont elles font partie. Par suite, elles présentent aux colonnes adjacentes une résistance latérale diminuée ; ces colonnes entrent en mouvement dans la direction de cette diminution et déplacent l'air dilaté ; celui-ci, en poursuivant sa course de bas en haut, exécute un mouvement suivant la ligne de la plus faible pression. Par suite de l'ascension des masses d'air échauffées par les vastes plaines de la zone torride, il se produit à la surface supérieure de l'atmosphère une protubérance qui dépasse la limite de l'équilibre ; puis l'air qui la forme commence à déborder latéralement vers les pôles ; cela se passe ainsi parce que, la force attractive de la Terre restant à peu près la même, la résistance latérale diminue beaucoup. Dans chaque courant de même origine, comme dans chaque contre-courant qui vient remplir le vide laissé par le premier, la direction est toujours la résultante de la force attractive de la Terre et de la résistance opposée par les masses d'air ambiantes, modifiée seulement par des conflits avec d'autres courants dus aux mêmes causes, et par des collisions avec les proéminences de la croûte terrestre. Les mouvements de l'eau dans ses deux états gazeux et liquide fournissent d'autres exemples. On peut démontrer, d'après la théorie mécanique de la chaleur, que l'évaporation est la fuite des molécules d'eau dans le sens de la plus faible résistance ; et qu'à mesure que la résistance (due à la pression de l'eau diffusée dans un état gazeux) diminue, l'évaporation augmente. Réciproquement, la précipitation de molécules appelée condensation qui s'opère quand une partie de la vapeur atmosphérique se refroidit beaucoup peut s'interpréter comme une diminution de la pression mutuelle des molécules qui se condensent, tandis que la pression des molécules ambiantes reste la même ; le mouvement se fait donc du côté de la résistance diminuée. Dans la chute des gouttes de pluie qui résultent de cette condensation, nous voyons un des cas les plus simples de l'effet combiné des deux forces antagonistes. L'attraction de la terre et la résistance des courants atmosphériques, qui varient à chaque instant en direction et en intensité, donnent pour résultante des lignes inclinées sur l'horizon suivant tous les degrés, et subissent de perpétuelles variations. Ces mêmes gouttes de pluie fournissent un exemple encore plus évident de la loi quand elles atteignent le sol. En coulant à sa surface dans les ruisseaux, dans les courants plus grands et dans les rivières, leur cours suit une ligne aussi droite que l'antagonisme des objets voisins le permet. A chaque instant, le mouvement de l'eau vers la Terre est contrarié par la matière solide qui l'entoure et sur laquelle elle coule ; à chaque instant, sa route est la résultante des lignes de l'attraction la plus grande et de la moindre résistance. Loin de nous présenter une exception à cette loi, comme elles le paraissent, les cascades en fournissent la confirmation. En effet, si l'on écarte tous les obstacles solides qui s'opposent à la chute verticale de l'eau, il en reste pourtant encore un dans son moment horizontal ; la parabole suivant laquelle le courant plonge en quittant le rebord est engendrée par la gravitation et le moment. N'oublions pas de remarquer le degré de complexité que produit dans la ligne de mouvement la variété des forces en jeu. Les courants atmosphériques, et plus évidemment encore les cours d'eau (auxquels on peut ajouter les courants océaniques), suivent une route trop complexe pour être définie autrement que par une courbe à trois dimensions d'une équation toujours variable.

La croûte solide du globe subit des changements qui offrent un autre groupe d'exemples. La dénudation des terres et le dépôt des terrains transportés pour former de nouvelles couches au fond des lacs et des mers s'opèrent évidemment de la même manière que le changement de lieu de l'eau qui les charrie. Bien que rien ne prouve inductivement que les forces ignées agissent sur des lignes dirigées dans le sens de la plus faible résistance, le peu que nous savons à ce sujet s'accorde avec la croyance qu'elles suivent cette loi. Les tremblements de terre reviennent continuellement visiter les mêmes localités, et il y a des contrées qui subissent particulièrement pendant de longues périodes des élévations et des abaissements de niveau. Ces faits supposent que les parties de la terre qui ont déjà été rompues sont les plus disposées à céder à la pression causée par de nouvelles contractions. La distribution des volcans sur certaines lignes, aussi bien que le retour fréquent des éruptions par les mêmes ouvertures, ont la même signification.

§ 78. M. James Hinton a démontré, dans *the Medico-Chirurgical Review* d'octobre 1858, que la croissance des êtres organisés se fait dans le sens de la moindre résistance. Après avoir décrit en détail quelques-unes des premières observations qui l'ont conduit à cette généralisation, il la formule ainsi :

« La forme organique est le résultat du mouvement.

« Le mouvement prend la direction de la moindre résistance.

« Par conséquent, la forme organique est le résultat du mouvement dans la direction de la moindre résistante. »

Après avoir expliqué et défendu sa proposition, M. Hinton s'en sert pour expliquer divers phénomènes de développement. Il dit en parlant des plantes :

« La formation de la racine présente un bel exemple de la loi de la moindre résistance ; en effet, la racine pousse en s'insinuant cellule par cellule dans les interstices du sol ; c'est par des additions aussi ténues qu'elle s'accroît, qu'elle tourne et enlace tous les obstacles qu'elle rencontre et qu'elle pousse le plus à l'endroit où les matériaux nutritifs s'ajoutent à elle le plus abondamment. Quand nous regardons les racines d'un arbre vigoureux, il nous semble qu'il les a enfoncées avec une force de géant dans la terre solide. Il n'en est pas ainsi : elles ont cheminé doucement, cellule après cellule, à mesure que l'humidité descendait et que la terre, moins tassée, lui livrait passage. Sans doute, une fois formées, elles s'étalent avec une force énorme, mais la nature spongieuse des racines qui croissent nous interdit d'admettre qu'elles s'enfoncent dans la terre. Mais n'est-il pas probable que les racines déjà formées peuvent, en prenant plus de volume, faire crevasser le sol environnant et faciliter la formation des interstices dans lesquels se développent les nouvelles radicules ?...

« Dans presque toute la nature organique, on voit se dessiner plus ou moins nettement la forme spirale. Or le mouvement qui subit une résistance suit une direction spirale, comme nous pouvons le voir par le mouvement d'un corps qui s'élève et s'abaisse dans l'eau. Une bulle qui s'élève rapidement dans l'eau décrit une spirale ressemblant exactement à un tire-bouchon, et un corps d'une pesanteur spécifique moyenne tombant dans l'eau y décrit une courbe où l'on peut distinctement reconnaître un commencement de spirale.... Il me semble que cette forme spirale qui domine chez les corps organisés est une forte présomption en faveur de l'idée que je soutiens... La forme spirale des branches d'un grand nombre d'arbres est très apparente, et il suffit de rappeler que les feuilles s'arrangent universellement en spirale autour de la tige.... Le cœur commence par un tour de spire, et l'on peut dans sa forme parfaite retrouver une spirale bien manifeste dans le ventricule gauche, le droit, l'oreillette gauche, la droite et les auricules. Qu'est-ce que le tour de spire par lequel le cœur se montre d'abord, sinon le résultat nécessaire de l'allongement, soumis à une limite, de la masse cellulaire dont il se compose alors ?...

« Tout le monde a remarqué la frisure particulière des jeunes feuilles de la fougère commune. Il semble que la feuille soit roulée sur elle-même, mais en réalité cette forme n'est qu'un phénomène de croissance. La courbure résulte de l'accroissement de la feuille; ce n'est qu'une autre forme du plissement et du ploiement à angle droit qui accompagne l'extension soumise à des limites....

« Le roulement ou l'imbrication des pétales dans beaucoup de fleurs est un fait analogue; à une première période, l'on peut voir les petits pétales placés côte à côte; plus tard, en grandissant dans la capsule, ils s'enroulent les uns sur les autres.

« Si l'on ouvre, à une période assez précoce, le bouton d'une fleur, les étamines semblent moulées dans la cavité comprise entre le pistil et la corolle, cavité que les anthères remplissent entièrement; les filets s'allongent plus tard. J'ai remarqué aussi dans certains cas que, dans les fleurs où les pétales sont imbriqués ou enroulés, le pistil est effilé comme s'il poussait entre les pétales. Dans quelques fleurs dont les pétales s'arrangent dans le bouton en forme de dôme (comme dans l'aubépine), le pistil est aplati à son sommet et occupe dans le bouton un espace limité exactement par les étamines en bas et les pétales enveloppants en haut et sur les côtés. Toutefois, je ne suis pas assuré que cet arrangement existe dans tous les cas. »

Sans donner à tous les exemples de M. Hinton toute la valeur qu'il leur accorde, puisqu'on peut opposer à plusieurs d'entre eux des objections, je pense qu'on peut accepter sa conclusion comme vraie en grande partie. Toutefois, il est digne de remarque que, dans la croissance des organismes comme dans tous les autres cas, la ligne du mouvement est rigoureusement la résultante des forces de traction et de résistance, et que les forces attractives y entrent pour une part si considérable que la formule n'est pas complète si elle n'en tient compte. Les formes des plantes sont manifestement modifiées par la gravitation. La direction d'une branche n'est pas ce qu'elle aurait été sous l'action de la force attractive de la Terre; chaque fleur, chaque feuille est un peu changée dans le cours du développement par le poids de ses parties. Chez les animaux, ces effets sont moins évidents; pourtant, en présence de cas dans lesquels des organes flexibles subissent une déviation de leur direction par l'effet de la gravité, nous avons le droit d'affirmer que dans l'organisme tout entier les formes des parties doivent être affectées par cette force.

Mais nous n'avons pas seulement à comprendre le sens des seuls mouvements organiques qui constituent la croissance. Il y a encore ceux qui constituent la fonction. On y peut reconnaître les mêmes principes généraux. Les vaisseaux dans lesquels le sang, la lymphe, la bile et les autres sécrétions trouvent leur voie sont des canaux où la résistance est moindre; le fait est si évident qu'il est à peine besoin de le rappeler. Mais il en est un autre moins évident : c'est que les courants qui traversent ces vaisseaux subissent l'influence attractive de la terre. En voici trois exemples : les veines variqueuses, le soulagement des parties enflammées quand on les élève, la congestion de la tête et de la face quand on se penche en avant. L'infiltration des jambes s'accroît le jour et diminue la nuit, tandis qu'au contraire le gonflement œdémateux des paupières, symptôme commun dans la débilité, augmente pendant les heures qu'on passe au lit et diminue quand on se lève; ces deux exemples nous montrent que la transsudation du liquide par les parois capillaires varie quand un changement de position change l'effet de la gravité dans les diverses parties du corps.

Il serait bon, en passant, d'indiquer la portée de ce principe dans la question du développement des espèces. Au point de vue dynamique, la *sélection naturelle* implique des changements le long des lignes de la moindre résistance. La multiplication d'une espèce de plante ou d'animal dans les localités qui lui sont favorables est une croissance au point où les forces antagonistes sont moindres qu'ailleurs. La conservation des variétés qui réussissent mieux que leurs voisines dans la lutte avec les conditions ambiantes est la continuation du mouvement vital dans les directions où les obstacles qui la barrent sont le plus facilement éludés.

§ 79. Il n'est pas aussi facile de montrer que la loi de mouvement que nous avons énoncée régit les phénomènes de l'esprit. Dans la plus grande partie de ces phénomènes, dans ceux de l'émotion et de la pensée, il n'y a pas de mouvement appréciable. Même pour la sensation et la volonté, qui nous offrent dans une partie du corps un effet produit par une force appliquée à une autre partie, le mouvement intermédiaire est plutôt inféré que constaté. Les difficultés sont telles qu'il n'est pas possible de faire plus que d'indiquer bièvement les preuves qu'on pourrait donner si l'espace le permettait.

Supposez que les diverses forces qui règnent dans un organisme soient préalablement en équilibre. Si une partie de cet organisme devient le siège d'une nouvelle force, ajoutée ou dégagée, c'est de là que la force, rencontrant les résistances des forces ambiantes plus petites, commencera un mouvement vers une autre partie de l'organisme. S'il y a dans une autre partie de l'organisme un point où se dépense une force, c'est-à-dire un point qui soit diminué d'une force qu'il possédait auparavant, au lieu d'être augmenté d'une force qu'il ne possédait pas, et qui par ce fait devienne un point où la réaction contre les forces ambiantes soit moindre, le mouvement qui s'opère entre le premier et le dernier de ces points se fera manifestement dans le sens de la plus faible résistance. Or une sensation implique l'addition ou le dégagement d'une force dans la partie de l'organisme qui en est le siège, tandis qu'un mouvement mécanique implique une dépense ou une perte de force dans la partie de l'organisme qui en est le siège. Il en résulte que si, comme nous le constatons, le mouvement se propage d'ordinaire de ces parties d'un organisme auquel le monde extérieur ajoute des forces sous forme d'impressions nerveuses, à ces autres parties de l'organisme qui réagissent sur le monde extérieur par les contractions musculaires, il ne fait qu'obéir à la loi que nous avons énoncée. De cette conclusion générale, nous pouvons passer à une plus spéciale. Quand il y a dans les conditions de la vie animale quelque chose qui implique qu'une sensation dans une certaine place est habituellement suivie d'une contraction dans une certaine autre place, quand il s'établit dans l'organisme, entre ces places, un mouvement répété fréquemment, quel doit en être le résultat quant à la ligne le long de laquelle se font les mouvements? La restauration de l'équilibre entre les points où les forces ont été accrues ou diminuées doit se faire par quelque voie. Si cette voie est affectée par la décharge, si l'action obstructive des tissus traversés entraîne une réaction qui s'exerce sur eux aux dépens de leur pouvoir obstructif, un nouveau mouvement entre les deux points rencontrera moins de résistance dans cette voie que n'en avait rencontré le premier, et par conséquent s'y engagera plus promptement. S'il en est ainsi, chaque répétition diminuera pour l'avenir la résistance opposée par cette route, et par suite il se formera entre les deux points une ligne permanente de communication différant grandement des tissus ambiants en ce qu'une force la traverse facilement. Par conséquent, lorsque, entre une impression particulière et un mouvement qui lui est associé, il s'établit une connexion produisant ce qu'on appelle une action réflexe, nous en trouvons l'explication dans la loi que le mouvement suit la ligne de la plus faible résistance, et que, si les conditions restent constantes, la résistance dans une direction diminue par le mouvement qui s'y opère. Sans plus de détails, on verra manifestement qu'on peut donner une interprétation semblable de la succession de tous les autres changements nerveux. Si, dans le monde qui nous enveloppe, il y a des objets, des attributs, des actions qui d'ordinaire se présentent ensemble, les effets qu'ils produiront chacun dans l'organisme s'uniront par ces répétitions que nous appelons expérience, au point de se produire aussi ensemble. La force de la connexion des états nerveux qui répondent à une connexion extérieure entre des phénomènes sera proportionnelle à la fréquence avec laquelle cette connexion extérieure se révèle dans l'expérience. Ainsi il se formera entre les états nerveux tous les degrés de cohésion, comme il y a tous les degrés de fréquence parmi les coexistences et les séquences ambiantes qui leur donnent naissance : il doit en résulter une correspondance générale entre les idées associées et les actions associées qui s'opèrent dans l'extérieur [1].

On peut interpréter de la même manière la relation qui unit les émotions et les actions. Pour premier exemple, voyons d'abord ce qui arrive des émotions non dirigées par des volitions. Celles-ci, comme les sentiments en général, se dépensent à produire des changements organiques et surtout des contractions musculaires. Comme je l'ai indiqué dans le dernier chapitre, il en résulte des mouvements dans les muscles volontaires et involontaires, dont l'intensité varie en proportion de la force des émotions. Toutefois, il nous reste à indiquer que l'ordre dans lequel les muscles sont affectés n'est explicable que par le principe exposé ci-dessus. Ainsi, un état mental agréable ou pénible d'une faible intensité ne fait guère qu'accroître les pulsations du cœur. Pourquoi? Par la raison que la relation entre l'excitation nerveuse et la contraction vasculaire, étant commune à tous les genres et à toutes les espèces de sentiments, est répétée plus fréquemment que les autres, d'où il résulte que

---

1. Ce paragraphe est une reproduction un peu amplifiée d'une idée exposée dans *The Medico-Chirurgical Review* de janvier 1859 (p. 189, 190). Il contient le germe de la cinquième partie que je voulais ajouter aux *Principes de psychologie*, et que j'ai supprimée pour des raisons indiquées dans la préface de l'ouvrage.

la connexion nerveuse est, comme nous l'avons montré, celle qui présente la plus faible résistance à la décharge; et que, par conséquent, il suffit, pour y produire un mouvement, d'une force faible qui agisse dans ce sens. Un sentiment plus fort ou une passion plus vive affecte non seulement le cœur, mais les muscles de la face et spécialement ceux qui entourent la bouche. Notre loi trouve ici son application; en effet, ces muscles, comparativement petits et perpétuellement en mouvement pour la parole, offrent moins de résistance que d'autres muscles volontaires à la force nervo-motrice. Une émotion plus forte excite d'une manière visible les muscles de l'appareil de la respiration et de la voix. Enfin, par l'effet d'une passion énergique, des contractions violentes agitent les muscles du tronc e des membres. Je ne dis pas que cette interprétation s'applique à tous les détails des faits (il faudrait pour cela des données impossibles à obtenir), mais on peut en toute sûreté dire que, si l'on rangeait les muscles par ordre d'excitabilité, on trouverait d'abord ceux qui sont faibles et le plus souvent en action, et l'on descendrait ensuite à ceux qui sont plus grands et moins fréquemment mis en jeu. Le simple fait du rire, décharge spontanée de sentiments qui affecte d'abord les muscles disposés autour de la bouche, puis ceux de l'appareil vocal et respiratoire, puis ceux des membres, et enfin ceux de l'épine dorsale [1], suffit pour faire voir que, lorsqu'une force dégagée dans les centres nerveux ne trouve pas devant elle une route spéciale ouverte, elle produit un mouvement le long des voies qui lui offrent la moindre résistance, et, si elle est trop grande pour s'échapper par ces voies, elle produit des mouvements dans les autres où elle rencontre des résistances de plus en plus fortes.

Il est probable que l'on jugera impossible que ce raisonnement s'étende aux volitions. Cependant nous ne manquons pas de témoignages qui prouvent que le passage de désirs spéciaux à des actes musculaires spéciaux se conforme au même principe. Il est facile de montrer que les antécédents mentaux d'un mouvement volontaire sont ceux par lesquels la ligne suivant laquelle ce mouvement s'opère devient temporairement la ligne de la plus faible résistance. En effet, une pensée, suggérée comme il est nécessaire par une pensée antérieure et unie à cette

---

1. Pour les détails, voyez un article sur la *physiologie du rire*, publié dans *Macmillan's Magazine* de mars 1860, et reproduit dans *Herbert Spencer's Essays*, I, 194.

pensée par des associations qui déterminent la transition, est une représentation des mouvements voulus et de leurs suites. Mais représenter certains de nos propres mouvements, c'est en partie éveiller les sensations qui les accompagnent, y compris celles de tension musculaire, c'est en partie exciter les nerfs moteurs appropriés et tous les autres nerfs qui aboutissent aux organes mis en jeu. Cela veut dire que la volition est une décharge initiale le long d'une ligne qui, par l'effet des expériences antérieures, est devenue la ligne de la plus faible résistance. Le passage de la volition à l'action n'est que le complément de la décharge.

Avant d'aller plus loin, signalons un corollaire de ce fait, à savoir, que la série particulière de mouvements musculaires par laquelle on atteint l'objet quelconque d'un désir se compose de mouvements qui impliquent la plus faible somme de force à vaincre. Comme chaque sentiment engendre un mouvement sur la ligne de la plus faible résistance, il est clair qu'un groupe de sentiments constituant un désir plus ou moins complexe engendrera un mouvement sur une série de lignes de moindre résistance. C'est-à-dire que la fin désirée sera obtenue par la plus petite dépense d'effort. Si l'on objecte que, par manque de connaissance ou d'adresse, un homme poursuit souvent la plus pénible des deux voies et surmonte une plus grande somme de forces antagonistes qu'il n'est nécessaire, je répondrai que, relativement à son état mental, la voie qu'il prend est celle qui offre le moins de difficulté. Il y en a une autre plus aisée sans doute au point de vue abstrait; pourtant, son ignorance de cette voie, ou son incapacité de la prendre est, au point de vue physique, un obstacle réel insurmontable à la décharge de ses forces dans cette direction. L'expérience qu'il a acquise, ou que d'autres lui ont communiquée, n'a pas créé en lui les voies de communication nerveuse qu'il faut pour que cette direction, qui est la meilleure pour lui, soit la vraie direction de la moindre résistance.

§ 80. Puisque chez tous les animaux, y compris l'homme, le mouvement suit les lignes de moindre résistance, il faut en conclure que dans les agrégations d'hommes, les choses se passent de même. Les changements d'une société provenant de l'action combinée de ses membres, leur cours sera déterminé selon les mêmes lois que ceux de tous les autres changements opérés par composition de forces.

Ainsi, quand nous regardons la société comme un organisme, et que nous observons la direction de sa croissance, nous trouvons que c'est celle où la moyenne des forces opposantes est la moindre. Ses unités ont des forces à dépenser pour se maintenir et se reproduire. Ces forces en rencontrent d'autres qui leur font échec, à savoir des forces d'origine géologique, ou venant du climat, des animaux sauvages ou d'autres races humaines avec lesquelles elles sont en hostilité et en compétition. Les surfaces sur lesquelles cette société se répand sont celles où la somme de forces antagonistes est la plus faible. Pour réduire la chose à sa plus simple expression, nous pouvons dire que les unités sociales ont à consacrer leurs efforts combinés où isolés à se préserver, elles et leurs descendants, des forces inorganiques et organiques qui tendent continuellement à les détruire (soit indirectement par oxydation ou par une soustraction anormale de chaleur, soit directement par une mutilation du corps); que ces forces peuvent être, soit neutralisées par d'autres, utilisées sous forme d'aliments, de vêtements, d'habitations, d'instruments de défense, soit éludées autant que possible; enfin que la population s'étend dans toutes les directions où elle trouve les moyens de les éviter le plus facilement, ou de dépenser le moins de travail pour acquérir les matériaux qui lui servent d'instruments de résistance, ou bien ces deux avantages à la fois. C'est pour ces raisons que les vallées fertiles, où l'eau et les produits végétaux abondent, ont été les premières peuplées. Les hommes se sont aussi répandus sur les rivages de la mer qui leur offraient en grande abondance une nourriture facile à saisir. Un fait général qui a la même signification, c'est que, autant que nous pouvons en juger par les traces qu'elles ont laissées, les grandes sociétés se montrèrent d'abord dans les régions tropicales où les fruits de la terre coûtent le moins de fatigue, et où l'on a peu de peine à conserver la chaleur animale. On peut ajouter à ces faits un autre fait qui se passe sous nos yeux, l'émigration; nous la voyons s'acheminer vers les contrées qui offrent le moins d'obstacles à la conservation des individus, et par suite au développement des nations. Il en est de même de la résistance qu'opposent aux mouvements d'une société les sociétés voisines. Chaque tribu ou nation qui habite une région s'accroît en nombre jusqu'à ce qu'elle dépasse ses moyens de subsistance. Il y a dans chacune d'elles une force d'expansion constante vers les surfaces adjacentes, qui rencontre la résistance de forces semblables des tribus ou des nations qui les occupent. Les guerres incessantes qui en résultent, les conquêtes sur les tribus ou nations plus faibles, la dévastation du territoire par les vainqueurs, sont des mouvements sociaux qui s'opèrent dans les directions de la plus faible résistance. Les peuples conquis, quand ils échappent à l'extermination ou à l'esclavage, ne manquent pas de nous présenter des mouvements de même origine. En effet, en émigrant vers des régions moins fertiles, en cherchant un refuge dans les déserts et les montagnes, en se dirigeant vers des régions où la résistance à la croissance de la société est relativement grande, ils ne font qu'obéir à une pression plus forte qui les repousse de tous les autres côtés; les obstacles physiques à la conservation personnelle qu'ils ont à combattre sont réellement moins forts que ceux qu'ils rencontrent chez les ennemis qui les forcent à fuir.

On peut interpréter de la même manière les mouvements intérieurs d'une société. Les localités naturellement propres à produire certaines denrées, c'est-à-dire celles où ces denrées sont obtenues au prix de moins de force, c'est-à-dire, encore, celles où le désir de se procurer ces denrées rencontre le moins de résistance, deviennent les centres spécialement consacrés à les produire. Dans les pays où le sol et le climat concordent pour faire du blé un produit rémunérateur, c'est-à-dire qui paye une quantité d'efforts donnée par une plus grande somme de substance nutritive, la culture du blé devient l'industrie dominante. Au contraire, dans les pays où l'on ne peut produire le blé économiquement, l'avoine, le seigle, le maïs, le riz ou les pommes de terre sont les principales denrées agricoles. Sur les bords de la mer, les hommes vivent avec moins d'efforts en pêchant du poisson; aussi choisissent-ils la profession de pêcheur. Dans les pays riches en charbons et en métaux, la population, trouvant que le travail consacré à l'extraction de la houille et du minerai représente une plus grande somme de nourriture et de vêtements que s'il l'était à une autre production, devient une population de mineurs. Ce dernier exemple nous amène en présence du phénomène appelé commerce : nouvelle preuve de la loi générale. En effet, on est commerçant dès qu'on facilite l'accomplissement des désirs de l'homme en diminuant l'effort qu'il devrait faire nécessairement pour s'assurer des objets désirés. Quand, au lieu de faire, chacun pour soi, pousser leurs grains, de tisser leurs habits, de coudre leurs souliers, des hommes pensèrent à se borner l'un à l'agriculture, l'autre au tissage, l'autre à la cordonnerie, ce fut parce qu'ils trouvèrent qu'il était plus pénible de faire tout ce qui leur manquait que de faire une grande quantité d'une seule chose et d'échanger le reste; par l'échange, chacun se procura les nécessités de la vie sans avoir à vaincre autant de résistance. De plus, l'homme, en se décidant à produire telle ou telle denrée, fut, comme aujourd'hui encore, conduit par les mêmes causes. En effet, outre ces conditions locales qui déterminent des sections entières d'une société à s'adonner aux industries qui leur donnent le moins de peine, il y a aussi des aptitudes et des conditions individuelles, qui font que chaque citoyen préfère une certaine occupation; en sorte que, en choisissant les formes d'activité imposées par les circonstances spéciales qui les entourent et par leurs facultés propres, les unités sociales se meuvent chacune vers les objets de leurs désirs en suivant des directions qui leur présentent le moins d'obstacles. L'opération de transport que le commerce suppose fournit de nouveaux exemples. Tant que les forces qu'il faut vaincre pour se procurer les objets nécessaires à la vie dans la région où ils sont consommés sont moindres que les forces qu'il faut vaincre pour les faire venir d'une région voisine, il ne se fait pas d'échange. Mais quand la région voisine les produit avec une économie qui n'est pas surpassée par les frais de transport; quand la distance est si petite et la route si aisée, que le travail du transport augmenté de celui de la production reste au-dessous du travail de la production dans la région où ces objets se consomment, le transport s'établit. On remarque aussi que les voies suivant lesquelles se font les communications commerciales s'ouvrent dans le sens de la moindre résistance. Au commencement, quand les marchandises se transportaient à dos d'homme ou de cheval, on choisissait les sentiers qui présentaient le triple avantage d'être plus courts, plus de niveau, et plus libres d'obstacles, c'est-à-dire ceux qu'on pouvait parcourir avec le moins d'efforts. Plus tard, en traçant des montées, on choisit une voie qui ne déviât de l'horizontale qu'autant qu'il était nécessaire pour éviter les déviations verticales, qui eussent exigé une plus grande traction. C'est la plus faible somme d'obstacles qui détermine la route, même dans les cas qui semblent faire exception : par exemple, lorsqu'on fait un détour pour éviter l'opposition d'un propriétaire foncier. Tous les perfectionnements apportés par la suite à la construction des routes, jusqu'aux routes macadamisées, aux canaux, aux chemins de fer qui réduisent l'antagonisme du frottement et de la pesanteur à un minimum, fournissent des exemples du même principe. Si l'on a à choisir une route entre un point et un autre, la voie que l'on choisit est celle sur laquelle le prix de transport est le moindre : le prix sert ici de mesure à la résistance. Là même où, en tenant compte du temps, on suit la ligne la plus coûteuse, c'est que la perte de temps implique une perte de force. Quand la division du travail a été poussée fort loin, et que les moyens de communication ont été rendus plus faciles, il se fait une localisation bien tranchée des industries, et par suite l'accroissement des populations qui s'y consacrent peut s'expliquer par le même principe. L'affluence des immigrants vers chaque centre industriel aussi bien que la multiplication de la population qui les habite sont déterminées par le prix du travail, c'est-à-dire par la quantité des marchandises qu'un effort donné peut procurer. Dire que les ouvriers se rassemblent dans les lieux où, par suite des facilités de la production, on peut donner sous forme de salaire une quantité proportionnellement plus forte de produit, c'est dire qu'ils se rassemblent aux endroits où il y a le moins d'obstacles à l'entretien de leur personne et de leur famille. Par conséquent, l'accroissement rapide du nombre des artisans dans ces lieux est un accroissement social sur les points où les forces opposantes sont les moindres.

L'application de la loi est tout aussi évidente dans les changements fonctionnels qui s'opèrent journellement. L'écoulement du capital dans les affaires qui donnent le plus d'intérêts, l'achat au meilleur marché, et la vente au prix le plus élevé, l'introduction de modes de fabrication plus économiques, le développement des meilleurs moyens de distribution, et toutes ces variations dans les courants du commerce qui sont notées quotidiennement dans nos journaux, et dans nos télégrammes heure par heure, sont autant de mouvements qui se font dans les directions où ils rencontrent le moins de forces opposantes. En effet, si nous analysons chacun de ces changements, si, au lieu d'intérêts de capital, nous lisons le surplus de produits qui dépasse la dépense d'entretien du travailleur, si nous interprétons un gros intérêt ou un grand surplus par un travail rémunéré par les plus grands résultats, et si le travail rémunéré par les plus grands résultats veut dire l'action musculaire dirigée de manière à esquiver autant que possible les obstacles, nous reconnaissons que tous ces phénomènes commerciaux ne sont que des mouvements compliqués qui s'opèrent sur les lignes de plus faible résistance.

On fera peut-être à cette application sociologique de la loi des objections de deux espèces. Les uns diront que le mot force n'a ici qu'un sens métaphorique, qu'en disant que les hommes sont *poussés* dans certaines directions, par certains désirs, on emploie un langage figuré, et qu'on n'exprime pas un fait physique. Je réponds qu'il faut interpréter littéralement les exemples précédents, et que les opérations mentionnées *sont* des faits physiques. La pression de la faim est une force réelle, une sensation qui implique un certain état de tension nerveuse ; et l'action musculaire que la sensation provoque est réellement une décharge de la sensation sous forme de mouvement corporel ; enfin, si l'on analyse les faits mentaux qu'elle comprend, on verra que cette décharge suit les lignes de moindre résistance. Par conséquent, il faut entendre réellement et non métaphoriquement, comme nous l'avons dit, les mouvements d'une société dont les membres sont poussés par tel ou tel désir. On peut faire aussi une objection en sens contraire, et dire que ces divers exemples ne sont que des lieux communs déguisés, et que, dès qu'on a reconnu la loi de la direction du mouvement, il en résulte nécessairement que les mouvements sociaux, comme tous les autres, doivent s'y conformer. On peut répliquer que, en se contentant d'affirmer d'une manière abstraite que les mouvements sociaux se conforment à cette loi du mouvement, on ne porte pas la conviction dans la majorité des esprits, et qu'il est nécessaire de montrer *comment* ils s'y conforment. Car, pour que les phénomènes sociaux puissent s'unifier avec les phénomènes d'espèces plus simples pour former un même système, il faut que les généralisations du genre de celles de l'économie politique soient réduites à des propositions équivalentes exprimées en fonction de force et de mouvement.

Les mouvements sociaux de ces divers ordres se conforment aux deux lois dérivées que nous avons mentionnées au début. En premier lieu, remarquons qu'une fois lancés dans certaines directions, ces mouvements, comme tous les autres, tendent à persister dans ces mêmes directions. Une folie ou une panique commerciale, une production de marchandises, une coutume sociale, une agitation politique, continuent leur course longtemps après que la source qui leur a donné naissance ne fournit plus d'impulsion ; il faut des forces antagonistes pour les arrêter. En second lieu, notons que la marche des mouvements sociaux devient d'autant plus tortueuse que les forces sociales sont plus compliquées. Nous voyons, par les séries compliquées de contractions musculaires qu'un ouvrier doit exécuter pour gagner de quoi acheter un pain chez le boulanger voisin, quelle direction tortueuse prend le mouvement quand les forces en action deviennent très nombreuses ; nous le voyons encore bien mieux dans les actions sociales d'un caractère politique, comme celles qui aboutissent à porter au parlement, vers la fin de sa vie, un homme enrichi dans les affaires.

§ 81. Demandons-nous maintenant quelle est la preuve dernière du principe général exposé dans ce chapitre, comme nous l'avons fait pour celui que nous avons traité dans le précédent. Devons-nous simplement l'admettre à titre de généralisation empirique, ou pouvons-nous le formuler comme corollaire d'un principe encore plus fondamental? Le lecteur a déjà fait la réponse. Nous verrons qu'on peut le déduire de la donnée de la conscience qui sert de support à toutes les sciences.
Supposons plusieurs forces agissant sur un corps donné et le tirant en sens divers. En vertu du principe que les mathématiciens appellent composition des forces, on peut trouver pour deux d'entre elles une force unique de direction et d'intensité telles qu'elle produise sur le corps un effet exactement égal. Si, dans la direction de chacune d'elles, on tire une ligne droite; puis, si l'on prend sur ces lignes droites des longueurs proportionnelles à l'intensité de chaque force, et que de l'extrémité de ces longueurs on tire une ligne parallèle à l'autre ligne, on forme un parallélogramme; la diagonale de ce parallélogramme représente l'intensité et la direction d'une force équivalente aux deux autres. On l'appelle résultante, et l'on peut en trouver une pour chaque paire de forces du groupe. De même, on peut aussi en trouver une pour chaque paire de résultantes. Il suffit de répéter cette opération pour réduire toutes les forces à deux. Si ces deux forces sont égales et opposées, c'est-à-dire s'il n'y a pas de ligne de traction plus grande, il n'y a pas de mouvement. Si elles sont opposées, mais non égales, le mouvement se fait dans la direction de la plus grande. Si elles ne sont ni égales ni opposées, le mouvement se fait dans la direction de leur résultante. En effet, dans l'un et dans l'autre de ces cas, il y a une force qui n'a pas d'antagoniste dans une direction. Cette force, résidu de la neutralisation de toutes les autres, doit mouvoir le corps dans la direction sur laquelle elle agit. Affirmer le contraire, c'est affirmer qu'une force peut se dépenser sans effet, sans engendrer une force équivalente, ce qui impliquerait qu'une

force peut cesser d'être, c'est-à-dire une négation de la persistance de la force. Nous n'avons pas besoin d'ajouter que, si, au lieu de tractions, il était question de résistances, le raisonnement serait le même, et le même encore, s'il était à la fois question de résistances et de tractions. Ainsi la loi du mouvement suit la ligne de la plus grande traction ou la ligne de la moindre résistance, ou la résultante des deux; c'est une déduction nécessaire de ce principe primordial qui s'élève au-dessus de la preuve.

Si nous réduisons la proposition à sa forme la plus simple, nous voyons encore plus clairement qu'elle est la conséquence de la persistance de la force. Supposons deux poids suspendus à une poulie ou aux extrémités d'un levier à bras égaux; ou mieux encore supposons deux hommes se tirant l'un l'autre. Nous disons que le poids le plus lourd descendra, que l'homme le plus fort tirera le plus faible à lui. Mais si l'on nous demande comment nous savons qu'il y a un poids plus lourd, ou un homme plus fort, tout ce que nous pouvons répondre, c'est que l'un des poids et l'un des hommes produisent un mouvement dans le sens de leur traction. La seule preuve que nous avons de l'existence d'un excès de force, c'est le mouvement qu'il produit. Mais si nous ne pouvons connaître laquelle de deux tractions opposées est plus grande que l'autre que par le mouvement qu'elle engendre dans sa propre direction, nous ne disons qu'une banalité en affirmant que le mouvement se fait dans la direction de la traction la plus grande. Si nous faisons un pas de plus, et que nous nous demandions sur quoi repose l'hypothèse que, de deux forces en conflit, la plus grande est celle qui produit le mouvement dans sa propre direction, nous n'en pouvons trouver qu'une raison : c'est l'intuition que la partie de la plus grande force qui n'est pas neutralisée par la moindre doit produire son effet, c'est-à-dire l'intuition que cette force, résidu de la neutralisation du reste, ne peut disparaître, mais qu'elle doit se manifester par quelque changement équivalent, c'est-à-dire enfin l'intuition de la persistance de la force. Dans le cas qui nous occupe, comme dans les précédents, on peut remarquer que des exemples tels que ceux que nous avons rapportés, quel qu'en soit le nombre, ne peuvent donner une plus grande certitude aux conclusions que nous venons de déduire de la donnée fondamentale de la conscience. En effet, dans tous les cas, comme dans les plus simples que je viens de présenter, nous ne pouvons reconnaître la plus grande force que par le mouvement qui en résulte. Il nous est impossible de jamais constater la production d'un mouvement dans une autre direction que celle de la plus grande force, puisque notre mesure de la grandeur relative des forces est leur pouvoir relatif de produire du mouvement. Il est donc évident que, puisque c'est ainsi que nous déterminons la grandeur des forces, il n'y a pas de multiplication du nombre des cas qui puisse augmenter la certitude d'une loi de direction du mouvement qui découle immédiatement du principe de la persistance de la force.

On peut aussi déduire de cette vérité primordiale le principe que le mouvement, une fois établi sur une ligne, devient lui-même une cause de mouvement subséquent sur cette ligne. L'axiome de mécanique d'après lequel la matière en mouvement dans une direction, laissée à elle-même, continue à se mouvoir dans cette direction sans perdre de sa vitesse, n'est qu'une affirmation indirecte du principe de la persistance de la force, puisqu'on affirme que la force qui se manifeste dans le transport d'un corps sur une certaine longueur, d'une certaine ligne, en un certain temps, ne peut disparaître sans produire une manifestation égale, qui, en l'absence de forces antagonistes, doit être un nouveau transport dans la même direction avec la même vitesse. Dans le cas de la matière traversant la matière, la même conséquence est forcée. Mais ici les actions sont bien plus compliquées. Un liquide qui suit une certaine voie à travers ou au-dessus d'un corps solide, comme l'eau à la surface de la terre, perd une partie de son mouvement sous forme de chaleur, par frottement et collision avec les matières qui forment son lit. Il peut perdre encore une partie de son mouvement à surmonter les forces qu'il met en liberté, par exemple quand il détache une masse qui tombe dans son chemin et l'obstrue. Mais après qu'on a déduit ces soustractions de forces, transformées en d'autres modes de force, il y a encore une soustraction au mouvement du liquide sous forme d'une réaction sur le canal, qui en diminue beaucoup le pouvoir obstruant; on voit un effet de cette réaction dans le mouvement acquis par les portions détachées qui sont emportées. Les tranchées creusées par les rivières en offrent continuellement des preuves. La complication est bien plus grande encore dans le cas du mouvement qui traverse la matière de part en part : par exemple, dans une décharge nerveuse dans un tissu vivant. Il peut s'opérer sur la route du courant des changements chimiques qui la rendent moins capable qu'auparavant de le transmettre. Ou bien le mouvement peut lui-même se métamorphoser partiellement en une forme obstructive de force, par exemple dans les métaux dont le pouvoir conducteur diminue par l'effet de la chaleur que le passage de l'électricité y développe. La vraie question est pourtant de savoir quelle modification de structure, s'il y en a, se produit dans la matière traversée, en dehors des forces perturbatrices *accidentelles*, en dehors de tout ce qui n'est pas la résistance *nécessaire* de la matière, à savoir la résistance qui résulte de l'inertie de ses unités. Si nous bornons notre attention à cette partie du mouvement qui, échappant à la transformation, continue son cours, nous pouvons déduire du principe de la persistance de la force que la partie de ce mouvement restant qui se perd à changer les positions des unités doit les laisser dans un état qui leur permette bien moins de gêner un mouvement subséquent dans la même direction.

Ainsi, dans tous les changements que le système solaire a manifestés jusqu'ici et qu'il manifeste à présent, dans tous ceux qui se sont opérés et qui s'opèrent encore dans la croûte du globe, dans toutes les actions mentales et leurs effets sur le corps, dans toutes les modifications de structure et d'activité dans les sociétés, les mouvements qui les produisent sont nécessairement déterminés de la manière que nous venons de faire connaître. Partout où nous voyons un mouvement, sa direction doit être celle de la plus grande force. Partout où nous voyons la plus grande force agir dans une direction donnée, c'est dans cette direction que le mouvement doit s'effectuer. Ces principes ne sont pas vrais seulement d'une classe ou de quelques classes de phénomènes; ils sont du nombre de ces principes universels par lesquels notre connaissance des phénomènes en général est unifiée.

CHAPITRE X

RYTHME DU MOUVEMENT

§ 82. Quand la flamme d'un vaisseau qui pendait immobile commence à recevoir les premiers effets de la brise, elle exécute de gracieuses ondulations allant de son extrémité fixe à sa pointe. A ce moment, les voiles commencent à battre et frappent sur les mâts des coups de plus en plus rapides à mesure que la brise monte. Quand elles sont entièrement gonflées, qu'elles sont en grande partie tendues par l'effort des vergues et des cordages, leurs bords tremblent chaque fois qu'un coup plus fort vient les agiter. S'il survient une rafale, la vibration qu'on sent, quand on saisit avec la main les cordages, montre que tout le gréement vibre; en même temps, le grondement et le sifflement du vent prouvent que, dans le vent même, il se fait de rapides ondulations. A terre, le conflit entre le courant de l'air et les choses qu'il rencontre produit pareillement une action rythmique. Toutes les feuilles frissonnent, toutes les branches oscillent, tous les arbres exposés au vent se balancent. Les brins d'herbe et les tiges desséchées dans les prairies, et mieux encore les tiges des blés s'agitent du même mouvement oscillant d'élévation et d'abaissement. Dans les objets les plus stables, ces mouvements ne font pas non plus défaut, bien que moins manifestes; la vibration qu'on peut sentir dans une maison pendant les éclats d'une tempête violente en est un exemple. Les courants d'eau produisent, dans les objets qui leur opposent des obstacles, les mêmes effets que les courants d'air. Les brins d'herbe immergés, qui poussent au milieu d'un ruisseau, ondulent d'un bout à l'autre. Les branches rabattues par le dernier flot, et qui sont demeurées engagées au fond de l'eau où le courant est rapide, sont agitées d'un mouvement d'élévation et d'abaissement qui se ralentit ou se précipite suivant qu'elles sont plus ou moins grandes; dans les grandes rivières, comme le Mississipi, des arbres entiers sont retenus dans cette position, et le nom de « scieurs » qu'on leur donne exprime fort bien le mouvement rythmique qu'ils subissent. Remarquons, en outre, l'effet de l'antagonisme entre le courant et le lit où il roule. Dans les endroits peu profonds, où l'action du fond sur l'eau qui y coule se laisse voir, nous voyons se former des rides, c'est-à-dire une série d'ondulations. Si nous étudions l'action et la réaction qui s'opèrent entre le liquide en mouvement et ses rives, nous y trouvons encore un exemple du principe, bien que les choses s'y passent autrement. En effet, dans les plus petits ruisseaux comme dans le cours largement sinueux des grandes rivières, les coudes du courant qui se jette d'un bord sur l'autre, dans toutes les sinuosités de son cours, constituent une ondulation latérale si inévitable qu'un canal tiré en droite ligne ne tarde pas à prendre une forme serpentine. On voit des phénomènes analogues se produire dans les endroits où les eaux sont stationnaires et la matière solide mobile. Quand on agite un bâton en travers dans l'eau avec beaucoup de force, on sent, aux battements qu'il communique à la main, qu'il est en vibration. Dans un corps massif même, le mouvement manifeste un effet semblable, mais il faut pour cela une grande force : par exemple, l'hélice d'un steamer, passant d'une rotation lente à une plus rapide, communique un tremblement à tout le navire. Le son qui résulte du frottement d'un archet sur une corde de violon nous montre des vibrations produites par le mouvement d'un solide sur un solide. Dans les tours et les rabots mécaniques, quand le tranchant de l'outil attaque un nœud, une vibration violente se transmet dans l'appareil, et une série d'ondes se propage dans la matière de fer ou de bois qu'il entame. L'enfant qui gratte son crayon d'ardoise ne peut guère s'empêcher de faire une surface ondulée. Quand nous faisons rouler une boule sur le sol ou sur la glace, il y a toujours, plus ou moins, un mouvement d'ascension et de descente; si la vitesse est considérable, ce mouvement est visible, mais il devient trop petit et trop faible pour être perceptible à l'œil nu, si la vitesse diminue. Quelque lisses que soient les rails, quelque bien construites que soient les voitures, un chemin de fer entre inévitablement en oscillation, à la fois dans le sens latéral et dans le sens vertical.

Dans le cas même où la matière est soudainement arrêtée par collision, la loi se vérifie encore; en effet, les deux corps, celui qui frappe et celui qui est frappé, se mettent à trembler; et trembler, c'est exécuter un mouvement rythmique. Il est certain, bien que nous ayons peu l'habitude de l'observer, que les impulsions que nos actions font sur les objets extérieurs qui nous entourent se propagent à travers ces objets sous forme de vibrations. Il n'y a qu'à regarder dans un télescope d'une forte puissance pour se convaincre que chaque pulsation du cœur communique une oscillation à toute la chambre. Si nous passons à des mouvements d'un autre ordre, à savoir à ceux qui s'accomplissent dans le milieu de l'éther, nous trouvons encore la même nature de mouvements. Toutes les découvertes récentes confirment que la lumière se compose d'ondulations. On a trouvé que les rayons de chaleur ont aussi la même nature fondamentale; leurs ondulations ne diffèrent de celles de la lumière que par leurs longueurs relatives. Les mouvements de l'électricité nous offrent aussi des ondulations, mais d'un ordre différent. On peut voir souvent les aurores boréales agitées par des ondes très brillantes, et la décharge électrique dans le vide nous donne, par son aspect stratifié, la preuve que le courant n'est pas uniforme, mais qu'il résulte de jets d'une intensité plus ou moins grande. Si l'on nous objecte qu'il y a, à tout prendre, des mouvements, comme ceux des projectiles, qui ne sont pas rythmiques, nous répondrons que l'exception n'est qu'apparente, et que ces mouvements le seraient, s'ils n'étaient pas interrompus. On a l'habitude de dire que la trajectoire d'un boulet de canon est une parabole; et il est vrai (en ne tenant pas compte de la résistance atmosphérique) que la courbe décrite par le boulet diffère si peu d'une parabole qu'on peut, dans la pratique, négliger la différence. Mais, rigoureusement parlant, c'est une portion d'une ellipse extrêmement excentrique, ayant le centre de gravité de la terre pour son foyer le plus éloigné; et, s'il n'était pas arrêté par la substance de la terre, le boulet de canon parcourrait l'espace autour de ce foyer et reviendrait au point de départ, pour recommencer ce rythme lent. La décharge d'un canon, même quand elle paraît à première vue prouver le contraire, nous offre un des plus beaux exemples du principe que nous avons énoncé. L'explosion produit de fortes ondulations dans l'air ambiant. Le sifflement du boulet qui vole vers le but est dû à d'autres séries d'ondulations atmosphériques. Enfin le mouvement autour du centre de la terre que le boulet de canon commence à effectuer, se trouvant arrêté par de la matière solide, se transforme en un rythme d'un autre ordre : à savoir la vibration que le choc communique aux corps voisins [1].

Très généralement le rythme n'est pas simple, mais composé. Il y a d'ordinaire plusieurs forces en action qui causent des ondulations différant de rapidité ; c'est pour cela qu'il y a toujours, à côté des rythmes primaires, des rythmes secondaires produits par la coïncidence et l'antagonisme périodiques des primaires. Il se forme ainsi des rythmes doubles, triples et même quadruples. Nous en trouvons un cas des plus simples dans ce qu'en acoustique on appelle des *battements;* ce sont des intervalles périodiques de son et de silence qu'on perçoit quand on donne à la fois deux notes à peu près de même ton, et qui sont dus à la correspondance et à l'antagonisme alternes des ondes aériennes. Il en est de même des phénomènes appelés interférences de la lumière, qui résultent de la ressemblance et de la dissemblance périodiques des ondulations de l'éther, qui, en se renforçant et se neutralisant mutuellement, produisent des intervalles d'accroissement et de diminution de la lumière. Au bord de la mer, on recueille divers exemples du rythme composé. Nous avons celui des marées, qui présentent deux fois par mois un accroissement et une diminution de l'élévation et de l'abaissement journaliers de la mer, causés par la coïncidence et l'antagonisme des attractions solaires et lunaires. Nous avons aussi un autre exemple que nous présente sans cesse la surface de la mer ; toutes les grandes vagues en portent de plus petites à côté d'elles, et celles-ci de plus petites encore ; il en résulte que chaque flot d'écume avec la couche d'eau qui le supporte monte et descend moins, alors qu'il est élevé ou abaissé par les plus grandes lames. Nous voyons un exemple tout différent et très intéressant du mouvement rythmique dans les petits ruisseaux, qui, à marée basse, courent sur le sable en franchissant des bancs de galets ; quand le canal d'un de ces bancs est étroit et le courant fort, le sable du fond s'élève en séries de crêtes qui correspondent aux rides de l'eau. Si l'on observe quelque temps ce phénomène, on voit que ces crêtes deviennent plus élevées et les rides de l'eau plus fortes, jusqu'à ce que, à la longue, l'action devienne violente et que, toute la série de crêtes

---

[1]. Il y a quelques années, je me croyais seul à professer que tout mouvement est rythmique ; j'ai découvert que mon ami le professeur Tyndall admet aussi ce principe.

étant subitement balayée, le courant coule sur une surface unie; après quoi l'opération recommence. On pourrait ajouter encore des exemples de rythmes plus compliqués; mais ils seront mieux à leur place dans les diverses espèces de changements cosmiques dont nous nous occuperons par la suite.

De l'ensemble des faits qu'on vient de voir, il résulte que le rythme se produit partout où il y a un conflit de forces qui ne se font pas équilibre. Si les forces antagonistes sur un point se contre-balancent, il y a repos; et, en l'absence de mouvement, il n'y a naturellement pas de rythme. Mais si, au lieu d'une égalité de forces, il y a un excès de force dans une direction; si, comme cela arrive nécessairement, le mouvement commence dans une direction, pour qu'il continue uniformément dans la même direction, il faut que la matière en mouvement, tout en changeant sans cesse de place, conserve des relations fixes avec les sources de force qui produisent le mouvement ou y font obstacle. Mais c'est impossible. Tout transport dans l'espace doit altérer la proportion des forces en jeu, augmenter ou diminuer la prépondérance d'une force sur l'autre, empêcher l'uniformité du mouvement. Si le mouvement ne peut être uniforme, en l'absence d'accélération ou de retardation continuées durant un temps infini et à travers un espace infini (résultat qu'on ne peut concevoir), il n'y a pas d'autre alternative que le rythme.

Il y a encore une conclusion secondaire qu'il ne faut pas omettre. Dans le dernier chapitre, nous avons vu que le mouvement n'est jamais absolument rectiligne; il faut ajouter, comme conséquence, que le rythme est nécessairement incomplet. Un rythme vraiment rectiligne ne peut se produire que lorsque les forces opposantes sont exactement sur la même ligne; et les probabilités contre cette coïncidence sont infiniment grandes. Pour produire un rythme parfaitement circulaire, il faut que les deux forces soient exactement à angle droit et dans un certain rapport, et il y a aussi des probabilités infinies contre cet arrangement. Toutes les autres proportions et directions des deux forces produiront une ellipse plus ou moins excentrique. Quand il y a plus de deux forces en jeu, comme cela arrive toujours, la courbe décrite devient plus compliquée et ne peut se répéter exactement. En sorte que, en fait, dans la nature, l'action et la réaction des forces ne ramènent jamais complètement un état précédent. Pour les mouvements très compliqués, et surtout pour ceux des agrégats dont les unités sont partiellement indépendantes, on ne peut plus tracer une courbe régulière; on ne voit plus qu'une oscillation générale. Enfin, quand un mouvement périodique est achevé, la différence qui sépare l'état d'arrivée de l'état de départ est d'ordinaire en rapport avec le nombre des forces en jeu.

§ 83. L'arrangement spiral, si général dans les nébuleuses diffuses, c'est-à-dire l'arrangement même que doit prendre la matière qui se meut vers un centre de gravité à travers un milieu résistant, nous montre l'établissement progressif de la révolution, et, par conséquent, du rythme dans les régions lointaines que les nébuleuses occupent. Les étoiles doubles qui se meuvent autour de centres de gravité communs, durant des périodes dont quelques-unes sont aujourd'hui connues, nous offrent des actions rythmiques qui s'accomplissent dans les parties éloignées de notre système sidéral. Un autre fait, mais d'un ordre différent, a une importance générale de même nature : c'est celui des étoiles variables, qui brillent et pâlissent alternativement.

Tout le monde connaît si bien la périodicité des révolutions des planètes, des satellites et des comètes, que je serais sans excuse d'en parler, si je n'avais besoin de faire voir quels beaux exemples elles nous offrent de cette loi générale du mouvement. Mais, outre les révolutions de ces corps dans leurs orbites (tous plus ou moins excentriques) et leurs rotations sur leurs axes, le système solaire nous présente divers rythmes plus complexes et moins évidents. Dans chaque planète et chaque satellite, il y a la révolution des nœuds; c'est un changement lent dans la position du plan de l'orbite, qui, une fois achevé, recommence. Il y a l'altération graduelle de la longueur du grand axe de l'orbite et celle de l'excentricité de l'orbite, l'une et l'autre rythmiques de la même manière, en ce sens qu'elles alternent entre des maxima et des minima et que la marche d'un extrême à l'autre n'est pas uniforme, mais se fait avec une vitesse changeante. Il y a aussi la révolution de la ligne des apsides, qui dans le cours du temps se meut autour du ciel, non pas régulièrement, mais par des oscillations complexes. Nous avons de plus les variations dans la direction des axes planétaires, qu'on appelle la nutation, et une giration bien plus vaste qui, pour la terre, cause la précession des équinoxes. Ces rythmes, déjà plus ou moins composés, sont encore composés entre eux. Un des exemples les plus simples de cette complication, c'est l'accélération et la retardation séculaires de la lune par suite de la variation de l'excentricité de l'orbite terrestre. Un autre fait qui a des conséquences plus importantes provient du changement de direction des axes de rotation des planètes dont les orbites sont décidément excentriques. Toute planète, durant une longue période, présente au soleil une plus grande partie de son hémisphère nord que de son hémisphère sud, au moment où elle en est le plus rapprochée ; et ensuite, durant une période semblable, elle présente plus de son hémisphère sud que de son hémisphère nord : le retour périodique de ces coïncidences, qui dans quelques planètes ne cause pas d'altération sensible de climat, comprend pour la terre une époque de 21 000 ans pendant laquelle chaque hémisphère parcourt un cycle de saisons tempérées et de saisons excessives en froid et en chaud. Ce n'est pas tout. Il y a encore une variation dans cette variation. En effet, les étés et les hivers de toute la terre offrent un contraste plus ou moins prononcé selon que l'excentricité de son orbite augmente ou diminue. Il en résulte que, pendant l'accroissement de l'excentricité, les époques de saisons modérément contrastées et les époques de saisons fortement contrastées, que chaque hémisphère traverse alternativement, doivent devenir de plus en plus différentes par le degré de leur contraste ; le contraire arrive pendant la période de décroissance de l'excentricité. En sorte que la quantité de lumière et de chaleur qu'une partie de la terre reçoit du soleil nous offre un rythme quadruple : celui du jour et de la nuit, celui de l'été et de l'hiver, celui qui résulte du changement de position de l'axe au périhélie et à l'aphélie, qui met 21 000 ans à s'accomplir, et enfin celui qui détermine la variation de l'excentricité de l'orbite, qui demande pour s'accomplir des millions d'années.

§ 84. Les séries d'événements terrestres qui dépendent directement de la chaleur solaire présentent naturellement un rythme qui correspond à la quantité périodiquement variable de chaleur que reçoit chaque partie de la terre. Le cas le plus simple, quoique le moins évident, nous est offert par les variations magnétiques. Dans ces variations, il y a un accroissement et un décroissement diurnes, un accroissement et un décroissement annuels, et un accroissement et un décroissement décennaux ; ces dernières répondent à une période durant laquelle les taches du soleil se montrent alternativement abondantes et rares. En outre, il y a probablement d'autres variations qui correspondent aux cycles astronomiques que nous venons de rapporter. Les mouvements de l'Océan et de l'atmosphère nous offrent des exemples encore plus évidents. Les courants marins allant de l'équateur aux pôles à la surface, et des pôles à l'équateur dans la profondeur, nous présentent un mouvement incessant en avant et en arrière dans toute l'épaisseur de cette vaste masse d'eau ; ce mouvement varie d'intensité suivant les saisons et se combine avec des mouvements analogues, mais plus faibles, d'origine locale. Les courants aériens dus à la même cause ont des variations annuelles pareilles, modifiées de la même manière. Quelque irréguliers que les vents nous paraissent dans le détail, nous voyons cependant une périodicité assez marquée dans les moussons et les autres troubles atmosphériques des tropiques ou même dans les coups de vent d'équinoxe et les vents d'est du printemps. De plus, nous avons une alternance des périodes durant lesquelles l'évaporation prédomine avec celles durant lesquelles la condensation a le dessus ; c'est ce qu'on voit dans les tropiques par les saisons pluvieuses et les saisons de sécheresse bien tranchées qui se succèdent, et dans les zones tempérées par des changements correspondants dont la périodicité, moins nette sans doute, se laisse encore reconnaître. La diffusion et la précipitation de l'eau, outre les changements lents qui répondent aux différentes parties de l'année, nous offrent des exemples d'un rythme plus rapide. Quand un temps humide dure plusieurs semaines, la tendance à la condensation, bien que plus grande que la tendance à l'évaporation, ne se manifeste pas par une pluie continue, mais cette période se compose de jours pluvieux et de jours en entier ou en partie beaux. La loi ne se manifeste pas seulement par cette alternance en bloc. Chaque jour, pendant le cours de la période humide, on peut reconnaître un rythme plus faible, surtout quand les deux tendances à l'évaporation et à la condensation se balancent à peu près. C'est dans les montagnes qu'on peut étudier le mieux ce rythme plus faible. Les vents humides qui ne précipitent pas toute l'eau qu'ils contiennent lorsqu'ils passent au-dessus des terres basses relativement chaudes perdent tant de chaleur en arrivant sur les pics glacés des chaînes de montagnes que la condensation s'opère de suite. Toutefois l'eau, en passant de l'état gazeux à l'état liquide, dégage une grande quantité de chaleur ; par suite, les nuages qui se forment sont plus chauds que l'air qui les précipite, et beaucoup plus chauds que les surfaces rocheuses élevées qu'ils enveloppent. C'est pour cela que, dans le cours d'un orage, les hauts sommets prennent une température plus élevée, en partie par l'effet du rayonnement des nuages qui les enveloppent et en partie par le contact de la pluie. Dès lors ils dégagent plus de chaleur qu'auparavant, ils ne refroidissent plus autant l'air qui passe sur eux, et cessent de précipiter l'eau qu'il contient. Les nuages se déchirent, le ciel commence à devenir pur, et un éclat de soleil vient promettre une belle journée. Mais la petite somme de chaleur que les pentes froides de la montagne ont reçue est bientôt dissipée, surtout quand la dispersion des nuages permet le rayonnement dans l'espace. Par conséquent, ces surfaces élevées redeviennent de très bonne heure froides comme auparavant (et même plus froides, à cause de l'évaporation qui s'y est faite), elles recommencent à condenser la vapeur d'eau dans l'air au-dessus d'elles; un nouvel orage éclate, suivi bientôt des mêmes effets. Dans les régions basses, ces actions et ces réactions sont moins évidentes, parce que le contraste entre les deux températures est moins marqué. Cependant on peut les y découvrir; non pas seulement les jours d'averses, mais les jours de pluie continue; en effet, nous n'y trouvons pas d'uniformité : il y a toujours des stades de pluie dense ou fine qui sont dus probablement aux causes que nous venons d'indiquer.

Naturellement, ces rythmes météorologiques impliquent quelque chose de correspondant dans les changements opérés par le vent et l'eau à la surface de la Terre. Les variations dans les quantités de dépôts laissés par les rivières, qui grossissent et diminuent suivant les saisons, doivent causer des variations dans les couches qui en résultent, des alternances de couleur ou de qualité dans les feuillets successifs. Les lits formés par les détritus des rives rongées et emportées par les eaux doivent pareillement présenter des différences périodiques correspondant aux vents périodiques de la localité. Partout où la gelée joue un rôle dans la dénudation, elle devient par son retour un facteur du rhythme des dépôts sédimentaires. Les changements géologiques produits par les glaciers et les montagnes de glace doivent aussi pareillement avoir leurs périodes alternantes d'intensité plus et moins grande.

Il y a aussi des preuves que les modifications de la croûte de la Terre dues à l'action ignée ont une certaine périodicité. Les éruptions volcaniques ne sont pas continues, mais intermittentes, et, autant que nous pouvons en juger d'après les données de l'observation, elles reviennent après un certain temps moyen, plus court dans les époques de plus grande activité, et plus long dans les époques de repos relatif. Il en est de même des tremblements de terre et des élévations ou dépressions qu'ils amènent à leur suite. A l'embouchure du Mississipi, les alternances des couches fournissent des preuves d'abaissements successifs de la surface, qui se sont produits à des intervalles à peu près égaux. Partout, dans les groupes étendus de couches régulières qui supposent de petits affaissements revenant avec une fréquence assez régulière, nous voyons un rythme dans l'action et la réaction qui s'opposent entre la croûte solide du globe et son contenu encore en fusion, rythme qui se combine avec d'autres plus lents qui se manifestent dans la terminaison de groupes de couches et dans le commencement d'autres groupes qui ne leur sont pas conformes. Il y a même lieu de soupçonner une périodicité géologique immensément plus grande et plus large dans ses effets, à savoir une alternance des vastes soulèvements et des submersions par lesquels les continents se produisent où étaient les océans, et les océans où étaient les continents. En effet, supposons, comme nous en avons le droit, que la croûte du globe est partout d'une épaisseur à peu près égale, il est manifeste que les portions de la croûte les plus déprimées au-dessous du niveau moyen doivent être les plus exposées par leur surface inférieure aux courants de matière en fusion qui circulent à l'intérieur, et que par suite elles supportent un plus grand effet de ce qu'on pourrait appeler la dénudation ignée; inversement, dans les points où la croûte du globe est le plus élevée, la surface inférieure étant soustraite à l'action de ces courants, il en résulte un épaississement qui compense plus ou moins la soustraction opérée à l'extérieur par la dénudation aqueuse. En conséquence, les surfaces déprimées sur lesquelles reposent les océans les plus profonds, s'amincissant par en bas et ne se recouvrant pas par en haut de nouveaux sédiments, deviennent des champs de résistance moindre et par conséquent commencent à céder à la pression exercée de bas en haut par le contenu de la terre; il en résulte que ces surfaces s'élèvent pendant de longues périodes et ne s'arrêtent que lorsque l'état de choses inverse se produit. Que ces idées soient bien ou mal fondées, cela ne fait rien à la conclusion générale. Nous avons, sans cela, assez de preuves que les opérations géologiques sont rythmiques.

§ 85. Les exemples de rythme ne sont peut-être nulle part aussi nombreux et aussi évidents que parmi les phénomènes de la vie. Les plantes, il est vrai, ne nous offrent d'ordinaire aucune périodicité nette, sauf celles que produisent le jour, la nuit et les saisons. Mais chez les animaux nous trouvons une grande variété de mouvements où nous voyons les extrêmes opposés alterner avec tous les degrés de rapidité. La déglutition des aliments s'effectue par une constriction ondulée qui s'étend d'un bout à l'autre de l'œsophage; la digestion s'accompagne d'une action musculaire de l'estomac, ondulatoire aussi; et le mouvement péristaltique des intestins est d'une nature analogue. Le sang qui provient de ces aliments est mis en mouvement non pas en un courant uniforme, mais par saccades; il est aéré par les poumons, qui se contractent et se dilatent tour à tour. Toute locomotion résulte de mouvements oscillatoires : lors même que le mouvement semble continu, comme dans beaucoup de petits êtres, le microscope fait voir que ce qui fait mouvoir doucement en avant ces petits animaux c'est la vibration des cils dont ils sont pourvus.

Les rythmes primaires des actions organiques se combinent avec les mouvements secondaires d'une plus grande durée. Ces divers modes d'activité ont leurs retours périodiques d'accroissement et de diminution. Nous en voyons des exemples dans le besoin périodique de manger et dans le besoin périodique de dormir. Chaque repas amène une action rythmique plus rapide des organes digestifs; la pulsation du cœur s'accélère, et les inspirations deviennent plus fréquentes. Pendant le sommeil, au contraire, ces divers mouvements se relâchent. En sorte que, dans le cours de vingt-quatre heures, les petites ondulations dont les différentes espèces d'action organique se composent prennent la forme d'une onde longue d'accroissement et de décroissement, compliquée d'ondes plus petites. Des expériences ont montré qu'il y a encore des élévations et des abaissements plus lents de l'activité fonctionnelle. L'équilibre de la désassimilation et de l'assimilation n'est pas rétabli par chaque repas, mais l'une ou l'autre conserve quelque temps le dessus; en sorte qu'une personne, dans l'état ordinaire de santé, augmente et diminue de poids alternativement, à des intervalles à peu près égaux. Outre ces périodes régulières, il y en a de plus longues et relativement irrégulières, à savoir les alternatives de vigueur plus grande et moindre que les gens bien portants eux-mêmes ressentent. Ces oscillations sont si inévitables que même les hommes qui exercent leurs forces ne peuvent rester dans un état stationnaire à leur plus haut degré de puissance, mais qu'ils commencent à rétrograder dès qu'ils l'ont atteint. Les mouvements vitaux des malades nous offrent un autre fait de rythme. Certaines maladies reçoivent leur nom du caractère intermittent de leurs symptômes. Lors même que la périodicité n'est pas très marquée, elle peut néanmoins être reconnue. Il est rare que les malades voient leur mal s'aggraver uniformément, et les convalescents ont d'ordinaire leurs jours de rechute partielle ou de progrès moins décidé.

Les groupes de créatures vivantes offrent dans un autre genre un exemple du même principe général. Si l'on regarde chaque espèce d'organisme comme un tout, on voit qu'elle manifeste deux espèces de rythme. La vie comme elle existe dans tous les membres de ces espèces est un mouvement extrêmement compliqué, plus ou moins distinct des mouvements qui constituent la vie dans les autres espèces. Dans chacun des individus de l'espèce, ce mouvement extrêmement compliqué commence, s'élève à son sommet, décline et cesse à la mort. Ainsi chaque génération successive offre une onde de l'activité spéciale qui caractérise l'espèce considérée comme un tout. L'autre forme de rythme se montre dans cette variation de nombre que chaque tribu d'animaux et de plantes subit sans cesse. Dans le conflit incessant entre la tendance de l'espèce à s'accroître et les tendances antagonistes, l'équilibre ne se fait jamais; l'une ou l'autre prédomine toujours. Même quand il s'agit de plantes et d'animaux domestiques, pour lesquels on emploie des moyens artificiels afin de maintenir l'offre à un niveau constant, nous voyons qu'on ne peut éviter les alternances d'abondance et de rareté. Chez les animaux que l'homme n'entoure pas de ses soins, ces changements se font d'ordinaire sentir plus vivement. Quand une race a été beaucoup diminuée par ses ennemis ou par le manque de nourriture, les membres qui survivent se trouvent dans une meilleure situation que d'habitude. A mesure que leur nombre diminue, la quantité de nourriture devient relativement plus abondante; en même temps, leurs ennemis eux-mêmes diminuent aussi faute de proie. De la sorte, les conditions de cette race restent quelque temps favorables à son accroissement; et elle se multiplie rapidement. Peu à peu, la nourriture redevient relativement rare, et les ennemis reparaissent plus nombreux; les forces destructives reprennent le dessus, et le nombre des membres de l'espèce recommence à décliner.

Si maintenant nous considérons la vie sous son aspect le plus général, nous pouvons encore découvrir parmi ses phénomènes un nouveau rythme extrêmement lent dans son action. Les recherches des paléontologistes nous apprennent que des changements de formes organiques se sont produits, durant de vastes périodes dont nos roches sédimentaires rendent témoignage. Des espèces ont fait leur apparition, sont devenues nombreuses, puis ont disparu. Des genres qui d'abord ne comprenaient qu'un petit nombre d'espèces ont grandi pour un temps et sont devenus très variés, puis ils ont commencé à décliner, leurs subdivisions devenant plus nombreuses; enfin ils n'ont laissé qu'un ou deux représentants, ou souvent point du tout. Dans le cours de longues périodes, des ordres entiers se sont accrus, ont atteint leur apogée, puis se sont amoindris et enfin ont disparu. Les divisions plus grandes qui contiennent plusieurs ordres ont pareillement présenté une ascension graduelle, une haute marée et un long reflux. La crinoïdée pédiculée, par exemple, qui a pullulé pendant l'époque houillère, a presque disparu; il n'en reste plus qu'une espèce. Une famille de mollusque autrefois immense, les *brachiopodes*, est aujourd'hui réduite à un petit nombre de membres. Les céphalopodes testacés, qui dominaient autrefois parmi les habitants de l'Océan par le nombre des espèces et par celui des individus, sont de nos jours à peu près éteints. Après un *âge de reptiles* est venu un autre âge où les mammifères ont supplanté les reptiles. Si ces grandeurs et ces décadences colossales des diverses espèces d'êtres vivants prennent toujours un caractère presque périodique (à peu près en correspondance avec les grands cycles d'élévation et d'affaissement qui produisent les océans et les continents), cela suffit pour prouver que la vie sur la terre n'a pas progressé uniformément, mais par d'immenses ondulations.

§ 86. Les changements qui surviennent dans la conscience ne paraissent pas au premier abord rythmiques. Cependant l'analyse démontre que l'état mental existant à un moment donné n'est pas uniforme, mais qu'il peut se décomposer en oscillations rapides; elle prouve aussi que les états de l'esprit traverse de longues périodes d'intensité croissante ou décroissante.

Lorsque nous portons l'attention sur une sensation unique ou sur un système de sensations constituant la perception d'un objet, il semble que nous restions quelque temps dans un état d'esprit homogène et persistant; pourtant un examen attentif de la conscience montre que cet état mental, en apparence continu, est en réalité traversé par un certain nombre d'états moins saillants dans lesquels d'autres sensations, d'autres perceptions se présentent rapidement et disparaissent. Si, comme on l'admet, penser c'est poser des relations, il en résulte nécessairement que si la conscience restait dans un même état à l'exclusion totale des autres états, il n'y aurait plus de pensée, c'est-à-dire de conscience. En sorte qu'un sentiment en apparence continu, celui de pression par exemple, se compose en réalité de parties de ce sentiment revenant perpétuellement après l'intrusion momentanée d'autres sentiments et d'autres idées, c'est-à-dire de pensées rapides relatives au lieu où le sentiment est perçu, à l'objet extérieur qui le produit, aux conséquences qui en peuvent découler, et aux autres choses que suggère l'association. Il se fait ainsi des oscillations extrêmement rapides qui éloignent de l'état mental que nous regardons comme persistant et qui y ramènent. Outre la preuve du rythme de la conscience que l'analyse directe nous apporte, nous pouvons en trouver de nouvelles dans la corrélation qui unit le sentiment et le mouvement. Les sensations et les émotions se dépensent à produire des contractions musculaires. Si une sensation ou une émotion était rigoureusement continue, il y aurait une décharge continuelle le long des nerfs moteurs mis en jeu. Mais, autant que les expériences faites au moyen de stimulants artificiels nous permettent d'en juger, une décharge continue sur le nerf qui conduit à un muscle ne fait pas contracter ce muscle; il faut une décharge interrompue, une succession rapide de coups. La contraction musculaire présuppose donc ce même état rythmique de la conscience que découvre l'observation directe. Un rythme bien plus évident, à longues ondes, se manifeste quand une émotion se fait jour par la danse, la poésie, la musique. Le courant d'activité mentale qui se révèle par ces modes d'action corporelle n'est pas continu, mais se décompose en une série de pulsations. La mesure de la danse est le résultat de l'alternance de contractions musculaires fortes avec des contractions plus faibles, et à l'exception des mesures de l'ordre le plus simple, de celui que l'on observe chez les populations barbares ou dans les danses des enfants, cette alternance se compose d'élévations et d'abaissements plus longs dans le degré d'excitation musculaire. La poésie est une forme de discours dans laquelle l'énergie reparaît régulièrement; c'est-à-dire que l'effort musculaire de la prononciation y présente des périodes bien tranchées d'intensité plus grande et d'intensité moins grande, qui se compliquent d'autres périodes de même nature répondant à la succession des vers. La musique nous offre une bien plus grande variété d'exemples de la loi. Ce sont des mesures qui se répètent et qui présentent chacune un battement primitif et un battement secondaire. C'est l'accroissement et le décroissement alternatifs de l'effort musculaire, qu'il faut faire pour monter aux notes les plus élevées et descendre aux plus basses : double mouvement composé d'ondes plus petites qui rompent les mouvements d'élévation et de chute des plus grandes, d'une façon particulière à chaque mélodie. Nous avons ensuite l'alternance des morceaux *piano* et des morceaux *forte*. Ces diverses espèces de rythmes, qui caractérisent l'expression esthétique, ne sont pas, à rigoureusement parler, artificielles ; ce sont des formes plus intenses d'un mouvement ondulatoire engendré habituellement par le sentiment quand il se décharge dans le corps : ce qui le montre, c'est qu'on peut les retrouver tous dans le langage ordinaire. Le langage, en effet, nous offre dans chaque phrase des points d'insistance primaires et secondaires, et une cadence qui renferme une montée et une descente principales compliquées de montées et de descentes subordonnées ; et il s'accompagne, quand l'émotion est forte, d'un mouvement oscillatoire plus ou moins grand des membres. Tout le monde peut observer des ondulations encore plus longues, en soi comme chez les autres, à l'occasion d'un plaisir très vif ou d'une douleur extrême. Notez d'abord que la douleur, ayant son origine dans un désordre corporel, manifeste presque toujours un rythme reconnaissable. Durant les heures où elle ne cesse jamais réellement, elle a ses variations d'intensité, ses accès ou paroxysmes ; puis, après ces heures de souffrance, viennent des heures de bien-être relatif. La douleur morale nous présente aussi des ondes analogues, les unes plus grandes, les autres plus petites. Un individu en proie à une vive douleur ne pousse pas continuellement des gémissements et ne verse pas des larmes toujours avec la même abondance ; mais ces signes de douleur reviennent par éclats. Alors, après un temps durant lequel alternent ces ondes d'émotion plus faibles et plus fortes, survient un temps de calme comme si l'émotion était assoupie, auquel succède un autre intervalle durant lequel elle se réveille et devient une douleur atroce, avec des séries de paroxysmes. Il en est de même pour un grand plaisir, surtout chez les enfants qui ne sont pas aussi maîtres de leurs émotions ; on y voit des variations manifestes dans l'intensité du sentiment, des éclats de rire, des accès de danse, séparés par des repos où des sourires et d'autres faibles signes de plaisir suffisent à donner issue à une excitation amoindrie. Il y a même des ondulations mentales qui prennent plus de temps que celles-ci et qui demandent des semaines, des mois ou des années pour se compléter. On parle d'accès d'humeur qui reviennent par intervalles. Il y a un très grand nombre de personnes qui ont leurs périodes de vivacité et d'abattement. Il y a des temps d'ardeur au travail, et des temps de paresse; des temps pendant lesquels on s'occupe avec zèle de certains sujets ou l'on s'abandonne à certains goûts, et des temps pendant lesquels on néglige les mêmes études et les mêmes goûts. Il y a cependant une réserve à faire au sujet de ces oscillations lentes : c'est que, soumises à l'action d'influences nombreuses, elles sont relativement irrégulières.

§ 87. Dans les sociétés nomades, les changements de lieu, déterminés habituellement par l'épuisement ou l'insuffisance des provisions alimentaires, sont périodiques; et, dans beaucoup de cas, la périodicité répond à celle des saisons. Les tribus qui se sont à peu près fixées dans le lieu de leur choix s'accroissent jusqu'à ce que la pression des désirs non satisfaits produise une migration d'une partie de la population vers une région nouvelle, ce qui se reproduit à certains intervalles. Ces excès de population, ces ondes successives d'émigration, amènent des conflits avec les autres tribus, qui s'accroissent et tendent aussi à se répandre. Cet antagonisme, comme tous les autres, aboutit non pas à un mouvement uniforme, mais à un mouvement intermittent. Guerre, épuisement, échec, paix, prospérité, agression nouvelle, telles sont les alternatives plus ou moins appréciables que nous présentent les gestes militaires des nations sauvages et des peuples civilisés. Quelque irrégulier que soit ce rythme, il ne l'est pas plus que les grandeurs différentes des sociétés et les causes extrêmement compliquées qui font varier leur force ne peuvent nous le faire prévoir.

Si nous passons des changements externes aux changements internes, nous rencontrons sous diverses forces ce mouvement en avant et en arrière. Il se fait surtout remarquer dans les courants du commerce. Durant la première période, l'échange est presque en entier concentré dans les foires tenues à de longs intervalles dans les principaux centres de population. Le flux et le reflux des gens et des marchandises dans chacune de ces

foires deviennent plus fréquents, à mesure que le développement
national produit une activité sociale plus grande. Le rythme
plus rapide des marchés hebdomadaires remplace le rythme
lent des foires. Il arrive même que les opérations du commerce
deviennent sur certains points si actives qu'elles donnent lieu à
des assemblées quotidiennes d'acheteurs et de vendeurs, à une
onde journalière d'accumulation et de distribution de coton, de
grains, de capitaux. Laissons l'échange, et voyons la production
et la consommation; nous y rencontrons des ondulations beaucoup plus longues, sans doute, dans leurs périodes, mais
presque aussi évidentes. L'offre et la demande ne sont jamais
complètement égales; mais chacune d'elles, de temps en temps
en excès, amène bientôt un excès de l'autre. Les agriculteurs,
après une récolte de blé très abondante, sont dégoûtés du bas
prix qui en résulte; à la saison suivante, ils sèment une quantité
moindre et apportent au marché un produit insuffisant : d'où un
effet inverse. La consommation présente des ondulations analogues qui n'ont pas besoin d'être indiquées. La balance des
demandes entre les divers pays détermine aussi des oscillations
analogues. Un lieu où certains objets nécessaires à la vie sont
rares devient le confluent où viennent se décharger les courants de ces objets partis des autres lieux où ils sont relativement en abondance : ces courants venus de tous côtés amènent
une onde d'accumulation où ils se rencontrent, un encombrement : il en résulte un mouvement en arrière, un reflux partiel
des courants. C'est encore dans la hausse et la baisse des prix
que l'ondulation des actions sociales se fait le mieux sentir. Si
l'on représente les prix par des mesures numériques qui puissent être rangées dans des tableaux ou représentées par des
lignes, on voit de la façon la plus claire comment les mouvements commerciaux se composent d'oscillations de grandeurs
variables. On y voit que le prix du froment monte et descend,
et que les points de hausse les plus élevés et les points de baisse
les plus bas ne sont atteints qu'au bout d'un certain nombre
d'années. Ces grandes ondes de variations sont coupées par
d'autres qui s'étendent sur des périodes de plusieurs mois.
Celles-ci, à leur tour, le sont par d'autres qui n'ont qu'une
semaine ou deux de durée. Si l'on notait avec plus de détails
les changements, nous aurions les ondulations plus faibles de
chaque jour, et les ondulations encore plus délicates que les
courtiers télégraphient d'heure en heure. Nous verrions alors
un dessin compliqué semblable à la houle de l'Océan portant à

sa surface de grandes lames, hachées de vagues moyennes, couvertes elles-mêmes de petites vagues, à leur tour froncées de rides. Des figures analogues pour les naissances, les mariages, les morts, les maladies, les crimes, le paupérisme, présentent la mêlée des mouvements rythmiques qui s'opèrent au sein de la société à ces divers points de vue.

Des changements sociaux plus complexes présentent des signes analogues. En Angleterre, comme chez les nations continentales, l'action et la réaction du progrès politique sont devenues des faits reconnus. La religion, outre ses réveils accidentels d'une étendue plus faible, a de longues périodes d'exaltation et de dépression, des générations de croyants, de puritains, à la suite de générations d'indifférents et de libertins. Il y a des époques poétiques, et des époques où le sens du beau semble presque endormi. La Philosophie, après avoir quelque temps prédominé, tombe dans l'oubli pendant une longue période, après laquelle elle ne reprend vie qu'avec lenteur. Toute science a des époques consacrées au raisonnement déductif et des époques consacrées à rassembler et à relier les faits. J'ajouterais même, si l'observation était moins rebattue, que dans des phénomènes d'une moindre importance, mais plus en évidence, ceux de la mode, il se fait toujours des oscillations d'un extrême à l'autre.

Ainsi qu'on pouvait le prévoir, les rythmes sociaux nous offrent de beaux exemples de l'irrégularité qui résulte de la combinaison de plusieurs causes. Quand les variations ne portent que sur un seul élément de la vie nationale, par exemple sur l'offre d'une marchandise, nous constatons un retour à la condition primitive après bien des mouvements compliqués; le prix redevient ce qu'il était auparavant. Mais quand il s'agit d'actions dans lesquelles entrent plusieurs facteurs, on ne voit jamais le même état se reproduire exactement. Une réaction politique ne ramène jamais l'ancien état de choses. Le rationalisme d'aujourd'hui diffère beaucoup de celui du siècle dernier. Enfin, quoique la mode fasse de temps en temps revivre les mêmes formes d'habits, ce n'est qu'avec des modifications bien marquées qu'elle les fait reparaître.

§ 88. L'universalité de ce principe soulève une question analogue à celles qui se sont présentées dans les chapitres précédents. Le rythme se manifestant dans toutes les formes du mouvement, nous avons des raisons de penser qu'il est déterminé par une condition originelle. On suppose tacitement qu'il peut se déduire du principe de la persistance de la force. Nous allons voir qu'il en est ainsi.

Quand on frappe avec le doigt une branche d'un diapason, il se produit entre ses particules cohérentes un excès de tension; elles résistent à toute force qui tend à les faire sortir de leur état d'équilibre. Il entre en jeu dans ces particules cohérentes autant de force que le doigt en dépense pour déplacer la branche du diapason. Par suite, quand la branche est devenue libre, elle est soumise à une force égale à celle qu'on a employée d'abord. La branche revient à sa position primitive, mais la force qu'elle a subie pendant son recul a fait naître en elle une quantité de mouvement correspondante, quantité à peu près équivalente à la force primitivement imprimée au diapason (nous devons dire à peu près, parce qu'une certaine partie s'est épuisée en communiquant du mouvement à l'air et qu'une autre partie a été transformée en chaleur). Cette quantité de mouvement emporte la branche au delà de la position de repos, à peu près aussi loin qu'elle avait été poussée la première fois dans la direction inverse, jusqu'à ce qu'à la longue, à force de s'user à produire une tension analogue parmi les particules, il est perdu tout entier. La tension opposée, qui n'est que la transformation du moment dépensé, produit alors un second mouvement en arrière; et ainsi de suite, la vibration ne s'arrêtant enfin que parce qu'à chaque mouvement une certaine somme de force se dissipe en créant des ondulations dans l'air et dans l'éther. Or il n'y a qu'à faire attention à cette action et à cette réaction répétées, pour voir qu'elle est, comme toute action et réaction, une conséquence de la persistance de la force. La force dépensée par le doigt à tendre le diapason ne peut disparaître. Sous quelle forme existe-t-elle donc? Sous la forme de la tension cohésive engendrée parmi les molécules. Cette tension cohésive ne peut cesser d'exister sans produire un résultat équivalent. Ce résultat équivalent, quel est-il? Le moment engendré dans le diapason, quand il revient à sa position de repos. Ce moment lui-même, que devient-il? Il faut qu'il continue à rester moment, ou qu'il produise une force corrélative d'une intensité égale. Il ne peut continuer comme moment, puisque le changement de lieu est empêché par la cohésion des parties; il disparaît donc partiellement pour se transformer en tension dans ces parties; celle-ci se transforme à son tour pour devenir le moment équivalent; et ainsi de suite. Si, au lieu du mouvement combattu directement par la cohésion des parties, nous considérons le mouvement à travers l'espace, la même vérité se présente sous une autre forme. Quoiqu'il ne semble pas y avoir d'autre force en jeu et que, par conséquent, on ne voie pas de cause de rhythme, néanmoins son propre moment accumulé doit, en définitive, porter le corps en mouvement au delà du corps qui l'attire, et devenir par là une force d'un effet différent de celle qui l'a engendré. De ce conflit naît forcément le rhythme comme dans le cas précédent. La force réalisée comme moment dans une direction donnée ne peut être détruite; et, si elle disparaît en définitive, elle reparaît dans la réaction sur le corps retardant, réaction qui recommence à éloigner de son aphélie le corps qui vient d'être arrêté. Les seules conditions sous lesquelles il pourrait n'y avoir pas de rythme, c'est-à-dire les seules sous lesquelles il pourrait y avoir un mouvement continu à travers l'espace en ligne droite à tout jamais, ce serait l'existence d'un infini vide, ne contenant que le corps en mouvement. Rien de cela ne peut être représenté dans la pensée. L'Infinité est inconcevable; et inconcevable est aussi un mouvement qui n'aurait jamais eu de commencement dans une source préexistante de force.

Ainsi donc, le rythme est une propriété nécessaire de tout mouvement. Etant donnée la coexistence universelle de forces antagonistes, postulat nécessité, comme nous l'avons vu, par la forme de notre expérience, le rythme est un corollaire forcé de la persistance de la force.

CHAPITRE XI

RÉCAPITULATION, PROBLÈME DERNIER

§ 89. Arrêtons-nous un moment pour examiner comment les principes établis dans les chapitres précédents tendent à se former en un corps de connaissance qui réponde à la définition qu'au début nous avons donnée de la Philosophie.

D'abord, au point de vue de la généralité, la proposition que nous avons énoncée et accompagnée d'exemples, dans chaque chapitre, remplit la condition voulue; elle dépasse ces classes-limites que reconnaît la Science, telle qu'on l'entend vulgairement. L'*indestructibilité de la matière* est un principe qui n'appartient pas à la mécanique plus qu'à la chimie, qu'admettent d'un commun accord la physique moléculaire et la physique qui s'occupe des masses sensibles, enfin que l'astronome comme le biologiste tiennent pour vrai. Les divisions de la science qui traitent des mouvements des corps célestes et des terrestres supposent le principe de la *continuité du mouvement*, mais les physiciens n'en ont pas moins besoin pour expliquer les phénomènes de lumière et de chaleur, et ce principe est supposé tacitement ou ouvertement par les généralisations des sciences supérieures. La *persistance de la force* impliquée dans chacune des propositions précédentes a la même généralité, de même que son corollaire la *persistance des relations entre les forces*. Ces deux derniers principes n'ont pas une haute généralité, mais ils sont universels. Si nous passons aux déductions qu'on en tire, nous trouvons la même chose. La transformation des forces et l'équivalence quantitative des corrélatifs sont des faits ultimes qui n'appartiennent pas exclusivement à la mécanique ou à la thermologie, à l'électricicé ou au magnétisme ; mais ils sont représentés par les phénomènes de tous les ordres, y compris ceux de l'esprit et de la société. Pareillement, nous trouvons aussi le caractère de l'universalité dans la loi que le mouvement suit la ligne de la plus faible résistance, ou de la plus grande traction, ou la résultante de ces deux forces ; nous voyons que toutes les planètes dans l'orbite qu'elles décrivent, tous les corps gazeux, liquides ou solides qui se meuvent à la surface des planètes se conforment à cette loi ; et que tous les mouvements organiques, comme tous les mouvements inorganiques, y obéissent aussi. Nous avons vu également dans le dernier chapitre que le rythme s'impose universellement, depuis le mouvement giratoire lent des étoiles doubles jusqu'aux oscillations d'une rapidité inconcevable des molécules, depuis les changements que présente la terre, tels que le retour des époques glaciaires et l'alternance des périodes de soulèvement et d'affaissement, jusqu'aux vents, aux marées et aux flots ; le rythme ne se montre pas avec une évidence moindre dans les fonctions des organismes vivants, depuis les pulsations du cœur jusqu'aux paroxysmes des passions.

Ces principes portent donc le caractère qui en fait des parties de la Philosophie proprement dite. Ce sont des principes qui unissent les phénomènes concrets appartenant à toutes les divisions de la nature ; et par là ce sont les éléments constituants de la conception complète cohérente des choses que la Philosophie a pour but de former.

§ 90. Mais quel rôle ces principes jouent-ils dans la formation de cette conception ? Y en a-t-il un qui puisse à lui seul donner une idée du cosmos, c'est-à-dire de la totalité des manifestations de l'Inconnaissable ? Pris ensemble, peuvent-ils nous en donner une idée adéquate ? Peuvent-ils, même systématisés, composer cette idée ? A toutes ces questions, une seule réponse forcée : Non.

Ces principes, pas plus que d'autres principes séparément ou ensemble, ne constituent cette connaissance intégrée dans laquelle la Philosophie reconnaît son but. Tel penseur a cru que si la science parvenait à ramener toutes les lois plus ou moins complexes à une loi plus simple, celle de l'action moléculaire par exemple, la connaissance aurait touché ses limites. Tel autre a facilement affirmé que tous les faits mineurs se perdent si bien dans le fait majeur que la force partout en action n'est perdue nulle part, que la formule qui exprime ce fait exprime la *constitution de l'univers*. Mais ces deux conclusions tiennent l'une et l'autre à une fausse idée du problème.

En effet, ce sont des vérités analytiques, et nulle vérité analytique, nul nombre de vérités analytiques, ne complétera la synthèse de la pensée, qui seule peut être une interprétation de la synthèse des choses. La décomposition des phénomènes en leurs éléments ne fait que préparer à comprendre les phénomènes dans leur état de composition, sous lequel ils se manifestent en réalité. Constater les lois des facteurs, ce n'est pas constater la loi de leur coopération. La question n'est pas de savoir comment tel ou tel facteur, matière, mouvement, force, se comporte par lui-même, ou sous des conditions relativement simples qu'on peut imaginer ; ce n'est même pas de savoir comment un facteur donné se comporte sous les conditions compliquées de l'existence actuelle. Ce qu'il s'agit d'exprimer, c'est le produit combiné des facteurs sous tous ses aspects. C'est seulement en devenant capables de formuler l'opération totale, que nous la connaissons comme la Philosophie aspire à la connaître. Ce point est assez important pour m'autoriser à y insister encore.

§ 91. Supposons qu'un chimiste, un géologue et un biologiste nous aient donné l'explication la plus avancée que fournisse leur science respective des opérations qui s'accomplissent dans la combustion d'une chandelle, dans un pays bouleversé par un tremblement de terre, et dans l'histoire d'une planète. Si nous leur disons que leur explication n'est pas la plus complète possible : « Que voulez-vous de plus ? nous répondront-ils probablement. Que reste-t-il à dire sur la combustion quand on a suivi la lumière, la chaleur et la dispersion de la substance jusqu'à mettre à nu le mouvement moléculaire, leur cause commune ? Quand toutes les actions qui accompagnent un tremblement de terre sont expliquées comme conséquences d'une déperdition lente de la chaleur intérieure de la Terre, comment aller plus loin ? Quand on a prouvé que l'influence de la lumière sur les oscillations des molécules expliquent la croissance des végétaux, peut-on imaginer une raison qui explique davantage ? C'est une synthèse que vous voulez ? Vous dites que la connaissance ne doit pas se contenter de résoudre les phénomènes en des actions de certains facteurs obéissant chacun à des lois constatées ; mais que, cela fait, il reste à résoudre le problème principal, c'est-à-dire à montrer comment de leur action combinée résultent les phénomènes dans toute leur complexité. Fort bien ; est-ce que les explications précédentes ne satisfont pas vos exigences ? Est-ce que, partant des mouvements moléculaires, nous ne construisons pas synthétiquement une explication de la lumière, de la chaleur, des gaz dégagés et des mouvements de ces gaz ? Est-ce que, partant du rayonnement continuel de la chaleur terrestre, nous ne construisons pas par synthèse une conception claire de la contraction du noyau du globe, de l'affaissement de sa croûte, des effets de la lave qui ébranle, déchire et crève l'enveloppe solide qui l'enferme ? Est-ce que nous n'en faisons pas autant pour les changements chimiques et l'accumulation de la matière dans la plante qui grandit ? »

A tout cela nous répondons que l'interprétation ultime, but de la Philosophie, est une synthèse universelle qui embrasse et consolide ces synthèses spéciales. Les explications synthétiques que donne la science, y compris même les plus générales, sont plus ou moins indépendantes l'une de l'autre. Il peut bien y avoir entre elles des éléments semblables, elles ne sont pas unies par la ressemblance de leur structure essentielle. Faut-il supposer que, dans la chandelle qui brûle, dans la terre qui tremble et dans l'organisme qui croît, les opérations prises dans leur ensemble ne sont pas coordonnées entre elles ? Si l'on admet que chacun des facteurs en question opère toujours conformément à une loi, peut-on conclure que leur coopération n'obéit pas à une loi ? Ces divers changements artificiels et naturels, organiques et inorganiques, que pour notre commodité nous distinguons, vus d'un point de vue plus élevé, ne doivent pas être distingués ; car ce sont tous des changements qui se passent dans le même cosmos et qui font partie d'une même vaste transformation. Le jeu des forces obéit essentiellement au même principe dans toute la région qu'explore l'intelligence ; et bien que, par la variété infinie de leurs proportions et de leurs combinaisons, elles opèrent des résultats partout plus ou moins différents, et qui souvent même semblent n'avoir aucune parenté, on ne peut s'empêcher d'admettre entre ces résultats une communauté fondamentale. La question qui demande une réponse est celle-ci : Quel est l'élément commun qu'on trouve dans les descriptions de toutes les opérations concrètes ?

§ 92. En résumé, il nous reste maintenant à chercher une loi de composition des phénomènes qui comprenne les lois de leurs composants, que nous avons fait connaître dans les chapitres qui précèdent. Nous avons vu que la matière est indestructible, que le mouvement est continu, que la force est persistante; nous avons vu que les forces sont partout en voie de transformation, et que le mouvement qui suit toujours la ligne de la plus faible résistance ne cesse pas d'être rythmique; il nous reste maintenant à découvrir la formule qui partage cette invariabilité et qui exprime les conséquences combinées des actions que les formules précédentes expriment séparément.

Quel doit être le caractère général de cette formule? Il faut qu'elle exprime le cours des changements subis à la fois par la matière et par le mouvement. Toute transformation suppose le réarrangement des éléments; et, pour la définir, il ne faut pas se borner à dire ce qui est arrivé aux parties sensibles et insensibles de la substance en question, il faut ajouter ce qui est arrivé aux moments sensibles et insensibles que le réarrangement suppose. En outre, à moins que la transformation ne s'opère toujours dans le même sens et avec la même mesure, la formule doit indiquer les conditions sous lesquelles elle commence, cesse ou se renverse.

La loi que nous cherchons doit être celle de la *redistribution continue de la matière et du mouvement*. Le repos absolu et la permanence absolue n'existent pas. Chaque objet, non moins que l'agrégat de tous les objets, subit à chaque instant quelque changement d'état. Graduellement ou rapidement, il reçoit du mouvement ou en perd, et pendant ce temps quelques autres objets ou tous les autres ne cessent pas de changer leurs relations respectives. La question qui se pose est : Quel principe dynamique, vrai de la métamorphose considérée dans la totalité et dans ses détails, exprime ces relations toujours changeantes?

Ce chapitre aura atteint son but s'il a indiqué la nature du problème dernier. La discussion dans laquelle nous allons entrer va nous le présenter sous une nouvelle face, et nous comprendrons clairement qu'une Philosophie digne de ce nom ne peut se constituer qu'en le résolvant.

CHAPITRE XII

ÉVOLUTION ET DISSOLUTION

§ 93. L'histoire complète d'une chose doit la prendre à sa sortie de l'imperceptible et la conduire jusqu'à sa rentrée dans l'imperceptible. Qu'il soit question d'un seul objet ou de tout l'univers, une explication qui le prend avec une forme concrète, et qui le laisse avec une forme concrète, est incomplète, puisqu'une époque de son existence connaissable reste sans histoire, sans explication. En admettant ou en affirmant que la connaissance est limitée aux phénomènes, nous avons implicitement affirmé que la sphère de la connaissance comprend tous les phénomènes, tous les modes de l'Inconnaissable qui peuvent affecter la conscience. Soit donc que nous rencontrions un être conditionné de telle sorte qu'il agisse sur nos sens, deux questions se posent : Comment cet être a-t-il été conditionné de telle sorte, et comment cessera-t-il d'être conditionné de telle sorte? A moins d'admettre qu'il a acquis une forme sensible au moment de la perception, pour la perdre l'instant d'après, il faut dire qu'il a eu une existence antérieure sous cette forme sensible et qu'il aura une existence subséquente sous cette forme sensible. Ces existences antérieure et postérieure sous des formes sensibles sont des sujets possibles de connaissance ; et la connaissance n'a évidemment pas atteint ses limites tant qu'elle n'a pas réuni, pour en former un tout, les histoires passées, présentes et futures.

Les paroles et les actions de la vie ordinaire impliquent plus ou moins cette connaissance, actuelle ou potentielle, d'états qui ont été et d'états qui seront, et même la plus grande partie de notre connaissance implique ces éléments. Connaître un homme personnellement implique qu'on l'a vu sous une forme qui ressemble beaucoup à sa forme présente ; et le connaître simplement comme homme implique l'inférence des états antécédents, de ses premières années, de son enfance et de sa jeunesse. Sans doute, on ne connaît pas dans ses détails spécifiques le futur de l'homme, mais on le connaît en général ; on sait qu'il mourra, que son corps se décomposera, et ces faits complètent le plan des changements qui s'opéreront en lui. Il en est de même des objets qui nous entourent. Nous pouvons remonter quelque peu la série des formes concrètes sous lesquelles ont préexisté les tissus de soie ou de coton que nous connaissons. Nous sommes certains que nos meubles sont composés de matériaux que des arbres se sont assimilés durant les dernières générations. Nous pouvons dire aussi que les pierres qui ont servi à construire les murs de nos maisons faisaient partie, il y a des années ou des siècles, d'une des couches stratifiées de la terre. De plus, nous pouvons prédire l'avenir des tissus que nous portons, de nos meubles, des murs de nos maisons ; nous pouvons affirmer qu'ils entreront aussi dans une période de décomposition, et qu'après un temps plus ou moins long ils perdront leur cohésion et leur forme présente. Cette connaissance générale que les hommes acquièrent touchant le passé et l'avenir des choses qui nous entourent, la science l'a étendue et ne cesse de l'étendre. A la biographie de l'homme pris comme individu, elle ajoute une biographie intra-utérine qui le prend à l'état de germe microscopique, et elle poursuit les changements qui s'opèrent en lui, jusqu'à ce que son corps soit réduit aux produits gazeux de la décomposition. Elle ne s'arrête pas à la peau du mouton ni au cocon du ver à soie, mais elle reconnaît dans la laine et la soie des matières azotées que le mouton et le ver ont empruntées aux plantes. Elle rattache la substance des feuilles de la plante et celle du bois dont nos meubles sont faits aux gaz et aux minéraux assimilés que le végétal puise, ceux-là dans l'air, ceux-ci dans le sol. Elle recherche l'origine de la couche d'où les pierres de nos maisons ont été tirées, et elle trouve que cette couche était autrefois un sédiment mou déposé dans un estuaire ou au fond de la mer.

Si donc le passé et le futur de chaque objet constitue une sphère de connaissance possible, et si le progrès intellectuel consiste en grande partie, sinon principalement, à étendre nos possessions dans ces domaines du passé et du futur, il est évident que nous n'aurons pas acquis toute la connaissance dont notre intelligence est capable tant que nous n'aurons pas, d'une manière ou d'une autre, exprimé tout le passé et tout l'avenir de chaque objet et de l'agrégat des objets. D'ordinaire, nous pouvons dire d'un objet tangible et visible comment il en est venu à posséder sa forme et sa consistance présentes ; nous sommes donc pleinement persuadés qu'en partant brusquement, comme nous le faisons, d'une substance qui avait eu déjà une forme concrète, nous n'en faisons qu'une histoire incomplète ; la chose avait déjà une histoire avant de prendre l'état d'où nous sommes partis. Il en résulte que notre théorie des choses, considérées individuellement ou dans leur totalité, est incontestablement incomplète tant que des parties quelconques du passé et du futur de leur existence sensible restent sans explication.

Ne peut-on pas en conclure qu'il incombe à la Philosophie de formuler ce passage de l'imperceptible au perceptible, et celui du perceptible à l'imperceptible ? N'est-il pas évident que la loi générale de la redistribution de la matière et du mouvement, qui, d'après ce que nous venons de voir, est nécessaire pour unifier les diverses espèces de changements, doit être la loi qui unifie les changements successifs que traversent, séparément ou à la fois, les existences sensibles ? Ce n'est que par une formule qui combine ces caractères que la connaissance peut devenir un tout cohérent.

§ 94. Déjà, dans les paragraphes précédents, nous avons préfiguré cette formule. Déjà nous avons reconnu que la Science, en suivant dans le passé la généalogie des divers objets, trouve que leurs composants ont existé autrefois à l'état diffus, et, en poursuivant leur histoire dans l'avenir, qu'ils reprendront de nouveau l'état diffus ; c'était reconnaître que la formule doit comprendre les deux opérations opposées de concentration et de diffusion. Déjà, en traçant ces traits généraux de la formule, nous avons approché de son expression spécifique. Le passage d'un état diffus, imperceptible, à un état concentré, perceptible, est une intégration de matière et une dissipation concomitante de mouvement ; et le passage d'un état concentré, perceptible, à un état diffus imperceptible est une absorption de mouvement et une désintégration concomitante de matière. Ces propositions sont évidentes. Les parties constituantes ne peuvent s'agréger sans perdre de leur mouvement relatif ; et elles ne peuvent se séparer sans recevoir plus de mouvement relatif. Il n'est pas question ici d'un mouvement des éléments d'une masse par rapport aux autres masses ; il n'est question que du mouvement qui les anime les uns par rapport aux autres. Bornant notre attention à ce mouvement interne et à la matière qui le possède, il est un axiome que nous avons à reconnaître : c'est qu'une consolidation progressive implique une décroissance du mouvement interne, et que l'accroissement du mouvement interne implique une déconsolidation progressive.

Prises ensemble, les deux opérations opposées que je viens de formuler constituent l'histoire de toute existence sensible sous sa plus simple forme. Perte de mouvement et intégration consécutive, suivies en définitive par une acquisition de mouvement et une désintégration consécutive, voilà un énoncé compréhensif de la série entière des changements accomplis : compréhensif au plus haut degré comme doit l'être un énoncé qui s'applique à toutes les existences sensibles en général ; compréhensif encore, dans le sens que tous les changements accomplis s'y ramènent. On trouvera peut-être cette affirmation trop hardie ; mais nous allons la voir justifiée.

§ 95. En effet, nous avons maintenant à noter un nouveau fait d'une importance capitale : c'est que tout changement subi par toute existence sensible se fait dans l'une ou l'autre de ces directions opposées. En apparence, un agrégat qui a passé d'un état originellement discret à un état concret, reste ensuite durant une période indéfinie sans subir une nouvelle intégration et sans commencer à se désintégrer. Pourtant cela n'est pas vrai. Toutes les choses grandissent ou dépérissent, accumulent de la matière ou l'usent, s'intègrent ou se désintègrent. Toutes les choses varient dans leur température, se contractent ou se dilatent, s'intègrent ou se désintègrent. La quantité de matière contenue dans un agrégat et la quantité de mouvement qu'il contient croissent ou décroissent ; et l'accroissement ou le décroissement de l'une et de l'autre est un pas vers une diffusion ou une concentration plus grande. Les pertes et les gains continus de substances, si lents qu'ils soient, impliquent une disparition ou un agrandissement définitif ; et les pertes ou les gains du mouvement insensible que nous appelons chaleur produiront, s'ils se continuent, une intégration ou une désintégration complète. Les rayons du soleil, en tombant sur une masse froide, en augmentant les mouvements moléculaires qui s'y accomplissent, et en lui faisant occuper un plus grand espace, commencent une opération qui, poussée assez loin, désintégrera la masse en la faisant passer à l'état liquide, et, poussée plus loin, la désintégrera en la faisant passer à l'état de gaz; d'autre part, l'étendue qu'occupe un volume de gaz diminue quand il perd de son mouvement moléculaire, et, si la perte de ce mouvement continue, la diminution finira par aboutir à la liquéfaction et même à la solidification. Puisqu'il n'y a point de température absolument constante, il faut nécessairement en conclure que tout agrégat tend à chaque instant vers une concentration plus grande ou vers une diffusion plus grande.

Non seulement tout changement consistant en une addition ou une soustraction de matière rentre dans cette catégorie, non seulement elle renferme tout changement appelé expansion thermale ou contraction thermale, mais elle comprend aussi d'une manière générale tous les changements appelés transpositions. Toute redistribution interne qui laisse les molécules composantes ou les parties constituantes des masses dans des positions respectives différentes ne peut manquer d'être en même temps une marche vers l'intégration ou vers la désintégration et d'avoir changé à quelque degré la quantité d'espace occupé. En effet, quand les parties ont été mises en mouvement relativement les unes aux autres, il y a infiniment de chances que les distances moyennes qui les séparent du centre commun de l'agrégat ne soient plus les mêmes. Il en résulte que, quel que soit le caractère spécial de la redistribution, que ce soit un accroissement ou une déperdition par la surface, une expansion ou une contraction, ou un réarrangement, c'est toujours un pas vers l'intégration ou la désintégration. C'est toujours un pas dans l'un ou l'autre sens, quoique ce puisse en même temps être quelque autre chose.

§ 96. Maintenant que nous avons une idée générale de ces actions universelles sous leurs rapports les plus simples, nous pouvons les examiner sous des rapports relativement plus complexes. Les changements qui tendent à une concentration ou à une diffusion plus grandes marchent presque toujours d'une façon beaucoup plus compliquée que celle que je viens de décrire. Jusqu'ici, nous avons supposé que l'une ou l'autre des deux opérations opposées avait lieu seule ; nous avons supposé qu'un agrégat perdait du mouvement et s'intégrait ou bien qu'il gagnait du mouvement et se désintégrait. Mais, s'il est vrai que tout changement favorise l'une ou l'autre de ces opérations, il n'est pas vrai qu'elles soient toujours indépendantes l'une de l'autre. En effet, tout agrégat, en tout temps, gagne et perd à la fois du mouvement.

Toutes les masses, depuis un grain de sable jusqu'à une planète, rayonnent de la chaleur vers les autres masses, et absorbent la chaleur rayonnée par les autres; en rayonnant elles s'intègrent, et, en recevant de la chaleur, elles se désintègrent. D'ordinaire, dans les corps inorganiques, cette double action n'amène que des effets inappréciables. Ce n'est que dans quelques cas, dans le nuage pour prendre l'exemple le plus familier, que le conflit produit des transformations rapides et marquées. Ce corps flottant composé de vapeur d'eau se dilate et se dissipe si la quantité de mouvement moléculaire qu'il reçoit du Soleil et de la Terre excède celui qu'il perd par le rayonnement dans l'espace et vers les surfaces voisines; et, au contraire, si, entraîné vers les sommets froids des montagnes, il rayonne sur eux beaucoup plus de chaleur qu'il n'en reçoit, il subit une perte de mouvement moléculaire, suivie par une intégration croissante de la vapeur, qui en définitive s'agrège en liquide et tombe sous forme de pluie. Ici comme ailleurs, l'intégration ou la désintégration est un résultat différentiel.

Dans les agrégats vivants et plus spécialement chez les animaux, ces opérations opposées se font avec la plus grande activité sous diverses formes. Il n'y a pas seulement ce que nous pouvons appeler l'intégration passive de la matière, qui résulte dans les êtres inanimés de simples attractions moléculaires; il y a encore une intégration active de la matière sous forme d'aliments. A la désintégration superficielle passive que les objets inanimés subissent sous l'action d'agents extérieurs s'ajoute chez les animaux une désintégration interne active qu'ils produisent eux-mêmes en absorbant dans leur substance certains agents extérieurs. Comme les agrégats inorganiques, ils communiquent et reçoivent du mouvement d'une manière passive; mais, de plus, ils absorbent activement le mouvement latent de l'aliment et le dépensent activement. Mais, malgré cette complication des deux opérations et l'immense activité de leur lutte, il est constant qu'il y a toujours un progrès différentiel, soit vers l'intégration, soit vers la désintégration. Pendant la première partie du cycle des changements, l'intégration prédomine : il y a ce que nous appelons croissance. La partie moyenne est marquée non par l'équilibre des deux opérations d'intégration et de désintégration, mais par la prépondérance alternative de l'une ou de l'autre. Le cycle se ferme par une période dans laquelle la désintégration commence à prédominer, pour mettre enfin un terme à l'intégration et défaire ce que celle-ci avait fait. Il n'y a pas de moment où l'assimilation et l'usure se balancent au point qu'il n'y ait ni accroissement ni décroissement. Même dans les cas où une partie grandit tandis que d'autres s'amoindrissent, et même dans ceux où différentes parties sont différemment exposées à des sources extérieures de mouvement, de sorte que quelques-unes se dilatent tandis que d'autres se contractent, le principe trouve sa vérification. En effet, il y a infiniment de chances pour que ces changements opposés ne se fassent pas équilibre; et, s'ils ne se contrebalancent pas, l'agrégat, comme tout, s'intègre ou se désintègre.

Partout et jusqu'à la fin, les changements qui s'opèrent à un moment quelconque appartiennent à l'une ou à l'autre des deux opérations. Si, d'une part, l'histoire générale de tout agrégat peut se définir un changement allant d'un état imperceptible diffus à un état perceptible concentré, pour revenir à un état imperceptible diffus, d'autre part chaque détail de cette histoire peut se définir une partie de l'un ou de l'autre de ces changements. Il faut donc que ce principe soit la loi universelle de la redistribution de matière et de mouvement, qui en même temps unifie les groupes de changements divers en apparence, aussi bien que la marche entière de chaque groupe.

§ 97. Ces opérations qui se montrent partout en antagonisme, qui partout obtiennent l'une sur l'autre, ici un triomphe temporaire, là un triomphe plus ou moins permanent, nous les appelons évolution et dissolution. L'évolution sous sa forme la plus simple et la plus générale, c'est l'intégration de la matière et la dissipation concomitante du mouvement; tandis que la dissolution, c'est l'absorption du mouvement et la désintégration concomitante de la matière.

Ces dénominations ne remplissent pas toutes les conditions désirables; ou plutôt nous pouvons dire que, si la dernière répond assez bien à son but, la première est passible de graves objections. Le mot évolution a d'autres significations, dont quelques-unes sont incompatibles et en opposition même directe avec le sens que nous lui donnons ici. Au sens ordinaire, évoluer, se dégager, se développer, c'est se déployer, s'ouvrir, se dilater, répandre au dehors, émettre. Tandis que, au sens que nous lui donnons, l'acte de l'évolution, tout en impliquant l'accroissement d'un agrégat complet, et par conséquent une expansion de cet agrégat, implique que les matières qui le composent ont passé d'un état plus diffus à un état plus concentré, en un mot qu'il s'est contracté. Le mot antithétique involution exprimerait plus fidèlement la nature de l'opération et en rendrait mieux les caractères secondaires dont nous allons nous occuper. Toutefois, bien que nous soyons exposés à la confusion qui résulte nécessairement des sens différents et même contradictoires du mot évolution, nous sommes obligés de nous en servir pour l'opposer au mot dissolution. On l'adopte généralement aujourd'hui pour représenter, je ne dirai pas l'opération générale que j'appelle ainsi, mais plusieurs de ses principales variétés, et certaines circonstances secondaires, bien que des plus remarquables, qui l'accompagnent; je ne puis donc prendre un autre mot. Je ne puis que donner une définition rigoureuse du sens que je lui attribue.

Donc, nous entendrons par dissolution l'opération désignée par ce mot dans son sens vulgaire, l'absorption de mouvement et la désintégration de matière; et nous appellerons évolution l'opération inverse, qui est toujours une intégration de matière et une dissipation de mouvement, mais qui, comme nous allons le voir, est, dans la plupart des cas, plus encore.

CHAPITRE XIII

ÉVOLUTION SIMPLE ET COMPOSÉE

§ 98. Lorsque les seules forces en jeu sont celles qui tendent directement à produire l'agrégation ou la diffusion, l'histoire entière d'un agrégat ne comprend rien de plus que les mouvements qui rapprochent ses composants du centre commun, et ceux qui les en écartent. L'opération de l'évolution, ne comprenant rien de plus que ce qui a été dit au commencement du dernier chapitre, sera simple.

De plus, dans les cas où les forces qui causent les mouvements vers un centre commun sont de beaucoup en excès sur toutes les autres forces, tous les changements qui viendront s'ajouter à ceux qui constituent l'agrégation seront comparativement insignifiants, et l'intégration sera à peine modifiée par les autres espèces de redistributions.

Ou bien encore si, à cause de la petitesse de la masse qui s'intègre, ou parce que le mouvement qu'elle reçoit du dehors en échange de celui qu'elle perd est trop faible, l'intégration marche rapidement, les forces incidentes, lors même qu'elles seraient considérables, n'opéreront que des effets insignifiants sur la masse qui s'intègre.

Mais, au contraire, quand l'intégration est lente, soit parce que le mouvement contenu par l'agrégat est relativement grand, soit parce que, malgré la faiblesse relative de la quantité de mouvement de chacune des parties de l'agrégat, son grand volume empêche ce mouvement de se dissiper aisément, soit parce que le mouvement s'y perd plus vite qu'il ne s'y absorbe, les autres forces produiront dans l'agrégat des modifications appréciables. A côté du changement constituant l'intégration, il y aura des changements supplémentaires. L'évolution, au lieu d'être simple, sera composée.

Les diverses propositions que je viens d'énoncer brièvement ont besoin d'explication.

§ 99. Tant qu'un corps se meut librement dans l'espace, toute force qui agit sur lui en produit une équivalente sous la forme d'un changement de son mouvement. Quelque grande qu'en soit la vitesse, la plus petite traction ou la plus légère résistance latérale le fait dévier de sa ligne de mouvement, le dirige vers la nouvelle source de traction, ou loin de la nouvelle source de résistance, tout comme s'il n'avait possédé aucun autre mouvement. L'effet de l'influence perturbatrice continue à s'accumuler en raison du carré des temps pendant lesquels son action reste uniforme. Toutefois, ce même corps, s'il est uni de certaine manière à d'autres corps, cessera de pouvoir être mis en mouvement par de faibles forces incidentes. Quand il est maintenu par la gravitation ou la cohésion, les forces incidentes légères, au lieu de lui communiquer un mouvement relatif dans l'espace, se dissipent d'une autre manière.

Ce que nous disons des masses est vrai, sauf quelques restrictions, des parties sensibles des masses et des molécules. Comme les parties sensibles d'une masse et les molécules qui la composent ne sont pas, en vertu de leur agrégation, parfaitement libres, il n'est pas vrai que toute force incidente leur imprime un changement de position équivalent, comme elle en imprimerait un à tout corps qui se meut à travers l'espace; une partie de la force se dépense à produire d'autres changements. Mais, selon que les parties ou les molécules sont faiblement liées entre elles, les forces incidentes y produisent des réarrangements d'autant plus marqués. Là où l'intégration est si peu prononcée que les parties sensibles ou insensibles sont presque indépendantes, elles sont presque complètement livrées à toute action nouvelle; et, à côté des concentrations qui s'y font, il s'opère de nouvelles redistributions. Au contraire, là où les parties sont assez rapprochées les unes des autres pour que l'attraction ou la cohésion y soient intenses, les actions étrangères, à moins d'être fortes, n'ont pas la puissance de causer des réarrangements secondaires. Les parties fermement unies ne changent plus rapidement leurs positions relatives pour obéir à de faibles influences perturbatrices; tout ce que peut d'ordinaire une influence perturbatrice faible, c'est de modifier temporairement les mouvements moléculaires insensibles.

Comment pourrions-nous exprimer cette différence de la manière la plus générale? Quand un agrégat est diffus sur une large étendue, ou n'est que faiblement intégré, c'est qu'il contient une grande quantité de mouvement, actuel ou potentiel, ou des deux à la fois. Quand un agrégat est complètement intégré ou dense, c'est qu'il ne contient relativement que peu de mouvement : la plus grande partie du mouvement que ses parties possédaient s'est perdue pendant que s'est opérée l'intégration qui l'a fait dense. Par suite, toutes choses égales d'ailleurs, la quantité de changement secondaire dans l'arrangement des parties d'un agrégat, qui accompagne le changement primaire opéré dans leur arrangement, sera proportionnelle à la quantité de mouvement que l'agrégat contient. Par suite aussi, toutes choses égales d'ailleurs, la quantité de la redistribution secondaire qui accompagne la redistribution primaire sera proportionnelle au temps durant lequel le mouvement interne est conservé. Il n'y a pas à rechercher comment ces conditions sont remplies. Que le mouvement interne conserve sa grandeur, parce que les composants sont tels qu'ils ne s'agrègent pas promptement, ou parce que les conditions qui les entourent les empêchent de communiquer leur mouvement, ou parce que la perte de ce mouvement est empêchée par le volume de l'agrégat qu'ils forment, ou parce qu'ils gagnent directement ou indirectement plus de mouvement qu'ils n'en perdent, il reste vrai qu'une grande quantité de mouvement interne conservé doit rendre faciles les redistributions secondaires, et que la conservation longtemps continuée de ce mouvement doit rendre possible une accumulation de ces redistributions secondaires. Réciproquement, si ces conditions ne sont pas remplies, n'importe par quelles raisons, il se produit des résultats opposés. Soit que les composants de l'agrégat aient des aptitudes spéciales à s'intégrer rapidement, ou que la petitesse de l'agrégat qu'ils forment permette à leur mouvement de se répandre facilement, ou qu'ils reçoivent peu ou point de mouvement en échange de celui qu'ils transmettent, il reste également vrai que la redistribution primaire qui constitue leur intégration ne peut s'accompagner que d'une faible redistribution secondaire.

Pour bien faire comprendre ces propositions abstraites, il faut donner des exemples. Avant d'étudier l'évolution simple et composée, déterminée d'après ce principe, examinons quelques cas où la quantité de mouvement interne change artificiellement, et remarquons les effets produits sur le réarrangement des parties.

§ 100. Il convient de commencer par une expérience familière qui manifeste le principe général sous une forme grossière, mais facile à saisir. Quand on remplit de petits objets un vase jusqu'au bord, et qu'on le secoue, ces objets s'arrangent de manière à occuper un espace moindre, et l'on peut en ajouter encore. Si parmi ces petits objets il y en a dont la pesanteur spécifique est plus grande que celle des autres, on les voit, par l'effet de secousses prolongées, gagner le fond. Quel est le sens de ces résultats, quand ils sont exprimés en termes généraux? Nous avons un groupe d'unités mises en jeu par une force incidente, l'attraction de la Terre. Tant qu'elles ne sont pas agitées, cette force étrangère ne produit aucun changement dans leurs positions respectives; agitez-les, et elles perdent de suite leur arrangement lâche pour en prendre un compact. En outre, tant qu'elles ne sont pas agitées, la force incidente ne peut séparer les unités les plus lourdes des plus légères; agitez-les, et de suite les unités les plus lourdes commencent à se séparer du reste. Des dérangements mécaniques plus délicats, agissant sur les parties d'agrégats bien plus denses, produisent des effets analogues. Un morceau de fer qui sort de la fonderie avec une structure fibreuse devient cristallin s'il est soumis à des vibrations continuelles. Les forces polaires que les atomes exercent mutuellement les uns sur les autres ne peuvent changer l'arrangement désordonné en un arrangement ordonné tant qu'ils sont relativement en repos; mais elles réussissent à le faire dès qu'ils entrent dans un état d'agitation intestine. De même, on explique qu'une barre d'acier suspendue dans le méridien magnétique, et frappée de coups répétés, devient aimantée, en l'attribuant à un arrangement des parties produit par la force magnétique de la Terre quand les vibrations se propagent parmi ces parties, mais qui ne se produit pas autrement.

Il y a des exemples plus frappants encore : ce sont ceux où, par l'addition ou la soustraction artificielle d'une certaine quantité de ce mouvement moléculaire que nous appelons chaleur, nous donnons à un agrégat plus ou moins de facilité pour réarranger ses molécules. Nous voyons, dans les opérations de la trempe de l'acier et de la recuite du verre, des redistributions internes aidées par des vibrations insensibles, comme nous venons d'en voir se produire par l'effet de vibrations sensibles. Quand on laisse tomber dans l'eau des gouttes de verre fondu, et que la surface externe des gouttes est empêchée, par une solidification subite, de suivre le mouvement de contraction que le refroidissement subséquent de l'intérieur tend à produire, les unités restent dans un tel état de tension, que la masse vole en éclats dès qu'une petite partie de la goutte vient à se briser. Mais si cette masse est portée pendant un jour ou deux à une chaleur considérable, bien qu'insuffisante pour en changer la forme et en diminuer sensiblement la dureté, cette excessive fragilité disparaît : les parties composantes étant jetées dans une agitation plus grande, les forces expansives redeviennent capables de se réarranger en un état d'équilibre. Les effets du mouvement insensible appelé chaleur se montrent plus nettement quand le réarrangement des parties qui s'opère est une ségrégation visible. Nous en avons un exemple dans le dépôt des précipités fins. Ils se précipitent très lentement dans les solutions froides, et avec une rapidité plus grande dans les chaudes. Cela veut dire qu'en activant l'oscillation moléculaire dans toute la masse, on met les particules en suspension en état de se séparer plus promptement des particules du liquide. L'influence de la chaleur sur les actions chimiques est si connue que l'on a à peine besoin d'en donner des exemples. Que les substances en question soient gazeuses, liquides ou solides, il est également vrai que l'élévation de la température les aide à s'unir et à se désunir chimiquement. Les affinités qui ne suffisent pas à produire le réarrangement des unités mélangées qui sont dans un état d'agitation faible, suffisent dès que l'agitation est portée à un certain point. Tant que ce mouvement n'est pas assez grand pour prévenir les cohésions chimiques que les affinités tendent à produire, il suffit de l'augmenter pour augmenter la facilité du réarrangement chimique.

On peut encore fournir comme exemple une autre classe de faits qui, au premier abord, ne paraissent pas vérifier la loi générale. Toutes choses égales d'ailleurs, la forme liquide implique une plus grande quantité de mouvement latent que la forme solide. La forme liquide est même une conséquence de cette quantité plus grande. Par suite, un agrégat composé en partie de matière liquide et en partie de matière solide contient une plus grande quantité de mouvement qu'un autre agrégat qui n'en diffère qu'en ce qu'il est entièrement composé de matières solides. On peut en conclure qu'un agrégat liquide-solide, ou, comme on dit vulgairement, plastique, sera susceptible d'une redistribution interne relativement facile; et l'expérience vérifie la conclusion. Un magma de substances dissemblables broyé avec de l'eau, tant qu'il reste clair, permet un arrangement de ses composants les plus lourds, c'est-à-dire une séparation de ses éléments plus lourds d'avec les plus légers. Quand l'eau s'évapore, cette séparation est gênée, et elle cesse quand le magma devient tout à fait épais. Mais, lors même qu'il a pris l'état demi-solide, où la gravitation ne peut causer la ségrégation de ses éléments mélangés, d'autres causes peuvent encore la produire. On en voit un exemple dans le fait que M. Babbage nous a le premier fait connaître. Quand on garde quelque temps, sans l'employer, la pâte mélangée de silex broyés et de kaolin qui doit servir à la fabrication de la porcelaine, elle devient graveleuse et ne peut plus servir, parce que les particules de silice se sont séparées du reste et se sont unies pour en former des grains. En voici un autre exemple bien connu des ménagères : dans une gelée de groseille conservée longtemps, le sucre prend la forme d'un sédiment de cristaux.

Quelle que soit la forme sous laquelle existe le mouvement latent d'un agrégat, que ce soit une agitation purement mécanique, ou des vibrations mécaniques telles que celles qui produisent le son, que ce soit un mouvement moléculaire absorbé du dehors, ou le mouvement moléculaire constitutionnel d'un composant liquide, le même principe s'y vérifie. Les forces incidentes opèrent des redistributions secondaires avec facilité quand le mouvement latent est en grande quantité; et elles les opèrent plus difficilement à mesure qu'il diminue.

§ 101. Avant d'aller plus loin, il faut faire connaître un autre ordre de faits qui rentrent dans la même généralisation, bien qu'ils semblent n'avoir guère de rapport avec elle. Ce sont ceux que nous offrent certains contrastes de stabilité chimique. D'une manière générale, les composés stables ne contiennent qu'un mouvement moléculaire relativement faible, et l'instabilité est proportionnelle à la quantité du mouvement latent.

L'exemple commun et frappant que nous avons d'abord à citer est celui de la décroissance de la stabilité chimique à mesure que s'accroît la température. Les composés dont les éléments sont fortement unis et ceux dont les éléments le sont faiblement se ressemblent en ce que l'élévation de leur température ou l'accroissement des quantités de mouvement moléculaire qu'ils renferment diminuent la force de l'union de leurs éléments; si l'on ajoute continuellement à la quantité du mouvement moléculaire latent, il arrive un moment où l'union chimique est dissoute. En d'autres termes, la redistribution de matière qui constitue une décomposition chimique simple est d'autant plus facile que la quantité de mouvement latent est plus grande. Il en est de même pour les doubles décompositions. Deux composés AB et CD mêlés ensemble et conservés à une basse température peuvent séparément ne point subir de changement : les affinités croisées de leurs éléments peuvent ne pas produire de redistribution. Augmentez la chaleur du mélange ou ajoutez à son mouvement moléculaire latent, la redistribution s'opère et aboutit à la formation des composés AC et BD.

Un autre principe chimique qui suppose encore la même loi, c'est que les éléments chimiques qui, dans leur état ordinaire, conservent un mouvement latent considérable, ont des combinaisons moins stables que celles des éléments qui, dans leur état ordinaire, contiennent peu de mouvement. L'état gazeux de la matière contient relativement plus de mouvement moléculaire, tandis que la forme solide en suppose une quantité relativement faible. Quels sont les caractères de leurs composés respectifs? Les composés que les gaz forment entre eux ne peuvent résister aux températures élevées : la plupart sont facilement décomposés par la chaleur; et, à la chaleur rouge, les plus tenaces mêmes cèdent leurs éléments. D'autre part, les unions chimiques entre des éléments solides sont extrêmement stables et ne se dissolvent qu'à de très hautes températures. Dans beaucoup de cas, sinon dans la plupart, ces éléments ne peuvent être séparés par les chaleurs que nous sommes en état de produire.

Citons encore la relation entre l'instabilité et le nombre des éléments, qui paraît avoir un sens analogue. *En général, la chaleur moléculaire d'un composé s'accroît avec le degré de complexité.* Quand la complexité augmente, la facilité de la décomposition augmente aussi. Il en résulte que les molécules qui contiennent beaucoup de mouvement à cause de leur complexité sont celles dont les éléments subissent le plus promptement la redistribution. Ceci est vrai non seulement de la complexité qui résulte de l'union de plusieurs éléments, mais aussi de la complexité qui résulte de l'union des mêmes éléments d'après une proportion plus élevée. La matière a deux états solides, le cristalloïde et le colloïde, le premier dû à l'union des atomes ou molécules individuels, et le second à l'union des groupes de ces atomes ou de ces molécules individuels ; celui-là est stable, celui-ci instable.

Mais le plus frappant et le plus saisissant exemple nous est offert par les combinaisons où entre l'azote ; elles ont les deux caractères d'être instables et de contenir de grandes quantités de mouvement latent. Une propriété de l'azote, qu'on vient de découvrir, c'est que, au lieu d'émettre de la chaleur en se combinant avec d'autres éléments, il en absorbe. C'est-à-dire qu'en emportant avec lui, dans le composé liquide ou solide où il entre, le mouvement qui le maintenait à l'état de gaz, il reçoit encore un mouvement additionnel ; et, quand l'autre élément avec lequel il s'unit est aussi gazeux, le mouvement moléculaire propre à ce nouvel élément prend place dans ce composé. Or ces composés azotés sont à un degré exceptionnel disposés à la décomposition, et la plupart d'entre eux se décomposent avec une extrême violence. Toutes nos substances explosives sont azotées : la plus destructive d'entre elles, le chlorure d'azote, contient l'énorme quantité de mouvement qui appartient en propre à ses deux composants gazeux, plus une certaine quantité nouvelle qui vient s'y ajouter.

Evidemment ces principes généraux de chimie sont des parties des principes de physique plus généraux encore que nous exposons. Nous y voyons que ce qui est vrai des agrégats sensibles l'est aussi des agrégats insensibles que nous appelons molécules. Comme les agrégats qu'ils servent à former, ces agrégats ultimes s'intègrent plus ou moins suivant qu'ils gagnent ou qu'ils perdent du mouvement ; et comme eux aussi, suivant qu'ils contiennent plus ou moins de mouvement, ils sont susceptibles de subir des redistributions secondaires de parties, en même temps que s'accomplit la redistribution primaire.

§ 102. Maintenant que nous avons mis ce principe dans tout son jour, montrons comment, en s'y conformant, l'évolution devient, selon les conditions, simple ou composée.

Si l'on chauffe un peu de sel ammoniac ou de tout autre solide volatil, il est désintégré par la chaleur absorbée et passe à l'état de gaz. Quand le gaz ainsi produit, arrivant au contact d'une surface froide, perd son excès de mouvement moléculaire, l'intégration a lieu, la substance prend la forme de cristaux. Voilà un cas d'évolution simple. La concentration de la matière et la dissipation du mouvement ne se font pas graduellement, elles ne traversent pas des périodes occupant des durées considérables ; mais, par la dissipation du mouvement moléculaire qui la réduisait à l'état gazeux, la matière passe subitement à un état complètement solide. Il en résulte que, à côté de cette redistribution primaire, il ne se fait pas de redistribution secondaire. Dans un dépôt de cristaux, au fond d'une solution, nous retrouvons essentiellement la même chose : une perte de mouvement moléculaire qui, au-dessus d'un certain point, empêche les molécules de s'unir, et une solidification subite quand la perte descend au-dessous de ce point. Dans ce cas comme dans l'autre, il n'y a pas de période durant laquelle les molécules sont en partie libres et en train de perdre leur liberté, et il n'y a pas non plus de réarrangements supplémentaires.

Au contraire, remarquez ce qui arrive quand la concentration est lente. Une masse gazeuse qui perd sa chaleur et subit par suite une diminution de volume n'est pas seulement sujette à ce changement qui rapproche ses parties de leur centre commun, mais elle l'est aussi à beaucoup de changements simultanés. La grande quantité de mouvement moléculaire qu'elle contient, donnant lieu, comme nous avons vu qu'elle doit le faire, à une grande mobilité moléculaire, met chaque partie à même de subir l'influence de toute force incidente; il en résulte que ses parties ont divers mouvements, outre celui impliqué par leur intégration progressive : ces mouvements secondaires que nous appelons courants sont si importants et si remarquables qu'ils rejettent sur le second plan le mouvement primaire. Supposez qu'à présent la perte du mouvement moléculaire ait atteint ce point auquel l'état gazeux ne peut plus se maintenir et où la condensation s'ensuit. Sous une forme d'union plus étroite, les parties de l'agrégat manifestent à un haut degré les mêmes phénomènes qu'auparavant. Le mouvement moléculaire qui accompagne la mobilité qui est le propre de l'état liquide permet un réarrangement facile, et, par suite, à côté d'une nouvelle contraction de volume, résultat d'une nouvelle perte de mouvement, il se fait des changements rapides et marqués dans les positions relatives des parties, des courants locaux produits par de légères forces perturbatrices. Or supposons que la substance soit formée de molécules dépourvues des caractères qui amènent l'intégration soudaine appelée cristallisation, qu'arrive-t-il quand le mouvement moléculaire décroit de nouveau? Le liquide devient plus dense; ses parties perdent la propriété de se mouvoir les unes sur les autres avec facilité, et les transpositions causées par les forces incidentes faibles deviennent comparativement lentes. Peu à peu, les courants s'arrêtent, mais la masse reste encore susceptible d'être modifiée par des forces incidentes plus intenses. La gravitation la courbe ou la déforme si elle n'est pas supportée de tous côtés; on peut facilement la découper. A mesure qu'elle se refroidit, elle devient plus ferme, c'est-à-dire moins susceptible de subir des changements dans la position relative de ses parties. Enfin, une nouvelle perte de chaleur la rendant tout à fait dure, ses parties ne sont plus capables de se réarranger, si ce n'est par l'effet d'actions violentes.

Dans les agrégats inorganiques, les redistributions secondaires accompagnent la redistribution primaire durant toute l'opération de la concentration, quand celle-ci se fait graduellement. Quand les corps sont à l'état gazeux ou liquide, les redistributions secondaires, rapides et étendues, qui s'y opèrent ne laissent pas de trace, la mobilité moléculaire y étant telle qu'elle empêche l'arrangement fixe des parties que nous appelons structure. En nous rapprochant de l'état solide, nous rencontrons celui qu'on appelle plastique, où des redistributions peuvent encore s'opérer, mais avec moins de facilité, et où, grâce à cette difficulté de changement, elles conservent une certaine persistance, qui ne peut pourtant se fixer que lorsqu'une nouvelle solidification arrête une nouvelle redistribution.

Ceci nous apprend, en premier lieu, quelles sont les conditions sous lesquelles l'évolution, au lieu d'être simple, devient composée, et, en second lieu, comment sa composition ne peut se compliquer que sous des conditions plus spéciales que celles que nous avons jusqu'ici examinées; puisque, d'une part, une redistribution secondaire importante n'est possible que là où il y a une grande quantité de mouvement latent, et que, d'autre part, ces redistributions ne peuvent avoir de permanence que là où le mouvement latent est devenu faible, conditions opposées qui semblent empêcher une redistribution secondaire permanente sur une grande échelle.

§ 103. Nous sommes maintenant en position de voir comment ces conditions en apparence contradictoires se concilient et comment, par suite de cette conciliation, des redistributions secondaires permanentes d'une étendue immense deviennent possibles. Nous comprendrons la particularité distinctive des agrégats dits organiques où l'évolution se présente avec une grande complication, et nous verrons que cette particularité consiste en ce que la matière se combine sous une forme qui s'incorpore une quantité énorme de mouvement en même temps qu'elle possède une concentration avancée.

En effet, nonobstant sa consistance demi-solide, la matière organique contient du mouvement moléculaire rendu latent par toutes les manières que nous avons examinées séparément. Considérons ses divers traits constitutifs. Trois de ses quatre principaux éléments sont gazeux, et chacun de ces gaz, à l'état libre, est pourvu d'une si grande quantité de mouvement moléculaire qu'il ne peut être condensé. Par suite, comme les propriétés des éléments, bien que masquées, ne peuvent se perdre dans les combinaisons, on doit en conclure que la molécule de protéine concentre une grande quantité de mouvement dans un petit espace. Puisque plusieurs équivalents d'éléments gazeux s'unissent pour former une molécule de protéine, il faut qu'il y ait dans cette molécule une grande quantité de mouvement relatif ajouté à celui que les atomes élémentaires possédaient déjà. En outre, ce qui distingue la matière organique, c'est que ses molécules s'agrègent sous la forme colloïde et non sous la cristalloïde, pour former, à ce qu'on croit, des grappes de grappes animées de mouvements en relation mutuelle. Voilà encore un moyen nouveau de rendre latent une nouvelle quantité de mouvement. Ce n'est pas tout encore : ces composés, dont les parties essentielles des organismes sont construites, sont azotés; et nous venons de voir que les produits azotés, au lieu de dégager de la chaleur en se combinant, en absorbent. A tout le mouvement moléculaire que possédait par lui-même l'azote gazeux, il s'en ajoute encore davantage; et le tout se concentre dans la protéine solide. On sait aussi que les agrégats organiques ont une grande quantité de mouvement insensible libre, de ce mouvement appelé chaleur. Quoique dans bien des cas la quantité de ce mouvement insensible ne soit guère considérable, dans d'autres l'agrégat conserve une température très supérieure à celle du milieu ambiant. Ajoutons encore qu'il y a une quantité de mouvement plus grande encore incorporée dans l'eau qui imbibe la matière organique. C'est ce mouvement qui, en donnant à l'eau la grande mobilité moléculaire qui la distingue, donne de la mobilité aux molécules organiques qui y sont suspendues, et maintient l'état plastique qui facilite si bien la redistribution.

Ces diverses propositions ne permettent pas de se faire une idée adéquate de ce qui distingue la substance organique vivante des autres substances qui ont des formes sensibles analogues d'agrégation. Mais on peut s'en faire une approximative en comparant le volume occupé par cette substance avec celui qu'occuperaient ses éléments s'ils n'étaient pas combinés. Une comparaison rigoureuse n'est pas possible dans l'état actuel de la science. Dire quelle expansion se produirait si les composés azotés pouvaient se séparer sans l'addition du mouvement externe, c'est un problème trop complexe pour qu'on puisse le résoudre. Mais pour les éléments du composé qui forme les quatre cinquièmes du poids total d'un animal ordinaire, l'eau, on peut donner une réponse assez précise. Si l'oxygène et l'hydrogène de l'eau perdaient leur affinité, en admettant même qu'aucun mouvement moléculaire ne s'ajoutât à celui qui est latent dans l'eau, à la chaleur du sang, ces gaz prendraient un volume vingt fois plus grand que celui de l'eau [1]. La question de savoir si la protéine sous des conditions analogues se dilaterait plus ou moins que l'eau reste à l'ordre du jour; mais si l'on songe à la nature gazeuse de trois de ses quatre principaux éléments, à la propriété des composés azotés que nous avons mentionnée, au grand nombre de molécules de chaque élément, et à la forme colloïde du composé, on peut en conclure que l'expansion serait considérable. Nous ne nous éloignerons guère de la vérité en disant que les éléments du corps humain, s'ils se séparaient brusquement les uns des autres, occuperaient une vingtaine de fois l'espace qu'ils remplissent : le mouvement de leurs atomes rendrait nécessaire cette diffusion sur une vaste étendue. Ainsi, le caractère essentiel de la matière organique vivante, c'est qu'elle possède à la fois une quantité énorme de mouvement latent et un degré de cohésion qui permet pour un temps un arrangement fixe.

§ 104. En comparant les agrégats organiques les uns avec les autres, nous trouvons de nouvelles preuves que la possibilité des redistributions secondaires, qui produisent l'évolution composée, dépend de la conciliation de ces conditions opposées. Outre que les agrégats organiques diffèrent des autres agrégats, tant par la quantité de mouvement qu'ils contiennent que par

---

[1]. Je dois ce résultat à M. le professeur Frankland, qui a eu la bonté de le calculer pour moi.

l'intensité du réarrangement des parties qui accompagne leur intégration progressive, les différences dans les quantités de mouvement latent y sont accompagnées de différences dans l'intensité de la redistribution.

Un premier exemple nous est offert par le contraste de la composition chimique des deux règnes d'organismes. Les animaux se distinguent des plantes par la complication plus grande de leur structure, aussi bien que par la rapidité bien plus grande avec laquelle des changements de structure s'opèrent en eux; ils l'emportent aussi sur les plantes par une propriété remarquable : ils contiennent des proportions immensément plus grandes de composés azotés, ces riches réservoirs de mouvement latent. Il en est de même du contraste que présentent les différentes parties d'un animal. Si des parties azotées comme le cartilage sont inertes, il y a des parties où les redistributions secondaires se sont opérées et s'opèrent toujours le plus activement : ce sont celles où les molécules de la composition la plus complexe prédominent; celles au contraire qui, comme les dépôts de graisse, se composent de molécules relativement simples, ne présentent qu'une structure peu compliquée et des altérations peu importantes.

Nous trouvons aussi des preuves évidentes que la continuation des redistributions secondaires qui donnent aux agrégats organiques leur caractère le plus frappant dépend de la présence de ce mouvement latent dans l'eau qui les imbibe; et que, toutes choses égales d'ailleurs, il y a une relation directe entre l'intensité de la redistribution et la quantité d'eau contenue dans le tissu organique. On peut classer les preuves en trois groupes. D'abord, tout le monde sait qu'on arrête les changements qui constituent le développement d'une plante, en la privant d'eau : la redistribution primaire continue; la plante se dessèche, se réduit ou devient plus intégrée; mais la redistribution secondaire cesse. Il y a ensuite un fait moins familier, mais non moins certain : c'est que le même résultat se produit dans l'animal, et même, ainsi qu'on pouvait s'y attendre, après une diminution d'eau relativement plus faible. D'autres animaux inférieurs nous en présentent des preuves nombreuses. On peut jeter dans un état de mort apparente les Rotifères en les desséchant, et les ressusciter en les humectant. Quand les rivières d'Afrique qu'habite le Lépidosiren sont desséchées, cet animal reste engourdi dans la boue durcie jusqu'à ce que le retour de la saison des pluies ramène l'eau. Humboldt rapporte que, pendant les sécheresses de l'été, les alligators des Pampas gisent dans un état de vie suspendue, enterrés sous la surface calcinée du sol, au travers de laquelle ils se frayent un chemin dès qu'il redevient humide. L'histoire de tout organisme nous apprend la même chose. La jeune plante qui vient de pointer au-dessus du sol contient bien plus de sucs que la plante adulte; et l'intensité des transformations qui s'y opèrent est relativement beaucoup plus grande. Dans la partie de l'œuf où se manifeste l'acte organisateur pendant les premiers temps de l'incubation, les changements dans l'arrangement moléculaire sont bien plus rapides que ceux que présente une partie égale du corps d'un poulet après l'éclosion. Ainsi qu'on pourrait l'inférer des facultés respectives de l'enfant et de l'adulte à recevoir des habitudes et des aptitudes, la structure d'un enfant est plus susceptible de modifications que celle d'un adulte; celle d'un adulte l'est aussi plus que celle d'un vieillard : ces contrastes sont accompagnés de contrastes correspondants dans les densités des tissus, puisque la proportion de l'eau aux matières solides diminue à mesure qu'on avance en âge. Nous trouvons encore la répétition de cette relation dans les contrastes que nous offrent les parties du même organisme. Dans un arbre, c'est au bout des bourgeons que se passent les rapides changements de structure, la proportion de l'eau aux substances solides y est très grande; tandis que les changements sont très lents dans la substance dense et presque sèche du tronc. De même, chez les animaux, nous avons un contraste entre les changements rapides qui s'opèrent dans un tissu mou comme le cerveau, et les changements lents qui se passent dans les tissus secs non vasculaires, tels que ceux qui forment les cheveux, les ongles, les cornes, etc.

D'autres groupes de faits prouvent d'une façon également certaine que la quantité de redistribution secondaire varie dans un organisme, *cœteris paribus*, suivant la quantité de mouvement latent que nous appelons chaleur. Les contrastes des différents organismes et des différents états du même organisme s'accordent à le prouver. D'une manière générale, la complication de la structure et les proportions des changements de structure sont plus petites dans le règne végétal que dans le règne animal; et, en général, la chaleur des plantes est moindre que celle des animaux. La comparaison des diverses divisions du règne animal entre elles nous présente des relations analogues. Considérés en masse, les animaux vertébrés ont une température plus élevée que les invertébrés ; et à ce même point de vue ils ont une activité et une complexité organique supérieure. Dans les subdivisions des Vertébrés mêmes, des différences semblables dans l'état de vibration moléculaire accompagnent des différences semblables dans le degré d'évolution. Les moins compliqués des Vertébrés sont les poissons ; et le plus souvent la chaleur des poissons ne diffère guère de celle de l'eau dans laquelle ils nagent : il n'y en a qu'un petit nombre qui soient décidément plus chauds. Bien que nous appelions les reptiles animaux à sang froid, et qu'ils n'aient pas plus que les poissons le pouvoir de conserver une température supérieure à celle de leur milieu, pourtant comme leur milieu qui, dans la plupart des cas, est l'air des climats chauds, est en moyenne plus chaud que celui des poissons, la température de la classe des reptiles est supérieure à celle de la classe des poissons ; aussi retrouvons-nous chez les reptiles une complexité plus grande qui correspond à cette différence. L'agitation moléculaire beaucoup plus active que l'on remarque chez les mammifères et les oiseaux est associée à une variété beaucoup plus considérable de structure et à une vivacité bien plus grande. Toutefois, les contrastes les plus instructifs sont ceux que l'on trouve dans les mêmes agrégats organiques à différentes températures. Les plantes nous offrent des changements de structure qui varient d'importance avec la température. Si la lumière est l'agent des changements moléculaires, causes de la croissance du végétal, notons pourtant que lorsque la chaleur manque ils ne se produisent pas : en hiver, il y a assez de lumière ; mais, la chaleur étant insuffisante, la vie végétale est suspendue. Ce qui prouve que c'est la seule cause de la suspension, c'est que pendant la même saison les plantes cultivées en serre chaude, où elles reçoivent une quantité de lumière plus faible, produisent des feuilles et des fleurs. Nous voyons aussi que leurs semences auxquelles la lumière est non seulement inutile mais nuisible, commencent à germer quand le retour d'une saison chaude élève le degré de l'agitation moléculaire. Pareillement, il faut entourer de plus ou moins de chaleur les œufs des animaux qui subissent les changements par lesquels la structure s'y organise ; en l'absence d'une certaine quantité de mouvement parmi leurs molécules, le réarrangement des parties ne se fait plus. Les animaux hibernants nous offrent aussi des preuves que la perte de la chaleur portée trop loin retarde extrêmement la transformation. Chez les animaux qui n'hivernent pas, l'homme par exemple, une exposition prolongée au froid produit une tendance irrésistible au sommeil (ce qui implique une valeur moindre de changements organiques et fonctionnels); et, si la soustraction de la chaleur continue, ce sommeil aboutit à la mort, c'est-à-dire à l'arrêt de tous ces changements.

Voilà une masse de preuves, générales et spéciales. Les agrégats vivants se distinguent par des faits connexes ; pendant l'intégration, ils subissent des changements secondaires remarquables que d'autres agrégats ne subissent pas dans une mesure aussi étendue ; et ils contiennent, à volume égal, immensément plus de mouvement rendu latent de diverses manières.

§ 105. Nous avons clos le dernier chapitre en disant que, si l'évolution est toujours une intégration de matière et une dissipation de mouvement, dans la plupart des cas elle est bien autre chose encore. Ce chapitre s'est ouvert par un exposé sommaire des conditions sous lesquelles l'évolution n'est qu'intégrative ou reste simple, et des conditions sous lesquelles elle est quelque chose de plus qu'intégrative et devient composée. En montrant par des exemples ce contraste entre l'évolution simple et la composée, et en expliquant comment le contraste se produit, nous avons vu se former une idée vague de l'évolution en général. Nous n'avons pu nous défendre d'anticiper un peu sur l'examen complet de l'évolution que nous allons commencer.

Il n'y a pas lieu de le regretter. Une conception préliminaire, vague mais compréhensive, est toujours utile, puisqu'elle sert d'introduction à une conception complète ; à ce titre même, elle est indispensable. On ne fait pas accepter d'emblée une idée complexe en présentant l'une après l'autre ses parties constituantes avec leurs formes précises, puisque, s'il n'existe, au préalable, aucun plan dans l'esprit de l'auditeur, ces parties constituantes ne se combineront pas comme il faut. La combinaison qu'il faut obtenir ne s'opère que lorsque l'auditeur a découvert de son côté de quelle manière les éléments constituants doivent s'arranger. Cette découverte coûte beaucoup de peine qu'aurait épargnée une notion générale, fût-elle vague, si on l'avait possédée avant d'entreprendre l'étude détaillée et exacte de l'idée complexe.

Tout ce que le lecteur a eu occasion d'apprendre dans les sections qui précèdent, sur la nature de l'évolution, n'est sans doute qu'une grossière ébauche, mais cela lui sera très utile et lui permettra de saisir les relations des diverses parties de l'immense tableau qui se déroule devant lui. Il n'oubliera pas que l'histoire complète de toute existence sensible est renfermée dans l'évolution et la dissolution de cette existence (pour le moment, nous laissons de côté cette dernière opération). Il se rappellera que, sous quelque aspect qu'on la considère, il faut voir essentiellement dans l'évolution une intégration de matière et une dissipation de mouvement, qui peuvent s'accompagner et qui d'ordinaire s'accompagnent d'autres transformations accessoires de matière et de mouvement. Par conséquent, il s'attendra à voir partout la redistribution primaire aboutir, quand elle est rapide, à des agrégats simples, et à des agrégats composés dès que la lenteur de la redistribution primaire permet aux effets des redistributions secondaires de s'accumuler.

§ 106. Il est très difficile de suivre des transformations aussi vastes, aussi variées et aussi enchevêtrées que celles que nous allons aborder. Outre que nous avons à nous occuper des phénomènes concrets de tous les ordres, nous avons à traiter de chaque groupe de phénomènes sous divers aspects, dont aucun isolé du reste ne peut être bien compris et ne peut pourtant pas être étudié en même temps que le reste. Nous avons déjà vu que, durant l'évolution, deux grandes classes de changements s'opèrent en même temps; et nous allons voir que la seconde de ces grandes classes peut aussi se subdiviser. L'enchevêtrement de tous ces changements est tel qu'un ordre ou qu'une classe de changements ne peut s'expliquer, si l'on a recours directement ou indirectement à une autre classe qui n'a pas encore reçu d'explication. Nous n'avons qu'à tirer le meilleur parti de cette position difficile.

Nous allons consacrer le chapitre suivant à l'exposition détaillée de l'évolution sous son principal aspect, en nous contentant de reconnaître tacitement ses aspects secondaires, lorsque l'exposition l'exigera.

Les deux chapitres suivants s'occuperont exclusivement des redistributions secondaires; on n'y parlera de la redistribution primaire que lorsqu'on ne pourra l'éviter; chacun s'occupera spécialement d'un trait particulier des redistributions secondaires.

Dans un autre chapitre, nous traiterons d'un troisième caractère des redistributions secondaires, encore plus distinct que les deux autres.

CHAPITRE XIV

LA LOI D'ÉVOLUTION

§ 107. Nous allons maintenant vérifier la déduction par l'induction. Nous avons dit que toutes les existences sensibles *doivent*, d'une manière ou d'une autre, à un moment ou à un autre, arriver à leurs formes concrètes par des opérations de concentration ; et nous n'avons cité des faits que pour mettre en lumière cette nécessité. Mais nous n'aurons obtenu la connaissance unifiée qui constitue la Philosophie que lorsque nous aurons vu comment les existences de tous les ordres *font* pour manifester une intégration progressive de matière et une perte de mouvement concomitante. Nous allons maintenant rechercher la preuve directe que le cosmos en général se conforme à cette loi, et pour cela nous suivrons, tant que l'observation et le raisonnement nous le permettront, les faits qui font l'objet de l'Astronomie et de la Géologie aussi bien que ceux dont traitent la Biologie, la Psychologie et la Sociologie.

Nous nous occuperons principalement des manifestations de la loi d'évolution, qui sont plus complexes que celles que nous avons signalées jusqu'ici. En examinant successivement les divers ordres de faits, nous porterons notre attention moins sur le principe déjà connu que chaque agrégat a subi ou subit encore une intégration, que sur le principe nouveau que, dans chaque partie plus ou moins distincte de chaque agrégat, l'intégration a été ou est en progrès. Au lieu des touts simples et des touts dont nous avons à dessein négligé la complexité, nous nous occuperons des touts tels qu'ils existent actuellement, composés pour la plupart de membres nombreux combinés d'un grand nombre de manières. Nous y suivrons la transformation sous chacune de ses formes. Nous y verrons la masse passer d'un état plus diffus à un état plus consolidé, toutes les parties de la masse passer concurremment par une transformation analogue où elles prennent une individualité reconnaissable, et ces parties, une fois individualisées, devenir en même temps plus compliquées.

§ 108. Notre système sidéral, par sa forme générale, par ses rassemblements d'étoiles qui nous présentent tous les degrés de densité, par ses nébuleuses où nous retrouvons tous les degrés de condensation, nous donne lieu de penser que la concentration s'opère partout, dans l'ensemble comme dans les parties. Supposez que la matière du système sidéral ait été ou soit encore soumise à la gravitation, et vous avez une explication des grands traits de sa composition, depuis les masses solides jusqu'aux amas de flocons raréfiés qu'on ne peut distinguer qu'avec les télescopes les plus puissants, depuis les étoiles doubles jusqu'à des agrégats complexes, tels que les nébuleuses. Sans insister davantage sur cette preuve, passons au système solaire.

Admettre l'opinion si plausible que le système solaire provient d'une nébuleuse, c'est admettre qu'il s'est formé par intégration de matière et perte concomitante de mouvement. Le passage du système solaire d'un état incohérent et diffus dans une vaste étendue, à un état solide et cohérent, nous offre un exemple clair et simple du premier aspect de l'évolution. En même temps que, dans l'hypothèse nébulaire, s'opérait la concentration graduelle du système solaire dans son ensemble, une autre concentration s'opérait entre les parties de chacun de ses membres partiellement indépendants. La substance de chaque planète, en se métamorphosant successivement en anneau nébuleux, en sphéroïde gazeux, en sphéroïde liquide, puis en sphéroïde solidifié à sa surface, a reproduit les traits essentiels des changements de la masse du système solaire. De même pour chaque satellite. En outre, en même temps que la matière de l'ensemble du système, aussi bien que celle de chacune de ses parties partiellement indépendantes, s'intégrait, une intégration nouvelle, révélée par l'accroissement de la complexité des combinaisons entre les parties, a eu lieu. Les satellites de chaque planète forment avec elle un groupe équilibré ; les planètes et leurs satellites forment avec le soleil un groupe composé, dont les membres sont plus fortement liés ensemble que ne l'étaient les parties diffuses du milieu nébuleux d'où ils sont sortis.

Laissons, si l'on veut, l'hypothèse nébulaire ; le système solaire nous donne un témoignage analogue. Sans rien dire de la substance météorique qui s'ajoute perpétuellement à la masse de la Terre, et probablement aux masses des autres planètes, aussi bien qu'à celle du Soleil, en quantités plus grandes, il suffira de rappeler deux faits nouveaux généralement admis. L'un est la retardation appréciable des comètes par le milieu éthéré, et la retardation inférée des planètes, retardations qui avec le temps doivent amener sur le Soleil les comètes et enfin les planètes. L'autre est la perte incessante du mouvement du Soleil sous forme de chaleur rayonnée, perte qui accompagne l'intégration incessante de sa masse.

§ 109. De l'évolution que nous appelons, pour plus de commodité, astronomique, nous passons sans interruption à l'évolution géologique. L'histoire de la Terre, telle que la révèle la structure de sa croûte solide, nous ramène à cet état de fusion où aboutit l'hypothèse nébulaire ; et nous avons déjà fait voir (§ 69) que les changements dits ignés sont les suites de la consolidation progressive de la substance de la Terre, et de la perte de mouvement latent qui l'accompagne. Donnons brièvement des exemples des effets généraux et locaux de ces deux grands faits.

Laissons la période durant laquelle les éléments plus volatils, qui offrent à présent la forme solide, étaient maintenus par l'élévation de la température à l'état gazeux, et commençons au point où, la Terre n'étant pas encore refroidie au-dessous de 212 degrés, la vaste masse d'eau qui recouvre aujourd'hui les trois cinquièmes de sa surface devait exister à l'état de vapeur. Ce volume énorme de liquide désintégré s'intégra quand la dissipation du mouvement latent de la Terre le permit ; laissant enfin une partie non intégrée bien plus petite que la masse primitive, et qui serait encore bien moindre si elle n'absorbait continuellement sa part du mouvement moléculaire dégagé par le soleil. La formation de la croûte du globe nous offre un changement semblable dû aux mêmes causes. Nous y voyons une pellicule solide, mince, fissurée partout et constamment agitée par la matière en fusion qu'elle recouvre, devenir une croûte si épaisse et si forte qu'elle ne peut être disloquée çà et là que dans une faible mesure par les forces perturbatrices.

Cette solidification superficielle est un exemple de la concentration qui accompagne la perte de mouvement latent ; la diminution du volume du globe que révèle le froncement de sa surface en est un autre.

À côté de l'intégration générale, des intégrations partielles et secondaires ont marché. Un sphéroïde en fusion, simplement recouvert de matières solides, ne pouvait présenter que de petites îles et de petits amas d'eau. Pour que les différences de niveau aient une grandeur qui permette à de vastes îles de se former, il faut une croûte de quelque rigidité ; et ce fut seulement lorsque la croûte du globe eut acquis de l'épaisseur que les terres formèrent des continents séparés par des océans. Il en a été de même des grandes montagnes. L'affaissement d'une croûte mince autour de son contenu en voie de refroidissement et de contraction ne pouvait produire que des crêtes peu élevées : il fallait que la croûte eût acquis une épaisseur et une force relativement grandes avant que les systèmes étendus de montagnes d'une élévation considérable devinssent possibles. La même chose a dû se produire dans les changements dits de sédiment. Aux premières époques, la dénudation n'agissait que sur de petites surfaces et ne produisait que des dépôts faibles et bornés. L'amas des détritus en strates immenses, et l'union de ces strates en vastes *systèmes*, impliquent l'existence de continents et de mers aussi bien que celle de dépressions à la fois étendues et profondes ; il s'ensuit que les intégrations de cet ordre ont dû devenir plus prononcées à mesure que la croûte du globe s'épaississait.

§ 110. Nous avons déjà vu que l'évolution organique est, dans le principe, la formation d'un agrégat par l'incorporation continuelle de matière auparavant répandue sur un plus grand espace. Je me bornerai à rappeler au lecteur que chaque plante grandit en concentrant en elle des éléments qui auparavant étaient diffus sur une plus grande surface à l'état gazeux, et que chaque animal grandit en reconcentrant ces éléments préalablement dispersés dans les plantes et les animaux qui sont à sa portée ; mais il est à propos de compléter cette notion de la vie en montrant que l'histoire primitive de la plante et de l'animal nous atteste la même opération fondamentale avec bien plus de force que ne fait l'histoire de leur dernier état. En effet, le germe microscopique de chaque organisme reste longtemps sans subir d'autre changement que celui qu'amènent l'absorption et la nutrition. Les cellules engagées dans le stroma de l'ovaire ne deviennent des œufs qu'en s'accroissant aux dépens des matériaux adjacents. Plus tard, après la fécondation, une évolution plus active commence, dont le caractère le plus saillant est l'attraction qui pousse vers le centre germinatif toute la substance contenue dans l'œuf.

Mais ici nous devons surtout diriger notre attention vers les intégrations secondaires qui accompagnent habituellement l'intégration primaire. Nous avons à observer comment, à côté de l'accroissement de la masse de matière, il s'opère une concentration et une consolidation de la matière sous forme de parties, aussi bien qu'une combinaison de plus en plus étroite des parties. Dans l'embryon des mammifères, le cœur, qui n'est d'abord qu'un long vaisseau sanguin pulsatile, se tord peu à peu sur lui-même et s'intègre. Les cellules de bile qui constituent le foie rudimentaire non seulement s'isolent de la paroi de l'intestin dans laquelle elles étaient logées, mais, en s'accumulant, elles s'en éloignent et se consolident sous la forme d'un organe. Les segments antérieurs de l'axe cérébro-spinal qui, dans le principe, se continuaient avec le reste et ne se distinguaient que par leur volume plus grand, subissent une union graduelle; en même temps, la tête, résultat de cette union, se replie en une masse qui se distingue nettement du reste de la colonne vertébrale; en même temps que la même opération s'effectue diversement dans les autres organes, elle se manifeste aussi dans le corps considéré dans son entier, qui s'intègre à peu près de la même manière qu'un mouchoir déployé, avec ce qu'il contient, s'intègre quand on en relève les coins et qu'on les noue pour faire un paquet. Des changements analogues se produisent lontemps après la naissance et continuent même jusqu'à la vieillesse. Chez l'homme, nous voyons la solidification du tissu osseux s'opérer dans l'enfance par la fusion des parties d'un même os, ossifiées autour de centres distincts, et, dans la vieillesse, par la fusion d'os originellement distincts. Les dépendances des vertèbes s'unissent avec les centres vertébraux desquels elles dépendent; ce changement ne s'achève pas avant la trentième année. Au même temps, les épiphyses, formées à part des corps principaux des os auxquels elles appartiennent, s'y unissent par la transformation osseuse des parties cartilagineuses qui les y attachent. Les vertèbres qui composent le sacrum, séparées jusqu'à la seizième année environ, commencent alors à s'unir; au bout de dix à douze ans, leur union est parfaite. La coalescence des vertèbres coccygiennes se produit encore plus tard; et d'autres unions osseuses ne s'achèvent qu'à l'âge le plus avancé. Ajoutons que l'accroissement de la densité et de la dureté des tissus qui s'effectue durant la vie n'est autre que la formation d'une substance à un plus haut degré d'intégration.

On peut suivre chez tous les animaux les espèces de changements dont nous venons de donner des exemples dans le développement humain. Milne Edwards et d'autres savants ont décrit le mode de développement qui consiste dans l'union des parties similaires originellement séparées et ont pris leurs observations sur divers *Invertébrés*. Mais ils n'y ont pas vu un fait essentiel de l'opération du développement organique. Nous allons voir pourtant que l'intégration locale en est la partie la plus importante, en la suivant non seulement dans les étapes successives traversées par chaque embryon, mais aussi en remontant son cours des créatures inférieures aux supérieures. En se manifestant dans l'un et l'autre de ces deux modes, elle est à la fois longitudinale et transversale; il nous est très commode de l'examiner sous ces deux formes différentes. L'embranchement des articulés nous offre d'abondants exemples de l'*intégration longitudinale*. Les êtres les plus inférieurs qui le composent, tels que les vers et les myriapodes, sont pour la plupart caractérisés par le grand nombre de segments dont ils sont formés, qui s'élèvent, chez quelques animaux, à plusieurs centaines. Mais, dans les divisions supérieures, les insectes, les crustacés, les arachnides, nous trouvons que le nombre des segments descend à vingt-deux, treize et même au-dessous ; et cette réduction s'accompagne d'un raccourcissement ou intégration de tout le corps, qui atteint sa limite extrême chez le crabe et l'araignée. On découvre le sens de ces différences, on y voit l'expression de la doctrine générale de l'évolution, quand on remarque qu'elles sont analogues à celles que présentent les divers âges du développement de chaque articulé pris individuellement. Dans le homard, la tête et le thorax forment une boîte formée de pièces soudées qui sont séparables dans l'embryon. Pareillement, le papillon nous offre des segments plus intimement unis que dans la chenille, et qui le sont au point que quelques-uns ne peuvent se distinguer. Les vertébrés nous présentent aussi, d'une classe à l'autre, des exemples analogues d'union longitudinale. Chez la plupart des poissons et chez les reptiles qui n'ont pas de membres, les vertébrés ne se soudent pas. Chez la plupart des mammifères et chez les oiseaux, un nombre variable de vertèbres se soudent ensemble pour former le sacrum ; chez les singes supérieurs et chez l'homme, les vertèbres caudales perdent leur individualité et s'unissent pour former un seul os, le *coccyx*. Ce que nous appelons l'*intégration transversale* se manifeste nettement dans le développement du système nerveux des articulés. Laissons de côté ces types dégradés qui ne présentent pas de ganglions distincts, et remarquons que les articulés inférieurs, de même que les larves des supérieurs, présentent une double chaîne de ganglions courant d'un bout à l'autre du corps; tandis que chez les plus parfaits cette double chaîne se fond en une seule. M. Newport a décrit le cours de cette concentration chez les insectes, et Rathke l'a suivi dans les crustacés. Dans l'*Astacus fluviatilis*, ou écrevisse commune, aux premiers temps de la vie, il y a une paire de ganglions séparés à chaque anneau. Des quatorze paires appartenant à la tête et au thorax, les trois paires situées en avant de la bouche se consolident en une masse pour former le cerveau ou ganglion céphalique. Les six premières paires de ceux qui restent s'unissent chacune sur la ligne médiane, tandis que les autres demeurent plus ou moins séparées. Des six ganglions doubles formés par cette union, les quatre antérieurs se soudent en une masse ; les deux restants en une autre masse ; puis ces deux masses se soudent en une seule. Ici, nous voyons l'intégration longitudinale et la transversale marcher simultanément. Chez les crustacés supérieurs, elles vont encore plus loin. Les *Vertébrés* nous offrent un bel exemple de l'intégration transversale dans le développement de l'appareil de la génération. Les mammifères les plus inférieurs, les *Monotrèmes* sont pourvus, comme les oiseaux, avec lesquels ils ont d'ailleurs de la parenté, d'oviductes qui, à leur extrémité inférieure, se dilatent pour former des cavités, dont chacune remplit imparfaitement les fonctions d'un utérus. « Chez les *Marsupiaux*, il y a, sur la ligne médiane, un rapprochement plus intime des deux systèmes latéraux d'organes, car les oviductes se rapprochent l'un de l'autre et se rencontrent sur la ligne médiane (sans se souder), de sorte que chez eux les dilatations utérines sont en contact l'une avec l'autre et forment un véritable *utérus double*. En remontant la série des mammifères monodelphes, nous trouvons que la coalescence latérale devient de plus en plus parfaite. Chez beaucoup de *rongeurs*, les utérus restent encore complètement divisés en deux moitiés latérales ; tandis que chez d'autres ils se soudent à leur partie inférieure et forment un rudiment du véritable corps de l'utérus, tel que nous le trouvons chez la femme. Cette partie se développe aux dépens des *cornes* latérales chez les herbivores supérieurs et les carnassiers ; et l'on trouve même chez les quadrumanes inférieurs l'utérus un peu fendu à son sommet [1]. »

Sous le titre d'intégration organique, il reste à noter des intégrations qui ne se présentent pas dans les limites d'un organisme et qui n'impliquent que d'une manière indirecte la concentration de matière et la perte de mouvement. Ce sont celles par lesquelles les organismes deviennent dépendants l'un de l'autre. Nous pouvons en établir deux sortes : les unes se présentent dans la même espèce, les autres entre espèces différentes. Les animaux ont plus ou moins de tendance à vivre par troupes, et, quand cette tendance est très marquée, il n'y a pas seulement rassemblement, mais un certain degré de combinaison. Les bêtes qui chassent en meute, ou qui ont des sentinelles, ou qui obéissent à des chefs, forment des corps en quelque sorte unis par la coopération. Chez les mammifères et les oiseaux polygames, cette dépendance mutuelle est plus étroite ; les sociétés d'insectes nous montrent des assemblages d'individus encore plus consolidés : pour certains de ces assemblages, la consolidation est telle que les individus ne peuvent exister dès qu'ils sont séparés. Pour voir comment les organismes en général sont dépendants les uns des autres, c'est-à-dire intégrés, il suffit de se rappeler, premièrement, que tous les animaux vivent directement ou indirectement de plantes, et que les plantes vivent d'acide carbonique excrété par les animaux ; secondement, que, parmi les animaux, les carnivores ne peuvent exister sans les herbivores ; troisièmement, qu'un grand nombre de végétaux ne peuvent se perpétuer que par le secours des insectes, et que, dans bien des cas, telles plantes ont besoin de tels insectes. Je n'entrerai pas dans les détails des beaux exemples de ces connexions complexes que M. Darwin nous a donnés ; il suffira de dire que la flore et la faune de chaque habitat constitue un agrégat si bien intégré que beaucoup de ses espèces périssent si on les place parmi les plantes et les animaux d'un autre habitat. Il faut remarquer aussi que cette intégration progresse en même temps que l'évolution organique.

1. *Carpenter's Prin. of Comp. Phys.*, p. 617.

§ 111. Les phénomènes rapportés dans le paragraphe précédent servent d'introduction à d'autres phénomènes d'un ordre plus élevé avec lesquels il faudrait, à la rigueur, les grouper ; nous les appelons, faute d'un mot plus convenable, super-organiques. Les corps inorganisés nous présentent certains faits. Les corps organisés nous en présentent d'autres, pour la plupart d'une espèce plus compliquée. Il reste encore des faits que nul corps organisé pris isolément ne présente, mais qui résultent des actions que ces corps organisés agrégés exercent les uns sur les autres ou sur les corps inorganisés. Bien que les phénomènes de cet ordre soient ébauchés dans les organismes inférieurs, ils ne se montrent avec toute évidence que dans l'humanité unie en société ; aussi pouvons-nous les considérer comme propres à la vie sociale.

Les organismes sociaux nous offrent des exemples nombreux et clairs de changements intégratifs. Ce sont, dans les sociétés sauvages, l'union des familles errantes en tribus nombreuses, comme chez les Bochemans ; l'asservissement des tribus faibles par les fortes, et la subordination de leurs chefs respectifs au chef conquérant. Les combinaisons qui résultent de la conquête sont continuellement en voie de formation et de dissolution dans les tribus primitives ; mais elles deviennent relativement permanentes chez les races civilisées. Si nous suivons les périodes parcourues par notre société ou une société voisine, nous voyons que cette unification se répète de temps en temps sur une plus large échelle et gagne en stabilité. L'agrégation des plus jeunes et des enfants des plus jeunes sous les plus âgés et les enfants des plus âgés ; l'établissement de groupes de vassaux attachés à leurs nobles respectifs, qui en fut la conséquence ; plus tard, la subordination des nobles inférieurs à des ducs et à des comtes ; plus tard encore, l'élévation du pouvoir royal au-dessus des ducs et des comtes, sont autant d'exemples de consolidation croissante. L'opération par laquelle les petites tenures s'agrègent en fiefs, les fiefs en provinces, les provinces en royaumes, et les royaumes limitrophes en un seul empire, se complète lentement par la destruction des lignes de démarcation primitives. Si nous considérons les nations européennes comme formant un seul tout, nous voyons dans leur tendance à former des alliances plus ou moins durables, dans les restrictions qu'elles apportent aux influences exercées par les divers gouvernements les uns sur les autres, dans le système dont on prend aujourd'hui l'habitude de soumettre les conflits.

internationaux à l'arbitrage de congrès, aussi bien que dans la suppression des barrières commerciales et les facilités de communication qui s'accroissent, nous voyons les débuts d'une fédération européenne, c'est-à-dire une intégration beaucoup plus vaste que toutes celles aujourd'hui existantes.

Mais la loi ne se manifeste pas seulement par ces unions de groupes avec des groupes, et de groupes composés avec des groupes composés. Elle se manifeste aussi dans des unions qui s'opèrent à l'intérieur des groupes à mesure qu'ils s'élèvent à une organisation supérieure. Ces unions sont de deux ordres, les unes régulatives, les autres opératives. Ce qui distingue une société civilisée d'une société barbare, c'est l'établissement des classes régulatives, d'hommes d'Etat, d'administrateurs, d'ecclésiastiques, de militaires, de gens de loi, etc., qui, en même temps qu'elles forment des corps séparés, des sous-classes, constituent une classe générale par une certaine communauté de privilèges, de naissance, d'éducation, de relations sociales. Dans certaines sociétés complètement développées d'après leurs types particuliers, la consolidation en castes et l'union des castes supérieures qui se séparent des inférieures sont devenues très tranchées : elles ne peuvent cesser de l'être que par les métamorphoses sociales causées par le régime industriel. Les intégrations qui accompagnent l'organisation industrielle ou opérative, les dernières en date, non seulement appartiennent à cette espèce d'intégration indirecte, mais ce sont aussi des intégrations directes, des rapprochements physiques. Nous avons des intégrations consécutives qui proviennent du simple accroissement des parties voisines qui accomplissent des fonctions pareilles, comme par exemple la jonction de Manchester avec ses banlieues qui fabriquent des toiles de coton. Nous voyons d'autres intégrations quand, au lieu de plusieurs places produisant une certaine marchandise, une seule en concentre le monopole et attire à elle les maîtres et les ouvriers, et laisse les autres tomber en décadence ; c'est ainsi que les districts du Yorkshire, où l'on fabrique des draps, se peuplent aux dépens de ceux de l'ouest de l'Angleterre ; c'est ainsi que le Strasfordshire absorbe les manufactures de poteries, et qu'ensuite celles qui florissaient autrefois dans le Derby et ailleurs sont tombées en décadence. Il y a encore des intégrations spéciales qui se produisent dans la même ville : la concentration des libraires dans Paternoster Row, celle des marchands de grains autour de Mark Lane, celle des ingénieurs civils dans Great

George Street, celle des banquiers au centre de la cité. D'autres combinaisons industrielles consistent non dans le rapprochement ou la fusion des parties, mais dans l'établissement des centres qui servent de lien aux parties ; nous en voyons des exemples dans le bureau de liquidation de la Banque et dans celui des chemins de fer. Il y a encore une autre espèce de concentration : ce sont les unions qui mettent en rapport les citoyens les plus disséminés qui s'occupent de la même profession, telles que la Bourse pour les commerçants, et les Instituts des ingénieurs civils, des architectes, etc., pour les hommes de ces professions.

Il semble que nous sommes arrivés au bout. Nous avons suivi la loi dans les agrégats sociaux, et il ne paraît plus y avoir d'agrégats auxquels elle puisse s'appliquer. Mais il n'en est pas ainsi. Parmi les phénomènes que nous avons appelés super-organiques, nous trouverons divers groupes qui présentent des exemples très intéressants de la loi. Sans doute, on ne peut pas dire que l'évolution des produits variés de l'activité humaine fournit un exemple direct de l'intégration de la matière et de la dissipation du mouvement, ils en sont cependant des exemples indirects. En effet, le progrès du langage, des sciences et des arts industriels et esthétiques, est un procès-verbal objectif de changements subjectifs. Les changements de structure dans les êtres humains, et les altérations concomitantes de structure dans les agrégats des êtres humains, produisent conjointement des changements correspondants dans toutes les créations de l'humanité. De même que, dans le changement de l'empreinte de la cire, nous lisons un changement dans le sceau, de même dans l'intégration du langage, de la science et des arts en progrès, nous voyons le reflet de certaines intégrations de la structure humaine en progrès, dans l'individu et dans la société. Il faut consacrer une section à chaque groupe.

§ 112. Chez les races incivilisées, les noms polysyllabiques employés pour désigner des objets qui ne sont pas rares, ainsi que le sens descriptif des noms propres, nous apprennent que les mots usités pour les choses les moins familières sont formés de la combinaison des mots usités pour les choses les plus familières. On surprend quelquefois cette opération de combinaison à la première période, quand les mots composants s'unissent temporairement pour signifier un objet sans nom, et qu'ils ne contractent pas une adhérence permanente parce que leur emploi n'est pas assez fréquent. Mais, dans la majorité des langues inférieures, l'*agglutination*, comme cette opération s'appelle, a été poussée assez loin pour donner de la stabilité aux mots composés. Il y a une intégration manifeste. Pour voir combien cette intégration est faible comparée avec celle des langues bien développées, il faut remarquer la longueur des mots composés employés pour les choses et les actes de tous les jours, et la facilité de séparer leurs éléments. Il y a dans l'Amérique du Nord des langues qui en fournissent de beaux exemples. Dans un vocabulaire de la langue ricaree, composé de cinquante noms d'objets communs qui, en anglais, sont presque tous d'une seule syllabe, il n'y a pas un mot monosyllabique ; le vocabulaire des Pawnees, dont la langue est parente de l'autre, ne donne pour les mêmes noms que deux mots monosyllabiques. Certes, pour ces tribus de chasseurs, le chien et l'arc (*dog* et *bow*) sont des choses familières, pourtant en langue pawnee ils se disent *ashakish* et *teeragish* ; la main (*hand*) se dit *iksheeree*, et l'œil *keereekoo*; pour le jour (*day*), on dit *shakoorooeeshairet*, et pour diable (*devil*) *tsaheekshkakooraiwah*; les nombres sont des mots de deux à cinq syllabes, et dans le dialecte ricaree ils vont à sept. L'histoire de la langue anglaise démontre d'ailleurs que la grande longueur des mots familiers implique un degré inférieur de développement, et que, lorsqu'une langue imparfaite se développe et tend vers la perfection, il se fait une intégration progressive qui réduit les polysyllabes à des dissyllabes et à des monosyllabes. Le mot anglo-saxon *steorra* s'est consolidé avec le temps en *star* (étoile), *mona* en *moon* (lune), et *nama* en *name* (nom). Le demi-saxon nous permet de saisir la transition. *Sunu* est devenu en demi-saxon *sune*, et en anglais *son*; l'*e* final de *sune* est la forme par laquelle l'*u* primitif s'évanouit. Dans le passage du pluriel anglo-saxon, formé par la syllabe distincte *as*, au pluriel anglais, formé par l'adjonction de la consonne *s*, nous voyons encore la même opération : *schmithas* en devenant *smiths* (forgerons) et *endas* devenant *ends* (fins) sont des exemples de cette coalescence. La disparition de la terminaison *an* à l'infinitif des verbes en est un autre ; on en voit la transition dans le mot anglo-saxon *cuman*, qui devient *cumme* en demi-saxon, et *come* (venir) en anglais. Depuis que l'anglais est formé, l'opération d'intégration se poursuit lentement. Au temps d'Élisabeth, les verbes prenaient encore très souvent au pluriel la désinence *en*. On disait *we tellen* pour *we tell* (nous disons) ; et dans quelques cantons ruraux on peut encore entendre employer cette forme. C'est de la même manière que la terminaison *ed* du temps passé s'est unie au mot qu'elle modifie. *Burn-ed* est devenu *burnt* (brûlé) ; dans la prononciation et souvent même dans l'écriture, le *t* terminal a pris la place de la syllabe *ed*. On ne voit plus cette inflexion ancienne se maintenir que dans le cas où l'on conserve les anciennes formes, comme dans le service divin. Nous voyons encore que les voyelles composées se sont, dans bien des cas, fondues en une seule voyelle. Dans *bread* (pain), l'*e* et l'*a* donnaient chacun leur son ; la preuve, c'est que, dans certains districts attardés où l'on conserve les vieilles habitudes, ces deux voyelles se prononcent séparément. Pourtant on a généralement adopté la prononciation *bred*, et l'on a fait des changements analogues dans une foule d'autres mots communs. Nous voyons enfin que, lorsque la fréquence de la répétition est à son maximum, la contraction devient le plus prononcée ; par exemple, *lord* (primitivement *laford*) devient *lud* dans la bouche des avocats ; et, ce qui est encore plus frappant, *God be with you* (Dieu soit avec vous, adieu) devient par coalescence *Good bye*.

Ce n'est pas seulement par le raccourcissement des mots que le langage s'intègre, c'est aussi par la grammaire. Les langues les plus inférieures, qui ne possèdent que des noms et des verbes sans inflexions, ne permettent pas cette union intime des éléments d'une proposition que nous voyons se produire lorsque les relations sont marquées soit par des inflexions, soit par des mots connectifs. Ces langues méritent le nom d'*incohérentes*. La langue chinoise est très incohérente. Si, au lieu de dire : je vais à Londres, les figues viennent *de* Turquie, le soleil brille *à travers* l'air, nous disons : je vais *fin* Londres, les figues *origine* Turquie, le soleil brille *passage* air, nous parlons à la manière des Chinois. Il y a une preuve très claire d'une transition par coalescence de cette forme *aptotique* à une forme dans laquelle les connexions des mots s'expriment par l'addition de certains mots inflexionnels. « Dans la langue des Chinois, remarque M. Latham, les mots séparés les plus employés pour exprimer la relation peuvent devenir des préfixes ou des affixes. »

« Les nombreuses langues inflexionnelles, ajoute-t-il, se partagent en deux classes. Dans l'une, les inflexions ne semblent pas avoir été des mots séparés. Dans l'autre, on peut démontrer qu'elles l'ont été à l'origine. Par suite, les langues *aptotiques* deviennent, par l'emploi de plus en plus constant des compléments, des langues *agglutinées*, ou dans lesquelles on peut découvrir la séparation primitive des parties inflexionnelles ; et de celles-ci, par un nouvel usage, naissent les langues *amalgamées*, où les parties inflexionnelles ne peuvent plus être reconnues. A l'appui de cette conclusion s'offre un fait incontestable : c'est par une opération de coalescence que se sont produites, aux dépens des langues amalgamées, les langues *anaptotiques* dont la langue anglaise est un exemple parfait. Dans ces langues, par l'effet d'une consolidation nouvelle, les inflexions ont presque entièrement disparu, et de nouveaux mots se sont introduits pour exprimer les relations des mots (verbes auxiliaires et prépositions qui modifient le sens des substantifs). Puisque les inflexions anglo-saxonnes se sont perdues peu à peu par contraction pendant le développement de la langue anglaise, et que celles du latin ont disparu, moins complètement sans doute, dans le développement du français, nous ne pouvons pas nier que la construction grammaticale ne soit modifiée par intégration ; et, quand nous voyons si clairement comment l'ingration explique les premiers essais de structure grammaticale, nous ne pouvons pas douter que cette opération n'ait joué un rôle dès le début.

Une autre espèce d'intégration s'effectue en même temps et se règle sur celle-là. Nous venons de voir que les langues aptotiques sont nécessairement incohérentes ; les éléments d'une proposition ne peuvent se lier complètement et former un tout. Mais, à mesure que la coalescence produit des mots infléchis, il devient possible de les unir pour former des phrases dont les éléments contractent une dépendance mutuelle si étroite qu'on n'y peut faire de changement notable sans détruire le sens. Il y a encore un degré de plus dans le progrès de cette concentration. Après la formation de ces formes grammaticales qui rendent possibles les propositions précises, on ne voit pas d'abord qu'elles servent à exprimer autre chose que des propositions d'une espèce simple. Un seul sujet avec un seul attribut accompagnés d'un petit nombre de termes qualificatifs, et c'est tout. Si nous comparons, par exemple, les écritures hébraïques à nos écrits modernes, nous sommes frappés d'y rencontrer une différence marquée d'agrégation entre les groupes de mots. Beaucoup de phrases des écrits modernes nous montrent un degré d'intégration inconnu dans les anciennes, à savoir le nombre des propositions subordonnées, qui accompagnent la proposition principale, les divers compléments des sujets et des attributs, et les nombreuses clauses qualificatives, qui s'unissent pour former un tout complexe.

§ 113. L'histoire de la Science présente à chaque pas des faits de même signification. On peut dire que l'intégration des groupes d'êtres semblables et de relations semblables constitue la partie la plus saillante du progrès scientifique. Il suffit de jeter un coup d'œil sur les sciences de classifications pour nous faire comprendre que les agrégations confuses que fait le vulgaire en groupant les objets de la nature deviennent plus complètes et plus cohérentes, et se lient entre elles en groupes et sous-groupes. Au lieu de considérer toutes les créatures marines comme des poissons écailleux, crustacés, gélatineux, la zoologie établit des divisions et des subdivisions sous les titres de *vertébrés*, *articulés*, *mollusques*, etc.; au lieu de l'assemblage vague et immense désigné vulgairement par le nom de « bêtes qui rampent », elle fait des classes d'Annélides, de Myriapodes, d'Insectes, d'Arachnides, et leur donne une consolidation croissante. Les divers ordres et genres dont chacune de ces classes se compose sont arrangés selon leurs affinités et reliés par des définitions communes; en même temps que, par les progrès de l'observation et d'une critique rigoureuse, les formes auparavant inconnues et indéterminées s'intègrent avec leurs congénères respectives. L'opération d'intégration ne se manifeste pas moins nettement dans les sciences qui ont pour objet non des objets classés, mais des relations classées. A l'un de ses principaux points de vue, le progrès scientifique est le progrès de la généralisation; et généraliser, c'est unir en groupes toutes les coexistences semblables et les séquences semblables de phénomènes. La réunion de plusieurs relations concrètes en une généralisation de l'ordre inférieur en est l'exemple le plus simple; et la réunion des généralisations inférieures en généralisations supérieures, et de celles-ci en généralisations plus élevées encore, nous en offre le plus complexe. Chaque année, on voit établir des relations entre des ordres de phénomènes qui paraissaient n'en avoir aucune; ces relations, en se multipliant et en se confirmant, relient d'un lien commun les ordres qui paraissaient étrangers les uns aux autres. Quand, par exemple, Humboldt cite le dicton suisse : « Il va pleuvoir parce que nous entendons le murmure des torrents plus près de nous, » et fait remarquer la relation qui rapproche ce dicton d'une observation qu'il a faite lui-même, qu'on entend les cataractes de l'Orénoque à une plus grande distance la nuit que le jour; quand il signale l'analogie essentielle de ces faits avec un autre, que la netteté insolite avec laquelle on voit les objets éloignés est aussi une indication de l'imminence de la pluie; enfin, quand il assigne, pour cause commune de ces variations, la résistance moindre que la lumière et le son rencontrent en traversant des milieux comparativement homogènes par leur température ou leur état hygrométrique, il ne fait que comprendre sous une même généralisation les phénomènes de lumière et ceux du son. L'expérience ayant montré que ces deux ordres de phénomènes obéissent aux mêmes lois de réflexion et de réfraction, la conclusion qu'ils sont tous les deux produits par des ondulations gagne en probabilité : et deux grands ordres de phénomènes qui auparavant n'avaient aucune connexion commencent à s'intégrer. Une intégration plus caractérisée vient de s'opérer entre les sous-sciences, auparavant indépendantes, de l'électricité du magnétisme et de la lumière.

L'intégration ira évidemment plus loin. Les propositions que nous avons formulées dans les chapitres précédents, telles que la *Persistance de la Force*, la *Transformation* et l'*Equivalence des Forces*, la *Direction du Mouvement* et le *Rythme du Mouvement*, unissent en un seul faisceau tous les phénomènes de tous les ordres. Enfin, si la Philosophie telle que nous la comprenons est possible, on arrivera nécessairement à une intégration universelle.

§ 114. Les arts industriels et esthétiques ne laissent pas de nous fournir aussi des preuves également décisives. Le progrès qui a remplacé l'outil grossier, petit et simple des premiers temps par de vastes machines est un progrès d'intégration. Parmi les forces qu'on appelle mécaniques, le remplacement du levier par le treuil a été un progrès allant d'un agent simple à un agent composé d'agents simples. En comparant le treuil et d'autres machines employées dans les premiers temps avec celles qui sont en usage aujourd'hui, nous voyons que chaque machine moderne est composée de plusieurs machines primitives rassemblées en une seule. Un métier moderne à filer ou à tisser, ou à faire des bas, ou à faire de la dentelle, ne se compose pas seulement d'un levier, d'une vis, d'un plan incliné, d'un treuil, unis ensemble, mais de plusieurs de ces machines primitives intégrées en un seul organisme. Ajoutons que dans les premiers temps, alors que l'on n'employait que la force de l'homme ou celle du cheval, l'agent moteur n'était pas lié à l'outil qu'il mettait en mouvement ; mais, aujourd'hui, l'agent et l'outil sont bien souvent réunis dans le même appareil. La boîte à feu et la chaudière de la locomotive sont combinées avec le mécanisme que la vapeur met en jeu. On peut voir une intégration encore plus compréhensive dans une manufacture. Nous y trouvons un grand nombre de machines compliquées, toutes reliées par des arbres de couche à la machine à vapeur, toutes unies en un seul appareil.

Quel contraste entre les décorations murales des Egyptiens et des Assyriens et nos peintures historiques ! Preuve manifeste qu'il s'est fait un grand progrès dans l'unité de composition, dans la subordination des parties au tout. Il est vrai que, parmi ces anciennes fresques, il en est qui sont composées de peintures ayant entre elles une légère dépendance. Les diverses figures de chaque groupe montrent très imparfaitement par leur attitudes, et nullement par leur expression, les relations qu'elles ont entre elles : on pourrait séparer les groupes sans rien changer au sens de la peinture ; souvent même, le vrai centre, l'objet de l'intérêt qui unit ensemble toutes les parties, se voit à peine. On retrouve le même caractère dans les tapisseries du moyen âge. Si le sujet est une scène de chasse, les hommes, les animaux, les chevaux, les chiens, les bêtes fauves, les oiseaux, les arbres, les fleurs, sont éparpillés sans ordre : les êtres vivants sont diversement occupés et ne semblent pas se douter qu'il y en a d'autres à côté d'eux. Dans les peintures des temps postérieurs, bien que beaucoup soient très défectueuses, il y a toujours une coordination plus ou moins distincte des parties, un arrangement des attitudes, des expressions, de la lumière et des couleurs qui fait du tableau un tout organique ; et le succès avec lequel le peintre tire, des éléments variés qu'il met en œuvre, une unité d'effet, est la plus grande preuve de son mérite.

Dans la musique, l'intégration progressive a un plus grand nombre de manières de s'opérer. La cadence simple qui ne comprend qu'un petit nombre de notes, reproduites, comme les chants des sauvages, avec monotonie, devient, dans les races civilisées, une longue série de phrases musicales, combinées en un tout ; l'intégration y est si complète que la mélodie ne peut être interrompue au milieu, ou privée de la note finale, sans nous laisser un sentiment désagréable d'une chose inachevée. Si à la mélodie on ajoute une basse, un ténor, un alto, si à l'harmonie des voix différentes on ajoute un accompagnement, on produit une intégration d'un autre ordre, qui devient de plus en plus soignée. Un degré de plus, et les solos complexes, les morceaux concertés, les chœurs et les effets d'orchestre se combinent et produisent l'ensemble grandiose d'un opéra ; on ne doit pas oublier que cette perfection artistique d'un opéra consiste surtout dans la subordination des effets particuliers à l'effet total.

La littérature avec ses œuvres dramatiques et narratives nous offre elle aussi l'exemple d'une intégration analogue. Les contes des temps primitifs, tels que ceux avec lesquels les conteurs de l'Orient amusent encore tous les jours leurs auditeurs, sont formés d'événements successifs qui non seulement ne sont pas naturels, mais qui n'ont pas même de connexion naturelle : ce ne sont que des aventures rassemblées dans un ordre qui n'a rien de nécessaire. Mais, aujourd'hui, dans les bons ouvrages d'imagination, les événements sont les produits des caractères agissant sous des conditions données, et l'on ne peut en changer l'ordre ou la nature sans porter atteinte à l'effet général ou sans le détruire. En outre, dans les fictions primitives, les personnages jouaient leur rôle respectif sans montrer que leurs idées et leurs sentiments fussent modifiés par les autres personnages ou par les événements ; maintenant ils sont unis par des relations morales complexes ; ils agissent et réagissent les uns sur les autres.

§ 115. L'évolution est donc, au premier point de vue sous lequel nous l'étudions, un changement partant d'une forme moins cohérente pour aller à une forme plus cohérente, par suite de la dissipation du mouvement et de l'intégration de la matière. C'est la marche universelle que suivent les existences sensibles, individuellement et dans leur ensemble, durant la période ascendante de leur histoire. Tels sont les caractères des premiers changements que l'univers a dû traverser, comme aussi des derniers changements opérés dans la société et les produits de la vie sociale. Partout, l'unification marche simultanément dans diverses voies.

Durant l'évolution du système solaire, d'une planète, d'un organisme, d'une nation, il se fait toujours une agrégation progressive de la masse entière. Deux faits isolés ou unis le prouvent : la densité de la matière déjà contenue dans la masse s'accroît, et la matière qui en était autrefois séparée y est attirée. Mais dans tous les cas, l'agrégation implique une perte de mouvement relatif. En même temps, les parties provenant de la division de la masse se consolident chacune de la même manière. Nous en voyons un exemple dans la formation des planètes et des satellites qui s'est opérée pendant la concentration de la nébuleuse qui a donné naissance au système solaire; nous en voyons un autre exemple dans l'accroissement des organes distincts qui marchent *pari passu* avec la croissance de l'organisme entier; un autre dans l'apparition de centres industriels spéciaux et de masses spéciales de population qui accompagnent l'apparition de chaque société. A côté de l'intégration générale, il se fait une intégration plus ou moins locale. Alors, non seulement la juxtaposition des composants de l'ensemble devient plus serrée, comme aussi celle des composants de chaque partie, mais la combinaison des parties qui les rend plus dépendantes les unes des autres devient plus étroite. Faiblement esquissée dans les êtres inorganiques célestes et terrestres, cette dépendance mutuelle devient distincte dans les êtres organiques et super-organiques. Depuis les formes vivantes les plus inférieures jusqu'aux plus élevées, le degré de développement est marqué par le degré d'agrégation des parties qui constituent un assemblage coopératif. Le progrès qu'on observe en allant de ces créatures qui continuent à vivre après qu'on les a coupées en morceaux, jusqu'à celles qui ne peuvent perdre une partie importante sans périr, et une partie quelconque même peu considérable sans souffrir de grands troubles dans leur constitution, est un progrès où à chaque pas on rencontre des créatures qui, plus intégrées au point de vue de leur concentration, sont aussi plus intégrées en ce qu'elles se composent de parties qui vivent pour toutes les autres et par elles. Nous n'avons pas besoin de montrer en détail le même contraste entre les sociétés non développées et celles qui le sont; partout la coordination toujours croissante des parties se manifeste avec évidence. Pour montrer qu'il en est de même des produits sociaux, un exemple suffit: la Science est devenue plus intégrée, non seulement parce que chaque division se compose de théorèmes mutuellement dépendants, mais parce que les diverses divisions sont mutuellement dépendantes, c'est-à-dire qu'elles ne peuvent étendre leurs recherches propres sans le secours des autres.

CHAPITRE XV

LA LOI D'ÉVOLUTION (SUITE)

§ 116. A côté des changements dont nous venons de nous occuper, il s'en opère d'autres d'une grande intensité et d'une grande diversité, qui ont été complètement méconnus jusqu'ici ou qui n'ont pas été reconnus ouvertement. Nous avons dit que l'intégration de chaque tout se fait en même temps que l'intégration de chacune des parties dont le tout se compose. Mais comment chaque tout en vient-il à se diviser en parties ? Voilà une transformation plus remarquable que celle du passage du tout d'un état incohérent à un état cohérent; et une formule qui n'en dit rien néglige plus de la moitié de ce qu'elle doit exprimer.

C'est de cette partie que nous allons nous occuper. Nous consacrerons ce chapitre aux redistributions secondaires de matière et de mouvement qui accompagnent la redistribution primaire. Nous avons vu que si, dans des agrégats très incohérents, les redistributions secondaires ne produisent que des résultats éphémères, il en est autrement dans les agrégats qui occupent une place moyenne, qui ne sont ni très incohérents ni très cohérents; les résultats de la redistribution secondaire sont dans ces cas plus permanents : ce sont des modifications de structure. Quelle est l'expression universelle de ces modifications de structure ? C'est ce que nous allons rechercher.

Le titre *Évolution composée* renfermait déjà une réponse. Déjà, en appelant évolution simple l'intégration de la matière et la dissipation du mouvement qui ne s'accompagne pas de redistributions secondaires, nous avons tacitement affirmé que la complexité se produit quand les redistributions secondaires se présentent. Évidemment, si, tandis qu'il s'est opéré une transformation de l'incohérent au cohérent, il s'est fait d'autres transformations, la masse, au lieu de rester uniforme, a dû devenir multiforme. La proposition est identique. Dire que la redistribution primaire s'accompagne de redistributions secondaires, c'est dire qu'à côté des changements allant d'un état diffus à un état concentré il se fait un changement allant d'un état homogène à un état hétérogène. En même temps que les composants de la masse s'intègrent, ils se différencient [1].

C'est le second point de vue de l'évolution. De même que dans le dernier chapitre nous avons considéré des êtres de tous les ordres dans leur intégration progressive, de même, dans le chapitre présent, nous allons les considérer dans leur différenciation progressive.

§ 117. Les contrastes qui indiquent une opération agrégative dans toute l'étendue du système solaire, supposent qu'une diversité de structure s'y établit aussi d'une manière croissante. Nous avons des nébuleuses diffuses et irrégulières, d'autres en forme de spirale, annulaires, sphériques, etc. Nous avons des groupes d'étoiles dont les membres sont éparpillés, et d'autres qui présentent tous les degrés de concentration jusqu'à former des groupes globulaires étroitement serrés. Nous en trouvons qui diffèrent par le nombre de leurs étoiles, depuis ceux qui en contiennent plusieurs milliers jusqu'à ceux qui n'en ont que deux. Il y a entre les grandeurs des étoiles d'énormes différences, réelles aussi bien qu'apparentes ; les étoiles n'ont pas toutes la même couleur, elles ne donnent pas toutes les mêmes spectres, et l'on peut admettre qu'elles offrent beaucoup de différences dans leur état physique. Outre ces hétérogénéités de détail, il y en a de générales. Dans quelques régions du ciel, il y a beaucoup de nébuleuses ; dans d'autres, il n'y a que des étoiles.

---

1. Il faut comprendre ces termes dans leur sens relatif. Puisque nous ne savons rien de la diffusion absolue ni de la concentration absolue, le changement d'un état plus diffus, à un état moins diffus, c'est-à-dire d'une cohérence moindre à une plus grande, et, pareillement, comme nulle existence concrète ne nous offre une simplicité absolue, que rien n'est absolument uniforme, que nous ne trouvons jamais d'homogénéité complète, la transformation se fait toujours dans le sens de la plus grande complexité ou de la multiformité croissante, ou d'une hétérogénéité plus avancée. Il faut que le lecteur se rappelle que ces termes n'ont qu'un sens relatif.

Ici, les espaces célestes sont presque vides ; là se pressent les nébuleuses et les étoiles.

La substance du système solaire est devenue plus multiforme durant sa concentration. Le sphéroïde gazeux en voie d'agrégation a subi des différenciations de plus en plus nombreuses et tranchées par l'effet de la dissipation de son mouvement latent, de la différence toujours plus grande qui s'est établie entre la densité et la température de son intérieur et celles de son extérieur, et enfin des pertes répétées de substance qui résultent de l'abandon dans l'espace d'anneaux de matière, jusqu'au moment où le groupe organisé tel qu'il existe, composé du soleil, des planètes et de leurs satellites, s'est trouvé constitué. L'hétérogénéité de ce groupe se manifeste par des contrastes divers. Il y a des contrastes immenses entre le soleil et les planètes pour le poids et le volume ; il y a aussi des contrastes secondaires entre les planètes, et entre les planètes et leurs satellites. Il y a encore un contraste entre le soleil et les planètes, celui de la température ; et il y a lieu de croire que les planètes et leurs satellites diffèrent les uns des autres par leur chaleur propre aussi bien que par la chaleur que le soleil leur envoie. Rappelons-nous que les orbites et les axes des planètes n'ont pas la même inclinaison, qu'elles n'ont pas la même pesanteur spécifique, et nous nous ferons une idée de la complexité qui s'est développée dans le système solaire par les redistributions secondaires qui ont accompagné la redistribution primaire.

§ 118. Laissons cet exemple hypothétique, qui doit être pris pour ce qu'il vaut, sans préjudice pour la thèse générale, et arrivons à un ordre de preuves moins exposé aux objections.

Il est généralement admis aujourd'hui, parmi les géologues, que la Terre a été autrefois une masse de matière en fusion, et que ses parties intérieures sont encore fluides et incandescentes. Elle avait donc originellement une consistance relativement homogène, et elle devait aussi avoir une température homogène, à cause des courants qui s'établissent dans les fluides chauffés. Elle doit aussi avoir été entourée par une atmosphère composée en partie des éléments de l'air et de l'eau, et en partie des autres éléments qui prennent la forme gazeuse à une haute température. Ce refroidissement par rayonnement, qui était dans le principe bien plus rapide qu'à présent, n'en a pas moins demandé nécessairement un temps immense pour produire un changement notable ; il a dû produire à la longue une différenciation entre la masse et la partie la plus susceptible de perdre sa chaleur, à savoir la surface. Un nouveau refroidissement amenant le dépôt de tous les éléments solidifiables contenus dans l'atmosphère, et finalement la précipitation de l'eau et la séparation de ce fluide d'avec l'air, doit avoir produit une seconde différenciation marquée; et comme la condensation doit avoir commencé sur les parties les plus froides de la surface, à savoir autour des pôles, il a dû en résulter des distinctions géographiques.

A ces exemples d'une hétérogénéité croissante, qui, bien que déduits des lois de la matière, peuvent être à la rigueur considérés comme hypothétiques, la géologie ajoute une série nombreuse de faits constatés inductivement. La structure de la Terre est devenue plus complète d'âge en âge par la multiplication des couches qui forment sa croûte, elle est devenue aussi d'âge en âge plus compliquée par la complexité des combinaisons qui composent les couches : les plus récentes, en effet, formées des détritus des anciennes, sont pour la plupart très compliquées par le mélange de leurs matériaux. Cette hétérogénéité s'est énormément accrue par l'action du noyau encore en fusion sur son enveloppe; d'où proviennent non seulement une grande diversité de roches ignées, mais le redressement des couches de sédiment sous toute espèce d'angles, la production de failles, de veines métalliques et d'une variété infinie de dislocations et d'irrégularités. En outre, les géologues nous apprennent que la surface de la Terre est devenue de plus en plus inégale, que les plus anciens systèmes de montagnes sont les plus bas, et que les Andes et l'Himalaya sont les plus modernes; de plus, il est très probable que des changements correspondants se sont produits dans le lit de l'Océan. Nous trouvons que cette multiplication incessante des différences a eu pour conséquence qu'aucune des parties de la surface émergée du globe n'est semblable à une autre partie par son contour, sa structure géologique ou sa composition chimique, et que presque partout la surface change de place en place par tous ses caractères.

En même temps, il s'est fait une différenciation graduelle des climats; à mesure que la Terre se refroidissait et que sa croûte se solidifiait, la température devenait inégale entre les parties de sa surface les plus exposées au soleil et celles qui l'étaient moins. C'est ainsi qu'avec le temps s'établissent des contrastes entre les régions couvertes perpétuellement de glace et de neige, celles où l'hiver et l'été règnent tour à tour durant des périodes qui varient selon la latitude, et d'autres où l'été suit l'hiver presque sans variation appréciable. En outre, les exhaussements et les dépressions survenus çà et là sur la croûte du globe, en produisant une distribution irrégulière des continents et des mers, ont introduit des modifications climatériques nouvelles qui se sont ajoutées à celles qui dépendent de la latitude; d'autres modifications de même nature résultent de l'augmentation des différences de hauteur des terres, qui font régner en divers lieux des climats arctiques, tempérés ou tropicaux à quelques milles l'un de l'autre. Comme résultats généraux de ces changements, toute région étendue a ses conditions météorologiques propres, et chaque localité de chaque région diffère plus ou moins des autres dans ces conditions : par exemple par la structure, les contours et le sol.

Nous voyons donc qu'il y a un contraste assez frappant entre notre Terre telle qu'elle existe, dont la croûte présente des phénomènes qui n'ont pas encore été tous énumérés par les géographes, les géologues, les minéralogistes, les météorologistes, et le globe en fusion dont elle est sortie par évolution.

§ 119. Les exemples les plus clairs, les plus nombreux et les plus variés de la multiformité croissante qui accompagne le progrès de l'intégration, sont fournis par les corps organisés vivants. Ces corps se distinguent, ainsi que nous l'avons vu, par la grande quantité de mouvement qu'ils conservent à l'état latent; aussi présentent-ils au plus haut degré les redistributions secondaires que le mouvement latent facilite. L'histoire d'une plante et celle d'un animal, en nous racontant comment leur volume s'accroît, nous racontent aussi comment leurs parties deviennent en même temps plus différentes. Cette transformation a plusieurs aspects.

La composition chimique est presque uniforme dans la substance d'un germe végétal ou animal; peu à peu, elle cesse de l'être. Les divers composés azotés ou non azotés, d'abord mêlés d'une façon homogène, se séparent graduellement, s'accumulent en certains points en proportions différentes et produisent, par transformation ou modification, de nouvelles combinaisons. Dans les plantes, les substances amylacées et albumineuses qui composent l'embryon donnent naissance ici à une plus grande quantité de cellulose, là à une plus grande quantité de chlorophylle. Sur les parties qui vont devenir les surfaces des feuilles, certains matériaux se métamorphosent en cire. Ici, l'amidon se transforme en un composé, son équivalent isomérique, le sucre ; et là en un autre équivalent isomérique, la gomme. Par un changement secondaire, une partie de la cellulose se transforme en bois ; une autre en une substance analogue qui, en grandes masses, forme l'écorce. Les composés plus nombreux qui se forment ainsi commencent à contracter de nouvelles différences en se mêlant en proportions dissemblables. Un œuf animal dont les éléments sont dans le principe pareillement diffus et mêlés se transforme chimiquement de même manière. La protéine, la graisse, les sels qui le composent se groupent en proportions différentes sur les divers points, et la multiplication des formes isomériques amène de nouveaux mélanges, de nouvelles combinaisons qui constituent un grand nombre de distinctions moins importantes. Ici, une masse obscurcie par une accumulation d'hématine se dissout en sang ; là, l'union de substances grasses et albumineuses compose le tissu nerveux. En un point, les substances azotées revêtent la forme du cartilage ; et, en un autre, les sels calcaires, s'amassant dans le cartilage, y posent le fondement de l'os. Toutes ces différenciations chimiques deviennent lentement et insensiblement plus marquées et plus multipliées.

En même temps, il se fait des contrastes de fine structure. Des tissus distincts prennent la place d'une substance qui ne présentait autrefois aucune différence de parties, et chaque tissu primitif produit des modifications secondaires qui donnent lieu à des sous-espèces de tissus. Le protoplasme granuleux du germe végétal et celui qui forme le point de développement d'un bourgeon donnent naissance à des cellules semblables au premier abord. Quelques-unes, en grandissant, s'aplatissent et s'unissent par leurs bords pour former la couche externe. D'autres s'allongent beaucoup et en même temps se réunissent en faisceaux, premiers fondements de la fibre ligneuse. Quelques-unes, avant de commencer à s'allonger, cessent de s'incruster à l'intérieur, en sorte que pendant l'allongement le dépôt déjà formé prend la forme d'une spirale, d'un réseau, d'une série d'anneaux ; puis des vaisseaux se forment par la soudure de cellules rangées en ligne. En attendant, chacun de ces tissus différenciés se différencie de nouveau : par exemple, la partie essentielle de la feuille, la chlorophylle, s'unit en paquets serrés à la couche supérieure, tandis qu'elle prend à la couche inférieure une consistance spongieuse. Des transformations analogues s'opèrent dans l'œuf fécondé. C'est d'abord un amas de cellules similaires qui atteint rapidement la période où elles deviennent dissimilaires. Une scission plus fréquemment répétée des cellules superficielles, par suite un volume moindre pour chaque cellule, et plus tard l'union des cellules pour former une couche externe, voilà la première différenciation ; puis le milieu de cette couche devient différent du reste par une opération analogue encore plus active. C'est par ces modifications accumulées, trop nombreuses pour qu'on puisse les énumérer ici, que se forment des classes et des sous-classes de tissus qui, diversement combinés, composent les organes.

Les changements de la configuration de l'organisme entier et de celle des organes se conforment également à la loi. Tous les germes sont d'abord des sphères, et tous les organes sont d'abord des boutons ou de simples bouquets arrondis. C'est du sein de cette uniformité et de cette simplicité primordiale que part la divergence tant des touts que des parties principales vers la multiformité et la complexité de contour. Quand on coupe les feuilles jeunes, étroitement serrées qui terminent un bourgeon, on voit que le noyau qui les porte est un bouton central qui supporte des boutons latéraux, dont un peut se développer sous forme de feuille, de sépale, de pétale, d'étamine, de carpelle. Toutes ces parties devenues définitivement dissemblables ont été semblables. Les bourgeons eux-mêmes s'écartent de leur uniformité primitive de figure, et, tandis que chaque branche devient plus ou moins différente, la partie aérienne de la plante devient différente de celle qui est engagée dans la terre. Il en est de même des organes des animaux. Un articulé par exemple a les membres originellement confondus les uns avec les autres, composant une série homogène ; mais, par l'effet de divergences continues, il se produit entre ces membres des différences de forme et de volume, comme celles que nous voyons dans le crabe et le homard. Les vertébrés fournissent aussi un exemple de cette ressemblance primitive. Les ailes et les jambes d'un oiseau ont la même forme, quand elles bourgeonnent sur les côtés de l'embryon.

Ainsi, dans chaque plante, chaque animal, des redistributions secondaires remarquables accompagnent la redistribution primaire. C'est d'abord une différence entre deux parties ; puis de nouvelles différences qui se dessinent dans chacune de ces parties aussi nettement que la première ; puis les différences s'accroissent en progression géométrique, jusqu'à ce que le degré complexe de combinaison qui constitue l'adulte soit atteint. C'est l'histoire de tous les êtres vivants, quels qu'ils soient. Reprenant une idée émise par Harvey, Volff et Baer ont démontré que pendant son évolution tout organisme passe d'un état d'homogénéité à un état d'hétérogénéité. Il y a une génération que les physiologistes ont accepté cette vérité [1].

§ 120. Si nous passons des divers animaux vivants à la vie en général, et que nous demandions si la même loi se retrouve dans l'ensemble de ses manifestations, si les plantes et les animaux modernes sont plus hétérogènes que les anciens, et si la flore et la faune présentes sont plus hétérogènes que les flores et les faunes passées, nous ne trouvons que des lambeaux de preuve, et la conclusion reste sujette à contestation. Les deux tiers de la surface du globe sont couverts d'eau; une grande partie du sol à nu est inaccessible, ou n'a pas été explorée par les géologues; la plus grande partie de ce qui reste n'a guère

---

1. C'est en 1852 que j'ai connu la manière dont Baer exprimait ce principe général. L'universalité de la loi a toujours été pour moi un postulat emportant avec lui la croyance correspondante, tacite sinon avouée, à l'unité de procédé dans toute la nature. La proposition que toute plante et tout animal, originellement homogènes, deviennent graduellement hétérogènes, établit une coordination dans une foule d'idées non organisées, ou imparfaitement organisées. Il est vrai que, dans ma *Statique sociale* (part. IV, § 12-16), écrite avant que j'eusse connaissance de la formule de Baer, je faisais consister le développement d'un organisme individuel et celui de l'organisme social dans un progrès allant de la simplicité à la complexité, de parties semblables indépendantes à des parties dissemblables mutuellement dépendantes, d'après une analogie qui se trouve au fond des idées de Milne Edwards sur la *division du travail physiologique*. Mais, si la formule de Milne Edwards peut s'appliquer aux phénomènes super-organiques, elle est trop spéciale pour exprimer les phénomènes inorganiques. Le service rendu par la formule de Baer vient de ce qu'elle est bien plus générale, puisque ce n'est que lorsque les transformations organiques ont trouvé leur formule la plus générale, qu'on peut voir ce qu'elles ont de commun avec les transformations inorganiques. La première expression systématique de l'idée que l'opération de transformation qui se fait dans tout organisme en voie de développement, se fait aussi dans toutes les choses, se trouve dans un essai sur *le Progrès, sa loi et sa cause*, que j'ai publié dans *The Westminster Review*, avril 1857. Le présent chapitre reproduit la substance et une partie de la forme de cet essai. Mais je dois dire que j'y commettais une erreur que j'ai répétée dans la première édition de cet ouvrage : je supposais que la transformation de l'homogène en hétérogène constitue l'évolution; nous venons de voir que cette transformation constitue la redistribution secondaire qui accompagn la redistribution primaire dans l'évolution dite composée, ou plutôt que, comme nous le voyons maintenant, elle constitue la partie la plus remarquable de cette redistribution secondaire.

obtenu qu'un regard; et l'on peut dire que les parties les mieux connues, telles que l'Angleterre, a été si mal étudiée qu'on a pu en quelques années ajouter à sa structure une nouvelle série de couches; il nous est donc impossible de dire avec certitude quelles créatures ont existé, et quelles n'ont pas existé, à une période donnée. Si nous considérons que beaucoup de formes organiques inférieures sont très faciles à détruire, que beaucoup de couches de sédiment ont été métamorphosées, et que celles qui ne l'ont pas été présentent des lacunes, nous aurons de nouvelles raisons de nous méfier de nos déductions. Nous savons, d'une part, qu'on a à plusieurs reprises découvert des restes de vertébrés dans des couches qu'on croyait n'en pas contenir, des restes de reptiles où l'on pensait ne rencontrer que des poissons, des restes de mammifères où l'on estimait qu'il n'y avait pas de créatures supérieures aux reptiles : ce qui démontre tous les jours le peu de valeur de la preuve négative. Nous voyons, d'autre part, l'hypothèse que nous avons découvert les restes organiques de la première époque de la vie, ou quelque chose d'approchant, perdre pareillement toute valeur. On ne peut plus nier que les plus anciennes formations aqueuses connues ont été considérablement modifiées par l'action ignée, et que des formations plus vieilles encore ont été totalement métamorphosées. Du moment que nous admettons que des couches sédimentaires plus anciennes que les plus anciennes connues ont été fondues, il faut admettre qu'il est impossible de dire combien de temps s'est écoulé depuis la destruction de ces couches sédimentaires. Donc, évidemment, donner aux couches fossilifères les plus anciennes connues le nom de *paléozoïques*, c'est commettre une *pétition de principe;* et nous avons lieu de penser, au contraire, que les derniers chapitres de l'histoire biologique de la Terre nous sont seuls parvenus.

De tous les faits épars que nous recueillons, on ne peut tirer que des conclusions très contestables. Un partisan du développement progressif des formes animales, s'appuyant sur l'ensemble des faits, peut prétendre que les restes de vertébrés les plus anciens connus sont ceux des poissons, les plus homogènes des vertébrés; que les reptiles, qui sont plus hétérogènes, ne viennent que plus tard; et que les mammifères et les oiseaux, plus hétérogènes encore, sont les derniers venus. Mais on peut lui répondre que les dépôts paléozoïques, ne s'étant pas faits dans des estuaires, ne doivent pas contenir de restes de vertébrés terrestres, bien qu'il pût en exister à cette époque. On peut faire la même réponse à ceux qui soutiennent que la faune vertébrée de la période paléozoïque, composée, d'après nos connaissances, entièrement de poissons, était moins hétérogène que la faune vertébrée moderne, composée d'un grand nombre de genres de reptiles, de poissons, de mammifères; ou bien les partisans de l'uniformité des types peuvent soutenir, avec une grande apparence de vérité, que, si les dernières époques géologiques paraissent posséder des formes supérieures et plus variées, elles ne le doivent qu'à une immigration progressive. Ils peuvent dire qu'un continent, soulevé hors de l'Océan, loin des continents préexistants, se peuplerait nécessairement à leurs dépens en suivant l'ordre que présentent nos couches. Les arguments pour et contre sont aussi peu concluants les uns que les autres. Pour montrer qu'une évolution de formes organiques plus homogènes à des formes plus hétérogènes n'a pas pu se produire, le partisan de l'uniformité signale les lacunes qui rompent la série de ces formes; mais il suffit de lui répondre que les changements géologiques actuels nous montrent pourquoi ces lacunes doivent exister, et pourquoi, par l'effet de dépressions et d'élévations d'une grande étendue, de graves lacunes, telles que celles qui coupent les grandes époques géologiques, ont dû se produire. Si l'adversaire de la théorie du développement cite les faits publiés par M. Huxley dans sa leçon sur les *Types persistants*; s'il fait remarquer que, sur environ deux cents ordres de plantes connus, aucun n'est exclusivement fossile, tandis que, chez les animaux, il n'y a pas une seule classe totalement éteinte, et que, dans les ordres d'animaux fossiles, il n'y en a pas plus de sept pour cent qui ne sont pas représentés dans la faune actuelle; s'il soutient que, parmi ces ordres, il en est qui ont duré depuis l'époque silurienne jusqu'à la nôtre, sans subir un changement, et s'il en conclut que la ressemblance entre les formes vivantes du passé et les formes vivantes du présent est beaucoup plus grande que ne le comporte l'hypothèse du développement, on peut lui répondre victorieusement avec un fait sur lequel M. Huxley insiste, à savoir que nous avons la preuve qu'il y a eu une *époque pré-géologique* dont la durée nous est inconnue. Quand on se rappelle que les énormes affaissements de la période silurienne prouvent que la croûte du globe était alors à peu près aussi épaisse qu'aujourd'hui; quand on en conclut que le temps nécessaire pour que cette épaisseur pût se former a dû être immense comparé avec celui qui s'est écoulé depuis, quand on suppose, ce qui doit avoir eu lieu, que durant cette période immense les changements géologiques et biologiques se sont opérés régulièrement, on s'assure non seulement que les témoins paléontologiques que nous trouvons ne démentent pas la théorie de l'évolution, mais qu'ils sont tels qu'on pouvait raisonnablement s'y attendre.

En outre, il ne faut pas oublier que, bien que les faits n'autorisent ni l'affirmation ni la négation, les plus remarquables portent pourtant à croire que les organismes et les groupes d'organismes plus hétérogènes sont le développement de groupes moins hétérogènes. L'un de ces faits, c'est que les fossiles des couches contiguës sont à peu près de même type, et surtout que les derniers fossiles tertiaires sont du même type que les animaux d'aujourd'hui. Un autre fait, c'est la découverte du Paléothérium et de l'Anaplothérium, qui, d'après le professeur Owen, ont un type de structure intermédiaire à certains types actuels. Il y a encore un troisième fait dont la signification est encore plus grande : c'est l'apparition relativement récente de l'homme. Par conséquent, nous pouvons dire que si nous connaissons trop peu l'histoire de la vie sur la terre pour avoir le droit d'affirmer une évolution du simple au complexe, soit dans les formes individuelles, soit dans les agrégats de formes, ce que nous savons non seulement nous autorise à croire que cette évolution s'est opérée, mais s'accorde mieux avec cette croyance qu'avec toute autre.

§ 121. Que l'histoire biologique du globe manifeste ou non une marche de l'homogène à l'hétérogène, le progrès de la dernière créature, la plus hétérogène de toutes, l'Homme, en est un exemple assez frappant. Il est également vrai que, durant la période pendant laquelle la Terre s'est peuplée, l'organisme humain est devenu plus hétérogène dans les subdivisions civilisées de l'espèce, et que l'espèce considérée dans son ensemble est devenue plus hétérogène par la multiplication et la différenciation des races. A l'appui de la première proposition, nous pouvons citer un fait : c'est que, dans le développement relatif des membres, l'homme civilisé s'écarte plus largement du type général des mammifères monodelphes, que ne font les races inférieures. Le Papou a le corps et les bras très bien développés, mais ses jambes sont très courtes : il nous rappelle les quadrumanes dont les membres de derrière ne diffèrent guère de volume avec ceux de devant. Chez l'Européen, au contraire, les jambes ont pris une longueur et une grosseur bien plus marquées, les membres de devant et ceux de derrière sont relativement plus hétérogènes. De plus, nous avons un nouvel exemple de cette vérité dans le rapport des os du crâne à ceux de la face. Chez les vertébrés en général, le caractère du développement est l'hétérogénéité croissante de la colonne vertébrale, et plus particulièrement des segments qui composent le crâne : en effet, ce qui distingue les classes supérieures, c'est le volume relativement plus grand des os qui recouvrent le cerveau, et celui relativement plus faible des os qui forment les mâchoires, etc. Ce caractère, plus marqué chez l'homme que chez tout autre animal, l'est plus chez l'Européen que chez le sauvage. De plus, à en juger par l'étendue et la variété plus grande des facultés que présente le système nerveux, on peut conclure que l'homme civilisé a un système nerveux plus compliqué et plus hétérogène que l'homme incivilisé : ce que démontre l'augmentation du rapport de son cerveau avec les ganglions subjacents [1]. S'il fallait de nouveaux exemples, nous les trouverions chez les enfants. L'enfant de l'Européen a bien des points de ressemblance avec les races humaines inférieures : par exemple, l'aplatissement des ailes du nez, la dépression du dos du nez, l'écartement et la dilatation des narines, la forme des lèvres, l'absence du sinus frontal, la distance des yeux, et le petit volume des jambes. Le développement qui transforme ces traits en ceux de l'Européen adulte est une continuation du changement de l'homogène à l'hétérogène qui se manifeste pendant l'évolution de l'embryon; tous les physiologistes le reconnaissent. Il en résulte que le développement qui a changé les traits des sauvages en traits des races civilisées est aussi une continuation du changement de l'homogène à l'hétérogène. La vérité de la seconde proposition, que l'humanité dans son ensemble est devenue plus hétérogène, est trop évidente pour avoir besoin d'illustration. Il n'y a pas d'ouvrage d'ethnologie qui ne lui rende hommage par ses divisions et ses subdivisions. Lors même que nous admettrions l'hypothèse que l'humanité est sortie de plusieurs souches distinctes, il serait encore vrai, la philologie le prouve, que des tribus, différentes aujourd'hui, sont sorties de la même souche; et que la race dans son en-

---

1. Par ces mots, l'auteur comprend non seulement les corps striés, les couches optiques, mais *tous* les centres moins volumineux situés au-dessous du cerveau, tels que ceux de la moelle allongée. (*Trad.*)

semble est beaucoup moins homogène qu'elle n'était autrefois. Ajoutez à cela que nous avons dans les Anglo-Américains la preuve d'une variété nouvelle formée en quelques générations, et que, si nous en croyons les récits de certains observateurs, nous en aurons bientôt une nouvelle en Australie.

§ 122. Si, de l'humanité considérée dans ses formes individuelles, nous passons à l'humanité incarnée dans la société, nous trouvons des exemples encore plus nombreux de la loi générale. Le changement de l'homogène à l'hétérogène se manifeste aussi bien dans le progrès de la civilisation considérée comme tout, que dans le progrès de chaque tribu ou nation; et il s'opère encore aujourd'hui avec une rapidité croissante.

Ainsi que nous le montrent les tribus barbares, la société dans sa forme primitive et inférieure est une agrégation homogène d'individus qui ont des facultés semblables et des fonctions semblables; la seule différence tranchée de fonctions est celle qui accompagne la différence de sexe. Tout homme est guerrier, chasseur, pêcheur, fabricant d'outils, maçon; toutes les femmes sont soumises aux mêmes labeurs; chaque famille se suffit à elle-même et pourrait vivre isolée des autres, si elle n'avait à attaquer ou à se défendre. Cependant nous trouvons de très bonne heure, dans l'évolution sociale, un commencement de différenciation entre les gouvernants et les gouvernés. Il semble que le premier progrès qui a groupé des familles errantes en tribus nomades soit marqué par l'apparition d'une sorte de fonction de commandement. L'autorité du plus fort s'impose à un corps de sauvages, comme dans une troupe d'animaux où une bande d'écoliers. D'abord elle est vague, incertaine; elle est partagée par d'autres individus qui jouissent d'une force peu inférieure, et elle n'entraîne pas de différences dans les occupations ou la manière de vivre : le premier chef tue lui-même son gibier, fabrique ses armes, bâtit sa hutte, et ne diffère en rien, au point de vue économique, des autres membres de la tribu. Peu à peu, à mesure que la tribu marche dans la voie du progrès, le contraste entre les gouvernants et les gouvernés paraît plus tranché. Le pouvoir suprême devient héréditaire dans une famille; le chef de cette famille cesse de pourvoir à ses propres besoins; il est servi par d'autres membres de la tribu, et il commence à ne s'occuper que de gouvernement. En même temps, il se forme une autre espèce de gouvernement, coordonnée avec la première, le gouvernement de la Religion. Tous les anciens témoignages, toutes les traditions prouvent que les premiers chefs étaient regardés comme des personnages divins. Les lois et les ordres qu'ils avaient donnés pendant leur vie étaient regardés comme sacrés après leur mort, et leurs successeurs, désormais considérés comme issus d'une origine divine, prêtaient à ces lois l'appui de leur puissance nouvelle; ceux-ci, à leur tour, étaient promus au panthéon de la race, pour y recevoir les adorations et les prières à côté de leurs prédécesseurs. Le plus ancien de ces chefs-dieux fut le dieu suprême, les autres furent des dieux subordonnés. Pendant des siècles, ces formes de gouvernement nées en même temps, le pouvoir civil et le pouvoir religieux, restèrent étroitement unies. Durant une longue suite de générations, le roi continua à être le souverain-pontife, et le clergé se recruta dans la famille royale. Pendant longtemps, la loi religieuse contint plus ou moins de règlements civils, et la loi civile reçut de la religion plus ou moins de sanction. Longtemps même chez les nations les plus avancées, ces deux puissances, qui doivent se servir mutuellement de frein, ne furent pas séparées d'une manière absolue.

Il y a un autre pouvoir qui procède de la même origine que les deux autres et qui s'en est écarté peu à peu : c'est celui des manières et des usages d'étiquette. Tous les titres d'honneur sont dans l'origine les noms du roi-dieu; puis de Dieu et du roi; plus tard encore, des personnes d'un rang élevé; et enfin quelques-uns sont devenus usités d'homme à homme. Toutes les formes de compliment étaient d'abord des expressions de soumission de prisonniers à leur vainqueur, ou de sujets à leur maître, humain ou divin; plus tard, on se servit de ces expressions pour se concilier les autorités subalternes, et l'on en vint à les employer peu à peu dans les relations ordinaires. Tous les modes de salutation étaient autrefois des inclinations devant le monarque et constituaient une forme de culte qu'on lui rendait après sa mort. Puis on salua de même les autres membres de la race divine, et peu à peu certaines salutations appartinrent de droit à tout le monde [1]. Ainsi, dès que la masse sociale originellement homogène se différencie et présente des gouvernants et gouvernés, les premiers se différencient de leur côté en religieux et séculiers, l'Église et l'État se constituent; et en même temps

---

1. On trouvera le détail de ces affirmations dans un essai intitulé *Manners and Fashion*.

une nouvelle espèce de gouvernement, plus vague, qui règle nos relations quotidiennes, se différencie des deux autres, non sans s'incarner à sa façon, comme nous le voyons dans les institutions héraldiques. Chacune de ces espèces de gouvernement est elle-même sujette à des différenciations successives. Dans le cours des siècles, il s'est développé, en Angleterre, par exemple, une organisation politique très complexe composée d'un monarque, de ministres, de lords et de communes, avec les départements administratifs subordonnés, les cours de justice, le trésor public, etc., et dans les provinces, les administrations de communes, de comtés, de paroisses ou d'associations, toutes plus ou moins compliquées. A côté s'élève une organisation religieuse très compliquée, avec ses fonctionnaires de tous grades, depuis les archevêques jusqu'aux sacristains, ses collèges, ses convocations, ses cours ecclésiastiques, etc.; et il faut compter aussi les sectes de jour en jour plus nombreuses, qui toutes ont leurs autorités générales et locales. En même temps, il se développe un système très complexe de coutumes, de manières, de modes temporaires imposées par la société tout entière, et servant à régler les transactions de moindre importance qui s'effectuent d'homme à homme en dehors de la sanction religieuse ou civile. De plus, il faut observer que cette hétérogénéité toujours croissante dans les fonctions gouvernementales de chaque nation s'accompagne d'une hétérogénéité croissante dans les fonctions gouvernementales des diverses nations; toutes les nations en effet sont plus ou moins différentes par leur système de politique et de législation, par leurs croyances et leurs institutions religieuses, par les coutumes et les usages de cérémonies auxquelles elles se soumettent.

En même temps, il s'est fait une seconde différenciation d'une espèce particulière : à savoir celle qui a séparé la masse de la société en classes ou ordres de travailleurs. Tandis que la classe gouvernante subissait le développement complexe dont nous venons de donner le détail, la classe gouvernée en subissait un également complexe qui avait pour résultat la division minutieuse du travail que l'on admire chez les nations civilisées. Il n'est pas nécessaire de suivre ce progrès depuis ses premiers pas jusqu'à l'établissement des castes dans l'Orient et des corporations en Europe, jusqu'à l'organisation savante des producteurs et des distributeurs, telle que nous la voyons chez nous. L'économie politique a déjà depuis longtemps montré que le point de départ de l'évolution est une tribu dont les membres accomplissent tous les mêmes actions, chacun pour soi, et le point d'arrivée une communauté dont les membres accomplissent chacun des actions différentes, les uns pour les autres ; elle a en outre indiqué les changements par lesquels le producteur solitaire d'une marchandise se transforme en un système de producteurs, qui, unis sous un maître, jouent chacun un rôle différent dans la production de cette marchandise. Mais ce progrès de l'homogène à l'hétérogène dans l'organisation industrielle de la société nous offre d'autres phases d'un plus haut intérêt. Longtemps après que le progrès qui a divisé le travail entre diverses classes d'ouvriers s'est opéré, il n'y a point encore de division du travail entre les parties profondément séparées de la société, ou il ne s'en est établi qu'une très faible. La nation reste relativement homogène, en ce que dans chaque région on se livre aux mêmes travaux. Mais quand les routes et les autres moyens de transport se multiplient et deviennent excellents, les diverses régions commencent à prendre des fonctions différentes et à se lier par une dépendance réciproque. Les manufactures de calicot se localisent dans une région, celles des laines dans une autre ; la soie se produit ici, la dentelle là, les bas en un lieu, les chaussures en un autre ; la poterie, la quincaillerie, la coutellerie se concentrent dans des villes spéciales ; et en définitive chaque localité se développe plus ou moins en se distinguant des autres par l'occupation principale à laquelle se livre sa population. Ce n'est pas seulement au sein d'une même nation que l'on voit se faire cette division du travail, c'est entre des nations différentes. L'échange de marchandises que la liberté du commerce promet d'accroître dans de si grandes proportions aura en définitive l'effet de spécialiser plus ou moins l'industrie de chaque peuple. En sorte que le progrès commençant à une tribu barbare, presque, sinon tout à fait, homogène dans les fonctions de ses membres, marche vers une agrégation économique de toute la race, devenant toujours plus hétérogène au point de vue des fonctions distinctes adoptées par les diverses nations, des fonctions distinctes adoptées par les divisions locales de chaque nation, des fonctions distinctes adoptées par diverses espèces de fabricants et de commerçants dans chaque ville, et des fonctions distinctes adoptées par les ouvriers unis pour la production de chaque marchandise.

§ 123. L'évolution de l'organisme social n'est pas seule à donner un bel exemple de la loi ; tous les produits de la pensée et de l'activité humaine la manifestent clairement, qu'ils soient abstraits ou concrets, réels ou idéaux. Prenons d'abord le langage.

La forme la plus inférieure du langage est l'exclamation, qui exprime avec un seul son toute une idée. Rien ne prouve que le langage humain ait jamais été composé exclusivement d'exclamations, et qu'alors, n'ayant qu'une seule partie du discours, il ait été homogène. Mais il est reconnu qu'on peut suivre le langage presque à une période où il ne se compose que de noms et de verbes. Nous trouvons un changement de l'homogène à l'hétérogène, dans la multiplication graduelle des parties du discours avec les matériaux fournis par les noms et les verbes, dans la différenciation progressive des verbes en actifs et passifs, des noms en abstraits et concrets, dans la distinction du mode, du temps, de la personne, du nombre et du cas, dans la formation des verbes auxiliaires, des adjectifs, des adverbes, des pronoms, des prépositions, des articles, dans la divergence de ces ordres, genres, espèces, et variétés des parties du discours par lesquelles les races civilisées expriment des différences de sens très délicates. Nous remarquerons en passant que la langue anglaise doit sa supériorité surtout à ce qu'elle a poussé cette subdivision des fonctions plus loin et plus rigoureusement que toutes les autres. Il y a un autre point de vue sous lequel nous pouvons suivre le développement du langage : c'est la différenciation des mots de sens congénère. La philologie a découvert, il y a longtemps, que dans toutes les langues on peut grouper les mots en familles dérivées d'un ancêtre commun. Un nom primitif, appliqué d'abord indistinctement à toute une classe vaste et mal définie de choses ou d'actions, subit bientôt des modifications qui expriment les principales divisions de la classe. Ces divers noms sortant d'une racine primitive deviennent eux-mêmes les parents d'autres noms encore plus modifiés. De plus, nous avons aujourd'hui des moyens systématiques de composer des dérivés et de combiner des mots pour exprimer des distinctions encore plus délicates; et, grâce à ces facilités, il s'est formé une tribu de mots si hétérogènes par le son et le sens, qu'à moins d'être initié à leur origine on ne pourrait pas croire qu'ils dérivent d'un même nom. En même temps, d'autres tribus se sont développées sur d'autres racines, en sorte que nous avons une langue de plus de six mille mots différents, signifiant tout autant d'objets, de qualités, d'actes différents. Il y a pourtant encore pour le langage une autre façon d'aller de l'homogène à l'hétérogène : c'est la multiplication des langues. Que, d'après Max Müller et Bunsen, toutes les langues aient poussé sur un tronc commun, ou que, d'après d'autres philologues, ce soit sur deux ou plusieurs troncs, il est évident que puisque de grandes familles de langues, comme la famille indo-européenne, descendent d'un même ancêtre, elles ont dû devenir différentes par l'effet d'une divergence progressive et continue. La dispersion qui a produit une différenciation des races a simultanément produit une différenciation de leurs langues : nous en trouvons d'ailleurs la preuve chez toutes les nations dans les particularités de dialectes propres aux divers cantons. Ainsi, le progrès du langage obéit à la loi générale, à la fois dans l'évolution des langues, dans celle des familles des mots, et dans celle des parties du discours.

En passant du langage parlé au langage écrit, nous rencontrons plusieurs ordres de faits qui ont tous le même sens. Le langage écrit est de même race que la peinture et la sculpture; tous trois sont des accessoires de l'architecture et se rattachent directement à la forme primitive de gouvernement, la forme théocratique. Je me borne à noter en passant le fait que des races sauvages, comme par exemple les Australiens et les tribus du sud de l'Afrique, peignent des personnages et des événements sur les murs de souterrains qui sont probablement regardés comme des lieux sacrés, et je passe aux Égyptiens. Chez les Égyptiens, comme chez les Assyriens, les peintures murales servaient à décorer le temple du dieu et le palais du roi (qui dans le principe ne faisaient qu'un); et à ce titre elles étaient des fonctions gouvernementales au même sens que les pompes politiques et les fêtes religieuses. De plus, elles furent des fonctions gouvernementales en ce qu'elles représentaient le culte du dieu, les triomphes du roi-dieu, la soumission de ses sujets et la punition des rebelles. Elles étaient encore des fonctions gouvernementales en ce qu'elles étaient les produits d'un art révéré par le peuple comme un mystère sacré. L'usage de ces représentations illustrées a donné naissance à un autre usage qui n'en est qu'une légère modification, l'hiéroglyphique, encore pratiquée chez les Mexicains à l'époque de la découverte du Mexique. On simplifiait l'une après l'autre les figures les plus familières de ces peintures, en employant des abréviations analogues à celles qui sont en usage dans notre langue écrite et parlée; et enfin il se forma un système de symboles dont la plupart n'avaient qu'une ressemblance éloignée avec les choses qu'ils représentaient. Ce qui prouve que les hiéroglyphes égyptiens ont cette origine, c'est que l'hiéroglyphique des Mexicains a donné naissance à une famille analogue de formes idéographiques ; et chez les Mexicains comme chez les Égyptiens ces formes se sont différenciées pour donner l'écriture *kuriologique* ou imitative et l'écriture *tropique* ou symbolique ; toutefois, on les employait ensemble dans le même tableau. En Égypte, la langue écrite subit une nouvelle différenciation ; il en est résulté l'écriture *hiératique* et l'*épistolographique* ou *enchorique*, qui dérivent l'une et l'autre de l'hiéroglyphique originelle. A la même époque, nous trouvons pour les noms propres, qui ne pouvaient s'exprimer autrement, l'emploi des symboles phonétiques ; et quoique l'on assure que les Égyptiens n'ont jamais possédé une écriture alphabétique complète, on ne peut guère douter que les symboles phonétiques qu'ils employaient à l'occasion pour aider leurs symboles idéographiques ne fussent les germes d'une écriture alphabétique. Une fois distincte de l'hiéroglyphique, l'écriture alphabétique subit elle-même des différences nombreuses ; les alphabets se multiplièrent : on peut encore reconnaître entre la plupart des alphabets plus ou moins de rapports. Maintenant chaque nation civilisée possède, pour représenter une série de sons, plusieurs séries de signes écrits destinés à différents emplois. Enfin, une différenciation encore plus remarquable a produit l'imprimerie, qui, d'uniforme qu'elle était d'abord, est devenue multiforme.

§ 124. Tandis que le langage écrit traversait les premières périodes de son développement, la décoration murale qui lui avait donné naissance, se différenciant à son tour, produisait la peinture et la scrupture. Les dieux, les rois, les hommes, les animaux, représentés sur les murs, étaient accusés par des lignes entaillées et colorées. Dans la plupart des cas, ces lignes avaient une telle profondeur, les objets qu'elles circonscrivaient étaient si bien arrondis, et leurs parties principales étaient si saillantes, qu'ils formaient une sorte d'ouvrage intermédiaire à l'entaille et au bas-relief. Dans d'autres cas, nous voyons encore un progrès ; les espaces en saillie qui séparent les figures sont emportés par le ciseau, et les figures sont colorées chacune de sa couleur propre : c'est un bas-relief peint. On peut voir à Sydenham des restaurations d'architecture assyrienne où ce style est porté à une grande perfection. Les personnes et les choses qui y sont représentées sont grossièrement peintes, mais elles sont fouillées avec plus de vérité et avec plus de détail ; les lions et les taureaux ailés des angles des portes se rapprochent beaucoup des figures complètement sculptées, mais ils sont encore peints et font corps avec la bâtisse. Tandis que les Assyriens ont peu cherché, s'ils l'ont jamais fait, à produire une vraie statue, nous pouvons suivre dans l'art égyptien la gradation par laquelle une figure sculptée se sépare du mur. Il suffit d'une promenade au British Museum pour s'en convaincre : on y a l'occasion de constater les marques certaines qui prouvent que les statues indépendantes tirent leur origine du bas-relief ; en effet, presque toutes les statues présentent le genre d'union des membres et du corps qui fait le caractère du bas-relief, et elles ont le dos uni de la tête aux pieds à un bloc qui représente la muraille à laquelle tenait le bas-relief. La Grèce a reproduit les grands traits de ce progrès. De même qu'en Égypte et en Assyrie, les arts jumeaux, la peinture et la sculpture, étaient d'abord unis l'un avec l'autre et avec leur mère, l'architecture ; ils étaient les auxiliaires de la religion et du gouvernement. Sur les frises des temples grecs, nous voyons des bas-reliefs peints représentant des sacrifices, des batailles, des processions, des jeux, tous en quelque sorte religieux. Sur le fronton, nous voyons des figures plus ou moins unies au tympan et représentant les triomphes des dieux ou des héros. Même quand nous arrivons aux statues définitivement détachées des bâtiments auxquels elles appartiennent, nous les trouvons encore peintes, et ce n'est que dans la dernière période de la civilisation grecque que la différenciation de la sculpture d'avec la peinture semble achevée. Nous pouvons retrouver une évolution analogue dans l'art chrétien. Toutes les peintures et sculptures primitives dans l'Europe entière étaient des sujets religieux représentant des Christs, des crucifixions, des Vierges, des saintes Familles, des Apôtres, des saints. Elles faisaient partie intégrante de l'architecture d'église et servaient de moyens pour stimuler le zèle religieux, comme aujourd'hui encore dans les pays catholiques. Ajoutons que les premières sculptures du Christ en croix, de Vierges, de saints, étaient peintes ; et nous n'avons qu'à nous rappeler les madones et les crucifix peints, si nombreux dans les églises et sur les routes du continent, pour comprendre le fait significatif que la peinture et la sculpture sont encore étroitement attachées à leur mère. Alors même que la sculpture chrétienne fut bien nettement différenciée de la peinture, elle resta religieuse et gouvernementale dans ses sujets; on sculpta des tombeaux pour les églises et des statues pour les rois; de son côté, la peinture, quand elle ne se consacrait pas à un intérêt purement ecclésiastique, servait à la décoration des palais, et, lorsqu'elle ne représentait pas des personnages royaux, elle était presque exclusivement employée à reproduire des légendes sacrées. Ce n'est que dans ces derniers temps que la peinture et la sculpture sont devenues des arts entièrement séculiers. Ce n'est que dans les derniers siècles que la peinture s'est divisée en genres, dits peinture d'histoire, de paysage, de marine, d'architecture, de genre, d'animaux, de nature morte, etc., et que la sculpture est devenue hétérogène par rapport à la variété des sujets réels ou imaginaires qu'elle traite.

Quelque étrange que cela paraisse, il n'en est pas moins vrai que toutes les formes du langage écrit, de la peinture et de la sculpture, ont leur raison commune dans les décorations politico-religieuses des temples et des palais des anciens. Le buste posé sur une console, le paysage accroché au mur, le numéro du *Times* déployé sur une table, n'ont sans doute aucune ressemblance, mais ils ont tous une lointaine parenté, non seulement dans leur nature, mais dans leur origine. Le marteau de bronze sculpté que le facteur vient de soulever n'est pas seulement parent des gravures sur bois de l'*Illustrated London News* que ce facteur distribue, mais aussi des caractères de *billet-doux* qui les accompagnent. Les vitraux et le livre de prières sur lequel ils laissent filtrer la lumière sont de même famille. Les effigies de nos pièces de monnaie, les enseignes des boutiques, les figures qui illustrent nos livres, les armoiries peintes sur les panneaux des voitures, les placards affichés à l'intérieur des omnibus, sont comme les poupées, les livres-bleus et les papiers tentures, des descendants directs des grossières sculptures peintes que les Égyptiens consacraient à la gloire et au culte de leurs rois-dieux. Il n'y a peut-être pas d'exemple qui montre d'une manière plus nette la multiplicité et l'hétérogénéité des produits qui peuvent naître, dans le cours des temps, par suite des différenciations successives, d'une souche commune.

Avant de passer à un autre ordre de faits, nous remarquerons que l'évolution de l'homogène à l'hétérogène se manifeste non seulement par la séparation qui détache la peinture et la sculpture de l'architecture, par celle de la peinture et de la sculpture elles-mêmes, et par la plus grande variété des sujets qu'elles traitent, mais aussi par la composition de chaque ouvrage. Une peinture ou une statue moderne est d'une nature beaucoup plus hétérogène qu'une peinture ou une statue antiques. Un bas-relief peint d'Égypte montre toutes ses figures sur un plan, c'est-à-dire à la même distance de l'œil; il est donc moins hétérogène qu'une peinture qui nous les représente à des distances différentes. Elle nous montre tous ces objets sous la même lumière, elle est donc moins hétérogène qu'une peinture qui montre plusieurs objet différents et des parties différentes de chaque objet recevant des quantités différentes de lumière. Elle ne fait guère usage que des couleurs primitives en leur conservant toute leur intensité; elle est donc moins hétérogène qu'une peinture qui, n'employant les couleurs primitives qu'avec modération, introduit une variété infinie de teintes intermédiaires, d'une composition hétérogène et différant entre elles non seulement par la qualité, mais par l'intensité. De plus, nous trouvons dans les œuvres d'art primitives une grande uniformité de conception. Le même arrangement de figures se reproduit partout; partout les mêmes actions, les mêmes poses, les mêmes traits, les mêmes habits. En Égypte, les modes de représentations avaient une telle fixité qu'il était sacrilège d'introduire une nouveauté; et même ce n'était que comme conséquence d'un mode immuable de représentation qu'un système d'hiéroglyphique pouvait devenir possible. Les bas-reliefs assyriens nous offrent des caractères analogues. Les dieux, les rois et leur suite, les figures et les animaux ailés, s'y montrent toujours dans les mêmes postures, armés des mêmes instruments, occupés aux mêmes choses, avec la même expression ou le même manque d'expression sur le visage. Si l'artiste a introduit un bouquet de palmiers, tous les arbres ont la même hauteur, le même nombre de feuilles, et sont à égale distance les uns des autres; s'il a imité l'eau, il a fait toutes les vagues pareilles, et, s'il y a mis des poissons, ils sont tous de la même espèce et sur la même ligne à la surface. Les barbes des rois, des dieux, des figures ailées, sont partout les mêmes; les crinières des lions se ressemblent; il en est de même de celles des chevaux. Les cheveux sont partout frisés de la même manière. La barbe du roi a une construction architecturale; elle se compose de rangs de boucles uniformes alternant avec d'autres rangs tordus disposés transversalement et arrangés avec une régularité parfaite. La touffe qui termine la queue des taureaux est représentée exactement de la même manière. Sans chercher dans l'art chrétien primitif des faits analogues, visibles encore, quoique moins frappants, il suffira, pour que le progrès dans l'hétérogénéité devienne assez évident, de rappeler que dans les peintures de nos jours la composition offre des variations infinies; que les attitudes, les visages, les expressions diffèrent; que les objets secondaires ont des volumes, des formes, des positions, des compositions différentes; et enfin que les détails présentent un contraste plus ou moins marqué. Voilà une statue égyptienne assise raide et droite, sur un bloc, les mains sur les genoux, les doigts étendus et parallèles, les yeux regardant droit devant eux, les deux côtés parfaitement symétriques dans chaque détail; comparez-la à une statue de la belle période grecque ou de l'art moderne; vous trouvez dans celle-ci que rien n'est disposé symétriquement, soit que l'on considère la tête, le corps, les membres, l'arrangement des cheveux, des habits, des accessoires, ou les rapports avec les objets voisins; c'est un exemple éclatant du passage de l'homogène à l'hétérogène.

§ 125. L'origine coordonnée et la différenciation graduelle de la poésie, de la musique et de la danse, nous offrent une autre série d'exemples. Le rythme dans le discours, le rythme dans le son et le rythme dans le mouvement étaient, au commencement, des parties de la même chose, et ne sont devenus des choses séparées que dans la suite des temps. Chez les tribus encore barbares, nous les trouvons encore réunis. Les sauvages accompagnent leurs danses par des chants monotones en battant des mains et en frappant sur des instruments grossiers; ils mettent de la mesure dans les mouvements, dans les mots, dans le ton; et toute la cérémonie qui se rapporte habituellement à la guerre ou au sacrifice a un caractère politique. Nous retrouvons dans les plus anciens témoins des races historiques ces trois formes d'action cadencée unies dans les fêtes religieuses. Nous lisons dans les écrits hébraïques que l'on chantait l'hymne triomphal composé par Moïse sur la défaite des Égyptiens, avec accompagnement de danses et de tymbales. Les Israélites chantèrent et dansèrent « à l'inauguration du veau d'or. On admet que le culte du veau d'or était une réminiscence d'Apis et de ses mystères, et il est probable que la danse devant le veau d'or était la reproduction de celles des Egyptiens dans ces occasions. » Il y avait une danse annuelle à Siloé à la fête religieuse; et David dansa devant l'arche. On retrouve partout la même chose en Grèce : on y voit en effet que le chant et la représentation mimique qui l'accompagne se rapportent à la vie du dieu et à ses aventures. Il est probable qu'il en était de même dans les autres pays. Les danses de Sparte s'accompagnaient d'hymnes et de chants ; et en général les Grecs n'avaient « pas de fêtes, pas d'assemblées religieuses qui ne fussent accompagnées de chants et de danses. » Les unes et les autres étaient des formes de culte en usage devant les autels. Les Romains avaient aussi des danses sacrées, au nombre desquelles étaient les Salies et les Lupercales. Dans les pays chrétiens et même dans des temps relativement récents, comme à Limoges, le peuple dansait dans le chœur en l'honneur d'un saint. Ce fut d'abord en Grèce que ces arts autrefois unis se séparèrent et perdirent leur caractère religieux. C'est probablement des danses religieuses et guerrières, dont celles des Corybantes nous offrent un exemple, que proviennent les danses guerrières proprement dites ; il y en avait de plusieurs sortes ; c'est de là que sont sorties les danses profanes. En même temps, la musique et la poésie encore unies se séparèrent de la danse. Les premiers poèmes grecs étaient religieux ; on ne les récitait pas, on les chantait ; d'abord le chant du poète était accompagné des danses du chœur, plus tard il s'en affranchit. Plus tard encore, la poésie se divisa en deux genres, l'épique et le lyrique, quand on prit l'habitude de chanter les poèmes lyriques et de réciter les poèmes épiques. C'est alors que naquit la poésie proprement dite. Pendant ce temps, les instruments de musique s'étaient multipliés, et l'on peut présumer que ce fut alors que la musique se sépara des poèmes. La poésie et la musique commencèrent à prendre d'autres formes que la forme religieuse. L'histoire des temps et des peuples modernes nous offre des faits de même signification ; tels étaient par exemple nos anciens ménestrels, qui chantaient sur la harpe des récits héroïques versifiés et mis en musique par eux-mêmes, unissant ainsi les fonctions séparées aujourd'hui de poète, de compositeur, de chanteur, d'instrumentiste. Il n'est pas besoin d'autres exemples ; on voit que la danse, la poésie et la musique ont une origine commune et se sont différenciées graduellement.

Le progrès de l'homogène à l'hétérogène ne se manifeste pas seulement par la séparation qui isole ces arts les uns des autres et les détache de la religion, il se montre aussi dans les différenciations multipliées que chacun d'eux subit par la suite.

N'insistons pas sur les espèces sans nombre de danses qui

ont été en usage dans la suite des siècles ; n'employons pas notre temps à détailler les progrès de la poésie, tels qu'ils s'opèrent par le développement des diverses formes du mètre, de la rime, et de l'organisation générale ; bornons notre attention à la musique et prenons-la pour type de ce groupe. Ainsi que le prétend Burney et que nous le révèlent les coutumes des races qui sont encore aujourd'hui à l'état de barbarie, les premiers instruments de musique étaient sans doute des instruments de percussion, des baguettes, des calebasses, des tam-tams, et l'on ne s'en servait que pour indiquer la mesure de la danse ; cette répétition constante du même son nous offre l'état le plus homogène de la musique. Les Egyptiens eurent une lyre à trois cordes. La première lyre des Grecs en eut quatre : c'était le tétrachorde. Au bout de quelques siècles, elle en eut sept et même huit. Il fallut mille ans pour arriver au « grand système » de la double octave. Tous ces changements introduisirent naturellement une grande hétérogénéité dans la mélodie. En même temps, on commença à faire usage de différents modes, le dorien, l'ionien, le phrygien, l'éolien et le lydien, qui correspondaient à nos clefs ; il y en eut jusqu'à quinze. Jusqu'ici cependant, la mesure de la musique présentait peu d'hétérogénéité. La musique instrumentale n'était durant cette période que l'accompagnement de la musique vocale, et celle-ci restait complètement subordonnée aux paroles. Le chanteur était en même temps poète ; il chantait ses compositions et réglait la longueur de ses notes sur le mètre de ses vers ; il en devait résulter inévitablement une mélodie uniforme et fatigante, que, selon Burney, « nulle ressource de la mélodie ne pouvait déguiser ». Manquant du rythme compliqué dû aux mesures égales et aux notes inégales que nous employons, le seul qu'on eût résultait de la quantité des syllabes et devait être relativement monotone. En outre, le chant n'était alors qu'un récitatif et se différenciait bien moins nettement du langage ordinaire que notre chant moderne. Néanmoins, si l'on tient compte de la portée étendue des notes en usage, de la variété des modes, des variations accidentelles de mesure qui dépendaient du changement du mètre, et de la multiplication des instruments, on voit que la musique atteignit à la fin de la civilisation grecque une hétérogénéité considérable, non pas sans doute si on la compare à notre musique, mais à celle qui l'avait précédée. Jusqu'ici, il n'y avait que de la mélodie, l'harmonie était inconnue. Ce ne fut que lorsque la musique d'église chez les chrétiens eut atteint quelque développement, que l'on vit s'établir la musique à parties, par l'effet d'une différenciation qui nous échappe. Il est difficile de concevoir *à priori* comment on a pu passer de la mélodie à l'harmonie autrement que par un bond brusque, mais on ne peut douter que ce passage n'ait eu lieu. Ce qui a pu le préparer, ce fut l'emploi de deux chœurs chantant alternativement le même air. Plus tard, l'usage s'établit (peut-être par suite d'une erreur) que le second chœur commençât avant que le premier eût fini ; cela produisit une fugue. Il n'est pas improbable qu'avec les airs simples alors en usage une fugue en partie harmonieuse ait pu avoir cette origine ; une fugue qui n'était harmonieuse que dans une très petite partie flattait l'oreille, à cette époque, comme le prouvent les exemples conservés jusqu'ici. L'idée une fois donnée, la composition des airs produisant l'harmonie des fugues se serait développée naturellement, en quelque sorte, à la façon dont la fugue était sortie des chœurs alternants. De la fugue à la musique concertée de deux, trois, quatre parties et plus, la transition était facile. Sans indiquer en détail l'accroissement de complexité qui résulta de l'introduction des notes de diverses longueurs, de la multiplication des clefs, de l'emploi des accessoires, des variétés de temps, des modulations, etc., il suffira de mettre la musique, telle qu'elle est aujourd'hui, en regard de ce qu'elle était autrefois, pour voir le progrès immense qu'elle a fait du côté de l'hétérogénéité. Il suffit d'embrasser la musique dans son *ensemble*, d'en énumérer les divers genres et espèces, d'en considérer les divisions en musique vocale, instrumentale et mixte, et les subdivisions en musique à différentes voix et à différents instruments, d'observer les diverses formes de musique sacrée, depuis le simple hymne, le chant, le canon, le motet, l'antienne, etc., jusqu'à l'oratorio, et les formes de musique profane plus nombreuses encore, depuis la ballade jusqu'à la sérénade, depuis le solo instrumental jusqu'à la symphonie. On découvre aussi le même progrès en comparant un morceau de musique primitive avec un morceau de musique moderne, ne fût-ce qu'une romance au piano ; nous trouvons que ce dernier est très hétérogène non seulement par la variété que lui donnent l'élévation et la longueur des notes, le nombre des notes différentes qui résonnent au même instant en compagnie de la voix, et les variations de la force avec laquelle elles sont dominées par l'instrument et le chant, mais aussi par les changements de clef, de temps, de *timbre* de la voix, et par beaucoup d'autres modifications d'expression. D'un autre côté, il y a entre l'hétérogénéité de l'ancien chant de danse monotone et celle d'un grand opéra de nos jours, avec les complications infinies de l'orchestre et les innombrables combinaisons des voix, un contraste si grand qu'on peut à peine croire que le premier ait été l'ancêtre du second.

§ 126. S'il le fallait, on pourrait citer d'autres preuves. En remontant aux premiers temps, nous voyons que les gestes du roi-dieu étaient chantés et représentés en pantomimes avec des danses autour de l'autel ; plus tard, on les raconta en caractères peints sur les murs des temples et des palais, et l'on produisit ainsi une espèce de littérature grossière dont nous pouvons suivre le développement à travers des phases diverses. Par exemple, dans les Ecritures des Hébreux, nous trouvons réunies dans un même livre la théologie, la cosmogonie, l'histoire, la biographie, la loi civile, la morale et la poésie. Dans une autre phase, dont l'*Iliade* nous offre un monument, nous voyons les éléments religieux, guerriers, historiques, épiques, dramatiques et lyriques mêlés de la même manière. Enfin, de nos jours, le développement hétérogène de la littérature nous offre des divisions et des subdivisions si nombreuses et si variées qu'elles défient toute classification. Nous pourrions encore suivre l'évolution de la science, en commençant à cette période où elle n'était pas encore distincte de l'art et subissait avec l'art les lois de la religion, en passant ensuite à la période où les sciences étaient encore si peu nombreuses et si rudimentaires qu'elles pouvaient être étudiées simultanément par les mêmes philosophes, pour arriver enfin à l'époque où les genres et les espèces de sciences sont devenus si nombreux que bien peu de personnes peuvent les énumérer tous, que nul ne peut embrasser un genre dans son entier. Nous pourrions aussi invoquer en témoignage le développement de l'architecture, du drame, de l'habillement. Mais le lecteur doit être déjà las de toutes ces illustrations, et d'ailleurs j'ai tenu complètement ma promesse. Je crois avoir mis hors de doute que le principe dans lequel les physiologistes allemands ont découvert une loi du développement organique, est une loi de tout développement. Le progrès du simple au complexe à travers une série de différenciations successives se manifeste dans les premiers changements de l'Univers auxquels le raisonnement nous conduit, et dans les premiers changements que l'on peut établir inductivement ; il se manifeste dans l'évolution géologique et météorologique de la Terre, et dans celle de chacun des organismes qui en peuplent la surface ; il se manifeste dans l'évolution de l'humanité, soit qu'on la considère chez l'individu civilisé, soit dans les groupes de races ; il se manifeste par l'évolution de la société au triple point de vue de ses institutions politiques, religieuses et économiques ; il se manifeste enfin dans l'évolution de ces innombrables produits abstraits ou concrets de l'activité humaine parmi lesquels se meut la société. Depuis le passé le plus reculé que la science puisse atteindre jusqu'aux nouveautés d'hier, le trait essentiel de l'évolution, c'est la transformation de l'homogène en hétérogène.

§ 127. La formule que nous avons trouvée dans le dernier chapitre a donc besoin d'être complétée. Il est vrai que l'évolution présente tout d'abord un changement d'une forme moins cohérente en une forme plus cohérente, conséquence d'une dissipation de mouvement et d'une intégration de matière ; mais il n'y a là qu'une partie de la vérité. En même temps que le passage de l'incohérent au cohérent, il y a un passage de l'uniforme au multiforme. Il en est ainsi du moins partout où l'évolution est composée, c'est-à-dire dans l'immense majorité des cas. Tandis qu'il se fait une concentration progressive de l'agrégat, soit par un rapprochement plus intime de la matière dans ses limites, soit par l'annexion d'une plus grande quantité de matière, soit par les deux procédés, et tandis que les parties plus ou moins distinctes qui résultent de la division et de la subdivision de l'agrégat se contractent chacune de son côté, ces parties deviennent dissemblables, — dissemblables par le volume, la forme, la structure, la composition, par plusieurs de ces caractères ou par tous. La même opération se montre dans l'ensemble et dans les parties. L'ensemble va s'intégrant et se différenciant des autres ensembles ; et chaque partie de l'ensemble s'intègre en même temps qu'elle se différencie des autres.

La conception de l'évolution doit donc unir ces caractères. Telle que nous la comprenons maintenant, l'évolution peut se définir un changement d'une homogénéité incohérente en une hétérogénéité cohérente, à la suite de la dissipation du mouvement et de l'intégration de la matière.

CHAPITRE XVI

LA LOI D'ÉVOLUTION (SUITE)

§ 128. La généralisation qui résume le chapitre dernier exprime-t-elle toute la vérité? Comprend-elle tous les caractères de l'évolution, exclut-elle toute autre chose? Embrasse-t-elle tous les phénomènes de redistribution secondaire de l'évolution composée; et en même temps laisse-t-elle en dehors tous les autres phénomènes? Ni l'un ni l'autre; l'examen critique des faits va nous le montrer.

Dans toute maladie locale, il y a des changements, du moins hétérogène au plus hétérogène, qui ne rentrent pas dans ce que nous appelons évolution. Quand une partie du corps devient le siège d'une production morbide, elle manifeste une différenciation nouvelle. La question n'est pas de savoir si cette production morbide est ou n'est pas plus hétérogène que les tissus au sein desquels elle se forme, mais si l'organisme, considéré comme un tout, est ou n'est pas rendu plus hétérogène par l'addition d'une partie qui ne ressemble à aucune de celles qui existaient auparavant, par la forme, par la composition ou par l'une et l'autre à la fois. A cette question, il n'y a qu'une réponse possible, l'affirmative. De plus, on peut soutenir que les premiers degrés de décomposition dans un corps mort impliquent un accroissement d'hétérogénéité, si l'on suppose que les changements chimiques commencent dans quelques parties plus tôt que dans d'autres, ce qui arrive habituellement, qu'ils affectent différents tissus de différentes manières, ainsi que cela doit être; il semble qu'on ne puisse se dispenser d'admettre que le corps entier, composé de parties indécomposées et de parties décomposées de diverses façons et à divers degrés, est devenu plus hétérogène qu'il n'était. Si le résultat définitif est une homogénéité plus grande, le résultat immédiat est le contraire. Et pourtant ce résultat immédiat n'est certainement pas l'évolution. Nous rencontrons des cas analogues dans les désastres et les désordres de la société. Une rébellion qui, tout en laissant en repos plusieurs provinces, se manifeste ici par des sociétés secrètes, là par des démonstrations publiques, ailleurs par de véritables combats, rend nécessairement la société plus hétérogène. Lorsqu'une disette amène un dérangement dans les affaires commerciales, avec son cortège de banqueroutes successives, de fermetures d'ateliers, de chômage, d'émeutes, d'incendies, si une grande partie de la communauté conserve son organisation ordinaire et présente les phénomènes habituels, les phénomènes nouveaux qui résultent de la disette doivent être considérés comme ajoutant à la complexité qui existait déjà. Mais ces changements sont bien loin de constituer une évolution plus avancée; ce sont plutôt des degrés qui conduisent à la dissolution.

On voit que la définition que nous avons donnée à la fin de notre dernier chapitre est imparfaite. Puisque les changements dont je viens de parler rentrent dans la formule telle que je l'ai donnée, malgré les différences frappantes qui les séparent des autres, il faut que nous ayons négligé d'y introduire une distinction qui les en exclue. Nous allons y pourvoir.

§ 129. Tout en étant un changement de l'homogène à l'hétérogène, l'évolution est un changement de l'indéfini au défini. A côté d'un progrès allant de la simplicité à la complexité, il se fait un progrès de la confusion à l'ordre, d'un arrangement indéterminé à un déterminé. Le développement, de quelque espèce qu'il soit, présente non seulement une multiplication de parties dissemblables, mais un accroissement dans la netteté avec laquelle ces parties se distinguent les unes des autres. Voilà la distinction qui nous manquait. Pour le premier, il suffira de reprendre les cas que nous avons cités plus haut. Les changements qui constituent la maladie n'ont pas ce caractère déterminé quant au lieu, à l'étendue, à la configuration, que présentent les changements qui constituent le développement. Quoique certains produits morbides soient plus communs dans quelques parties du corps que dans d'autres (par exemple, les verrues aux mains, le cancer au sein, le tubercule dans les poumons), ils ne sont pourtant pas bornés à ces parties; et quand on les y rencontre on voit que les positions respectives qu'ils occupent ne sont pas aussi précises que celles des parties environnantes. Leur volume est entièrement variable : ils ne gardent pas, ainsi que les organes, une proportion constante avec le corps. Leurs formes sont aussi moins spécifiques que les formes organiques. Leur structure est très confuse. En somme, ils sont indéfinis dans tous leurs caractères. On peut reconnaître la même particularité dans la décomposition. L'état d'indétermination et d'amorphisme, auquel un corps mort est finalement ramené, est le but auquel tendent dès le commencement les altérations qui caractérisent la putréfaction. La destruction progressive des composés organiques affecte la structure des éléments et les rend moins distincts. Des parties qui ont subi le plus de dégâts, on passe par une transition graduelle à celles qui en ont le moins souffert. Peu à peu, les caractères d'organisation, auparavant si nets, disparaissent. Il en est de même des changements sociaux d'une espèce anormale. La désaffection qui sert de point de départ à l'explosion d'un mouvement politique implique un relâchement des liens de la hiérarchie sociale. L'agitation grandissant, des assemblées révolutionnaires se forment, et les rangs auparavant séparés se confondent. Des actes d'insubordination détruisent les limites prescrites à la conduite des individus, et tendent à effacer les lignes de démarcation qui séparaient les dépositaires de l'autorité d'avec les subordonnés. En même temps, l'arrêt des affaires amène la suspension du travail des artisans; tous cessent de se distinguer par leur fonction sociale et se perdent dans une masse indéterminée. Quand enfin éclate une véritable insurrection, tous les pouvoirs établis, toutes les distinctions de classes, toutes les différences industrielles cessent : la société organisée tombe dans l'état d'une agrégation d'unités sociales dépourvue d'organisation. De même, quand les famines et les épidémies transforment l'ordre en désordre, c'est en occasionnant des changements d'arrangements définis en arrangements indéfinis.

C'est ainsi que l'accroissement d'hétérogénéité qui constitue l'évolution se distingue de celui qui ne la constitue pas. Si les premières modifications qui se produisent dans la maladie et la mort de l'individu, comme de la société, augmentent l'hétérogénéité préexistante, elles n'augmentent pas le caractère défini préexistant. Au contraire, dès le début elles tendent à le détruire, et peu à peu elles produisent une hétérogénéité qui est indéterminée au lieu d'être déterminée. De même qu'une ville, déjà multiforme par l'ordonnance variée de ses bâtiments et la diversité des architectures, peut devenir plus multiforme à la suite d'un tremblement de terre, qui en laisse une partie debout et ruine l'autre de diverses manières et à différents degrés, mais en passant en même temps d'un arrangement ordonné à un désordonné; de même des corps organisés peuvent devenir pour un temps plus multiformes par des altérations qui n'en sont pas moins désorganisatrices. Dans un cas comme dans l'autre, c'est l'absence de caractère défini qui distingue la multiformité de la rétrogradation d'avec la multiformité du progrès.

Si le progrès de l'indéfini au défini est une caractéristique essentielle de l'évolution, nous le verrons se manifester partout, comme dans le chapitre précédent nous avons vu partout le progrès de l'homogène à l'hétérogène. Pour vérifier cette idée, reprenons les classes de faits que nous avons déjà examinées.

§ 130. Commençons comme nous l'avons fait jusqu'ici, c'est-à-dire par un exemple hypothétique. Nous remarquerons que chaque temps de l'évolution du système solaire, à supposer qu'il se soit formé aux dépens d'une matière diffuse, a été un pas vers une structure mieux définie. D'abord irrégulière de forme et sans limite bien précise, la substance raréfiée qui le composait, à mesure qu'elle s'est concentrée et qu'elle a commencé son mouvement de rotation, a dû prendre la forme d'un sphéroïde aplati, qui, en augmentant de densité, est devenu plus spécifique par les contours et s'est distingué plus nettement du vide ambiant par sa surface. En même temps, un changement analogue s'est opéré. Dans le principe, les parties constituantes de substance nébuleuse se mouvaient avec indépendance vers leur centre de gravité commun dans tous les sens, et exécutaient leur révolution dans divers plans. Plus tard, ces plans ont dû se confondre peu à peu en un seul de moins en moins variable à mesure que la concentration s'avançait, c'est-à-dire de plus en plus défini.

D'après l'hypothèse, le changement d'un état indistinct à des états distincts s'est répété dans la formation des planètes et des satellites; et l'on peut même le suivre beaucoup plus loin. Un sphéroïde gazeux a une limite moins définie qu'un sphéroïde liquide, puisque sa surface est soumise à des ondulations plus étendues et plus rapides, et à des déformations beaucoup plus grandes; de même, un sphéroïde liquide couvert de vagues de grandeurs différentes est moins défini qu'un sphéroïde solide. La diminution de l'aplatissement qui accompagne l'accroissement de l'intégration donne un caractère relativement défini aux autres éléments. Une planète dont l'axe est incliné sur le plan de son orbite doit, si sa forme est très aplatie, être exposée à avoir son plan de rotation troublé par l'attraction des corps extérieurs ; tandis que si elle a une forme à peu près sphérique, ce qui implique un mouvement de précession plus faible, elle est exposée à subir moins de variation dans la direction de son axe.

En même temps que les relations d'espace s'établissent graduellement, s'établissent aussi les relations de force. L'exactitude des calculs de l'astronomie physique nous montre combien ces relations de force sont maintenant définies ; tandis que le caractère indéfini de leur état primitif est impliqué dans l'extrême difficulté, sinon dans l'impossibilité, de soumettre l'hypothèse nébulaire au calcul.

§ 131. L'état de fusion primitif de la terre, qu'on peut inférer des données géologiques, que l'hypothèse nébulaire explique, et dont aucune autre hypothèse ne peut rendre compte, a fait place à l'état présent à travers une suite de périodes dont les caractères ont toujours été plus déterminés. Ce n'est pas seulement parce que sa surface et son contour sont comparativement instables, qu'un sphéroïde liquide est moins spécifique qu'un solide, c'est aussi parce que ses parties n'ont pas une distribution fixe. Les courants de matière en fusion sont bien liés à certains circuits par les conditions de l'équilibre, mais ils ne peuvent rester fixés d'une manière permanente dans leur direction, parce qu'ils n'y sont point confinés par des bornes solides. Toutes les parties doivent être en mouvement par rapport aux autres. Une solidification de la surface, même partielle, est évidemment un pas vers l'établissement de relations définies de position. Toutefois, avec une croûte mince que des forces perturbatrices rompent fréquemment et que déplacent toutes les ondulations des marées, la fixité de la position relative ne peut être que temporaire. Ce n'est que lorsque la croûte s'épaissit que des relations géographiques définies et fixes s'établissent. Il faut aussi remarquer que, après que la surface a subi le refroidissement nécessaire, les dépôts aqueux formés par la précipitation de l'eau qui flottait auparavant à l'état de vapeur dans l'atmosphère ne peuvent garder un état ou une place définis. L'eau tombe sur une enveloppe solide, qui n'est pas assez épaisse pour conserver des déformations comportant de grandes variations du niveau, et ne peut former que des plaques sans profondeur sur les surfaces assez froides pour que la condensation y soit possible. Ces surfaces doivent de temps en temps s'échauffer assez pour chasser l'eau qui les couvre. Cependant, à mesure que le refroidissement augmente, que la croûte s'épaissit, que des élévations et des dépressions plus grandes se forment, que l'eau atmosphérique se précipite, il s'établit un arrangement de parties relativement fixe dans le temps et l'espace; ce caractère défini d'état et de position s'accroît, jusqu'à ce qu'elle ait pour résultat la distribution actuelle des continents et des océans; cette distribution n'est pas seulement définie topographiquement, mais encore elle présente dans ses côtes rocheuses des divisions de terre et d'eau plus définies que celles qui pouvaient exister quand les surfaces émergées étaient des îles basses avec des rivages inclinés que les marées envahissaient sur de grandes distances pour les abandonner ensuite.

Nous pouvons tirer des inférences analogues relativement aux caractéristiques dites géologiques. Quand la croûte du globe était mince, les chaînes de montagnes étaient impossibles; il ne pouvait pas y avoir d'axes d'élévation longs et bien définis avec des écoulements et des bassins distincts. En outre, la dénudation de petites îles par de petites rivières et par des courants marins faibles et peu étendus ne pouvait produire de couches sédimentaires bien tranchées. Des masses confuses et variables de détritus, telles que nous en trouvons aujourd'hui à l'embouchure des ruisseaux, doivent avoir été les formations principales. Elles ne pouvaient céder la place aux stratifications distinctes qu'après la formation des continents et des océans avec leurs grands fleuves, leurs longues lignes de côtes et leurs immenses courants marins.

Il n'est pas besoin de faire voir avec détail comment des caractères météorologiques plus définis ont dû être la conséquence de ce changement. Les différences des climats et des saisons devinrent relativement plus marquées quand la chaleur du Soleil cessa de confondre ses effets avec ceux de la chaleur propre de la Terre, quand la permanence toujours plus invariable des terres et des mers favorisa la production de conditions plus spécifiques dans chaque localité. On voit fort bien qu'il a dû en être ainsi.

§ 132. Revenons maintenant à la preuve fournie par les corps organiques. Ici, nous n'avons plus affaire à des exemples de nature déductive comme ceux qui précèdent ; nous trouvons au contraire des faits inductivement établis et par conséquent bien moins exposés à la critique. Le procès du développement des mammifères, par exemple, nous fournira pour preuves des faits nombreux, bien décrits par les embryologistes.

Le premier changement que l'œuf d'un mammifère subit après que la segmentation progressive a réduit le jaune à une masse mûriforme, c'est l'apparition d'un état plus défini dans les cellules périphériques de la masse : chaque cellule revêt une membrane d'enveloppe distincte. Ces cellules périphériques, distinguées vaguement des cellules internes par une subdivision plus fine et par l'état plus complet qu'elles offrent, se fondent ensemble pour former le blastoderme ou membrane germinative. Bientôt une partie de cette membrane devient différente du reste par l'accumulation de cellules encore plus subdivisées, qui, par leur groupement, forment une tache arrondie. Cette *area germinativa*, c'est ainsi qu'on l'appelle, se fond insensiblement avec les parties voisines du blastoderme ; et l'*area pellucida*, qui se forme plus tard au milieu d'elle, n'a pas davantage de bord net. La *ligne primitive* qui fait son apparition dans le centre de l'*area pellucida*, et qui est le rudiment de l'axe vertébral, c'est-à-dire du caractère fondamental de l'animal fait, n'est, ainsi que son nom l'indique, pas autre chose qu'une ligne. Elle commence par un sillon peu profond, qui devient peu à peu plus prononcé ; ses côtés se relèvent ; ses bords se replient et en définitive s'unissent ; c'est ainsi qu'un sillon indéfini devient un tube défini formant le canal vertébral. Dans ce canal vertébral, on peut distinguer les premiers rudiments des principales divisions du cerveau, sous la forme de légers renflements ; d'un autre côté, des modifications encore indistinctes du tissu qui borne le canal accusent le premier degré de développement des vertèbres. En même temps, la surface externe du blastoderme se différencie de l'interne ; il s'est divisé en deux feuillets, le séreux et le muqueux ; d'abord la division était indistincte et ne pouvait être reconnue qu'autour de l'*area germinativa* ; petit à petit, elle s'étend à toute la membrane germinative et devient définie. Aux dépens du feuillet muqueux naît le canal alimentaire, comme aux dépens du feuillet séreux naît le canal vertébral. D'abord l'intestin n'est qu'une simple rainure de la surface inférieure de la masse embryonnaire, ensuite les saillies qui la bordent se relèvent, s'infléchissent, et finalement s'unissent pour former un tube ; l'intestin est alors distinct. La surface d'absorption permanente se sépare par degrés de la surface d'absorption temporaire à laquelle elle était continue et identique. D'une manière analogue, l'embryon entier, d'abord étalé sur le sac du jaune, se soulève, et sa région centrale, se reployant, devient une masse séparée qui n'est plus rattachée avec le sac du jaune que par un conduit étroit.

Les changements qui donnent à la structure générale une précision toujours plus grande ont leurs analogues dans l'évolution de chaque organe. Le cœur n'est d'abord qu'une simple agglomération de cellules dont les plus internes se liquéfient pour former le sang, tandis que les plus externes se transforment en parois ; il n'est encore qu'ébauché ; il est indéfini non seulement parce qu'il n'est pas nettement limité par une membrane, mais aussi parce qu'il n'est qu'une dilatation du vaisseau sanguin central. Peu à peu, la partie de la cavité du cœur qui sert de réservoir devient distincte de celle qui sert d'organe de propulsion. Plus tard commence à se développer une cloison qui divise le ventricule et qui reste quelque temps avant d'en séparer définitivement les deux moitiés, la cloison des oreillettes se forme plus tard et reste incomplète durant tout le cours de la vie fœtale. Le foie commence par une agglomération de certaines cellules dans la paroi de l'intestin : en se multipliant, ces cellules « s'épaississent au point de former une protubérance à l'extérieur du canal ». En même temps que l'organe grandit et devient distinct de l'intestin, les canaux qui le parcourent se transforment en conduits pourvus de parois distinctes. Pareillement, certaines cellules de la tunique externe de la partie supérieure du canal alimentaire s'accumulent, forment des bourgeons, points de départ des reins, et ces organes, tant dans leur configuration générale que dans leur structure, acquièrent graduellement un caractère tranché.

Les changements de cet ordre se continuent longtemps après la naissance ; quelques-uns même n'atteignent leur complet développement chez l'homme qu'au milieu de la vie. Pendant la jeunesse, la plupart des surfaces articulaires des os restent rugueuses et fissurées par suite du dépôt irrégulier de sels calcaires dans le cartilage qui les enveloppe. Mais, entre l'époque de la puberté et l'âge de trente ans, ces surfaces articulaires ont terminé leur développement ; elles sont devenues des *épiphyses* lisses, dures, comme coupées avec un instrument tranchant. En général, nous pouvons dire que ce caractère continue à s'accentuer, alors même que l'accroissement de l'hétérogénéité a cessé d'être appréciable. Il y a lieu de penser que les modifications qui s'opèrent après l'âge mûr, aux environs de la vieillesse et de la mort, sont de même nature ; en effet, elles causent de la rigidité dans la structure, et apportent par suite une gêne aux mouvements et aux fonctions ; elles resserrent peu à peu les limites au dedans desquelles le procès vital s'accomplit, et finissent par un arrangement organique trop précis, trop resserré dans les limites de la variation possible, pour que l'adaptation nécessaire aux variations des conditions extérieures puisse s'accomplir.

§ 133. Nous ne pouvons pas plus prouver que la flore et la faune de la terre, considérées dans leur ensemble ou dans les espèces dont elles sont composées, ont pris un caractère de plus en plus défini, que nous n'avons pu prouver qu'elles avaient progressé en hétérogénéité : les lacunes que nous présentent les faits nous empêchent d'admettre aussi bien l'une de ces conclusions que l'autre. Toutefois, s'il nous est permis de raisonner dans l'hypothèse de jour en jour plus probable que toutes les espèces, jusqu'à la plus complexe, proviennent de la plus simple par l'effet de modifications qui s'ajoutent constamment à des modifications déjà existantes, exactement comme chaque individu se forme, nous verrons qu'il doit y avoir eu progrès de l'indéterminé au déterminé, tant dans les formes particulières que dans les groupes de formes.

Les organismes inférieurs (qui sont analogues par leur structure aux germes des organismes supérieurs) ont un caractère si peu distinct, qu'il est difficile sinon impossible de décider si ce sont des plantes ou des animaux. Ce fait est significatif ; nous pouvons le prendre pour point de départ. Plusieurs de ces organismes sont même encore un sujet de dispute entre les zoologistes et les botanistes ; on a proposé de les rassembler dans un règne à part, base commune des règnes animal et végétal. Remarquez encore que chez les *Protozoa* le vague de la forme est général. Certains rhizopodes sans coquilles ont une forme si irrégulière qu'elle ne peut être décrite ; et elle n'est jamais la même dans deux individus, ni dans le même individu à deux moments successifs. En s'agrégeant, ces organismes produisent, entre autres corps indéfinis, les éponges, corps indéfinis par leur volume, leur configuration, leur arrangement interne. Pour montrer encore combien les plus simples organismes sont relativement indéterminés, nous pouvons dire que leur structure varie considérablement, suivant les conditions extérieures, au point que, chez les *Protozoa* et les *Protophyta*, il y a plusieurs formes, classées autrefois comme des espèces distinctes, et même comme des genres distincts, qui ne sont que des variétés d'une même espèce. Si maintenant nous nous rappelons combien, chez les organismes supérieurs, les attributs sont précis, les contours nets, les proportions fixes, et combien la structure reste relativement constante sous les conditions les plus variées, nous ne pouvons pas nier que le caractère qui les distingue des organismes inférieurs ne soit l'état plus distinct qu'ils nous offrent. Nous devons admettre que, s'ils se sont développés en partant d'organismes inférieurs, leur évolution a eu pour accompagnement l'établissement d'un état plus distinct.

Le cours du temps a-t-il tranché de plus en plus les différences qui séparent une espèce des autres espèces, un genre des autres genres, un ordre des autres ordres? Cette proposition n'est pas plus susceptible d'une preuve positive que la précédente ; elle doit s'établir ou tomber avec elle. Toutefois, si les espèces et les genres sont le résultat d'une *sélection naturelle*, il faut, comme le montre M. Darwin, qu'il y ait eu une tendance à la divergence qui a creusé davantage la séparation des groupes. C'est la disparition des formes intermédiaires moins propres à certaines conditions d'existence que les formes extrêmes dont elles étaient le trait d'union, qui a dû rendre plus tranchées les différences entre les formes extrêmes ; c'est ainsi que des variétés indistinctes et instables ont petit à petit produit des espèces distinctes et stables. Cette conclusion est en harmonie avec ce que nous connaissons des races humaines et des races d'animaux domestiques.

§ 134. Les phases successives que traversent les sociétés manifestent d'une façon irrécusable le progrès d'un arrangement indéterminé à un arrangement déterminé. Une tribu nomade de sauvages (sans localité fixe et sans distribution interne fixe) est moins bien définie dans les positions relatives de ses parties qu'une nation. Dans cette tribu, les relations sociales sont partiellement confondues et mal réglées. L'autorité politique n'est pas bien établie ; elle n'a pas de caractère précis. Les distinctions de rang n'ont pas de barrières qui les séparent et qu'on ne peut franchir. A l'exception des occupations différentes des hommes et des femmes, il n'y a pas de divisions industrielles complètes. Ce n'est que dans les tribus d'une importance considérable, qui ont réduit en esclavage d'autres tribus, qu'on trouve une différenciation économique bien tracée.

Lorsqu'une de ces sociétés primitives se met à progresser, elle devient graduellement plus spécifique. En grandissant, elle cesse d'être nomade, et, resserrée par les sociétés voisines, elle n'acquiert une limite territoriale qu'après une longue guerre de frontières. La distinction entre la race royale et le peuple devient en définitive pour l'imagination populaire une différence de nature. La classe des guerriers arrive à se séparer complètement des classes adonnées à la culture du sol ou à toute autre occupation considérée comme servile. Il se forme une caste sacerdotale distincte par son rang, ses fonctions et ses privilèges. Les caractères différentiels deviennent de plus en plus nettement définis et variés à mesure que les sociétés avancent dans la civilisation, et atteignent leur plus grande séparation dans les sociétés arrivées à leur complet développement ou qui déclinent. Nous lisons que dans l'ancienne Égypte les divisions sociales étaient tranchées et les coutumes immuables. Les découvertes récentes démontrent de plus en plus que, chez les Assyriens et chez les peuples voisins, non seulement les lois étaient inaltérables, mais que les habitudes moins importantes, la routine domestique elle-même, étaient revêtues d'un caractère sacré qui leur assurait la permanence. Dans l'Inde, de nos jours, les distinctions invariables de caste et la persistance avec laquelle les populations restent fidèles aux mêmes modes d'habillement, aux mêmes procédés industriels, aux mêmes observances religieuses, nous montrent quelle est la fixité des arrangements qui remontent à une antiquité reculée. La Chine nous apporte aussi à l'appui de la même vérité son antique et immuable organisation politique, ses conventions précises et savantes, et sa littérature immobile.

Les phases successives de notre propre société et des sociétés qui nous avoisinent nous présentent des faits d'une espèce un peu différente, mais de même signification. Dans le principe, l'autorité monarchique était plus baronniale, et l'autorité baronniale plus monarchique qu'elles ne le furent plus tard. Entre les prêtres d'aujourd'hui et ceux d'autrefois, qui, tout en enseignant officiellement la religion, étaient guerriers, juges, architectes, il y a une différence marquée; leur fonction est devenue distincte. Nous trouverions des contrastes analogues chez les gens adonnés à des occupations productives : la classe industrielle s'est détachée plus nettement de la classe militaire, et ses diverses divisions se sont séparées plus nettement. Une histoire de notre constitution qui nous rappellerait comment les pouvoirs du roi, des lords et des communes se sont établis graduellement, ferait ressortir des changements de même nature. Si nous voulions suivre le développement de la législation, nous rencontrerions des faits sans nombre susceptibles de la même interprétation; nous y verrions qu'à chaque période successive les statuts ont été rendus plus spécifiques dans leur application aux cas particuliers. Aujourd'hui encore, nous voyons que chaque loi nouvelle, commençant par une proposition vague, se subdivise, dans le cours de l'acte législatif qui la crée, en clauses spécifiques; et même qu'elle n'acquiert toute sa précision que lorsque son interprétation a été établie par les décisions des cours de justice. Nous pourrions trouver des preuves analogues dans les annales de certaines institutions moins importantes. Les sociétés religieuses, charitables, littéraires et autres, commencent avec des buts et des méthodes grossièrement ébauchées et aisément modifiables; puis, par l'accumulation de règles et de précédents, le but devient plus distinct et les modes d'action plus resserrés, jusqu'à ce qu'enfin il s'y établisse une fixité qui n'admet plus l'adaptation à de nouvelles conditions. Que si l'on objectait que chez les nations civilisées il y a des exemples d'un décroissement dans la distinction (par exemple, l'effacement des barrières qui séparent les rangs), je répondrais que ces exceptions apparentes sont les symptômes d'une métamorphose sociale; c'est par exemple le passage du régime militaire ou déprédateur au régime industriel ou commercial, pendant lequel les anciennes lignes de démarcation disparaissent et les nouvelles deviennent plus marquées.

§ 135. Tous les résultats organisés de l'action sociale, toutes les constructions super-organiques, traversent des phases parallèles. Produits objectifs d'opérations subjectives, ils doivent présenter des changements correspondants; le langage, la science et l'art le prouvent.

Effacez des phrases tous les mots qui ne sont pas des noms ou des verbes, et vous verrez se produire le caractère vague des langues dans l'enfance. En remarquant combien chaque inflexion d'un verbe, chaque addition de mots pour marquer le cas d'un nom, sert à restreindre les conditions d'action ou d'existence, nous voyons que les parties du discours permettent aux hommes de communiquer leurs pensées avec plus de précision. Si l'adjonction d'un adjectif à un nom, d'un adverbe à un verbe, restreint la classe des choses ou des conditions dont il est question, c'est qu'au fond le mot additionnel contribue à rendre la proposition plus distincte. Il en est de même des autres parties du discours.

Le même effet découle de la multiplication des mots de chaque ordre. Quand les noms des objets, des actes et des qualités sont peu nombreux, l'acception de chacun est relativement étendue et par conséquent manque de spécificité. Les allégories et les métaphores dont les races primitives ont tant usé suggèrent indirectement et imparfaitement des idées que les langues ne peuvent exprimer directement et parfaitement, faute de mots. Prenons un exemple dans la vie ordinaire, la réponse d'un paysan qui, questionné sur le contenu d'une bouteille qu'il tient à la main, ne trouve dans son maigre vocabulaire que ces mots : C'est une *drogue du docteur* pour ma femme *malade* ; et comparons cette réponse avec celle du médecin qui expose à des personnes instruites comme lui la composition particulière de son remède, et le désordre particulier pour lequel il la prescrit ; cela nous fait voir clairement toute la précision que la multiplication des termes donne au langage.

En outre, dans le cours de son évolution, chaque langue acquiert une précision nouvelle par des opérations qui fixent le sens de chaque mot. Les relations intellectuelles diminuent graduellement le vague de l'expression. Peu à peu, les dictionnaires donnent des définitions. Enfin, chez les hommes les plus instruits, le vague n'est plus toléré, pas plus dans les termes en usage que dans leurs combinaisons grammaticales.

Disons-le encore une fois, les langues considérées comme des touts se séparent de plus en plus nettement les unes des autres, aussi bien que de leur mère commune : c'est ce que prouvent dans l'antiquité deux langues aussi dissemblables que le grec et le latin, issues pourtant de la même origine, et dans les temps modernes les langues dérivées du latin, l'italienne, la française et l'espagnole.

§ 136. Dans son *Histoire des sciences inductives*, Whewell dit que les Grecs ne purent constituer une philosophie naturelle, parce que leurs « idées n'étaient pas distinctes et n'étaient pas conformes aux faits ». Je ne cite pas cette remarque comme lumineuse ; car il serait aussi juste de dire que l'imperfection de leur philosophie naturelle fut la cause du manque de précision et de conformité de leurs idées; mais je la cite comme preuve du caractère indéfini de la science primitive. L'ouvrage auquel appartient cette citation, et son complément, *La philosophie des sciences inductives*, nous offrent d'autres preuves également bonnes, parce qu'elles ne sont point rattachées à une hypothèse qu'on voudrait établir. Pour les mathématiques, nous voyons que les théorèmes géométriques sont sortis de méthodes empiriques, et que ces théorèmes, d'abord isolés, n'acquièrent la clarté que donne une démonstration complète que lorsqu'ils furent arrangés par Euclide en série de propositions dépendantes. Plus tard nous rencontrons un autre exemple de ce principe général dans le progrès qui, partant de la méthode des épuisements et de celle des indivisibles, aboutit à la méthode des limites, c'est-à-dire à l'idée centrale du calcul infinitésimal. Dans l'ancienne mécanique, on peut reconnaître une notion vague de l'égalité et de l'opposition de l'action et de la réaction, quoique cette vérité n'ait été formulée que longtemps après. Pareillement, la propriété d'inertie, bien qu'elle ne fût pas distinctement comprise avant Kepler, avait été reconnue vaguement longtemps avant lui. La conception de la force statique « n'avait jamais été présentée sous une forme distincte avant les travaux d'Archimède »; la conception de la force accélératrice était confondue dans l'esprit de Kepler et de ses contemporains, et ne devint assez claire pour servir aux besoins d'un bon raisonnement scientifique qu'au siècle suivant. Ajoutons à ces faits la remarque générale que les « termes qui, dans le principe et avant que les lois du mouvement fussent pleinement connues, avaient un sens très vague, en acquièrent par la suite un plus limité et plus précis. » Si, des conceptions abstraites de la science, nous passons aux prévisions scientifiques concrètes dont l'astronomie nous offre des exemples nombreux, nous voyons un contraste analogue. Les époques de la production des phénomènes célestes ont été prédites avec une précision qui devient toujours plus grande. Les erreurs qui autrefois s'élevaient à des jours se sont réduites à des secondes. La correspondance entre les formes réelles et les formes supposées des orbites est devenue de plus en plus précise. D'abord, on les crut circulaires, puis épicycliques, plus tard elliptiques; enfin on sait aujourd'hui que ce sont des courbes qui s'écartent toujours de l'ellipse parfaite et subissent constamment des changements.

Mais ce qui marque le mieux le progrès de la science dans la voie de la précision, c'est l'opposition qu'on reconnaît entre sa période qualitative et sa période quantitative. Tout ce que l'on constatait d'abord, c'était qu'entre tels et tels phénomènes il existait telle connexion, que les phénomènes a et b se présentaient ensemble ou en succession ; mais on ne savait pas de quelle nature était la relation de a et b, ni quelle quantité de a accompagnait telle quantité de b. Le développement de la science a consisté en partie dans la réduction de ces connexions vagues à des connexions précises. La plupart des relations ont été classées sous les noms de mécaniques, chimiques, thermales, électriques, magnétiques, etc.; et l'on a appris à tirer exactement la valeur des antécédents de celle du conséquent et réciproquement. Nous avons déjà donné des exemples empruntés à la physique; on peut en demander une foule aux autres sciences. Nous avons constaté positivement les éléments de composés nombreux que nos pères ne pouvaient pas analyser, et d'un bien plus grand nombre qu'ils n'avaient jamais vus, et nous avons calculé rigoureusement les équivalents de ces éléments. En physiologie, le progrès de la prévision qualitative à la quantitative se révèle dans les pesées des produits organiques et des matières consumées; de même dans la mesure des fonctions par le spiromètre et le sphygmographe. En pathologie, on voit les effets de ce progrès dans l'emploi de la méthode statistique pour déterminer les sources des maladies et les effets du traitement. En botanique et en zoologie, nous en trouvons un exemple quand nous arrivons à préciser l'origine et la distribution des faunes et des flores par leur comparaison numérique. En sociologie même, quelque contestables que soient les conclusions qu'on tire d'ordinaire des totaux du recensement, des tableaux du Board of Trade, et des procès criminels, il faut reconnaître que ces moyens de constatation sont un progrès réel vers une conception plus exacte des phénomènes sociaux.

Rappelons-nous qu'on peut définir la science une connaissance définie par opposition à la connaissance indéfinie que possèdent les gens du monde, et nous verrons que c'est presque une banalité que de faire consister le progrès de la science dans l'accroissement de sa précision. Si la science a été, ainsi qu'il n'est pas permis d'en douter, le développement graduel, accompli dans le cours des âges, de la connaissance indéfinie des gens du monde, il faut que la conquête graduelle de cette précision qui la caractérise aujourd'hui ait été le trait dominant de son évolution.

§ 137. Les arts industriels et esthétiques nous offrent des exemples encore plus frappants. Les outils de silex qu'on vient de découvrir dans certains dépôts géologiques récents montrent que les premiers ouvrages de la main de l'homme manquaient totalement de précision. Bien que les outils et les armes des tribus sauvages de notre temps soient un immense progrès sur les silex taillés, ils se distinguent encore des outils et des armes des peuples civilisés en ce que leurs formes et leur monture sont mal appropriées. Les produits des nations moins avancées présentent les mêmes défauts à un moindre degré. Une jonque chinoise avec tous ses accessoires n'offre aucune ligne parfaitement droite, aucune courbe uniforme, aucune surface véritable. Les machines de nos pères nous présentent aussi une infériorité analogue quand on les compare aux nôtres. Une chaise antique, une ancienne cheminée, une serrure du dernier siècle, ou presque tous les objets d'ameublement conservés depuis quelques générations prouvent, par leur contraste avec les produits industriels de nos jours, l'énorme supériorité de ces derniers au point de vue de la précision. Depuis l'invention des machines à planer, il est possible de faire des lignes absolument droites et des surfaces si exactement horizontales qu'elles s'appliquent hermétiquement l'une sur l'autre. La machine à diviser de Troughton, le micromètre de Withworth et les microscopes qui nous montrent cinquante mille divisions au pouce, nous présentent une exactitude qui dépasse de beaucoup les ouvrages de nos arrière-grands-pères, comme ceux-ci dépassaient aussi ceux des anciens Celtes.

Nous voyons un progrès analogue dans les beaux-arts. En partant des idoles grossièrement taillées et mal peintés des sauvages, nous rencontrons des sculptures primitives avec des membres où l'on ne distingue aucune saillie musculaire, des draperies qui semblent de bois, des visages dépourvus d'individualité, et nous arrivons aux dernières statues des Grecs, ou aux statues modernes, et nous voyons que la précision de la représentation a toujours été en progrès. Comparez les peintures murales des Egyptiens avec celles de l'Europe du moyen âge, ou celles-ci avec les peintures modernes, et vous verrez clairement que les objets sont toujours rendus avec plus de précision.

Il en est de même pour les œuvres d'imagination et le drame. Les récits merveilleux de l'Orient, les légendes romantiques de l'Europe féodale, aussi bien que les mystères et les pièces de théâtre qui leur ont immédiatement succédé, ne correspondent guère aux réalités de la vie ; on peut en dire autant du grand nombre d'événements surnaturels, des coïncidences extrêmement improbables et des personnages vaguement définis. A mesure que la société a marché, la représentation est devenue plus naturelle, plus rapprochée de la vérité. Maintenant, les romans et les pièces de théâtre recueillent des applaudissements dans la mesure de la fidélité avec laquelle ils présentent les caractères individuels ; les improbabilités et les impossibilités qui remplissaient autrefois les œuvres d'esprit sont répudiées aujourd'hui, et on commence même à abandonner ces machinations compliquées dont la vie nous offre rarement des exemples, si toutefois elle en offre.

§ 138. Il serait facile d'accumuler des preuves d'autres genres. Le progrès qui a fait abandonner les mythes et les légendes où le mépris de l'exactitude est poussé à l'extrême pour une histoire devenue graduellement, et qui devient encore plus précise ; la substitution de méthodes systématiques à des moyens vagues, nous fourniraient en faveur de la loi générale des exemples sur lesquels nous pourrions nous étendre. Mais la base d'induction est déjà assez vaste. Pour démontrer que l'évolution se fait de l'indéfini au défini, nous ne trouvons pas moins de preuves que pour établir qu'elle se fait de l'homogène à l'hétérogène.

Toutefois, on pourrait ajouter que ce progrès n'est pas un phénomène primaire, mais un phénomène secondaire, le résultat accidentel d'autres changements. La transformation d'un tout d'abord diffus et uniforme en une combinaison concentrée de parties multiformes implique une séparation progressive, aussi bien du tout d'avec ce qui l'entoure que de ses parties entre elles. Tandis que cette séparation se fait, il faut qu'il n'y ait pas d'état distinct. Ce n'est qu'à mesure que le tout gagne en densité qu'il devient plus nettement distinct de l'espace ou de la matière située en dehors de lui ; et ce n'est qu'à mesure que chaque division séparée attire dans sa masse les parties périphériques, d'abord imparfaitement détachées des parties périphériques des divisions voisines, que ce tout peut acquérir un contour net. Cela veut dire que l'accroissement de la précision accompagne toujours l'accroissement de la consolidation générale et locale. En même temps que les redistributions secondaires ajoutent toujours à l'hétérogénéité, la redistribution primaire, à mesure que l'intégration augmente, donne accessoirement de la netteté aux parties toujours dissemblables, aussi bien qu'à l'agrégat de ces parties.

Bien que ce caractère universel de l'évolution soit un accompagnement obligé des caractères exposés dans les chapitres précédents, il ne s'exprime pas par les mêmes termes qu'eux. Il est donc nécessaire de modifier notre formule. Nous arrivons à une idée plus spécifique de l'évolution, et nous pouvons dire que c'est un changement d'une homogénéité indéfinie, incohérente, et une hétérogénéité définie, cohérente, accompagnant la dissipation du mouvement et l'intégration de la matière.

CHAPITRE XVII

LA LOI D'ÉVOLUTION (FIN)

§ 139. La conception de l'évolution, résultat du dernier chapitre, est encore incomplète. Elle est vraie, mais elle ne contient pas toute la vérité. Nous avons considéré sous trois aspects les transformations que toutes les choses subissent pendant les phases ascendantes de leur existence; en présentant ces trois aspects simultanément, nous avons donné une idée approximative des transformations. Mais il y a des changements concomitants, dont nous n'avons encore rien dit et qui, pour être moins apparents, n'en sont pas moins essentiels.

En effet, jusqu'ici nous n'avons fait attention qu'à la redistribution de la matière, négligeant la redistribution concomitante du mouvement. Sans doute nous avons fait des allusions explicites ou implicites à la dissipation du mouvement, qui se fait pendant que la matière se concentre; si toute l'évolution était absolument simple, elle s'exprimerait parfaitement par la formule qu'à mesure que le mouvement se dissipe, la matière se concentre. Mais, si nous avons passé en revue la redistribution définitive du mouvement, nous avons passé sous silence sa redistribution prochaine. Si nous avons de temps en temps dit quelque chose sur le mouvement qui s'échappe, nous n'avons rien dit de celui qui ne s'échappe pas. Dans la mesure où une évolution devient composée, dans la mesure où un agrégat retient pour un temps considérable la quantité de mouvement qui permet les redistributions secondaires de la matière qui le compose, il se fait nécessairement des redistributions secondaires du mouvement retenu. Dans la mesure où les parties se transforment, il se fait une transformation du mouvement sensible ou insensible qu'elles possèdent. Les parties ne peuvent s'intégrer progressivement, soit individuellement, soit comme combinaison, sans que leurs mouvements individuels ou combinés s'intègrent davantage. Il ne peut pas s'établir entre les parties des hétérogénéités de volume, de forme ou de qualité, sans qu'il s'établisse aussi des hétérogénéités de quantités et de directions de leurs mouvements, ou des mouvements de leurs molécules. L'accroissement du caractère défini des parties implique un accroissement croissant du caractère défini de leurs mouvements. Bref, les actions rythmiques qui s'opèrent dans chaque agrégat doivent se différencier et s'intégrer en même temps que la structure se différencie et s'intègre.

Il faut indiquer ici en quelques mots la théorie générale de cette redistribution du mouvement conservé. Pour compléter notre conception de l'évolution sous son aspect matériel au moyen d'une conception de l'évolution sous son aspect dynamique, nous devons reconnaître la source des mouvements intégrés qui se produisent, et voir comment leur multiformité et leur précision croissantes sont rendues nécessaires. Si l'évolution est un passage de la matière d'un état diffus à un état agrégé, si, tandis que les unités diffuses perdent une partie du mouvement insensible qui les retenait à l'état diffus, les masses cohérentes de ces unités acquièrent des mouvements sensibles les unes par rapport aux autres, il faut que ces mouvements sensibles aient existé précédemment sous forme de mouvement insensible dans les unités. Si la matière concrète est le produit de l'agrégation de la matière diffuse, le mouvement concret est le produit de l'agrégation du mouvement diffus. Le mouvement des masses qui apparaît implique la cessation d'un mouvement moléculaire équivalent. Si, d'un côté, nous sommes obligés de ne voir qu'une hypothèse dans la croyance que les mouvements célestes se sont ainsi produits, d'autre part nous voyons ailleurs, comme fait certain, que c'est ainsi que se sont produits tous les mouvements sensibles de la surface du globe. Ainsi que nous l'avons déjà montré (§ 69), la dénudation des terres et les dépôts de nouvelles couches sont produits par l'eau dans son cours descendant vers la mer, ou pendant l'arrêt des ondulations que les vents lui communiquent ; nous avons aussi fait voir que l'élévation de l'eau à la hauteur d'où elle tombe est due à la chaleur solaire, aussi bien que l'origine des courants atmosphériques qui emportent l'eau à l'état de vapeur et en agitent la surface quand elle est condensée. Cela veut dire que l'action moléculaire du milieu éthéré se transforme en mouvement de gaz, puis en mouvement de liquides, puis en mouvement de solides ; qu'à chaque période une certaine quantité de mouvement moléculaire se perd et qu'un mouvement équivalent de masse se gagne. Il en est de même des mouvements organiques. Certains rayons venant du soleil permettent à la plante de ramener à l'état solide des éléments spéciaux engagés dans les combinaisons gazeuses ambiantes, c'est-à-dire qu'ils la mettent en état de grandir et d'accomplir ses changements fonctionnels. La croissance de la plante et le mouvement de la sève sont des modes de mouvement sensible, mais les rayons dépensés à les produire sont des mouvements insensibles ; nous avons donc ici une transformation de l'espèce indiquée. Les animaux, dérivés, comme leurs propres forces le sont, directement ou indirectement, des plantes, poussent encore plus loin la transformation. Les mouvements automatiques des viscères, comme les mouvements volontaires des membres et du corps dans sa totalité, se forment aux dépens de certains mouvements moléculaires et s'accomplissent par l'intermédiaire du tissu nerveux et du tissu musculaire ; ces mouvements se formaient originellement aux dépens de certains autres mouvements moléculaires propagés du Soleil à la Terre : en sorte que les mouvements de structure et de fonction que manifeste l'évolution organique sont des mouvements d'agrégat, engendrés par les mouvements d'unités arrêtés. La même règle se vérifie dans les agrégats formés de ces agrégats. En effet, dans les sociétés humaines, le progrès se fait toujours dans le sens de l'absorption des actions individuelles dans les actions des corps d'états. Si, pendant l'évolution, le mouvement qui s'échappe devient, par l'effet d'une dispersion toujours croissante, plus désintégré, le mouvement retenu pour un temps devient plus intégré ; et l'on peut dire que l'évolution, considérée au point de vue dynamique, est un décroissement du mouvement relatif des parties et un accroissement du mouvement relatif des touts, en donnant aux mots partie et tout leur sens le plus général. Le progrès se fait du mouvement des molécules simples au mouvement des molécules composées, des mouvements des molécules aux mouvements des masses, et du mouvement des masses plus petites aux mouvements des masses plus grandes. Le changement concomitant qui tend vers une multiformité plus grande dans les mouvements retenus se fait sous la forme d'un accroissement de la variété des rythmes. Nous avons déjà vu que tout mouvement est rythmique, depuis les vibrations infinitésimales des molécules infinitésimales jusqu'aux grandes oscillations comprises entre le périhélie et l'aphélie des corps célestes. Ainsi que le fait supposer le contraste entre ces cas extrêmes, une multiplication des rythmes doit accompagner une multiplication dans les degrés et les modes d'agrégation, et dans les relations de ces masses agrégées avec les forces qui leur appartiennent. Le degré ou le mode d'agrégation n'affecte pas, sans doute, la proportion ou l'étendue du rythme, quand les forces incidentes augmentent à mesure que les agrégats augmentent, ce qui a lieu pour la gravitation : ici la seule cause de variation dans le rythme est la différence de relation avec les forces qui appartiennent aux masses, par exemple, le pendule ou le mouvement n'est pas affecté par un changement dans le poids de la lentille, tandis que la durée des oscillations change quand on fait l'expérience à l'équateur. Mais dans tous les cas où les forces incidentes ne varient pas, comme les masses, tout ordre nouveau d'agrégation inaugure un nouvel ordre de rythme ; par exemple, la conclusion des recherches récentes sur la chaleur et la lumière rayonnantes est que les molécules des divers gaz ont des durées différentes d'ondulations. En sorte que l'accroissement de la multiformité dans l'arrangement de la matière engendre nécessairement un accroissement de multiformité dans le rythme, tant par l'accroissement de variété dans les volumes et dans les formes des agrégats que par l'accroissement de variété dans leurs relations avec les forces qui les meuvent. Nous n'avons pas besoin d'insister pour montrer que ces mouvements doivent devenir plus définis à mesure qu'ils deviennent plus intégrés et plus hétérogènes. Dans la proportion où une partie d'un tout en évolution se sépare et se consolide, et par là perd la mobilité relative de ses éléments, son mouvement d'agrégat doit évidemment devenir plus distinct.

Nous avons donc, pour compléter notre conception de l'évolution, à considérer dans toute l'étendue du cosmos les métamorphoses du mouvement retenu qui accompagnent les métamorphoses de la matière qui le compose. Nous devons le faire avec assez de brièveté. Le lecteur est habitué maintenant à notre manière de considérer les faits ; il faudra moins d'exemples. Pour abréger, nous traiterons les divers aspects des métamorphoses en même temps.

§ 140. La matière dispersée qui se meut, comme on le voit, dans une nébuleuse spirale, vers le centre de gravité commun, en venant de tous les points et de toutes les distances, suivant des lignes plus ou moins indirectes, doit introduire dans la nébuleuse qui en résulte en définitive des moments innombrables d'intensités et de directions opposées. A mesure que l'intégration progresse, les parties de ces moments qui sont en opposition se neutralisent mutuellement et se dissipent sous forme de chaleur. Le mouvement rotatoire qui reste présente d'abord des vitesses angulaires différentes à la périphérie et aux diverses distances du centre; peu à peu, ces différences diminuent et se rapprochent d'un état final, que le Soleil est maintenant bien près d'atteindre, où la vitesse angulaire de toute la masse est la même, où en définitive le mouvement est intégré. Il en est de même de toutes les planètes et de chacun de leurs satellites. Le progrès qui conduit du mouvement d'un anneau nébuleux incohérent, et contenant dans sa masse beaucoup de mouvement relatif, au mouvement d'un sphéroïde dense, est un progrès vers un mouvement complètement intégré. La rotation et la translation dans l'espace deviennent chacune une et indivisible. Pendant ce temps s'opère l'intégration nouvelle qui rend le mouvement de toutes les parties du système solaire mutuellement dépendantes. Dans chaque planète, accompagnée de ses satellites, d'une part, et dans le Soleil accompagné des planètes de l'autre, nous avons un système de rythmes simples et composés, avec des variations périodiques et séculaires, qui forment par leur union un système intégré de mouvements.

La matière qui, dans son état diffus primitif, avait des mouvements confus et indéterminés, ou sans distinction nettement marquée, a acquis pendant l'évolution du système solaire des mouvements nettement hétérogènes. Les périodes de révolution de toutes les planètes et des satellites sont différentes, comme aussi leurs temps de rotation. De ces mouvements nettement hétérogènes, mais simples encore, naissent d'autres mouvements complexes, mais pourtant définis; par exemple, ceux que produisent les révolutions des satellites composées avec les révolutions de leurs planètes, ceux dont la précession est le résultat et ceux qu'on appelle perturbations. Toute complexité nouvelle de structure a causé une complexité nouvelle de mouvement; mais c'est encore une complexité définie, puisqu'on en peut calculer les résultats.

§ 141. Alors que la surface du globe était en fusion, les courants de l'atmosphère lumineuse qui l'entourait, et principalement les courants des gaz échauffés qui montaient et ceux des liquides précipités qui descendaient, devaient être locaux, nombreux, indéfinis et peu distincts les uns des autres. Mais, à mesure que la surface se refroidit et que la radiation solaire commença à causer des différences appréciables de température entre les régions équatoriales et les régions polaires, une circulation atmosphérique fixe des pôles à l'équateur et de l'équateur aux pôles a dû s'établir peu à peu ; c'est ainsi que les vastes masses d'air en mouvement ont formé les vents alizés et quelques autres courants définis et permanents. Ces mouvements intégrés, autrefois comparativement homogènes, devinrent hétérogènes à la formation des grandes îles et des continents qui les compliquèrent, en leur ajoutant des vents périodiques causés par l'échauffement variable de vastes surfaces de terre dans les différentes saisons. Les mouvements rythmiques d'une espèce constante et simple se différencièrent par l'effet de la multiformité croissante de la surface de la terre, et produisirent une combinaison compliquée de mouvements rythmiques continus et périodiques unis à des mouvements moins étendus mais irréguliers.

Des changements analogues doivent s'être produits dans les mouvements de l'eau. Sur une croûte mince qui ne portait que des élévations et des dépressions faibles, et par conséquent de petits lacs ou de petites mers, il ne pouvait y avoir qu'une circulation locale. Mais quand les grands océans et les vastes continents se formèrent, de grands mouvements d'eau s'établirent allant des latitudes chaudes aux froides et des froides aux chaudes. Ils devinrent plus importants, plus tranchés, et reçurent une distribution géographique plus variée, à mesure que les traits de la surface du globe devinrent plus tranchés et plus contractés. Il en fut de même des eaux d'écoulement. Les ruisseaux insignifiants qui s'écoulaient doucement sur les petits îlots étaient autrefois les seuls mouvements de ces eaux ; mais, quand de vastes surfaces de terre furent émergées, les mouvements de plusieurs affluents se réunirent pour former par leur ensemble les mouvements de grandes rivières; au lieu de mouvements très semblables, il y eut alors des mouvements très variés.

Enfin nous ne pouvons pas douter que les mouvements de la croûte du globe n'aient présenté un progrès analogue. Faibles, nombreuses, locales et très semblables les unes aux autres quand la croûte était mince, les élévations et les dépressions durent, à mesure que la croûte s'épaissit, recouvrir de plus larges surfaces et devenir plus dissemblables dans les différentes régions par l'effet des différences locales de structure de la croûte.

§ 142. Dans les organismes, le progrès vers une distribution plus intégrée, plus hétérogène, plus définie du mouvement retenu, qui accompagne le progrès vers une distribution plus intégrée, plus hétérogène et plus définie de la matière qui les compose, est précisément ce que nous appelons développement des fonctions. Toutes les fonctions actives sont ou bien des mouvements sensibles tels que ceux des organes contractiles, ou des mouvements insensibles tels que ceux qui dans les organes sécrétoires effectuent les réarrangements moléculaires et les nouvelles combinaisons de la matière. Tout ce que nous avons à remarquer ici, c'est que, durant l'évolution, les fonctions, comme les structures, se consolident individuellement et se combinent davantage les unes avec les autres, en même temps qu'elles deviennent plus multiformes et plus distinctes.

Chez les animaux inférieurs les sucs nutritifs se meuvent çà et là tout à fait irrégulièrement à travers les tissus, suivant que les efforts et les pressions les poussent. En l'absence d'un sang proprement dit et d'un système vasculaire développé, il n'y a pas de circulation bien définie. Mais, à côté de l'évolution qui établit un appareil distinct pour la distribution du sang, s'opère une évolution fonctionnelle qui institue de grands et rapides mouvements du sang définis dans leur cours, et définis dans la distinction qui les divise en efférents et afférents; ces mouvements sont hétérogènes non simplement dans leurs directions, mais aussi dans leurs caractères, les uns progressant par saccades, les autres par un courant continu.

Nous voyons un autre exemple du même principe dans la façon dont, à côté des différenciations et des intégrations du canal alimentaire, se produisent des différenciations et des intégrations tant de ses mouvements mécaniques que de ses actions non mécaniques. Chez les animaux du type le plus inférieur, le canal alimentaire est traversé d'un bout à l'autre à peu près uniformément par des ondes de constriction. Mais, dans un canal alimentaire bien organisé, les ondes de constriction sont grandement différentes aux différents points du canal, par l'espèce, la force et la rapidité. A la bouche, elles deviennent des mouvements de préhension et de mastication, qui tantôt se succèdent avec rapidité et tantôt cessent pendant des heures. Dans l'œsophage, ces contractions propulsives très rapides se produisent par intervalles pendant qu'on mange, et ne se produisent plus jusqu'au repas suivant. Dans l'estomac, nous retrouvons sous une autre forme cette constriction, qui à l'origine était uniforme : les contractions musculaires y sont puissantes et continuent pendant les longues périodes durant lesquelles l'estomac garde les aliments. Dans la partie supérieure de l'intestin, une nouvelle différence se manifeste, les ondes le parcourent sans interruption, mais elles sont relativement faibles. Enfin, dans le rectum, le rythme de l'onde s'écarte encore d'une autre manière du type ordinaire : après un repos de plusieurs heures vient une série de constrictions fortes. En même temps, les actions essentielles que ces mouvements facilitent sont devenues plus nettement hétérogènes. La sécrétion et l'absorption ne se font plus de même d'un bout à l'autre du tube; mais la fonction générale se subdivise en diverses fonctions subordonnées. Les dissolvants et les ferments fournis par les parois du canal et les glandes qui en sont les appendices deviennent très différents dans les parties supérieure, moyenne et inférieure du canal, ce qui implique des espèces différentes de changements moléculaires. Ici, l'opération est principalement sécrétante; là, elle est principalement absorbante; ailleurs, comme dans l'œsophage, il n'y a ni absorption ni sécrétion de quelque importance. Tandis que ces mouvements internes et d'autres aussi, sensibles et insensibles, deviennent plus variés, et séparément plus consolidés et distincts, il se fait un progrès dans l'intégration qui les unit en groupes locaux de mouvements et en systèmes combinés de mouvements. En même temps que la fonction d'alimentation se subdivise, ces subdivisions deviennent plus coordonnées, en sorte que les actions musculaires et sécrétoires vont de concert, et que l'excitation d'une partie du canal produit l'excitation du reste. Bien plus, la fonction alimentaire tout entière, en fournissant la matière pour les fonctions circulatoire et respiratoire, s'intègre si bien avec celle-ci qu'elle ne peut se faire un seul moment sans elles. Enfin, à mesure que l'évolution progresse, ces fonctions fondamentales tombent toutes les trois de plus en plus sous la subordination des fonctions nerveuses; elles dépendent de plus en plus d'une quantité donnée de décharge nerveuse.

La même vérité se manifeste dans les fonctions des organes externes. Les créatures microscopiques se meuvent à travers l'eau par les oscillations des cils qui les couvrent, et des animaux plus grands, comme les *Turbellaria*, marchent au moyen de leurs cils sur des surfaces solides. Ces mouvements de cils sont, en premier lieu très peu étendus, en second lieu homogènes, et en troisième lieu très peu définis individuellement ou dans la résultante de leur action, qui n'est la plupart du temps qu'un changement de place fortuit sans direction déterminée vers un point choisi. Si nous comparons cette action ciliaire à l'action d'organes locomoteurs développés de n'importe quelle espèce pour en faire ressortir les différences, nous voyons qu'au lieu d'un nombre incalculable de mouvements petits ou inintégrés il y a un petit nombre de mouvements grands ou intégrés, que des actions en tout pareilles sont remplacées par des actions en partie différentes, et qu'au lieu d'une coordination très faible et presque accidentelle il y en a une qui donne de la précision aux mouvements du corps dans son entier. Un contraste analogue moins prononcé, mais suffisamment décidé, se présente quand nous passons des types inférieurs d'animaux pourvus de membres aux types supérieurs d'animaux pourvus de membres. Les pattes d'un centipède ont des mouvements nombreux, petits et homogènes, et si peu intégrés que, lorsqu'on coupe l'animal en petits morceaux, les pattes portent en avant le morceau auquel elles appartiennent. Mais dans un articulé supérieur, chez un crabe par exemple, les membres relativement peu nombreux ont des mouvements d'une étendue comparativement grande, très différents les uns des autres, et intégrés en des mouvements composés d'un caractère assez défini.

§ 143. Ces derniers exemples nous amènent à ceux que nous appelons psychiques. Ce sont les aspects physiologiques des plus simples de ces fonctions que nous appelons psychologiques quand nous les considérons à un point de vue plus spécial et plus complexe. Les phénomènes que nous connaissons subjectivement comme des changements dans la conscience sont connus objectivement comme des excitations et des décharges nerveuses que la science explique maintenant par des modes de mouvement. Par suite, en suivant l'évolution organique, on peut s'attendre que le progrès de l'intégration, de l'hétérogénéité et de l'état défini du mouvement retenu, se manifeste pareillement dans les actions nervo-musculaires visibles et dans les changements mentaux corrélatifs. Il y a avantage à considérer les faits tels qu'ils se produisent durant l'évolution individuelle, avant de les considérer dans l'évolution générale. Les progrès que fait l'enfant en apprenant à parler manifestent la transformation d'une manière très complète. Les cris de l'enfant sont comparativement homogènes, tant parce qu'ils sont poussés chacun longtemps de suite que parce qu'ils sont à peu près uniformes dans leur durée, et que l'enfant les répète constamment sans grande variation de qualité. Ils sont tout à fait incoordonnés; il n'y a entre eux aucune intégration qui en fasse des sons composés. Ils sont inarticulés, dépourvus de ces commencements et de ces fins qui caractérisent les sons que nous appelons des mots. Le progrès se montre d'abord dans la multiplication des sons inarticulés. Les voyelles extrêmes s'ajoutent aux voyelles moyennes, et les voyelles composées aux voyelles simples. Bientôt l'enfant apprend à faire les mouvements qui forment les consonnes simples et prononce quelques sons nettement tranchés; mais cette précision n'est que partielle, car l'enfant ne se sert que des consonnes initiales, et les sons finissent vaguement. Pendant ce progrès vers la précision, l'hétérogénéité augmente par la combinaison des différentes consonnes avec les mêmes voyelles; et, en même temps que les consonnes terminales viennent achever de donner de la précision, il se fait une augmentation considérable du nombre des sons différents. Les consonnes les plus difficiles et les consonnes composées, d'abord imparfaitement articulées, sont petit à petit articulées avec netteté, et une multitude de mots différents et définis, qui impliquent plusieurs espèces de mouvements vocaux, accomplis chacun avec exactitude, et parfaitement intégrés en groupes compliqués, viennent s'ajouter à ceux que l'enfant savait déjà faire. Le progrès subséquent qui lui fait prononcer les dissyllabes, les polysyllabes et les combinaisons de mots compliquées, manifeste le degré supérieur d'intégration et d'hétérogénéité que ces mouvements organiques finissent par atteindre. Les actes de conscience en connexion avec les actes nervo-musculaires passent naturellement par des phases parallèles; le progrès accompli de l'enfance à la maturité fournit chaque jour la preuve que les changements qui au point de vue physique sont des opérations nerveuses, et au point de vue mental des opérations de la pensée, deviennent plus variés, plus définis, plus cohérents.

D'abord les fonctions intellectuelles sont très semblables : ce sont des recognitions, des classifications, de simples impressions, et pas autre chose. Mais avec le temps ces fonctions deviennent multiformes. Le raisonnement apparaît, et nous finissons par avoir conscience de l'induction et de la déduction ; la remémoration délibérée et l'imagination délibérée s'ajoutent à l'association simple et spontanée des idées. Des modes plus spéciaux d'action mentale, tels que ceux des mathématiques, de la musique et de la poésie, se produisent et vont toujours en se différenciant davantage. Ils vont de même en se distinguant davantage. Le petit enfant fait ses observations avec si peu de soin qu'il lui arrive de ne pas reconnaître les personnes. L'enfant se trompe constamment en lisant, en récitant sa grammaire, en faisant ses calculs. Le jeune homme porte de faux jugements sur les affaires de la vie. Ce n'est que dans l'âge mûr qu'apparaît cette coordination précise dans les opérations nerveuses, que suppose une bonne adaptation des pensées aux choses. En dernier lieu, il en est encore de même pour l'intégration qui combine les actes mentals simples en actes mentals composés. Avec les petits enfants, vous ne pouvez obtenir une attention soutenue, il y a chez eux une incapacité de former une série cohérente d'impressions, et une incapacité analogue d'unir plusieurs impressions coexistantes, fussent-elles de même ordre ; par exemple, quand un enfant regarde un tableau, on voit qu'il ne fait attention qu'aux objets isolément et non à l'ensemble du tableau. Mais, en avançant en âge, il devient capable de comprendre une phrase compliquée, de suivre une longue chaîne de raisonnement, de saisir par une seule opération de l'esprit des circonstances nombreuses. La même intégration progressive se montre dans les modifications mentales que nous appelons sentiments, qui dans un enfant n'agissent que pour produire une impulsion, mais qui chez l'adulte agissent avec plus d'accord et produisent une conduite plus équilibrée.

Après ces exemples que nous empruntons à la vie de l'individu, nous en donnerons rapidement quelques-uns qui appartiennent à l'évolution générale et qui ressemblent aux premiers. Un être d'une intelligence très inférieure, s'apercevant qu'un objet d'un grand volume se meut près de lui, fait un mouvement spasmodique : il saute ou se jette en avant. Ce mouvement suppose qu'il a des perceptions, mais des perceptions relativement simples, homogènes et indéfinies ; il ne distingue pas si les objets en mouvement sont d'une espèce nuisible ou non, s'ils avancent ou s'ils reculent. Les actions qu'il fait pour éviter le danger sont pareillement d'une seule espèce, elles ne s'adaptent pas à une direction et peuvent le rapprocher beaucoup du danger au lieu de l'en éloigner. Un pas de plus, et nous voyons, quand le mouvement de projection ou le saut ont lieu dans le sens qui éloigne du danger, les changements nerveux spécialisés à ce point qu'il en résulte une distinction de direction, laquelle indique une variété, une coordination et une intégration plus grandes de ces changements dans ces opérations, et un état plus défini. Chez les animaux supérieurs qui distinguent les animaux qui sont leurs ennemis de ceux qui ne le sont pas, un oiseau, par exemple, qui fuit l'homme, mais ne fuit pas une vache, les actes de perception se sont unis en des touts plus complexes, puisque les mouvements déterminés de l'oiseau supposent la connaissance de certains attributs spécifiques ; ils sont devenus plus multiformes, puisque chaque nouvelle impression composante ajoute au nombre des composés possibles ; et par conséquent ils sont devenus plus spécifiques dans leurs correspondances avec des objets, c'est-à-dire plus définis. Chez les animaux assez intelligents pour reconnaître par la vue l'identité, non des espèces, mais des individus d'une espèce, les changements mentaux deviennent encore plus distincts à ces trois points de vue. Le cours de l'évolution humaine est encore une expression de la loi. Les pensées du sauvage ne sont pas aussi hétérogènes que celles de l'homme civilisé, dont le milieu compliqué présente un renouvellement incessant de phénomènes très nombreux. Ses actes mentaux, aussi, sont beaucoup moins compliqués ; il n'a pas de mots pour les idées abstraites, et il est incapable d'intégrer les éléments des idées abstraites. Dans tout ce qui n'est pas très simple, il n'a rien de cette précision dans les idées qui conduit les hommes civilisés à la science exacte. Les émotions présentent aussi un contraste analogue.

§ 144. Après tout ce que nous avons dit dans les chapitres précédents, il n'est pas nécessaire d'insister sur la manière dont les mouvements ou fonctions produits dans les sociétés par le concours des actions individuelles acquièrent plus de multiformité, de précision et de complexité. Toutefois nous pouvons en donner un ou deux exemples typiques, pour faire pendant à tout ce que nous venons de dire.

Prenons les actions dirigées pour la défense ou pour l'attaque. D'abord la fonction militaire ne se différencie pas du reste (tous les hommes dans les sociétés primitives sont des guerriers); elle est relativement homogène, mal combinée, mal définie : les sauvages qui exécutent une attaque de concert se battent chacun séparément, de la même façon et sans ordre. Mais, à mesure que les sociétés se développent et que la fonction militaire devient distincte, ses proportions s'agrandissent et elle devient plus multiforme, plus définie, plus complexe. Les mouvements des milliers de soldats qui remplacent les dizaines de guerriers se divisent et se subdivisent en espèces et sous-espèces ; il y a des corps pour servir et tirer les pièces d'artillerie ; il y a des bataillons qui combattent à pied et des troupes qui chargent à cheval. Dans chacune de ces fonctions différenciées, il s'en établit d'autres : il y a des rôles distincts, des simples soldats, des sergents, des capitaines, des colonels, des généraux ; il y a aussi le service de l'intendance et le service des blessés. Les actions qui sont ainsi devenues comparativement hétérogènes en général et en détail ont simultanément augmenté de précision. La précision des évolutions militaires est assurée par des exercices continus ; en sorte que, dans une bataille, les hommes et les régiments qui les composent peuvent, au commandement, prendre telles ou telles positions et accomplir tels ou tels actes à tel ou tel moment voulu. Encore un pas, et nous arrivons à l'intégration qui consiste en ce que les actions multiformes d'une armée sont dirigées vers un but unique. Un système de coordination, ayant pour centre le commandant en chef, permet de concerter les charges, les haltes, les retraites : cent mille actions individuelles sont unies sous une volonté.

Le progrès que nous trouvons ici si marqué se retrouve dans toutes les fonctions sociales. Comparez le gouvernement d'un chef sauvage avec celui du chef d'une nation civilisée, aidé par les administrations locales et les fonctionnaires qui lui sont subordonnés, et jusqu'à la police des rues, et vous voyez combien, à mesure que les hommes ont progressé de l'état de tribus d'une dizaine de personnes à celui de nations de plusieurs millions d'âmes, la fonction gouvernementale est devenue plus considérable ; vous voyez que, guidée par des lois écrites, elle a passé d'un état vague et irrégulier à un état de précision relative, et qu'elle s'est subdivisée en fonctions d'une multiformité croissante. Voyez combien le commerce des tribus barbares diffère du nôtre, qui distribue chaque jour des millions de marchandises, qui règle la valeur relative d'une immense variété d'articles d'après le rapport de l'offre et de la demande, et qui combine les diverses forces industrielles, de sorte que chacune dépend des autres et vient en aide aux autres, et vous remarquerez que l'espèce d'action qui constitue le commerce est devenue progressivement plus vaste, plus variée, plus définie et plus intégrée.

§ 145. Nous trouvons donc qu'une conception complète de l'évolution comprend la redistribution du mouvement retenu aussi bien que celle de la matière composante. Ce nouvel élément de la conception n'est pas moins important que l'autre. Les mouvements du système solaire ont pour nous une signification égale à celle que possèdent les volumes, les formes, les distances relatives des astres qui le composent. Il faut reconnaître que les actions sensibles et insensibles qui constituent la vie d'un organisme ne le cèdent point en intérêt aux dispositions de la structure. Sans nous occuper de la façon dont ces deux ordres de faits nous concernent, il est clair que chaque redistribution de matière s'accompagne d'une redistribution du mouvement ; et que la connaissance unifiée qui constitue la philosophie doit comprendre les deux faces de la transformation.

Par conséquent, tout en considérant la matière d'un agrégat en évolution, comme subissant, non pas une intégration progressive simplement, mais des redistributions secondaires diverses, il nous faut considérer le mouvement d'un agrégat en évolution non seulement comme se dissipant graduellement, mais comme passant à travers plusieurs redistributions secondaires avant de se dissiper. De même que les combinaisons complexes qui se produisent pendant l'évolution composée sont les accessoires du progrès de l'extrême diffusion à l'extrême concentration, de même les combinaisons complexes qui les accompagnent sont les accessoires du progrès de la plus grande à la plus faible quantité de ce mouvement intime. Nous devons formuler ces accessoires des deux ordres de transformation, aussi bien que leur commencement et leur fin.

Notre formule a donc besoin d'une clause additionnelle. Il n'est guère possible de la combiner d'une manière satisfaisante avec celles que nous avons formulées dans le dernier chapitre ; il est à propos d'en intervenir l'ordre. Avec ce changement et l'addition nécessaire, nous obtenons enfin la formule : — *L'évolution est une intégration de matière accompagnée d'une dissipation de mouvement, pendant laquelle la matière passe d'une homogénéité indéfinie, incohérente, à une hétérogénéité définie, cohérente, et pendant laquelle aussi le mouvement retenu subit une transformation analogue.*

CHAPITRE XVIII

INTERPRÉTATION DE L'ÉVOLUTION

§ 146. La loi que nous venons de formuler est-elle ultime ou dérivée ? Nous tiendrons-nous satisfaits d'avoir découvert que dans tous les ordres de phénomènes concrets la transformation se fait d'après cette loi ? Ou bien est-il possible de constater la *raison pour laquelle* la transformation se fait ainsi ? Pouvons-nous rechercher un principe universel qui supporte cette opération universelle ? Les inductions opposées dans les quatre chapitres précédents peuvent-elles se ramener à des déductions ?

Il est manifeste que ces résultats communs impliquent une cause commune. Il se peut qu'on n'en puisse rien dire, si ce n'est que c'est le mode suivant lequel l'Inconnaissable se révèle à nous. Ou bien, il se peut que ce mode soit réductible à un autre plus simple, d'où tous ces effets complexes sont les conséquences. L'analogie nous porte à cette dernière conclusion. De même qu'on a pu expliquer les généralisations empiriques appelées lois de Képler, en montrant qu'elles sont des conséquences nécessaires de la loi de gravitation, de même il serait peut-être possible d'expliquer les généralisations empiriques qui précèdent, comme des conséquences nécessaires de quelque loi plus générale.

Il faut réussir à trouver la *raison* de cette métamorphose universelle, sous peine d'échouer dans notre essai de constituer la connaissance complètement unifiée, la Philosophie. Jusqu'ici, les conclusions que nous avons relevées semblent indépendantes ; il n'y a aucune connexion démontrée entre un état de plus en plus défini et une hétérogénéité de plus en plus grande, ou entre ces deux progrès et celui de l'intégration. Ces lois de redistribution de matière et de mouvement sont-elles corrélatives aux lois de direction et de rythme du mouvement que nous avons précédemment exposées? C'est encore moins évident. Mais, tant que nous n'aurons pas fait voir que ces principes sont des conséquences d'un seul principe, notre connaissance n'aura qu'une cohérence imparfaite.

§ 147. Notre tâche consiste donc à présenter le phénomène de l'évolution dans un ordre synthétique. Partant d'un principe ultime établi, nous avons à montrer que le cours de la transformation dans toutes les espèces d'êtres ne peut être que ce que nous avons vu qu'il est. Nous avons à montrer que la redistribution de la matière et du mouvement doit se faire partout de la manière dont nous trouvons également des exemples dans les corps célestes, les organismes, les sociétés, et doit présenter les mêmes caractères. Enfin nous avons à montrer que cette universalité de procédé provient de la nécessité même qui détermine autour de nous tous les mouvements simples, jusqu'au mouvement accéléré d'une pierre qui tombe, ou au battement périodique d'une corde de harpe.

En d'autres termes, il faut que le phénomène de l'évolution se déduise de la persistance de la force. Ainsi que je l'ai déjà dit, une analyse à fond doit nous y conduire, et c'est sur ce principe que nous devons bâtir une synthèse rationnelle. Ce principe étant le principe dernier qui dépasse la science, puisqu'il en est la base et qu'il présente le fondement sur lequel reposent les plus larges généralisations, celles-ci seront unifiées dès qu'elles seront ramenées à ce principe comme à leur base commune. Nous avons déjà vu que les vérités manifestées par les phénomènes concrets de tous les ordres, à savoir : qu'il y a équivalence entre les forces transformées, que le mouvement suit la ligne de la plus faible résistance et qu'il est toujours rythmique, peuvent se déduire chacune de la persistance de la force ; nous avons vu aussi que l'affiliation de ces principes à celui de la persistance de la force leur donnait l'unité et la cohérence. Il nous reste à faire la même chose, à rattacher à un principe supérieur les caractères universels de l'évolution, en montrant que, la persistance de la force étant donnée, la redistribution de la matière et du mouvement s'opère nécessairement de manière à les produire : en remplissant cette tâche, nous unirons ces caractères qui n'offriront plus alors que les aspects corrélatifs d'une seule loi, en même temps que nous unirons cette loi avec les lois plus simples qui précèdent.

§ 148. Avant de continuer, il sera bon de poser quelques principes qui doivent être nés dans l'esprit. En interprétant l'évolution, nous aurons à considérer sous leurs formes spéciales les diverses décompositions de forces qui accompagnent la redistribution de la matière et du mouvement. Examinons-les sous leurs formes les plus générales.

Toute force est divisible en une partie *effective* et une *non effective*. Dans un choc mécanique, le moment du corps qui frappe n'est jamais communiqué tout entier au corps frappé ; même dans les conditions les plus favorables où le corps qui frappe perd tout son mouvement sensible, il reste en lui quelque chose de son moment primitif, sous la forme du mouvement insensible produit dans ses particules par la collision. Quand des rayons de lumière ou de chaleur tombent sur un corps, une partie plus ou moins considérable des rayons est réfléchie ; c'est seulement ce qui en reste qui opère dans le corps des changements moléculaires. Il faut encore noter que la force effective est elle-même divisible en *force effective temporairement* et en *force effective d'une façon permanente*. Les unités d'un agrégat qui reçoit l'impression de la force peuvent subir ces changements rythmiques de position relative qui constituent l'augmentation des vibrations, aussi bien que d'autres changements de position relative qui ne sont pas à chaque instant neutralisés par des changements contraires. Les premiers disparaissent sous forme d'ondulations rayonnantes et laissent l'arrangement moléculaire dans le même état qu'auparavant ; les seconds amènent le réarrangement qui caractérise l'évolution composée. Il faut pourtant faire encore une distinction. Les forces effectives d'une manière permanente opère des changements de position relative de deux espèces, les changements *insensibles* et les *sensibles*. Les transpositions insensibles qui surviennent entre les unités sont celles qui constituent les changements moléculaires, et comprennent ce que nous appelons composition ou décomposition chimiques ; ce sont pour nous des différences qualitatives qui se forment dans l'agrégat. Les transpositions sensibles sont celles qui surviennent quand certaines unités, au lieu de subir des changements de relation avec leurs voisines immédiates, en sont séparées et déposées ailleurs.

Ce qui nous frappe surtout dans ces divisions et subdivisions de toute force qui affecte un agrégat, c'est qu'elles sont complémentaires les unes des autres. Dans la totalité d'une force incidente, la partie effective doit être celle qui reste après qu'on en a retranché la partie non effective. Les deux parties de la force effective doivent varier en raison inverse l'une de l'autre ; quand une grande partie de la force est temporairement effective, une faible partie seulement peut l'être d'une manière permanente, et *vice versa*. Enfin, la force effective d'une manière permanente, étant dépensée à produire à la fois les réarrangements insensibles qui constituent les modifications moléculaires et les réarrangements sensibles qui se montrent en définitive dans la structure, doit produire dans l'une et l'autre espèce de réarrangements des résultats grands ou petits en proportion de la faiblesse ou de la grandeur des résultats qu'elle a produits dans l'autre.

CHAPITRE XIX

L'INSTABILITÉ DE L'HOMOGÈNE[1].

§ 149. Nous rencontrons des difficultés si grandes, quand nous voulons suivre les transformations si compliquées que toutes les existences ont subies ou subissent encore, que la tâche d'en donner une interprétation précise ou complète par voie déductive nous paraît presque impossible à accomplir. Il n'est guère possible d'embrasser le processus total de la redistribution de la matière et du mouvement, de manière à en saisir d'un coup d'œil les divers résultats nécessaires dans leur lien actuel de dépendance mutuelle. Toutefois il y a un moyen de se faire une idée suffisante de l'ensemble de l'opération. Si d'une part la genèse du réarrangement subi par tout agrégat en évolution est une en soi, d'autre part elle présente à considérer divers facteurs; quand nous aurons interprété les effets de chacun de ces facteurs pris séparément, nous pourrons par la synthèse des interprétations nous faire une conception adéquate à l'ensemble.

L'ordre logique nous présente d'abord la proposition que quelque réarrangement doit avoir lieu; et l'on peut mettre cette proposition sous une forme plus spécifique en disant que l'homogénéité est une condition d'équilibre instable.

Expliquons d'abord les termes; il y a peut-être des lecteurs qui en ont besoin. Les mots *équilibre instable* servent en mécanique à exprimer une balance de forces telle que l'intervention

---

[1]. L'idée développée dans ce chapitre faisait d'abord partie d'un article sur la « Physiologie transcendantale » publié en 1857. Voy. *Essays*, p. 279-290.

d'une force nouvelle, si faible qu'elle soit, détruise l'arrangement préalablement existant et en amène un totalement différent. Ainsi un bâton posé en équilibre sur son bout inférieur est en équilibre instable : on a beau le placer rigoureusement dans une position verticale; dès qu'il est abandonné à lui-même, il commence, d'abord d'une manière imperceptible, à s'incliner d'un côté, et puis il tombe avec une rapidité croissante dans une autre position. Au contraire, un bâton suspendu par son bout supérieur est en équilibre stable : on a beau le déranger de sa position, il y revient toujours. Notre proposition signifie donc que l'état d'homogénéité, comme celui du bâton posé en équilibre sur son bout inférieur, ne peut se maintenir. Prenons de nouveaux exemples.

Parmi ceux que nous offre la mécanique, le plus familier est celui de la balance. Si une balance est bien faite, si elle n'est pas chargée de rouille, si elle n'est pas encrassée, il n'est pas possible de maintenir les plateaux en équilibre parfait : il faut toujours qu'un plateau monte et que l'autre descende, et qu'ils soutiennent une relation hétérogène. Si nous saupoudrons une surface liquide avec des petits corps de volume égal, ayant de l'attraction les uns pour les autres, ils se concentreront irrégulièrement en un ou plusieurs groupes. S'il était possible de mettre une masse d'eau dans un état d'homogénéité parfaite, dans un état de repos parfait, en lui donnant partout la même densité, le rayonnement des corps voisins, en affectant différemment les diverses parties de la masse, produirait inévitablement des inégalités de densité, et par suite des courants : ce qui la rendrait hétérogène. Prenons par exemple un morceau de matière chauffée au rouge; bien qu'il ait au début partout la même chaleur, il cessera promptement d'être également chaud dans toutes ses parties. L'extérieur, se refroidissant plus vite que l'intérieur, n'aura pas la même température que l'intérieur. Le passage à une température hétérogène, que nous voyons si bien dans ce cas extrême, se fait plus ou moins dans tous les cas. L'action des forces chimiques nous offre d'autres exemples. Exposons un morceau de métal à l'air, ou mettons-le dans l'eau, et nous le voyons à la longue se revêtir d'une couche d'oxyde, de carbonate ou d'un autre composé : c'est-à-dire que ses parties extérieures deviennent différentes de ses parties intérieures. Habituellement, l'hétérogénéité produite par l'action des forces chimiques à la surface des masses ne frappe pas l'attention, parce que les parties altérées sont promptement lavées par l'eau, ou emportées autrement. Mais, si l'on empêche ces parties de disparaître, il se forme une structure comparativement complexe. Les carrières de trapp en contiennent des exemples frappants. Il n'est pas rare d'y trouver un fragment de trapp réduit par l'action de l'air à un paquet de couches lâchement adhérentes comme celles d'un oignon. Si le bloc a été abandonné à lui-même, nous pouvons y suivre une série de couches; nous rencontrons d'abord celle du dehors, irrégulière et anguleuse, puis successivement des couches qui deviennent de plus en plus arrondies, et enfin un noyau central sphérique. En comparant la masse de pierre primitive avec ce groupe de couches concentriques, dont chacune diffère des autres par la forme et par l'état de décomposition auquel elle est parvenue, nous voyons un exemple frappant de la multiformité à laquelle avec le temps une action chimique externe peut amener un corps uniforme. On voit l'instabilité de l'homogène dans les changements qui s'opèrent dans l'intérieur d'une masse quand elle se compose d'unités qui ne sont pas étroitement liées entre elles. Les atomes d'un précipité ne restent jamais séparés, ni également distribués dans le fluide où ils ont fait leur apparition. Ils s'agrègent, soit en grains cristallins contenant chacun un nombre immense d'atomes, soit en flocons qui en contiennent encore un plus grand nombre; et, quand la masse de liquide est grande et l'opération prolongée, ces flocons ne restent pas à égale distance, mais se séparent pour former des groupes. Cela veut dire qu'il y a une destruction de l'équilibre qui existait auparavant entre les particules diffuses, et de celui qui existait parmi les groupes formés par l'union de ces particules. Il y a des solutions de substances non cristallines dans des liquides extrêmement volatils, qui offrent en une demi-heure toute une série de changements qui s'effectuent de la manière indiquée. Si par exemple on verse sur une feuille de papier un peu de vernis de laque (fait par une dissolution de laque en écailles dans de l'huile de naphte jusqu'à ce que la solution ait la consistance de la crème), la surface du vernis se recouvrira bientôt de divisions polygonales, qui se montrent d'abord sur les bords de la masse pour s'étendre ensuite vers le centre. A la loupe, ces polygones irréguliers, de cinq côtés ou plus, apparaissent limités chacun par des lignes foncées, sur chaque côté desquelles on voit des bordures légèrement colorées. Par l'effet d'un dépôt de matière à leurs angles internes, les bordures s'élargissent lentement, empiètent sur les aires des polygones, jusqu'à ce qu'à la longue il ne reste rien qu'une tache foncée au centre de chacun d'eux. En même temps, les bords des polygones deviennent courbes, et ils finissent par présenter l'aspect de sacs sphériques pressés ensemble, ressemblant d'une façon étrange (mais ne faisant que ressembler) à un groupe de cellules à noyau. Ici, nous voyons qu'une perte rapide d'homogénéité se manifeste de trois façons : d'abord, par la formation de la pellicule qui est le siège des changements ; ensuite, par la formation des sections polygonales après la division de la pellicule ; et, en troisième lieu, dans le contraste qui s'établit entre les sections polygonales des bords, petites et formées en premier lieu, et celles du centre, plus larges et formées les dernières.

L'instabilité dont nous venons de donner divers exemples est évidemment la conséquence de ce fait que les diverses parties d'une agrégation homogène sont nécessairement exposées à des forces différentes, différentes soit par l'espèce, soit par l'intensité, et que par suite elles sont modifiées différemment. De ce qu'il y a un côté interne et un côté externe, de ce que ces côtés ne sont pas également près des sources d'action voisines, il résulte qu'ils reçoivent des influences inégales par la qualité ou la quantité, ou par l'une et l'autre à la fois ; il résulte aussi que des changements différents doivent se produire dans les parties qui sont influencées diversement.

Pour des raisons analogues, il est manifeste que l'opération doit se répéter dans chaque groupe subordonné d'unités différenciées par des forces modificatrices. Chacun de ces groupes subordonnés doit, comme le groupe primitif, perdre peu à peu, sous l'influence des forces qui agissent sur lui, l'équilibre de ses parties, et passer d'un état uniforme à un état multiforme ; ainsi de suite continuellement. Il en résulte que non seulement l'homogène tombe à l'état de non-homogène, mais que le plus homogène doit tendre toujours à devenir moins homogène. Si un tout donné, au lieu d'être partout absolument uniforme, se compose de parties qu'on peut distinguer les unes des autres, si chacune de ces parties, en devenant un peu différente des autres, reste uniforme en elle-même, il s'ensuit que, chaque partie étant en équilibre instable, les changements opérés en elle doivent la rendre plus multiforme, et que par suite l'ensemble devient plus multiforme encore qu'auparavant. Le principe général que nous avons à suivre dans ses applications est un peu plus compréhensif que le titre du chapitre ne le ferait supposer. Il ne sert de rien d'objecter que l'homogénéité parfaite n'existe nulle part ; en effet, que l'état par lequel nous commençons soit ou ne soit pas l'homogénéité parfaite, l'opération n'en marche pas moins nécessairement vers une hétérogénéité relative.

§ 150. La distribution des étoiles nous présente une triple irrégularité. Il y a d'abord le contraste remarquable de la voie lactée avec les autres parties du ciel, par rapport aux quantités d'étoiles comprises dans deux champs visuels donnés. Il y a des contrastes secondaires de même espèce dans la voie lactée même, où les étoiles sont accumulées en grande quantité sur certains points et rares sur d'autres points ; il y en a aussi dans les espaces célestes, où les étoiles sont semées plus dru en certains endroits que dans d'autres. Il y a encore un troisième ordre de contrastes produits par la réunion d'un certain nombre d'étoiles en groupes peu étendus. Outre cette hétérogénéité dans la distribution des étoiles en général, abstraction faite des espèces, il y en a une autre qui permet de les classer d'après des différences de couleur, différences qui sont sans doute des signes de différences dans la constitution physique. Si l'on trouve dans toutes les parties du ciel des étoiles jaunes, il n'en est pas de même des étoiles bleues et des rouges : il y a de vastes régions où les étoiles bleues et les étoiles rouges sont rares, il y en a où les bleues se présentent en foule, et d'autres où les rouges sont comparativement abondantes. Une irrégularité de même signification se présente dans les nébuleuses, ces agglomérations de matière qui, quelle que soit leur nature, appartiennent très certainement à notre système sidéral. En effet, les nébuleuses ne sont pas dispersées avec une sorte d'uniformité ; elles sont abondantes aux pôles de la zone lactée, et rares au voisinage de son plan. Personne n'attend qu'on puisse donner un semblant d'interprétation précise de cette disposition au moyen de l'hypothèse de l'évolution, ou de toute autre hypothèse. Tout ce qu'on peut demander, c'est une raison de penser que les irrégularités qu'il n'est pas improbable de supposer de même espèce se seraient produites dans le cours de l'évolution, en admettant qu'elle ait eu lieu. On peut dire que, si la matière dont ces étoiles et les corps célestes se composent a existé primitivement à l'état diffus dans un espace beaucoup plus vaste que celui que remplit aujourd'hui notre système sidéral, l'instabilité de l'homogène l'aurait empêchée de rester dans le même état. A défaut d'un équilibre absolu entre les forces avec lesquelles les particules dispersées agissent les unes sur les autres (impossible dans une agrégation limitée), on pourrait dire quel mouvement s'opérera et quels changements de distribution devront le suivre nécessairement. On peut ajouter que, dans une matière aussi ténue et d'une cohésion aussi faible, il y aurait des mouvements vers des centres de gravité locaux aussi bien que vers le centre de gravité général; c'est ainsi que, dans un exemple moins relevé, les particules d'un précipité s'agrègent en petits flocons en même temps qu'elles tombent vers la terre. On peut dire que, dans un cas comme dans l'autre, les agrégations locales les plus faibles et les plus primitives doivent se diviser graduellement en groupes qui se concentrent chacun autour de son propre centre de gravité : opération qui doit se répéter sur une plus grande échelle. En s'appuyant sur la loi qui veut que le mouvement une fois commencé dans une direction devienne lui-même une cause de mouvement subséquent dans cette direction, on peut avancer que les hétérogénéités développées dans cette concentration tendent à se prononcer de plus en plus. Les lois de la mécanique nous autorisent à conclure que les mouvements qui portent ces masses irrégulières de matière nébuleuse lâchement agrégée vers leur centre de gravité commun doivent prendre des formes curvilignes, à cause de la résistance du milieu d'où elles se précipitent ; et que, par suite des irrégularités de distribution déjà effectuées, ces mouvements curvilignes doivent par composition des forces aboutir à la rotation du système sidéral naissant. On peut montrer sans difficulté que la force centrifuge qui en résulte doit modifier l'opération d'agrégation au point d'empêcher la distribution uniforme des corps célestes déjà formés et amener un contraste tel que celui qui se présente entre la zone lactée et le reste du ciel. On pourrait encore conclure avec quelque certitude que les différences manifestées dans l'opération de concentration locale sont le résultat probable d'une différence entre les conditions physiques qui existent autour de l'axe général de rotation et celles qui existent ailleurs. On pourrait encore ajouter à toutes ces présomptions que, après la formation des étoiles distinctes, les irrégularités toujours croissantes de distribution dues à la persistance des mêmes causes produiraient les figures bizarres que l'on voit dans les deux moitiés du ciel, aussi bien dans la plus grande que dans la plus petite. Nous n'avons pas besoin de nous engager dans ces spéculations à perte de vue. Il suffit de montrer qu'une masse finie de matière diffuse, quand même elle serait assez vaste pour former tout notre système sidéral, ne pourrait être en équilibre stable ; que faute d'une sphéricité absolue, d'une uniformité absolue de composition, et d'une symétrie absolue de relation avec toutes les forces extérieures, la concentration doit s'y opérer avec une irrégularité toujours croissante, et qu'ainsi l'aspect actuel du ciel n'est pas, autant que nous pouvons en juger, incompatible avec l'hypothèse d'une évolution générale résultant de l'instabilité de l'homogène.

Si nous nous bornons à cette partie de l'hypothèse nébulaire d'après laquelle le système solaire serait le résultat d'une concentration graduelle, et si nous supposons que cette concentration ait atteint un degré assez avancé pour produire un sphéroïde en rotation formé de matière nébuleuse, nous allons voir les conséquences nouvelles qu'entraîne l'instabilité de l'homogène. Il s'aplatit aux pôles; son centre et sa surface prennent des densités différentes, ses parties se meuvent autour de l'axe commun avec des vitesses différentes ; on ne peut plus dire que cette masse soit homogène; par suite, tous les changements qu'elle nous montrera pourront servir d'exemple à la loi générale, mais seulement comme passage d'un état plus homogène à un état moins homogène. Ces changements doivent s'opérer dans celles des parties de la masse qui sont encore homogènes à leur intérieur. Si nous admettons, avec Laplace, que la partie équatoriale de ce sphéroïde en rotation et en voie de contraction doit acquérir, à des périodes successives, une force centrifuge assez grande pour empêcher cette partie de la masse de se rapprocher du centre autour duquel elle tourne, et rester en retard sur les parties plus internes du sphéroïde dans leur mouvement incessant de contraction, nous verrons dans la destinée de l'anneau qui se détache du sphéroïde un exemple nouveau du principe que nous adoptons. Cet anneau, composé de substance gazeuse, peut bien être uniforme au moment où il se détache, il ne peut persister dans cet état. Pour qu'il conservât son équilibre, il faudrait qu'il y eût une uniformité à peu près parfaite dans l'action de toutes les forces externes qui l'influencent (presque, devons-nous dire, parce que la cohésion, même dans la matière extrêmement raréfiée, pourrait suffire à neutraliser des perturbations peu importantes), et il y a contre cette combinaison des probabilités immenses. Les forces internes et externes qui agissent sur cet anneau n'étant point égales, il doit y avoir un point ou des points où la cohésion des parties doit être moindre qu'ailleurs, un point ou des points où la rupture doit se faire. Laplace supposait que l'anneau ne se rompait qu'en un point et qu'il s'affaissait ensuite sur lui-même. Mais cette hypothèse est très contestable, ou du moins telle est l'opinion d'une autorité qui ne le cède à aucune autre de notre temps. Un anneau si vaste, si peu cohérent, doit se rompre en plusieurs fragments. Néanmoins, on peut déduire que, en vertu de l'instabilité de l'homogène, le résultat définitif annoncé par Laplace doit se produire. En effet, en supposant que les masses de matière nébuleuse résultant du fractionnement de l'anneau sont d'un volume assez égal et séparées par des distances assez égales pour s'attirer mutuellement avec des forces exactement égales (ce qui est infiniment improbable), cet équilibre serait inévitablement détruit par l'action inégale des forces perturbatrices externes, et, sur un ou plusieurs points, des masses adjacentes commenceraient à se séparer. Une fois commencée, la séparation amènerait avec une vitesse toujours croissante un groupement des masses. Il est évident qu'un résultat analogue se produirait, en définitive, dans ces nouveaux groupes, jusqu'à ce qu'enfin ils fussent agrégés en une masse unique.

Quittons l'astronomie spéculative, et considérons le système solaire tel qu'il est à présent. Il sera bon, en premier lieu, de noter un fait qui peut paraître en désaccord avec ce que nous venons de dire : je veux parler des anneaux de Saturne qui existent encore, et surtout de l'anneau nébuleux interne qu'on vient d'y découvrir. On objecte que les anneaux externes conservent leur équilibre ; mais on peut répondre que la cohésion comparativement grande de la substance liquide ou solide suffirait à empêcher une faible tendance à la rupture d'avoir son effet. De ce qu'un anneau nébuleux conserve encore sa continuité, cela ne dément pas la conclusion précédente, puisqu'il la conserve en vertu d'une condition exceptionnelle, celle de la disposition symétrique des forces que les anneaux externes exercent sur lui. Bien plus, il faut remarquer que, si le système saturnien semble en désaccord avec la doctrine qu'un état d'homogénéité est un état d'équilibre instable, en réalité, il nous en offre une confirmation curieuse. En effet, Saturne n'est pas tout à fait concentrique avec ses anneaux, et l'on a prouvé mathématiquement que, si ses anneaux étaient concentriques, ils ne pourraient rester en cet état : la relation homogène, étant instable, graviterait vers une relation hétérogène. Ce fait sert à nous en rappeler un autre analogue qui se reproduit dans toute l'étendue du système solaire. Tous les orbites, tant des planètes que des satellites, sont plus ou moins excentriques, aucun n'est un cercle parfait; et, s'ils étaient des cercles parfaits, ils ne tarderaient pas à devenir des ellipses. Des perturbations réciproques engendreraient inévitablement des excentricités. En un mot, les relations homogènes se transformeraient en relations hétérogènes.

§ 151. Nous avons déjà parlé si souvent de la formation d'une croûte à la surface du globe incandescent, qu'il paraîtra peut-être superflu d'en dire encore quelque chose. Pourtant nous ne l'avons pas considérée au point de vue du principe que nous discutons actuellement. Nous allons faire voir qu'elle est une conséquence nécessaire de l'instabilité de l'homogène. Le refroidissement et la solidification de la surface du globe nous offrent un cas des plus simples et des plus importants du passage d'un état uniforme à un état multiforme, survenu dans une masse par suite de l'exposition de ses différentes parties à des conditions différentes. A la différenciation de l'extérieur de la terre d'avec son intérieur causée par ce refroidissement, nous devons ajouter une des différenciations les plus évidentes que l'extérieur même subit plus tard, et qui s'opère en vertu des mêmes conditions. Si les conditions auxquelles est exposée la surface du globe étaient semblables dans tous les sens, il n'y aurait pas de raison pour qu'aucune de ses parties devînt différente du reste d'une manière permanente. Mais la surface du globe est exposée au principal centre extérieur de force, le soleil, et ses principales divisions sont modifiées inégalement : à mesure que la croûte s'épaissit et se refroidit, un contraste nouveau s'établit, celui que nous trouvons maintenant si prononcé entre les régions polaires et les régions équatoriales.

A côté de ces différenciations physiques de premier ordre qui s'opèrent dans le globe par l'effet de l'instabilité de l'homogène, il s'opère de nombreuses différenciations chimiques susceptibles de recevoir la même explication. Sans soulever la question de savoir si, comme quelques-uns le croient, les substances dites simples ne sont pas elles-mêmes composées d'éléments inconnus (éléments que nous ne pouvons isoler par la chaleur artificielle, mais qui existaient isolés alors que la chaleur de la terre était supérieure à la chaleur la plus élevée que nous puissions produire), il suffira pour le moment de montrer comment, au lieu de l'homogénéité relative, au point de vue chimique, de la croûte terrestre, qui doit avoir existé quand la température était élevée, il s'est formé pendant son refroidissement une hétérogénéité chimique croissante. Chaque élément ou chaque composé, étant incapable de conserver son homogénéité en présence des diverses affinités chimiques ambiantes, est entré dans des combinaisons hétérogènes. Examinons ce changement avec quelques détails. Il y a toute raison de croire qu'à une chaleur extrême les corps que nous appelons éléments ne peuvent se combiner. Même à des chaleurs que nous pouvons produire artificiellement, on voit céder des affinités très fortes, et le plus grand nombre des composés chimiques se décomposent à des températures bien inférieures. Il n'est donc pas improbable que, lorsque la terre était dans son état primitif d'incandescence, il n'y eût aucune combinaison chimique. Sans tirer cette conclusion, contentons-nous de partir d'un fait incontestable, et constatons que les composés qui résistent aux plus hautes températures, et qui par conséquent ont dû se former les premiers quand la Terre s'est refroidie, sont les composés les plus simples. Les protoxydes, y compris les alcalis, les terres, etc., sont les composés les plus fixes qu'on connaisse; la plupart d'entre eux résistent aux chaleurs artificielles les plus intenses. Ils se composent seulement d'un atome de chaque élément constituant; ils forment donc les combinaisons de l'ordre le plus simple, des combinaisons moins homogènes d'un degré seulement que les éléments eux-mêmes. Plus hétérogènes, plus décomposables par la chaleur, et partant plus récents dans l'histoire du globe sont les deutoxydes, les tritoxydes, les peroxydes, etc., dans lesquels deux, trois, quatre atomes d'oxygène ou davantage sont unis à un atome de métal ou d'un autre corps simple. Les sels sont encore moins susceptibles de résister à la chaleur; ils nous offrent des atomes composés formés chacun de cinq, six, sept, huit, dix, douze atomes ou davantage, appartenant à trois espèces, sinon à un plus grand nombre. Puis nous trouvons les sels hydratés, encore plus hétérogènes, qui subissent une décomposition partielle à des températures beaucoup plus basses. Ensuite viennent des composés encore plus compliqués, les sursels, les sels doubles, dont la stabilité est moindre encore, et ainsi de suite. Je ne crois pas qu'un chimiste, sauf un petit nombre de réserves peu importantes en faveur de quelques affinités particulières, puisse nier que les combinaisons organiques obéissent à cette loi générale, que, toutes choses égales, la stabilité décroît à mesure que la complexité augmente. Si nous passons aux combinaisons chimiques qui entrent dans la composition des corps organisés, nous voyons une nouvelle vérification de notre loi, c'est-à-dire bien plus de complexité et bien moins de stabilité. Un atome d'albumine, par exemple, se compose de 482 atomes primitifs de cinq espèces différentes. La fibrine a une composition encore plus compliquée : elle contient pour chaque atome 298 atomes de carbone, 49 d'azote, 2 de soufre, 228 d'hydrogène et 92 d'oxygène, en tout 660 atomes, ou pour mieux dire équivalents. Ces deux substances sont si instables qu'elles se décomposent à une température très modérée, comme celle à laquelle est exposée une pièce de rôti. On objectera peut-être que des composés inorganiques, tels que l'hydrogène phosphoré et le chlorure d'azote, sont plus décomposables que les combinaisons organiques les plus tranchées. C'est vrai. Mais cela ne fait rien à notre argument. Nous ne disons pas que *tous* les composés simples sont plus fixes que *tous* les composés complexes. Pour établir notre conclusion, il nous suffit de montrer qu'*en moyenne* les combinaisons simples peuvent exister à une température plus élevée que les complexes : ce qui est tout à fait hors de doute. Ainsi, il est manifeste que l'hétérogénéité chimique de la surface du globe, telle qu'elle existe aujourd'hui, a augmenté graduellement selon que le permettait le décroissement de la chaleur. et que cette hétérogénéité s'est montrée sous trois formes : d'abord, dans la multiplication des composés chimiques, ensuite dans le nombre plus grand d'éléments différents, contenus dans le plus moderne de ces composés, et enfin dans les multiples plus élevés et plus variés sous lesquels ces nombreux éléments se combinent.

Sans entrer dans les détails, il suffira de mentionner, comme nouveaux exemples de notre loi, les opérations météorologiques définitivement établies dans l'atmosphère terrestre. Elles sont également des exemples de cette destruction de l'état homogène qui résulte d'une exposition inégale à des forces incidentes.

§ 152. Prenons une masse de matière non organisée, mais organisable, par exemple le corps de l'un des êtres vivants les plus inférieurs, ou le germe de l'un des supérieurs. Voyons-en les conditions : ou bien il est plongé dans l'eau ou dans l'air, ou contenu dans un organisme de la même famille. Quelle que soit sa place, sa partie extérieure et sa partie intérieure ont des rapports différents avec les agents extérieurs, la nourriture, l'oxygène et les divers stimulants. Mais ce n'est pas tout : qu'il soit tout à fait au repos au fond de l'eau ou sur la feuille d'une plante, qu'il se meuve à travers l'eau en conservant une certaine attitude, ou qu'il soit enfermé à l'intérieur d'un adulte, toujours est-il que certaines parties de sa surface sont plus exposées aux forces ambiantes que d'autres parties, c'est-à-dire plus exposées dans certains cas à la lumière, à la chaleur ou à l'oxygène, et dans d'autres plus soumis à l'influence des tissus de la mère et de leur contenu. Il en résulte la rupture de l'équilibre primitif. Cette rupture peut se faire d'une ou de deux manières : ou bien les forces perturbatrices sont capables de surmonter les affinités des éléments organiques, et alors se produisent les résultats qu'on appelle décomposition ; ou, comme il arrive ordinairement, ces changements surviennent sans détruire les composés organiques, mais seulement en les modifiant : les parties les plus exposées aux forces modificatrices sont les plus modifiées. Pour éclaircir ce point, prenons quelques exemples.

Remarquons d'abord des exceptions apparentes. Il y a de petits êtres appartenant au règne animal qui ne nous présentent aucune différenciation appréciable ou des différenciations tellement obscures qu'on ne peut les démontrer qu'avec beaucoup de difficulté. Chez les rhizopodes, la substance du corps gélatiniforme reste toute la vie sans organisation, au point même qu'ils n'ont pas de membrane limitante ; ce qui le prouve, c'est que les processus filiformes qui s'avancent hors de la masse se soudent en se touchant. Qu'un animal voisin, l'*Amœba*, dont les membres moins nombreux et plus volumineux ne se soudent pas, ait ou n'ait pas, ainsi qu'on l'a prétendu dernièrement, une espèce de paroi de cellule et un noyau, il est clair que la distinction des parties est très peu de chose, puisque les particules alimentaires passent en nature dans l'intérieur de l'animal à travers une partie quelconque de la périphérie, et que, lorsque l'animal a été coupé en morceaux, chaque morceau se comporte comme l'animal entier. Eh bien, ces cas où il n'y a pas de contraste entre la structure du dehors et celle du dedans, ou qui en présentent si peu, ces cas, qui semblent contredire la conclusion que nous avons tirée, sont en réalité des preuves très significatives de sa vérité. En effet, qu'est-ce qui caractérise la division des *Protozoa*? Les membres de cette division subissent des changements perpétuels et irréguliers de forme ; ils n'ont pas entre leurs parties de relations permanentes : ce qui faisait tantôt partie de l'intérieur est maintenant prolongé au dehors et, jouant le rôle de membre temporaire, s'attache à l'objet qu'il vient de toucher; ce qui est maintenant une partie de la surface va être attiré au centre de la masse avec l'atome alimentaire qui y est collé; l'intérieur et l'extérieur n'ont aucune relation permanente ou en ont une très petite. Mais, dans notre hypothèse, ce n'est que parce que leurs positions diffèrent par rapport aux forces modificatrices, que les unités originellement semblables d'une masse vivante deviennent dissemblables. Nous ne pouvons donc attendre aucune différenciation définitive de position dans leurs parties, et nous devons attendre une différenciation excessivement faible dans les parties, quand les positions ne sont que très peu déterminées ; et c'est cela que nous trouvons. Cette preuve négative est renforcée par une preuve positive. Quand nous passons de ces points protéiformes de gelée vivante à des organismes dont la structure ne varie pas, nous trouvons que les différences de tissu correspondent à des différences de position relative. Chez tous les *Protozoa* supérieurs, comme aussi dans les *Protophyta*, nous rencontrons une différenciation fondamentale dans les membranes des cellules et dans le contenu des cellules, répondant au contraste fondamental de conditions impliqué dans les mots *extérieur* et *intérieur*. En passant des organismes grossièrement classés sous le nom d'unicellulaires aux organismes inférieurs composés d'un agrégat de cellules, nous observons aussi le rapport qui unit la différence de structure et celle des circonstances. D'une manière négative, nous voyons que, dans l'éponge traversée en tous sens par les courants de l'eau de la mer, le vague de l'organisation correspond à un manque de précision dans les différences des conditions ; les parties périphériques et centrales sont aussi peu contrastées par leur structure que par leur exposition aux effets des agents ambiants. D'un autre côté, nous voyons d'une manière positive, dans des êtres comme les *Thalassicolla*, qui, bien qu'aussi peu élevés dans l'échelle, conservent leurs parties internes et externes dans des circonstances différentes d'une façon permanente, une structure grossière évidemment soumise aux relations primaires de centre et de surface : dans toutes leurs variétés, qui sont nombreuses et importantes, les parties présentent un arrangement plus ou moins concentrique.

Après cette modification primaire, qui introduit une différence entre les tissus externes et les internes, nous rencontrons, dans l'ordre de constance et d'importance, une autre modification qui différencie quelque partie des tissus externes d'avec le reste, et cette modification correspond à un fait presque universel, à savoir que quelque partie des tissus externes est plus exposée que le reste à certaines influences ambiantes. Dans ce cas, comme dans les autres, les exceptions apparentes ont une grande valeur. Il y a des végétaux inférieurs, tels que les *Hématococci*, les *Protococci*, également enveloppés d'une couche de mucus ou dispersés dans la neige arctique, qui ne montrent nulle différence de surface, les diverses parties de leur surface n'étant soumises à aucun contraste défini de conditions. Les sphères ciliées, telles que les *Volvox*, n'ont à leur périphérie aucune partie qui se distingue des autres, et l'on ne devrait pas s'attendre à en trouver de différentes, puisque, roulant dans tous les sens, elles traversent l'eau sans exposer aucune de leurs parties à des conditions spéciales. Mais quand nous arrivons aux organismes fixés, ou qui, dans leurs mouvements, conservent des attitudes définies, nous ne trouvons plus de surfaces uniformes. Le fait le plus général qu'on puisse affirmer sur la structure des plantes et des animaux, c'est que, quelque grande que soit d'abord la ressemblance de forme et de texture des diverses parties extérieures, elles contractent une dissemblance qui correspond à la dissemblance de leurs relations avec les forces ambiantes. Le germe cilié d'un zoophyte, qui, durant sa période de locomotion, ne présente à distinguer que des tissus externes et des tissus internes, n'est pas plus tôt fixé que son bout supérieur commence à revêtir une structure différente de celle de l'inférieur. Les *gemmes* discoïdes du *Marchantia*, d'abord semblables sur les deux faces, qui tombent au hasard, une des faces regardant en haut, commencent à pousser des radicules par leur face inférieure et des *stomates* par la supérieure; ce fait prouve incontestablement que cette différenciation primaire est déterminée par le contraste fondamental des conditions.

Naturellement, dans les germes des organismes supérieurs, les métamorphoses dues immédiatement à l'instabilité de l'homogène sont vite masquées par celles qui tirent leur origine du type héréditaire. Cependant il y a des changements primitifs communs à toutes les classes d'organismes, que par conséquent on ne peut attribuer à l'hérédité et qui sont tout à fait conformes à l'hypothèse. Un germe qui n'a subi aucune modification de développement se compose d'un groupe sphéroïdal de cellules homogènes. Partout, le premier degré de son évolution est l'établissement d'une différence entre certaines cellules périphériques et les cellules qui forment l'intérieur : certaines cellules périphériques, après s'être fissurées à plusieurs reprises spontanément, se soudent pour former une membrane ; et, par une continuation de l'opération, cette membrane s'étend et recouvre promptement la masse entière, comme chez les mammifères, ou, comme chez les oiseaux, s'arrête pour quelque temps. Voilà deux faits significatifs. Le premier, c'est que la dissemblance primitive s'établit entre l'extérieur et l'intérieur. Le second, c'est que le changement qui donne le branle au développement ne se fait pas simultanément sur tout l'extérieur, mais commence en un lieu et embrasse peu à peu tout le reste. Eh bien, ces faits sont justement des corollaires de l'instabilité de l'homogène. La surface doit, plus que toute autre partie, devenir différente du centre, parce qu'elle est soumise à des conditions plus différentes de celles du centre ; et toutes les parties de la surface ne peuvent contracter simultanément cette différenciation, parce qu'elles ne peuvent être exposées aux forces extérieures avec une uniformité absolue. Nous avons encore un autre fait général d'un sens analogue. Quelle que soit l'étendue de cette couche périphérique de cellules, ou du blastoderme, comme on l'appelle, elle se divise bientôt en deux feuillets, le séreux et le muqueux, ou, sous d'autres noms, l'ectoderme et l'endoderme. La première est formée de la partie du blastoderme qui est en contact avec les agents ambiants, et la seconde est formée de la partie qui est en contact avec la masse du jaune qu'elle renferme. C'est-à-dire qu'après une différenciation primaire plus ou moins étendue, entre la surface et le centre, la partie superficielle qui en résulte subit une différenciation secondaire et se dédouble en une partie interne et une externe ; on voit clairement que cette différenciation est du même ordre que la précédente et qu'elle répond au contraste de conditions le plus marqué après celui dont j'ai parlé.

Mais, comme je l'ai déjà indiqué, ce principe, compris dans la forme simple que je présente, ne donne pas la clef des détails du développement organique. Il est insuffisant pour expliquer des particularités génériques et spécifiques ; il nous laisse même dans l'obscurité, au sujet des distinctions importantes qui servent de caractère aux familles et aux ordres. Il ne peut nous apprendre pourquoi deux œufs déposés dans un même étang donneront, l'un un poisson, l'autre un reptile. L'hypothèse que nous venons de développer ne nous explique pas que deux œufs différents, couvés par la même poule, donneront, l'un un petit canard, l'autre un petit poulet. Il nous faut forcément revenir au principe inexpliqué de la transmission héréditaire. La capacité que possède un germe non organisé de se développer pour former un adulte complet, qui reproduit les traits de ses ancêtres dans leurs plus petits détails, lors même que le nouvel être serait placé dans des conditions différentes de celles de l'ancêtre, cette capacité est encore incompréhensible pour nous. Qu'une partie microscopique de substance en apparence dépourvue de structure porte avec elle une influence telle, que l'homme qui en sortira sera, dans cinquante ans, goutteux ou fou, cela serait incroyable, si l'expérience n'en fournissait des preuves chaque jour. Si, revenant sur nos pas, nous montrions que ces différenciations compliquées que manifeste un adulte sont, ainsi qu'il y a des raisons de le croire, les résultats graduellement accumulés et transmis d'un processus analogue à celui que nous avons trouvé dans le germe, il en résulterait que les changements embryonnaires mêmes, dus à l'influence héréditaire, sont des conséquences éloignées de la loi de l'instabilité de l'homogène. Si nous faisions voir que les modifications légères opérées durant la vie de chaque adulte, et léguées aux descendants avec toutes les modifications analogues qui les précédaient, ne sont que des dissemblances de parties produites par des dissemblances de conditions, il en résulterait que les modifications opérées dans le cours du développement embryonnaire sont en partie des conséquences directes et en partie des conséquences indirectes de l'instabilité de l'homogène. Toutefois le sujet que nous traitons n'exige pas que nous donnions les raisons qui plaident en faveur de cette hypothèse. Il suffit que les différenciations les plus remarquables que manifestent universellement les organismes naissants correspondent aux différences les plus marquées des conditions auxquelles ces parties sont soumises. Il suffit que le contraste habituel qui distingue le dedans du dehors, qui, nous le *savons*, est produit, dans les masses inorganiques, par une différence dans l'exposition à l'action des forces incidentes, soit rigoureusement analogue au premier contraste qui apparaît dans toutes les masses organiques.

Il me reste à montrer que, dans l'assemblage des organismes qui constituent une espèce, on peut retrouver la preuve du principe de l'instabilité de l'homogène. Nous avons beaucoup de matériaux qui nous autorisent à induire que chaque espèce ne reste pas uniforme, mais qu'elle tend toujours à devenir multiforme jusqu'à un certain point; il y a aussi des raisons de croire que ce passage de l'homogénéité à l'hétérogénéité vient de ce que les membres de cette espèce sont soumis à des systèmes dissemblables de circonstances. Nous avons une base suffisante pour notre induction dans la coexistence de deux faits : d'abord, dans une espèce animale et végétale : les individus ne sont jamais tout à fait semblables; ensuite il y a dans chaque espèce une tendance à produire des différences assez saillantes pour constituer des variétés. D'autre part, une expérience familière confirme la déduction : c'est que les variétés sont plus nombreuses et plus tranchées parmi les plantes cultivées et les animaux domestiques, quand les conditions de la vie qui leur sont faites s'écartent le plus et sur le plus grand nombre de points des conditions primitives. Que nous regardions la « sélection naturelle » comme l'agent qui produit la totalité ou seulement une partie des variétés, cela ne change rien à notre conclusion. En effet, comme la persistance d'une variété prouve qu'elle est en harmonie avec certains agrégats de forces ambiantes, comme la multiplication d'une variété et son établissement sur un terrain occupé auparavant par une autre fraction de l'espèce impliquent que cet agrégat de forces a produit sur les deux variétés des effets différents, il est évident que cet agrégat de force est la cause réelle de la différenciation; il est clair que si la variété supplante l'espèce originale dans quelques localités, mais non dans les autres, c'est parce que l'agrégat des forces dans une localité ne ressemble pas à celui qui règne dans l'autre ; il est évident enfin que le passage de l'espèce d'un état d'homogénéité à un état d'hétérogénéité provient de ce que ses différentes parties sont exposées à des agrégats différents de forces.

§ 153. Je ne pourrais démontrer que la loi se vérifie aussi dans les phénomènes de l'esprit sans entreprendre une analyse beaucoup trop étendue pour le moment. Pour montrer comment les états de conscience primitivement homogènes deviennent hétérogènes par suite des changements différents effectués par des forces différentes, il nous faudrait suivre avec un soin rigoureux l'organisation des premières expériences. Cette tâche accomplie, il serait évident que ce qui constitue le développement de l'intelligence, sous un de ses principaux aspects, c'est une répartition dans des classes distinctes des choses dissemblables qui auparavant étaient confondues dans une seule classe, c'est-à-dire une formation de sous-classes et de sous-sous-classes, jusqu'à ce que l'agrégat d'abord confus des objets connus se résolve en un agrégat qui unisse une hétérogénéité extrême des groupes nombreux qui le composent à une homogénéité complète des membres de chaque groupe. Si, par exemple, nous suivions, en remontant l'échelle des créatures, la genèse de ce vaste édifice de connaissances acquises par la vue, nous verrions que, dans la première période où les yeux ne servent à rien qu'à distinguer la lumière des ténèbres, la seule classification possible des objets vus doit être basée sur la manière dont la lumière est interceptée et sur le degré de l'interception. Nous trouverions que, dans ces organes visuels rudimentaires, les images qui traversent la rétine rudimentaire doivent se diviser seulement en deux classes, l'une d'objets stationnaires, devant lesquels l'animal passe en se mouvant, et l'autre d'objets mobiles qui s'approchent de l'animal tandis qu'il est au repos; c'est donc la classification extrêmement générale des choses visibles en choses stationnaires et en choses mobiles qui se serait formée la première. Nous trouverions que, tandis que les yeux les plus simples ne sont pas aptes à distinguer une interception de lumière causée par un petit objet très proche de l'œil, ni une interception causée par un grand objet à quelque distance, des yeux plus développés possèdent cette aptitude, d'où une différenciation vague de la classe des objets en mouvement en objets plus proches et en objets plus éloignés. Nous verrions que les perfectionnements nouveaux de la vision qui rendent possible une évaluation plus exacte des distances par l'ajustement des axes optiques, et ceux qui, par l'effet de l'agrandissement et de la subdivision de la rétine, rendent possible la distinction des formes, doivent avoir pour effet de donner une plus grande précision aux classes déjà formées et de les subdiviser en classes plus petites, composées d'objets moins dissemblables. Enfin, nous verrions que toutes les améliorations des organes de perception doivent conduire aussi à une multiplication des divisions et à une augmentation dans la précision des limites de chaque division. Chez les enfants, on peut découvrir qu'un agrégat confus d'impression des objets ambiants dont les distances, les volumes, les formes ne leur apparaissaient pas comme dissemblables, se transforme pareillement en classes d'objets dissemblables entre eux par tels et tels attributs. Dans un cas comme dans l'autre, on pourrait montrer que cette conscience primitive indéfinie, incohérente, et comparativement homogène, s'est changée en une conscience définie, cohérente, homogène, sous l'influence de différences dans les actions des forces extérieures à l'organisme. Qu'il suffise de ces indications sommaires, qu'on pourrait démontrer si l'espace dont nous disposons le comportait. Ces jalons aideront sans doute le lecteur à se convaincre que le cours de l'évolution mentale n'offre pas d'exception à la loi générale de l'instabilité de l'homogène. Pour faciliter la tâche, j'ajouterai un exemple qu'on peut comprendre isolément, en dehors du processus de l'évolution mentale considérée comme un tout.

On a fait la remarque (on dit que c'est Coleridge, mais je n'ai pu la retrouver dans ses œuvres) que, à mesure que le langage fait des progrès, les mots qui avaient originellement des sens semblables en acquièrent de dissemblables par un changement qu'exprime bien le mot formidable de *désynonymisation*. On ne peut montrer clairement cette perte d'équivalence dans les mots indigènes, parce que, dans ces mots, les divergences de sens ont précédé l'aurore de la littérature. Mais, dans les mots qui ont été frappés à dessein ou empruntés à d'autres langues depuis qu'on écrit des livres, ce mouvement est facile à démontrer. Chez les vieux théologiens, le mot *mécréant (miscreant)* est employé avec le sens de son étymologie, celui d'*incrédule (unbeliever)*; mais, dans le langage moderne, il a perdu tout à fait ce sens. Pareillement, *méchant (evil-doer)* et *malfaiteur (malefactor)*, exactement synonymes par étymologie, ont cessé de l'être dans l'usage; par malfaiteur, on comprend aujourd'hui un criminel convaincu, ce qui n'est pas du tout l'acception du mot *méchant*. Le verbe anglais *produce* a dans Euclide son sens primitif, *to prolong* ou *draw out*; mais les sens aujourd'hui très étendus du mot *produce* n'ont presque rien de commun avec le sens de *prolong* ou *draw out*. Dans la liturgie de l'Église anglicane, le mot *prevent* produit avec son sens primitif un effet bizarre; il veut dire *venir avant (to come before)*, tandis que, dans le langage moderne, il a un sens plus spécial, *venir avant à l'effet d'arrêter (to come before with the effect of arresting)*. Mais les cas les plus démonstratifs sont ceux où les mots se composent des mêmes parties différemment combinées, par exemple *go under* et *undergo*. Nous allons sous (*go under*) un arbre, et nous subissons (*undergo*) une peine. Sans doute, à les considérer analytiquement, le sens de ces expressions resterait le même, lors même que les mots seraient transposés; mais l'habitude a si bien modifié leur sens que nous ne pourrions dire sans absurdité que nous subissons (*undergo*) un arbre, et que nous allons sous (*go under*) une peine. On pourrait citer d'innombrables exemples pour montrer que, entre deux mots qui avaient primitivement la même force, l'équilibre ne peut se maintenir. A moins qu'ils ne soient journellement employés exactement avec le même degré et dans les mêmes relations (et le contraire est infiniment probable), il se forme nécessairement une habitude d'associer l'une plutôt que l'autre avec des actes ou des objets particuliers. Cette habitude, une fois introduite, se confirme; et peu à peu l'homogénéité de sens de ces mots disparaît. Chaque personne se distingue par l'habitude d'employer un certain vocabulaire et de certaines phrases; chaque personne se sert de certains mots aux endroits où d'autres personnes emploient d'ordinaire d'autres mots; on les voit à chaque instant revenir à des expressions favorites. L'incapacité de conserver la balance dans l'usage des symboles verbaux, qui caractérise chaque homme, caractérise par conséquent les agrégats d'hommes; et la désynonymisation des mots en est l'effet définitif.

Si l'on trouvait quelque difficulté à comprendre comment ces changements intellectuels servent d'exemples à une loi de transformations physiques opérées par des forces physiques, on la surmonterait en considérant les actes de l'esprit comme des fonctions nerveuses. On verrait que les pertes d'équilibre, dont nous venons de donner des exemples, sont des pertes d'égalité fonctionnelle entre deux éléments du système nerveux. Enfin l'on verrait que, comme dans d'autres cas, cette perte d'égalité fonctionnelle est due à des différences dans la façon dont des forces incidentes affectent ces éléments.

§ 154. Des masses d'hommes, comme toutes les autres masses, manifestent une tendance semblable soumise à des influences semblables. Les petites agglomérations et les grandes sociétés nous le montrent à l'envi; et, dans les unes comme dans les autres, les différenciations gouvernementales et industrielles reconnaissent cette cause. Jetons un coup d'œil sur les faits qui appartiennent à ces deux classes.

Dans une société d'affaires, l'autorité des membres peut bien être égale en théorie, mais, dans la pratique, on voit que l'autorité d'un membre devient plus forte que celle d'un autre ou que celle des autres. Les sociétaires ont eu beau donner des pouvoirs égaux aux directeurs de leur compagnie, l'inégalité ne tarde pas à s'y montrer; et d'ordinaire l'autorité d'un directeur devient si marquée que ses décisions sont la règle de conduite de la compagnie. Dans les sociétés politiques, charitables, littéraires, ou destinées à d'autres buts, nous retrouvons également une division semblable en parties dominantes et en parties subordonnées, et chaque partie a des mesures, des membres moins influents, et une masse de membres sans influence. Dans ces exemples secondaires, nous pouvons voir des groupes d'hommes sans organisation, unis pour des relations homogènes, passer graduellement à l'état de groupes organisés, unis par des relations hétérogènes; et c'est là que nous trouvons la clef des inégalités sociales. Les communautés barbares et civilisées ont aussi le même caractère; elles sont divisées en classes, et dans chaque classe on trouve des unités plus importantes et d'autres moins importantes; cette structure sociale est évidemment le résultat graduellement consolidé d'une opération analogue à celle que nous voyons se réaliser tous les jours dans le commerce ou d'autres combinaisons. Tant que les hommes seront constitués pour agir l'un sur l'autre, soit par la force physique, soit par la force morale, il s'élèvera des conflits pour la suprématie qui aboutiront en définitive et nécessairement à la domination de l'un d'eux; la différence, une fois marquée, s'accentuera nécessairement toujours davantage. Une fois que son équilibre instable est détruit, l'uniforme doit graviter avec une vitesse accélérée vers le multiforme. La suprématie et la subordination doivent s'établir, comme cela arrive sous nos yeux dans toutes les parties de l'édifice social, depuis les grandes divisions en classes qui s'étendent au corps tout entier, jusqu'aux coteries de village, et même jusqu'aux bandes d'écoliers. On m'objectera peut-être que ces changements résultent, non de l'homogénéité, mais de la non-homogénéité des agrégations primitives, et qu'ils viennent de ce que leurs unités présentaient dès le début des différences légères. Sans doute, c'est là la cause prochaine. Rigoureusement, il faut considérer ces changements comme des transformations d'un état relativement homogène à un état relativement hétérogène. Mais il est très clair qu'une agrégation d'hommes absolument pareils par leurs qualités subirait en définitive une transformation semblable. En effet, en l'absence d'uniformité parfaite dans leur vie, les occupations, les conditions physiques, les relations domestiques et les enchaînements d'idées et de sentiments de chacun d'eux doivent amener entre eux des différences, et celles-ci doivent finalement aboutir à des différenciations sociales. Même les inégalités de santé causées par des accidents doivent, en imposant des inégalités de facultés physiques et mentales, troubler l'équilibre exact des influences que les unités exercent les unes sur les autres; et cet équilibre une fois troublé doit être inévitablement perdu. Nous voyons donc qu'un groupe d'hommes absolument homogènes par leurs relations gouvernementales doit, comme tous les autres corps homogènes, devenir hétérogène; mais nous voyons aussi que son hétérogénéité est l'effet de la même cause ultime, une exposition inégale de ses parties à l'action des forces extérieures.

On voit bien plus clairement que les premières divisions industrielles des sociétés doivent leur origine à des dissemblances de circonstances extérieures. Ces divisions manquent tant que ces dissemblances font défaut. Les tribus nomades n'exposent pas d'une manière permanente des groupes de leurs membres à des conditions locales spéciales; une tribu sédentaire, qui n'occupe qu'un territoire restreint, conserve pendant longtemps les différences tranchées qui distinguent les conditions de ses membres; et, dans ces tribus, il n'y a pas de différenciations économiques décidées. Mais quand une communauté, devenant fort populeuse, se répand sur une grande étendue de pays et s'y établit si bien que ses membres vivent et meurent dans leurs districts respectifs, elle maintient ses diverses sections dans des circonstances physiques différentes, et alors ces sections ne peuvent plus rester semblables par leurs occupations. Celles qui vivent dispersées continuent à chasser et à cultiver la terre; celles qui s'étendent sur le bord de la mer s'adonnent à des occupations maritimes; les habitants de quelque endroit choisi, peut-être pour sa position centrale, comme lieu de réunions périodiques, deviennent commerçants, et une ville se fonde. Chacune de ces classes subit dans son caractère une modification qui résulte de sa fonction et qui la rend plus propre à la remplir. Plus récentes dans la marche de l'évolution sociale, ces adaptations locales se multiplient grandement. Une différence dans le sol et dans le climat fait que les habitants des campagnes, dans les diverses régions du pays, ont des occupations spécialisées en partie, et se distinguent en ce qu'ils produisent des bœufs, ou des moutons, ou du blé, ou de l'avoine, ou du houblon, ou du cidre. Les gens qui vivent dans les pays où l'on a découvert des houillères sont devenus mineurs. Les habitants de Cornouailles travaillent aux mines, parce que leur pays est riche en métaux; et les usines à travailler le fer constituent l'industrie dominante des pays où le minerai de fer est abondant. Liverpool est devenu le centre de l'importation du coton, parce qu'il est dans le voisinage des districts où l'on fabrique les produits de coton. Par la même raison, Hull est devenu le port principal d'entrée des laines étrangères. Nous retrouvons l'application du même principe dans l'établissement des brasseries, des teintureries, des fabriques d'ardoises, des tuileries. De sorte que, dans la généralité ou dans le détail, les spécialisations de l'organisme social, qui caractérisent chaque district, dépendent originairement de circonstances locales. Nous avons déjà expliqué à un autre point de vue ces divisions du travail par le principe que le mouvement s'établit dans le sens de la résistance moindre (§ 80); ici, nous les expliquons par des différences dans les forces extérieures; mais les deux explications sont tout à fait compatibles l'une avec l'autre. En effet, ce qui dans chaque cas *détermine* la direction de la résistance moindre, c'est la distribution des forces à vaincre; par suite, la dissemblance de distribution en localités séparées introduit une dissemblance dans le cours de l'action de l'homme dans ces localités, c'est-à-dire des différenciations industrielles.

§ 155. Il nous reste encore à démontrer que le principe général de l'instabilité de l'homogène est démontrable *à priori*. Nous avons à donner la preuve spécifique qu'il est un corollaire de la persistance de la force. Déjà nous l'avons admis implicitement, en invoquant la dissemblance de l'exposition des parties à des forces ambiantes, pour expliquer comment une masse uniforme perd son uniformité. Mais il convient de donner à cette reconnaissance implicite la forme d'une preuve définie.

Quand on frappe une masse de matière avec une force capable de l'ébrécher ou de la faire voler en pièces, on voit que le coup affecte différemment ses diverses parties, et que les différences sont les conséquences des relations dissemblables de ses parties avec la force qu'on leur fait subir. La partie avec laquelle le corps qui frappe se met en contact, recevant la totalité du mouvement, est poussée vers le centre de la masse. Elle comprime et tend à déplacer les parties plus rapprochées du centre. Celles-ci à leur tour ne peuvent être comprimées ou chassées de leur place sans presser sur les parties voisines. Quand le coup est assez violent pour casser la masse, nous voyons, par la dispersion de ses fragments selon des directions rayonnées, que le moment primitif, en se distribuant dans toute la masse, s'est divisé en moments moindres différents par leurs directions. Nous voyons que ces directions sont déterminées par les positions des parties les unes par rapport aux autres, et par rapport au point d'application de la force. Nous voyons que les parties sont affectées diversement par la force qui les rompt, parce qu'elles ont des rapports différents avec cette force dans leur direction et leurs attaches, que les effets, étant les produits combinés de la cause et des conditions, ne peuvent être semblables dans des parties qui sont soumises à des conditions différentes. Un corps sur lequel tombe de la chaleur rayonnante nous fournit un exemple encore plus clair. Prenons le cas le plus simple (celui d'une sphère), et nous voyons que, si la partie la plus rapprochée du centre reçoit les rayons à angle droit, les rayons frappent les autres parties du côté exposé sous des angles variant de 90 degrés à 0 degré. En outre, les vibrations moléculaires propagées à travers la masse en partant du point qui reçoit la chaleur doivent marcher vers l'intérieur sous des angles différents pour chaque point. De plus, les parties intérieures de la sphère affectées par les vibrations qui proviennent de tous les points du côté chauffé doivent être affectées différemment en raison de la différence de leurs positions. De sorte que les atomes constituants de la masse, qu'ils soient placés à la surface du corps qui reçoit les rayons, ou au milieu, ou sur un côté opposé, entrent dans des états vibratoires plus ou moins différents les uns des autres.

Qu'est-ce donc que signifie au fond la conclusion à laquelle nous arrivons, qu'une force uniforme produit des changements différents à travers une masse uniforme, parce que les parties de la masse ont des relations différentes avec cette force? Pour le bien comprendre, nous devons considérer chaque partie comme soumise simultanément à d'autres forces, à la gravitation, à la cohésion, au mouvement moléculaire, etc. Les effets produits par une force nouvelle doivent être une résultante de cette force et de toutes celles qui étaient déjà en jeu. Si les forces qui agissaient déjà sur deux parties d'un agrégat diffèrent par leur direction, les effets produits sur ces deux parties par deux forces semblables différeront par leur direction. Pourquoi faut-il qu'ils diffèrent? Parce que la dissemblance qui existe entre les deux séries de facteurs est due à ce que l'une des séries contient une force d'une direction particulière qui n'est pas dans l'autre série; et c'est un corollaire nécessaire de la persistance de la force, que cette force doive produire un effet qui rende le résultat total différent dans un cas de ce qu'il est dans l'autre. Il nous paraîtra encore plus évident que les parties d'un agrégat disposées d'une façon dissemblable doivent être modifiées d'une manière différente par une force incidente, si nous nous rappelons que les *quantités* de force incidente auxquelles chacune de ces parties est soumise ne sont pas égales, comme nous l'avons supposé ci-dessus, mais qu'elles sont presque toujours inégales. Les parties extérieures des masses sont d'ordinaire seules exposées aux actions chimiques; et non seulement les parties internes sont préservées des affinités des éléments externes, mais ces affinités agissent inégalement à leur surface, puisque l'action chimique établit des courants dans le milieu où elle s'opère, et que de la sorte elle applique sur les diverses parties de la surface des quantités inégales de l'agent actif. En outre, les quantités d'une force rayonnante extérieure que reçoivent les diverses parties d'un agrégat offrent des contrastes très marqués : c'est d'abord le contraste de la quantité de force qui tombe sur le côté voisin du centre de rayonnement et de celle qui tombe sur le côté opposé, sur lequel il serait mieux de dire qu'il n'en tombe pas; c'est ensuite le contraste des quantités reçues par les surfaces différemment situées sur le côté exposé au rayonnement; puis les contrastes infinis entre les quantités reçues par les diverses parties de l'intérieur. Pareillement, quand une force mécanique se dépense sur un agrégat, soit par choc, pression continue, ou tension, les quantités de poussées distribuées dans la masse sont évidemment différentes pour des positions différentes. Mais dire que les diverses parties d'un agrégat reçoivent des quantités différentes d'une force incidente, c'est dire que leurs états sont modifiés par elle à des degrés différents; c'est dire que, si elles étaient auparavant homogènes dans leurs relations, elles doivent devenir jusqu'à un certain point hétérogènes, puisque, la force étant persistante, les quantités différentes de force qui tombent sur les différentes parties doivent y produire des quantités différentes d'effet, c'est-à-dire des changements différents. Nous pouvons par un raisonnement analogue arriver à la conclusion que, même en dehors de l'action d'une force extérieure, l'équilibre d'un agrégat homogène doit être détruit par les actions inégales que ses parties exercent l'une sur l'autre. L'influence mutuelle qui produit l'agrégation (pour ne pas parler des autres influences mutuelles) doit produire des effets différents sur les différentes parties, puisqu'elles reçoivent chacune cette force avec des intensités et des directions différentes. On le comprendra aisément si l'on se rappelle que les parties dont le tout se compose peuvent être considérées comme des touts moindres, que sur chacun de ces touts moindres l'action de l'agrégat total fait l'effet d'une force incidente extérieure, que cette force incidente extérieure doit, comme nous l'avons vu ci-dessus, opérer des changements différents dans les parties d'un tout moindre, et que, si par là chacun des touts moindres devient hétérogène, l'agrégat total devient hétérogène.

On peut donc déduire l'instabilité de l'homogène du principe primordial qui sert de fondement à l'intelligence. Une homogénéité stable unique est hypothétiquement possible. Si des centres de force absolument uniformes dans leur puissance sont répandus avec une uniformité absolue dans un espace illimité, ils resteront en équilibre. Pourtant cette supposition, intelligible verbalement, est une de celles qui ne peuvent être représentées dans l'entendement, puisque l'espace illimité est inconcevable. Toutes les formes finies de l'homogène, toutes les formes de l'homogène que nous pouvons connaître et concevoir, doivent tomber infailliblement dans l'hétérogénéité. Cette nécessité se déduit de trois manières de la persistance de la force. Laissons de côté les forces externes. Chaque unité d'un tout homogène doit être affectée autrement que toute autre par l'action combinée qu'elle subit de la part de toutes les autres. La force résultante exercée par l'agrégat sur chaque unité, n'étant jamais la même dans deux cas, à la fois pour la direction et pour l'intensité, et n'étant d'ordinaire la même ni dans l'un ni dans l'autre de ces caractères, une force incidente, même uniforme dans son intensité et sa direction, ne peut produire des effets pareils sur les unités. Les diverses positions des parties par rapport à une force incidente les empêchant de la recevoir avec des intensités et des directions uniformes, il se produit infailliblement une nouvelle différence dans les effets opérés sur elles.

Encore une remarque. A la conclusion que les changements par lesquels l'évolution *commence* sont nécessités par la loi de la permanence de la force, il reste à ajouter celle que ces changements doivent *continuer*. L'absolument homogène doit perdre son équilibre, et le relativement homogène doit tomber à l'état d'un relativement moins homogène. Ce qui est vrai d'une masse totale est vrai des parties en lesquelles elle se divise. L'uniformité de ces parties doit aussi inévitablement se perdre dans la multiformité que celle du tout primitif, et cela par les mêmes raisons. Nous voyons donc que les changements continus qui caractérisent l'évolution, en tant qu'ils sont constitués par le passage de l'homogène à l'hétérogène, et du moins hétérogène au plus hétérogène, sont des conséquences nécessaires de la persistance de la force.

CHAPITRE XX

LA MULTIPLICATION DES EFFETS

§ 156. Dans le dernier chapitre, nous avons fait connaître une cause de l'accroissement de complexité ; dans celui-ci, nous allons en faire connaître une autre. Si cette cause nouvelle est secondaire quant au temps, elle ne l'est pas quant à l'importance ; lors même que la cause déjà indiquée manquerait, celle-ci nécessiterait un changement de l'homogène en hétérogène ; et, en se combinant avec la première, elle rend le changement plus rapide et plus compliqué. Pour l'apercevoir, nous n'avons qu'à faire un pas de plus dans l'étude du conflit de la force et de la matière dont nous avons déjà donné une ébauche.

Nous avons vu que, lorsqu'un agrégat uniforme est soumis à une force uniforme, ses constituants étant conditionnés différemment sont modifiés différemment. Mais, en nous occupant des diverses parties de l'agrégat dans les changements différents qu'ils subissent, nous n'avons pas considéré les changements différents produits simultanément dans les diverses parties de la force incidente. Ils doivent être aussi nombreux et aussi importants que les autres. L'action et la réaction étant égales et opposées, il s'ensuit qu'en différenciant les parties sur lesquelles elle tombe la force incidente doit elle-même subir des différenciations correspondantes. A lieu d'être comme auparavant une force uniforme, elle doit devenir une force multiforme, un groupe de forces dissimilaires. Quelques exemples rendront cette vérité manifeste.

Une force unique se divise par son conflit avec la matière en forces qui divergent grandement. Dans le cas que nous avons cité un peu plus haut, d'un corps mis en pièces par un choc violent, outre le changement de la masse homogène en un groupe hétérogène de morceaux dispersés, il y a un changement du moment homogène en un groupe de moments hétérogènes à la fois par l'intensité et par la direction. Il en est de même des forces que nous appelons chaleur et lumière. Après avoir été dispersées par un corps rayonnant vers tous les points, elles sont redispersées vers tous les points par les corps sur lesquels elles sont tombées. Des rayons du soleil qui divergent en tous sens, il y en a bien peu qui tombent sur la lune. Ceux-ci sont réfléchis sous toute espèce d'angles par la surface de la lune, et un bien petit nombre seulement tombe sur la terre. Par une opération analogue, ce petit nombre est de nouveau diffusé dans l'espace ambiant. A chaque corps nouveau que rencontrent ces rayons, quelques-uns, au lieu d'être réfléchis, sont absorbés et subissent des réfractions qui en détruisent le parallélisme. Mais ce n'est pas tout. Le conflit avec la matière transforme une force, en partie en forces de directions différentes et en partie en forces d'espèces différentes. Quand deux corps frappent l'un sur l'autre, ce que nous appelons d'ordinaire l'effet, c'est que l'un des deux corps ou tous les deux changent de position ou de mouvement. Mais c'est se faire une idée fort incomplète de ce qui se passe. Outre le résultat mécanique, un son est produit, ou, pour parler rigoureusement, une vibration dans un des corps ou dans tous les deux ; ainsi que, dans l'air ambiant et dans quelques cas, nous disons que ce son est l'effet. En outre, l'air n'a pas été seulement mis en vibration, mais il est devenu le siège de courants divers causés par le passage du corps à travers ses couches. De plus, si, dans le choc, ce grand changement de structure que nous appelons fracture n'est pas produit, il y a un dérangement des particules des deux corps autour du point de collision, dérangement qui va dans quelques cas jusqu'à une condensation appréciable à la vue. Plus encore : cette condensation s'accompagne de dégagement de chaleur. Dans quelques cas, une étincelle, c'est-à-dire de la lumière, est l'effet produit, résultat de l'incandescence d'une partie emportée par le coup ; et quelquefois cette incandescence est accompagnée de combinaison chimique. On voit donc que la force mécanique dépensée dans cette collision a donné naissance à cinq espèces différentes de forces et même à plus. Prenons pour exemple une chandelle allumée. Nous trouvons d'abord un changement chimique consécutif à un changement de température. L'opération de combinaison une fois mise en mouvement par de la chaleur venue du dehors, il se fait une production continuelle d'acide carbonique, d'eau, etc., c'est-à-dire un résultat plus compliqué que sa cause, la chaleur. Mais, à côté de cette combinaison, il y a dégagement de chaleur, il y a une production de lumière ; une colonne de gaz chauds se dégage et s'élève ; des courants s'établissent dans l'air ambiant. La décomposition d'une seule force en plusieurs ne s'arrête pas là. Chacun des divers changements opérés engendre à son tour des changements nouveaux. L'acide carbonique dégagé se combinera peu à peu avec quelque base, ou bien, sous l'influence des rayons solaires, il abandonnera son carbone aux feuilles d'une plante. L'eau modifiera l'état hygrométrique de l'air à l'entour ; ou bien, si le courant des gaz chauds qui la contient vient à frapper un corps froid, elle se condensera pour changer la température et peut-être l'état chimique de la surface qu'elle recouvre. La chaleur dégagée par la combustion d'une chandelle en fond le suif et dilate tout ce qu'elle échauffe. La lumière, en tombant sur diverses substances, provoque de leur part des réactions qui la modifient elle-même, et de là naissent les couleurs. Il en est de même de ces actions secondaires, que l'on peut suivre dans des ramifications toujours plus multipliées jusqu'à ce qu'elles deviennent inappréciables. Universellement, l'effet est plus complexe que la cause. Que l'agrégat sur lequel elle tombe soit homogène ou non, une force incidente se transforme par le conflit même en plusieurs forces qui diffèrent par l'intensité, la direction ou l'espèce, ou par tous ces rapports à la fois. Chacune des forces diversement modifiées de ce groupe subit en définitive une transformation analogue.

Montrons maintenant combien l'évolution est avancée par cette multiplication des effets. Une force incidente décomposée par les réactions d'un corps en un groupe de forces dissemblables, une force uniforme réduite à une forme multiforme, devient la cause d'un accroissement secondaire de multiformité dans le corps qui la décompose. Nous avons vu dans le dernier chapitre que les diverses parties d'un agrégat sont diversement modifiées par une force incidente. Nous venons de montrer que, par suite des réactions des parties qui subissent ces modifications différentes, la force elle-même doit se diviser en fractions modifiées différemment. Mais il reste à faire voir que chaque division différenciée de l'agrégat devient un centre d'où une division différenciée de la force originale est de nouveau diffusée. Enfin, puisque des forces semblables doivent produire des résultats différents, chacune de ces forces différenciées doit produire, dans tout l'agrégat, une nouvelle série de différenciations. Cette cause secondaire de changement de l'homogénéité à l'hétérogénéité devient évidemment plus puissante à mesure que l'hétérogénéité augmente. Lorsque les parties qui résultent de la désagrégation d'un tout en évolution ont pris des natures très différentes, elles doivent nécessairement réagir très diversement sur une force incidente ; elles doivent subdiviser une force incidente en autant de groupes de forces vivement contrastées. Chacune de ces parties, devenant le centre d'un groupe d'influences tout à fait distinct, doit ajouter au nombre des changements secondaires distincts opérés dans l'agrégat. Il faut pourtant tirer un autre corollaire. Le nombre de parties dissemblables dont se compose un agrégat, aussi bien que le degré de leur dissemblance, est un facteur important de l'opération. Toute nouvelle division spécialisée est un centre nouveau de forces spécialisées. Si un tout uniforme, devenu multiforme sous l'action d'une force incidente, la rend multiforme ; si un tout composé de deux sections dissemblables divise une force incidente en deux groupes différents de forces multiformes, il est clair que chaque nouvelle section différente doit être une nouvelle source de complication parmi les forces à l'œuvre dans la masse, c'est-à-dire une nouvelle source d'hétérogénéité. La multiplication des effets doit aller en progression géométrique, chaque degré de l'évolution doit être le prélude d'un degré plus élevé.

§ 157. La force d'agrégation agissant sur des masses irrégulières de matière raréfiée, diffuse dans un milieu résistant, ne donnera pas à ces masses des mouvements en ligne droite vers leur centre de gravité commun, mais, comme nous l'avons dit, chaque masse suivra une direction curviligne, dirigée vers un côté ou l'autre du centre de gravité. Toutes ces masses étant conditionnées différemment, la gravitation imprimera à chacune un mouvement différent par la direction, la vitesse et le degré de courbure ; c'est-à-dire qu'une force agrégative uniforme se différenciera en moments multiformes. L'opération ainsi commencée doit se poursuivre jusqu'à ce qu'elle produise une seule masse de matière nébuleuse ; et ces mouvements curvilignes indépendants doivent aboutir à un mouvement de cette masse autour de son axe ; c'est une condensation et une rotation simultanée où nous voyons comment deux effets de force agrégative, d'abord à peine divergents, acquièrent en définitive des différences fort tranchées. Un accroissement graduel de l'aplatissement de ce sphéroïde en révolution doit s'opérer par l'action combinée de ces deux forces, à mesure que le volume diminue et que la rotation devient plus rapide ; nous pouvons appeler ceci le troisième effet. La production de chaleur qui doit accompagner l'augmentation de densité est encore une conséquence d'un autre ordre, conséquence qui n'est point simple, puisque les diverses parties de la masse, étant différemment condensées, doivent être différemment échauffées. Les forces d'agrégation et de rotation qui agissent à travers un sphéroïde gazeux dont les parties n'ont pas la même température doivent produire une série nouvelle de changements : ils doivent donner lieu à des courants à la fois généraux et locaux. A un degré plus élevé, il se produira de la lumière aussi bien que de la chaleur. Ainsi, sans insister sur la ressemblance des combinaisons chimiques et des perturbations électriques, on voit avec évidence que, si la matière a existé dans le principe à l'état diffus, la force, autrefois uniforme, qui en a causé l'agrégation, doit s'être divisée graduellement en différentes forces ; et que chaque degré de plus de complication dans l'agrégat qui en résulte doit avoir inauguré de nouvelles subdivisions de cette force, c'est-à-dire une nouvelle multiplication d'effets, qui augmente l'hétérogénéité précédente.

Nous pouvons soutenir cette partie de nos idées sans recourir à des illustrations hypothétiques comme celles qui précèdent. Les attributs astronomiques de la terre suffiront seuls aux besoins de notre démonstration. Considérons d'abord les effets de son moment autour de son axe. Il y a l'aplatissement des pôles, l'alternation du jour et de la nuit, il y a des courants marins constants et des courants atmosphériques constants. Considérons ensuite la série des conséquences secondaires dues à la divergence du plan de rotation de la terre d'avec le plan de son orbite. Les nombreuses différences des saisons, tant simultanées que successives, qui règnent à la surface du globe, en sont les effets. L'attraction extérieure agissant sur ce sphéroïde aplati en rotation sur un axe incliné produit le mouvement dit nutation et le mouvement plus lent et plus étendu duquel résultent la précession des équinoxes et ses diverses conséquences. Cette même force engendre donc les marées aqueuses et atmosphériques.

La manière la plus simple de faire voir la multiplication des effets dans les phénomènes de cet ordre serait de décrire l'influence d'un membre du système solaire sur le reste. Une planète produit directement sur les planètes voisines des perturbations appréciables qui viennent compliquer celles que d'autres causes engendrent, et elle produit sur les planètes plus éloignées des perturbations moins visibles. Voilà une première série d'effets. Mais chaque planète qui subit des perturbations est elle-même une source de perturbations ; chaque planète affecte directement toutes les autres. Il en résulte que, la planète A ayant fait sortir la planète B de la place qu'elle aurait occupée si A n'avait pas existé, les perturbations causées par B sont différentes de ce qu'elles auraient été ; il en est de même des planètes C, D, E ; etc. Voilà une seconde série d'effets bien plus nombreux, quoique d'une intensité moindre. Comme ces perturbations indirectes doivent modifier jusqu'à un certain point les mouvements de chaque planète, elles produisent une série tertiaire, et ainsi de suite. La force exercée par une planète opère un effet différent sur chacune des autres ; cet effet différent se répand de chacune d'elles comme d'un centre sur les autres, en y produisant des effets moindres, et ainsi de suite comme des ondes qui se propagent dans tout le système en se multipliant, mais aussi en s'affaiblissant.

§ 158. Si la terre s'est formée par la concentration d'une matière diffuse, il faut qu'elle ait été d'abord incandescente. Qu'on accepte ou qu'on rejette l'hypothèse nébulaire, l'incandescence originelle de la terre doit être considérée aujourd'hui comme démontrée inductivement, ou bien, si l'on conteste le mot démontrée, comme rendue probable au point de devenir une théorie géologique généralement admise. Nous avons déjà parlé de plusieurs résultats du refroidissement graduel de la terre, tels que la formation de la croûte, la solidification des éléments sublimés, la précipitation de l'eau, etc. ; je ne les rappelle que pour montrer qu'ils sont les effets d'une seule cause, la décroissance de la chaleur. Observons cependant les changements multipliés auxquels donne lieu la continuation de cette seule cause. La terre perdant de la chaleur doit se contracter. Par suite, la croûte solide d'autrefois est maintenant trop large pour le noyau qui se rétrécit ; et, comme elle est incapable de se soutenir, elle suit inévitablement le noyau. Mais une enveloppe sphéroïde ne peut s'affaisser pour s'appliquer sur un sphéroïde intérieur plus petit, sans se rompre ; elle se ride, comme la peau d'une pomme, quand le volume du fruit diminue par suite de l'évaporation. A mesure que le refroidissement augmente et que l'enveloppe s'épaissit, les élévations qui résultent de ces contractions doivent devenir plus grandes, et même finir par former des collines et des montagnes ; les systèmes de montagnes ainsi produits ne doivent pas seulement être plus élevés, comme ils le sont en effet, mais aussi être plus longs, et nous voyons qu'ils le sont. Sans parler d'autres forces modificatrices, nous voyons quelle immense hétérogénéité la surface subit par l'effet d'une seule cause, la perte de chaleur. Le télescope nous montre qu'une hétérogénéité analogue s'est produite dans la lune, où les forces aqueuses et atmosphériques ont manqué. Nous avons encore à signaler une autre espèce d'hétérogénéité de la surface, due à des causes semblables et produite simultanément. Alors que la croûte du globe était encore mince, les éminences produites par sa contraction devaient non seulement être petites, mais les régions comprises entre elles devaient reposer assez mollement sur le sphéroïde liquide sous-jacent, et l'eau, qui se condensait d'abord dans les régions arctiques et antarctiques, dut se distribuer également. Mais, à mesure que la croûte devint plus épaisse et acquit plus de résistance, les lignes de fractures qui s'y produisirent de temps en temps se firent nécessairement à de plus grandes distances et séparément ; les surfaces intermédiaires suivirent le noyau en contraction avec moins d'uniformité, et il en résulta de plus grandes surfaces de terre et d'eau. Quand on enveloppe une orange de papier de soie mouillé, on voit combien petites sont les rides et combien les espaces qui les séparent sont unis. Si ensuite on enveloppe l'orange avec du papier à cartouche épais, et qu'on note en même temps la plus grande auteur des élévations et les espaces plus grands où le papier ne touche pas l'orange, on peut se figurer que, lorsque l'enveloppe solide de la terre s'est épaissie, les élévations et les dépressions se sont accrues. A la place d'îles éparpillées d'une manière plus ou moins homogène sur une mer universelle, des arrangements hétérogènes de continents et d'océans tels que nous les connaissons maintenant ont dû se produire. Ce double changement dans l'étendue et dans l'élévation des terres impliquait encore une autre espèce d'hétérogénéité, celle des lignes de côtes. Une surface à peu près égale élevée au-dessus de l'Océan aura un rivage simple, régulier ; mais une surface diversifiée par des plateaux et coupée de chaînes de montagnes présentera hors de l'Océan un contour fort irrégulier, aussi bien dans ses grands traits que dans ses détails. C'est ainsi qu'une seule cause, la perte de la chaleur primitive du globe, amène lentement une accumulation indéfinie d'effets géologiques et géographiques.

Si, laissant les agents que les géologues appellent ignés, nous passons à ceux que l'on désigne sous le nom d'aqueux et d'atmosphériques, nous trouvons que la complication des effets s'accroît constamment. L'air et l'eau, en dénudant les surfaces exposées, n'ont cessé de les modifier dès le début et de produire partout beaucoup de changements différents. Ainsi que je l'ai déjà montré (§ 69), la source de ces mouvements gazeux et fluides qui opèrent la dénudation est la chaleur solaire. La transformation de la chaleur solaire en divers modes de force suivant la nature et la condition de la matière sur laquelle elle tombe, voilà le premier degré de la complication. Les rayons solaires frappent, sous toutes les inclinaisons, une sphère qui à chaque instant lui présente certaines parties de sa propre surface et en soustrait d'autres à son action, pour recommencer tous les jours et durant toute l'année à les lui présenter et à les lui soustraire. Ils doivent donc produire une grande variété de changements, lors même que la surface de réception serait uniforme. Mais ils tombent sur une sphère entourée d'une atmosphère dans laquelle les nuages occupent quelquefois d'immenses étendues, découvrant ici une vaste mer, là du pays plat, ailleurs des montagnes, sur un autre point de la neige, en sorte que les rayons solaires mettent en train dans ces diverses parties une infinité de changements différents. Des courants d'air de toutes les dimensions, de toutes les directions, de toutes les vitesses et de toutes les températures s'établissent; il se forme aussi des courants marins avec les mêmes contrastes. Ici, la surface de la mer abandonne de l'eau à l'état de vapeur; là, la rosée se précipite, ailleurs la pluie tombe; ces différences sont toujours dues au changement perpétuel de la proportion de l'absorption et du rayonnement de chaleur en chaque lieu. A telle heure, un abaissement rapide de température amène la formation de la glace, avec expansion des corps humides qui se gèlent; à telle autre heure, le dégel relâche les fragments disloqués de ces corps. Dans un second degré de complication, nous voyons que les diverses espèces de mouvements causés directement ou indirectement par les rayons du soleil produisent chacun des résultats qui varient avec les conditions. L'oxydation, la sécheresse, le vent, la gelée, la pluie, les glaciers, les rivières, les vagues et autres agents de dénudation, opèrent des désintégrations dont les circonstances locales déterminent les intensités et les qualités. Quand ces agents opèrent sur des roches de granite, il y a des points où ils n'ont guère d'effet appréciable, mais sur d'autres ils causent des exfoliations de la surface, d'où résultent des monceaux de débris et de cailloux ; sur d'autres encore, après avoir décomposé le feldspath en argile blanche, ils l'emportent avec le mica et le quartz qui l'accompagnent, et vont les déposer en couches séparées au fond des fleuves ou des mers. Lorsque la surface à nu se compose de formations différentes, sédimentaires et ignées, il se fait des changements proportionnellement plus hétérogènes. Ces formations étant susceptibles à différents degrés de se désintégrer, il en résulte que la surface devient toujours plus irrégulière. Les divers cours d'eau lavent des surfaces d'une constitution différente et emportent à la mer des combinaisons formées d'éléments divers, pour donner ensuite naissance à des couches nouvelles de composition distincte. Voilà un exemple bien simple qui nous montre que l'hétérogénéité des effets s'accroît en progression géométrique avec l'hétérogénéité des objets qui subissent l'action des causes. Un continent d'une structure complexe, qui présente beaucoup de couches irrégulièrement distribuées, élevées à des niveaux différents, inclinées sous tous les angles, doit, sous l'influence des mêmes agents de dénudation, donner naissance à des résultats immensément multipliés : chaque district doit être modifié d'une façon particulière ; chaque rivière doit emporter une espèce distincte de détritus ; chaque dépôt doit être distribué différemment par les courants compliqués, marées ou autres, qui lavent les rivages sinueux ; et toute complication nouvelle de la surface doit être la cause de plus d'une conséquence nouvelle. Mais, sans nous arrêter à ces conséquences, et pour éclaircir pleinement cette vérité pour ce qui regarde le monde inorganique, voyons ce qui résulterait à présent d'une vaste révolution cosmique, par exemple de l'affaissement de l'Amérique centrale. Les résultats immédiats de la perturbation seraient assez compliqués. Outre les dislocations sans nombre de couches, les éjections de matière ignée, la propagation des vibrations de tremblements de terre à des milliers de milles de distance, les explosions bruyantes, les jets de gaz, l'Atlantique et le Pacifique se précipiteraient pour remplir l'espace vacant ; il en résulterait un recul de vagues énormes qui traverserait les deux océans et produirait des milliers de changements sur leurs rives ; il se formerait d'immenses vagues atmosphériques compliquées des courants qui environnent chaque cratère volcanique, sillonnés par les décharges électriques qui accompagnent toujours ces perturbations. Mais ces effets temporaires seraient insignifiants au prix des effets permanents. Les courants compliqués de l'Atlantique et du Pacifique seraient changés de direction et d'intensité. La distribution de chaleur dont ces courants sont les agents serait différente de ce qu'elle est maintenant. Les dispositions des lignes isothermes, non seulement dans les continents voisins, mais même dans toute l'Europe, seraient changées. Les marées prendraient un autre cours. Les vents subiraient des modifications plus ou moins grandes dans leur retour périodique, leur force, leur direction, leurs qualités. La pluie ne tomberait plus nulle part avec la même quantité et aux mêmes époques qu'à présent. Bref, les conditions météorologiques, dans un rayon de mille milles, seraient plus ou moins bouleversées. Chacun de ces changements en comprend beaucoup de moindre importance ; le lecteur y verra l'hétérogénéité immense des résultats opérés par une force unique quand cette force s'est répandue sur une surface déjà compliquée ; et il n'hésitera pas à en tirer la conclusion que, dès l'origine, la complication a marché d'après une raison croissante.

§ 159. Nous allons maintenant suivre le même principe universel dans l'évolution organique. Nous y avons déjà vu la transformation de l'homogène en hétérogène ; mais il n'est pas aussi aisé d'y démontrer la production de plusieurs changements par une seule cause. Le développement d'une semence en une plante, ou d'un œuf en un animal, est si graduel, les forces qui le déterminent sont si compliquées et si cachées, qu'on a de la peine à y découvrir la multiplication des effets, ailleurs si évidente. Pourtant, nous pouvons démontrer notre principe par des preuves indirectes, si les preuves directes nous font défaut.

Remarquons d'abord quels nombreux changements un stimulus énergique produit dans une organisation adulte, un homme, par exemple. Un bruit alarmant, la vue d'un objet effrayant, outre les impressions qu'ils produisent sur les organes des sens et les nerfs, peuvent déterminer un tressaillement, un cri, une distorsion de la face, un tremblement consécutif au relâchement du système musculaire général, une poussée de transpiration, une action plus active du cœur, un afflux de sang au cerveau, suivi peut-être de l'arrêt de l'action du cœur par la syncope, et, si le système est faible, une maladie commence avec son long cortège de symptômes compliqués. De même dans certaines maladies. Une très faible quantité de virus variolique introduit dans l'organisme causera, dans un cas grave, et à la première période, des frissons de la chaleur à la peau, de l'accélération du pouls, doublera la langue d'un enduit morbide, ôtera l'appétit, allumera la soif, et provoquera une douleur épigastrique, des vomissements, du mal à la tête, de la douleur dans le dos et les membres, de la faiblesse musculaire, des convulsions, du délire, etc.; à la seconde période, une éruption cutanée, des démangeaisons, des tintements d'oreilles, un mal de gorge, le gonflement du gosier, la salivation, la toux, l'enrouement, la dyspnée, etc.; et, à la troisième période, des inflammations œdémateuses, la pneumonie, la pleurésie, la diarrhée, l'inflammation du cerveau, l'ophtalmie, l'érisypèle etc.; en outre, chacun de ces épi-phénomènes est lui-même plus ou moins complexe. On ferait voir de même que des remèdes, des aliments spéciaux, un air meilleur, produisent des résultats multipliés. Il suffit de considérer que les nombreux résultats produits par une seule force sur un organisme adulte doivent avoir leurs analogues dans un organisme embryonnaire, pour comprendre combien, dans ces petits organismes, la production de nombreux effets par une cause unique est la source d'une hétérogénéité croissante. La chaleur extérieure et d'autres agents qui déterminent les premières complications du germe provoquent, en agissant sur celles-ci, des complications nouvelles; en opérant sur ces dernières, ils en amènent de plus nombreuses encore, et ainsi de suite : chaque organe, tel qu'il est développé, servant, par ses actions et ses réactions sur le reste, à engendrer de nouvelles complications. Les premières pulsations du cœur fœtal doivent aider simultanément le développement de chacune des parties. La croissance de chaque tissu empruntant au sang des éléments suivant certaines proportions doit modifier la constitution du sang, et par là la nutrition de tous les autres tissus. Les actions de réparation impliquent une certaine usure, qui rend nécessaire que le sang charie des matières usées qui doivent influencer le reste de l'organisme et peut-être, ainsi que quelques-uns le croient, donner la première impulsion à la formation des organes excréteurs. Les connexions nerveuses entre les viscères doivent encore multiplier leurs influences mutuelles. Il en est ainsi de toute modification de structure, de toute partie nouvelle et de toute altération dans le rapport des parties. La preuve devient bien plus forte quand nous nous rappelons que le même germe peut se développer avec différentes formes suivant les circonstances. Ainsi aux premières périodes de son développement, tout embryon est dépourvu de sexe ; il devient mâle ou femelle suivant que la balance des forces qui agissent sur lui le détermine. Nous savons très bien que la larve de l'abeille ouvrière se développera différemment et deviendra une abeille reine. si, avant une certaine époque, sa nourriture est remplacée par celle dont on nourrit les larves d'abeilles reines. Il y a des entozoaires qui nous présentent des preuves encore plus frappantes. Un œuf de ténia arrivant dans l'intestin d'un animal s'y développe sous la forme du ver qui l'a produit; mais, s'il est introduit dans un autre endroit de l'organisme ou dans l'intestin d'un animal d'une autre espèce, il devient un ver utriculaire de ceux que les naturalistes appellent *cysticerques, cœnures, échinocoques*, vers si différents du ténia par la structure et par la forme, qu'il a fallu des recherches très minutieuses pour démontrer qu'ils ont la même origine. Tous ces cas impliquent que tout accroissement de la complication de l'embryon résulte de l'action des forces incidentes sur la complication qui existait auparavant. L'hypothèse aujourd'hui admise de l'épigenèse nous oblige à admettre que l'évolution organique s'opère comme nous venons de le dire. En effet, puisqu'il est démontré que nul germe, animal ou végétal, ne contient le plus faible rudiment, la plus légère trace, la plus petite indication de l'organisme qui en sortira, puisque le microscope nous a montré que la première opération qui s'accomplit dans un germe fécondé est une segmentation spontanée, aboutissant à la production d'une masse de cellules dépourvues de caractère spécial, nous ne pouvons pas ne pas conclure que l'organisation partielle, existant à un moment donné dans un embryon en voie de croissance, se transforme par l'effet des forces qui agissent sur elle et passe à la seconde phase de l'organisation, et celle-ci à la suivante, jusqu'à ce qu'enfin, à travers des complexités toujours plus grandes, l'organisme arrive à sa forme définitive. Ainsi, bien que l'exiguïté des forces et la lenteur de la métamorphose nous empêchent de suivre *d'une manière directe* la genèse des nombreux changements produits par une seule cause, à travers les étapes successives que tout embryon traverse, nous avons cependant *d'une manière indirecte* une forte preuve que cette cause est une source d'hétérogénéité. Nous avons signalé le nombre des effets qu'une seule force peut engendrer dans un organisme adulte ; de faits très frappants nous avons tiré la conclusion qu'un organisme en voie de développement peut aussi être le théâtre d'une multiplication d'effets ; de plus, nous avons montré que l'aptitude que certains germes ont à développer des formes dissemblables implique que les transformations successives résultent des nouveaux changements provoqués dans les changements précédents ; nous avons vu que, tous les germes étant originairement dépourvus de structure, on ne peut expliquer autrement comment un organisme peut en sortir. Sans doute nous n'avons pas encore dissipé les ténèbres qui nous cachent la raison pour laquelle le germe, lorsqu'il subit ces influences traverse les changements spéciaux qui servent de prélude à la série de ses transformations. Tout ce que nous soutenons ici, c'est que l'évolution qui tire un organisme d'un germe donné en possession de ces propriétés mystérieuses dépend en partie de la multiplication des effets que nous avons reconnue pour la cause de l'évolution en général, jusqu'au point où nous l'avons suivie.

Du développement d'une plante ou d'un animal, passons à celui de la flore et de la faune du globe ; nous allons rendre notre démonstration encore plus claire et plus simple. Sans doute, nous avons déjà reconnu que les faits accumulés par la paléontologie ne nous autorisent pas absolument à affirmer que, dans les temps géologiques, les organismes et les groupes d'organismes sont devenus plus hétérogènes ; mais pourtant nous verrons qu'il *doit* y avoir eu toujours une tendance à la production de l'hétérogénéité. Nous trouverons que la production de plusieurs effets par une cause, qui, selon ce que nous avons déjà dit, n'a jamais cessé d'accroître l'hétérogénéité physique de la terre, a en outre nécessité une hétérogénéité croissante dans la flore et dans la faune, individuellement et collectivement. Un exemple le fera comprendre. Supposons que, par une série de soulèvements survenant comme maintenant à de longs intervalles, l'est de l'archipel indien s'élevât assez pour former un continent, et qu'une chaîne de montagnes se dressât le long de l'axe de l'élévation. Le premier de ces soulèvements soumettrait à des conditions légèrement modifiées les plantes et les animaux de Bornéo, de Sūmatra, de la Nouvelle-Guinée et des autres îles de ces parages. La température du climat serait changée ; il n'aurait plus la même humidité, et ses variations périodiques ne seraient plus les mêmes ; d'autre part, les différences locales seraient multipliées. Ces modifications affecteraient, d'une manière inappréciable peut-être, la faune et la flore entières du pays.

Le changement de niveau produirait aussi des modifications nouvelles, variant avec les espèces, et avec les membres de la même espèce, suivant la distance qui les sépare de l'axe d'élévation. Les plantes qui ne croissent qu'au bord de la mer dans des localités particulières pourraient disparaître. D'autres, qui ne vivent que dans des marais d'une certaine humidité, subiraient peut-être, si elles survivaient, des changements d'aspects visibles. D'un autre côté, des changements plus marqués se produiraient dans quelques-unes des plantes qui couvriraient les terres récemment émergées. Les animaux et les insectes vivant sur ces plantes modifiées seraient eux-mêmes modifiés à quelque degré par le changement de nourriture, aussi bien que par le changement de climat ; et la modification serait plus marquée là où, à la suite de la disparition ou de la rareté d'une plante, l'animal serait réduit à se nourrir d'une plante appartenant à une espèce voisine. Durant le cours des nombreuses générations qui se succéderaient avant la production du soulèvement suivant, les altérations sensibles et insensibles qui se sont produites dans chaque espèce s'organiseraient, et, dans toutes les races qui auraient survécu, une adaptation plus ou moins complète aux nouvelles conditions s'établirait. Le soulèvement suivant amènerait de nouveaux changements organiques, impliquant des divergences plus larges d'avec les formes primitives, et ainsi de suite à plusieurs reprises. Or, qu'on le remarque bien, cette révolution ne serait pas une substitution d'un millier d'espèces modifiées à un millier d'espèces primitives ; mais, au lieu de mille espèces primitives, il naîtrait plusieurs milliers d'espèces, de variétés ou de formes modifiées. Chaque espèce se distribuant sur une surface de quelque étendue et tendant continuellement à coloniser les nouvelles surfaces émergées, ses divers membres subiraient diverses séries de changement. Les plantes et les animaux qui s'avancent vers l'équateur ne seraient pas affectés de la même façon que les plantes et les animaux qui s'en éloignent. Ceux qui s'étendraient vers les nouveaux rivages subiraient des changements différents de ceux des plantes ou des animaux qui s'étendraient vers les montagnes. Ainsi, chaque race primitive serait une souche d'où divergeraient plusieurs races, s'écartant plus ou moins du type primitif, différant plus ou moins entre elles. Si quelques-unes venaient à disparaître, plus d'une probablement passerait à la période géologique suivante. La dispersion même augmenterait les chances qu'elles auraient de survivre. Les modifications dont nous parlons ne se feraient pas seulement sous l'influence du changement des conditions physiques ou alimentaires ; mais il s'en produirait aussi par l'effet du changement d'habitudes. La faune de chaque île, peuplant graduellement les surfaces nouvellement émergées, se mettrait enfin en contact avec celle des autres îles, dont quelques membres ne ressembleraient pas à ceux déjà connus. Les herbivores, rencontrant de nouveaux animaux de proie, seraient en quelques cas amenés à adopter des modes de défense ou de fuite différents de ceux qu'ils employaient auparavant ; et en même temps les bêtes de proie modifieraient leur manière de poursuivre et d'attaquer. Nous savons que, lorsque les circonstances l'exigent, ces changements *ne manquent pas* de s'opérer chez les animaux, et que, lorsque de nouvelles habitudes deviennent dominantes, elles doivent changer jusqu'à un certain point l'organisation. Voyons maintenant une conséquence nouvelle. Il doit naître non pas seulement une tendance à la différenciation de chaque race d'organismes en plusieurs races, mais aussi une tendance à la production, suivant l'occasion favorable, d'un organisme un peu plus élevé. Prises en masse, ces variétés divergentes, causées par des conditions physiques et des habitudes récentes, présenteront des changements tout à fait indéfinis en espèce et en degré, et des changements qui ne seront pas nécessairement un progrès. Il est probable que, dans la plupart des cas, le type modifié ne paraîtra pas plus hétérogène que le type originel. Mais il *doit* arriver çà et là que telle division d'une espèce tombant au milieu de circonstances qui lui offrent des conditions d'expérience un peu plus complexes et en exigent des actions quelque peu plus compliquées subira, dans quelques-uns de ces organes, une différenciation proportionnellement faible, c'est-à-dire deviendra un peu plus hétérogène. Par suite, il se fera de temps en temps un accroissement d'hétérogénéité, tant dans la flore et la faune de la terre que dans les races qu'elles comprennent. Sans parler des détails et des réserves que nous n'avons pas à mentionner ici, il est assez évident que les changements géologiques ont toujours tendu à rendre plus compliquées les formes de la vie, soit qu'on les considère séparément, soit qu'on en embrasse l'ensemble. La multiplication des effets qui a été en partie la cause de la transformation qui a fait passer la croûte du globe d'un état simple à un état complexe a amené en même temps une transformation analogue de la vie à sa surface [1].

1. Ce paragraphe a d'abord été publié dans la *Revue de Westminster* en 1857 ; s'il avait été écrit après la publication du livre de M. Darwin sur

La déduction que nous tirons des principes de la géologie et des lois générales de la vie gagne beaucoup de poids dès qu'on voit qu'elle est en harmonie avec une induction tirée de l'expérience directe. C'est ainsi que la même divergence de plusieurs races issues d'une seule qui, d'après nos conclusions, a dû se produire sans interruption pendant les époques géologiques, s'est produite en effet durant les périodes antéhistorique et historique dans l'homme et les animaux domestiques. C'est ainsi que la multiplication d'effets, qui, d'après nos conclusions, a dû être l'instrument des transformations dans les périodes géologiques, a été dans une grande mesure la cause des transformations dans les périodes récentes. Des causes uniques, telles que la famine, l'encombrement de la population, la guerre, ont amené périodiquement de nouvelles dispersions des hommes et des créatures qui en dépendent : chacune de ces dispersions a été le point de départ de modifications nouvelles et de nouvelles variétés de type. Que toutes les races humaines soient ou ne soient pas sorties d'un même tronc, la philologie fait pressentir que des groupes entiers de races aujourd'hui très différents les uns des autres ne formaient à l'origine qu'une seule race, et que la dispersion d'une seule race en différents climats et sous différentes conditions d'existence a donné lieu à plusieurs modifications de cette race. Il en est de même des animaux domestiques. Si, dans quelques cas (par exemple pour les chiens), la communauté d'origine peut être contestée, dans d'autres (par exemple pour les moutons et le gros bétail d'Angleterre) on ne contestera pas que les différences locales de climat, de nourriture et de soins ont transformé une seule race en un grand nombre de races, qui sont aujourd'hui devenues si distinctes qu'elles produisent des hybrides instables. Bien plus, au milieu de la complication

l'*Origine des espèces*, il aurait sans doute contenu d'autres expressions. J'aurais rappelé le procès de l' « élection naturelle » qui facilite beaucoup la différenciation dont je parle. Toutefois, j'aime mieux laisser à ce passage sa forme primitive : en partie parce qu'il me semble que ces changements successifs de conditions doivent produire dans les espèces des variétés divergentes, en dehors de l'influence de l' « élection naturelle » (moins nombreuses sans doute et moins rapidement); et en partie parce que je me figure que, en l'absence de ces changements successifs de conditions, l' « élection naturelle » aurait comparativement peu d'effet. J'ajouterai que ces propositions, si elles ne sont pas énoncées dans l'*Origine des espèces*, sont admises par M. Darwin, à ce qu'un ami commun m'a assuré, si même M. Darwin ne les regarde pas comme tacitement impliquées dans son ouvrage.

des effets d'une cause unique, nous découvrons ce que nous avions d'abord admis par déduction, non seulement un accroissement d'hétérogénéité générale, mais aussi d'hétérogénéité spéciale. Si plusieurs des divisions et des subdivisions divergentes de la race humaine ont subi des changements qui ne constituent pas un progrès, d'autres sont décidément devenues plus hétérogènes. Les Européens civilisés s'écartent bien plus de l'archétype du vertébré que le sauvage.

§ 160. Une sensation ne se dépense pas en éveillant un état de conscience unique, mais l'état de conscience qu'elle éveille se compose de diverses sensations représentées unies par un lien de coexistence ou de séquence à la sensation présentée. On peut conclure hardiment que plus le degré d'intelligence est élevé, plus le nombre des idées suggérées est grand. Toutefois nous allons démontrer qu'ici encore un changement est le père de beaucoup de changements, et que la multiplication augmente dans la proportion de la complication de la surface affectée.

Si quelque oiseau encore inconnu, chassé des régions les plus reculées du nord par des vicissitudes atmosphériques, se montre sur nos rives, il n'excite aucune réflexion chez les moutons ou le gros bétail au milieu desquels il est descendu. Ces animaux reconnaîtront en lui une créature pareille à celles qui volent au-dessus d'eux, et cette perception sera tout ce qui viendra interrompre le lourd courant de conscience qui accompagne chez eux l'action de paître et de ruminer. Que le vacher attrape cet oiseau exténué, il est probable qu'il le regardera avec quelque curiosité; il le trouvera différent de ceux qu'il a déjà vus, il en remarquera les caractères les plus saillants et se posera les questions suivantes : d'où vient-il? et comment est-il venu? A la vue de l'oiseau, l'empailleur du village lui rappellerait diverses espèces avec lesquelles il a quelques points de ressemblance; il recevrait de l'oiseau des impressions plus particulières et plus nombreuses relatives à la structure et au plumage ; il se rappellerait que d'autres fois des tempêtes ont amené des oiseaux entraînés de pays étrangers, il dirait le nom de ceux qui les ont trouvés, de ceux qui les ont empaillés, de ceux qui les ont achetés. Supposons que l'oiseau tombe entre les mains d'un naturaliste de la vieille école, de ceux qui ne faisaient attention qu'à l'extérieur, pour qui, d'après Edouard Forbes, les animaux n'étaient que des peaux remplies de paille, l'oiseau exciterait en lui une série encore plus compliquée de changements mentaux; il en examinerait attentivement les plumes, noterait tous les détails techniques qui le distinguent, réduirait toutes les perceptions qu'il en reçoit à quelques symboles écrits équivalents; il y trouverait des raisons de rattacher la nouvelle forme à une famille, à un ordre, à un genre, et les noterait par écrit; il en ferait une communication au secrétaire de quelque société savante ou à l'éditeur d'un journal ; et sans doute il ne manquerait pas de dire qu'il suffirait d'ajouter deux *i* au bout de son propre nom pour trouver celui de l'espèce à laquelle appartient cet animal nouveau. Enfin, cette espèce nouvelle, si elle présentait quelque particularité interne importante, produirait dans l'esprit d'un anatomiste encore d'autres changements : par exemple de nouvelles idées sur les relations de la division à laquelle elle appartient, ou peut-être sur les homologies et les développements de certains organes; et les conclusions auxquelles il arriverait le pousseraient probablement à de nouvelles recherches sur l'origine des formes organiques.

Des idées passons aux émotions. Chez un jeune enfant, la colère paternelle ne produit guère autre chose qu'une vague crainte, une impression pénible d'un mal qui le menace, qui prend diverses formes de souffrance physique ou de privation de plaisirs. Chez les enfants plus âgés, les mêmes paroles de sévérité éveilleront des sentiments d'un autre ordre : tantôt un sentiment de honte, de repentir, ou de regret d'avoir offensé son père, tantôt un sentiment d'injustice et par suite de la colère. Chez l'épouse, c'est toute une nouvelle série de sentiments qui peut être évoquée; peut-être l'affection blessée, ou de la souffrance pour un mauvais procédé, peut-être du mépris pour un emportement sans raison, ou de la sympathie pour la souffrance que cet emportement semble révéler, peut-être enfin de l'inquiétude au sujet d'un malheur inconnu dont elle la croit la cause. Nous avons aussi des preuves que parmi les adultes les mêmes différences de développement s'accompagnent des mêmes différences dans le nombre des émotions qui sont éveillées en combinaison ou en succession rapide : par exemple, les natures inférieures sont caractérisées par ce primesaut qui résulte de l'action sans contrôle d'un petit nombre de sentiments ; les natures supérieures le sont par l'action simultanée de beaucoup de sentiments secondaires qui modifient les sentiments éveillés du premier coup.

On objectera peut-être que ces exemples sont tirés des changements fonctionnels du système nerveux, non des changements de structure qu'il subit; et que ce qui est vrai des premiers ne l'est pas nécessairement des seconds. C'est juste. Toutefois ceux qui admettent que les changements de structure sont les résultats lentement accumulés des changements fonctionnels concluront que la multiplication des effets, qui devient toujours plus grande à mesure que le développement s'accroît, est une partie de la cause de l'évolution du système nerveux comme de toute autre évolution.

§ 161. Si l'on peut ramener le progrès de l'homme vers une hétérogénéité plus grande, tant dans le corps que dans l'esprit, à la production de plusieurs effets par une seule cause, à plus forte raison pouvons-nous expliquer par le même principe le progrès de la société vers une hétérogénéité plus grande. Examinons le développement d'une organisation industrielle. Lorsque, comme cela doit arriver parfois, des individus d'une tribu montrent une aptitude exceptionnelle à fabriquer un objet d'un usage général (une arme, par exemple) que tout autre homme fabriquait auparavant, cet individu tend à se différencier des autres et à devenir fabricant d'armes. Ses compagnons, tous guerriers et chasseurs, veulent avoir les meilleures armes possibles, ils emploieront tous les moyens pour obtenir de cet habile ouvrier qu'il leur fasse des armes. Celui-ci, de son côté, doué d'un talent spécial et animé d'un goût particulier pour ce genre d'ouvrage (car l'excellence dans un travail et le goût de s'y livrer sont d'ordinaire des qualités associées), est disposé d'avance à exécuter ces demandes moyennant une récompense adéquate, surtout si elle satisfait son amour des distinctions. Cette première spécialisation de fonction, une fois commencée, tend toujours à devenir plus marquée. Chez le fabricant d'armes, une pratique continue augmente son habileté et rend ses produits supérieurs. Chez ses clients, la pratique cesse et l'habileté décroît. Ainsi les influences qui déterminent cette division de travail deviennent plus fortes de deux manières : ce mouvement social tend toujours à devenir plus marqué, dans le sens où il a commencé, et l'hétérogénéité qui commence deviendra probablement, dans la moyenne des cas, permanente pour cette génération, sinon pour plus longtemps. Outre que ce premier acte différencie la masse sociale qu'il divise en deux parties, l'une qui monopolise complètement, ou peu s'en faut, certaine fonction, et l'autre qui a perdu l'habitude et en quelque sorte le pouvoir de l'accomplir, il peut produire d'autres différenciations. Le progrès dont nous avons parlé implique l'entrée en scène du commerçant ; il faut à tous moments payer le fabricant d'armes avec les objets qu'il demande en échange. Il ne voudra pas d'ordinaire recevoir une seule espèce d'articles, mais plusieurs Il n'a pas seulement besoin de nattes, ou de peaux, ou d'ustensiles de pêche, il a besoin de tous ces objets, et à chaque occasion il traitera pour l'objet particulier dont il a le plus besoin. Qu'en résulte-t-il ? Si parmi les membres de la tribu il existe une différence légère d'adresse dans la fabrication de ces diverses choses, ce qui est à peu près certain, le fabricant d'armes exige de chacun la chose qu'il fait le mieux : il fait échange d'armes pour des nattes avec celui qui excelle à faire les nattes et traite pour des engins de pêche avec celui qui les fabrique le mieux. Mais celui qui a trafiqué de ses nattes ou de ses engins de pêche doit en faire d'autres pour lui-même et par là augmenter son aptitude. Ainsi, comme conséquence, les spécialités de facultés même légères, possédées par les divers membres de la tribu, tendent à devenir plus marquées. Si les transactions se répètent de temps en temps, les spécialisations peuvent devenir appréciables. Qu'il en sorte ou n'en sorte pas des différenciations distinctes des autres individus qui deviendraient fabricants d'articles particuliers, il est clair qu'un commencement de différenciation s'opère au sein de la tribu : la cause originale unique produit non seulement un premier effet double, mais aussi un nombre d'effets doubles secondaire de même espèce et de degré inférieur. Cette différenciation, dont l'effet se décèle même dans les groupes d'écoliers, ne peut produire une distribution durable de fonctions dans une tribu qui n'est pas fixée au sol ; mais, dans une communauté qui grandit et se multiplie, ces différenciations deviennent permanentes et s'accroissent à chaque génération. L'augmentation du nombre des citoyens implique une demande plus grande pour chaque produit industriel, et accroît l'intensité de l'activité fonctionnelle de chaque personne ou de chaque classe d'individus spécialisés ; cela rend la spécialisation plus tranchée quand elle existe déjà, et l'établit quand elle ne fait que de naître. En augmentant la demande des moyens de subsistance, l'accroissement de la population augmente encore ces résultats, puisque tout individu se voit plus ou moins forcé de se limiter à ce qu'il fait le mieux et qui peut lui faire gagner davantage. Ce progrès industriel, en aidant à la production à venir, ouvre la voie à une augmentation nouvelle de la population, qui à son tour produit la même réaction. Aujourd'hui, sous les mêmes stimulants, de nouvelles occupations prennent naissance. Des ouvriers en concurrence, qui veulent produire séparément des articles perfectionnés, découvrent parfois des procédés ou des matériaux meilleurs. La substitution du bronze à la pierre dans la fabrication des armes et des outils a procuré à celui qui l'a pratiquée le premier un grand accroissement de demandes, au point que peut-être tout son temps fut pris pour faire le bronze des articles qu'il vendait et qu'il dut être obligé d'en abandonner la façon à d'autres ; enfin la fabrication du bronze issue par une différenciation graduelle d'une occupation plus primitive est devenue une profession par elle-même. Mais voyez quels changements multipliés suivent ce changement. Le bronze remplace vite la pierre non seulement dans les articles où elle était d'abord employée, mais dans bien d'autres, et par là affecte leur fabrication. De plus, il affecte les opérations auxquelles servent ces instruments perfectionnés et les produits qui en résultent ; il modifie la construction des habitations, la sculpture, la toilette, les parures. Il donne lieu, chemin faisant, à l'établissement de manufactures, d'abord impossibles faute de matériaux propres à faire les outils nécessaires. Tous ces changements réagissent sur les gens, accroissent leur adresse manuelle, leur intelligence, leur aisance et raffinent leurs habitudes et leurs goûts.

Nous n'avons pas à suivre à travers toutes ses complications successives l'hétérogénéité sociale croissante qui résulte de la production de plusieurs effets par une cause. Laissons les phases intermédiaires du développement social et prenons un exemple dans la phase qui se déroule. Si nous voulions suivre les effets de la force de la vapeur dans les applications multipliées qu'on en fait aux mines, à la navigation, aux manufactures, nous nous engagerions dans un monde de détails. Bornons-nous à la dernière incarnation de cette force, la locomotive. Cette machine a été la cause prochaine de tout notre réseau de chemins de fer, et par suite elle a changé la face du pays, le cours des affaires et les habitudes du peuple. Examinons d'abord la série compliquée de changements qui précèdent la construction d'un chemin de fer : les arrangements provisoires, les assemblées, l'enregistrement, les jugements, l'expertise, les plans lithographiés, les livres de renseignements, les dépôts et les notices locales, le recours au Parlement, l'adoption par le *Standing-Orders Committee*, la seconde et la troisième lecture ; toutes ces têtes de chapitre rappellent de nombreuses transactions, le développement nouveau de diverses professions (telles que celles d'ingénieurs, de contrôleurs, de lithographes, d'agents auprès du parlement, d'agents de change) et la création de plusieurs autres. Citons encore les changements bien plus marqués que suppose la construction d'un chemin de fer : les tranchées, les remblais, les tunnels, les déplacements des routes, la construction des ponts et des stations, la pose du ballast, des traverses et des rails, la fabrication des machines, tenders, voitures et wagons ; ces opérations exercent une influence sur de nombreux commerces, elles augmentent l'importation des bois de charpente, l'exploitation des carrières de pierre, des mines de charbon, des fours à briques, la fabrication du fer, et font naître une variété d'entreprises spéciales qui sont annoncées hebdomadairement dans le *Railway Times*; elles forment de nouvelles classes d'ouvriers, des conducteurs, des chauffeurs, des nettoyeurs, des poseurs de rails, etc. Alors viennent les changements, plus nombreux et plus compliqués, que les chemins de fer en exploitation produisent dans le pays en général. L'organisation de toutes les affaires est plus ou moins multipliée ; la facilité de la communication permet de faire mieux soi-même ce que l'on faisait auparavant par procuration ; des agences s'établissent aux lieux où auparavant elles n'auraient réalisé aucun profit ; on fait venir des marchandises des maisons de gros éloignées, au lieu de les prendre aux maisons de détail voisines, et certains produits se consomment à des distances qui, autrefois, auraient été infranchissables pour eux. La rapidité et le bon marché des transports tendent à spécialiser plus que jamais les industries des différents districts, à restreindre chaque manufacture à la fabrication des produits dans lesquels, par suite d'avantages locaux, on peut faire mieux ses affaires. La distribution économique égalise les prix et aussi, en moyenne, les abaisse ; elle met les divers articles à la portée de ceux qui, auparavant, eussent été incapables de les acheter : par là, elle augmente leur bien-être, améliore leurs habitudes. En même temps, on voyage beaucoup. Des personnes font tous les ans des voyages en mer, qui n'auraient pu auparavant s'en permettre la dépense; elles visitent leurs amis éloignés ; elles font des excursions et en retirent un profit pour la santé, l'élévation des sentiments et le développement de l'intelligence. Les lettres et les nouvelles arrivent plus vite à leur destination; de là de nouveaux changements, le pouls de la nation bat plus vite. Ce n'est pas tout : la littérature à bon marché dans les librairies de chemins de fer, les annonces dans les voitures, trouvent de nouveaux moyens de diffusion : l'une et l'autre facilitent de nouveaux progrès. Tous ces changements innombrables dont je ne donne qu'une liste sommaire sont les conséquences de l'invention de la locomotive. L'organisme social est devenu plus hétérogène par suite des professions nouvelles qui s'y sont établies, et les nombreuses occupations antérieures sont devenues beaucoup plus spéciales ; les prix ont changé partout ; il n'est pas de marchand qui n'ait plus ou moins modifié sa manière de faire les affaires ; il n'est pas de personne qui n'ait subi quelque changement dans ses actions, ses pensées et ses émotions.

Un seul fait encore. Nous voyons maintenant plus clairement que jamais que plus la surface sur laquelle s'étend une influence devient hétérogène, plus le nombre et l'espèce des résultats sont multipliés par un facteur élevé. Chez les tribus primitives qui le connaissaient, le caoutchouc ne produisait que peu de changements ; chez nous, il en a tant produit qu'il faudrait un volume pour les décrire. Le télégraphe électrique n'amènerait guère de changements au milieu de la population peu nombreuse et homogène qui habite une des îles Hébrides, si on l'y établissait, mais en Angleterre ses résultats sont innombrables.

Si l'espace le permettait, je poursuivrais cette synthèse dans ses rapports avec tous les produits les plus raffinés de la vie sociale. Je pourrais montrer que, dans les sciences, le progrès d'une division fait avancer les autres ; je pourrais faire voir les progrès immenses que l'astronomie doit aux découvertes de l'optique, tandis que d'autres découvertes en optique ont donné naissance à l'anatomie microscopique et grandement favorisé le développement de la physiologie ; je pourrais rappeler comment la chimie a accru indirectement notre connaissance de l'électricité, du magnétisme, de la biologie, de la géologie ; comment l'électricité a réagi sur la chimie et le magnétisme, développé nos idées sur la lumière et la chaleur, et amené la découverte de diverses lois de l'action nerveuse. On pourrait démontrer que le même principe se vérifie en littérature, dans les formes toujours plus nombreuses des publications périodiques qui dérivent des premières gazettes et qui ont chacune agi et réagi sur d'autres formes de la littérature et les unes sur les autres ; ou dans l'espèce de pression que le livre d'un auteur éminent exerce sur les livres composés plus tard. L'influence qu'une nouvelle école de peinture (comme celle des pré-raphaélites) exerce sur les autres écoles, les signes qui portent à penser que toutes les formes d'art qui se rattachent à la peinture dérivent de la photographie ; les résultats complexes des nouvelles doctrines critiques, doivent être chacune l'objet d'une attention spéciale, parce qu'elles manifestent la même multiplication d'effets. Mais il n'est pas nécessaire d'imposer à la patience du lecteur une exposition détaillée des diverses branches de ces changements : ils deviennent si compliqués et si délicats qu'on ne peut les suivre qu'avec peine.

§ 162. Après les raisons que nous avons données à la fin du dernier chapitre, nous n'avons guère besoin d'en invoquer ici d'analogues. Cependant, pour la symétrie, il convient d'indiquer brièvement comment on peut déduire de la persistance de la force la multiplication des effets, comme nous en avons déduit l'instabilité de l'homogène.

Les choses que nous appelons différentes sont celles qui réagissent en sens différent; et nous ne pouvons les connaître comme différentes que par les différences de leurs réactions. Quand nous distinguons les corps, en disant que les uns sont rugueux et les autres lisses, nous voulons dire simplement que certaines forces musculaires semblables, dépensées au contact de ces corps, sont suivies de sensations dissemblables, de forces réagissantes dissemblables. Les objets que nous classons sous les dénominations de rouge, bleu, jaune, etc., sont des objets qui décomposent la lumière de façons extrêmement différentes; c'est-à-dire que nous connaissons les contrastes des couleurs comme des contrastes dans les changements produits sur une force incidente. Évidemment, deux choses quelconques qui ne produisent pas des effets inégaux sur la conscience, soit parce que nous opposons nos propres forces inégalement, soit parce qu'elles impressionnent nos sens avec des forces inégalement modifiées de certaines forces externes, ne peuvent être distinguées par nous. Quand on dit que les diverses parties d'un tout doivent réagir différemment sur une force incidente uniforme, et par suite la réduire à un groupe de forces multiformes, on dit au fond une banalité. Un pas de plus, et nous réduisons cette banalité à sa dernière expression.

Quand nous affirmons la dissemblance de deux objets d'après la dissemblance des effets qu'ils produisent sur la conscience, quelle est notre autorité, et que voulons-nous dire par dissemblance, au point de vue objectif? Notre autorité, c'est la persistance de la force. Un changement d'une certaine espèce ou d'une certaine intensité a été opéré en nous par l'un des objets et ne l'a pas été par l'autre. Ce changement, nous l'attribuons à une certaine force que l'un des objets a exercée et que l'autre n'a pas exercée. Nous n'avons qu'une alternative, ou faire cela ou affirmer que le changement n'a pas d'antécédents, c'est-à-dire nier la persistance de la force. Cela rend plus manifeste que ce que nous regardons comme la dissemblance objective, c'est la présence dans l'un de ces objets de quelque force ou de quelque série de forces qui n'est pas présente dans l'autre, c'est quelque chose dans l'espèce, l'intensité, la direction des forces constituantes de l'un des objets, que les forces constituantes de l'autre ne reproduisent pas. Mais, si les choses ou les parties de choses que nous appelons différentes sont celles dont les forces constituantes diffèrent en un ou en plusieurs points, que doit-il arriver des forces semblables ou d'une force uniforme qui tombent sur ces choses? Ces forces, ou ces parties d'une force uniforme doivent être modifiées différemment. La force qui est présente dans l'une de ces choses et qui ne l'est pas dans l'autre doit être un élément du conflit; elle doit produire une réaction équivalente; elle doit par là affecter la réaction totale. Dire le contraire, c'est dire que cette force différentielle ne produira aucun effet, ce qui revient à dire que la force n'est pas persistante.

Je n'ai pas besoin de développer davantage ce corollaire. Il en résulte évidemment qu'une force uniforme tombant sur un agrégat uniforme doit subir une dispersion; que, tombant sur un agrégrat composé de parties dissemblables, elle doit subir de chacune de ces parties une dispersion, aussi bien que des différenciations qualitatives; que plus ces parties sont dissemblables, plus les différenciations qualitatives doivent être marquées; que plus le nombre des parties sera grand, plus celui des différenciations le sera; que les forces secondaires qui en résultent doivent subir des transformations nouvelles en opérant des transformations équivalentes sur les parties qui les modifient; et qu'il en doit être de même des forces qu'elles engendrent. Ainsi les deux conclusions qu'une partie de la cause de l'évolution se retrouve dans la multiplication des effets, et que cette multiplication s'accroît en progression géométrique à mesure que l'hétérogénéité augmente, n'ont pas seulement une origine inductive, mais elles peuvent se déduire du principe plus fondamental.

CHAPITRE XXI

LA SÉGRÉGATION

§ 163. Nous n'avons pas encore achevé d'expliquer l'évolution dans les chapitres précédents. Il faut que nous examinions encore sous un autre aspect les changements qui la constituent, avant d'arriver à une conception précise de l'ensemble de l'opération. Les lois que nous avons établies fournissent bien la clef du réarrangement des parties, en tant qu'il va de l'uniforme au multiforme; mais elles ne nous donnent pas celles du réarrangement qui va de l'indéfini au défini. L'étude des actions et des réactions partout en jeu nous a révélé qu'elles découlent nécessairement d'un certain principe primordial, à savoir: que l'homogène doit passer à l'état hétérogène, et que l'hétérogène doit devenir encore plus hétérogène; mais l'étude que nous avons faite ne nous a pas appris pourquoi les parties d'un tout simple prennent, quand elles sont affectées diversement, des caractères différents et tranchés, en même temps qu'elles deviennent dissemblables.

Nous n'avons pas trouvé la raison pour laquelle il ne se produit pas une hétérogénéité vague et chaotique au lieu de l'hétérogénéité harmonique que nous voyons dans l'évolution. Nous avons encore à découvrir la cause de l'intégration locale qui accompagne la différenciation, c'est-à-dire la ségrégation qui se complète graduellement des unités semblables en un groupe distingué par un caractère nettement tranché des groupes voisins, composés chacun d'autres espèces d'unités. Cette raison va nous être donnée par l'examen de quelques faits dans lesquels on peut suivre à la trace l'opération de la ségrégation.

A la fin de septembre, alors que les arbres revêtent leurs couleurs automnales et que nous espérons voir bientôt un changement nouveau augmenter la beauté du paysage, il n'est pas rare que nous soyons désappointés par un brusque coup de vent d'équinoxe. La violence du courant arrache de la masse bariolée du feuillage les feuilles déjà atteintes de décomposition, celles dont les couleurs sont vives, mais elle respecte les feuilles encore vertes. Ces dernières, froissées et desséchées par les chocs longtemps répétés contre les autres feuilles ou les branches voisines, donnent au bois une couleur sombre, tandis que les feuilles colorées en rouge, jaune et orange se rassemblent dans les fossés, derrière les murs et dans les coins où des tourbillons les entassent. Que s'est-il passé? L'action uniforme du vent qui s'exerce sur les deux espèces de feuilles a arraché les mourantes du milieu de celles qui vivent encore et en a fait des tas. Au mois de mars, nous voyons sur toutes les routes s'effectuer pareillement une séparation de particules de différentes grosseurs, la poussière, le sable, le gravier. Depuis les temps d'Homère jusqu'à nos jours, on a toujours utilisé à vanner le grain pour le séparer de la balle le pouvoir qu'ont les courants d'air naturels ou artificiels de séparer les unités de poids spécifiques différents. Dans toute rivière, nous voyons les matériaux mélangés qu'elle charrie se déposer séparément; dans les rapides, le fond n'offre de repos qu'aux blocs et aux cailloux; aux endroits où le courant n'est pas aussi fort, le sable peut se déposer; et, dans les parties tranquilles, il se forme des sédiments de boue. On utilise dans les arts cette action élective de l'eau en mouvement, pour recueillir séparément des masses de petits corps de différents degrés de ténuité. Par exemple, dans la fabrication de l'émeri, après qu'on a broyé la pierre, on la fait entraîner par un courant lent dans des compartiments successifs; les plus gros grains s'arrêtent dans le premier, les grains un peu plus petits gagnent le fond du second avant que l'eau s'en échappe, des grains encore plus petits se déposent dans le troisième, jusqu'à ce qu'enfin le dépôt ne soit plus formé que de la poussière qui tombe trop lentement dans l'eau pour qu'elle eût pu gagner le fond plus tôt.

L'eau en mouvement peut encore d'une manière différente, mais avec le même résultat, exercer son action ségrégative, quand par exemple elle emporte en les dissolvant les matières solubles qu'elle sépare d'autres matières insolubles. Nous voyons à toute heure ces effets se produire dans les laboratoires. Les effets des forces uniformes exercées par les courants aqueux et atmosphériques ont leurs analogues dans ceux des forces uniformes des autres ordres d'agents. L'attraction électrique séparera les petits corps d'avec les gros, les légers d'avec les lourds. Avec le magnétisme, on peut séparer les grains de fer des autres substances auxquelles ils sont mêlés. C'est en utilisant cette propriété que l'émouleur de Sheffield avec son filtre de gaze aimantée sépare la poussière d'acier d'avec la poussière de pierre qui, mêlée avec elle, se détache de la roue à repasser. Il n'y a pas d'expérience chimique qui ne nous apprenne comment l'affinité d'un agent agissant diversement sur les éléments d'un corps donné nous permet d'enlever tel ou tel élément en laissant les autres.

Quel est donc le principe que ces exemples démontrent? Comment exprimer en une formule qui les contienne tous ces faits différents et les faits innombrables qui leur ressemblent? Dans chacun de ces cas, nous voyons en action une force qu'on peut considérer comme simple ou uniforme : c'est le mouvement d'un liquide dans une certaine direction et pourvu d'une certaine vitesse; c'est l'attraction électrique ou magnétique avec une intensité donnée; c'est une certaine espèce d'affinité chimique : ou plutôt, à parler rigoureusement, la force en action est une résultante de l'une de ces forces et de certaines autres forces uniformes, telles que la gravitation, etc. Dans chaque cas, nous avons un agrégat composé d'unités dissemblables, ou bien des atomes de substances différentes combinées ou intimement mêlées, ou bien des fragments de la même substance mais de volumes différents, ou bien encore d'autres éléments différant entre eux par leur poids spécifique, par leur forme ou par d'autres attributs. Dans chacun de ces cas, ces unités différentes, ou ces groupes dissemblables d'unités, éléments des agrégats, se séparent les uns des autres sous l'action de quelque force résultante qui s'exerce indifféremment sur tous; ils se séparent en agrégats moindres, composés chacun d'unités semblables entre elles pour chaque agrégat et dissemblables de celles des autres. Voilà ce qui se passe dans tous ces changements. Voyons comment nous pouvons interpréter ce fait commun.

Dans le chapitre intitulé : « L'instabilité de l'homogène », on a vu qu'une force uniforme tombant sur un agrégat produit des modifications dissemblables sur ses parties diverses, rend l'uniforme multiforme, et le multiforme plus multiforme encore. Ces sortes de transformations consistent soit en des changements sensibles, soit en des changements insensibles des positions respectives des unités ou de ces deux sortes de changements, soit de cette espèce de réarrangements moléculaires que nous appelons chimiques, ou de cette espèce de transpositions plus étendues que nous nommons mécaniques, ou encore de ces deux sortes de déplacements combinés. La portion de force réellement efficace qui tombe sur chacune des différentes parties ou sur chacune des parties soumises à des conditions différentes de l'agrégat peut se dépenser à modifier les relations mutuelles de ses constituants ou à changer les parties de place, ou encore se dépenser en partie à produire l'un et l'autre de ces changements. Par suite, la portion de la force réellement effective qui ne sert pas à produire l'une de ces espèces d'effets doit servir à produire l'autre. Il est évident que si une portion, si faible qu'elle soit, de la force effective qui tombe sur une unité composée d'un agrégat, se consume à réarranger les éléments irréductibles de cette unité composée, tout le reste ou la plus grande partie du reste doit se manifester par le mouvement de l'unité composée vers un autre point, au sein de l'agrégat; et réciproquement, si peu ou point de cette force se consume à produire un déplacement mécanique, la plus grande partie ou la totalité de la force produira des changements moléculaires. Qu'en doit-il résulter? Dans les cas où nulle force, ou bien où une partie seulement de la force engendre des redistributions chimiques, quelles sont les redistributions physiques qui doivent se produire? Les parties semblables entre elles seront influencées pareillement par la force et réagiront pareillement sur elle. Les parties dissemblables seront différemment influencées et réagiront différemment sur elle. Par suite, la force incidente effective d'une façon permanente, une fois transformée tout entière ou en partie en mouvement mécanique des unités, produira des mouvements semblables dans les unités semblables et des mouvements dissemblables dans les unités dissemblables. Si donc, dans un agrégat contenant deux ou plusieurs ordres d'unités mêlées, celles du même ordre viennent à être mises en mouvement dans le même sens et dans un sens différent de celui que reçoivent les unités des autres ordres, les ordres d'unités seront séparés. Un groupe de choses semblables, recevant des mouvements semblables par la direction et l'intensité, doit être transporté en totalité en un autre lieu, et si ces choses sont mêlées à d'autres choses d'un autre ordre qui reçoivent de leur côté des mouvements de même nature, mais différents de ceux du premier groupe par la direction et l'intensité ou par ces deux caractères, celles qui composent le second groupe doivent être transportées en masse en un autre lieu : c'est-à-dire que le mélange doit subir une sélection et une séparation simultanées.

Pour mieux faire comprendre cette opération, il est convenable de présenter quelques exemples qui montrent que, toutes choses restant égales, la netteté de la séparation est proportionnelle à l'état défini de la différence qui sépare les unités. Prenons une poignée d'une substance broyée contenant des morceaux de diverses grosseurs, et laissons la tomber au gré d'une brise légère. Les gros fragments se rassembleront ensemble sur le sol, à peu près au point placé immédiatement au-dessous de la main ; les morceaux plus petits seront emportés un peu plus loin sous le vent ; d'autres plus petits encore plus loin, et les particules ténues appelées poussières seront emportées assez loin avant de toucher le sol ; cela veut dire que l'intégration est nette, quand la différence entre les fragments est nette, quoique la divergence des fragments soit la plus grande quand la différence est la plus grande. Si cette poignée de matière se compose d'ordres d'unités tout à fait distincts, tels que cailloux, graviers et poussière, ces unités se sépareront avec une netteté parfaite ; les cailloux tomberont à peu près verticalement ; les graviers, dans une direction oblique, se rassembleront en dépôt assez loin des cailloux ; la poussière sera emportée, à peu près horizontalement, à une grande distance. Le principe sera mis encore mieux en lumière par un autre exemple, dans lequel c'est un autre agent qui opère. Faisons passer lentement de l'eau à travers un agrégat mélangé de substances solubles et insolubles. Il se fera d'abord un départ entre les substances qui présentent les relations les plus opposées avec la force en action : la substance soluble sera enlevée ; l'insoluble restera. Une autre séparation, moins définie sans doute, s'opérera dans les substances solubles, puisqu'en premier lieu le courant emportera la plus grande partie des substances solubles, et qu'après leur dissolution il continuera à enlever les substances moins solubles qui restent. Même les substances non dissoutes auront subi une certaine ségrégation ; en effet, le liquide qui filtre à travers la substance emporte avec lui les fragments ténus qu'il détache des plus gros ; il dépose en un lieu les plus légers, et dans un autre les plus lourds.

Ajoutons, pour compléter notre explication, un fait qui serve de pendant à celui que nous avons présenté. Les unités mélangées peuvent n'offrir que de légères différences, et, quand des forces viennent à agir sur elles, elles ne peuvent subir que des déplacements peu importants ; il faut donc, pour les séparer, des combinaisons de forces susceptibles de faire ressortir ces différences légères et de rendre le déplacement appréciable. Ce principe est mis en évidence par antithèse dans les cas précédents ; mais il peut être rendu encore plus manifeste par quelques exemples empruntés à l'analyse chimique. La séparation de l'alcool d'avec l'eau par distillation en est un excellent. Nous avons en effet des atomes composés d'oxygène et d'hydrogène mêlés à des atomes composés d'oxygène, d'hydrogène et de carbone. Ces deux ordres d'atomes ont une grande ressemblance ; ils conservent l'un et l'autre la forme liquide aux températures ordinaires ; ils deviennent gazeux plus ou moins rapidement quand la température s'élève, et ils bouillent à des degrés assez voisins. Cette ressemblance des atomes s'accompagne encore de la difficulté qu'il y a à les séparer. Si le mélange liquide est chauffé au delà de ce qu'il faut, il passe beaucoup d'eau avec l'alcool à la distillation. Ce n'est que dans des limites assez restreintes de température qu'un groupe d'atomes est entraîné plus tôt que l'autre, et même alors ils ne se mettent pas en liberté sans entraîner beaucoup d'atomes de l'autre groupe. L'exemple le plus intéressant et le plus instructif nous est fourni par la cristallisation. Quand plusieurs sels, présentant entre eux une faible analogie de constitution, sont dissous dans la même masse d'eau, ils sont séparés par la cristallisation sans grande difficulté ; leurs unités respectives se meuvent les unes vers les autres, ainsi que les physiciens le supposent par l'effet de forces polaires, et se séparent en formant des cristaux d'espèces particulières. Les cristaux de chacun des sels contiennent habituellement de petites quantités des autres sels présents dans la solution, surtout quand la cristallisation a été rapide ; on les débarrasse de ces sels étrangers en les redissolvant et les faisant cristalliser à plusieurs reprises. Remarquons toutefois que le contraire a lieu quand les sels contenus dans la même masse d'eau sont chimiquement homologues. Les nitrates de baryte et de plomb, les sulfates de zinc, de soude et de magnésie s'unissent dans les mêmes cristaux, et, si on les redissout pour les faire cristalliser de nouveau, ils ne cristallisent point séparément, quelque soin qu'on y mette. Les chimistes ont voulu s'expliquer cette anomalie, et ils ont trouvé que ces sels étaient isomorphes, que leurs atomes, malgré leurs différences chimiques, sont identiques par les proportions d'acide, de base et d'eau qu'ils renferment, et par leurs formes cristallines ; on en a conclu que leurs atomes avaient à peu près la même structure. Voilà qui démontre clairement que les unités d'espèces dissemblables sont triées et séparées avec une précision proportionnée au degré de leur dissemblance. Dans le premier cas, nous voyons que les atomes dissemblables par leur forme, mais semblables par leur solubilité dans l'eau à une certaine température, se séparent, quoique imparfaitement. Dans le second cas, nous voyons que les atomes qui se ressemblent, non seulement par leur solubilité dans le même menstrue, mais aussi par leur structure, ne se séparent pas, qu'ils ne sont dissociés et isolés, et encore très incomplètement, que dans des conditions très spéciales. En d'autres termes, la force incidente de polarité mutuelle imprime aux unités du mélange des mouvements proportionnés à leur dissemblance, et par conséquent elle tend, en proportion de leur dissemblance, à les déposer en des lieux séparés.

Il y a une cause réciproque de séparation qu'il est utile de traiter avec autant de développement. Si des unités différentes soumises à l'action de la même force doivent prendre des mouvements différents, les unités de même espèce doivent aussi prendre des mouvements différents sous l'action de forces différentes. Supposons qu'un groupe d'unités faisant partie d'un agrégat homogène soit soumis à l'action d'une force différente par l'intensité et la direction de celle qui agit sur le reste de l'agrégat, ce groupe d'unités se séparera du reste, pourvu que toute la force qui agit sur lui ne se dissipe pas à produire des vibrations ou des réarrangements moléculaires. Après tout ce que nous avons dit plus haut, cette proposition n'a pas besoin de défense.

Avant de terminer notre exposition préliminaire, il faut établir un principe complémentaire, à savoir : que les forces mêlées sont séparées par la réaction de substances uniformes, exactement comme des substances mêlées sont séparées par l'action de forces uniformes. La dispersion de la lumière réfractée nous offre un exemple complet de ce principe. Un pinceau de lumière formé d'ondulations éthérées de différents ordres n'est pas dévié uniformément par un corps réfringent homogène ; les différents ordres d'ondulations qu'il contient sont déviés sous des angles différents; par suite, ces différents ordres d'ondulations sont séparés et intégrés de manière à produire ce que nous appelons les couleurs du spectre. Une séparation d'une autre espèce se manifeste quand les rayons de lumière traversent un milieu qui leur fait obstacle. Les rayons formés d'ondulations relativement courtes sont absorbés avant ceux qui le sont d'ondulations relativement longues; et les rayons rouges, formés des ondulations les plus longues, pénètrent seuls quand l'obstacle est très grand. Réciproquement, le phénomène de la réfraction nous montre une séparation de forces semblables par la réaction de substances dissemblables, puisque des pinceaux de lumière adjacents et parallèles, qui tombent sur des substances dissemblables et les traversent, sont rendus divergents.

§ 164. Dans l'hypothèse nébulaire, l'origine des étoiles et des planètes s'explique par une ségrégation matérielle, comme celle dont nous venons de parler, causée par l'action de forces dissemblables sur des unités semblables.

Nous avons vu dans un chapitre précédent (§ 150) que, si la matière a jamais existé sous une forme diffuse, elle ne pouvait pas rester distribuée d'une manière uniforme, mais qu'elle devait se fractionner en masses distinctes. On a vu que, en l'absence d'un équilibre parfait entre les attractions mutuelles d'atomes dispersés dans l'espace sans limite, il devait se former des solutions de continuité dans l'agrégat composé de ces atomes et une concentration autour des centres d'attraction prépondérants. Quand cette solution de continuité se fait, quand les atomes auparavant voisins s'éloignent les uns des autres, c'est en conséquence d'une différence dans les forces auxquelles ils sont respectivement soumis. Les atomes situés d'un côté de la solution de continuité sont soumis à un certain excès d'attraction dans le sens où ils ont commencé à se mouvoir; et ceux de l'autre côté le sont à un excès d'attraction dans la direction opposée. C'est-à-dire que les groupes adjacents d'unités semblables sont exposés à des forces résultantes dissemblables, et que par suite ils se séparent et s'intègrent.

La formation et la séparation d'un anneau nébuleux présentent deux exemples de la même loi. Conclure avec Laplace que la zone équatoriale d'un sphéroïde nébuleux en rotation doit, pendant la période de concentration, acquérir une force centrifuge suffisante pour l'empêcher de suivre le reste de la masse qui se contracte, c'est conclure que cette zone doit rester en arrière, parce qu'elle est soumise à une certaine force différentielle. La division se fera sur une ligne au dedans de laquelle la force agrégative est plus grande que celle qui résiste à l'agrégation, et au dehors de laquelle la force qui résiste à l'agrégation est plus grande que la force agrégative. Nous voyons donc que cette opération se conforme à la loi d'après laquelle, lorsque des unités semblables sont exposées à des forces dissemblables, celles qui sont soumises aux mêmes conditions se séparent de celles qui sont soumises à des conditions différentes.

§ 165. Les révolutions géologiques appelées communément aqueuses nous montrent de nombreux exemples de ségrégation des unités différentes par une force incidente uniforme. Sur les bords de la mer, les vagues dissocient et séparent incessamment les matériaux mélangés contre lesquels elles se brisent. Des blocs de rochers tombés dans la mer, le flux et le reflux emportent des parcelles qui peuvent à cause de leur petitesse rester longtemps suspendues au sein des eaux ; puis ils les déposent à quelque distance du rivage sous forme d'un sédiment fin. Les parcelles de plus grosse dimension, tombant avec une rapidité relative, s'accumulent pour former des lits de sable au niveau des basses eaux. Les graviers et les petits cailloux se rassemblent sur les pentes au-dessus desquelles tourbillonnent les flots. Au sommet restent les galets et les grosses pierres. On peut parfois observer des ségrégations encore plus spécifiques. Des cailloux plats produits par la cassure d'une roche lamelleuse se trouvent rassemblés quelquefois dans une partie d'un banc de cailloux. Sur telle plage on ne trouve qu'un dépôt de boue, sur telle autre qu'un dépôt de sable. Ici, nous voyons une crique abritée remplie de petits cailloux à peu près de même volume, et là, dans une baie arrondie dont une des extrémités est plus découverte que l'autre, nous voyons, en allant de la moins découverte à celle qui l'est le plus, les pierres déposées devenir de plus en plus grosses. Suivons l'histoire de chaque dépôt géologique, et nous arriverons promptement à reconnaître que des fragments mélangés, différant en volume et en poids, sont, lorsqu'ils reçoivent le choc et le frottement de l'eau et subissent l'attraction de la terre, triés, séparés, puis réunis en groupes de fragments relativement semblables. Nous voyons que, toutes choses égales, la séparation est nette en proportion de la netteté de la différence des unités. Les couches sédimentaires présentent, après leur formation des ségrégations d'une autre espèce.

Les silex et les nodules de pyrite de fer que l'on trouve dans la chaux, aussi bien que les concrétions siliceuses que l'on rencontre quelquefois dans la pierre à chaux, ne peuvent s'expliquer que par des agrégations d'atomes de silex ou de sulfure de fer originairement répandus à peu près uniformément dans le dépôt, mais qui se sont rassemblés graduellement autour de certains centres, nonobstant l'état solide ou demi-solide de la matière ambiante. Nous voyons un exemple manifeste des conditions et des résultats de cette contraction dans la limonite.

Parmi les changements ignés, nous ne trouvons pas autant d'exemples de l'opération que nous étudions. En distinguant l'évolution simple de l'évolution composée, nous avons indiqué (§ 102) qu'une quantité prodigieuse de mouvement moléculaire latent s'oppose à la permanence des redistributions secondaires qui constituent l'évolution composée. Néanmoins, les phénomènes géologiques d'ordre igné ne sont pas tout à fait dépourvus d'exemples de ségrégation. Quand les matières mélangées qui composent la croûte terrestre ont été portées à une température élevée, la séparation commence à se faire dès que la température s'abaisse. Certaines substances qui s'échappent des volcans à l'état gazeux se subliment et se déposent en cristaux sur les surfaces froides qu'elles viennent à rencontrer ; comme elles se solidifient à des températures différentes, elles se déposent à des hauteurs différentes dans les crevasses qu'elles traversent ensemble. Mais le plus bel exemple est celui que nous offrent les changements qui surviennent durant le refroidissement lent d'une roche ignée, quand une partie du noyau en fusion de la Terre est lancée au dehors par une des ruptures qui se font de temps en temps dans la croûte solide qui lui sert d'enveloppe. Lorsque cette matière se refroidit assez vite par l'effet du rayonnement libre et du contact avec des masses froides, elle forme un corps appelé trapp ou basalte, uniforme dans sa texture, bien qu'il soit composé de divers éléments. Mais quand cette partie du noyau en fusion ne s'échappe pas à travers les couches superficielles, elle se refroidit lentement et devient ce que nous appelons du granit. Les parties de quartz, de feldspath et de mica qu'elle contient à l'état de mélange, restant longtemps fluides ou demi fluides, c'est-à-dire dans un état de mobilité relative, subissent les changements de position que nécessitent les forces imprimées sur elles par leurs congénères. Les forces différentielles qui naissent d'une polarité mutuelle, ayant le temps de produire les mouvements nécessaires dans les atomes, séparent le quartz, le feldspath, le mica, qui cristallisent. Et la preuve que cette séparation est tout à fait dépendante de l'agitation longtemps continuée de particules mêlées et de la mobilité longtemps persistante des petites forces différentielles se trouve dans le fait que les cristaux qui occupent le centre des veines de granit, où la fluidité ou la demi-fluidité ont duré plus longtemps, sont beaucoup plus gros que ceux des côtés où le contact avec les roches voisines a produit plus rapidement le refroidissement et la solidification de la masse.

§ 166. Les actions qui se passent dans un organisme sont si compliquées et si délicates, que nous ne pouvons nous attendre à constater les forces particulières par lesquelles les ségrégations particulières sont affectées. Parmi le petit nombre de cas susceptibles d'une interprétation assez rigoureuse, les meilleurs sont ceux où l'on reconnaît l'œuvre des pressions et des tensions mécaniques. Nous en découvrirons plusieurs en étudiant la structure osseuse des animaux supérieurs.

La colonne vertébrale d'un homme est soumise dans son ensemble à certains efforts, à savoir le poids du corps combiné avec les réactions que supposent tous les grands efforts musculaires; c'est en obéissant à ces efforts qu'elle est devenue un tout distinct par ségrégation. En même temps, comme elle reste soumise à des forces différentes pendant qu'elle se courbe latéralement par l'influence des mouvements, ses parties restent jusqu'à un certain point séparées. Si nous suivons le développement de la colonne vertébrale depuis sa forme primitive, depuis la corde cartilagineuse des poissons inférieurs, nous voyons qu'il y a partout une intégration qui correspond à l'unité des forces incidentes, combinée avec la division en segments qui correspond à la variété des forces incidentes. Chaque segment pris à part nous fait encore plus simplement comprendre le principe. Une vertèbre n'est pas un os unique, elle se compose d'une masse centrale pourvue d'appendices et d'éminences; dans les types rudimentaires de vertèbres, ces appendices sont tout à fait séparés de la masse centrale, et même existent avant qu'elle fasse son apparition. Mais ces divers os indépendants, constituant un segment spinal primitif, sont soumis à un certain agrégat de forces qui se ressemblent plus qu'elles ne diffèrent; comme ils forment le levier d'un groupe de muscles qui agissent d'ordinaire en commun, ils subissent perpétuellement en commun certaines réactions. Et, en conséquence, nous voyons que dans le cours du développement ils se soudent peu à peu. Nous en trouvons un exemple bien plus frappant dans les segments spinaux, qui se soudent en une masse quand ils sont soumis à quelque effort prépondérant. Le sacrum est formé d'un groupe de vertèbres solidement unies. Chez l'autruche et les oiseaux du même genre, il y a de dix-sept à vingt vertèbres sacrées, non seulement unies ensemble, mais soudées aux os iliaques situés de chaque côté. Si nous admettons que ces vertèbres ont été séparées dans l'origine, comme elles le sont encore dans l'embryon de l'oiseau, et si nous considérons les conditions mécaniques auxquelles elles doivent avoir été soumises, nous comprenons que leur union est le résultat de l'opération dont nous parlons. En effet, c'est par ces vertèbres que le poids total du corps se transmet aux jambes : les jambes supportent l'arc pelvien, le sacrum est articulé avec le reste de l'épine dorsale et par elle avec les membres qui s'y rattachent. Par conséquent, si les vertèbres sacrées étaient séparées, elles devraient être maintenues ensemble par des muscles puissamment contractés, et empêchées de partager les mouvements latéraux auxquels les autres vertèbres sont soumises; elles devraient être soumises à un effort commun et préservées des efforts qui les affecteraient diversement; c'est ainsi qu'elles rempliraient les conditions sous lesquelles la ségrégation s'opère. Mais c'est dans les membres que nous rencontrons les cas où la cause et l'effet présentent la relation la plus étroite. Les os métacarpiens (qui, chez l'homme, supportent la paume de la main) sont séparés les uns des autres dans la majorité des mammifères : les actions séparées des doigts y produisent de légers mouvements séparés. Toutefois, il n'en est pas ainsi chez les bœufs et les chevaux. Chez les bœufs, les métacarpiens moyens, le troisième et le quatrième, sont seuls développés ; ils atteignent des proportions considérables et se soudent pour former l'os du canon. Chez les chevaux, la ségrégation a un caractère que nous pourrions appeler indirect : le second et le quatrième métacarpiens sont là à l'état rudimentaire unis aux côtés du troisième, qui est énormément développé; celui-ci forme seul le canon, qui diffère du canon du bœuf, parce qu'il n'est composé que d'un seul cylindre, au lieu de deux cylindres soudés ensemble. Le métatarse présente chez ces quadrupèdes des changements analogues. Or ces divers groupes de métamorphoses se montrent là où les os différents groupés ensemble n'ont plus de fonctions différentes, mais conservent la même fonction. Le pied des chevaux et des bœufs ne sert qu'à la locomotion et non pas, comme celui des mammifères unguiculés, à des usages qui supposent quelques mouvements relatifs des métacarpiens. Nous voyons donc que, là où la force incidente est unique, il se forme une masse osseuse unique. Nous concluons que ces faits ont un rapport de cause à effet, et nous en trouvons la confirmation dans la classe entière des oiseaux ; dans les ailes et les jambes des oiseaux, nous voyons des conditions semblables entraîner des ségrégations semblables. Pendant qu'on imprimait ces feuilles, M. Huxley m'a appris un fait qui démontre encore plus clairement ce principe général ; il m'a gracieusement autorisé à m'en servir avant de le publier lui-même. Le *Glyptodon*, mammifère éteint, trouvé à l'état fossile dans l'Amérique du Sud, a passé longtemps pour un grand animal bizarre et voisin de l'Armadillo ; on savait qu'il avait une armure cutanée massive, formée de plaques polygonales étroitement ajustées pour former une vaste boîte, où le corps était emprisonné de telle sorte qu'il ne pouvait aucunement s'infléchir latéralement ou verticalement. Cette boîte osseuse, qui devait peser plusieurs quintaux, était supportée par les apophyses épineuses des vertèbres et les os adjacents des arcs thoraciques et pelviens. Le fait important que nous avons à noter, c'est que, dans les endroits où les vertèbres du tronc étaient soumises ensemble à la pression de cette lourde armure cutanée, dont la rigidité les mettait dans l'impossibilité d'exécuter des mouvements relatifs, la série tout entière de ces vertèbres s'unissait en un os solide et continu.

On peut interpréter de la même manière la formation et la conservation d'une espèce, en la considérant comme un assemblage d'organismes semblables. Nous avons déjà vu que les membres d'une espèce, lorsqu'ils sont soumis à des systèmes différents de forces incidentes, se divisent en variétés. Il nous reste à ajouter que, lorsqu'ils sont soumis à des systèmes semblables de forces incidentes, ils passent par ségrégation, ou ils sont ramenés et maintenus à l'état d'agrégat uniforme. En effet, par l'opération de la « sélection naturelle », chaque espèce se débarrasse d'une manière incessante des individus qui s'écartent du type commun par des déformations qui les rendent impropres à se plier aux conditions de leur existence ; les individus qui la composent restent donc à peu près semblables. Les circonstances au milieu desquelles une espèce est exposée, étant, ainsi que nous l'avons vu, une combinaison compliquée de forces incidentes, et les membres de l'espèce ayant parmi eux quelques individus qui diffèrent plus que d'ordinaire de la structure moyenne requise pour en supporter l'action, il en résulte que ces forces séparent incessamment de la masse de l'espèce les individus divergents, et conservent par cette sélection l'uniformité du reste, c'est-à-dire l'intégrité de l'espèce. De même qu'en automne le vent arrache les feuilles jaunies du milieu de celles qui restent vertes, ou, pour me servir de la similitude de M. Huxley, que les plus petits grains passent à travers un crible, tandis que les plus gros sont retenus, de même les forces extérieures qui s'exercent uniformément sur les membres d'un groupe organique les affectent d'une manière semblable dans la proportion de leur ressemblance, et différente dans la proportion de leur différence ; elles séparent ainsi par un triage les semblables, en éliminant du milieu d'eux les dissemblables. Que ces membres séparés périssent, comme cela arrive le plus souvent, ou qu'ils survivent et se multiplient pour former une variété distincte par suite de leur adaptation à certaines conditions un peu différentes, cela ne fait rien. L'un des cas obéit à la loi que les unités dissemblables d'un agrégat se groupent avec celles de même espèce et se séparent quand elles sont soumises aux mêmes forces incidentes ; et l'autre, à la loi correspondante que les unités semblables d'un agrégat se séparent et se groupent à part quand elles sont soumises à des forces différentes. Si l'on consulte les remarques de M. Darwin sur la divergence des caractères, on verra que les ségrégations dues à l'action de ces lois tendent à devenir de plus en plus définies.

§ 167. Nous avons vu que l'évolution mentale, considérée à l'un de ses principaux points de vue, consistait en la formation de groupes d'objets semblables et de relations semblables, c'est-à-dire en une différenciation des diverses choses confondues ensemble dans un même assemblage, et en une intégration de chaque ordre distinct de choses en un groupe distinct (§ 153). Il nous reste à montrer maintenant que, si la dissemblances dans les forces incidentes est la cause de ces différenciations, la ressemblance dans les forces incidentes est la cause de ces intégrations. En effet, qu'est-ce que l'opération qui établit les classifications ? Dans le principe, le botaniste, faisant comme le vulgaire, ne reconnaît que les divisions conventionnelles que l'agriculture a fait prévaloir ; il sait qu'il y a des légumes, des céréales, et range tout le reste des plantes dans un groupe bizarre qu'il appelle plantes sauvages. Comment ces plantes sauvages se groupent-elles dans son esprit, en se subdivisant en ordres, en genres, en espèces ? Chaque plante qu'il examine lui offre certaines impressions complexes. A chaque instant, il ramasse une plante semblable à d'autres qu'il a déjà vues ; il la reconnaît, c'est-à-dire qu'il se produit en lui un groupe coordonné de sensations analogues, en présence d'un groupe coordonné d'attributs analogues. En d'autres termes, il se fait dans ses nerfs une série coordonnée de changements, semblable à une série coordonnée de changements déjà produits. Au point de vue analytique, chacune de ces séries coordonnées de changements est une série coordonnée de modifications moléculaires opérées dans la partie affectée de l'organisme. Chaque fois que l'impression se répète, une nouvelle série coordonnée de modifications moléculaires se superpose aux précédentes et leur donne plus de grandeur, produisant ainsi une idée interne qui correspond à ces objets extérieurs similaires. En attendant, une autre espèce de plante produit dans le cerveau du botaniste un autre groupe de changements combinés ou de modifications moléculaires, groupe nouveau qui ne s'accorde pas avec celui que nous avons déjà considéré, n'en vient pas augmenter la force, mais au contraire en diffère ; des répétitions successives de ce groupe de changements engendrent une idée différente répondant à une espèce différente. Comment exprimerons-nous en termes généraux la nature de cette opération ? D'une part, nous avons les choses semblables et les choses dissemblables d'où émanent les divers groupes de forces par lesquelles nous les percevons. D'autre part, il y a les organes des sens et les centres de perception par lesquels passent ces divers groupes de forces dans le cours de l'observation. En traversant les organes des sens et les centres de perception, les groupes semblables sont mis à part et isolés des groupes dissemblables de forces ; chacune de ces séries de groupes de forces séparée ainsi des autres, répondant à un genre ou à une espèce extérieure, constitue un état de conscience que nous appelons l'idée du genre ou de l'espèce. Nous avons vu déjà que, si une même force opère la séparation de matières mêlées, la même matière opère la séparation des forces mêlées ; nous voyons, de plus, maintenant, que les forces dissemblables une fois séparées effectuent dans les agrégats qui les séparent des changements de structure, dont chacun est le représentant et l'équivalent de la série intégrée des mouvements qui l'ont produit.

Une opération analogue met à part les relations de coexistence et de séquence des impressions pour en former des espèces, et en même temps les groupe avec les impressions mêmes. Quand deux phénomènes qui ont été observés dans un ordre donné sont répétés dans le même ordre, les nerfs qui ont déjà été affectés par le passage d'une impression à l'autre le sont de nouveau; et les modifications moléculaires qu'ils reçoivent du premier mouvement, qui s'y propage, s'accroît par le second mouvement qui court sur la même route. Chacun de ces mouvements produit une altération de structure qui, conformément à la loi générale posée dans le chapitre IX, implique une diminution de la résistance opposée à tous les mouvements analogues qui peuvent se produire ensuite. La ségrégation de ces mouvements successifs (ou plus exactement des parties constamment efficaces de ces mouvements qui se dépensent à vaincre la résistance) devient ainsi la cause et la mesure de la connexion mentale qui relie les impressions produites par les phénomènes. Pendant ce temps, les connexions des phénomènes que nous reconnaissons comme différents de ceux-là, c'est-à-dire qui affectent des éléments nerveux différents, seront représentés chacune par des mouvements effectués sur d'autres routes. Sur chacune de ces autres routes, les décharges nerveuses se feront avec une promptitude proportionnée à la fréquence avec laquelle l'expérience reproduit la connexion des phénomènes. La classification des relations doit donc marcher *pari passu* avec celle des choses qui en forment les termes. Les relations mêlées que présente le monde extérieur ont avec les sensations mêlées qu'il imprime un caractère commun : c'est de ne pouvoir s'imprimer sur l'organisme sans subir une ségrégation plus ou moins complète. Et c'est par cette double opération de départ et de groupement continuels de changements et de mouvements, qui constitue la fonction nerveuse, que s'effectuent peu à peu le départ et le groupement de matière, qui constitue la structure nerveuse.

§ 168. Au début de l'évolution sociale, les semblables se réunissent dans un groupe et les dissemblables se séparent sous l'influence des forces incidentes, de la même manière que nous avons vu les créatures inférieures se réunir et se séparer pour former des groupes. Les races humaines tendent à se différencier et à s'intégrer comme le font les autres êtres vivants. Parmi les forces qui opèrent et conservent les ségrégations humaines, nous pouvons nommer en premier lieu les forces extérieures dites physiques. Le climat et la nourriture qui sont plus ou moins favorables à un peuple indigène sont plus ou moins préjudiciables à un peuple d'une constitution différente, venu d'une région éloignée du globe. Les races du Nord ne peuvent se perpétuer dans les régions tropicales; si elles ne périssent pas à la première génération, elles succombent à la seconde, et, comme dans l'Inde, elles ne peuvent conserver leurs établissements que d'une manière artificielle, par une immigration et une émigration incessantes. Cela veut dire que les forces extérieures agissent également sur les habitants d'une localité donnée, tendent à éliminer tous ceux qui ne sont pas d'un certain type, et par ce moyen à conserver l'intégration de ceux qui sont de ce type. Si, ailleurs, parmi les nations de l'Europe, nous voyons une sorte de mélange permanent dû à d'autres causes, nous remarquons pourtant qu'il unit des races qui n'appartiennent pas à des types très différents et qui sont rompues à des conditions peu différentes. Les autres forces qui concourent à produire les ségrégations ethniques sont les forces mentales révélées dans les affinités qui attirent les hommes vers ceux qui leur ressemblent. D'ordinaire, les émigrants ont le désir de revenir dans leur pays; et si leur désir ne se réalise pas, c'est uniquement parce qu'ils sont retenus par des attaches trop fortes. Les individus d'une société, obligés de résider dans une autre, y forment ordinairement des colonies, de petites sociétés. Les races qui ont été divisées artificiellement ont une forte tendance à s'unir de nouveau. Or, quoique les ségrégations qui résultent des affinités naturelles des hommes d'une même famille ne semblent pas pouvoir s'expliquer par le principe général exposé ci-dessus, elles en sont pourtant de beaux exemples. Quand nous avons parlé de la direction du mouvement (§ 80), nous avons vu que les actes que les hommes accomplissent pour la satisfaction de leurs besoins étaient toujours des mouvements dans le sens de la moindre résistance. Les sentiments qui caractérisent un membre d'une race donnée sont tels qu'ils ne peuvent trouver leur complète satisfaction que chez d'autres membres de la même race : cette satisfaction dérive en partie de la sympathie qui rapproche ceux qui ont des sentiments semblables, mais surtout des conditions sociales corrélatives qui se développent partout où règnent ces sentiments. Quand donc un citoyen d'une nation est, comme nous le voyons, attiré vers d'autres de sa nation, c'est parce que certaines forces, que nous appelons désirs, le poussent dans la direction de la plus faible résistance. Les mouvements humains, comme tous les autres mouvements, étant déterminés par la distribution des forces, il faut que les ségrégations de races, qui ne sont pas le résultat des forces extérieures, soient produites par les forces que les unités de ces races exercent les unes sur les autres.

Nous voyons des ségrégations analogues s'opérer sous l'influence de causes analogues dans le développement de chaque société. Quelques-unes résultent d'affinités naturelles moins importantes ; mais les ségrégations les plus importantes qui constituent l'organisation politique et industrielle résultent de l'union d'hommes chez lesquels certaines ressemblances sont le produit de l'éducation, en donnant à ce mot le sens le plus étendu, c'est-à-dire l'ensemble de tous les procédés qui forment les citoyens pour des fonctions spéciales. Les hommes dressés au travail corporel sont des hommes qui ont produit en eux-mêmes une certaine ressemblance, qui, relativement à leurs autres facultés d'action, rejettent dans l'ombre et subordonnent leurs différences naturelles. Ceux qui sont élevés pour le travail cérébral ont acquis d'autres caractères communs qui les rendent plus semblables les uns aux autres qu'à ceux qui sont élevés pour les occupations manuelles. Il se fait des séparations, il se produit des classes correspondant à ces ressemblances nouvelles. Des ségrégations beaucoup plus définies s'établissent parmi les membres assimilés par une ressemblance beaucoup plus définie, qui sont élevés pour la même vocation. Là même où les nécessités de leur travail les empêchent de se concentrer dans une localité, comme parmi les artisans les maçons, et comme parmi les marchands les détaillants, et comme dans les professions libérales les médecins, on voit se former des unions ouvrières de maçons, des sociétés d'épicerie, des associations médicales, preuve que ces citoyens, assimilés artificiellement, s'intègrent autant que les conditions le permettent. Et là où, comme dans les classes manufacturières, l'accomplissement des fonctions n'exige pas la dispersion des citoyens dotés d'une ressemblance artificielle, ils se rassemblent par une agrégation progressive dans des localités spéciales : ce qui donne aux divisions industrielles un caractère plus défini. Si maintenant nous cherchons les causes de ces ségrégations considérées comme résultats de la force et du mouvement, nous retombons sur le même principe général. La ressemblance que l'éducation produit dans une classe ou dans une sous-classe est une aptitude que ses membres ont acquise de satisfaire leurs besoins par les mêmes moyens. C'est-à-dire que l'occupation pour laquelle un homme a été élevé est devenue pour lui, et aussi pour ceux qui sont élevés comme lui une ligne de résistance moindre. Il s'ensuit que, sous la pression qui porte tous les hommes à l'activité, les unités sociales pareillement modifiées sont affectées pareillement et tendent à suivre la même carrière. Si donc une localité, soit par des circonstances physiques, soit par celles qui se développent pendant l'évolution sociale, devient un lieu où une certaine action industrielle rencontre moins de résistance qu'ailleurs, les lois de la direction du mouvement veulent que les unités sociales façonnées pour cette espèce d'action industrielle se dirigent vers ce lieu et s'y intègrent. Si, par exemple, c'est parce que le charbon et les mines de fer sont à proximité d'une rivière navigable que Glasgow a acquis une certaine supériorité dans la construction des navires en fer; si le travail total requis pour la construction du même vaisseau, et pour l'acquisition de son équivalent en nourriture et en vêtements, est moindre là qu'ailleurs, les ouvriers constructeurs de navires en fer se concentreront à Glasgow, soit parce que les ouvriers de cette profession natifs de cette ville y resteront, soit par l'immigration de ceux qui l'exercent ailleurs, ou par ces deux causes réunies. Cette concentration serait encore plus marquée si d'autres districts ne présentaient pas des avantages capables de contre-balancer ceux de Glasgow. Le principe est également vrai quand l'occupation est commerciale au lieu de manufacturière. Les agents de change se rassemblent dans la Cité, parce que la somme d'efforts que chacun doit faire pour remplir ses fonctions et en recueillir les profits y est moindre que dans d'autres localités. Un lieu de bourse une fois établi est désormais le lieu où la résistance que chacun doit surmonter est moindre qu'ailleurs; et chacun, s'il veut travailler dans le sens de la moindre résistance, doit s'y rendre.

On doit s'attendre, avec des unités aussi compliquées que celles qui constituent une société, et avec des forces aussi mêlées que celles qui les meuvent, à trouver dans les sélections et les séparations qui en résultent beaucoup plus d'enchevêtrement et beaucoup moins de netteté que dans celles que nous avons déjà examinées. On peut sans doute montrer des anomalies qui, au premier abord, pourraient sembler en contradiction avec la loi que nous présentons; mais, en les étudiant mieux, on verra qu'elles en sont au contraire des cas particuliers moins frappants. En effet, les hommes présentent diverses espèces de ressemblance, il doit y avoir divers ordres de ségrégations. Il y a des ressemblances de penchants, des ressemblances de goûts, des ressemblances qui résultent de la culture intellectuelle, des ressemblances qui sont l'effet d'une éducation de classe, des ressemblances de sentiment politique; et nous n'avons qu'à jeter les yeux autour de nous sur les divisions de caste, les associations philanthropiques, artistiques ou scientifiques, les partis religieux et les divisions de société, pour voir que c'est toujours une certaine ressemblance entre les membres de chaque corps qui détermine leur union. Il arrive souvent que les ségrégations se traversent, annulent mutuellement leurs effets dans une mesure plus ou moins étendue, par leur antagonisme indirect, et s'opposent à ce qu'une classe en voie de différenciation s'intègre complètement. De là les anomalies dont j'ai parlé. Mais si l'on étudie convenablement cette cause d'imperfection, on verra que les ségrégations sociales en apparence anormales se conforment tout à fait au même principe que les autres. On reconnaîtra par l'analyse que, soit par l'effet de forces incidentes, soit par l'effet de ce que nous pouvons en un sens regarder comme une polarité mutuelle, il se produit toujours dans la société des ségrégations des unités qui offrent une ressemblance naturelle ou une ressemblance produite par l'éducation.

§ 169. La vérité générale dont nous venons de donner tant d'exemples divers peut-elle se déduire de la persistance de la force, comme les précédentes? Nous pensons que l'exposition que nous avons mise en tête de ce chapitre aura conduit la plupart des lecteurs à une conclusion affirmative. Tous ces faits se ramènent à trois propositions abstraites. Premièrement, des unités semblables, soumises à une force uniforme capable de produire en elles du mouvement, se meuvent dans le même sens et la même vitesse. Secondement, des unités semblables, exposées à des forces dissemblables capables de produire en elles du mouvement, se meuvent différemment, soit dans des sens différents, soit avec des vitesses différentes dans le même sens. Troisièmement, des unités dissemblables, subissant l'action d'une force uniforme capable de produire en elles du mouvement, se meuvent différemment, soit dans des sens différents, soit avec des vitesses différentes dans le même sens. Quatrièmement, les forces incidentes mêmes doivent être affectées d'une manière analogue; des forces semblables tombant sur des unités semblables doivent recevoir de ce choc des modifications semblables; des forces dissemblables tombant sur des unités semblables doivent recevoir des modifications dissemblables; et enfin des forces semblables tombant sur des unités dissemblables doivent recevoir des modifications dissemblables. On peut réduire ces propositions à une forme encore plus abstraite. Elles reviennent toutes à ceci : que, dans toutes les actions et réactions de force et de matière, une dissemblance dans l'un ou l'autre des facteurs nécessite une dissemblance dans les effets, et qu'en l'absence de toute dissemblance dans l'un ou l'autre des facteurs les effets doivent être semblables.

A ce degré de généralisation, nous voyons de suite la dépendance immédiate qui relie ces propositions au principe de la persistance de la force. Lorsque deux forces quelconques ne sont pas semblables, elles diffèrent soit par leur intensité, soit par leur direction ou par ces deux caractères; et l'on peut démontrer par cette analyse, que les mathématiciens appellent la résolution des forces, que cette différence est due à la présence dans l'une d'elles d'une force qui n'est pas dans l'autre. De même, deux unités ou deux parties quelconques de matière dissemblables en volume, en poids, en forme ou par quelque autre attribut, ne peuvent nous apparaître dissemblables que par quelque dissemblance dans les forces qu'elles impriment sur notre conscience; il en résulte que cette dissemblance même est due à la présence, dans l'une de ces unités de matière, d'une ou de plusieurs forces qui ne sont pas dans l'autre. Telle étant la nature commune de ces dissemblances, quelle en est la conséquence inévitable? Une dissemblance dans les forces incidentes, quand les choses qui leur sont soumises sont semblables, doit engendrer une différence entre les effets, puisque sans cela la force qui fait la différence de ces forces ne produirait aucun effet, et qu'alors la force ne serait pas persistante. Une dissemblance dans les choses soumises à l'action de forces incidentes semblables doit produire une différence entre les effets, puisque sans cela la force qui fait la différence de ces choses ne produirait aucun effet, et qu'alors la force ne serait pas persistante. Et réciproquement, si les forces qui exercent une action et les choses qui la subissent sont semblables, les effets doivent être semblables, parce que sans cela un effet différentiel serait produit sans une cause différentielle, et la force ne serait pas persistante.

Ces vérités générales étant nécessairement impliquées dans la persistance de la force, toutes les redistributions que nous avons suivies jusqu'ici, en y reconnaissant des caractères des diverses phases de l'évolution, sont aussi impliquées dans la persistance de la force. Les parties des forces effectives d'une façon permanente qui agissent sur un agrégat et y produisent des mouvements sensibles ne peuvent pas ne pas opérer les ségrégations que nous voyons survenir entre les parties de cet agrégat. Si, dans un agrégat composé d'unités diverses mêlées, celles de même espèce reçoivent des mouvements semblables d'une force uniforme, tandis que celles d'une autre espèce en reçoivent des mouvements plus ou moins différents de ceux de la première, les deux espèces se séparent et s'intègrent. Si les unités sont semblables et les forces dissemblables, les unités différemment affectées doivent aussi nécessairement se séparer. Ainsi se produit inévitablement le groupement tranché que nous voyons partout. Grâce à la ségrégation qui devient de plus en plus nette, tant qu'il lui est possible de le devenir, le changement de l'uniformité à la multiformité s'accompagne d'un changement qui consiste à donner aux relations des parties, d'abord indistinctes, un caractère tranché. De même que la transformation de l'homogène en hétérogène peut se déduire du principe dernier qui dépasse la preuve, de même la transformation d'une homogénéité indéfinie en une hétérogénéité définie peut aussi s'en déduire.

CHAPITRE XXII

L'ÉQUILIBRE

§ 170. Vers quel but tendent les changements que nous avons étudiés ? Marcheront-ils toujours sans s'arrêter ? Ou bien prendront-ils fin ? Les choses peuvent-elles devenir de plus en plus hétérogènes tant que durera l'avenir ? ou bien existe-t-il un degré que l'intégration de la matière et du mouvement ne peut dépasser ? Est-il possible que cette métamorphose universelle suive le même cours indéfiniment ? ou bien travaille-t-elle à produire un état définitif qui ne soit pas susceptible de subir une modification nouvelle ? C'est à cette dernière conclusion que nous sommes inévitablement conduits. Soit que nous examinions une opération concrète, soit que nous considérions la question abstractivement, nous apprenons que l'évolution a une limite infranchissable.

Les redistributions de matière qui se font autour de nous aboutissent toujours à une fin par la dissipation du mouvement qui les opère. La pierre qui roule communique des parties de son mouvement aux objets qu'elle frappe et finit par tomber dans le repos ; les choses qu'elle a frappées font de même. Précipitée des nuages, puis ruisselant sur la terre, plus tard se réunissant pour former des ruisseaux et des rivières, l'eau qui court vers les régions les plus basses s'arrête devant la résistance que lui oppose l'eau déjà arrivée dans ces régions. Sur un lac ou dans la mer que les eaux courantes forment ainsi en s'arrêtant, l'agitation soulevée par le vent ou par l'immersion d'un corps solide se propage en rayonnant par des vagues qui diminuent à mesure qu'elles s'élargissent, et peu à peu se dérobe à l'observation en communiquant son mouvement à l'atmosphère et aux corps du rivage. L'impulsion qu'un joueur de harpe imprime aux cordes de son instrument se répand de tous côtés, s'affaiblit en s'étendant, et ne tarde à cesser d'être perceptible ; puis elle s'évanouit en définitive en engendrant des ondulations caloriques qui rayonnent dans l'espace. Dans la braise qui se détache du feu et dans les grandes masses de lave fondue que rejette un volcan, nous voyons que l'agitation moléculaire appelée chaleur se disperse par le rayonnement ; en sorte que, quelque grande que soit son intensité, elle tombe en définitive au même degré que celle des corps ambiants. Si les objets de notre observation sont les forces chimiques électriques, nous voyons qu'elles s'épuisent à produire des mouvements sensibles ou insensibles qui se dissipent de même à leur tour, jusqu'à ce qu'enfin tout tombe dans le repos. La raison prochaine de l'opération qui se manifeste sous toutes ces formes se trouve dans le fait sur lequel nous avons insisté en traitant de la multiplication des effets, à savoir que les mouvements vont toujours en se décomposant en mouvements divergents, et ceux-ci en mouvements redivergents. La pierre qui roule chasse dans des directions plus ou moins différentes de la sienne les pierres qu'elle frappe ; et celles-ci font de même de celles qu'elles frappent à leur tour. Agitez de l'eau ou de l'air, le mouvement se résoudra bientôt en mouvements rayonnants. La chaleur produite par la pression dans une direction donnée se répand en ondulations dans toutes les directions ; c'est ainsi que sont engendrées la lumière et l'électricité. Cela veut dire que ces mouvements subissent une division et une subdivision ; et que par l'effet de la même opération continuée indéfiniment, ils se réduisent peu à peu, mais sans se perdre jamais, à des mouvements insensibles.

Nous trouvons donc partout une marche vers l'équilibre. La coexistence universelle de forces antagonistes, qui nécessite l'universalité du rythme et la décomposition de toute force en forces divergentes, nécessite en même temps l'établissement définitif de l'équilibre. Tout mouvement, étant un mouvement soumis à la résistance, subit continuellement des soustractions qui aboutissent enfin à la cessation du mouvement.

Voilà le principe sous son aspect le plus simple : nous allons maintenant l'examiner sous les aspects plus complexes qu'il nous présente dans la nature. Dans presque tous les cas, le mouvement d'un agrégat est composé, et l'équilibration de chacun de ses composants, s'effectuant isolément, n'affecte pas le reste. La cloche du vaisseau qui a cessé de vibrer est encore agitée d'oscillations latérales et verticales causées par les lames de l'Océan. La surface unie d'un courant, ridée momentanément par des ondulations dues à un bond fait par un poisson, n'en continue pas moins, après que ces ondulations ont disparu, de couler comme auparavant vers la mer. Le boulet de canon qui s'arrête voyage encore avec une vitesse constante autour de l'axe de la terre. Alors même que la rotation de la terre serait détruite, le mouvement de la terre par rapport au soleil et aux autres corps célestes ne subirait pas la moindre diminution. En sorte que, dans tous les cas, ce que nous regardons comme l'équilibre est une disparition de l'un ou de plusieurs des mouvements qu'un corps possède, tandis que les autres continuent comme auparavant. Pour se figurer convenablement cette opération, et pour bien comprendre l'état de choses vers lequel il tend, il est à propos de citer un cas où nous puissions voir, plus complètement que nous ne pouvons le faire dans le cas cité ci-dessus, cet équilibre de mouvements combinés. Nous atteindrons mieux notre but, non pas en nous servant de l'exemple le plus imposant, mais en empruntant le plus familier. Prenons celui de la toupie. Quand on tire vivement la corde enroulée autour de son axe, la toupie tombe et nous présente habituellement, outre une rotation rapide, deux autres mouvements. Un faible mouvement horizontal, imprimé inévitablement à la toupie quand la main la lâche, l'emporte effectivement hors du lieu où elle est tombée, et de plus, comme son axe est plus ou moins incliné, elle se met à décrire des oscillations appelées du mot expressif quoique inélégant de *branlement*. Ces deux mouvements subordonnés, qui changent leurs rapports mutuels et celui qu'ils soutiennent avec le mouvement principal, sont amenés au repos par des opérations distinctes d'équilibre. Le mouvement qui emporte la toupie horizontalement rencontre de la résistance un peu de la part de l'air et beaucoup de la part des irrégularités de la surface; il disparaît bientôt, et la toupie ne tourne plus que sur place. De plus, en conséquence de l'opposition que le mouvement de l'axe d'un corps en rotation fait à tout changement dans le plan de rotation (ce dont on voit un bel exemple dans le gyroscope), le *branlement* diminue et, comme l'autre mouvement, finit vite. Après que ces deux mouvements ont été dissipés, le mouvement rotatoire, n'ayant à vaincre que la résistance de l'air et le frottement du pivot, continue quelque temps avec une uniformité telle que la toupie paraît stationnaire : on peut voir alors pour un temps cette condition que les mathématiciens français ont appelé *équilibre mobile*. Il est vrai que, quand la vitesse de l'axe tombe au-dessous d'un certain degré, de nouveaux mouvements apparaissent et s'accroissent jusqu'à ce que la toupie tombe; mais ces mouvements nouveaux n'appartiennent qu'au cas où le centre de gravité est situé au-dessus du point d'appui. Si la toupie, pourvue d'un axe d'acier, était suspendue sous une surface suffisamment aimantée, le phénomène s'accomplirait comme le veut la théorie, et l'équilibre mobile une fois établi se continuerait jusqu'à ce que la toupie eût perdu tout mouvement sans plus changer de position. Voici donc les faits que cet exemple nous offre à observer. Premièrement, les divers mouvements qu'un agrégat possède s'équilibrent séparément; les mouvements plus faibles, ou ceux qui rencontrent la plus grande résistance, ou bien encore ces deux espèces de mouvements, disparaissent d'abord et laissent seul celui qui est le plus grand, ou qui rencontre le moins de résistance, ou qui présente ces deux caractères à la fois. Secondement, lorsque l'agrégat a ses parties animées les unes par rapport aux autres d'un mouvement qui ne rencontre qu'une faible résistance extérieure, il est susceptible d'entrer en *équilibre mobile*. Troisièmement, cet équilibre mobile finit par devenir un équilibre complet.

Il n'est pas facile d'embrasser complètement l'opération de l'établissement de l'équilibre, puisque ses diverses phases se présentent simultanément. Ce qu'il y a de mieux à faire, c'est de la décomposer, pour plus de facilité, en quatre ordres différents de faits et de les étudier à part. Le premier ordre renferme des notions comparativement simples, comme celles des projectiles qui ne durent pas assez pour exhiber leur caractère rythmique, mais qui, promptement divisés et subdivisés en mouvements communiqués à d'autres parties de matière, se dissipent dans le rythme des ondulations éthérées. Dans le second ordre, nous trouvons les diverses espèces de vibrations et d'oscillations que l'on peut d'ordinaire constater ; le mouvement s'y use en produisant une tension qui, devenue égale à lui ou momentanément équilibrée par lui, produit ensuite un mouvement en sens inverse, qui est plus tard équilibré de la même manière ; ce qui cause un rythme visible, bientôt dissipé en rythme invisible. Le troisième ordre d'équilibre, dont nous n'avons pas encore parlé, se montre dans les agrégats qui reçoivent autant de mouvement qu'ils en dépensent. La machine à vapeur (et surtout l'espèce de machine qui remplit elle-même sa chaudière et son fourneau) nous en offre un exemple. Ici, la force qui se dépense à chaque instant à vaincre la résistance du mécanisme mis en jeu est réparée à chaque instant aux dépens du combustible ; et l'on maintient l'équilibre de ces deux forces en élevant ou en diminuant la dépense suivant la variation de l'approvisionnement : chaque augmentation, chaque diminution de la quantité de vapeur aboutit à une élévation ou à une chute du mouvement de la machine capable de le mettre en équilibre avec l'augmentation ou la diminution de la résistance. Cet équilibre, que nous pourrions fort bien appeler l'équilibre mobile *dépendant*, devrait être spécialement remarqué, puisque c'est un de ceux que nous rencontrons communément dans le cours des diverses phases de l'évolution. Nous pouvons admettre encore un quatrième ordre d'équilibre, l'équilibre *indépendant*, ou l'équilibre mobile parfait. Nous en voyons un exemple dans les mouvements rythmiques du système solaire, qui, ne rencontrant que la résistance d'un milieu d'une densité inappréciable, ne subissent pas de diminution sensible dans les périodes de temps que nous pouvons mesurer.

Toutefois, toutes ces espèces d'équilibres peuvent, si l'on se place au point de vue le plus élevé, être considérées comme différents modes d'une même espèce. En effet, dans tous les cas, la balance à laquelle arrivent les forces est relative, non absolue ; c'est un mouvement de quelques corps particuliers par rapport à un point ou à quelques points déterminés qui cesse, ce qui n'implique ni la disparition du mouvement relatif perdu, qui se transforme simplement en d'autres mouvements, ni une diminution des mouvements du corps par rapport à d'autres points. Cette façon de comprendre l'équilibre englobe évidemment l'*équilibre mobile*, qui, à première vue, semblait d'une autre nature. En effet, tout système de corps qui présentent, comme ceux du système solaire, une combinaison de rythmes balancés, possède cette particularité que, bien que les éléments constituants du système aient des mouvements relatifs, le système dans son ensemble n'a pas de mouvement. Le centre de gravité du groupe entier reste fixe. Quelle que soit la quantité de mouvement d'un membre du groupe dans une direction, elle est de moment en moment contre-balancée par un mouvement équivalent dans quelque autre partie du groupe, dans une direction opposée ; de la sorte, la matière de l'agrégat reste dans un état de repos. Il en résulte que l'équilibre mobile est la suppression de quelque mouvement que l'agrégat exécutait par rapport aux choses extérieures, et la continuation des mouvements seuls que les diverses parties de l'agrégat exécutent les uns par rapport aux autres. Ainsi, d'une manière générale, il est clair que toutes les formes d'équilibre sont intrinsèquement les mêmes, puisque, dans tout agrégat, c'est le centre de gravité seulement qui perd son mouvement. Les éléments conservent toujours quelque mouvement les uns par rapport aux autres : le mouvement des molécules n'est pas autre chose. Tout équilibre regardé communément comme absolu est en un sens un équilibre mobile, parce qu'à côté d'un état sans mouvement de la masse il y a toujours quelque mouvement relatif des parties insensibles qui le composent. Réciproquement, tout équilibre mobile peut en un sens être regardé comme absolu, parce que les mouvements relatifs de ses parties sensibles s'accompagnent d'un état immobile du tout.

J'ajouterai encore quelque chose avant de clore ces préliminaires un peu trop étendus. Le lecteur peut remarquer déjà que deux principes cardinaux se dégagent de l'exposition qui précède : l'un touchant le dernier ou plutôt l'avant-dernier état de mouvement que tend à produire l'opération que je viens d'exposer, l'autre touchant la distribution concomitante de matière. Cet avant-dernier état de mouvement est l'équilibre mobile, lequel, ainsi que nous l'avons vu, tend à se produire dans un agrégat animé de mouvements composés, et à jouer le rôle d'état transitoire conduisant à l'équilibre complet. Dans tout le cours de l'évolution, nous voyons les choses tendre continuellement à prendre et conserver plus ou moins cet équilibre mobile. De même que, dans le système solaire, un équilibre mobile indépendant s'est établi tel que les mouvements relatifs des parties constituantes sont continuellement contre-balancés par des mouvements opposés, et que l'état moyen de l'agrégat total ne varie jamais, de même nous voyons les mêmes relations s'établir, moins distinctes sans doute, dans toutes les formes d'équilibre mobile dépendant. L'état de choses dont nous trouvons des exemples dans les cycles des changements terrestres, dans les fonctions balancées des corps organiques arrivés à leurs formes adultes, dans les actions et les réactions des sociétés arrivées à leur plein développement, est un état qui a pareillement pour caractère d'avoir des oscillations compensatrices. La combinaison complexe de rythmes que l'on trouve dans chacune des actions et des réactions sociales a une condition moyenne, qui reste constante au point de vue pratique durant les déviations qui ne cessent d'avoir lieu dans les deux sens opposés. Le fait que nous devions surtout remarquer, c'est que, comme conséquence de la loi d'équilibre déjà posée, l'évolution de tout agrégat doit marcher jusqu'à ce que l'*équilibre mobile* soit établi, puisque, ainsi que nous l'avons vu, l'excès de force que l'agrégat possède dans une direction doit, en définitive, se dépenser à vaincre les résistances au changement dans cette direction, ne laissant après lui que les mouvements qui se compensent mutuellement, de manière à former un équilibre mobile. Quant à l'état de structure que l'agrégat acquiert en même temps, il faut évidemment qu'il présente un arrangement de forces qui contre-balance toutes les forces par lesquelles l'agrégat est sollicité. Tant qu'il reste une force en excès dans une direction, qu'elle soit exercée par l'agrégat sur les parties qui l'entourent ou par ces parties sur l'agrégat, l'équilibre n'existe pas, et par conséquent la redistribution de matière doit continuer. Il en résulte que la limite de l'hétérogénéité vers laquelle tout agrégat progresse, c'est la formation d'autant de spécialisations et de combinaisons de parties qu'il y a de forces spécialisées et combinées à équilibrer.

§ 171. Ces formes successivement modifiées, qui, dans l'hypothèse nébulaire, doivent avoir pris naissance durant l'évolution du système solaire, sont autant d'espèces transitoires de l'équilibre mobile; elles font place à des espèces plus permanentes, étapes de la route qui mène à l'équilibre complet. Ainsi, quand la matière nébuleuse qui se condense prend la forme d'un sphéroïde aplati, elle entre en un équilibre mobile transitoire et partiel entre les parties composantes, équilibre mobile qui doit s'être assuré toujours davantage, à mesure que les mouvements locaux antagonistes se dissipaient. La formation et le détachement des anneaux nébuleux qui, suivant cette hypothèse, surviennent de temps en temps, nous offrent des cas d'établissement progressif d'équilibre aboutissant à l'établissement d'un équilibre mobile complet. En effet, la genèse de ces anneaux implique un balancement parfait de la force agrégative que le sphéroïde entier exerce sur sa partie équatoriale, par la force centrifuge que la partie équatoriale a acquise durant la concentration qui s'est opérée auparavant; tant que ces deux forces ne sont pas égales, la portion équatoriale suit le mouvement de contraction de la masse; mais, aussitôt que la seconde force a grandi et est devenue égale à la première, la portion équatoriale ne peut plus suivre la masse et reste en arrière. Toutefois, quand l'anneau qui résulte de cet équilibre, considéré comme un tout mis en relation par des forces avec des touts extérieurs, a atteint un état d'équilibre mobile, ses parties ne sont point en équilibre les unes par rapport aux autres. Ainsi que nous l'avons vu (§ 150), les probabilités contre la persistance d'un anneau formé de matière nébuleuse sont immenses : de l'instabilité de l'homogène on peut inférer que la matière nébuleuse d'un anneau doit se rompre, se diviser en fragments et enfin se prendre en une seule masse. Cela veut dire que l'anneau doit progresser vers un équilibre mobile d'une espèce plus complète, durant la dissipation du mouvement qui donnait à ses parties la forme diffuse, donnant pour résultat un corps planétaire accompagné peut-être par un groupe de corps plus petits, ayant chacun des mouvements relatifs résidus auxquels ne s'oppose plus la résistance de milieux sensibles ; c'est ainsi que se constitue un équilibre mobile presque absolument parfait [1].

Hypothèse à part, le principe d'équilibre se trouve perpétuellement manifesté dans les changements d'état de moindre importance que présente le système solaire. Chaque planète, chaque satellite, chaque comète, nous montre à son aphélie un équilibre momentané entre la force qui l'emporte loin de son centre de gravitation et celle qui retarde sa fuite, puisque cette fuite dure tant que la dernière de ces forces ne fait pas exactement équilibre à la première. De même, au périhélie, un équi-

---

[1]. Sir David Brewster vient de faire connaître, en l'approuvant, un calcul de M. Babinet, tendant à prouver que, dans l'hypothèse nébulaire, la matière du soleil, quand elle remplissait l'orbite de la terre, devait mettre 3181 ans pour sa rotation, et que, par conséquent, l'hypothèse n'est pas vraie. Ce calcul de M. Babinet peut aller rejoindre celui de M. Comte, qui au contraire faisait accorder à peu près le temps de cette rotation avec la période de révolution de la terre autour du soleil ; car, si celui de M. Comte impliquait une pétition de principe, celui de M. Babinet repose évidemment sur deux suppositions gratuites l'une et l'autre, et dont l'une est tout à fait incompatible avec la doctrine qu'elle est appelée à contrôler. M. Babinet est évidemment parti de l'évaluation actuelle de la densité interne du soleil, qui n'est pas prouvée et qu'on a de bonnes raisons de ne pas admettre ; ensuite, il a évidemment pris pour accordé que toutes les parties du sphéroïde nébuleux, alors qu'il remplissait l'orbite de la terre, avaient a même vitesse angulaire ; tandis que (comme l'hypothèse nébulaire bien comprise l'implique), ce sphéroïde étant le résultat de la concentration d'une matière beaucoup plus largement diffuse, sa partie équatoriale devait avoir une vitesse angulaire immensément plus grande que sa portion centrale.

libre inverse s'établit momentanément. La variation des dimensions de l'excentricité et de la position du plan de chaque orbite a pareillement une limite, où les forces qui produisent un changement dans une direction sont égalées par celles qui leur font opposition, et une limite opposée, où se fait un arrêt opposé. Pendant ce temps, chacune de ces perturbations simples, aussi bien que chacune des complexes qui résultent de leur combinaison, présente, outre l'équilibre temporaire de ses points extrêmes, un certain équilibre général de déviations qui se compensent autour d'un état moyen. L'équilibre mobile qui en résulte tend, dans le cours indéfini du temps, à devenir un équilibre complet, par suite de la décroissance graduelle des mouvements planétaires et de l'intégration définitive de toutes les masses séparées qui composent le système solaire. Telle est la croyance que suggèrent certaines retardations de comètes et que professent de hautes autorités. Dès qu'on admet que la diminution appréciable du retour périodique de la comète d'Encke implique une perte de moment causée par la résistance du milieu éthéré, on en vient à conclure que cette résistance doit causer aux planètes une perte de mouvement qui, bien qu'infinitésimale dans les périodes que nous pouvons mesurer, mettrait, si elle se continuait indéfiniment, fin à leur mouvement. Lors même qu'il y aurait, comme sir John Herschel le suppose, une rotation du milieu éthéré dans la même direction que les planètes, cet arrêt, bien qu'indéfiniment ajourné, ne pourrait être absolument empêché. Toutefois, cette éventualité est si éloignée de nous, qu'elle ne nous offre plus qu'un intérêt spéculatif. Je n'en parle que pour faire comprendre la tendance permanente vers l'équilibre complet, qui s'affirme par la dissipation du mouvement sensible longtemps continuée, ou par sa transformation en mouvement insensible.

Mais il y a une autre espèce d'équilibre dans le système solaire, laquelle nous touche de très près : c'est l'équilibre du mouvement moléculaire appelé chaleur. Jusqu'ici, on a admis implicitement que le soleil pouvait continuer à fournir, durant toute la durée de l'avenir, une quantité de chaleur et de lumière toujours la même; mais cette hypothèse est bien près d'être abandonnée. Elle implique en réalité, sous un déguisement, la conception d'une force produite de rien, et elle ne vaut pas mieux que la fausse croyance qui égare les adeptes du mouvement perpétuel. Une autre notion se répand : on connaît que la force est persistante, et qu'en conséquence toute force qui se présente à nous sous une forme doit avoir auparavant existé sous une autre ; et cette notion nous amène à reconnaître aussi que la force manifestée par les rayons solaires n'est qu'une transformation de quelque autre force dont le soleil est le siège, et que, par suite de la dissipation graduelle du rayonnement solaire dans l'espace, cette force finira par s'épuiser. La force agrégative du soleil, en vertu de laquelle sa substance se ramasse autour de son centre de gravité, est la seule que les lois de la physique nous autorisent à rattacher à celles qui émanent de cet astre ; la seule source susceptible d'être connue qu'on puisse assigner aux mouvements insensibles qui constituent la lumière et la chaleur du soleil, c'est le mouvement sensible qui disparaît durant la concentration progressive de la substance solaire. Nous avons vu que cette concentration progressive de la substance solaire était un colloraire de l'hypothèse nébulaire. Il faut en ajouter un autre : de même que, dans les membres plus petits du système solaire, la chaleur engendrée par la concentration s'est dissipée en grande partie et depuis longtemps par le rayonnement dans l'espace, laissant un résidu central qui ne s'échappe plus qu'avec lenteur, de même, pour la masse immensément plus grande qui forme le soleil, la quantité immensément plus grande de chaleur engendrée et encore en voie de diffusion doit, à mesure que la concentration approche de sa limite, diminuer en quantité, et enfin ne laisser qu'un reliquat interne insignifiant. Qu'on admette ou qu'on rejette l'hypothèse de la condensation de la substance nébuleuse, dont la condensation solaire découle, l'idée que le soleil perd graduellement sa chaleur jouit maintenant d'une grande autorité. On a fait des calculs portant à la fois sur la quantité de lumière et de chaleur déjà rayonnée comparée avec celle qui reste encore, et sur la période durant laquelle ce rayonnement continuera encore probablement. Le professeur Helmholtz estime que, depuis le temps que, d'après l'hypothèse nébulaire, la matière composant le système solaire s'étendait à l'orbite de Neptune, il s'est dégagé, par suite de l'arrêt du mouvement sensible, une quantité de chaleur 454 fois aussi grande que celle que le soleil a encore à répandre. Il calcule approximativement la proportion suivant laquelle ce $\frac{1}{454}$ restant est diffusé ; il montre qu'une diminution du diamètre du soleil d'une étendue de $\frac{1}{10\,000}$ produirait une quantité de chaleur qui, selon la proportion actuelle, suffirait à plus de 2000 années ; ou, en d'autres termes, qu'une contraction de $\frac{1}{20\,000\,000}$ de son diamètre suffit à engendrer la quantité de lumière et de chaleur dépensée en un an. De la sorte, d'après la dépense actuelle, le diamètre du soleil diminuera d'environ $\frac{1}{20}$ d'ici à un million d'années [1]. Naturellement, il ne faut voir dans ces conclusions qu'une approximation grossière. Jusqu'à ces derniers temps, nous avons totalement ignoré la composition chimique du soleil, et maintenant même nous n'en avons qu'une connaissance superficielle. Nous ne savons rien de sa structure interne ; et il est bien possible, et selon moi très probable, que les hypothèses sur la densité centrale élevées sur les calculs précédents soient fausses. Mais il n'y a pas d'incertitude dans les données qui servent de base à ces calculs, il n'y a pas d'erreur sur la proportion d'après laquelle le soleil dépense sa réserve de force, qui puisse servir à contester que cette réserve ne soit en voie de dépense et ne doive, au bout d'un certain temps, s'épuiser. Le résidu du mouvement non diffusé que conserve encore le soleil peut être, si l'on veut, encore plus grand que les calculs d'Helmholtz ne le donnent ; la proportion du rayonnement pourra, contrairement à l'hypothèse d'Helmholtz, ne pas continuer uniformément ; elle ira, si l'on veut, avec une rapidité lentement décroissante ; il se peut que l'époque à laquelle le soleil cessera de nous envoyer une chaleur et une lumière suffisantes soit bien plus éloignée qu'il ne le suppose ; mais cette époque arrivera, et c'est tout ce que nous voulons établir pour le moment.

Ainsi, tandis que le système solaire, s'il est en effet le produit de l'évolution de la matière diffuse, est un exemple de la loi d'équilibre par l'établissement d'un équilibre mobile complet, et tandis que, constitué comme il est à présent, il nous offre un exemple de cette même loi par le balancement de tous ses mouvements, il en est encore un exemple par les opérations qui continuent à s'effectuer, d'après les conclusions des astronomes et des physiciens. Le mouvement des masses produit durant l'évolution est en train de se rediffuser en mouvement moléculaire du milieu éthéré, tant par l'intégration progressive de chaque masse que par la résistance à son mouvement à travers l'espace. Le moment où tous les mouvements des masses seront transformés en mouvements moléculaires et ces

---

1. Voyez l'article « On the Inter-Action of Natural forces », *Philosophical Magazine*, supplément au tome XI, 4e série, traduit du texte de Helmholtz par M. Tyndall.

mouvements moléculaires équilibrés peut être infiniment éloigné ; mais c'est vers cet état d'intégration complète et d'équilibre parfait que les changements qui s'accomplissent maintenant au sein du système solaire tendent inévitablement.

§ 172. La figure sphérique est la seule qui puisse équilibrer les forces des atomes qui gravitent les uns vers les autres. Si l'agrégat formé par ces atomes a un mouvement rotatoire, la forme de l'équilibre devient un sphéroïde plus ou moins aplati, suivant la vitesse de la rotation ; et l'on a constaté que la Terre est un sphéroïde aplati, s'écartant juste autant de la sphéricité qu'il faut pour contre-balancer la force centrifuge qui résulte de la vitesse de sa rotation autour de son axe. Cela veut dire que, durant l'évolution de la Terre, il s'est établi un équilibre complet des forces qui affectent son contour. La seule autre opération d'équilibre que la terre, prise dans son ensemble, puisse présenter, c'est la perte de son mouvement autour de son axe, mais nous n'avons aucune preuve directe que ce mouvement soit en voie de se perdre. Toutefois, le professeur Helmholtz a soutenu que le frottement des marées, quelque inappréciable qu'en puissent être les effets accomplis durant les périodes connues, doit diminuer lentement le mouvement rotatoire de la Terre et finir par le détruire. Sans doute, il paraît y avoir une erreur à dire que le mouvement rotatoire de la Terre peut être détruit par le ralentissement dû aux marées, puisque l'effet extrême de cette cause, lequel encore ne peut être atteint qu'à l'infini, ne ferait que donner au jour terrestre la durée d'une lunaison. Pourtant, il me paraît évident que le frottement causé par les marées est une cause réelle du décroissement de la rotation. Si lente qu'en soit l'action, nous devons y voir un exemple nouveau du progrès universel vers l'équilibre.

Il est inutile d'entrer dans les détails pour montrer comment ces mouvements que les rayons du soleil engendrent dans l'air et l'eau, et dans la substance solide du globe [1], après avoir

1. J'ai eu à consulter naguère les *Outlines of Astronomy* de sir John Herschel à propos d'une autre question ; jusqu'alors, j'avais ignoré que, dès 1833, il avait exprimé l'idée que « les rayons du soleil sont la source première de presque tous les mouvements qui s'opèrent à la surface de la terre ». Il y rattache expressément les actions géologiques, météorologiques et vitales ; et même celles que nous produisons en brûlant du charbon. C'est donc à tort qu'on a fait honneur de cette dernière idée à George Stephenson.

traversé l'air et l'eau, vérifient tous sans exception le même principe. Évidemment les vents, les vagues et les courants, aussi bien que les dénudations qu'ils effectuent, manifestent perpétuellement sur une grande échelle, et en des modes infinis, cette dissipation de mouvement dont nous avons parlé dans la première section, et la tendance qui en est la conséquence vers une distribution équilibrée des forces. Chacun des mouvements sensibles, produits directement ou indirectement par intégration des mouvements insensibles communiqués par le soleil, se divise et se subdivise en mouvements de moins en moins sensibles, jusqu'à devenir enfin des mouvements insensibles rayonnés par la Terre sous forme d'ondulations caloriques. Dans leur totalité, les mouvements complexes de substances aériformes, liquides et solides, sur la croûte du globe, constituent un équilibre mobile dépendant. Comme nous l'avons vu, on peut y découvrir une combinaison complexe de rythmes. L'eau, dans l'incessante circulation qui l'emporte de l'Océan aux continents et des continents à l'Océan, nous offre un type de ces actions compensatrices qui, au milieu de toutes les irrégularités produites par leurs interventions mutuelles, conservent un état moyen. Ici, comme dans d'autres cas d'équilibre du troisième ordre, nous voyons la force se dissiper de moment en moment et se renouveler de moment en moment par le dehors; la hausse et la baisse dans l'approvisionnement sont contrebalancées par la hausse et la baisse dans la dépense : témoin la correspondance entre les variations magnétiques et les taches solaires. Mais le fait qu'il nous importe le plus de considérer, c'est que cette opération rapproche les choses du repos complet. Les mouvements mécaniques, météorologiques et géologiques, qui sont continuellement en voie de s'équilibrer, tant temporairement par des mouvements en sens contraire que d'une manière permanente par la dissipation des uns et des autres, diminueront lentement à mesure que la quantité de force reçue du soleil diminuera. A mesure que les mouvements insensibles propagés jusqu'à nous du centre de notre système deviendront plus faibles, les mouvements sensibles qu'ils produisent devront décroître; et, à cette époque éloignée où la chaleur solaire aura cessé d'être appréciable, il n'y aura plus de redistribution de matière à la surface de notre planète.

Du point de vue le plus élevé, les changements terrestres nous apparaissent comme des détails de l'établissement de l'équilibre cosmique. Nous avons déjà montré (§ 69) que, parmi les altérations incessantes que subit la croûte du globe et l'atmosphère, celles qui ne sont pas dues au mouvement encore inachevé de concentration de la substance de la Terre vers son centre de gravité sont dues au mouvement non encore achevé de la substance du Soleil vers son centre de gravité. Remarquons que la continuation de l'intégration de la Terre et du Soleil est une continuation de la transformation du mouvement sensible en mouvement insensible que nous avons vu aboutir à l'équilibre; et que le point extrême de l'intégration est un état où il ne reste plus de mouvement sensible à transformer en mouvement insensible, c'est-à-dire un état où les forces intégrantes et les forces désintégrantes seront égales.

§ 173. Tout corps vivant nous présente sous une quadruple forme l'opération que nous étudions : à chaque instant dans le balancement des forces mécaniques, d'heure en heure dans le balancement des fonctions, d'année en année dans les changements d'état qui compensent les changements de condition, et finalement dans l'arrêt complet du mouvement vital, dans la mort. Examinons les faits sous ces quatre points de vue.

Le mouvement sensible qui constitue toute action visible d'un organisme est bientôt annulé par une force opposée, venant du dedans ou du dehors de l'organisme. Quand le bras est levé, le mouvement qui lui est communiqué trouve des antagonistes dans la pesanteur et dans les résistances internes qui résultent de la structure; et son mouvement, subissant ainsi une soustraction continuelle, arrive à sa fin quand le bras a atteint une position où les forces sont en équilibre. Les limites de chaque systole et de chaque diastole du cœur nous offrent chacune un équilibre momentané entre les efforts musculaires qui produisent des mouvements opposés; et chaque ondée du sang doit être suivie d'une autre, parce que sans cela la dissipation rapide de son mouvement mettrait bientôt toute la masse du liquide sanguin dans un état de repos. Aussi bien dans les actions et les réactions qui s'opèrent entre les organes internes que dans le balancement mécanique du corps entier, il s'établit à chaque instant un équilibre progressif des mouvements produits à chaque instant. Considérés dans leur agrégat comme formant une série, les fonctions organiques constituent un équilibre mobile dépendant, un équilibre mobile dont le pouvoir moteur est toujours en train de se dissiper pour produire les divers équilibres spéciaux que nous venons de noter, t toujours en train de se renouveler en absorbant un nouveau ouvoir moteur. L'aliment est un magasin de force qui ajoute ontinuellement au moment des actions vitales tout ce que les orces qu'elles ont à surmonter en retranchent continuellement. Tous les mouvements fonctionnels entretenus par cet échange ont, nous l'avons vu déjà, rythmiques (§ 85); leur union produit les rythmes composés de longueurs et de complexités diverses. Dans ces rythmes simples et composés, l'opération de l'équilibration ne se manifeste pas seulement à chaque extrême de ces rythmes, mais aussi dans la conservation d'une moyenne constante, et dans le rétablissement de cette moyenne, quand les causes accidentelles ont produit une déviation. Quand par exemple il y a eu une grande dépense de mouvement par l'activité musculaire, il se fait aussi par réaction un emprunt à ces magasins de mouvement latent qui sont déposés dans l'épaisseur des tissus sous forme de matière à consommer. L'augmentation de la respiration et de l'activité de la circulation sont les moyens dont l'organisme se sert pour engendrer une force nouvelle afin de contre-balancer l'excès de dissipation de force. Cette transformation inusitée de mouvement moléculaire en mouvement sensible est bientôt suivie d'une absorption inusitée d'aliments, c'est-à-dire d'une source de mouvement moléculaire; plus on a tiré longtemps du capital accumulé du système, plus il y a de tendance à un repos prolongé durant lequel ce capital sera reconstitué. Si la déviation du cours ordinaire des fonctions a été assez grande pour les déranger, comme lorsqu'un exercice violent produit la perte de l'appétit et du sommeil, il s'établit encore en définitive un équilibre. Pourvu que la perturbation ne soit pas de nature à renverser la balance des fonctions et à détruire la vie (auquel cas un équilibre complet s'établit brusquement), la balance ordinaire se rétablit peu à peu : l'appétit revient et se montre d'autant plus vif que l'usure des tissus a été plus étendue; un sommeil calme et prolongé répare les effets des longues veilles qui l'ont précédé. Il n'y a pas même une exception à la loi générale dans ces cas extrêmes où quelque excès a produit un dérangement irréparable, car là encore le cycle des fonctions trouve après quelque temps son équilibre autour d'un nouvel état moyen, qui dès ce moment devient l'état normal de l'individu. Ainsi, quand, au milieu des changements rythmiques qui constituent la vie organique, une force perturbatrice vient opérer un excès de changement dans une direction, elle est graduellement diminuée et en définitive neutralisée par des forces antagonistes, lesquelles effectuent un changement compensateur dans une direction opposée et rétablissent après des oscillations plus ou moins répétées la condition moyenne. C'est cette opération que les médecins appellent *vis medicatrix naturæ*. La troisième forme d'équilibre manifestée par les corps organiques est une conséquence nécessaire de celle qui vient d'être exposée. Quand par un changement d'habitude ou de circonstances un organisme est soumis d'une manière permanente à quelque influence nouvelle, ou à une ancienne influence avec une intensité différente, les rythmes organiques sont plus ou moins troublés, mais il s'établit entre eux un nouvel équilibre autour d'une condition moyenne produite par l'influence nouvelle. De même que les divergences temporaires des rythmes organiques sont contre-balancées par des divergences temporaires d'une espèce opposée, de même il se fait un équilibre de leurs divergences permanentes par la production de divergences opposées tout aussi permanentes. Si la quantité de mouvement qui doit être engendrée par un muscle devient plus grande qu'auparavant, la nutrition du muscle s'accroît. Si la dépense du muscle provoque dans sa nutrition un excès sur la nutrition que la dépense provoque dans les autres parties du système, l'excès de nutrition devient tel que le muscle grossit. L'accroissement du muscle cesse quand s'établit une balance entre l'usure journalière et la restauration journalière, la dépense journalière de force et la quantité de force latente qui s'ajoute chaque jour. Il doit manifestement en être de même de toutes les modifications organiques qui dépendent d'un changement de climat ou de nourriture. C'est une conclusion que nous pouvons tirer sans connaître les réarrangements spéciaux qui amènent l'équilibre. Si nous voyons qu'un mode de vie différent s'établit après un dérangement fonctionnel d'une certaine durée causé par un changement survenu dans quelque condition du système, si nous voyons que cette condition changée, se fixant peu à peu, persiste dans son nouvel état sans subir de changement nouveau, nous n'avons pas d'autre alternative à choisir : nous devons dire que les forces nouvelles introduites dans le système ont été compensées par les forces opposantes qu'elles ont évoquées. Telle est l'interprétation de l'opération que nous appelons *adaptation*. Finalement, tout organisme dans l'*ensemble* de sa vie est un exemple de la loi. Au début, il absorbe chaque jour, sous forme d'aliments, une quantité de force plus grande que celle qu'il dépense chaque jour; le surplus s'équilibre par la croissance. Quand la maturité approche, ce surplus diminue ; dans l'organisme à son plein développement, l'absorption journalière de mouvement potentiel contre-balance la dépense journalière du mouvement actuel. C'est-à-dire que durant la vie de l'adulte il s'établit continuellement un équilibre du troisième ordre. A la fin, la perte de chaque jour commençant à l'emporter sur le gain de chaque jour, il en résulte une diminution progressive de l'action fonctionnelle ; les rythmes organiques s'étendent plus ou moins largement de chaque côté de l'état moyen, et en définitive s'établit l'équilibration complète que nous appelons la mort.

Le dernier état de structure qui accompagne ce dernier état fonctionnel, fin vers laquelle tend un organisme, tant comme individu que comme espèce, peut se déduire d'une proposition que nous avons posée dans la première section de ce chapitre. Nous avons vu que la limite de l'hétérogénéité est atteinte quand l'équilibre d'un agrégat devient complet, que la redistribution de matière ne peut continuer que tant qu'il persiste un mouvement non équilibré. Nous avons vu que par suite les arrangements terminaux de structure doivent être tels qu'ils puissent opposer des forces antagonistes équivalentes à toutes les forces qui agissent sur l'agrégat. Or que suppose un agrégat organique dont l'équilibre est de ceux que nous appelons mobiles ? Nous avons vu que le maintien d'un équilibre mobile exige la production habituelle de forces internes correspondant en nombre, direction et intensité aux forces externes incidentes, c'est-à-dire autant de fonctions internes, isolées ou combinées, qu'il y a d'actions extérieures à contre-balancer. Mais les fonctions sont les corrélatifs des organes ; l'intensité des fonctions est, toutes choses égales, corrélative au volume des organes ; et les combinaisons de fonctions sont corrélatives aux connexions des organes. Il en résulte que la complexité de structure qui accompagne l'équilibre fonctionnel peut se définir un état dans lequel il y a autant de parties spécialisées qu'il en faut pour qu'elles puissent, séparément ou conjointement, contre-balancer les forces séparées ou conjointes au milieu desquelles existe l'organisme. Telle est la limite de l'hétérogénéité organique dont l'homme s'est plus approché que toute autre créature.

Les groupes d'organismes manifestent d'une façon très évidente cette tendance universelle vers une balance. Nous avons fait voir (§ 85) que toute espèce de plante et d'animal est perpétuellement soumise à une variation rythmique de nombre ;

tantôt, par l'effet de l'abondance de la nourriture et de l'absence d'ennemis, elle s'élève au-dessus de la moyenne, et tantôt, par la rareté des subsistances, conséquence de l'accroissement du nombre, et par l'abondance des ennemis, elle tombe au-dessous de la moyenne. C'est ainsi que s'établit l'équilibre entre la somme des forces qui aboutissent à l'accroissement de la race et la somme des forces qui aboutissent à son décroissement. Les limites de ces variations sont des points où une série de forces auparavant en excès sur l'autre est contre-balancée par elle. C'est au milieu des oscillations produites par leur conflit que se tient le nombre moyen de l'espèce, c'est-à-dire le point où la tendance qu'elle a à s'étendre est en équilibre avec la tendance du milieu à la restreindre. On ne peut pas contester que ce balancement des forces conservatrices et destructives, que nous voyons tendre à s'établir dans toutes les races, doive s'établir nécessairement, puisque l'accroissement du nombre ne peut que continuer jusqu'à ce que l'accroissement de la mortalité l'arrête, et le décroissement de nombre jusqu'à ce qu'il soit arrêté par la fertilité ou jusqu'à l'extinction totale de la race.

§ 174. Nous pouvons appliquer aux équilibres des actions nerveuses qui constituent la vie mentale la même classification qu'à ceux qui constituent ce que nous appelons la vie corporelle. Nous pouvons les traiter dans le même ordre.

Toute pulsation de force nerveuse engendrée de moment en moment (nous avons vu que les courants nerveux ne sont pas continus, mais rythmiques, § 86) rencontre des forces opposées; pour les surmonter, elle se disperse et s'équilibre. En étudiant la corrélation et l'équivalence des forces, nous avons vu que chaque sensation, chaque émotion, ou plutôt ce qui en reste après que l'excitation des idées ou des sentiments associés s'est dépensée à produire des changements corporels, des contractions des muscles involontaires, des muscles volontaires, ou des uns et des autres, comme aussi à stimuler les organes sécrétoires. Nous avons vu que les mouvements dus à ces causes sont toujours amenés à leur terme par l'opposition des forces qu'ils évoquent. Ce que nous avons à remarquer ici, c'est qu'il en est de même des changements nerveux dus aux mêmes causes. Divers faits prouvent que l'éveil d'une pensée ou d'un sentiment a toujours à surmonter une certaine résistance : par exemple, quand l'association de certains états mentaux n'a pas été fréquente, il faut, pour évoquer l'un après l'autre, un effort sensible; par exemple encore, pendant la prostration nerveuse, il y a une incapacité relative de penser; les idées ne se suivent pas l'une l'autre avec leur rapidité habituelle; par exemple enfin, le fait que durant une augmentation insolite de force nerveuse, naturelle ou artificielle, le frottement de la pensée devient relativement faible, et que des combinaisons d'idées plus nombreuses, plus éloignées, plus difficiles, se produisent. C'est-à-dire que l'onde d'activité nerveuse engendrée à chaque instant se propage dans le corps et le cerveau par les canaux dont les conditions de l'instant font des lignes de résistance moindre; puis, se répandant largement et proportionnellement à son intensité, elle ne finit que lorsqu'elle est équilibrée par la résistance qu'elle rencontre de toutes parts. Si nous examinons nos actions mentales de toutes les heures et de tous les jours, nous y voyons des équilibres analogues à ceux qui s'établissent d'heure en heure et de jour en jour entre les fonctions du corps. Dans un cas comme dans l'autre, il y a des rythmes qui présentent un balancement de forces opposées à chaque extrémité et la conservation d'un certain équilibre général. On le voit dans l'alternance quotidienne de périodes d'activité mentale et de repos mental : les forces dépensées pendant la première se compensent par les forces acquises pendant la seconde. On en voit encore un exemple dans l'ardeur et la mollesse de chaque désir : ils arrivent tous à une certaine intensité, ils s'équilibrent soit par la dépense de force qu'ils réalisent dans des actions désirées, soit d'une manière moins complète dans l'imagination de ces actions; l'opération aboutit à la satiété, c'est-à-dire à un repos relatif qui forme la limite opposée du rythme. L'équilibre se produit aussi sous une double forme à l'occasion d'une joie ou d'une douleur interne : tout accès de passion qui s'exprime par des gestes véhéments est arrivé à son point le plus élevé, d'où les forces antagonistes le ramèneront à une condition d'excitation modérée; les accès successifs, diminuant finalement en intensité, aboutissent à un équilibre mental, semblable à l'état antérieur, ou n'en différant qu'en partie. Mais l'espèce d'équilibre mental le plus remarquable est celui qui établit une correspondance entre les relations qui unissent nos états de conscience et les relations du monde extérieur. Toute connexion externe de phénomènes que nous sommes capables de percevoir engendre par l'effet des expériences accumulées une connexion interne d'états mentaux; et le résultat auquel tend cette opération, c'est la formation d'une connexion d'états mentaux d'une force relative qui correspond à la constance relative de la connexion physique représentée. Nous savons que, d'après la loi générale que le mouvement suit la ligne de la moindre résistance, et que, toutes choses égales d'ailleurs, une ligne une fois envahie par le mouvement devient une voie plus facile pour un mouvement futur, nous savons, dis-je, que la facilité avec laquelle les impressions nerveuses se suivent est, toutes choses égales d'ailleurs, d'autant plus grande qu'elles se sont répétées dans l'expérience un plus grand nombre de fois. Par suite, il s'établit dans la conscience une connexion indissoluble correspondant à une relation invariable du genre de celle qui unit la résistance d'un objet et une certaine étendue de cet objet; et, cette connexion interne étant au dedans aussi absolue que peut l'être celle du dehors qui lui répond, elle ne subit plus de changement. La relation interne est en équilibre parfait avec la relation extérieure. Réciproquement, il en résulte que des relations incertaines de phénomènes, comme celles qui unissent les nuages et la pluie, ont pour correspondants des relations d'idées aussi incertaines, et si, en présence de certains aspects du ciel, les tendances qui portent à inférer le beau ou le mauvais temps correspondent aux fréquences avec lesquelles le beau ou le mauvais temps suivent ces aspects, c'est que l'accumulation des expériences a établi l'équilibre entre les séquences mentales et les séquences physiques. Quand on se rappelle qu'entre ces extrêmes il y a des ordres sans nombre de connexions externes ayant différents degrés de constance, et que durant l'évolution de l'intelligence il se forme des associations internes en correspondance avec différents degrés de cohésion, on voit que les relations d'idées et les relations de choses tendent à se mettre en équilibre. Cet équilibre ne peut s'établir définitivement que lorsque chaque relation de choses a engendré en nous une relation d'idées telle que, lorsque les conditions se trouvent réunies, la relation mentale se produise aussi certainement que la relation physique. Supposons cet état atteint (ce qui ne se peut que dans un temps infini), l'expérience cesserait de produire une nouvelle évolution mentale, il y aurait une correspondance parfaite entre les idées et les faits, et l'adaptation intellectuelle de l'homme aux circonstances qui l'environnent serait complète. Les mêmes vérités générales se manifestent dans l'opération de l'adaptation morale, qui est une approximation continue de l'équilibre entre les émotions et les espèces de conduite nécessitées par les conditions ambiantes. Les connexions de sentiments et d'actions sont déterminées de la même manière que les connexions d'idées, tout à fait comme la répétition de l'association de deux idées facilite l'excitation de l'une par l'autre; c'est ainsi que chaque décharge de tel sentiment en telle action rend plus aisée la décharge suivante de ce même sentiment pour produire la même action.

Il en résulte que, si un individu est placé d'une manière permanente dans des conditions qui demandent plus d'action d'une espèce spéciale qu'il n'en fallait auparavant ou qu'il ne peut en fournir naturellement, si la pression des sentiments pénibles que ces conditions font naître quand elles sont négligées le contraint à accomplir cette action sur une plus grande échelle; si l'accomplissement de cette action, plus fréquent et plus prolongé, sous l'influence de cette pression, diminue quelque peu la résistance, il y a évidemment un progrès vers une balance entre la demande de cette espèce d'action et l'offre qui en est faite. Soit chez cet individu lui-même, soit chez ses descendants qui continuent à vivre sous ces conditions, une répétition fortement sentie doit évidemment amener un état dans lequel ce mode de diriger les actions ne répugnera pas plus que les divers autres modes déjà naturels à la race. Il s'ensuit que la limite vers laquelle la modification émotionnelle tend perpétuellement et dont elle peut se rapprocher indéfiniment (bien qu'elle ne puisse l'atteindre que dans un temps infini) est une combinaison de désirs qui corresponde à tous les divers ordres d'activité que les circonstances de la vie font naître, désirs qui seraient tous proportionnés en force aux besoins de ces ordres d'activité, et tous satisfaits par ces ordres d'activité. Les caractères que nous appelons les habitudes acquises, et les différences morales des races et des nations, produites par des habitudes qui persistent durant des générations successives, nous offrent des exemples sans nombre de cette adaptation progressive, qui ne peut cesser qu'avec l'établissement d'un équilibre complet entre la constitution de la race et les conditions de la race.

On aura peut-être de la peine à voir comment les équilibres décrits dans cette section peuvent être classés à côté de ceux qui les précèdent; on dira peut-être que je prends des analogies pour des faits. Il est bien vrai pourtant que ces équilibres sont tout aussi physiques que les autres. Pour le démontrer, il faudrait entrer dans une analyse plus détaillée que cet ouvrage ne le comporte. Il suffira d'indiquer, comme je l'ai déjà fait (§ 71), que les phénomènes que nous appelons en langage subjectif des états de conscience sont, en langage objectif, des modes de force; que telle quantité de sentiment correspond à telle quantité de mouvement; que l'accomplissement d'une action corporelle quelconque est la transformation d'une certaine quantité de sentiment en la quantité de mouvement qui lui est équivalente; que cette action corporelle lutte avec des forces et qu'elle se dépense pour les vaincre; et enfin que ce qui nécessite la répétition fréquente de cette action, c'est le retour fréquent des forces que cette action doit vaincre. Par suite, l'existence dans un individu d'un stimulus émotionnel qui soit en équilibre avec certaines exigences externes est à la lettre la production habituelle de quelque partie spécialisée de force nerveuse, équivalente en intensité à quelque ordre de résistances externes qu'elle rencontre habituellement. Ainsi donc, le dernier état, la limite vers laquelle l'évolution nous porte, est un état dans lequel les espèces et les quantités de forces mentales, chaque jour produites et transformées en mouvements, sont équivalentes aux divers ordres et aux divers degrés des forces ambiantes qui luttent avec ces mouvements ou sont en équilibre avec elles.

§ 175. Toute société prise dans son ensemble manifeste une opération d'équilibration dans l'ajustement continu de sa population à ses moyens de subsistance. Une tribu d'hommes vivant de chasse et de fruits est manifestement, comme toute tribu de créatures inférieures, toujours en oscillation autour du nombre moyen d'individus que la localité peut nourrir. Une race supérieure peut bien, par une production artificielle et par les perfectionnements successifs qu'elle y apporte, changer continuellement la limite que les circonstances extérieures imposent à sa population; mais il y a toujours un arrêt de la population à la limite temporaire qui a été atteinte. Il est vrai que, lorsque la limite varie aussi rapidement que chez nous, il n'y a jamais d'arrêt réel : il n'y a qu'une variation rythmique dans l'intensité de l'accroissement. Mais si l'on remarque les causes de cette variation rythmique, si l'on suit avec attention, durant les périodes d'abondance l'accroissement, et pendant les périodes de disette le décroissement, du nombre des mariages, on verra que la force expansive amène un progrès insolite toutes les fois que la force répressive diminue, et *vice versa;* c'est ainsi qu'il s'établit entre les deux forces un état aussi voisin de l'équilibre que les conditions le permettent.

Les actions internes qui constituent les fonctions sociales fournissent des exemples tout aussi clairs du principe général. L'offre et la demande tendent continuellement à s'ajuster l'une à l'autre dans toutes les opérations industrielles ; et l'on peut interpréter cet équilibre de la même façon que les précédents. La production et la distribution d'un produit industriel sont l'expression d'un certain agrégat de forces qui causent des mouvements divers par l'espèce et l'intensité. Le prix de ce produit est la mesure d'un certain autre agrégat de forces d'espèces et d'intensités autres dépensées par le cultivateur qui travaille à le faire naître. Les variations de prix représentent un balancement rythmique de ces forces. Toute hausse ou toute baisse dans le taux de l'intérêt, ou tout changement dans la valeur d'un gage particulier implique un conflit de forces, dans lequel certaine force, venant à prédominer temporairement, cause un mouvement qui est bientôt arrêté ou équilibré par l'accroissement de forces opposées ; entre ces oscillations horaires ou diurnes se trouve un point moyen variant plus lentement, sur lequel la valeur tend à se fixer, ou elle se fixerait, si de nouvelles influences ne venaient à chaque instant s'ajouter aux anciennes. Comme dans l'organisme de l'individu, dans l'organisme social les équilibres fonctionnels engendrent les équilibres de structure. Quand les ouvriers d'un métier reçoivent une demande plus considérable, et qu'en retour d'une plus grande livraison ils reçoivent une quantité de produits supérieurs à celle qu'on leur donnait d'habitude ; quand, par suite, les résistances qu'ils ont à vaincre pour s'entretenir sont moindres que les résistances surmontées par d'autres ouvriers, il en résulte que d'autres travailleurs envahissent leur industrie. Cette invasion continue jusqu'à ce que l'excès de la demande s'arrête, et alors les salaires retombent tellement que la résistance totale qu'il faut surmonter pour gagner une quantité donnée de produit est aussi grande dans le nouveau travail qu'elle l'était dans celui d'où venaient les nouvelles recrues. Nous avons vu déjà que le principe du mouvement sur la ligne de la moindre résistance exigeait que la population se ramassât dans les lieux où le travail nécessaire à l'entretien de l'ouvrier est le plus faible ; et nous voyons, encore ici, que les ouvriers engagés dans la localité avantageuse ou dans un travail lucratif doivent se multiplier jusqu'à ce qu'il s'établisse une balance approximative entre cette localité ou ce travail et d'autres localités ou travaux accessibles aux mêmes individus. Quand des parents choisissent la carrière de leur fils, ils estiment les avantages respectifs de toutes celles qui sont profitables et choisissent celle qui fait les plus belles promesses. Par suite de l'invasion des industries qui à un certain moment offrent le plus de bénéfices, celles qui étaient encombrées subissent une diminution de personnel, ce qui assure un équilibre général entre le pouvoir de chaque organe social et la fonction qu'il a à accomplir.

Les diverses actions et réactions industrielles, continuellement oscillantes, constituent un équilibre mobile dépendant, semblable à celui qui règne sur les fonctions d'un organisme individuel. Cet équilibre mobile dépendant ressemble à ceux que nous avons déjà examinés, par sa tendance à devenir plus complet. Pendant les premiers âges de l'évolution sociale, tandis que les ressources de la localité habitée sont encore inexplorées et les arts de production encore dans l'enfance, il n'y a jamais qu'un balancement temporaire et partiel de ces actions sous forme d'accélération ou de retard de développement. Mais, quand une société approche de la maturité du type sur lequel elle est organisée, les diverses activités industrielles revêtent un état à peu près constant. Bien plus, on peut observer que le progrès dans l'organisation, aussi bien que celui dans le développement, conduit à un équilibre mieux établi des fonctions industrielles. Quand la diffusion de l'information commerciale est lente et que les moyens de transport manquent, l'ajustement de la demande et de l'offre est extrêmement imparfait : à une grande sur-production de chaque denrée succède une grande sous-production, formant avec la première un rythme dont les points extrêmes s'écartent très largement de l'état moyen où se réalise l'équilibre de l'offre et de la demande. Mais quand il y a de bonnes routes, quand les nouvelles imprimées et écrites se répandent facilement, et plus encore quand les chemins de fer et les télégraphes fonctionnent, quand les foires périodiques des premiers jours font place aux marchés hebdomadaires, et ceux-ci aux quotidiens, c'est qu'il s'établit un équilibre plus exact entre la production et la consommation. Un excès de demande est bien plus promptement suivi par un accroissement d'offre, et les oscillations rapides du prix dans d'étroites limites de chaque côté d'une moyenne relativement uniforme sont le signe d'un équilibre prochain. Évidemment ce progrès industriel a pour limite ce que M. Mill a appelé l'*état stationnaire*. Quand la population sera devenue dense sur toutes les parties habitables du globe, quand les ressources de toutes les régions auront été complètement explorées, quand les arts productifs n'admettront plus de perfectionnement, il y aura une balance à peu près complète à la fois entre la fécondité et la mortalité de chaque société, et entre ses forces de production et de consommation. Chaque société ne s'écartera plus beaucoup du nombre moyen de ses membres, et le rythme de ses fonctions industrielles s'accomplira de jour en jour, et d'année en année, avec des perturbations relativement insignifiantes. Toutefois, quoique nous avancions inévitablement vers cette limite, elle est indéfiniment éloignée, et même elle ne peut être jamais atteinte absolument. Le peuplement de la terre jusqu'à ce point ne peut se faire par simple propagation. Dans l'avenir comme dans le passé, l'opération se fera rythmiquement par des vagues d'émigration partant successivement des centres les plus civilisés et supplantant les races inférieures. Cette opération ne peut qu'être extrêmement lente, et je ne crois pas qu'un tel équilibre soit le point de départ d'une nouvelle civilisation et d'un progrès moral supérieur, ainsi que M. Mill le donne à penser. Je crois bien plutôt que l'approximation qui nous en rapproche doit être simultanée avec l'approximation de l'équilibre complet entre la nature de l'homme et les conditions de son existence.

Il y a encore une autre espèce d'équilibre social à considérer, celui qui a pour résultat l'établissement d'institutions gouvernementales et qui devient complet à mesure que les institutions s'harmonisent avec les désirs des peuples. En politique comme dans l'industrie, il y a une demande et une offre, et, dans un cas comme dans l'autre, les forces antagonistes produisent un rythme qui oscille d'abord entre des points très éloignés et aboutit enfin à un équilibre mobile d'une régularité relative. Les impulsions agressives que l'homme tient de l'état pré-social, les tendances qui le portent à se satisfaire sans égard aux droits des autres êtres, caractères de la vie des bêtes de proie, constituent une force antisociale qui tend toujours à diviser les citoyens et à les mettre aux prises. Au contraire, les désirs qui ne peuvent trouver leur satisfaction que dans l'union, aussi bien que les sentiments qui la trouvent dans le commerce de l'homme avec ses semblables et aboutissent à ce que nous appelons *loyauté*, sont les uns et les autres des forces qui tendent à maintenir l'union des citoyens. D'une part, il y a dans chaque citoyen plus ou moins de résistance aux restrictions que les autres imposent à ses actions ; cette résistance tend à étendre la sphère d'action de chaque individu et à limiter celle des autres : c'est la force répulsive que s'opposent mutuellement les membres d'un agrégat social. D'autre part, la sympathie générale de l'homme pour l'homme, et la sympathie plus spéciale de chaque variété d'homme pour les autres individus de la même variété, unies à d'autres sentiments de même ordre que produit l'état social, agissent comme force attractive pour maintenir l'union entre les individus qui appartiennent à une souche commune. Puisque les résistances qu'ils ont à surmonter pour satisfaire tous leurs désirs quand ils vivent séparés sont plus grandes que celles qu'ils ont à vaincre dans le même but quand ils vivent ensemble, il reste un excès de force qui empêche leur séparation. Comme toutes les autres forces antagonistes, les forces exercées par les citoyens les uns sur les autres produisent toujours des mouvements alternatifs qui, d'abord extrêmes, subissent une diminution graduelle et se rapprochent enfin de l'équilibre. Dans les petites sociétés non développées, ces tendances antagonistes produisent des rythmes marqués. Une tribu dont les membres ont vécu ensemble pendant une génération ou deux atteint une grandeur qui ne leur permet plus de vivre ensemble ; il ne faut qu'un événement capable de susciter un antagonisme insolite parmi ses membres pour la diviser. Chez toutes les nations primitives, l'union dépend beaucoup du caractère du chef ; aussi les voit-on osciller entre deux extrêmes : un despotisme qui courbe les sujets sous un joug rigoureux, et une anarchie incapable de prévenir le désordre. Chez les nations les plus avancées du même type, nous trouvons toujours des actions et des réactions violentes, au fond de même nature. « Le despotisme tempéré par l'assassinat » est la marque d'un état politique où une répression intolérable pousse de temps en temps les sujets à rompre tous leurs liens. Nous savons tous qu'une période de tyrannie est suivie d'une période d'anarchie, et *vice versa*, et cette alternative nous montre comment les forces antagonistes s'équilibrent toujours mutuellement ; nous voyons encore comment, dans ces mouvements et ces contre-mouvements qui tendent à devenir plus modérés, l'équilibre s'approche de sa perfection. Les conflits entre les conservateurs (qui prétendent que la société doit contenir l'individu) et les réformistes (qui prétendent que l'individu doit être libre en face de la société) se renferment dans des limites de plus en plus étroites, en sorte que la prédominance temporaire de l'une ou de l'autre théorie produit une déviation de l'état moyen moins marquée. Cette opération d'équilibre est tellement avancée chez nous que les oscillations sont comparativement insignifiantes ; elle se continuera jusqu'à ce que la balance entre les forces antagonistes ne soit plus séparée de l'état d'équilibre parfait que par une différence insaisissable. En effet, nous avons déjà vu que l'adaptation de la nature humaine aux conditions de son existence ne peut s'arrêter tant que les forces internes que nous appelons les *sentiments* ne sont pas en équilibre avec les forces extérieures qu'elles combattent. Ce qui caractérise l'établissement de cet équilibre, c'est un état de la nature de l'homme et de l'organisation sociale tel, que l'individu n'ait aucun désir qui ne puisse être satisfait sans qu'il sorte de sa propre sphère d'action, tandis que la société n'impose de limites que celles que l'individu respecte librement. L'extension progressive de la liberté des citoyens et l'abrogation des restrictions politiques qui en est la conséquence; tels sont les degrés par lesquels nous nous élevons à cet état.

Enfin l'abolition définitive de toutes les restrictions imposées à la liberté de chacun, à l'exception de celles qui résultent de la même liberté chez tous, est le résultat de l'équilibre complet entre les désirs de l'homme et la conduite qu'imposent les conditions du milieu.

Naturellement, dans ce cas comme dans les précédents, il y a une limite à l'accroissement de l'hétérogénéité. Quelques pages plus haut, nous sommes parvenus à la conclusion que chaque pas de l'évolution mentale est l'établissement de quelque nouvelle action interne en correspondance avec quelque nouvelle action externe, de quelque connexion additionnelle d'idées ou de sentiments correspondant à quelque connexion de phénomènes encore inconnue ou encore sans antagoniste. Nous avons conclu que chaque fonction mentale nouvelle, impliquant quelque modification nouvelle de structure, implique un accroissement d'hétérogénéité, et qu'ainsi l'accroissement d'hétérogénéité doit augmenter tant que des relations externes qui affectent l'organisme restent sans être balancées par des relations internes. D'où il suit que l'accroissement de l'hétérogénéité ne peut trouver sa fin que lorsque l'équilibration est complète. Évidemment il doit en être de même dans la société. Toute augmentation d'hétérogénéité dans l'individu doit impliquer directement ou indirectement, comme cause ou comme conséquence, quelque accroissement d'hétérogénéité dans les arrangements des agrégats d'individus. Enfin la limite de la complexité sociale ne peut être atteinte que lorsque l'équilibre entre les forces sociales et individuelles est établi.

§ 176. Nous arrivons à une dernière question qui s'est probablement déjà formulée plus ou moins nettement dans l'esprit des lecteurs. « Si l'évolution, dans toutes ses formes, est un accroissement de complexité de structure et de fonction, accessoire de l'opération universelle de l'établissement de l'équilibre, et si l'équilibre doit aboutir au repos complet, quel est le destin vers lequel marchent toutes choses ? Si le système solaire dissipe lentement ses forces ; si le soleil perd sa chaleur suivant une proportion qui lui assure encore des millions d'années ; si la diminution du rayonnement solaire entraîne une diminution dans l'activité des opérations géologiques et météorologiques, aussi bien que dans la quantité de l'existence animale et végétale ; si l'homme et la société dépendent pareillement de cette offre de force qui tend graduellement vers sa fin, n'est-il pas évident que nous marchons vers une mort qui nous menace de toutes parts ? »

Qu'un état de mort universelle soit la limite de l'opération qui s'effectue partout, cela semble hors de doute. Une opération ultérieure viendra-t-elle retourner ces changements et inaugurer une vie nouvelle ? C'est une question que nous examinerons plus tard. Pour le moment, il suffit que la fin prochaine de toutes les transformations que nous avons décrites soit un état de repos. On peut le prouver *à priori*. Nous allons voir que la loi d'équilibre, non moins que les lois générales qui précèdent, peut se déduire de la persistance de la force.

Nous avons vu (§ 74) que les phénomènes ne peuvent s'expliquer que comme résultats de forces d'attraction et de répulsion universellement coexistantes. Ces forces sont sans doute les aspects complémentaires de cette même force qui constitue la donnée dernière de la conscience. De même que l'égalité d'action est un corollaire de la persistance de la force, puisque leur inégalité impliquerait que la force différentielle devient rien ou qu'elle vient de rien ; de même aussi nous ne pouvons avoir conscience d'une force attractive sans avoir en même temps conscience d'une force répulsive égale et opposée ; car toute expérience d'une tension musculaire (seule forme sous laquelle nous pouvons connaître immédiatement une force attractive) présuppose une résistance équivalente, résistance qui se révèle dans la pression contre-balançante du corps contre les objets voisins, ou dans l'absorption de force qui donne le mouvement au corps, ou dans ces deux modes, résistance que nous ne pouvons concevoir que comme égale à la tension, à moins de concevoir que la force a ou bien apparu ou bien disparu, et de nier par là la persistance de la force. De cette corrélation nécessaire résulte l'incapacité où nous sommes d'interpréter des phénomènes quelconques autrement qu'en fonction de ces phénomènes corrélatifs, incapacité qui se révèle pareillement dans la nécessité où nous sommes de concevoir les forces statiques que la matière tangible manifeste comme dues à l'attraction et à la répulsion de ses atomes, et dans la nécessité où nous sommes encore, pour concevoir les forces dynamiques qui s'exercent à travers l'espace, de regarder l'espace comme peuplé d'atomes semblablement constitués. Ainsi, de l'existence d'une force dont la quantité ne peut jamais être modifiée, suit, comme corollaire nécessaire, l'existence coextensive de deux formes opposées de force, formes sous lesquelles les conditions de notre conscience nous obligent à représenter la force absolue qui dépasse notre connaissance.

Mais si les forces d'attraction et de répulsion sont universellement coexistantes, il s'ensuit, comme nous l'avons déjà vu, que tout mouvement est un mouvement conditionné par une résistance. Les unités de matières solides, liquides, aériformes ou éthérées, qui remplissent l'espace, qui traversent les corps en mouvement, offrent à ces corps la résistance qui dépend de leur cohésion, ou de leur inertie, ou de l'une et de l'autre. En d'autres termes, le milieu plus dense ou plus rare qui occupe à chaque instant les lieux traversés par ces corps en mouvement devant être déplacé par eux, les corps perdent autant de mouvements que le milieu qu'ils déplacent en reçoit. Telle est la condition sous laquelle a lieu le mouvement. Deux corollaires s'ensuivent : le premier, que des soustractions perpétuelles, causées par la communication du mouvement au milieu résistant, doivent nécessairement mettre fin au mouvement du corps dans un temps plus ou moins long ; le second, que le mouvement du corps ne peut cesser tant que ces soustractions ne l'ont pas détruit. En d'autres termes, le mouvement continuera jusqu'à ce que l'équilibre s'établisse ; et l'équilibre finira par s'établir. Ces deux principes sont des corollaires évidents de la persistance de la force. Dire que tout ou partie du mouvement d'un corps peut disparaître autrement qu'en passant à quelque chose qui résiste à son mouvement, c'est dire que tout ou partie de son mouvement peut disparaître sans effet, ce qui est proprement nier la persistance de la force. Réciproquement, dire que le milieu traversé peut être mis en mouvement, chassé de la voie du corps, sans emprunter du mouvement à ce corps, c'est dire que le mouvement du milieu peut naître de rien, ce qui est proprement nier la persistance de la force. D'où il suit que cette vérité primordiale est la garantie immédiate de nos conclusions, que les changements présentés par l'évolution ne peuvent finir que lorsque l'équilibre sera atteint, et que cet équilibre doit être atteint à la fin.

Les propositions que nous avons formulées relativement à l'établissement et à la conservation des équilibres mobiles à leurs divers points de vue sont également nécessaires parce qu'elles sont également déductibles de ce même principe qui s'élève au-dessus de toute preuve. C'est un corollaire de la persistance de la force que les divers mouvements possédés par un agrégat, soit par cet agrégat considéré comme un tout, soit par ses diverses parties, doivent être dissipés par les résistances qu'ils ont à vaincre ; et que par là ceux d'entre eux qui ont la moindre intensité ou qui rencontrent l'opposition la plus grande, ou qui subissent l'un et l'autre désavantage, doivent s'arrêter, tandis que les autres doivent continuer. D'où il suit que, dans tout agrégat animé de divers mouvements, ceux qui sont les plus faibles et qui rencontrent la plus grande résistance se dissipent relativement de très bonne heure, et ceux qui sont les plus forts et qui rencontrent le moins de résistance se conservent longtemps ; c'est ainsi que se forment les équilibres mobiles dépendants et les équilibres mobiles indépendants. D'où suit encore la tendance à la conservation de ces équilibres mobiles. Car les mouvements nouveaux communiqués par une force perturbatrice aux parties d'un équilibre mobile doivent être, ou bien d'une intensité et d'une espèce telle qu'ils ne puissent être dissipés avant les mouvements préexistants, auquel cas ils mettent fin à l'équilibre mobile, ou bien d'une intensité et d'une espèce telles qu'ils puissent être dissipés avant les mouvements préexistants, auquel cas l'équilibre mobile se rétablit.

Ainsi, de la persistance de la force découlent non seulement les équilibres directs et indirects qui s'établissent partout avec l'équilibre cosmique qui met fin à toutes les formes d'évolution, mais aussi ces équilibres moins manifestes que nous reconnaissons dans le rétablissement des équilibres mobiles qui ont été dérangés. Ce principe dernier peut servir à démontrer la tendance de tout organisme, dérangé par quelque influence insolite, à retourner à l'équilibre. C'est à lui qu'on peut aussi ramener le pouvoir que possèdent les individus, et plus encore les espèces, de s'adapter à des circonstances nouvelles. Une autre raison vient encore appuyer notre conclusion : c'est le progrès graduel vers l'harmonie, entre la nature mentale de l'homme et les conditions de son existence. Après avoir trouvé que l'on peut déduire de ce principe dernier les divers caractères de l'évolution, nous en tirons finalement une raison de croire que l'évolution ne peut se terminer que par l'établissement de la plus grande perfection et du bonheur le plus complet.

CHAPITRE XXIII

LA DISSOLUTION

§ **177.** Au chapitre XII, nous avons parcouru rapidement le cycle des changements que traverse toute existence, dans sa marche de l'imperceptible au perceptible, et ensuite du perceptible à l'imperceptible, nous avons donné à ces redistributions opposées de matière et de mouvement des noms différents : à la première celui d'évolution, à la seconde celui de dissolution ; nous avons décrit en termes généraux la nature de ces deux redistributions et les conditions sous lesquelles elles se produisent respectivement. Ensuite nous avons examiné en détail les phénomènes de l'évolution, et nous les avons suivis jusqu'à l'équilibre où ils finissent tous. Pour compléter ce sujet, nous avons maintenant à examiner avec plus de détails qu'auparavant les phénomènes complémentaires ou de dissolution. Ce n'est pas à dire que nous devions insister longuement sur la dissolution, qui n'a aucun de ces aspects divers et intéressants que l'évolution présente ; mais il y a pourtant quelque chose à dire à ce sujet.

Nous avons vu qu'aucune des deux opérations antagonistes ne se fait d'une manière absolument indépendante de l'autre, et qu'un changement dans le sens de l'une d'elles est une résultante différentielle de leur conflit. Un agrégat en évolution, bien qu'en somme il perde du mouvement et s'intègre, reçoit toujours dans un sens ou dans l'autre quelque mouvement et par conséquent se désintègre ; dès que les mouvements intégrants ont cessé de prédominer, la réception de mouvement, quoique perpétuellement annulée par la dissipation, tend constamment à produire et finit par produire la transformation inverse. Quand l'évolution a accompli son cours, quand l'agrégat a, à la longue, abandonné son excès de mouvement et reçoit d'ordinaire de son milieu autant qu'il perd, quand il a atteint cet équilibre où tous ses changements viennent finir, il reste soumis à toutes les actions de son milieu qui peuvent accroître la quantité de mouvement qu'il contient et qui, dans le cours du temps, donneront assurément à ses parties, d'une manière lente ou subite, un excès de mouvement capable d'en causer la désintégration. Selon que son équilibre est très instable ou très stable, sa dissolution peut se faire très rapidement ou être indéfiniment retardée, s'opérer en quelques jours ou être ajournée jusqu'après des millions d'années. Mais, en définitive, il doit venir un temps où cet agrégat, exposé à tous les accidents qui dépendent non seulement des objets de son voisinage immédiat, mais d'un univers partout en mouvement, périra seul ou en compagnie des agrégats environnants par la décomposition de ses parties.

Voilà les causes de la dissolution; voyons maintenant comment elle s'accomplit dans les agrégats des différents ordres. Le cours des changements étant le contraire de celui que nous avons suivi jusqu'ici, nous pouvons prendre l'ordre inverse, en commençant par le plus complexe pour finir par le plus simple.

§ 178. Si nous considérons l'évolution d'une société comme étant à la fois un accroissement dans le nombre des individus intégrés dans un corps constitué, un accroissement dans les masses et les variétés des parties qui forment les subdivisions de ce corps constitué, aussi bien que des actions qu'on appelle leurs fonctions, et un accroissement dans le degré de combinaison entre ces masses et leurs fonctions, nous verrons que la dissolution sociale se conforme à la loi générale, en ce qu'elle est, au point de vue matériel, une désintégration, et, au point de vue dynamique, une décroissance des mouvements des touts et une croissance des mouvements des parties; en outre, elle se conforme encore à la loi générale par sa cause, puisqu'elle est déterminée par un excès de mouvement reçu du dehors, et dans un sens ou dans un autre.

On voit tout de suite que la dissolution sociale qui suit l'agression d'une nation par une autre et qui, ainsi que l'histoire nous le montre, est susceptible de se produire quand l'évotion sociale a pris fin et que la décadence a commencé, est, au point de vue le plus général, l'introduction d'un nouveau mouvement externe. Quand, ainsi que cela arrive quelquefois, la société conquise est dispersée, la dissolution qui s'en empare est à la lettre la cessation des mouvements combinés qu'elle présentait à la fois par son armée aussi bien que par ses corps industriels, et une chute dans un état où l'on ne retrouve plus que des mouvements individuels et isolés ; le mouvement les unités y remplace le mouvement des masses.

On ne peut contester que lorsqu'une peste ou une famine dans le pays, ou une révolution au dehors, donne à une société un choc insolite, qui cause du désordre, ou un commencement de dissolution, il n'en résulte un décroissement des mouvements intégrés et un accroissement des mouvements désintégrés. A mesure que le désordre fait des progrès, les actions politiques, auparavant combinées sous un gouvernement, deviennent isolées : des actions antagonistes, des émeutes ou des révoltes, se produisent. En même temps, les opérations industrielles et commerciales, coordonnées dans la totalité du corps politique, s'interrompent ; et les seules transactions commerciales qui continuent sont locales ou petites. Tout nouveau changement désorganisateur diminue les opérations combinées par lesquelles les hommes satisfont leurs besoins, et les laisse les satisfaire autant qu'ils le peuvent par des opérations séparées. Le Japon nous offre un bon exemple de la manière dont ces désintégrations sont susceptibles d'être mises en jeu dans une société qui a atteint la limite du développement du type auquel elle appartient, et atteint un état d'équilibre mobile. L'édifice social de ce peuple s'est conservé dans un même état aussi longtemps qu'il est resté à l'abri de forces extérieures nouvelles. Mais aussitôt qu'il eût reçu un choc de la civilisation européenne, en partie par une agression armée, en partie par l'influence des idées, l'édifice commença à tomber en pièces. Le Japon est maintenant entré dans une dissolution politique. Il est probable qu'il s'ensuivra une réorganisation politique; mais, quoi qu'il en soit, le changement qu'une action extérieure vient d'y produire sous nos yeux tend vers la dissolution ; c'est un changement de mouvements intégrés en mouvements désintégrés.

Là même où une société, parvenue à l'apogée du développement que permettait le caractère de ses unités, commence à dépérir et entre en décadence, la dissolution progressive qui s'y manifeste est encore de même nature. La diminution du nombre de ses membres est en partie le résultat de l'émigration, car une société constituée sur le plan définitif de son évolution ne peut céder et se modifier sous la pression de la population : tant que le plan de sa structure peut se modifier et céder, elle est encore en évolution. Le surplus de population continuellement produit, n'étant pas retenu par une organisation qui s'adapte à l'accroissement du nombre, se disperse continuellement. Les influences que les sociétés voisines exercent sur les citoyens les détachent ; il y a une augmentation des mouvements non combinés des unités au lieu d'une augmentation des mouvements combinés. A mesure que la société prend une forme plus raide et devient moins capable de se refondre et de prendre la forme qui rend possible le succès d'une compétition avec les sociétés croissantes et plus plastiques, le nombre des citoyens qui peuvent vivre dans son cadre inextensible diminue positivement. Par suite, il décroît tant par émigration que par le défaut de reproduction qu'entraîne après soi le manque de subsistances. Cette nouvelle forme de décadence ou de dissolution, causée par l'excès du nombre de ceux qui meurent prématurément sur celui de ceux qui survivent assez longtemps pour élever des enfants, est encore un décroissement de la quantité totale de mouvement combiné et un accroissement de la quantité de mouvement incombiné. C'est ce que nous allons voir en traitant la dissolution de l'individu.

Si donc on a égard aux différences qui séparent les agrégats sociaux des agrégats des autres espèces, si l'on considère qu'ils sont formés d'unités unies lâchement ou indirectement, de telles façons diverses, par de telles forces complexes, on voit que l'opération de dissolution qui s'empare d'eux se conforme à la loi générale avec autant de précision qu'on pouvait en attendre.

§ 179. Si des agrégats superorganiques nous descendons aux agrégats organiques, nous démontrerons facilement que la dissolution est une désintégration de matière causée par la réception d'un mouvement additionnel venu de l'extérieur. Voyons d'abord la transformation ; nous en aborderons plus tard la cause.

La mort, ou l'équilibre final qui précède la dissolution, est le point d'arrêt de tous les mouvements intégrés marquants qui naissaient durant l'évolution. Les mouvements du corps d'un lieu à un autre cessent d'abord ; bientôt les membres ne peuvent être remués ; plus tard, les actions respiratoires s'arrêtent, enfin le cœur devient stationnaire, et avec lui les fluides circulants. La transformation du mouvement moléculaire en mouvements de masses finit, et tous les mouvements de masses, en finissant, disparaissent pour devenir des mouvements moléculaires. Que va-t-il arriver? Nous ne pouvons pas dire qu'il y ait une nouvelle transformation de mouvement sensible en mouvement insensible, car les mouvements insensibles n'existent plus. Néanmoins, l'opération de destruction implique un accroissement de mouvements insensibles, puisqu'ils sont plus grands dans les gaz produits de la décomposition que dans les substances à la fois solides et fluides d'où ils se dégagent. Toutes les unités chimiques complexes qui composent un corps organique possèdent un mouvement rythmique auquel participent ses unités composantes. Quand la décomposition désagrège ces molécules composées et que leurs éléments prennent une forme gazeuse, non seulement le mouvement impliqué par la diffusion s'accroît, mais les mouvements que les molécules composées possèdent se résolvent en mouvements de leurs molécules élémentaires. En sorte que la dissolution organique nous présente d'abord la fin de la transformation du mouvement des unités en mouvement d'agrégats, qui constitue l'évolution considérée au point de vue dynamique, puis la transformation du mouvement des agrégats en mouvement d'unités. Encore ne voyons-nous pas que la dissolution organique réponde pleinement à la définition générale de la dissolution, c'est-à-dire à une absorption de mouvement accompagnée d'une désintégration de matière. La désintégration de matière est sans doute assez évidente, mais l'absorption de mouvement ne l'est pas assez. On peut, il est vrai, inférer cette absorption du fait que les particules intégrées auparavant en une masse solide occupant un petit espace se sont pour la plupart éloignées les unes des autres, et qu'elles occupent un plus grand espace, car il faut que le mouvement impliqué par cette transposition vienne de quelque part. Mais on n'en voit pas d'abord nettement la source; nous y arriverons pourtant sans trop de recherches.

A une température au-dessous du point de congélation de l'eau, la décomposition de la matière organique n'a pas lieu. Les mouvements intégrés des molécules intégrées à un degré élevé ne se résolvent pas en mouvements désintégrés des molécules élémentaires. Les corps morts conservés à cette température durant une période indéfiniment longue sont préservés de décomposition pendant un temps indéfiniment long : par exemple, les corps des *mammouths*, éléphants d'une espèce éteinte depuis longtemps, qui furent trouvés dans la glace aux embouchures des rivières de Sibérie, et qui, bien qu'ils y eussent passé des milliers d'années, avaient la chair si fraîche que des loups la dévorèrent dès que ces corps furent à découvert. Que signifient ces conservations exceptionnelles? Un corps conservé au-dessous du point de congélation ne reçoit que très peu de chaleur par rayonnement ou conduction; et recevoir peu de chaleur, c'est recevoir peu de mouvement moléculaire. En d'autres termes, un corps organique qui ne reçoit pas de son milieu un mouvement moléculaire supérieur à une certaine quantité ne subit pas de dissolution. Nous en voyons la confirmation dans les variations de l'intensité de la dissolution qui accompagne les variations de température : tout le monde sait que, par un temps froid, les substances organiques employées dans nos ménages se conservent mieux que par un temps chaud. Il est également certain, sinon également connu, que dans les tropiques la décomposition marche plus rapidement que dans les climats tempérés. Ainsi, suivant que le mouvement moléculaire est plus ou moins grand, l'organisme mort reçoit une offre abondante de mouvement pour remplacer le mouvement continuellement soustrait par les molécules dispersées des gaz en lesquels il se désintègre. Les décompositions encore plus rapides causées par l'exposition à des températures élevées artificiellement nous fournissent des preuves nouvelles : par exemple, les décompositions qui s'opèrent dans la cuisine. Les surfaces charbonnées des parties les plus chauffées nous montrent que le mouvement moléculaire a servi à dissiper sous forme gazeuse tous leurs éléments, moins le charbon.

Les agrégats qui nous font voir si clairement la nature et la cause de l'évolution nous font donc voir clairement la nature et la cause de la dissolution. Pour ces agrégats, dans la composition desquels entre cette matière particulière à laquelle une grande quantité de mouvement constitutionnel donne une grande plasticité et l'aptitude à se développer en une forme d'une composition élevée (§ 103), il suffit, après la cessation de l'évolution, d'une quantité très modérée de mouvement moléculaire ajoutée à celle qui est déjà emprisonnée dans la substance, pour causer la dissolution. Bien qu'à la mort les masses sensibles, ou les organes qui composent le corps, aient atteint un équilibre stable, pourtant, comme l'équilibre des unités insensibles ou molécules dont les organes sont formés est un équilibre instable, il suffit d'une force incidente faible pour le renverser et commencer une désintégration rapide.

§ 180. Lorsque les agrégats organiques sont arrivés à prendre ces formes denses, dans lesquelles il y a relativement peu de mouvement conservé, ils restent pour la plupart longtemps sans subir de changement marqué. Chacun a perdu autant de mouvement en passant de l'état désintégré à l'état intégré qu'il lui en faut pour reprendre l'état désintégré; et il peut s'écouler un temps énorme avant qu'il se passe dans le voisinage des mouvements assez grands pour lui communiquer la quantité de mouvement nécessaire. Nous examinerons d'abord les agrégats inorganiques d'une nature exceptionnelle qui conservent beaucoup de mouvement et qui, par conséquent, subissent promptement la dissolution.

De ce nombre sont les liquides et les solides volatils qui se dissipent dans les conditions ordinaires : l'eau qui s'évapore, le carbonate d'ammoniaque qui se consume par la dispersion de ses molécules. Dans tous ces cas, il y a du mouvement absorbé; et la dissolution marche toujours avec une rapidité proportionnelle à la quantité de chaleur ou de mouvement que la masse agrégée reçoit de ses alentours. Viennent ensuite les cas où les molécules d'un agrégat d'une intégration avancée ou solide sont dispersées parmi les molécules d'un agrégat moins intégré ou liquide, les solutions aqueuses. Une preuve que cette désintégration de matière s'accompagne d'absorption de mouvement, c'est que les substances solubles se dissolvent d'autant plus vite que l'eau est plus chaude, en supposant toujours que nulle affinité élective n'entre en jeu. Voici une autre preuve encore plus décisive : quand des cristaux à une température donnée sont placés dans de l'eau à la même température, l'opération de dissolution s'accompagne d'un abaissement de température, et souvent même d'un abaissement très grand. A part les cas où une action chimique s'exerce entre le sel et l'eau, c'est une loi constante que le mouvement qui disperse les molécules du sel dans l'eau se fait aux dépens du mouvement moléculaire que l'eau possède.

Des masses de sédiments accumulés en couches comprimées par des milliers de pieds de couches superposées, et réduits à l'état solide dans le cours du temps, peuvent rester des millions d'années sans subir de changement; mais, dans le cours des millions subséquents, elles sont inévitablement exposées à des actions désintégrantes. Elles sont relevées avec d'autres masses analogues pour former des continents dénudés et par la pluie et la gelée, polies par les glaciers qui emportent petit à petit et dispersent au loin les particules qui les composent, ou bien décharnées, si, comme cela arrive aussi, la mer les attaque ; on voit des rochers surplombants, minés par la base, tomber en se brisant en morceaux de toute grosseur ; puis les vagues roulent les plus petits, tourbillonnent autour des gros blocs, les recouvrent, les entrechoquent, les réduisent en galets, et enfin en sable et en boue. Même quand des parties de couches désintégrées s'accumulent pour former des bancs de cailloux, qui plus tard se prennent en une masse, l'opération de dissolution peut bien s'arrêter pendant une énorme période géologique, mais en définitive elle reprend son cours. Le congloméré même est tôt ou tard soumis à la même désagrégation ; on voit souvent, sur les bords de la mer, des blocs d'éléments hétérogènes cimentés ensemble, gisants sur le rivage, y être brisés et usés par des chocs et des écrasements, c'est-à-dire par un mouvement mécanique communiqué.

Quand la désintégration ne s'opère pas ainsi, elle se fait par communication de mouvement moléculaire. La couche consolidée placée dans quelque aire d'affaissement, et rapprochée de plus en plus des régions occupées par la matière fondue, finit par changer d'état sous l'influence de la chaleur ; ses parties se ramollissent et finalement se liquéfient. Quelles que puissent être ses transformations subséquentes, celle-ci est une absorption de mouvement et une désintégration de matière.

Simple ou composé, petit ou grand, cristal ou chaîne de montagnes, tout agrégat inorganique terrestre subit ainsi de temps à autre un renversement des changements qu'il a subis durant son évolution. Non pas qu'il revienne d'ordinaire complètement du perceptible à l'imperceptible, comme les agrégats organiques y retournent pour la plus grande partie sinon pour la totalité. Mais pourtant la désintégration et la dispersion qu'il subit lui font faire du chemin sur la voie qui mène à l'imperceptible ; et rien n'empêche de croire qu'il n'y arrive enfin après tant de retards. A une époque immensément éloignée, il faut que tous les agrégats inorganiques avec tous les débris non dissipés des agrégats organiques se réduisent à un état de diffusion gazeuse et complètent ainsi le cycle de leurs changements.

§ 181. Après que la Terre, considérée comme un tout, a traversé la série entière de ses transformations ascendantes, elle doit rester comme tous les autres agrégats plus petits exposés aux accidents du milieu qui l'environne, et, dans le cours des changements incessants qui s'opèrent dans un univers dont toutes les parties sont en mouvement, subir à une époque, qu'aucun effort d'imagination ne peut calculer, l'action de forces assez puissantes pour causer sa désintégration complète. Voyons quelles sont ces forces.

Dans son essai sur l'action réciproque des forces naturelles, le professeur Helmholtz établit l'équivalent calorique du mouvement de la terre dans l'espace, tel qu'on peut le calculer sur la donnée actuellement admise de M. Joule. « Si notre globe, dit-il, était par l'effet d'un choc subit ramené au repos dans son orbite, ce qui n'est pas à redouter dans l'arrangement présent de notre système, le choc dégagerait une quantité de chaleur capable de produire la combustion de quatorze globes de charbon de même volume que la Terre. Dans l'hypothèse la plus défavorable pour sa capacité de chaleur, c'est-à-dire en la supposant égale à celle de l'eau, la masse de la Terre serait portée à une chaleur de 11 200 degrés; elle serait donc complètement fondue et en grande partie réduite en vapeur. Si donc la Terre, réduite à l'état de repos, tombait sur le Soleil, ce qui arriverait naturellement, la quantité de chaleur dégagée par ce choc nouveau serait quatre cents fois plus grande. Or, quoique ce calcul ne semble pas utile au but que je poursuis, puisqu'il n'est pas probable que la Terre soit subitement arrêtée dans son orbite et qu'elle tombe sur le Soleil, il y a pourtant, ainsi que je l'ai déjà indiqué (§ 171), une force toujours agissante qui devrait pousser la Terre sur le Soleil. Cette force, c'est la résistance du milieu éthéré. De la résistance de l'éther, on infère la retardation de tous les corps mobiles du système solaire, qui, d'après certains astronomes, révèle maintenant ses effets en rapprochant les uns des autres les orbites des plus anciennes planètes. Si donc la retardation s'opère, un temps doit venir, quelque éloigné qu'il soit, où l'orbite terrestre à force de diminuer se confondra avec le Soleil; la quantité d'action de masse qui se transformera alors en action moléculaire ne sera sans doute pas aussi grande que le suppose le calcul d'Helmholtz, mais elle suffira pour réduire la substance de la terre à l'état gazeux.

La dissolution de la terre, et, après des intervalles, celle des autres planètes, n'est pas pour cela une dissolution du système solaire. Dans leur *ensemble*, tous les changements manifestés dans le système solaire ne sont que des incidents concomitants de l'intégration de la masse entière qui le compose ; et l'intégration locale dont chaque planète est le théâtre se complète longtemps avant l'intégration générale. Mais chaque masse secondaire, ayant parcouru ses évolutions et atteint un état où ses parties sont en équilibre, reste éteinte jusqu'à ce que, par une intégration générale progressive, elle s'incorpore à la masse centrale. L'union d'une masse secondaire avec la masse centrale, impliquant la transformation du mouvement de masses en mouvement moléculaire, cause, il est vrai, la diffusion partielle de la masse totale, et ajoute à la quantité de mouvement qui va se disperser sous forme de lumière et de chaleur, mais elle ne peut que reculer l'époque de l'intégration complète de la masse totale, laquelle arrivera quand l'excès de mouvement latent dans cette masse aura été rayonné dans l'espace.

§ 182 [1]. Nous touchons maintenant à la question soulevée au début de ce chapitre. L'évolution dans son ensemble, aussi bien que l'évolution dans ses détails, marche-t-elle vers le repos complet ? L'état de privation absolue de mouvement, appelé mort, qui termine l'évolution dans les corps organiques, est-il le type de la mort universelle au sein de laquelle l'évolution universelle tend à s'engloutir ? Enfin devons-nous considérer comme la fin des choses un espace infini peuplé de soleils éteints voués à l'immobilité éternelle ?

A cette question spéculative, il ne peut y avoir qu'une réponse spéculative. Celle qu'on peut hasarder doit être considérée moins comme une réponse positive que comme une objection à la conclusion qui prétendrait que le résultat prochain est le résultat définitif. Si, poussant à l'extrême l'argument que l'évolution doit aboutir à un équilibre ou repos complet, le lecteur conclut que, quoi qu'il puisse arriver de contraire, la mort universelle continuera indéfiniment, il est légitime d'ndiquer comment, en poussant l'argument encore plus loin, nous sommes conduits à inférer une nouvelle vie universelle. Voyons les raisons qu'on peut donner en faveur de cette induction.

Nous avons déjà vu que l'établissement de l'équilibre, si loin que nous le suivions, n'a qu'un résultat relatif. La dissipation

---

[1]. Bien que ce chapitre soit nouveau, cette section et celle qui suit ne sont pas nouvelles. Dans la première édition, elles figuraient à la fin du chapitre précédent. C'est toujours le même esprit, mais le texte est abrégé sur quelques points et augmenté sur d'autres.

du mouvement d'un corps qui se communique à la matière ambiante, solide, liquide, gazeuse ou éthérée donne au corps une position fixe par rapport à la matière qui lui prend son mouvement. Mais tous ses autres mouvements persistent. En outre, ce mouvement, dont la disparition cause l'équilibre relatif, n'est pas perdu, mais simplement transféré. Qu'il soit transformé directement en mouvement insensible, comme cela arrive dans le cas du soleil; ou que, comme dans les mouvements qui se passent autour de nous, il se transforme directement en mouvements sensibles plus petits, et ceux-ci en plus petits encore, jusqu'à ce qu'ils deviennent insensibles, cela n'y fait rien. Dans tous les cas, le résultat ultime est que, quel que soit le mouvement de masses qui est perdu, il reparaît comme mouvement moléculaire à travers l'espace. Les questions que nous avons à considérer sont donc les suivantes : après que toutes les équilibrations qui mettent fin à l'évolution sont accomplies, en reste-t-il d'autres à accomplir? Y a-t-il d'autres mouvements de masses qui puissent en définitive se transformer en mouvement moléculaire? S'il y en a d'autres, que doit-il résulter quand le mouvement moléculaire, engendré par leur transformation, s'ajoute à celui qui existe déjà?

A la première question, on peut répondre qu'il reste *réellement* des mouvements que toutes les équilibrations que nous avons considérées laissent intacts : à savoir les mouvements de translation que possèdent les masses immenses de matière appelées étoiles, soleils lointains, qui sont probablement comme le nôtre entourés de planètes. Il y a longtemps qu'on a abandonné la croyance à la fixité des étoiles : l'observation a démontré qu'un bon nombre de ces étoiles ont des mouvements propres. Bien plus, on a constaté par des mesures que, par rapport aux étoiles les plus proches de nous, notre propre étoile voyage à raison d'environ un million de milles par jour; et si, comme la chose n'est pas improbable, notre propre étoile se meut dans la même direction que les étoiles voisines, sa vitesse absolue peut être, et très probablement est, immensément plus grande que celle-ci. Or, de tous les changements qui surviennent dans le système solaire, allassent-ils jusqu'à intégrer toutes les masses en une seule masse et à diffuser tous les mouvements relatifs en un mouvement insensible à travers l'espace, nul ne peut affecter ces translations sidérales. D'où la nécessité d'admettre qu'elles persistent et attendent leur équilibre d'une opération subséquente.

A la question suivante, c'est-à-dire à quelle loi les mouvements sidéraux obéissent-ils? l'astronomie répond : la loi de la gravitation. Les mouvements des étoiles doubles l'ont prouvé. Les révolutions périodiques de quelques étoiles doubles ont été calculées dans l'hypothèse que leurs révolutions sont déterminées par une force comme celle qui règle les révolutions des planètes et des satellites ; et l'accomplissement subséquent de leurs révolutions dans les périodes prédites ont vérifié l'hypothèse. Si donc ces corps éloignés sont des centres de gravitation, si nous inférons que toutes les autres étoiles sont des centres de gravitation, ainsi que nous avons le droit de le faire, et si nous tirons la conséquence inévitable que la force gravitative qui affecte si évidemment les étoiles rapprochées l'une de l'autre affecte aussi les étoiles éloignées, nous devons conclure que tous les membres de notre système sidéral gravitent individuellement et collectivement.

Mais si ces masses en mouvement dans un espace immense gravitent les unes vers les autres, qu'arrivera-t-il? Il n'y a, semble-t-il, qu'une réponse possible. Elles ne peuvent conserver leur arrangement présent, la distribution de notre système sidéral rendant impossible même un équilibre mobile temporaire. Si les étoiles sont des centres d'une force attractive qui varie en raison inverse du carré de la distance, il n'y a pas moyen de ne pas conclure que la structure de notre système stellaire subit des changements et doit continuer à en subir.

Ainsi, faute d'autres hypothèses que nous puissions adopter, nous arrivons aux propositions : 1° que les étoiles sont en mouvement ; 2° qu'elles se meuvent conformément à la loi de la gravitation ; 3° que, distribuées comme elles le sont, elles ne peuvent se mouvoir, conformément à la loi de gravitation, sans subir un réarrangement. Si maintenant nous voulons savoir la nature de ce réarrangement, nous nous trouvons obligés d'inférer une concentration progressive. Des étoiles, à présent dispersées, doivent s'agréger sur divers points ; les agrégations existantes (excepté peut-être les groupes globulaires) doivent devenir plus denses, et des agrégations doivent se souder entre elles. La structure des cieux, dans son ensemble et dans ses détails, nous indique que l'intégration a progressé tout le long du passé ; nous voyons dans les Nuées de Magellan un exemple remarquable du degré où elle est déjà parvenue. Ces Nuées sont deux agglomérations étroitement serrées, composées non seulement d'étoiles isolées, mais de groupes réguliers ou irréguliers de nébuleuses et de nébulosités diffuses. Ce qui prouve qu'elles ont été formées par la gravitation mutuelle de parties autrefois diffuses sur un espace immense, c'est que les espaces célestes qui les environnent sont complètement vides : la petite nubécule surtout est plongée, dit Humboldt, dans une sorte de « désert dépeuplé d'étoiles ».

Quelle doit être la limite de ces concentrations? L'attraction mutuelle de deux étoiles, quand elle prédomine assez sur d'autres attractions pour causer un rapprochement, aboutit presque certainement à la formation d'une étoile double, puisque les mouvements engendrés par d'autres attractions empêchent les deux étoiles de se mouvoir en ligne droite vers leur centre de gravité commun. Entre de petits groupes d'étoiles animés comme groupes de certains mouvements propres, l'attraction qui les pousse les uns vers les autres les peut conduire, non à une union complète, mais à des groupes binaires. A mesure que l'opération continue et que les groupes deviennent plus grands, ils doivent se mouvoir l'un vers l'autre d'une manière plus directe, formant ainsi des groupes d'une densité croissante. Par conséquent, si, durant les premiers âges de concentration, il y a une probabilité immense que le contact effectif de ces masses gravitant l'une vers l'autre n'aura pas lieu, il est suffisamment évident que, à mesure que la concentration s'accroît, la collision doit devenir probable, et enfin certaine. Cette conclusion a même en sa faveur une grande autorité. Sir John Herschel, parlant des groupes nombreux et diversement agrégés d'étoiles que nous révèle le télescope, et citant, en paraissant l'approuver, l'opinion émise par son père, que les groupes les plus diffus et les plus irréguliers sont les groupes « globulaires dans un état de condensation moins avancé » remarque ensuite que, dans « une foule de corps solides de n'importe quel volume, animés d'impulsions indépendantes et en partie contraires, des mouvements opposés les uns aux autres *doivent* produire une collision, une destruction de vitesse, un affaissement ou un rapprochement du centre de l'attraction prépondérante, tandis que ceux qui tendent vers le même point ou qui restent séparés après ces conflits *doivent*, en définitive, donner lieu à un mouvement circulaire d'un caractère permanent. » Or ce qu'Herschel dit des petits groupes ne peut être refusé aux grands, et par conséquent le procédé de concentration que nous avons inféré plus haut semble devoir sûrement amener une intégration de plus en plus fréquente des masses.

Il nous reste à considérer les conséquences de la perte de vitesse qui accompagne cette intégration. Le mouvement sensible qui disparaît ne peut être détruit ; il doit, au contraire, se transformer en mouvement insensible. Quel sera l'effet de ce mouvement insensible ? Nous avons vu déjà que, si la Terre s'arrêtait, il s'ensuivrait une diffusion de sa substance. Si un mouvement relativement aussi faible que celui que la Terre acquiert en tombant sur le Soleil équivaut à un mouvement moléculaire suffisant pour réduire la Terre à l'état de gaz très raréfié, quel sera le mouvement moléculaire engendré par les mouvements de deux étoiles dont les centres de gravité se meuvent à travers les espaces avec une vitesse immensément plus grande quand elles viendront à s'arrêter? Il semble qu'il n'y ait pas d'autre alternative que de conclure que ce mouvement sera assez grand pour réduire la matière des étoiles à une ténuité presque inconcevable, pareille à celle que nous assignons à la matière des nébuleuses. Si tel est l'effet immédiat, quel devra être l'effet ultérieur ? Sir John Herschel, dans le passage déjà cité, décrivant les collisions qui peuvent éclater dans un groupe d'étoiles qui se concentre, ajoute que ces étoiles, « qui restent séparées après ces conflits, *doivent*, en définitive, donner lieu à un mouvement circulaire d'un caractère permanent. » Toutefois, nous n'agitons le problème qu'au point de vue mécanique ; nous supposons que les masses qui s'arrêtent mutuellement resteront des masses, et, lorsque sir John Herschel écrivait ce passage, il ne s'élevait aucune objection contre cette hypothèse, puisque la corrélation des forces n'était pas encore connue. Mais, aujourd'hui, nous sommes forcés de conclure que les étoiles qui se meuvent avec les vitesses énormes acquises durant la concentration se dissiperont en gaz par l'effet de leur arrêt mutuel ; le problème devient tout autre, et une nouvelle conclusion paraît inévitable. En effet, la matière diffuse produite par ces conflits doit former un milieu résistant, occupant la région centrale du groupe, que de temps en temps ses membres traversent en décrivant leur orbite ; désormais ils ne pourront le traverser sans perdre de leur vitesse. Toute collision nouvelle, en augmentant ce milieu résistant et en rendant les pertes de vitesse plus grandes, doit aider à empêcher l'établissement de cet équilibre qui tendrait d'ailleurs à s'établir, et tend ainsi à produire des collisions plus fréquentes. La matière nébuleuse née de cette dispersion enveloppe bientôt tout le groupe, diminue continuellement les orbites des masses en mouvement, et provoque une intégration de plus en plus active et une désintégration de plus en plus active de ces masses, jusqu'à ce qu'elles soient toutes dissipées. Nous n'avons pas à discuter les questions de savoir si cette opération se complète d'une manière indépendante dans différentes parties de notre système sidéral, ou s'il ne se complète qu'en agrégeant toute la matière de notre système sidéral; ou si, comme cela semble probable, des intégrations et des désintégrations locales poursuivent leurs cours pendant que l'intégration générale poursuit sa marche, jusqu'à ce que les conditions qui produisent la désintégration soient réunies et qu'il se fasse une diffusion qui détruise la concentration précédente. Telle est la conclusion qui se présente comme corollaire de la persistance de la force. Si des étoiles, se concentrant vers un centre de gravité commun, finissent par l'atteindre, les quantités de mouvement qu'elles ont acquises doivent suffire pour les reporter jusqu'au fond des régions éloignées, d'où elles sont parties. Puisque les conditions de cette répulsion ne leur permettent pas d'y retourner sous forme de masses concrètes, ce doit être sous la forme de masses diffuses. L'action et la réaction étant égales et opposées, le mouvement qui produit la dispersion doit être aussi grand que le mouvement acquis par l'agrégation; il se répartit sur la même quantité de matière et doit causer une distribution équivalente dans l'espace, quelle que soit la forme de la matière. Il faut pourtant indiquer une condition essentielle de l'entier accomplissement de ce résultat; je veux dire que la quantité de mouvement moléculaire rayonné dans l'espace par chaque étoile tandis qu'elle se forme au sein de la matière diffuse, ou bien ne doit pas s'échapper de notre système sidéral, ou doit être compensée par une quantité égale de mouvement moléculaire envoyé dans notre système sidéral par les autres parties de l'espace. En d'autres termes, si notre point de départ est la quantité de mouvement moléculaire que suppose l'état nébuleux de la matière de notre système sidéral, il résulte de la persistance de la force que, si cette matière subit la redistribution qui constitue l'évolution, la quantité de mouvement moléculaire abandonné durant l'intégration de chaque masse, plus la quantité de mouvement moléculaire abandonné durant l'intégration de toutes les masses, doit suffire à les réduire de nouveau à la même forme nébuleuse.

Nous touchons à la limite de nos raisonnements, puisque

nous ne pouvons savoir si cette condition est ou n'est pas remplie. Si l'éther qui remplit les intervalles de notre système sidéral a une limite quelque part au delà des étoiles les plus éloignées, on peut admettre que le mouvement n'est pas perdu au delà de cette limite. S'il en est ainsi, la matière peut revenir au même degré de diffusion. Si nous supposons que l'éther n'a pas de limite, il se peut cependant, dans l'hypothèse d'un espace illimité, parsemé de systèmes sidéraux comme le nôtre, que la quantité de mouvement moléculaire rayonné dans la région occupée par notre système sidéral soit égale à celle que notre système rayonne ; dans ce cas, la quantité de mouvement qu'il possède ne diminuant pas, il peut répéter durant un temps illimité son rythme de concentrations et de diffusions alternantes. Mais si, d'autre part, à travers l'espace infini rempli d'éther, il n'existe aucun autre système sidéral soumis à ces changements, ou si d'autres systèmes sidéraux existent séparés par une distance supérieure à une certaine moyenne, il semble inévitable de conclure que la quantité de mouvement de notre système doit diminuer par le rayonnement, et qu'alors, chaque fois qu'elle reprendra la forme nébuleuse, sa matière occupera moins d'espace, jusqu'à ce qu'elle atteigne un état où les concentrations et les diffusions sont relativement faibles, ou bien un état d'agrégation complète et de repos absolu. Toutefois, comme nous n'avons aucune preuve de l'existence ou de la non-existence de systèmes sidéraux dans ces régions éloignées de l'espace, et comme, lors même que nous aurions une telle preuve, nous ne pourrions tirer de conclusion légitime de prémisses dont un élément (l'espace illimité) est inconcevable, nous resterons toujours sans réponse en face de cette question transcendante.

Mais si nous nous bornons à la question prochaine, qui n'est pas nécessairement insoluble, nous trouvons des raisons de penser qu'après l'accomplissement de diverses formes d'équilibre, qui mettent fin à toutes les formes d'évolution que nous avons étudiées, il s'établira encore un équilibre d'une espèce plus étendue. Quand cette intégration, partout en progrès dans toute l'étendue de notre système solaire, aura atteint son plus haut degré, il restera encore à effectuer l'intégration immensément plus grande de notre système solaire avec d'autres systèmes. Alors devra reparaître, sous forme de mouvement moléculaire, tout ce qui est perdu dans le mouvement des masses ; transformation inévitable, qui ne peut se faire sans ramener les masses à une forme nébuleuse.

§ 183. Nous sommes amenés à conclure que le procès total des choses, tel qu'il se déroule dans l'agrégat de l'univers visible, est analogue au procès total des choses, tel qu'il se déroule dans les agrégats les plus petits.

Le mouvement, comme la matière, étant en quantité fixe, il semble que, puisque le changement dans la distribution de la matière que le mouvement effectue rencontre une limite, quelque direction qu'il suive, le mouvement indestructible doive, par suite, nécessiter une distribution inverse. En apparence, les forces universellement coexistantes d'attraction et de répulsion qui, nous l'avons vu, impriment un rythme à tous les changements mineurs de l'univers, impriment aussi un rythme à la totalité de ces changements, c'est-à-dire produisent tantôt une période immense durant laquelle les forces attractives prédominent et causent une concentration universelle, tantôt une période immense durant laquelle les forces répulsives prédominent et causent une diffusion universelle, des ères alternantes d'évolution et de dissolution. Alors on se forme l'idée d'un passé durant lequel il y a eu des évolutions successives, analogues à celle qui s'accomplit actuellement, et d'un avenir durant lequel il se peut que des évolutions pareilles s'accomplissent successivement, toujours les mêmes en principe, mais jamais les mêmes par le résultat concret.

CHAPITRE XXIV

RÉSUMÉ ET CONCLUSION

§ 184. En terminant un ouvrage comme celui-ci, il est nécessaire, plus encore que pour tout autre, de considérer dans son ensemble le sujet dont les chapitres précédents nous ont montré successivement les parties. Une connaissance cohérente doit faire quelque chose de plus que poser des relations ; nous n'avons pas tout fait quand nous avons vu comment chaque groupe secondaire de principes vient remplir sa place dans un groupe principal, et comment les groupes principaux se coordonnent. Nous devons nous reculer un peu et nous placer à une distance où l'architecture de l'œuvre nous apparaisse dans son entier, où les détails s'effacent, et d'où nous puissions en étudier le caractère général.

Ce chapitre sera quelque chose de plus qu'une récapitulation, quelque chose de plus qu'un nouvel exposé systématique. Nous verrons que les principes que nous avons atteints manifestent dans leur *ensemble*, sous certains aspects, un principe que nous n'avons pas encore reconnu.

Il y a aussi une raison spéciale de remarquer comment les diverses divisions et subdivisions du sujet se prêtent un appui mutuel, je veux dire que la théorie générale y trouve une confirmation définitive. La réduction des généralisations, qui ont été poussées à une intégration complète, nous offre un nouvel exemple de l'opération de l'évolution et donne une force nouvelle au système général de nos conclusions.

§ 185. Nous voilà revenus, par un retour imprévu, mais très significatif, au principe d'où nous sommes partis et d'où commencera notre nouvelle étude. En effet, cette forme intégrée de la connaissance est la forme que nous déclarons la plus élevée, la doctrine de l'évolution mise à part.

Quand nous avons recherché ce qui fait la philosophie, quand nous avons comparé les diverses notions que s'en font les hommes, en éliminant les éléments par lesquels elles diffèrent, nous avons pu voir à quel point elles s'accordent ; nous avons trouvé dans toutes l'implication tacite que la philosophie est une connaissance complètement unifiée. En dehors de chaque système de connaissance unifiée, en dehors des méthodes qu'on propose pour effectuer cette unification, nous avons vu partout la croyance que cette unification est possible, et que la fin de la philosophie en est l'accomplissement.

Cette conclusion admise, nous avons examiné les données qui doivent servir de point de départ à la philosophie. On ne peut établir des propositions fondamentales, c'est-à-dire des propositions qui ne soient pas des conséquences logiques de propositions plus générales, qu'en montrant que, une fois admises, tous les résultats obtenus s'accordent ; en attendant qu'elles soient établies, nous prévenons que nous les supposons, nous admettons pour données ces éléments organisés de notre intelligence, sans lesquels les opérations mentales impliquées par la philosophie ne pourraient s'effectuer.

Ces données spécifiées, nous passons à certains principes fondamentaux : « l'indestructibilité de la matière, la continuité du mouvement, et la persistance de la force ; » celui-ci est un principe dernier, les autres en sont des corollaires. Après avoir vu que nos expériences de Matière et de Mouvement peuvent se résoudre en expériences de Force, nous voyons que les principes de l'invariabilité de la quantité de Matière et de Mouvement sont impliqués dans le principe de l'invariabilité de la quantité de Force. Nous découvrons que c'est en se rattachant déductivement à ce dernier principe que tous les autres se démontrent.

Le premier des principes qui s'est présenté à nous, et qui a reçu cette confirmation, a été « la persistance des relations entre les forces ». C'est ce qu'on appelle d'ordinaire l'uniformité de Loi ; nous avons trouvé que c'était un corollaire nécessaire du fait que la Force ne peut sortir de rien, ni se réduire à rien.

Nous avons ensuite tiré une autre déduction. Nous avons vu que les forces qui semblent perdues sont transformées en leurs

RÉSUMÉ ET CONCLUSION

équivalents d'autres forces, ou, réciproquement, que les forces qui commencent à se manifester ont pour condition la disparition de forces équivalentes qui existaient auparavant. Nous trouvons des exemples de ces principes dans les mouvements des corps célestes, dans les changements qui s'opèrent à la surface de la Terre et dans toutes les actions organiques et super-organiques.

Il en a été de même de la loi que toute chose se meut sur la ligne de la moindre résistance, ou sur la ligne de la plus grande traction, ou sur la ligne de ces deux forces. Nous avons montré qu'il en est ainsi et que, la persistance de la force étant donnée, il en doit être ainsi des mouvements de tous les ordres, depuis ceux des étoiles jusqu'à ceux des décharges nerveuses et des courants commerciaux.

De même aussi du « rythme du mouvement ». Tous les mouvements alternent, ceux des planètes dans leurs orbites comme ceux des molécules de l'éther dans leurs ondulations, ceux de la cadence du discours comme ceux de la hausse et de la baisse des prix ; et, comme précédemment, il est devenu manifeste que, la force étant persistante, le retour perpétuel du mouvement dans les limites qui le bornent est inévitable.

§ 186. Ces principes étant vrais de tous les êtres, nous avons reconnu qu'ils avaient le caractère requis pour constituer ce que nous appelons Philosophie ; mais, en les considérant, nous avons vu qu'ils ne forment pas une philosophie, et qu'une philosophie ne peut être constituée par un nombre quelconque de principes connus isolément. Chacun de ces principes exprime la loi générale d'un facteur qui, suivant notre expérience habituelle, produit les phénomènes, ou, tout au plus, il exprime la loi de coopération de deux de ces facteurs. Mais savoir les éléments d'une opération, c'est savoir comment ces éléments se combinent pour l'effectuer. La seule chose qui puisse unifier la connaissance, ce doit être la loi de coopération de tous ces facteurs, une loi qui exprime à la fois les antécédents complexes et les conséquents complexes que présente un phénomène considéré dans sa totalité.

Nous avons tiré une autre conclusion : c'est que la Philosophie, comme nous la comprenons, ne doit pas se contenter d'unifier des phénomènes concrets séparés, ni des classes séparées de phénomènes concrets; elle doit unifier tous les phénomènes concrets. Si la loi de l'opération de chaque facteur est vraie dans tout le cosmos, il faut aussi que la loi de leur coopération le soit. Par suite, l'unification suprême que recherche la Philosophie doit consister à comprendre le cosmos comme se conformant à cette loi de coopération.

Puis, descendant de cette proposition abstraite à une proposition concrète, nous avons vu que la loi cherchée était celle de la redistribution continue de matière et de mouvement. Les changements qui s'opèrent partout, depuis ceux qui altèrent lentement la structure de notre système stellaire jusqu'à ceux qui constituent une décomposition chimique, sont des changements dans les positions relatives de parties constituantes, et impliquent nécessairement partout qu'à côté d'un arrangement nouveau de la matière il y a un arrangement nouveau du mouvement. Par suite, nous pouvons être assurés, *à priori*, qu'il doit y avoir une loi de redistribution concomitante de matière et de mouvement, qui est vraie pour tous les changements et qui, en les unifiant tous, doit être la base de la Philosophie.

En commençant la recherche de cette loi universelle de redistribution, nous avons considéré à un autre point de vue le problème de la philosophie, et nous avons vu que la solution n'en pouvait être autre que celle que nous avions indiquée. Nous avons fait voir que la Philosophie reste de son propre aveu convaincue d'insuffisance, si elle ne formule pas toute la série des changements traversés par un être dans son passage de l'état imperceptible à l'état perceptible, et dans son retour de celui-ci à celui-là. Si les explications de la Philosophie commencent avec des êtres qui ont déjà des formes concrètes, ou si elles laissent en dehors des êtres qui en ont encore, il faut nécessairement que ces êtres aient eu une histoire antérieure, ou qu'ils doivent en avoir une à l'avenir, ou qu'ils en aient eu une avant et doivent en avoir une après, c'est-à-dire une histoire passée ou future dont on ne rend nul compte. Comme ces histoires d'avant et d'après sont des sujets de connaissance possible, une philosophie qui n'en dit rien n'accomplit pas l'unification voulue. D'où nous concluons que la formule cherchée, également applicable à des existences prises isolément et dans leur totalité, doit être applicable à l'histoire entière de ces existences et à l'histoire entière de toutes.

Ces considérations nous ont conduit en vue de la formule. En effet, si elle doit comprendre toute la marche de l'imperceptible au perceptible et du perceptible à l'imperceptible, si elle doit aussi comprendre la redistribution continuelle de matière et de mouvement, il est évident qu'elle ne peut être autre qu'une formule qui définit les opérations opposées de concentration et de diffusion en fonction de matière et de mouvement. S'il en est ainsi, il faut que cette formule exprime le principe que la concentration de matière implique la dissipation de mouvement et que, réciproquement, l'absorption de mouvement implique la diffusion de matière.

Telle est, en fait, la loi du cycle entier des changements traversés par toute existence : perte de mouvement et intégration consécutive, suivie à la fin d'un gain de mouvement et d'une désintégration consécutive. Nous avons vu que non seulement elle s'applique à l'histoire entière de chaque existence, mais qu'elle s'étend aussi à tous les détails de l'histoire. Les deux opérations marchent sans cesse ; mais il y a toujours un résultat différentiel en faveur de l'une ou de l'autre. Tout changement, même lorsqu'il n'est qu'une transposition de parties, avance inévitablement l'une ou l'autre de ces opérations.

Les mots d'*évolution* et de *dissolution*, noms des transformations opposées, les définissent bien dans leurs caractères les plus généraux, mais incomplètement quant au reste; ou plutôt, si la définition de la dissolution est suffisante, celle de l'évolution est extrêmement insuffisante. L'évolution est toujours une intégration de matière et une dissipation de mouvement ; mais dans la plupart des cas elle est plus encore. La redistribution primaire de matière et de mouvement est ordinairement accompagnée de redistributions secondaires.

Nous avons distingué les diverses espèces d'évolutions qui s'opèrent d'après cette formule, en simples et en composées, puis nous avons considéré les conditions qui président à l'accomplissement des redistributions secondaires qui constituent l'évolution composée. Nous avons trouvé qu'un agrégat en concentration qui perd rapidement son mouvement latent, ou qui s'intègre rapidement, ne manifeste que l'évolution simple ; mais nous avons vu aussi qu'en raison de son étendue, ou de la constitution particulière de ses éléments, la dissipation de son mouvement rencontre des obstacles, et que, en subissant la redistribution primaire qui aboutit à l'intégration, il subit de plus les redistributions secondaires qui produisent plus ou moins de complexité.

§ 187. De cette conception de l'évolution et de la dissolution qui forment par leur ensemble l'histoire entière des choses, et de la conception qui divise l'évolution en simple et en composée, nous sommes arrivé à considérer la loi d'évolution comme commune à tous les ordres d'existences, en général et en détail.

Nous avons suivi l'intégration de la matière et la dissipation concomitante de la force, non seulement dans chaque tout, mais dans les parties dont chaque tout se compose. L'ensemble du système solaire, aussi bien que chaque planète et chaque satellite, a été et est encore un exemple de concentration progressive. Dans chaque organisme, l'incorporation générale de matériaux dispersés qui cause la croissance s'accompagne d'incorporations locales qui forment les organes. Toute société nous montre l'opération agrégative, par le phénomène de l'accroissement de sa population, et en même temps elle nous la montre aussi par la formation de masses denses sur divers points de la surface qu'elle occupe. Dans tous les cas, à côté de ces intégrations directes, il s'opère des intégrations indirectes par lesquelles les parties contractent une dépendance mutuelle.

De cette redistribution primaire, nous passons aux redistributions secondaires, et nous recherchons comment la formation des parties s'est faite en même temps que la formation du tout. Nous avons vu qu'il y a habituellement un mouvement de l'homogénéité à l'hétérogénéité en même temps que le mouvement de la diffusion à la concentration. En même temps que la matière du système solaire a pris une forme plus dense, la variété s'y est substituée à l'unité que présentait la distribution de ses éléments. La solidification de la terre s'est accompagnée d'un progrès marchant d'une uniformité relative à une multiformité extrême. Toute plante, tout animal, qui de simple germe devient un être d'un volume relativement grand, va de la simplicité à la complexité. L'accroissement d'une société par le nombre de ses membres et la cohésion qui les unit ont pour accompagnement une hétérogénéité croissante dans son organisation politique et industrielle. Il en est de même de tous les produits super-organiques, le langage, la science, l'art et la littérature.

Mais nous avons vu que les redistributions secondaires ne sont pas complètement exprimées par cette formule. En même temps que les parties qui composent chaque tout deviennent plus dissemblables les unes aux autres, elles deviennent de plus en plus tranchées. Le résultat des redistributions secondaires est donc de changer une homogénéité vague en une hétérogénéité nette. Nous retrouvons ce trait nouveau dans l'évolution des agrégats de tous les ordres. Toutefois, en poussant plus loin l'examen, nous avons vu que la distinction croissante qui s'établit, en même temps que l'hétérogénéité s'accroît, n'est pas un trait indépendant, mais qu'elle résulte de l'intégration qui progresse à la fois dans chacune des parties en voie de différenciation et dans le tout qu'elles composent.

En outre, nous avons indiqué que dans toutes les évolutions, inorganiques, organiques et superorganiques, ce changement dans l'arrangement de la matière est accompagné d'un changement parallèle dans l'arrangement du mouvement, tout accroissement dans la complexité de structure impliquant un accroissement correspondant dans la complexité fonctionnelle. On a montré que, à côté de l'intégration des molécules en masses, il se produit une intégration de mouvement moléculaire en mouvement de masses; et que, toutes les fois qu'il y a de la variété dans la grosseur et la forme des agrégats et leurs rapports avec les forces du dehors, il y a de la variété dans leurs mouvements.

La transformation que nous avons considérée sous divers aspects n'étant en elle-même qu'une seule transformation, nous avons senti la nécessité d'unir ces aspects séparés en une seule conception, de regarder les redistributions primaires et secondaires comme opérant simultanément leurs effets divers. Partout le changement d'une simplicité confuse en une complexité distincte, dans la double distribution de la matière et du mouvement, est un phénomène de la consolidation de la matière et de la perte de son mouvement. Par suite, la redistribution de la matière et du mouvement qu'elle retient va d'un arrangement diffus, uniforme et indéterminé, à un arrangement concentré, multiforme et déterminé.

§ 188. Nous voici arrivés à l'une des additions que l'on peut faire à notre thèse en la résumant. Voici l'occasion d'observer dans les inductions précédentes un degré d'unité supérieur à ceux que nous avons observés en les faisant.

Nous avons jusqu'ici considéré la loi d'évolution comme complètement vraie de tous les ordres d'existences pris à part comme ordres distincts. Mais, sous cette forme, l'induction manque de l'universalité qu'elle acquiert quand nous considérons les divers ordres d'existences comme formant par leur ensemble tout un naturel. Quand nous divisons l'évolution en astronomique, géologique, biologique, psychologique, sociologique, etc., on peut jusqu'à un certain point croire que l'extension de la même loi de métamorphose à toutes les divisions de l'évolution est une pure coïncidence. Mais quand nous reconnaissons dans ces divisions des groupes artificiels arrangés en vue de faciliter l'acquisition de la connaissance, quand nous regardons les différentes existences avec lesquelles elles ont chacune affaire comme parties intégrantes du cosmos, nous voyons du même coup qu'elles ne sont pas des parties séparées de l'évolution, unies par la possession de certains caractères communs, mais une évolution qui s'opère partout de la même manière. Nous avons itérativement remarqué que, en même temps qu'un tout se développe, il se fait toujours une évolution des parties qui le composent; mais nous n'avons pas observé que cette loi est également vraie de la totalité des choses, en tant que composée de parties depuis la plus grande jusqu'à la plus petite. Nous savons que, tandis qu'un agrégat physique cohérent comme le corps humain s'accroît en volume et prend sa forme générale, chacun des organes qui le composent fait de même; que, tandis que chaque organe grandit et devient différent des autres, il se fait une différenciation et une intégration des tissus et des vaisseaux qui le composent; et que même les éléments de ces tissus composants s'accroissent séparément et prennent des structures plus distinctement hétérogènes. Mais nous n'avons pas assez remarqué que, en partant du corps humain considéré comme une particule, et en s'élevant aux parties plus grandes, on voit se manifester également la simultanéité de transformation; que, tandis que chaque individu se développe, la société dont il est une unité insignifiante se développe aussi; que, tandis que l'agrégat-masse qui forme une société devient plus distinctement hétérogène, la Terre, dont cette société est une partie inappréciable, le devient aussi; que, tandis que la Terre, dont le volume n'est que la millionième partie du système solaire, progresse vers une structure concentrée et complexe, le système solaire progresse de la même manière, et que même ses transformations ne sont pas autres que celles d'une partie à peine appréciable de notre système sidéral, lequel a traversé en même temps des changements analogues.

Ainsi comprise, l'évolution n'est pas seulement une en principe, elle est une en fait. Il n'y a pas plusieurs métamorphoses qui s'opèrent de même manière, il y a une seule métamorphose qui s'avance universellement partout où la métamorphose contraire n'a pas commencé. En un lieu, quel qu'il soit, grand ou petit, n'importe où dans l'espace, où la matière acquiert une individualité appréciable ou quelque chose qui la distingue d'une autre matière, il y a là une évolution, ou plutôt l'acquisition de cette individualité appréciable est le commencement de l'évolution. Ceci est vrai universellement, indépendamment du volume de l'agrégat, indépendamment de son inclusion dans d'autres agrégats, et indépendamment des évolutions plus étendues où la sienne est comprise.

§ 189. Après avoir tiré ces inductions, nous voyons que si, prises ensemble, elles établissent la loi d'évolution, elles ne constituent pas, tant qu'elles restent des inductions, des parties cohérentes de tout ce qu'on appelle, à bon droit, la Philosophie. Le passage de ces inductions de la ressemblance à l'identité ne suffit même pas à produire l'unité cherchée. En effet, ainsi que nous l'avons fait voir en son temps, pour unifier avec les autres principes les principes obtenus par induction, il faut les déduire de la persistance de la force. Nous avons fait un pas de plus, et nous avons démontré pourquoi, la force étant persistante, la transformation que nous offre l'évolution en résulte nécessairement.

La première conclusion obtenue a été qu'un agrégat homogène doit inévitablement perdre son homogénéité par l'exposition inégale de ses parties aux forces incidentes. Nous avons indiqué que la production des diversités de structure par diverses forces et par des forces agissant dans diverses conditions se vérifie dans l'évolution astronomique, et qu'on aperçoit une relation analogue de cause et d'effet dans les modifications grandes et petites que subit notre globe. Les premiers changements des germes organiques ont fourni une nouvelle preuve que la dissemblance des structures suit la dissemblance des relations avec les forces ambiantes, preuve fortifiée par la tendance des membres de chaque espèce à diverger pour former des variétés, quand ils sont exposés à des conditions différentes. Nous avons trouvé que les contrastes politiques et industriels qui se produisent entre les parties des sociétés sont des exemples du même principe. L'instabilité de l'homogène, partout manifestée, se vérifie aussi, nous l'avons vu, dans chacune des parties appréciables d'un tout uniforme, et de la sorte le moins hétérogène tend continuellement à devenir le plus hétérogène.

Un pas de plus nous a fait découvrir une cause secondaire

de multiformité croissante. Toute partie différenciée n'est pas seulement un centre de différenciations nouvelles, c'est encore une source de différenciations nouvelles, puisque, en devenant de plus en plus dissemblable aux autres parties, elle devient un centre de réactions dissemblables sur les forces incidentes, et qu'en ajoutant à la diversité des forces à l'œuvre elle ajoute à la diversité des faits produits. Nous avons pu suivre cette multiplication d'effets dans toute la nature, dans les actions et les réactions qui s'accomplissent dans le système solaire, dans les complications géologiques qui ne s'arrêtent jamais, dans les symptômes compliqués que produisent chez les êtres vivants les influences perturbatrices, dans les nombreuses idées et les nombreux sentiments engendrés par des impressions uniques, et dans les résultats ramifiés à l'infini que chaque force nouvelle produit dans une société. A cela, nous avons ajouté le corollaire, confirmé par des faits nombreux, que la multiplication des effets avance en progression géométrique à mesure qu'avance l'hétérogénéité.

Pour interpréter complètement les changements de structure qui constituent l'évolution, il restait à assigner une raison à la démarcation incessamment croissante de parties qui accompagne la production de différences entre les parties. Nous avons découvert que cette raison est la ségrégation des unités mêlées, sous l'action de forces capables de les mettre en mouvement. Nous avons vu que, lorsque des forces incidentes dissemblables ont rendu les parties d'un agrégat dissemblables par la nature de leurs unités composantes, il se fait nécessairement une tendance à la séparation des unités dissemblables et au groupement de ces unités avec leurs semblables. Cette cause des intégrations locales qui accompagnent les différenciations locales est manifestée aussi par toutes les espèces d'évolution, par la formation des corps célestes, par le dépôt de la croûte terrestre, par les modifications organiques, par l'établissement des distinctions mentales, par la genèse des divisions sociales.

Enfin, à la question de savoir si ces opérations ont une limite, nous avons trouvé une réponse : elles doivent aboutir à l'équilibre. La division et la subdivision continuelle des forces, qui change l'uniforme en multiforme et le multiforme en un multiforme plus varié, est une opération par laquelle les forces sont perpétuellement dissipées, et la dissipation des forces, continuant aussi longtemps qu'il reste des forces non balancées par des forces opposées, doit aboutir au repos. Nous avons vu que, lorsque divers mouvements marchent ensemble, ainsi que des agrégats de divers ordres nous en offrent des exemples, par suite de la dispersion des mouvements les plus faibles et les moins contrariés, des équilibres mobiles de différentes espèces s'établissent, étapes échelonnées sur la route de l'équilibre complet. Une étude subséquente nous a montré que, par la même raison, ces équilibres mobiles possèdent certain pouvoir de conservation qui se manifeste dans la neutralisation des perturbations et l'ajustement à des conditions nouvelles. Ce principe général d'équilibre, de même que les autres principes généraux, a été suivi dans toutes les formes de l'évolution, astronomique, géologique, mentale et sociale. Enfin nous avons conclu que l'avant-dernière étape de l'établissement de l'équilibre, où doivent trouver leur réalisation la plus extrême multiformité et l'équilibre mobile le plus complexe, doit comprendre l'état de l'humanité le plus élevé qui se puisse concevoir.

Mais le fait qu'il nous importe le plus de nous rappeler, c'est que chacune de ces lois de redistribution de matière et de mouvement est une loi dérivée, déductible de la loi fondamentale. La persistance de la force étant donnée, il s'ensuit, comme conclusion inévitable, l'*instabilité de l'homogène* et la *multiplication des effets;* la *ségrégation* et l'*équilibre* en sont aussi des corollaires. En découvrant que les opérations de changements formulés sous ces titres sont autant d'aspects différents d'une transformation, déterminés par une nécessité ultime, nous arrivons à une unification complète de ces aspects, à une synthèse où l'évolution, en général et en détail, devient un corollaire de cette loi que la preuve n'atteint pas. De plus, en s'unifiant ainsi les unes avec les autres, les vérités complexes de l'évolution s'unifient spontanément avec ces vérités plus simples qui dérivent du même principe, l'équivalence des forces transformées, le mouvement de toute masse ou de toute molécule sur une ligne où elle rencontre le moins de résistance, et la limitation de son mouvement par le rythme. Cette unification nouvelle nous amène à concevoir le réseau entier de changements présentés par tout phénomène concret, et par l'agrégat des phénomènes concrets, comme une manifestation d'un fait fondamental, d'un fait que nous avons trouvé toujours le même dans le changement total et dans tous les changements pris à part qui le composent.

§ 190. En finissant, nous avons suivi dans toute la nature ce procédé de dissolution qui forme le complément de l'évolution et qui inévitablement, à un moment ou à un autre, défait ce que l'évolution a fait.

En suivant rapidement l'arrêt de l'évolution dans les agrégats qui sont instables et en le suivant à ces échéances, souvent retardées longtemps, mais qui arrivent à la fin pour les agrégats qui nous entourent, nous avons vu que, même pour l'agrégat immense dont ils sont tous partis, pour la terre elle-même, considérée comme un tout, la dissolution doit avoir son tour. Bien plus, il y a lieu de croire que les masses les plus vastes, dispersées à travers l'espace et séparées par des intervalles qui ne se peuvent mesurer, subiront le même sort à des époques que nulle imagination finie ne peut calculer, et que l'évolution universelle sera suivie par une dissolution universelle. Cette conclusion, comme toutes les précédentes, est un corollaire de la loi de persistance de la force. On peut ajouter qu'en unifiant ainsi les phénomènes de dissolution avec ceux d'évolution, considérés comme des manifestations de la même loi ultime, dans des conditions opposées, nous unifions les phénomènes présentés par l'univers existant avec les phénomènes analogues qui les ont précédés et qui les suivront, autant du moins qu'une telle unification est possible à nos intelligences limitées. Car s'il y a, et nous avons des raisons de le croire, une alternative d'évolution et de dissolution dans la totalité des choses ; si, comme nous sommes obligés de conclure de la persistance de la Force, l'arrivée à l'une des limites de ce rythme immense introduit les conditions au milieu desquelles un mouvement en sens contraire commence ; si nous sommes ainsi conduits à concevoir une série d'évolutions remplissant un passé sans limite et une série d'évolutions remplissant un avenir sans limite, nous ne pouvons plus attribuer à la création visible un commencement et une fin définis, ou la croire isolée. Elle s'unifie avec toute existence avant ou après, et la Force que l'univers manifeste rentre dans la même catégorie que l'Espace et le Temps : elle n'admet pas de limite dans la pensée.

§ 191. Nous voilà arrivés à une conclusion identique à celle de la première partie, où, sans nous enfoncer dans une étude comme la précédente, nous avons traité de la relation entre le Connaissable et l'Inconnaissable.

Nous y avons vu, par l'analyse de nos idées religieuses et scientifiques, que, si la connaissance de la cause qui produit des effets sur notre conscience est impossible, l'existence d'une cause de ces effets est une donnée de la conscience. Nous avons vu que la croyance en un pouvoir dont on ne peut concevoir les limites dans le temps ni dans l'espace est l'élément fondamental de la religion, élément qui survit à tous les changements de forme qu'elle peut subir. Nous avons vu que toutes les philosophies reconnaissent tacitement ou ouvertement ce même principe dernier : que, tandis que le Relativiste répudie avec raison les assertions définies de l'Absolutiste touchant l'existence que n'atteint pas la perception, il est, en définitive, contraint de s'unir à lui pour affirmer l'existence que n'atteint pas la perception. Cette conscience invincible, où la Religion et la Philosophie donnent la main au sens commun, est aussi, nous l'avons démontré, celle qui sert de base à la Science. Nous avons vu que la science subjective ne peut rendre aucun compte des modes conditionnés d'existence qui constituent la conscience, sans supposer l'existence d'un être inconditionné. Nous avons vu encore que la science objective ne peut pas expliquer ce que nous appelons le monde extérieur sans regarder ses changements de forme comme des manifestations de quelque chose qui demeure constant sous toutes les formes. C'est encore à ce postulat que nous ramène la synthèse que nous venons d'édifier. La reconnaissance d'une force persistante, qui varie toujours ses manifestations, mais qui conserve la même quantité dans le passé comme dans l'avenir, nous permet seule d'interpréter chaque fait concret, et, en définitive, nous sert à unifier toutes les interprétations concrètes. Ce n'est pas que cette coïncidence ajoute rien à la force de l'argument dans sa construction logique. Notre synthèse a marché en admettant à chaque pas la vérité de ce principe dernier ; on ne peut donc pas y voir un produit de la synthèse. Néanmoins, la coïncidence nous fournit une vérification. En effet, quand nous examinions les données de la philosophie, nous avons déclaré que nous ne pouvions avancer d'un pas sans faire une hypothèse ; qu'il fallait se résigner à les accepter provisoirement jusqu'à ce qu'elles fussent démontrées par leur concordance avec tous les résultats obtenus. Nous voyons ici que cette concordance est parfaite et qu'elle s'étend à tout, qu'elle se retrouve partout dans tout ce corps organisé d'aperceptions définies de relations que nous appelons la Connaissance, et qu'elle harmonise avec la connaissance cette aperception indéfinie d'une existence supérieure aux relations, laquelle constitue l'essence de la Religion.

§ 192. C'est vers un résultat de cet ordre que la science, la métaphysique et la théologie ont marché et marchent encore. La fusion des conceptions polythéistes en la conception monothéiste, et la réduction de la conception monothéiste à une forme de plus en plus générale, où la personnalité et la providence disparaissent dans l'immanence universelle, sont les manifestations de ce progrès. Il se manifeste encore dans la décadence des théories sur les « essences », les « potentialités », les « qualités occultes », et dans l'abandon des doctrines telles que les « Idées de Platon », l'« Harmonie préétablie » et autres semblables, et dans la tendance à identifier l'Être qui est présent en nous dans la conscience avec l'Être qui est conditionné autrement au dehors de la conscience. Ce progrès est encore plus évident dans les conquêtes de la Science. Depuis le commencement, la Science a groupé des faits isolés sous des lois, réuni des lois spéciales en des lois générales, et s'est élevée de lois en lois à des généralités toujours plus hautes, jusqu'à ce que la conception de lois universelles soit aujourd'hui devenue vulgaire.

Puisque l'unification est la caractéristique du développement de toutes les formes de la pensée, et qu'on a le droit de conclure à la réalisation définitive de l'unité, nous trouvons en faveur de notre conclusion un nouvel appui. En effet, à moins d'admettre une unité autre et supérieure, celle que nous avons obtenue doit être le but vers lequel tend le développement de la pensée, et l'on ne peut guère supposer qu'il y en ait une autre, et une qui soit supérieure. Après avoir groupé en inductions les changements qui manifestent les divers ordres d'existence, après avoir fondu ces inductions dans une induction unique, après l'avoir interprétée déductivement, après avoir vu que le principe d'où elle est déduite est un principe que la preuve n'atteint pas, il semble, pour dire le moins, très improbable que l'on puisse arriver par une voie essentiellement différente à unifier ce procès total des choses que la Philosophie a pour tâche d'expliquer. Il n'est pas aisé de concevoir que les vérifications précédentes ne soient qu'un amas d'illusions, ou qu'une doctrine rivale puisse en offrir un plus grand nombre.

Qu'on n'aille pas supposer que nous demandions, pour les diverses propositions secondaires que nous avons présentées dans le cours du sujet, une crédibilité du même degré. Ce serait si absurde, qu'il ne semble pas utile de le réfuter. La vérité de la doctrine, dans son ensemble, n'est nullement affectée par les erreurs de détails qui se mêlent à l'exposition. Si l'on peut montrer que la Persistance de la Force n'est pas une donnée de la conscience, ou si l'on peut prouver que les diverses lois dynamiques ci-dessus spécifiées n'en sont pas des corollaires, ou encore si l'on peut nous faire voir que, ces lois données, la redistribution de matière et de mouvement ne se fait pas comme nous l'avons dit, alors, nous en convenons, il sera prouvé que la théorie de l'évolution n'a pas la certitude supérieure que nous revendiquons pour elle. Mais, à moins de cela, rien n'est capable d'ébranler les conclusions générales auxquelles nous sommes arrivés.

§ 193. Si ces conclusions sont acceptées, si l'on reconnaît que les phénomènes qui s'accomplissent partout sont des parties de l'opération générale d'évolution, sauf quand ils font partie de l'opération inverse de dissolution, nous pouvons induire que tous les phénomènes ne reçoivent leur interprétation complète que lorsqu'ils ont pris leur place dans la série de ces opérations. D'où il suit que la limite vers laquelle tend la connaissance doit être atteinte quand les formules de ces opérations sont capables de donner une interprétation spécifique de tout phénomène dans son intégrité, aussi bien que des phénomènes en général.

La connaissance partiellement unifiée que nous appelons science ne renferme pas encore une formule capable de donner une pareille interprétation totale. Ou bien, comme dans les sciences les plus complexes, le progrès est presque exclusivement inductif; ou bien, comme dans les plus simples, les déductions portent sur les phénomènes composants; et l'on se doute à peine à présent que la tâche définitive consiste à interpréter déductivement l'état de composition des phénomènes. Les sciences abstraites qui traitent des formes sous lesquelles les phénomènes se présentent, et les sciences abstraites-concrètes qui s'occupent des facteurs par le concours desquels les phénomènes se produisent, sont, au point de vue philosophique, au service des sciences concrètes qui s'occupent des phénomènes produits comme ils existent dans leur complexité naturelle. Les lois des formes et les lois des facteurs une fois constatées, il reste à constater les lois des produits, en tant que déterminés par l'action réciproque des facteurs coopérants. Étant donnée la persistance de la force et les diverses lois dynamiques dérivées, il y a à montrer non seulement comment les êtres du monde inorganique présentent les traits qui les caractérisent, mais comment se forment les traits plus nombreux et plus compliqués que présentent les êtres organiques et superorganiques ; comment un organisme se développe ; comment se forme l'intelligence humaine ; d'où naît le progrès social.

Il est évident que ce développement de la connaissance en un agrégat organisé de déductions directes et indirectes tirées de la persistance de la force ne peut s'achever que dans un avenir fort éloigné, et même, il faut le dire, ne pourra pas même alors s'achever complètement. Le progrès scientifique est un progrès de l'équilibre de la pensée, qui, nous l'avons vu, est en train de s'établir, mais qui ne peut arriver à la perfection à une époque déterminée quelconque. Bien que la science ne puisse jamais arriver à cette forme définitive, et quoique ce ne soit qu'après un temps très long qu'elle puisse s'en rapprocher, on peut s'avancer beaucoup aujourd'hui dans cette voie.

Sans doute, ce qu'on peut accomplir aujourd'hui ne saurait se faire que très imparfaitement par un seul individu. Personne ne peut posséder la science encyclopédique acquise pour bien organiser même les vérités déjà posées. Néanmoins, comme le progrès s'opère par accroissement, comme toute organisation commençant par des linéaments ébauchés et mal définis se complète par des modifications et des additions successives, on peut tirer quelque avantage d'un essai, même grossier, qui donne aux faits aujourd'hui rassemblés, ou mieux à certaines classes de faits, une sorte de coordination. Telle est la raison des volumes qui suivront celui-ci : ils s'occuperont des divisions de ce que nous avons appelé au début Philosophie spéciale.

§ 194. Il nous reste encore à dire quelques mots sur la partie générale des doctrines que nous avons maintenant à développer. Avant de commencer à interpréter le détail des phénomènes de la vie, de l'esprit, et de la société par la matière, le mouvement et la force, le lecteur doit se rappeler quel sens il faut donner à ces interprétations.

Nous avons fréquemment répété que leur caractère était purement relatif ; mais il est si facile de mal interpréter les choses, que, malgré l'évidence, bien des esprits seront déjà persuadés que les solutions que nous avons données et celles qui en découlent sont essentiellement matérialistes. La plupart des hommes, ayant entendu toujours accuser de matérialisme les personnes qui attribuaient les phénomènes les plus compliqués à des agents semblables à ceux qui produisent les plus simples, ont contracté de la répugnance pour ces modes d'interprétations Alors même qu'ils sont avertis d'avance que les solutions en sont relatives, ils se ressentent toujours plus ou moins de ce sentiment, qui est devenu pour eux une habitude, quand ils voient faire une application universelle de ces modes d'interprétation. Cet état d'esprit, toutefois, exprime moins le respect d'une Cause inconnue que le mépris des formes familières sous lesquelles la Cause inconnue se révèle à nous. Les hommes qui ne se sont pas élevés au-dessus de la conception vulgaire qui accole au mot Matière les épithètes méprisantes de *grossière* et de *brute* peuvent s'effrayer en entendant proposer de réduire les phénomènes de la vie, de l'esprit et de la société au niveau d'une chose à leurs yeux si ignoble. Mais quiconque songe que les manières d'être, dont le vulgaire parle avec tant de mépris, sont pour l'homme de science d'autant plus merveilleuses dans leurs attributs qu'elles sont plus étudiées, et qu'elles sont absolument incompréhensibles dans leur nature, aussi absolument que la sensation, ou que le quelque chose doué de conscience qui la perçoit ; quiconque, dis-je, reconnaît clairement cette vérité, comprendra que l'interprétation que nous proposons ne dégrade pas le supérieur, mais élève l'inférieur. Il ne tardera pas de s'apercevoir que la controverse allumée entre les matérialistes et les spiritualistes est une pure guerre de mots, où les partis en lutte sont également absurdes, parce qu'ils croient chacun comprendre ce que nul homme ne peut comprendre ; il reconnaîtra à quel point la crainte dont nous parlons est sans fondement. Pleinement convaincu que, de quelques mots qu'il se serve, le mystère ultime doit toujours rester le même, il sera aussi porté à formuler tous les phénomènes avec les mots de Matière, de Mouvement et de Force qu'avec tous autres mots ; il ira plus loin même, et reconnaîtra que la doctrine qui retrouve la Cause inconnue dans tous les ordres de phénomènes peut seule donner une base à une religion conséquente ou à une philosophie conséquente.

Bien qu'il soit impossible d'empêcher les fausses interprétations, surtout dans les questions qui excitent tant d'animosité, il est bon pourtant, pour s'en préserver autant que possible, de résumer succinctement la doctrine philosophico-religieuse qui règne dans les pages précédentes. Nous avons montré à satiété et en tous sens que les vérités les plus hautes que nous puissions atteindre ne sont que des formules des lois les plus compréhensives de l'expérience que nous avons des relations de

Matière, de Mouvement et de Force ; et que la Matière, le Mouvement, la Force ne sont que des symboles de la réalité inconnue. Un pouvoir dont la nature reste pour toujours inconcevable, et auquel on ne peut imaginer de limite dans le temps ou l'espace, produit en nous certains effets. Ces effets ont des ressemblances d'espèce, ce qui nous permet de les classer sous les noms de Matière, Mouvement, Force ; entre ces effets, il y a une certaine ressemblance de connexion, ce qui nous permet de leur assigner des lois d'une haute certitude. L'analyse réduit ces diverses espèces d'effets à une seule espèce d'effet, et ces diverses espèces de lois à une seule espèce de loi. Le couronnement de la science est l'interprétation de tous les ordres de phénomènes comme manifestations différemment conditionnées de cette espèce d'effet, sous les modes différemment conditionnés de cette espèce de loi. Mais, après cela, la science n'a encore fait que systématiser l'expérience ; elle n'en a pas étendu les limites. Nous ne pouvons pas plus qu'auparavant dire si les lois sont aussi absolument nécessaires qu'elles sont devenues pour notre pensée relativement nécessaires. Tout ce qui nous est possible, c'est d'interpréter les procès des choses comme il se présente à notre conscience bornée ; mais nous sommes incapables d'en concevoir et encore moins d'en connaître le procès réel. On se rappellera aussi que, si la connexion entre l'ordre phénoménal et l'ordre ontologique est à jamais impénétrable, la connexion entre les formes conditionnées et la forme inconditionnée de l'être est à jamais inscrutable. L'interprétation de tous les phénomènes en fonction de Matière, de Mouvement, de Force, n'est rien de plus que la réduction de nos idées symboliques complexes à des symboles plus simples, et, lorsque l'équation a été réduite à sa plus simple expression, les symboles n'en sont pas moins des symboles. Par suite, les raisonnements qu'on peut suivre dans les pages précédentes ne fournissent aucun appui à aucune des hypothèses rivales sur la nature ultime des choses. Ils n'impliquent pas plus le matérialisme que le spiritualisme, et pas plus le spiritualisme que le matérialisme. Tout argument qui semble militer en faveur d'une de ces hypothèses est aussitôt neutralisé par un argument de même valeur en faveur de l'autre. Le matérialiste, voyant que, par une déduction nécessaire de la loi de corrélation, ce qui existe dans la conscience sous forme de sentiment peut se transformer en un équivalent de mouvement mécanique, et par conséquent en équivalents de toutes les autres forces manifestées par la matière, peut croire démontrée la matérialité des phénomènes de conscience. Mais le spitualiste, partant de la même donnée, peut soutenir avec la même autorité que si les forces déployées par la matière ne sont connaissables que sous la forme de ces mêmes équivalents de conscience qu'elles produisent, il faut en conclure que ces forces, quand elles existent hors de la conscience, sont de la même nature que lorsqu'elles existent dans la conscience : et qu'ainsi se justifie la conception spiritualiste d'après laquelle le monde extérieur consiste en quelque chose d'essentiellement identique avec ce que nous appelons l'esprit. Évidemment, le principe de la corrélation et de l'équivalence des forces du monde intérieur et du monde extérieur peut servir à les assimiler les unes aux autres, selon que nous partons de l'une ou de l'autre. Mais ceux qui comprennent bien la doctrine de cet ouvrage verront qu'aucun de ces deux termes ne doit être pris comme fondement. Bien que la relation du sujet et de l'objet nous oblige à ces conceptions antithétiques de l'Esprit et de la Matière, l'une est tout autant que l'autre le signe de la Réalité inconnue et qui les supporte l'une l'autre.

FIN.

TABLE DES MATIÈRES

Introduction du traducteur IV
Préface de l'auteur LXXXI
Préface de la seconde édition LXXXIX

PREMIÈRE PARTIE
L'INCONNAISSABLE

CHAPITRE PREMIER. — Religion et science..................... 1
CHAPITRE II. — Idées dernières de la religion................. 21
CHAPITRE III. — Idées dernières de la science................. 41
CHAPITRE IV. — Relativité de toute connaissance............... 60
CHAPITRE V. — Réconciliation................................... 86

DEUXIÈME PARTIE
LE CONNAISSABLE

CHAPITRE PREMIER. — Définition de la philosophie............. 111
CHAPITRE II. — Données de la philosophie...................... 119
CHAPITRE III. — Espace, Temps, Matière, Mouvement et Force.. 138
CHAPITRE IV. — Indestructibilité de la matière................ 151
CHAPITRE V. — Continuité du mouvement......................... 159
CHAPITRE VI. — Persistance de la force........................ 168
CHAPITRE VII. — Persistance des relations entre les forces... 175
CHAPITRE VIII. — Transformation et équivalence des forces.... 173
CHAPITRE IX. — Direction du mouvement......................... 202
CHAPITRE X. — Rythme du mouvement............................. 226
CHAPITRE XI. — Récapitulation, problème dernier.............. 246
CHAPITRE XII. — Évolution et dissolution...................... 251
CHAPITRE XIII. — Évolution simple et composée................ 259
CHAPITRE XIV. — La loi d'évolution............................ 276
CHAPITRE XV. — La loi d'évolution (suite)..................... 294
CHAPITRE XVI. — La loi d'évolution (suite).................... 323
CHAPITRE XVII. — La loi d'évolution (fin)..................... 341
CHAPITRE XVIII. — Interprétation de l'évolution............... 356
CHAPITRE XIX. — L'instabilité de l'homogène................... 360
CHAPITRE XX. — La multiplication des effets................... 386
CHAPITRE XXI. — La ségrégation................................ 411
CHAPITRE XXII. — L'équilibre.................................. 433
CHAPITRE XXIII. — La dissolution.............................. 464
CHAPITRE XXIV. — Résumé et conclusion......................... 481

www.ingramcontent.com/pod-product-compliance
Lightning Source LLC
Chambersburg PA
CBHW070327240426
43665CB00045B/1205